TREM FANTASMA PARA A ESTRELA DO ORIENTE

Paul Theroux

TREM FANTASMA PARA A ESTRELA DO ORIENTE

Na trilha de *O Grande Bazar Ferroviário*

Tradução
Celso Nogueira

OBJETIVA

Copyright © Paul Theroux, 2008
Todos os direitos reservados

Todos os direitos desta edição reservados à
EDITORA OBJETIVA LTDA.
Rua Cosme Velho, 103
Rio de Janeiro – RJ – CEP: 22241-090
Tel.: (21) 2199-7824 – Fax: (21) 2199-7825
www.objetiva.com.br

Título original
Ghost Train to the Eastern Star

Capa
Rodrigo Rodrigues

Revisão
Rita Godoy
Juliana Santana
Cristiane Pacanowski

Editoração eletrônica
Abreu's System Ltda.

O trecho de *O Homem que Via o Trem Passar* © 1938 Georges Simenon Ltd, Chorion company, todos os direitos reservados. Trechos de "Aubade" e "Water" de *Selected Poems* de Philip Larkin, publicado com permissão de Faber and Faber, Ltd. O trecho de "plato told" foi tirado de *Complete Poems 1904-62* de E.E. Cummings, editado por George Firmage, com permissão de W.W. Norton & Company. Copyright © 1991 by herdeiros de E. E. Cuummings e George James Firmage. O trecho de "Tom O'Roughley" de W. B. Yeats foi usado com a gentil permissão de A. P. Watt Ltd. em nome de Gráinne Yeats.

CIP-BRASIL. CATALOGAÇÃO-NA-FONTE
SINDICATO NACIONAL DOS EDITORES DE LIVROS, RJ

T358t

    Theroux, Paul,
        Trem fantasma para a estrela do oriente / Paul Theroux ; tradução Celso Nogueira. – Rio de Janeiro : Objetiva, 2011.

        495p.   ISBN 978-85-390-0174-3
        Tradução de: *Ghost train to the Eastern star*

        1. Theroux, Paul, 1941- – Viagens – Ásia. 2. Viagens de trem – Ásia. 3. Ásia – Descrições e viagens. I. Título.

10-5399.   CDD: 915.04425
                                            CDU: 910.4(5)

Para Sheila, com amor

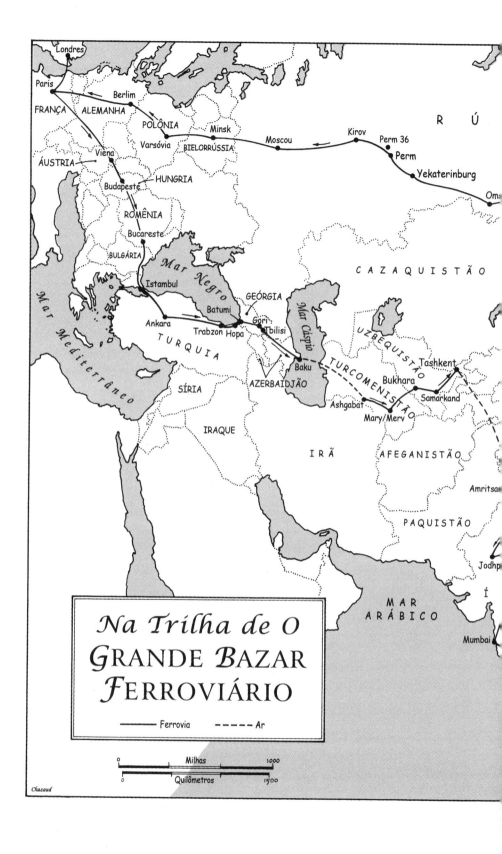

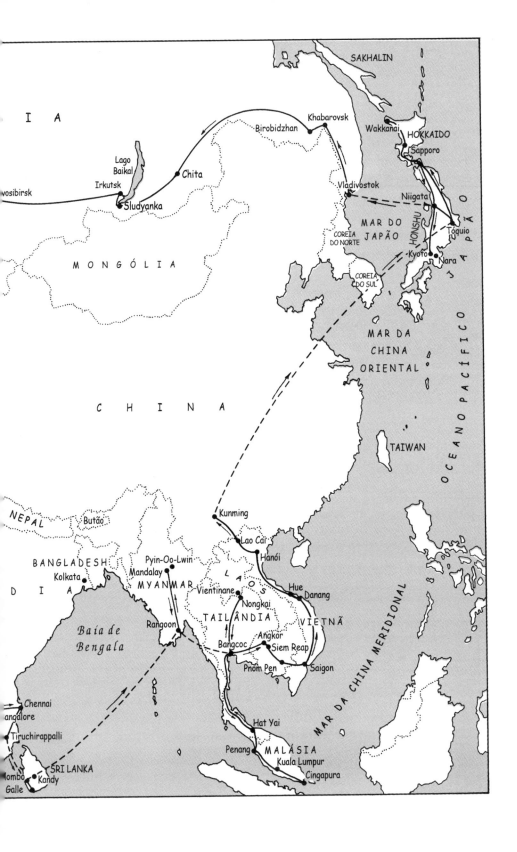

Por exemplo, a sensibilidade em relação aos trens. Claro, há muito superamos o encanto juvenil pela locomotiva a vapor. Contudo, algo nos trens o encantava, especialmente nos trens noturnos, que sempre provocavam ideias estranhas, vagamente impróprias, em sua mente.

GEORGES SIMENON
O Homem que Via o Trem Passar

"Eu prefiro ir de trem", Connie disse.

D. H. LAWRENCE
O Amante de Lady Chatterley

Sumário

1. O Eurostar 13
2. O outro Expresso do Oriente 26
3. A balsa para Besiktas 51
4. Trem noturno para Ankara 70
5. Trem noturno para Tbilisi 78
6. Trem noturno para Baku: O transcaucasiano 97
7. Trem noturno de Ashgabat para Mary 112
8. Trem noturno para Tashkent 144
9. O expresso Shan-e-Punjab para Déli 154
10. Trem noturno para Jodhpur: O expresso Mandore 172
11. Trem noturno para Jaipur 189
12. Trem noturno para Mumbai: O expresso "super-rápido" 199
13. Trem noturno para Bangalore: O expresso Udyan 216
14. O expresso Shatabdi para Chennai 231
15. A linha costeira para Galle e Hambantota 243
16. O trem lento para Kandy 263
17. Trem fantasma para Mandalay 269
18. O trem para Pyin-Oo-Lwin 286
19. Trem noturno para Nong Khai 297
20. Trem noturno para o entroncamento de Hat Yai: Expresso Especial 311
21. Trem noturno para Cingapura: O expresso Lankawi 317
22. O trem lento para a Estrela do Oriente 341
23. O barco *Sontepheap* para Pnom Pen 351
24. O expresso Mekong 367
25. Trem noturno para Hue 376
26. Trem diurno para Hanói 387
27. *Andaguraundo* de Tóquio 400
28. Trem noturno para Hokkaido: O superexpresso Hayate 423
29. O expresso limitado: Sarobetsu a Wakkanai 429
30. Trem noturno para Kyoto: O expresso do Crepúsculo 440
31. O expresso transiberiano 460
32. Trem noturno para Berlim e além 492

1   O Eurostar

Viajantes são considerados pessoas ousadas, mas nosso segredo indecoroso é que viajar é uma das formas mais preguiçosas do mundo de matar o tempo. Viajar não se restringe apenas ao ócio inato, engloba ainda uma esmerada vadiagem escapista que possibilita chamar a atenção para nós mesmos por meio da ausência conspícua, enquanto nos intrometemos na vida alheia — uma atividade tão ultrajante quanto viver à custa dos outros. O viajante é o tipo mais ávido de voyeur romântico, e se oculta nas profundezas de sua personalidade um nó cego formado por vaidade, presunção e mitomania que beira o patológico. Por isso o pior pesadelo do viajante não é a polícia secreta, o feiticeiro ou a malária, e sim a possibilidade de encontrar outro viajante.

Grande parte dos escritos de viagem se precipita em suas conclusões, e, em sua maioria, esses livros são supérfluos, não passam de monólogos rarefeitos, tênues. Pouco melhores que uma permissão para entediar, tais relatos constituem a forma mais baixa da complacência literária: queixas desonestas, mentiras criativas, heroísmo descabido e exibicionismo crônico; para completar, habitualmente distorcidos pela síndrome de Munchausen.

Claro, é um desafio bem maior ficar em casa, segurar a onda e ser educado com todos, mas isso rende um livro? Melhor a jogada pretensiosa de fingir ser aventureiro:

> Sim, gingar por sendas nucíferas,
> Encolher-me no castelo da proa
> Descuidado de tanta bondade,*

num sensual "Olhem para mim!" em paisagens exóticas.

Este era mais ou menos meu estado de espírito quando me preparava para sair de casa. Também pensei: *Mas a curiosidade existe.* Mesmo o mais tímido dos visionários precisa de vez em quando da satisfação de encenar suas fantasias. E às vezes simplesmente precisamos cair fora. Transgredir é um

---

* *Yes, swagger the nut-strewn roads, / Crouch in the fo'c'sle / Stubbly with goodness,*

prazer, para alguns. Quanto ao ócio, "uma alegria sem propósito é uma alegria pura".

E existem sonhos: primeiro, o sonho da terra estranha que desfruto em casa, o olhar perdido no espaço oriental, em templos imaginários, aglomerações nos bazares e no que V. S. Pritchett chamou de "arquitetura humana", mulheres formosas em trajes esvoaçantes, trens antigos chacoalhando por encostas montanhosas, a miragem da felicidade; segundo, o estado de devaneio do próprio viajar. Com frequência, numa viagem, sinto-me vivo numa visão alucinante da diferença, na multicolorida irrealidade do estrangeiro, onde estou profundamente consciente (como na maioria dos sonhos) de não pertencer ao lugar; todavia, flutuo, ocioso visitante anônimo entre gente ocupada, forasteiro total. Quando se é estranho, diz a canção,* ninguém lembra seu nome.

Viajar pode produzir em mim uma sensação de estranhamento e desconexão tão distinta e inominável que me sinto imaterial como um sopro de fumaça, mero espectro, aparição arrepiante das profundezas, observando as pessoas reais sem ser notado, vagando, ouvindo enquanto permaneço despercebido. Ser invisível — condição costumeira do viajante maduro — é muito mais útil do que ser óbvio. Vemos mais, não somos interrompido, somos ignorado. Tal viajante não se apressa, talvez por isso o confundam com o vagabundo. Como odeio programações e sou dependente de encontros casuais, me atraio pelo ritmo lento da viagem.

Os fantasmas têm todo o tempo do mundo, outro prazer do lazer gratuito de longa distância — viajam a baixa velocidade em trens lentos, demoram-se. Esta condição etérea, acabei descobrindo, era também um efeito da viagem que eu havia escolhido, pois retornei a lugares que conhecera havia muitos anos. É quase impossível regressar a um ponto anterior de sua vida de viajante e não se sentir um espectro. Muitos lugares que visitei eram tristes e sombrios, outros, enormes e agitados, enquanto eu era a assombração presente, a sombra bisbilhoteira do trem fantasma.

■ ■ ■

Muito tempo depois de realizar a viagem sobre a qual escrevi em *O Grande Bazar Ferroviário,* ficava pensando em como havia feito os trajetos por terra, trocando de trem Ásia afora, improvisando a viagem, em contato com o mundo. E refletindo sobre o que eu tinha visto — sobre a maneira como o passado não

---

*Referência à música *People are Strange*, do grupo The Doors. (N. do T.)

revisitado sempre invade nossos sonhos. A memória também é um trem fantasma. Anos depois ainda enxergamos o lindo rosto que vislumbrou num país distante. Ou uma árvore imponente, uma estradinha de terra, uma mesa animada num café ou rapazes armados com lanças enferrujadas gritando: "Corra vivo, *dim-dim*!" ou o som do trem à noite, emitindo a nota musical precisa dos apitos de trem, uma terça diminuta na escuridão, enquanto estamos no trem, percorrendo o mundo à moda dos viajantes, "dentro da baleia".

Trinta e três anos se passaram. Eu tinha então o dobro da idade da pessoa que pegou aqueles trens, em sua maioria puxados por locomotivas a vapor que fumegavam pelo interior da Turquia e da Índia. Eu amava a simetria na diferença dos horários. A passagem do tempo se tornou algo sério para mim, parte de meu processo de envelhecimento. Quando era jovem, eu via a terra como um lugar fixo e confiável, que me acolheria após a idade madura; mais velho, passei a entender a transformação como lei natural, um elemento emocional num mundo incerto visivelmente deteriorado. Só com a idade adquirimos o dom de avaliar a decadência, a epifania de Wordsworth, a sabedoria do *wabi-sabi* japonês: nada é perfeito, nada é completo, nada dura para sempre.

"Sem mudança não pode haver nostalgia", um amigo meu disse certa vez, e me dei conta de que eu estava começando a testemunhar não apenas a mudança e a decadência, e sim a extinção iminente. Teria meu itinerário de muito tempo atrás mudado tanto quanto eu? Surgiu a ideia de realizar a mesma viagem novamente, seguindo o caminho que eu mesmo havia feito — uma empreitada séria, mesmo sendo o tipo de viagem que jovens rebeldes fazem frequentemente para escrever um livro e ficarem famosos.*

O melhor de viajar parece ser o fato de existir fora do tempo, como se os anos de viagem não fossem abatidos de sua vida. Viajar também inclui a possibilidade mágica da reinvenção: você pode encontrar um lugar adorável, começar vida nova e nunca mais voltar para casa. Num lugar distante ninguém o conhece — quase sempre uma vantagem adicional. E você pode fingir ser diferente da pessoa que costuma ser, descomprometido, enigmático, mais jovem, rico ou pobre, enfim, qualquer um que escolha ser, no renascimento que muitos viajantes experimentam quando vão suficientemente longe.

A decisão de regressar a qualquer cenário anterior de sua vida é perigosa mas irresistível, não como uma busca pelo tempo perdido, mas pelo grotesco do

---

* A lista é muito longa e inclui livros de viajantes ao estilo de Graham Greene, George Orwell, Robert Louis Stevenson, Leonard Woolf, Joseph Conrad, sr. Kurtz, H. M. Stanley, Leopold Bloom, São Paulo, Bashô, Jesus e Buda.

que aconteceu desde então. Na maioria dos casos é como encontrar a namorada anos depois e mal reconhecer o objeto do desejo naquela figura velha e enrugada. Todos vivemos fantasias de transformação. Viva o suficiente e as verá encenadas — o novo fica velho, a rua melhora, surgem casas nos terrenos baldios; e seus opostos: uma boa escola transformada em ruínas, um rio poluído, uma lagoa reduzida e cheia de lixo, notícias tristes: "Ele morreu", "Ela engordou", "Agora ele é primeiro-ministro", "Está preso", "Não se pode mais ir para lá."

Uma das muitas satisfações da maturidade é assumir o papel de testemunha do movimento do mundo acompanhar as mudanças irreversíveis. O lado negativo, além do tédio de ouvir as ilusões dos jovens, é escutar sem parar as mesmas opiniões batidas, não apenas dos jovens imaturos, como também, e pior ainda, de pessoas ainda mais imaturas que deveriam ter aprendido a reconhecer as mentiras criminosas sobre guerra, medo, progresso e o inimigo repetidas incessantemente em nossos ouvidos. Eles — eu deveria dizer "nós" — se aborrecem com coisas ouvidas um milhão de vezes anteriormente, livros descartáveis, descobertas sem novidade, soluções propostas que não resolvem nada. "Sei quando estou envelhecendo", diz o narrador do conto "O Congresso", de Borges: "Um sinal inconfundível é o fato de não considerar a novidade nem interessante nem surpreendente, talvez por não ver nada de essencialmente novo nela — é pouco mais do que tímidas variações em torno do que já aconteceu."

Os mais velhos são tidos como cínicos e misantropos — mas não é nada disso, eles são simplesmente pessoas que já ouviram a calma e triste música da humanidade tocada por uma banda de rock de segunda desesperada pela fama. Voltar e refazer meus passos — um esforço loquaz e ridículo para um escritor jovem, superficial e impressionável — seria para mim um modo de observar quem eu era, onde fui e o que aconteceu subsequentemente com os lugares pelos quais passei.

Como nunca escreverei a biografia que sonhava — volume um, *Quem Eu Era*; volume dois, *Eu Bem que Avisei* —, escrever sobre viagens tornou-se um jeito de compreender minha vida, o mais perto que chegarei de uma autobiografia — como o romance, o conto e o ensaio. Pedro Almodóvar certa vez declarou: "Tudo o que não é autobiográfico é plágio."

Ao refazer meus passos, devo evitar as tediosas reminiscências dos bons tempos, o nervosismo do tédio nostálgico, cuja mensagem costuma ser *Eu estive lá, você não*. "Lembro quando podíamos comprar quatro por um dólar." "Tinha uma árvore enorme no terreno onde agora está aquele prédio." "No meu tempo..."

Pô, cala a boca!

■ ■ ■

Que viajante voltou para refazer sua grande viagem? Nenhum dos bons que conheço. Greene nunca retornou para as matas da Libéria, nem ao Vietnã ou ao México. Com quase 60 anos, Waugh descartou completamente a viagem moderna, considerando-a mero turismo ou perda de tempo. Depois de 1948, Thesiger não regressou ao deserto de Rub' al Khali, o quarteirão vazio da Arábia. Burton não organizou outra expedição a Utah, nem comprovou a localização das nascentes do Nilo — na minha época ele residia em Trieste, profundamente envolvido com a literatura erótica. Darwin não voltou ao mar. Nem Joseph Conrad, que acabou odiando a possibilidade de embarcar. Eric Newby desceu o Ganges uma vez, Jonathan Raban desceu o Mississippi uma vez, Jan Morris escalou o Everest uma vez. Robert Byron não pegou a estrada para Oxiana de novo, Cherry-Garrard realizou apenas uma expedição à Antártida, Chatwin nunca retornou à Patagônia, assim como Doughty não visitou mais os desertos da Arábia, nem Wallace, o arquipélago malaio, nem Waterton, o Amazonas, nem Trollope, o Caribe, nem Edward Lear, a Córsega, nem Stevenson, Cévennes, nem Tchekhov, Sakhalin, nem Gide, o Congo, nem Canetti, Marrakesh, nem Jack London, as ilhas Salomão, nem Mark Twain, o Havaí. Em termos de meus autores favoritos, já basta.

Alguém poderia perguntar: "E por que deveriam?" O fato é que esses viajantes, quando amadureceram, devem ter descoberto o que Henry Morton Stanley encontrou ao cruzar a África novamente de oeste a leste, dez anos depois de sua primeira viagem bem-sucedida, de leste para oeste, entre 1874 e 1877 — um lugar diferente, com mudanças detestáveis, e um novo livro. Richard Henry Dana acrescentou um epílogo para atualizar a *Two Years Before the Mast* (Dois anos perante o mastro) quando, 24 anos após sua publicação, em 1840, ele retornou a São Francisco (deixara porém de viajar no castelo da proa), vendo que se transformara de missão espanhola desolada, com alguns casebres em torno, numa cidade norte-americana pujante, graças à corrida do ouro. Dana procurou meticulosamente pessoas que conhecera na primeira visita e avaliou as mudanças na paisagem, completando o que chamou de "ato de devota recordação".

Certos poetas, com destaque para Wordsworth e Yeats, ampliaram sua visão e seu conhecimento ao regressar ao cenário anterior de suas vidas. Eles estabeleceram o padrão da literatura do revisitar. Se a missão de um escritor é repetir o passado, descrevendo-o à sua moda, a nova viagem pode ser uma versão em prosa de *The Wild Swans at Coole* (Os cisnes selvagens em Coole) ou *Tintern Abbey* (Abadia Tintern).

A viagem proposta para refazer o itinerário de *O Grande Bazar Ferroviário* refletia principalmente a curiosidade de minha parte, bem como a costumeira vocação para o ócio e a disposição de me afastar; mas esse havia sido o caso 33 anos antes, com bons resultados. Escrever é sempre se jogar na escuridão, torcendo para que haja luz e um pouso suave.

— Vou fazer muito tricô na sua ausência — disse minha mulher. Era uma boa notícia. Desta vez, eu precisava de uma Penelope.

Embora eu tivesse a pretensão de ser leve na narrativa publicada, a primeira viagem não saiu como planejado.

— Não quero que você vá — disse minha primeira mulher em 1973, não de um jeito sentimental, mas como uma exigência furiosa.

Contudo, eu havia acabado um livro e estava sem ideias. Não tinha renda, nem roteiro para um novo romance, e — embora não soubesse onde estava me metendo — esperava que a viagem fosse a maneira possível de achar um assunto. Eu tinha de ir. Marinheiros vão para o mar, soldados, para a guerra, pescadores, para a pesca, expliquei a ela.

— Voltarei o quanto antes.

Ela se sentiu abandonada. Embora não tenha escrito a respeito, eu me senti arrasado ao partir de Londres, quando me despedi daquela mulher desolada e de nossos dois filhos pequenos.

Vivíamos na era dos aerogramas, cartões-postais e telefones pretos pesados que não funcionavam direito. Eu escrevia muito para casa. Mas só consegui dar dois telefonemas, um de Nova Déli e outro de Tóquio, ambos fúteis. Por que meu afeto foi tão mal recebido? Senti saudades de casa o tempo inteiro — quatro meses e meio — e me perguntava se sentiam a minha falta. Foi a primeira vez que experimentei a melancolia do viajante em suas longas noites solitárias. No final da viagem, eu estava em petição de miséria. Quando cheguei em casa, fiquei enlouquecido. Não haviam sentido a minha falta. Eu havia sido substituído.

Minha mulher estava com um amante. Seria hipocrisia condená-la: eu havia sido infiel a ela. Não foi a aventura sexual que me incomodou, mas o aconchego doméstico. Ele passou muitos dias e noites em minha casa, na nossa cama, namorando minha mulher e brincando com meus filhos.

Não reconheci minha própria voz quando gritei:

— Como você pôde fazer uma coisa dessas?

Ela disse:

— Fingi que você tinha morrido.

Eu queria matar aquela mulher, não por odiá-la, mas (como costumam dizer os maridos homicidas) por amá-la. Ameacei matar o homem que lhe mandava cartas de amor, mesmo depois de eu ter voltado para casa. Um violento ressentimento tomou conta de mim, e por acaso descobri uma coisa tão cruel quanto útil: ameaçar alguém de morte é um modo eficaz de atrair a atenção da pessoa.

Em vez de matar alguém, ou prosseguir com as ameaças, eu me tranquei no quarto para escrever furiosamente e maltratei a máquina, tentando me perder no humor e na estranheza do livro. Eu desprezava a maioria dos relatos de viagem. Queria acrescentar ao meu relato tudo o que, em minha opinião, faltava nos outros — diálogos, personagens, desconforto — e deixar de fora museus, igrejas e passeios em geral. Embora pudesse estender minha abordagem, omiti tudo a respeito da minha confusão doméstica. Fiz um livro divertido, embora tenha sido escrito durante a agonia do meu sofrimento, como ocorre com muitos livros alegres. Lamentei que, por causa da viagem, eu tivesse perdido as coisas mais valiosas: filhos, mulher e um lar feliz.

O livro deu certo. Curei-me do sofrimento com mais trabalho — a inspiração para um novo romance, que tive durante a viagem. Todavia, algo havia sido destruído: fé, amor, confiança e crença no futuro. Após a viagem, na volta, tornei-me um estranho, uma presença espectral, com o nariz achatado na janela. Compreendi como era estar morto: as pessoas sentem sua falta e tocam a vida sem você. Outras pessoas ocupam seu lugar. Sentam na sua poltrona favorita e balançam seus filhos no joelho, dão conselhos, acariciam-lhe o queixo; dormem em sua cama, olham para seus quadros, leem seus livros, flertam com a babá dinamarquesa; e enquanto o criticam por ser um burro de carga fanático, gastam seu dinheiro. Durante a maior parte do tempo sua morte é esquecida. "Talvez tenha sido melhor assim", as pessoas dizem, tentando não soarem mórbidas.

Algumas traições são perdoáveis, mas de outras a gente nunca mais se recupera totalmente. Anos depois, quando meus filhos já tinham ido embora de casa, deixei aquela vida, o casamento, o país. Recomecei minha vida em outro lugar.

Agora, 33 anos mais velho, estava de volta a Londres. Para meu desespero, a ponto de fazer a mesma viagem outra vez, revivi grande parte da dor que eu julgava ter superado.

■ ■ ■

Nada é mais adequado a uma partida emblemática do que o mau tempo. Combinava com meu estado de espírito a chuva daquela manhã londrina, o céu escuro e baixo despejando uma garoa forte, escurecendo a cidade porosa de pedra antiga, e por sua causa — da chuva que caía como uma carga — todos se encolhiam, cabeça molhada baixa, olhos no chão, pensando, que tempo ruim. Tráfego ruidoso, pneus pesados sibilando nas ruas molhadas. Na estação de Waterloo, cheguei à plataforma de onde sairia o Eurostar, trem das 12h09 para Paris.

Até em Waterloo os sinais da minha antiga Londres apareceram quase que imediatamente. A indiferença dos londrinos, o andar apressado, as fisionomias imutáveis, ninguém de chapéu na chuva, embora alguns abrissem guarda-chuvas — todos nós, inclusive os barulhentos estudantes colegiais, passando depressa pela mulher envolta numa saia suja, sentada no piso ao pé da escada de ferro da estação de trem, pedindo esmolas.

E depois a partida internacional mais simples que se possa imaginar: uma verificação de segurança burocrática, formalidades da imigração francesa, subida da escada rolante até o trem que nos esperava, meio vazio num dia de semana no início de março. Em 1973 eu havia partido da estação Victoria, de manhã, para descer em Folkestone, no litoral, cruzar o canal da Mancha de barco, pegar outro trem em Calais e chegar a Paris depois da meia-noite.

Isso foi antes de cavarem o túnel sob o canal. Custou 20 bilhões, demorou 15 anos para ficar pronto e todos reclamaram que era dinheiro desperdiçado. O trem funciona há 12 anos, mas eu nunca havia viajado nele. Esquece a despesa — passar de trem sob o canal foi uma maravilha. Eu desfrutei a segurança preguiçosa do viajante que pode entrar na estação e sentar no trem em Londres, ler um livro e poucas horas depois se levantar para passear em Paris sem sair do chão. E eu pretendia ir até a Ásia central do mesmo jeito, por terra até a Índia, sentado olhando a paisagem pela janela.

Desta vez, recusaram um visto para o Irã, e os civis estavam sendo sequestrados e fuzilados no Afeganistão, mas, estudando o mapa. encontrei outras rotas e estradas de ferro — através da Turquia até a Geórgia e depois pelas repúblicas islâmicas. Primeiro o Azerbaidjão, travessia do mar Cáspio de barco, trens pelo Turcomenistão, passando pela antiga cidade de Merv, onde havia uma estação ferroviária, até as margens do rio Amu Darya — na verdade, Oxiana — e mais trem até Bukhara, Samarkand e Tashkent, no Uzbequistão, a curta distância das ferrovias do Punjab.

Depois disso eu poderia seguir meu antigo itinerário pela Índia, Sri Lanka e Mianmar. Mas seria equivocado antecipar tanta coisa no início da viagem, eu estava a poucos minutos de Waterloo, ressoando sobre os trilhos reluzentes, molhados pela chuva em Clapham Junction, pensando: eu já passei por aqui antes. A bordo, percorrendo o sul de Londres, com o rosto assombrado à janela, via minha vida anterior de londrino passar perante meus olhos.

Cenas dos anos 1970, por aquela mesma linha, que passava por Vauxhall, fazia a curva em Queenstown Road, seguia por Clapham High Street e Brixton e cruzava a Coldharbour Lane, nome que me dá arrepios. Do outro lado do parque, em 1978, havia distúrbios raciais em Battersea Rise, perto da loja de departamentos Chiesman's ("Fundada em 1895"), onde os vendedores se aproximavam para perguntar: "O senhor já foi atendido?" Comprei minha primeira televisão colorida ali, perto da rua de Lavender Hill, onde morou Sarah Ferguson, depois duquesa de York; no dia em que seu casamento com o príncipe Andrew foi anunciado, minha faxineira, com escovão e balde na mão, disse: "Ela veio da sarjeta."

Trafegávamos por um sulco profundo, afastávamo-nos de Clapham Junction, e pela janela do trem vislumbrei o cinema que frequentei até se tornar um salão de bingo, a igreja que virou creche, e depois do parque a Alfarthing Primary School, na qual meus filhos, de rostos pálidos e pernas finas, aprendiam a cantar com a sra. Quarmby. Aquelas ruas eu conhecia bem: numa, minha bicicleta fora roubada, na outra, meu carro quebrou; quitandas e açougues em que eu fazia compras; a prostituta, a florista, o verdureiro chinês; a banca de jornais, o indiano de Mwanza que gostava de falar suaíli comigo, pois sentia saudades das margens do lago Vitória; o Fishmonger's Arms, conhecido como Fish — um pub irlandês onde refugiados do Ulster soltavam palavrões sempre que o príncipe Charles aparecia na tela e que riram feito idiotas no dia em que o lorde Mountbatten foi explodido pelo IRA; onde todas as noites tomavam um copo de Guinness e liam o *Evening Standard*; bem ali.

Em cenários assim fiz minha vida londrina. Naquela época, rezava para chover, pois isso me obrigava a ficar dentro de casa — hora de escrever. Muito do que via agora era familiar, mas não igual — a fórmula usual de um sonho. Árvores desfolhadas sob as nuvens cinzentas e esgarçadas, prédios em sua maioria sem alterações, mas uma Londres mais jovem e próspera. O bairro que estava meio arruinado quando mudei para lá — casas vazias, às vezes invadidas, algumas residências antigas ainda de pé — passara por uma revitalização. A mercearia do chinês agora era loja de vinhos, um dos pubs virara bistrô e o *fish & chips* dera lugar a um sushi bar.

No entanto, a parte maravilhosa de varar o sul de Londres com eficiência notável era ser poupado da dor mais funda de olhar de perto para o passado. Eu percorria furtivamente túneis, viadutos e cortes ferroviários, olhando para a paisagem de minha história pessoal à esquerda e à direita, felizmente avançando para outros lugares que não guardavam lembranças ambíguas. *Não fique remoendo isso*, dizem os ingleses, que detestam lamúrias. *Não resmungue. Não precisa se preocupar. Não vai acontecer nada.*

Eu amava a velocidade daquele trem e a ideia de que não parava em lugar nenhum; seguia a linha da costa, passando por Penge, Beckenham, Bromley — até a borda do mapa de Londres e os bangalôs de aparência desoladora que eu associava a romances do subúrbio distante, a ficção das cortinas esvoaçantes, espíritos vulgares e famílias ansiosas, especialmente *Kipps* e *Mr. Beluncle*, de H. G. Wells e V. S. Pritchett, nativos de Bromley que escaparam de lá e sobreviveram para contar a história.

Na satisfatória estante de literatura inglesa voltada para o que se vê dos trens, os poemas com os versos "Ó mulher gorda a quem ninguém ama" e "Sim, eu me lembro de Adlestrop" se destacam, assim como os comboios que percorrem as páginas de P. G. Wodehouse e Agatha Christie. Mas a descrição que para mim melhor captura a experiência ferroviária inglesa está na evocação da cidade feita por Ford Madox Ford, em seu primeiro livro de sucesso, *A Calma de Londres*, publicado faz cem anos. Olhando pela janela do trem, Ford descreve como o silêncio relativo de quem anda de trem e a visão do mundo mudo e agitado lá fora induz à melancolia. "A gente fica por trás do vidro, como se apreciasse a quietude de um museu; não ouve a algazarra das ruas nem o grito das crianças." E sua observação mais perspicaz, que para mim valeu de Londres a Tóquio: "Vemos também inúmeros fragmentos incompletos da vida."

Ele citou um ônibus perto da escola, uma criança maltrapilha, um policial de azul. Eu vi um homem de bicicleta, uma mulher descendo do ônibus, escolares chutando bola, uma mãe jovem empurrando o carrinho de bebê. E, como era um panorama dos fundos dos quintais londrinos, um homem cavando, uma mulher pendurando roupa, um trabalhador — ou seria um ladrão? — apoiando a escada numa janela. E "a constante sucessão de ações muito menores que vemos e que nunca acompanhamos até o final confere ao ato de olhar pela janela do trem um toque de tristeza e de insatisfação. Tem a ver com um sentimento profundamente embutido nos seres humanos: querer saber o final da história".

"Fragmentos incompletos da vida" — o que o viajante habitualmente vê — instiga o desconsolo e a poesia, bem como a sensação desvairada de ser forasteiro, tirando conclusões precipitadas, generalizando, inventando ou recriando lugares a partir do vislumbre errante.

Foram apenas vinte minutos da estação coberta de poluição de Waterloo para seu oposto, os campos cultivados de Kent, muitos deles já arados pelo trator, preparados para receber o plantio naquela primeira semana de março.

— O senhor deseja beber um vinho com o almoço?

Uma moça de uniforme azul trouxe uma garrafa de Les Jamelles Chardonnay Vin de Pays d'Oc 2004, elogiado no cardápio pelo "toque sutil de baunilha derivado do carvalho, com final amanteigado".

Em seguida, a bandeja com o almoço: *terrine de poulet et de broccolis, chutney de tomates*, o prato principal, um filé de salmão levemente apimentado, e para a sobremesa, *coup de chocolat*. Ao menos superficialmente aquele era um mundo bem diferente do que eu vira no Bazar Ferroviário, na jornada antiga por Folkestone, em pé na amurada do barco, sentindo culpa e confusão, comendo torta fria de carne de porco.

O túnel era um milagre de vinte minutos, o suprassumo das tocas de coelho, resgatando-me das reminiscências londrinas e levando-me, em alta velocidade, por baixo do canal da Mancha, rumo à França, de onde eu guardava apenas lembranças pontuais, de prazeres e mal-entendidos, de comidas e bebidas, de quadros vistos e coisas estranhas escutadas, como o comentário da linda francesinha que me disse: "Hoje vou visitar a amante do meu noivo. Acho que faremos sexo. Adoro mulheres estúpidas." Em seguida, ela disse: "Você está rindo. Ah, os americanos!"

Após o túnel, chuva do céu francês nos telhados e nos carros pequenos que circulavam pelo lado direito, e, se não fosse isso, poderíamos continuar em Kent: os mesmos morros suaves e platôs esbranquiçados, a mesma terra seca, os mesmos celeiros, os galpões industriais e as lojas, as fileiras de álamos desfolhados na garoa da tarde.

Foi uma viagem de trem tão rápida, a França ficava tão perto da Inglaterra que era difícil pensar nela como um país distinto, com sua comida, seus escândalos, sua língua, sua religião e seus dilemas particulares. Jovens muçulmanos furiosos incendiando carros eram um dos problemas do momento; apenas uma morte e dúzias de Renaults em chamas.

Por que a cultura do automóvel é mais lúgubre na Europa do que nos Estados Unidos inteiros? Talvez por ser uma imitação que parece picaretagem de mau gosto, sem estilo, desvinculada do ambiente, assim como um europeu fica esquisito com boné de beisebol. Enquanto os postos de gasolina e os estacionamentos gigantescos combinam com o mau gosto descartável da arquitetura norte-americana, na paisagem francesa eles se tornam uma perversão contra o fundo de pináculos góticos e chalés medievais, quebrando um consenso secular e rasgando vilarejos compactos, campos arados e prados com vias expressas horríveis e cercas metálicas.

Por conta do que Freud chamou de "o narcisismo das pequenas diferenças", todos aqueles espaços abertos, campos de batalha desde tempos ancestrais, formavam um cenário percorrido por exércitos em confronto, imagem sangrenta da civilização e seus conflitos. Independentemente do que mais se possa dizer, é um fato que o traçado daquela ferrovia, ensopado de sangue, lotado de túmulos de soldados mortos — milhões deles — se manteve sereno no último meio século, talvez o mais longo período de paz de sua história.

Cruzamos um rio de nome trágico. Num dia de julho, noventa anos antes, quando uma garoa fina caía sobre os magníficos prados e morros baixos, tendo ao longe os pináculos de Amiens de um lado dos trilhos, e do outro a cidadezinha de Péronne, o vale do rio Somme transformou-se num anfiteatro de puro horror. No primeiro dia de batalha, 60 mil soldados britânicos foram mortos, caminhando lentamente devido às mochilas de 30 quilos que levavam nas costas. Eles avançaram na direção do fogo das metralhadoras alemãs e foram o maior contingente de soldados mortos num único dia na história britânica. Nos quatro meses de banho de sangue, a primeira batalha do Somme, encerrada em novembro de 1916, morreram mais de um milhão de soldados — 420 mil britânicos; 194 mil franceses; 440 mil alemães. Sem motivo algum. Nada foi conquistado, nem território nem vantagem militar; nem mesmo aprenderam a lição sobre a futilidade da guerra, pois 25 anos depois — em minha época — os mesmos exércitos se enfrentaram novamente, naqueles mesmos campos. Todos eram potências coloniais que anexaram vastas áreas da África e da Ásia para se apropriar de ouro e diamantes, além de lhes ensinar o que era civilização.

As cores e as roupas dos pedestres das ruas próximas a Paris refletiam o passado colonial francês — africanos, caribenhos, argelinos e vietnamitas. Jogavam futebol na chuva. Faziam compras nas feiras livres, residiam nos sombrios conjuntos habitacionais e prédios populares, nos subúrbios erguidos pelo poder público na periferia de Paris, onde o Eurostar passava. Penetramos na cidade de pedras cor de queijo derretido e fachadas marcadas e bulevares. Londres é em larga medida uma cidade de residências unifamiliares — chalés, sobrados, predinhos, casas geminadas em becos, palacetes. Paris é uma cidade de prédios de apartamentos em estilo rococó, fartos em sacadas, sem uma casa à vista.

Com uma bolsa e uma mala pequena, eu viajava tão leve que os carregadores da Gare du Nord me ignoraram. Atravessei a estação, cheguei à entrada principal e apreciei a linda fachada iluminada, com estátuas em estilo clássico representando as principais cidades francesas. Haviam sido esculpidas no início dos anos 1860 (segundo a placa) pelos "maiores nomes do segundo Império".

As ruas estavam lotadas de carros imóveis, dos quais saíam buzinadas e gritos coléricos. Perguntei a um senhor sorridente qual era o problema.

— *Une manifestation* — ele disse.
— Por que hoje?
Ele deu de ombros.
— Porque é terça-feira.

Todas as terças-feiras acontecia uma manifestação enorme e belicosa em Paris. Mas, por seu tamanho e confusão, aquela passaria à história como a Terça-feira Negra.

2   *O outro Expresso do Oriente*

Uma crise nacional é uma oportunidade, uma dádiva para o viajante; para um forasteiro, nada mais revelador de um lugar que o distúrbio. Mesmo se a crise for incompreensível, como costuma ser, ela acrescenta dramaticidade ao cotidiano e transforma o viajante em testemunha ocular. Por mais que a crise signifique um purgatório para o viajante, é preferível aos feriados nacionais, que são um inferno: ninguém trabalha, lojas e escolas fecham, nativos tomam sorvete, o transporte público lota e o estrangeiro se sente excluído da diversão — de tudo. O feriado é um momento de profunda alienação; uma crise pode ser um espetáculo, atrai a atenção do forasteiro.

A razão para Paris possuir características de palco iluminado é o fato de a cidade ter sido refeita a partir de uma perspectiva teatral, por volta de 1857, por Georges Haussmann (contratado por Luiz Napoleão, que se considerava imperador), que derrubou casas e cortiços, promoveu desapropriações em massa, destruiu becos e ruelas para abrir bulevares, prédios de quadras inteiras, monumentos e fontes, impondo o conceito de metrópole como aparente centro do mundo. A cidade foi refeita em um estilo único.

O cenário requintado de prédios, arcos e obeliscos extravagantes cor de biscuit — uma cidade imperial, com direito a holofotes — fixou-se tanto na mente das pessoas, e principalmente de quem nunca esteve lá, que descrevê-lo seria irrelevante. De todo modo, para quê? Na Paris da ficção basta que o escritor inclua o nome de um bulevar ou de um bairro. Simenon, por exemplo. Eu estava lendo seus romances, pela portabilidade e pela esquisitice. "Ele regressou para a rue des Feuillantines dando uma longa volta, de modo a chegar ao parque Montsouris" — e isso basta; o local é tido como favas contadas, fixo como uma imagem de calendário. A menção de nomes evocativos chega como descrição. Nada a descobrir, nada a mostrar; a cidade se ergue, majestosa, mas em vez de se sentir diminuído, seus habitantes se sentem importantes.

Todavia, essa aparente familiaridade, uma das atrações preponderantes de Paris, não passa de ilusão. "*Couleur locale* tem sido responsável por muitas avaliações apressadas", escreveu Nabokov certa vez, "e cor local *não* é uma cor firme". O brilhante palco parisiense tem uma longa história de insurreições, violência popular e a extrema humilhação da ocupação estrangeira — na experiência de muitos parisienses ainda vivos, permanece a lembrança da dominação dos alemães, das traições, da vergonha da rendição. Desde que marcharam pelos bulevares da cidade nazistas triunfantes, eles nunca mais pareceram tão imponentes. Como muitas de suas mulheres recatadas, Paris parece inviolada, mas esconde um passado turbulento, tendo sido violentada, pilhada, bombardeada e sitiada, passando por muitas mudanças, assim como Londres, sua cidade-irmã, e outras do meu itinerário: Viena, Budapeste, Bucareste, Istambul, Ankara, Tbilisi, Baju e o resto dos reluzentes formigueiros asiáticos até chegar a Tóquio.

Raramente sinto-me enaltecido numa cidade; pelo contrário, elas me oprimem e confinam. Nas minhas viagens, interesso-me mais pelos lugares situados entre as metrópoles do que pelas cidades propriamente ditas: o interior, não a capital. Suspeito que as pessoas que ficam deslumbradas pela cidade grande e que se consideram cosmopolitas e plenamente metropolitanas não passam, no fundo, de ratos do campo — simples, assustadas, provincianas excessivamente domesticadas, ofuscadas pelas luzes da cidade.

Portanto, os carros incendiados durante o mês anterior e a presente crise parisiense foram reveladores. Não creio na imutabilidade das cidades. Penso nelas em geral como ninhos de cobras, lugares de onde devemos escapar. Mas aquela *manifestation* — uma multidão enorme e ruidosa (assim a descreveu o homem sorridente) na Place de la République — parou a cidade. Talvez valha a pena ver — certamente uma multidão enfurecida é um chamariz maior do que qualquer obra em exibição no Louvre.

Consegui um táxi. O chofer, confortavelmente sentado, ouvia o rádio com o queixo apoiado na mão.

— Place de la République — eu disse ao entrar no carro.

— Não dá — ele retrucou. — Tem *manifestation*.

— Qual é o problema?

— Eles estão furiosos — ele disse e mencionou o primeiro-ministro jovial, que escrevia, publicava poemas e pretendia mudar a legislação trabalhista.

Mais alguns minutos se passaram, durante os quais o motorista fez uma ligação de seu celular. Previsivelmente, relatou que estava preso no trânsito.

— Além disso, está chovendo.

Ao reconhecer um colega taxista, ele se debruçou pela janela e começou a gracejar. Interrompendo a conversa, virou-se para mim:

— Além disso, o bulevar Saint-Germain está em obras.

Mal havíamos saído do lugar e o taxímetro indicava dez euros pelos 50 e poucos metros avançados.

— Acho melhor eu ir para a Gare de l'Est — eu falei.

— Então vá andando. Basta atravessar aquela rua e descer a escada.

Saí do táxi, voltei a pé para a Gare du Nord, comprei um jornal e vi as placas indicando a Gare de l'Est. Atravessei a rua, e um restaurante de aparência agradável atraiu minha atenção, o Brasserie Terminus Nord, o tipo de estabelecimento bem-iluminado, quente e animado que me fez sentir fome naquele dia frio e úmido.

Pensando que seria minha refeição de despedida, pedi meia garrafa de Borgonha branco, salada e uma *bouillabaisse marseillaise* — uma tigela enorme de ensopado de peixe, marisco, caranguejo grande, caranguejo pequeno e camarão em caldo temperado com açafrão, acompanhado de pedacinhos de pão torrado e molho rémoulade. Os garçons eram simpáticos, serviam com eficiência, boa educação e bom humor.

Ao notar minha mala, um deles perguntou:

— Vai viajar?

— Vou para Istambul de trem. — E pensei: e também para o Turcomenistão, Uzbequistão e mais adiante...

— Boa viagem.

— Sigo para Budapeste esta noite, amanhã à noite para a Romênia. Tenho uma dúvida. — Mostrei o jornal. — O que quer dizer *licenciement*?

— Quer dizer perder o emprego.

— E a *manifestation* é por causa do desemprego?

— Exatamente.

Ele explicou: o primeiro-ministro propôs mudar a lei para tornar mais fácil a demissão de trabalhadores que, na França, tinham empregos vitalícios, uma vez que despedi-los era praticamente impossível. Mas os jovens se rebelaram contra a mudança — assim como os sindicatos, os comunistas e os trabalhadores em geral, pois a garantia de emprego era considerada sagrada. Se os empregos dos franceses não fossem protegidos (argumentavam), eles seriam tomados por imigrantes poloneses e albaneses, estraçalhando a ordem social, além de deixar a vida cultural sitiada pelos estrangeiros.

Terminei a refeição, conversei com os garçons, tomei algumas notas. Pelas poucas horas na França, pude concluir que os garçons franceses são amigáveis e bem informados, a comida francesa, deliciosa, os motoristas de táxi, bem-humorados e Paris, chuvosa. Em outras palavras, generalizar a partir da experiência de uma única tarde. É isso que os viajantes fazem: tiram conclusões de evidências insuficientes. Mas eu só estava de passagem, não vi quase nada. Apenas trocava de trens no caminho para a Ásia.

Continuei meu caminho, andando até a Gare de l'Est pela escada antiga e íngreme na ladeira de uma rua estreita. Um grafite em francês, na calçada, dizia: *O maior perigo é a passividade.*

Dentro da estação, no final da ruela, uma multidão compacta de rostos erguidos verificava o quadro das partidas, buscando a plataforma de seu embarque. Vi meu trem — com destino a Viena. A informação foi confirmada pela voz dos alto-falantes: *"Plataforma nove, Expresso do Oriente para Mulhouse, Estrasburgo e Viena."*

Meu trem era chamado de Expresso do Oriente? Fiquei surpreso ao ouvir isso. Eu só tinha uma coleção de passagens baratas: Paris-Budapeste-Bucareste-Istambul, precisava trocar de trem em cada uma dessas cidades, passando três noites em vagões-dormitório. Há dois percursos de trem para Istambul — minha opção tortuosa e popular, em três trens distintos, e a opção de luxo. Por acaso o trem de luxo encontrava-se na plataforma adjacente, os vagões-dormitório exibiam a marca da *Compagnie Internationale des Wagons-Lits*, um começo de viagem em grande estilo, e havia na plataforma uma limusine estilo antigo com os dizeres *Pullman Orient Express — pour aller au bout de vos rêves* (para chegar ao limite de seus sonhos).

Aquele trem, que não tinha nada a ver com o meu, era o suntuoso Venice Simplon-Orient Express, em azul e dourado, que fizera a rota Paris a Istambul de 1883 até 1977. Um espectro de sua grandeza passada (um vagão-dormitório, nenhum vagão-restaurante e um maquinista mal-humorado) que conheci em 1973, e que foi cancelado quatro anos depois. Os vagões enferrujados e desbotados foram a leilão em Monte Carlo, e todos eles, com os equipamentos adicionais, foram adquiridos por um empresário norte-americano. Ele investiu 16 milhões de dólares na restauração dos vagões e devolveu seu resplendor. Registrou uma versão do nome e retomou o serviço em 1982. Tem sido um grande sucesso entre os ricos nostálgicos.

Aquele não era o meu trem por conta do preço alto: a passagem entre Paris e Istambul custaria cerca de 9 mil dólares. Segundo motivo: o luxo é inimigo da observação, uma indulgência custosa que induz uma sensação tão boa que acaba não se percebendo nada. O luxo estraga e infantiliza a pessoa, impede que ela conheça o mundo. Este é o seu objetivo, o motivo pelo qual cruzeiros de luxo e hotéis exuberantes estão cheios de idiotas que parecem ter vindo de outro planeta quando emitem uma opinião. Minha experiência também diz que um dos piores aspectos de viajar na companhia de gente abastada é que os ricos nunca ouvem e se queixam sem parar do alto custo de vida — na verdade, os ricos costumam reclamar que são pobres.

Eu estava no outro Expresso do Oriente, cruzando a Europa Oriental até chegar à Turquia. No total gastaria quatrocentos dólares de passagem para três dias e três noites, em viagem sem luxo (a julgar pelo aspecto do trem parado na Gare de l'Est), mas agradável e eficiente.

— Ocupe aquele lugar — disse o bilheteiro, indicando um lugar na cabine para seis pessoas. — Mudará para o vagão-dormitório em Estrasburgo.

Só havia um passageiro na cabine, no momento, uma senhora idosa. Sentei-me e cochilei até ser acordado por apitos curtos do trem, anunciando a partida daquele Expresso do Oriente que saiu da Gare de l'Est sem estardalhaço. Após menos de 2 quilômetros de cidade maravilhosa entramos nos subúrbios e depois acompanhamos a margem do rio Marne, rumando para o interior da França oriental ao crepúsculo.

Viajando na escuridão do final da tarde de inverno e sabendo que teria de acordar em Viena só para trocar de trem, senti que minha viagem realmente começava, que todos os acontecimentos até o momento não passaram de um mero prelúdio. O que intensificava a sensação era a vista dos campos úmidos e verde-escuros, do rio sombrio, das árvores desfolhadas, da fria sensação de estranhamento, da impressão de não ter uma ideia clara de onde eu estava, só a noção de que durante a noite eu passaria por Estrasburgo, rumo à fronteira alemã, e que amanhã de manhã estaria na Áustria, chegando a Budapeste por volta do meio-dia, onde apanharia outro trem. O ritmo metálico dos trilhos e a rotina das baldeações me levaria até a Ásia Central, pois dali até Tashkent, no Uzbequistão, aguardava-me uma série de jornadas ferroviárias.

Uma sensação gostosa tomou conta de mim, a verdadeira preguiça do viajante de longo curso. Não desejava estar em nenhum outro lugar do mundo mais do que ali, na poltrona do canto, levemente embriagado pelo vinho e entupido de *bouillabaisse*, vendo a chuva fustigar a janela.

Eu ainda não sabia, claro, mas viajaria debaixo de chuva e vento pela Turquia inteira, até a costa do mar Negro, passaria pela Geórgia e chegaria ao Azerbaidjão, no mar Cáspio, sentindo frio — apesar do suéter de lã e de um casaco grosso — até estar no interior do Turcomenistão, entre turcomenos que oravam, se flagelavam e realizavam o ritual poeirento das abluções sem água, chamados *tayammum*, também num trem, embora sujo e barulhento, no deserto de Karakum, onde nunca chovia.

A velha senhora olhou para mim e provavelmente notou que o livro em meu colo era em inglês, pois disse:

— Está nevando em Viena.

Pensei satisfeito que em poucos dias eu estaria em Istambul e disse:
— Por mim, tudo bem. Onde estamos agora?
— Château-Thierry. Épernay.

Os nomes dos lugares na França sempre evocam batalhas ou rótulos de vinhos. A estação seguinte era Châlons-en-Champagne, uma plataforma brilhante na garoa forte, casas alinhadas, semelhantes às casas dos subúrbios de Connecticut, sob o prisma da chuva que caía. Depois Nancy, no escuro, o trem reluzente ao sair dos limites da plataforma, e poucos quilômetros adiante casas amontoadas tão baixas e quietas que pareciam lápides de pessoas ali enterradas.

Uma mulher e dois homens juntaram-se à senhora idosa e a mim, na cabine. As três pessoas falavam sem parar, em língua incompreensível; um dos homens conduzia a conversa e os outros davam palpites.

— Que língua estão falando? — A senhora perguntou.
— Húngaro, creio — respondi.

Ela disse que não fazia ideia e me perguntou como eu podia ter tanta certeza.

Falei:
— Quando a gente não entende uma única palavra, em geral é húngaro.
— Pode ser búlgaro. Ou tcheco.
— Onde mora? — perguntei.
— Linz — ela disse.
— Não foi onde...

Antes de eu terminar a sentença ela riu alto, me interrompendo, os olhos brilharam, sorrindo por conta do que nós dois sabíamos, e ela disse:

— É uma cidadezinha encantadora. Cerca de 250 mil habitantes. Muito limpa, muito confortável. Não é o que as pessoas pensam. Queremos esquecer aquele negócio.

"Aquele negócio" era o fato de Adolf Hitler, a gralha de Linz, ter nascido lá, onde ainda existia sua casa, visitada pelos saudosistas do nazismo, embora todos os símbolos e todas as palavras de ordem nazista fossem proibidos na Áustria. Nesta época o escritor David Irving foi condenado à prisão por publicar a alegação irracional de que o Holocausto não havia acontecido. Uma sandice equivalente a dizer que a terra era plana, mas considerada crime na Áustria.

— Eles estão voltando, na França — a senhora disse.
— Refere-se aos nazistas?
— Segundo minha filha, sim. Ela mora em Paris. Fui visitá-la. — Ela olhou pela janela. Nada a ver, exceto seu próprio reflexo. — Sempre pego este trem.

— Não poderia ir de avião? — perguntei, só para ouvir a resposta.

— Voar é horrível. Sempre há atrasos, com este tempo. Trem é muito melhor. Chegaremos a Linz amanhã cedo, tomarei café da manhã em casa. — Ela se debruçou novamente e perguntou:

— Quem são eles?

Ela devia ter uns 75 anos e passara a vida inteira na Áustria, afirmou. Vizinha da Hungria o tempo inteiro e não tinha a menor noção da língua do outro lado da fronteira, nem sabia identificar falantes do húngaro, como eles — confirmei isso na plataforma de Estrasburgo, quando esperávamos o vagão-dormitório.

Dez horas de uma noite fria de março, a chuva batia nos trilhos; alguns vagões deslizaram pela plataforma, suas rodas guinchavam, e exibiam a palavra *Schlafwagen* na lateral, em letras douradas. Por que eu não sentia a menor excitação ao entrar num grande hotel numa noite chuvosa como aquela, mas me agitava todo ao subir os degraus do vagão-dormitório, entregando a passagem ao bilheteiro e seguindo para minha cabine? A cama estava feita, havia uma garrafa de água mineral sobre a pequena prateleira; pia, mesa, uma laranja madura no prato.

Li um pouco de Simenon, aconchegado sob as cobertas, enquanto o trem se afastava de Estrasburgo sob a chuva que faiscava, parecendo cristalizada pelas luzes da cidade. Alguns quilômetros à frente os dardos da chuva perfuravam a superfície do Reno. Dormi — fora um dia longo, começara em Waterloo, com as lembranças de Londres. Senti contentamento por estar em terra estranha, com tempo ruim, rumo a lugares ainda mais estranhos.

Na luz cinzenta do início da manhã, perto de uma estação chamada Amstetten, a neve parecia a neve suja do romance de Simenon que eu estava lendo: "Pilhas de neve que davam a impressão de estar apodrecendo, manchadas de preto, salpicadas de lixo. O pó branco que caía do céu em pequenos punhados era como gesso caindo do forro." Mas a neve estava muito mais branca na estação seguinte, Purkersdorf Sanatorium, seu hospital centenário uma monstruosidade arquitetônica, um projeto cubista. A neve ficava mais funda conforme seguíamos para o leste, onde havia vilarejos na beira da ferrovia, capelas imponentes, carneiros em campos enlameados e cemitérios cobertos de estátuas religiosas. As casas austríacas pareciam à prova de bombardeio, indestrutíveis, com jardins nos quais árvores novas enegrecidas apontavam na neve.

Viena foi para mim apenas a estação e a plataforma em que Freud diagnosticou sua própria *Reisefieber* — a ansiedade ao viajar de trem. Ele temia perder o trem, então chegava à estação uma hora antes e normalmente entrava em pânico quando o trem parava. Ali peguei outro trem, meio decadente, provavelmente húngaro, para o trajeto até Budapeste, aonde chegaríamos ao meio-dia. Até a paisagem era mais plana, descuidada, a neve suja mais fina voava descrevendo curvas no ar conforme passávamos pela fronteira húngara em Györ, apenas um grupo de prédios sólidos do tempo em que ali se erguia uma das dobras enferrujadas da Cortina de Ferro, com fábricas e campos, árvores sem folhas e terra arável preparada no final do inverno, com marcas de arado e costelas esqueléticas de neve. "Terra arável" para uma descrição pastoral e serena, mas era o oposto, escura e ameaçadora, com celeiros abertos e cercas caídas; parecia menos um campo destinado à agricultura e mais uma série de campos de batalha de uma longa retirada, com evidências de emboscadas por trás das linhas que terminavam em manchas no horizonte, que crescia e se tornava humano, um camponês de bicicleta.

Melros voavam baixo no céu invernal, passeando pelas colinas húngaras, pelas valas e pelos bosques, tudo manchado por uma neve descolorida semelhante a glacê de bolo dormido. A paisagem matinal do Leste Europeu saltava pela janela do trem como imagens distorcidas de um filme antigo.

O encanto de viajar por aquela paisagem invernal, com pouca gente no trem, por uma planície aberta — o que plantavam ali?, eu gostaria de saber —, o prazer estava em sua completa feiura, algo romântica, e a noção de que eu estava apenas de passagem. Chegaria a Budapeste em poucas horas, em Bucareste no dia seguinte, em Istambul no outro. Esta viagem, um exercício do puro ócio, era também um modo de desfrutar a liberdade desse tipo de empreendimento.

Trinta e três anos antes eu me sentira ansioso. Para onde eu estava indo? O que faria com as experiências da viagem? Eu me sentia oprimido pela sensação de que as pessoas que eu mais amava desaprovavam minha iniciativa. *Você está abandonando a gente! Não quero que você vá. Se for, vai se arrepender!*

Sentindo a reprovação e a censura, eu havia olhado pela janela num lugar bem diferente — a Iugoslávia — e odiado o que vi, sentia-me fútil entre as colinas enlameadas e ressentia todos os obstáculos, como se a viagem escolhida por mim não passasse de uma tarefa penosa e complexa. Mas eu me sentia feliz agora, e a felicidade conduz pelo menos a um distanciamento solidário, e quem sabe até ao encanto. Não via a estrada na qual eu passava como território inimigo. Eu talvez estivesse meio desgrenhado, leve, um pouco triste, mas não levava para o lado pessoal.

A lição do meu Tao de Viagem era que se alguém se sente amado e livre, e decide conhecer o mundo, viajar é o modo mais simples e satisfatório. Pensei que qualquer um que viveu na segunda metade do século XX não se choca à toa, e, portanto, aproveita melhor as coisas, com menos expectativas e desprezo pelas promessas políticas. Depois de certa idade, o viajante deixa de procurar outra vida e não considera nada favas contadas.

E dessa vez minha mulher estava ao telefone. Ela me convenceu a levar um aparelho portátil que funcionava como telefone celular, com acesso à internet. No início, resisti. Eu viajava havia mais de quarenta anos sem sentir necessidade de estar sempre em contato. Odiava ver pessoas usando telefone celular, assim como odeio ver gente comendo e andando ao mesmo tempo — uma indulgência desavergonhada, que transforma uma cerimônia privada em ato público, quase uma bravata, o sujeito zurrando naquele negocinho idiota para o mundo inteiro escutar: *Oi, meu bem, estou num trem! E logo vamos entrar no túnel!*

Eu havia esquecido que estava com o instrumento. Liguei-o e recebi uma mensagem na tela: *Bem-vindo à Hungria*, e logo depois ele tocou.

— Estou com saudades — minha mulher falou. — Para mim é importante você saber que tem meu apoio. Entendo a necessidade desta viagem.

— Tricotando muito?

— Ainda não comecei. Estou escolhendo os pontos.

Curiosamente, considerei sua demora estranhamente reconfortante. Conversamos mais um pouco, ela em casa e eu no trem, vendo os campos nevados na periferia de uma cidade cheia de fábricas e conjuntos habitacionais chamada Tatabanya, a menos de uma hora de Budapeste.

■ ■ ■

A visão da antiga cidade esburacada e cheia de poças d'água, a fuligem sob a neve derretida, a estação de Keleti a se erguer feito um manicômio húngaro na chuva, ruas e calçadas enlameadas, degelando e pingando após o longo inverno, tudo isso me encheu de esperança. Não procurava encanto ou uma versão de meu ambiente, e sim algo completamente diferente, uma prova de que eu havia percorrido uma boa distância. Mulheres de ar severo e roupas antiquadas exibiam cartazes com a palavra *Zimmer*, oferecendo quartos em suas casas e apartamentos para visitantes, de modo a ganhar um extra numa economia que afundara tanto que as pessoas fugiam em massa — lotando a estação de Keleti para pegar trens que seguiam para Áustria, Alemanha e Grã-Bretanha. Fui rodeado por sujeitos que ofereciam de táxis a mulheres, sem agressividade, apenas desesperados por dinheiro.

Deixei as malas no guarda-volumes — o trem para a Romênia só sairia no final da tarde — e saí andando para apreciar o grandioso edifício da estação, com estátuas e biga alada, garanhões e motivos florais ou plumários, datada de 1884, uma extravagância austro-húngara, pomposa e imponente, que parecia zombar dos viajantes cansados com suas capas molhadas e seus pés doloridos, carregando sacolas de compras.

— Como vão os negócios? — perguntei a uma mulher, na livraria.

— Mal — foi a resposta.

Continuei perguntando isso ao sair da estação para circular pela cidade até o Danúbio, pelo prazer de saber das coisas, confiando que em oito ou nove horas estaria de volta à estação para embarcar no trem para Bucareste, na continuação do meu próprio Expresso do Oriente.

Foi mais ou menos nesta altura da viagem anterior que eu conheci um companheiro de viagem chamado Molesworth. Agente teatral e bon-vivant, solteiro, bem-humorado e sem cerimônias, era um sujeito encantador. Entre seus clientes estavam atrizes da família Cusack e Warren Mitchell. Ex-oficial do exército indiano, viajara por boa parte da Ásia. Usava monóculo para ler o cardápio e tinha o hábito simpático de chamar todos os homens de "George", como fez ao falar com o bilheteiro turco: "George, este trem já viu dias melhores." Depois da publicação do meu livro as pessoas o reconheceram no texto, apesar do pseudônimo. Eu o via de vez em quando em Londres e o convidava para festas nas quais ele fazia sucesso com histórias passadas no meio teatral, sempre sobre canastrões. Meus amigos sempre comentavam depois: "Terry é esplêndido." Disse pouco antes de morrer que a viagem de 1973 a Istambul foi a melhor de todas e se queixou: "Você deveria ter mencionado meu nome." Mas seu nome verdadeiro era bom demais para ser verdade: Terrance Plunkett-Greene.

Enfrentei a tempestade ao lado dos outros pedestres até encontrar um hotel de aparência aceitável chamado Nemzeti, onde entrei para fugir da chuva.

O restaurante estava vazio, exceto pela presença de duas mulheres que usavam casaco de couro e fumavam.

Eu não estava com fome? Perguntou o garçom pálido. Não seria agradável sentar no restaurante acolhedor e almoçar tranquilamente?

Concordei. Havia goulash no cardápio.

— Os estrangeiros acham que goulash é um ensopado. Não. Goulash é uma sopa.

— E o que significa a palavra?

— Em inglês, não sei. Mas goulash é um pastor de ovelhas.

— Tinta vermelha! — Plunkett-Greene teria dito a respeito do vinho húngaro.

— Comida de camponês! Feijão! — Teria reclamado ao ver a comida do Nemzeti.

As mulheres saíram. Um rapaz ocupou o lugar delas. Como éramos as únicas pessoas no restaurante, começamos a conversar. Seu nome era Istvan. Viera a Budapeste a serviço. Disse que várias empresas europeias estavam de mudança para a Hungria por causa da mão de obra barata e da população instruída (embora empobrecida). Eu ouviria a mesma descrição na Ásia inteira, principalmente na Índia. Ele trabalhava com motores de pequeno porte.

— Como é o governo aqui?

— Terrível — Istvan disse. Ele detestava os políticos húngaros e suas iniciativas. — São socialistas. De esquerda. Eu sou de direita.

Isso levou a uma discussão sobre o governo norte-americano, que ele também detestava.

— Bush é perigoso, arrogante, nada inteligente. E agora nos preocupa o que ele pretende fazer com o Irã.

Eu devia ter imaginado que ouviria esta opinião em quase todas as conversas informais dos sete meses seguintes, sempre que me identificava como norte-americano: nosso presidente era um idiota, e sua política, diabólica. Forças obscuras o controlavam. Os Estados Unidos, apesar de todas as promessas e da prosperidade, intimidavam o mundo inteiro.

Eu respondia como respondi a Istvan: "Você imigraria para os Estados Unidos, se tivesse a chance?" E todos respondiam que sim, como Istvan, não por terem qualquer noção a respeito da cultura, história ou política norte-americana, e sim pelo entusiasmo com a possibilidade de trabalhar e ganhar dinheiro, de ter casa e carro próprios, fugir da luta pela mera sobrevivência para se tornarem norte-americanos.

Istvan era um muito inteligente, mas havia outros, e o mais inquietante nos piores, nos mais brutos, era o elogio ao governo norte-americano pelo militarismo. Eu estava meio apreensivo, pois atravessaria pelo menos seis países muçulmanos. Todos eram autoritários, em graus diferentes, e eu acreditava que as pessoas, quando malgovernadas, costumam considerar o interlocutor estrangeiro pessoalmente culpado pelas decisões de seu governo.

Desejei boa sorte a Istvan e segui adiante, parando numa sex shop. Fiel a minha teoria de que a pornografia de um país oferece a visão mais rápida da cultura e da vida íntima de uma nação, especialmente da mentalidade masculina, entrei para conhecer os produtos. Era material pesado, incluindo bestialismo (mulheres com cães), gente muito obesa ou muito peluda, uma seção bem variada de crueldade gay e todas as perversões alemãs.

Como a Tchecoslováquia, a Bulgária, a Polônia e a Romênia, além de outros países anteriormente na órbita soviética, com a abertura política em 1989, a Hungria sofreu o efeito imediato da sanção aos antes chamados comportamentos antissociais: pornografia, música em alto volume, queixas em voz alta e grafite, a julgar pelo que vi nos muros da periferia de Budapeste. Algumas manifestações heterodoxas podem ser descartadas como produto de uma raiva irracional, mas a pornografia, não. A pornografia é específica, particular em seus rituais e suas imagens, e não pode ser gratuita, falsa ou exagerada para chocar, pois não vende. As prateleiras cheias de fitas de vídeo e DVDs de bestialismo — mulheres transando com cães, cavalos, porcos e cabras — indicavam haver mercado para isso.

Na chuva misturada com neve que caía sobre a cidade decadente, dentro de botas pesadas (gastas até furar, em sentido literal), rostos molhados e cabelos pingando, não havia sensualidade, e certamente nenhuma tentação que ali me detivesse. Nada me parecia mais revoltante que outra cidade imperial aviltada por décadas de estilo soviético. Contudo, todos com quem eu conversava — pois pedia informações sem parar — eram gentis, todas aquelas pessoas exaustas, de cabelos seborosos, empastados pela garoa de final de inverno. Pareço muito crítico, mas gostei de Budapeste pelo ar de cidade anacrônica, perdida no tempo, deixada para trás.

Eu não sabia identificar um rosto húngaro — desconhecia a face nacional. Queixo pesado, testa larga e olhos estreitos não bastavam; no entanto, tive a impressão de que era uma cultura monolítica — sem grupos étnicos ou minorias ostensivas, apenas um monte de brancos exaustos, aliviados pela entrada da Hungria na União Europeia, o que lhes permitiria sair do país, trabalhar em outros lugares e talvez nunca mais voltar, como me disse um homem no café da estação Keleti, quando fui apanhar minha bagagem.

— Para onde você vai? — ele perguntou.

Falei Romênia, e ele me pediu para repetir, por achar muito engraçado. Ele soltou uma gargalhada.

Da Hungria em diante ficou claro que muito pouca gente se dirigia para o leste. Não havia turistas, os únicos viajantes eram pessoas voltando para casa — relutantes, pois seu grande desejo era ir para o Ocidente, deixar sua terra natal. O Oriente significava desesperança, pobreza, fracasso, mais justificativas. A maioria dos viajantes na estação Keleti queria ir para o lado oeste, mesmo quem seguia para leste. E ninguém ia para a Turquia.

Apesar da atração exercida pelos desocupados, pelos evangélicos de olhos severos em busca de pecadores para conversão, pelos cambistas de dinheiro, pelos jovens furtivos que podiam ser drogados, prostitutos ou as duas coisas, pela velha senhora encarquilhada que seguia para o interior em trens locais, as pessoas que mais atraíram a minha atenção na estação de Keleti foram os jogadores de xadrez. Eles ficavam em pé na frente dos pedestais altos de mármore, perto das plataformas, no meio da multidão de moradores dos subúrbios que se aglomeravam esperando o anúncio da partida dos trens. Ou talvez não fossem a lugar nenhum: uma estação de trem é uma pequena democracia em que todos têm o direito de ficar com base na suposição de que pode estar esperando um trem. Os homens estudavam os tabuleiros, cofiavam a barba, de vez em quando moviam uma peça — a lenta graça do xadrez no centro de um pandemônio ferroviário.

■ ■ ■

Os passageiros que embarcaram no Euronight, o expresso para Bucareste, eram romenos — eu viajava na contramão do fluxo humano orientado para oeste. Quem pegaria um trem para a Romênia, se pudesse evitar? Fui informado de que em anos recentes os estrangeiros que pretendiam adotar órfãos romenos pegavam aquele trem de vez em quando, mas como muitas agências de adoção eram fraudulentas, cada vez menos gente se dispunha a correr o risco de uma decepção.

Eu gostava do modo como aquela viagem de trem me afastava das coisas que eu conhecia, substituindo-as pelas distorções do estrangeiro — a dimensão idílica da viagem em que as coisas são especialmente estranhas por parecerem de certo modo familiares. Menos gente, também, pois ninguém queria ir para onde eu ia, principalmente agora, com a paisagem húngara enlameada, a chuva batendo nos montes de neve úmida ao lado dos trilhos.

Mesmo ali, ainda na Europa, eu captava um toque de ambiguidade asiática no cheiro de gato do vagão-dormitório, na multidão séria sofrendo nos bancos duros da segunda classe, na confusão do vagão-restaurante: pilhas de lâmpadas fluorescentes tubulares em caixas de papelão, rolos de arame sobre as mesas, vidros pegajosos com vinagre e garrafas de um molho sinistro, com as tampas grudadas pelo líquido ressecado.

Correndo pela escuridão debaixo da tormenta, o tempo ruim ocultava os trilhos, o apito tocou, este trem é perfeito, o vagão-dormitório uma aconchegante decepção, escrevi em meu caderno de anotações. Lembrava agradavelmente, nos tons de sépia e no preço baixo (coisa de cem dólares), minha viagem anterior. Eu havia escolhido um trem a diesel que ia para Belgrado, Nis e Sófia antes, mas qual o problema? Aquele ali não era muito diferente — homens carrancudos de agasalho esportivo, mulheres de xale, crianças de olhos vítreos, tremendo em sapatinhos molhados.

Como na noite anterior, no rumo de Budapeste, o bilheteiro do vagão-dormitório perfurou minha passagem, trouxe cerveja, arrumou a cama e me avisou que chegaríamos a Bucareste por volta das nove da manhã seguinte.

— Por que vai a Bucareste?

— Para conhecer — falei. — E depois seguir em frente.

— Voltar de avião para casa?

— Trocar de trem. Ir para Istambul.

— Istambul muito legal. Muito trabalho. Bom dinheiro.

— E quanto a Bucareste?

— Não tem trabalho. Nenhum dinheiro. — O bilheteiro fez uma careta zombeteira.

— Tem vagão-restaurante neste trem?

— Tudo o que quiser! — Quando ele piscou para mim, percebi que estava levemente embriagado.

A chuva batia na janela, o trem balançava como a maioria dos trens, dando a impressão de fazer um desvio esmerado pelos fundos do mundo. Eu viajava à moda antiga, como havia feito muito tempo atrás, e quase não via diferença — Budapeste exibia uma aparência tensa, incerta e estilosa bem anos 1970.

Embora ninguém anuncie este roteiro, não dá muito trabalho embarcar nesta experiência ferroviária démodé — os pobres da Europa Oriental sempre usaram trens e ônibus. Os turistas que vão à Romênia, se é que vão, preferem uma viagem curta de avião. As tarifas europeias são baixas, pois se baseiam em combustível livre de impostos. Um dia, em breve, os combustíveis sofrerão taxação e o preço das passagens aéreas refletirá seu custo real. Com isso, este trem recuperará o valor. Bem, ele é valioso hoje — o vagão-dormitório está quase cheio e o resto do trem, lotado.

Uma estação surgiu subitamente, bolhas fluorescentes na escuridão, em meio à tormenta que fustigava com gotas grossas a plataforma descoberta, o tipo apropriado de chuva para aquele trem escuro que rangia noite adentro. O clima parecia tão fora de moda quanto o telhado cheio de goteiras da estação, as poças na área da bilheteria, os bancos molhados, o vazio completo. Ninguém subiu ou desceu: a estação enfrentava deserta a escuridão — era Szolnok, no rio Tisza — e depois disso fomos engolidos pela noite.

■ ■ ■

Lembrei-me da piscadela do bilheteiro e saí em busca do vagão-restaurante; avancei pelo corredor do trem que oscilava, lançando contra a noite canglores de bigorna.

Quando o encontrei, refleti: bem no momento de minha vida em que imaginava estarem todas as viagens homogeneizadas e domesticadas numa experiência plena de comida de plástico e vagões ferroviários intercambiáveis, com garçons de bonés de lanchonete, eu entrei no vagão-restaurante do Euronight para a Romênia para encontrar três bilheteiros embriagados e um homem (soube depois que era o cozinheiro) de suéter ensebado e um curativo meio frouxo na mão. Os três jogavam gamão na penumbra, fumando e bebendo cerveja. Ninguém comia e, quando o cozinheiro assoou o nariz ruidosamente, tive a impressão de que ele usava um trapo de limpar a vareta que mede o nível de óleo no motor.

As caixas de lâmpadas fluorescentes e a pilha de rolos de arame sobre as mesas não haviam sido retiradas ou limpas. Continuavam do lado dos vidros pegajosos de molho.

Ao ver tanta sujeira e desordem, meu humor melhorou. Era fácil maquiar um país no aeroporto, mas naquele trem que cruzava províncias de um país em dificuldades percebi que via a paisagem real, que apanhara o país com as calças na mão. Não levei para o lado pessoal. Fiquei contente ao perceber que ninguém movera uma palha por minha causa, que não estenderiam um tapete vermelho.

O cozinheiro nem mesmo levantou os olhos do tabuleiro de gamão ao dizer:

— Comida!

O outro sujeito, que havia piscado para mim, disse:

— Sente! Sente! Quer frango?

— Não.

— Só frango. Sente!

Ele empurrou os rolos de arame para a ponta de uma das mesas — pelo jeito, eu era o único que desejava jantar — e as luzes se apagaram. Quando acenderam novamente, havia uma tigela com torradas na minha frente, foi um truque esperto.

— *Salade?*

— Não.

Serviram-me uma tigela de picles de pepino. Pensei: como alguém inventou uma coisa dessas? A mera experiência de viver ali era uma sátira.

Apesar de embriagado, o bilheteiro conseguiu formular a frase:

— Você trancou a cabine?

— Como poderia? Não tenho chave.

Sem uma palavra, num reflexo de pânico bêbado, ele saiu correndo do vagão-restaurante. Eu o segui, e quando chegamos à cabine ele mandou que eu conferisse a bagagem com um gesto. Por mímica, explicou que havia ladrões no trem e que eu precisava tomar muito cuidado (apontando o dedo, que depois tocou a lateral do nariz).

As luzes apagaram antes de nosso retorno ao vagão-restaurante, mas acenderam a tempo de eu ver o homem de suéter sujo (descobri por que estava engordurado) na frente da frigideira que soltava faíscas durante as explosões da gordura, empunhando um cutelo. Não podia tirar o cigarro da boca, pois uma das mãos segurava a frigideira e a outra espancava um pedaço de carne. Os óculos engordurados na ponta do nariz foram habilmente reposicionados com um toque ágil do cabo do cutelo.

Ele gritou para os outros, e um dos sujeitos repassou a mensagem para mim:

— *Gratin?*

— Está bem.

Os jogadores de gamão começaram a discutir e a zombar uns dos outros.

Quando o prato foi posto à minha frente, examinei o homem que me servia, deslumbrado: óculos pegajosos, cigarro pendurado, suéter imundo e mão enfaixada. Batatas fritas cobertas com queijo. Comi com a mão, grato pela sensação reconfortante de que naquele canto do mundo nada havia mudado em várias décadas. Na próxima vez que alguém elogiar a economia húngara ou citar com otimismo a entrada iminente da Romênia na União Europeia, eu me lembrarei da revelação proporcionada por aquela refeição revoltante.

Enquanto o resto do mundo se dedicava à inovação e à modernização, procurando a salvação na internet, as coisas ali continuavam praticamente do mesmo jeito de sempre. Por falar em anacronismo, a Hungria estava a ponto de eleger um governo socialista outra vez. Por alguma razão, talvez pela pura perversidade que garante a sobrevida da lógica absurda neste mundo, aquilo me agradou. Fez com que me recordasse da época vivida em Vanuatu, no Pacífico Ocidental. Num dia chuvoso vi os moradores da ilha de Tanna em pé ou agachados, despidos, usando apenas um tapa-sexo, recusando-se a dar ouvidos aos missionários que haviam cruzado o oceano para convertê-los. Os crentes caminharam 30 quilômetros por uma trilha enlameada para levar a boa-nova contida em suas Bíblias. O povo de Tanna os mandou embora, dizendo que tinha seus próprios deuses, muito obrigado.

Precariedade convicta possui um apelo enorme, e naquela ferrovia escangalhada nada havia mudado em 33 anos. Se mudou, foi para pior, numa quase paródia de minha experiência anterior. A fronteira húngara também era uma farsa, o pessoal da alfândega e da imigração circulava pelo trem em botas molhadas e uniformes marrons mal-ajambrados. A fronteira romena, em Curtici, foi ainda mais sinistra, um novo ato da mesma farsa: brutamontes de rosto afogueado com gorros de aba e enfeites dourados, uma dúzia zanzando pelo trem, pedindo passaportes, abrindo malas.

Um dos funcionários da alfândega examinou meus livros, de Simenon e outros autores, escolhendo *Convite para uma degola*, de Nabokov. Fez uma careta. Teria adivinhado que o romance trata da injustiça, num Estado policial tenebroso?

— Para onde vai?
— Istambul.
— Fazer o quê? Turismus?
— Sim, turismus.

Ele folheou meu passaporte, apontando para os vistos.
— Azerbaidjão! Uzbequistão! Paquistão! Índia!
— Turismus.

Ele apontou seus dedos enormes para mim.
— Heroína? Cocaína?

Ri, tentei parar, mas não consegui, e ri ainda mais. Creio que o riso descontrolado o convenceu de minha inocência. Um colega dele se aproximou, e juntos revistaram minha mala. Observei, parado ao lado, e quando terminaram eles deram as boas-vindas à Romênia.

A revista da bagagem não foi pior do que a da TSA, em qualquer aeroporto norte-americano. Na verdade, foi mais simples e menos invasiva.

Logo depois dos funcionários da alfândega veio uma mulher atraente, usando casaco de couro até o tornozelo e botas lustrosas de cano alto, parecendo uma figura do passado, introdução mais do que apropriada à Transilvânia, para onde seguíamos, e parecida com uma personagem saída de um romance de Nabokov, que poderia se situar num lugar como Bucareste.

■ ■ ■

A chuva ainda caía quando, num ranger de freios, o trem parou na estação de Baneasa, no centro de Bucareste, onde eu precisava fazer baldeação — o seguinte, para Istambul, sairia no final do dia. A chuva fustigava a locomotiva suja de óleo, o telhado da plataforma e os trilhos enlameados. Mas não se tratava da chuva que traz a vida, alimentando as raízes, estimulando o crescimento. Era uma espécie de geada. Descia do céu pesado, manchando tudo o que tocava, enferrujando as juntas metálicas do telhado, debilitando a estação, sujando os trilhos. Não embelezava as casas decadentes da cidade: fazia com que parecessem mais frágeis, ao enfatizar as rachaduras no reboco e transformar o pó das janelas em lama. Havia algo de venenoso em sua cor esverdeada; para mim era um tipo de chuva ácida.

Os romenos pálidos de olhos esbugalhados exibiam um toque asiático em seus olhos escuros e rostos famintos, e praticamente as duas primeiras pessoas que avistei foram dois moleques com menos de 10 anos, magérrimos, maltrapilhos e de aspecto doentio, que fumavam enquanto posavam de valentões. Cabeças miúdas de boneca, mãos sujas. Zombavam um do outro enquanto davam baforadas, e quando me viram disseram algo obviamente rude, rindo em seguida.

Apenas rostos pálidos, subnutridos — de vez em quando, uma moça linda como boneca de porcelana; meninas magras, mulheres gordas, homens rijos, em sua maioria fumando cigarros fedorentos —, nenhum rosto estrangeiro, ninguém que se esperaria encontrar numa estação ferroviária. Por que alguém viria para cá? Pouca gente visitava a Romênia por prazer, isso era evidente pelo abandono geral, pelos prédios deteriorados, pelo povo sombrio. Um lugar sem vida, sem perspectivas. Uma melancolia imensa nas casas de janelas quebradas, nas ruas esburacadas, nas padarias onde todos os pães pareciam dormidos.

Verifiquei se o trem para Istambul, o expresso do Bósforo, partiria no horário previsto. Um jovem ao lado do quiosque de informações disse esperar que sim — estava aguardando para embarcar.

— Vou a uma conferência na Turquia — falou. Nikolai era professor universitário, lecionava numa universidade perto de Bucareste.

Ele me mostrou onde se situava o guichê do guarda-volumes — também pretendia deixar as malas lá. No caminho, mencionei não ter visto nenhum estrangeiro — nenhum dos asiáticos, africanos e sul-americanos que encontrara no percurso de Londres até a Hungria.

— Alguns norte-americanos vêm para cá. Temos bases militares.

Eu devia ter adivinhado. A Romênia aparecia nos jornais como uma nova parceira americana na guerra contra o terrorismo. O governo de direita, desesperado por recursos, ansioso para entrar na União Europeia, aprovara a prisão e o interrogatório de suspeitos. O procedimento, chamado de detenção extraordinária, significava que um homem capturado na Tanzânia por agentes norte-americanos, como o argelino citado no *New York Times* de julho de 2006, podia ser vendado e levado a outro país para interrogatório — o que inevitavelmente incluía algum tipo de tortura, variando da privação do sono ao sufocamento, do afogamento simulado à suspensão pelos pulsos na parede da cela. O eufemismo orwelliano "técnicas avançadas de interrogatório" abrangia todos esses métodos. Nunca ouvi a expressão sem que me viesse à lembrança um chute no saco do preso.

Os prisioneiros dos norte-americanos no mundo inteiro eram despachados para outros locais, como as prisões romenas, onde os direitos humanos não precisavam ser respeitados e a tortura era aceita. Mas o encarceramento e o interrogatório eram instigados pelos Estados Unidos e pagos pelos contribuintes norte-americanos. O programa era tão secreto que somente quando um prisioneiro foi solto, após dois anos de detenção ou mais, e entrevistado por um jornal (depois vieram outros), o vergonhoso programa foi revelado. Citaram também a Polônia como país receptivo ao uso de tortura em interrogatórios.

Nikolai tinha coisas a fazer e me encontraria depois, no trem. Fiquei com a impressão de que ele sentira um certo desconforto com minhas perguntas e preferia simplesmente se distanciar.

O maior prédio da Europa — e talvez do mundo — é o palácio do Congresso, em Bucareste. Calculei que daria para caminhar até lá. Desisti e peguei um táxi, ou melhor, um carro particular cujo dono queria ganhar um trocado.

O edifício era impressionantemente feio, um exemplo gigantesco de arquitetura megalomaníaca.

— Incrível, não acha?
— Incrível.
— Tem um assim no seu país?
— Nada parecido.

No caminho passamos por vários cassinos. Formavam os únicos cenários coloridos numa cidade marrom, juntamente com os bares enfumaçados e as casas de massagem. Uma cidade de vícios sombrios, desesperados. O motorista me entregou um exemplar de *What's on in Bucharest*. O guia indicava como conseguir sexo. Evite os gigolôs, dizia. Você provavelmente será roubado.

— Melhor telefonar para uma agência de acompanhantes, a maioria consegue mandar uma moça para seu quarto no hotel em meia hora.

Um empresário, identificado como "Zyon Ayni, negociante árabe", estava abrindo um clube noturno em Bucareste, no qual oferecia dança no colo, cinquenta strippers e "danças em salas reservadas".

— Vendo fantasias. Este é meu ramo — sintetizou Ayni. Se quisesse sair em cruzeiro no iate da companhia dele, acompanhado por mulheres bonitas, o serviço também estava disponível. A empresa de Ayni possuía 25 iates, além de aviões para quem enjoava no mar.

Um clube já estava funcionando, "único neste momento na Romênia, e todas as terças à noite apresenta a estrela pornô internacional Quanita Cortez". Em matéria de bebida: "Uma seleção de drinques cuidadosamente escolhidos de acordo com o gosto dos clientes mais exigentes." No restaurante Harbor era possível "divertimento desenfreado para você e todos os seus amigos". E o restaurante Culmea Veche se considerava "acima do nível do restaurante romeno mediano". O Don Taco se orgulhava de ser "o único restaurante mexicano de Bucareste".

Estavam vazios. Poucos empresários de Bucareste tinham dinheiro, e os estrangeiros que negociavam ali sabiam que os romenos estavam prontos para serem explorados. A venda de órfãos e bebês era um dos negócios mais lucrativos, seguida pelo tráfico de mulheres para prostituição. Quando me espantava com a degradação, os romenos diziam: "Antigamente era pior" — referindo-se ao pesadelo da era Ceausescu. Fazia 17 anos que ele se levantou para discursar na praça principal e o povo começou a gritar: "Rato! Rato! Rato!" Encurralado, tentou fugir, mas foi apanhado e fuzilado feito um rato.

O fedor e a desordem do Terceiro Mundo eram muito presentes em Bucareste. Os subúrbios pareciam deteriorados, as fazendas primitivas e enlameadas. A Romênia era mais um país de onde as pessoas fugiam, rumando sempre para o oeste. Bucareste, uma cidade desesperada e nua, não sentia vergonha ou constrangimento: todos batalhavam, todos se vestiam como se fossem andar no mato num dia chuvoso ou executar um serviço sujo.

Ninguém, entre as pessoas com quem conversei, ganhava dinheiro. Nikolai, professor universitário assistente, recebia o equivalente a duzentos dólares por mês. Exatamente o que o caixa de uma pizzaria fast-food declarou ganhar. Seu nome era Pawel, falava inglês melhor do que Nikolai. Nenhum dos dois viajara para fora do país. A média salarial do país rondava os cem dólares mensais. Não é de se espantar que a Romênia, como a Albânia, forneça à Europa Ocidental operários, prostitutas e ladrões de carros.

■ ■ ■

— Senhor Pawel — era Nikolai, acenando para mim na plataforma de embarque. Ele me apresentou às pessoas que se despediam, colegas de universidade e intelectuais esfarrapados.

— Qual é sua profissão? — um deles perguntou.

— Sou aposentado — falei.

— Muitos aposentados vêm para cá! — ele exclamou de forma amigável. O que quis dizer com isso?

— Gostaria de ir à Turquia conosco? — indaguei.

— Preferiríamos ir para lá — um deles respondeu, apontando para onde o sol, feito um ovo frito, abandonava o céu cheio de fuligem, no poente.

Além de Nikolai e do sujeito enorme mal-humorado cujo bigode parecia um animalzinho atacando o nariz, havia uma mulher com a filha pequena — a mãe balançava a cabeça e dizia: "Bulgaristão", pois teríamos de passar por um lugar hostil (segundo ela). Sem dúvida a rota do expresso do Bósforo não era popular; impossível não notar que pouquíssima gente queria viajar para o leste.

Como não vi vagão-restaurante, corri de volta para o salão da estação e comprei cerveja, água mineral e sanduíches. No trem outra vez, localizei minha cabine e fiquei observando Bucareste sumir de vista.

Percorremos a planície a sudeste da Romênia, campos imensos de trigo que, fora os órfãos, constitui o único produto de exportação do país. Os vilarejos agrícolas pareciam ilustrações dos livros dos irmãos Grimm — casebres, choupanas, celeiros, barracões, todos fora de esquadro, rodeados pelas plantações, nenhuma árvore, alguns cercados com patos ou perus, o único ser humano era um homem apressado que achou uma garrafa plástica jogada fora e bebeu seu conteúdo — restos deixados por alguém — e a jogou longe quando avistou outra, que apanhou para beber também e a jogou no chão, pegou mais uma, avidamente, e bebeu mais. Em um mundo imenso, homogêneo, aquilo me parecia novidade, pois remetia a um passado muito remoto: nada acontecia, exceto a chuva a cair sobre um homem desesperado, com o vilarejo ao fundo, para além da vala da ferrovia, da casa da bruxa, da cabana do lenhador, do castelo do anão.

Ao entardecer, na fronteira, Giurgiu Nord: uma decadente fachada de estação atrás da qual não havia nada, só terra nua, algumas árvores desfolhadas, um funcionário ríspido da alfândega e um cachorro infeliz de três pernas.

Giurgiu é uma cidade ribeirinha na borda da extensa planície do Danúbio, no terço sul da Romênia. O rio Danúbio (que perde apenas para o Volga em extensão) recebe nomes diferentes conforme o país; lá, é chamado de Dunav. Passamos por um conjunto habitacional sórdido, ao lado de um depósito de lixo lotado de garrafas e sacolas plásticas, e depois por um estacionamento de caminhões.

Os extremos de um país costumam ser visualmente ilustrativos. A planície ao sul da Romênia termina no rio, que serve de fronteira, e para enfatizar isso, o outro lado, a margem sul do Danúbio, é mais alta, escarpada, marca o final da Bulgária como a muralha de um castelo a se estender para leste e para oeste até o horizonte. Cruzamos o rio, que tinha cerca de 100 metros de largura naquele trecho, para ir a Russe, o grande porto fluvial da Bulgária — com usina elétrica, guindastes, chaminés, maior e mais próspera do que qualquer cidade que eu havia conhecido na Romênia. Russe tinha conjuntos habitacionais novos, bem como antigos, com prédios em melhores condições. Até a estação de trem era grande e sólida, ao contrário de sua equivalente, puramente simbólica do outro lado do rio, na Romênia.

Um búlgaro educado e um imbecil examinaram meu passaporte; quando deixaram minha cabine, um senhor idoso e três meninos de rosto sujo surgiram de repente, batendo na janela, pedindo dinheiro com gestos, levando a mão à boca.

— Não se vê isso nos aeroportos — comentei com Nikolai, que passara para perguntar se eu tinha sido revistado pelos búlgaros. Ele também chamava o país de Bulgaristão. Alegou que jamais veríamos pessoas pedindo esmolas na Romênia, mas eu sabia muito bem que ele se equivocava.

A guarda da fronteira não tinha me revistado. Ninguém se interessava por minha bagagem desde a entrada na Romênia, quando foi feita uma busca burocrática, apenas a rotina do "abre e fecha" para satisfazer o guarda carente e mal pago. Na verdade, eu ainda não havia sido revistado para valer desde a partida de Londres, apesar de trocar cinco vezes de trem.

O trem se perdeu no planalto búlgaro, em terreno mais elevado, ao sul do rio, formado por colinas em que árvores eram sinal de riqueza, desnecessárias para áreas agrícolas ou para combustível, e nas estações abrigavam-se grupos fechados de búlgaros pálidos, sujeitos de cara fechada e velhas bigodudas. Depois, mares de morros, surpreendentes, pois eu esperava mais decrepitude ao estilo romeno. Finalmente, pôr do sol em Veliko Turnovo e mais cerveja.

Fui acordado por batidas súbitas na porta, às duas da manhã. Acordei, levantei ainda meio embriagado, e uma búlgara magra mas feroz focalizou a lanterna na minha cara.

— Pusspoot.

E foi só isso, na fronteira búlgara. No passado os passaportes eram levados pelo bilheteiro, que pedia gorjeta no final da viagem. Eu não me incomodei com a interrupção, que considerei reveladora e vagamente excitante: uma mulher estrangeira, autoritária, de quepe e casaco de couro, aparece no meio da noite, ao pé da cama, e me obriga a obedecê-la.

Meia hora depois estávamos na fronteira turca, na cidade chamada Kapikule, onde a chuva pesada fustigava a plataforma descoberta e iluminada. Turcos enormes encapotados andavam de um lado para o outro na noite fria. Três da manhã, e todos os funcionários de Kapikule apareceram para receber o trem. Apesar de haver mais de vinte policiais e soldados, apenas um homem examinava os passaportes de quem estava entrando na república da Turquia; ele estava sentado do outro lado do guichê iluminado, enquanto esperávamos na chuva. Eu era o último, e Nikolai, o penúltimo. Então eu pude ver os passageiros: romenos, búlgaros, turcos, famílias grandes, crianças de roupas modestas, meninos eslavos com menos de 10 anos e bigodes visíveis como os de suas avós, homens de sobrancelhas grossas — e nenhum turista. Chuva forte, trem velho, guardas de fronteira assustadores, uma cidade escura atrás da estação, que lembrava uma prisão; a cena poderia ter ocorrido quarenta anos antes, todos nós comprimidos e ensopados num canto da Turquia como se fôssemos refugiados.

Nikolai disse:

— Isso não é moderno!

— Por que vai a Istambul?

— Participar de uma conferência sobre o crescimento da Europa. Vou ler um ensaio.

— A Romênia também vai participar, certo?

— A partir de janeiro de 2007.

— E a Turquia, não?

— A Turquia é um problema. Direitos humanos. — Ele deu de ombros, a chuva escorria por seu rosto.

— Na Romênia os direitos humanos são respeitados?

— A situação está melhorando, pois queremos entrar na União Europeia.

— Os Estados Unidos estão capturando pessoas em países como Tanzânia e Albânia, para depois enviá-las à Romênia para interrogatório.

— Quem lhe disse isso?

— Chama-se detenção extraordinária. Eles podem ser torturados na Romênia.

— Somos amigos dos americanos, agora. E também da Grã-Bretanha. Temos bases militares norte-americanas. Os romenos são contra a guerra do Iraque, mas gostamos dos americanos.

— Qual é a principal indústria romena?

— Agricultura.

— Nikolai, a agricultura não é uma indústria.

— Temos muito trigo e muito milho. — Ele refletiu por um momento, depois disse: — Ceausescu arruinou o país. Ele o destruiu e tentou reconstruir. Construiu prédios ridículos.

— Visitei o palácio do Congresso.

— É! Uma monstruosidade! A filha quer exumar o corpo, para que ele seja identificado. Não é o cadáver dele, ela afirma.

— Lembra-se de quando ele caiu?

— Eu tinha 7 anos em 1989, quando ele foi derrubado, mas eu me lembro da excitação. Meus avós moravam conosco. Ficamos muito felizes. Eles sempre diziam: "Agora os americanos virão." Queriam dizer, para nos salvar. Falaram isso depois da guerra. Meus pais também falaram isso nos anos 1950. Durante o governo Ceausescu. "Os americanos virão." Depois de Ceausescu. "Os americanos virão." Odiávamos nosso governo. Queríamos ser salvos.

— Como sabe disso?

— Um dos meus projetos se relaciona com a história oral. Entrevistei muitas pessoas, residentes em várias partes da Romênia, e não apenas alguns parentes. Um sujeito passou 17 anos na solitária por uma contravenção menor. Outro sujeito com quem conversei caminhava por uma rua de Bucareste. Levava livros franceses — literatura, acho que era Flaubert — e a polícia o parou. Confiscaram os livros e o classificaram como "antissocial". Ele passou um ano na cadeia — e isso ocorreu nos anos 1980!

— As pessoas não se revoltavam com um tratamento desses?

— Elas diziam: "Os americanos virão. Eles salvarão nossas almas."

— E isso aconteceu?

— Temos um governo de direita. Oportunista. Temos bases militares dos Estados Unidos, com aprovação popular. Passamos momentos piores, muito piores.

Chegamos finalmente ao guichê. Paguei vinte dólares por um visto para entrar na Turquia, e nossos passaportes foram carimbados. Completamente ensopado e morto de frio, retornei ao trem e fui dormir. Passava das quatro e meia; quando acordei, amanhecia e havíamos atravessado o mar de Mármara; de um lado dos trilhos havia campos barrentos, do outro, navios atracados. Ao longe, uma cidade grande cheia de domos e minaretes.

Nikolai, fora da cabine, observava a paisagem, rosto colado à vidraça. Visitava a Turquia pela primeira vez, nunca tinha saído da Romênia. Parecia assustado.

— O que pensa?

— Mais moderno do que eu imaginava.

Ele estava atônito, engolindo em seco, pois não só as mesquitas e igrejas imponentes impressionavam, mas ainda a densidade dos prédios naquele subúrbio a sudoeste de Istambul. Também fiquei impressionado, tanto pela quantidade de novos edifícios, quanto por sua modernidade. Perto deles a Romênia era o mais atrasado dos países do Terceiro Mundo.

Falei:

— Não é injusto impedir a Turquia de entrar para a União Europeia pelos próximos dez anos ou mais?

— Eles têm problemas com os direitos humanos dos curdos e armênios. — Nikolai disse.

— Os curdos querem a separação, querem ter seu próprio país, o que é pouco razoável. E o problema com os armênios ocorreu há cem anos. Olhe para esta cidade, imagine a força desta economia.

— Mas no interior é diferente. Há pessoas pobres — Nikolai disse, pensando na pobreza da Romênia rural.

— Você já os viu?

— Não.

— E quanto aos ciganos romenos?

— Um problema. Como integrá-los? Não sei. Alguns vivem em acampamentos. Nós os chamamos de *zidane* — disse, usando a palavra russa para o povo conhecido como rom ou romani na Europa inteira.

— Qual é o maior problema da Romênia?

— Os ciganos, talvez. Ou a miséria.

— E o custo de vida?

— O mesmo de Toronto. Meu tio mora lá.

A paisagem descortinada da janela do trem o assombrava, Istambul se estendia em torno de nós, o trem rangia ao passar pelas antigas muralhas da cidade e pelos novos conjuntos habitacionais. Seguíamos no rumo do ponto Seraglio, de onde se via o Bósforo — a Ásia se erguia do outro lado.

Nikolai perdeu a fala. Obviamente ele se preparara para uma cidade asiática feita de barracos, opressão e tortura, com mesquitas em ruínas, turcos usando fez e muçulmanos de ar primitivo. Em vez disso, foi recebido por uma cidade imensa, reinventada, cheia de crianças risonhas, mulheres bonitas e homens elegantes que vinha sendo ignorada pela Europa e desprezada pelas repúblicas islâmicas. Uma cidade de brilho antigo e modernidade impressionante. Víamos que a parte velha fora preservada — passávamos por ela, nas imediações da estação de Sirkeci, no bairro milenar de Sultanahmet; adiante do Chifre de Ouro havia os penhascos de Byoglu e os barcos para o lado asiático, que exibia magníficas mansões de frente para o mar, vilas conhecidas ali como *yalis*, e a chuva continuava forte. Nikolai tremia feito rato do campo e, com a testa apoiada na janela do trem, dava a impressão de que ia chorar de tanta frustração.

3   *A balsa para Besiktas*

Istambul é uma metrópole aquática, e a primeira visão que temos ao sair da estação Sirkeci é a paisagem dominada pelas alfineteiras dos minaretes dos domos que parecem emergir de ilhas escuras distantes, com o oceano turbulento por todos os lados: o mar de Mármara à direita, o Chifre de Ouro à esquerda, o Bósforo na frente. Caminhando em reta, ou de outro modo, a gente encontra sempre água, nas costeiras da cidade, que se espalha por três promontórios distintos. Do outro lado do mar de Mármara, encrespado naquela tarde pelos pingos da chuva, depois das balsas, cargueiros e barcos de pesca, feito silhuetas de fortificações e vilarejos, situa-se a costa da Ásia, a reluzente borda da Estrela do Oriente.

A sudeste encontra-se a estação Haydarpasa, semelhante a uma escura catedral costeira. Trinta e três anos antes eu havia embarcado no expresso para Ankara e lago Van. Trocando de trem e pegando ônibus, eu tinha viajado até o Irã, a Índia e mais adiante. As coisas agora eram diferentes: os iranianos recusaram meu pedido de visto e a guerra levara a anarquia ao Afeganistão. Faria outra rota desta vez, atravessaria a Turquia e tentaria contornar o Irã, trocando de trem na Geórgia para chegar aos países em "ão": Azerbaidjão, Turcomenistão, Uzbequistão — lugares proibidos para mim, na primeira jornada — e à Índia.

Após três trens noturnos eu precisava de uma pausa para respirar em Istambul. O cais das balsas ficava a pouca distância da estação Sirkeci. Peguei o barco para o atracadouro de Besiktas e caminhei até o Ciragan Palas. Este hotel fazia parte de um antigo e elegante palácio otomano e me recebeu, bem como o Pera Palas, no passado. Era caro, mas ficava na beira do Bósforo e era fácil chegar lá, a passagem de balsa custava vinte centavos.

Desde meados do século XVII as balsas de Istambul "desempenhavam um papel tão presente na vida cotidiana que assumiam uma importância quase mística". As balsas não param; a melhor maneira de admirar a cidade, vasta e segmentada, é a bordo de um barco. "A maior dádiva das balsas para a paisagem é a fumaça das chaminés."

São palavras de Orhan Pamuk, o consagrado romancista de Istambul — ele raramente deixa a cidade onde nasceu e declarou nunca ter sentido a tentação de residir em outro lugar. Trinta e três anos antes eu havia conhecido

Yashar Kemal, romancista e militante político. Ainda vivia, aos 82 anos, mas estava fora da cidade. Resolvi procurar Pamuk e ver o que as últimas décadas haviam feito a Istambul. Para ele, é uma cidade alegre e também de "avassaladora melancolia", embora o Bósforo seja "fonte de nossa boa saúde, cura de nossas enfermidades, origem de nossa bondade e da boa vontade que sustenta a cidade e todos que nela habitam".

Em sua inusitada crônica da vida na cidade, *Istambul: Memória e Cidade*, Pamuk narra sua infância, descreve a família irascível, seu fastio crônico, a solidão por opção, os devaneios, o amor pelas ruelas e pelos barcos e as preocupações peculiares a Istambul. É um de meus livros preferidos sobre cidades, por ter sido escrito por um nativo, arguto observador que conhece todos os defeitos da cidade, bem como suas virtudes. Sem dúvida é também uma reminiscência familiar, pois a relação dele com Istambul é íntima, a cidade como um parente difícil, um tio engraçado, uma avó excêntrica que lhe dá abrigo. Um livro assim poderia ter sido escrito por um nova-iorquino ou parisiense, mas não seria tão persuasivo, pois Nova York é uma cidade moderna sobre uma base fina, e Paris, uma obra de arte ou de artesanato. Um turco é alguém com raízes profundas, não um mero ser urbano ou migrante. Para um turco, Istambul é uma extensão da cultura turca, da personalidade turca, reflete seus conflitos, suas obsessões e características. Sua história complexa e gloriosa se evidencia nos inúmeros prédios, marcas de Bizâncio e Constantinopla acima do trânsito pesado e dos adolescentes ao celular.

Istambul é ancestral, os habitantes carregam na mente seu milenar cosmopolitismo — Pamuk serve como prova disso. O que pensam de nós? Os turcos costumam perguntar aos visitantes. Nova-iorquinos e parisienses nunca fazem perguntas assim, e muito menos os londrinos, que partem do princípio de que os estrangeiros devem ser avaliados ou ridicularizados, nunca eles. Na maioria das cidades os habitantes estão ocupados e estressados demais para se importarem com isso. Mas os turcos são diferentes, atentos para sua posição no mapa, entrelaçados com a Europa e a Ásia.

— Em certa medida, todos nós estamos preocupados com o que os estrangeiros e forasteiros pensam de nós — disse Pamuk. — Meu interesse pelo modo como a cidade é vista pelos olhos ocidentais — como para a maioria dos habitantes de Istambul — é muito problemático; como outros escritores de Istambul, com um olho voltado para o Ocidente, por vezes eu sofro com a confusão.

— Ver Istambul através dos olhos de um estrangeiro sempre me dá prazer — prosseguiu Pamuk. Flaubert, Gide, Nerval, Knut Hamsun e Hans Christian Andersen visitaram Istambul e registraram suas impressões; na maioria dos casos viram um orientalismo esmaecido que deixava de existir assim que o descreviam — o harém, o grotesco e o pitoresco, dervixes, narguilés, mercado de escravos, trajes otomanos, mangas bufantes, caligrafia árabe e, segundo ele, os *hamals*, carregadores, embora esses trabalhadores ainda possam ser vistos levando cargas pesadas enormes em caixotes de madeira, subindo e descendo as ruas da cidade velha, calçadas com pedras. Sempre que eu começo a generalizar sobre a modernidade de Istambul, encontro uma vinheta exótica — um manto, um fez, um minarete, um véu, um jumento ou alguém grelhando peixe numa churrasqueira, à beira da estrada.

Mas o livro de Pamuk, como todas as obras passionais, é encantador. Quem lê *Istambul* é persuadido a ver a cidade pelos olhos dele — uma concentração enfumaçada sombria de ruas estreitas e famílias em conflito, serena, meio ficcional, como uma cidade dos sonhos.

Considero a maioria das cidades asquerosas, mas reconheço que Istambul é habitável, uma metrópole com alma de vilarejo. A não ser quando explode uma bomba no bazar ou ocorre algum conflito com os curdos, não há menção a Istambul na imprensa ocidental. Dizer que a cidade é linda chega a ser frívolo de tão óbvio, mas a vista das mesquitas e igrejas faz o coração disparar. Sou imune a seu charme e até à palavra "charme", mas admiro Istambul por sua aparência permanente, como se tivesse sempre existido (tem sido uma cidade nobre desde sua primeira encarnação como Bizâncio, há 1.700 anos, e em alguns pontos não nega a idade). Acima de tudo gosto da cidade por sua completude e autossuficiência: uma obra acabada e personalidade inconfundível. Claro, pode-se comprar ouro e tapetes no Grand Bazar, ou joias e artigos de couro no bazar egípcio, é possível conseguir qualquer coisa na cidade, pois a Turquia fabrica de tudo — material de papelaria, roupas baratas, computadores, facas, cigarros, refrigeradores, móveis. A indústria pesada floresce. Os jornais são ativos e competitivos, a publicação de livros é dinâmica. O nível de instrução é alto, e a venda de livros, estimulante.

Levando em conta o fato de que a Turquia faz fronteira com Iraque, Irã, Síria, Armênia e Geórgia, além de Grécia e Bulgária, poderia ser um campo de batalha, mas no geral é um lugar calmo e senhor de si.

A Istambul atual é bem mais próspera, a julgar pela imponência de seus inúmeros edifícios e habitantes bem-vestidos. A balsa para Besiktas prova isso, lotada de tranquilos passageiros domingueiros: famílias pequenas, de mãos dadas, grupos de rapazes resmungões e moças risonhas de olhos baixos em sinal de modéstia, senhoras idosas de xale, mulás barbudos, viúvas de luto em burcas pretas, todos os tipos imagináveis nos bancos e nas cadeiras da balsa, do infiel desafiador ao escrupuloso leitor do Corão.

A cidade impressiona pelas paisagens, pelos espaços amplos e pela população diversificada; parece acomodar a todos, embora seja grande e espalhada demais para permitir uma definição. Contudo, por ser íntegra e coerente, autossuficiente, com o impressionante cenário de domos e torres, é uma cidade fácil de visitar, permitindo que o viajante seja presunçoso. As formalidades da vida turca e as cortesias elaboradas da língua estimulam a polidez.

O massacre dos armênios um século atrás, a expulsão posterior dos gregos, os levantes curdos e a retaliação turca são fatos lamentáveis da história turca; mesmo assim, nenhuma cidade da Ásia se dedica tão conscientemente às reformas. Ela tem sorte com escritores, que são intelectuais públicos ao estilo europeu — Orhan Pamuk foi um dos muitos a denunciar o descaso ao massacre dos armênios. Ele representa consciência pública. Yashar Kemal desempenhou o mesmo papel, assim como seu quase xará, Yaya Kemal. Pessoas assim — oradores públicos, redatores de manifestos, jornalistas ocasionais, polemistas passionais e ousados — eram praticamente desconhecidas nos países pelos quais eu havia acabado de passar: Hungria, Romênia e Bulgária. Uma jovem romancista, Elif Shafak, também se manifestou, criticando a excessiva ênfase no que é turco e defendendo o sufismo. Muitos escritores enfrentavam pressões quando estive lá, mas eles pareciam considerar (como ocorre frequentemente com os escritores turcos) que pressões são ossos do ofício.

Por Istambul ser uma das cidades mais fáceis de se circular, e uma das mais hospitaleiras do mundo, tornei-me levemente turcófilo. Embora pareça uma cidade frustrante para carros (trânsito muito lento), apresenta várias opções: metrô, trens suburbanos, ônibus, *dolmuses* (minivans), além de ser uma ótima cidade para caminhar ou pegar uma balsa de um lado para o outro. Eu era muito jovem e apressado para apreciar essas virtudes em minha primeira visita. Para começar, Istambul é uma cidade muito usada: suas maravilhas não são meros enfeites ou peças de museu. Fazem parte da vida cotidiana. Mesquitas e igrejas antigas, bazares, pontes, jardins, passeios, mercados de peixe e bancas de frutas são intensamente frequentados pelos turcos. Sendo um país secular, a Turquia ferve na sexta-feira, dia dedicado ao repouso e à oração pelos muçulmanos, mas o bazar e as lojas fecham domingo, dia de descanso cristão.

Istambul exibe um ar de serenidade dominical e relaxamento de baixa temporada. Expressões preocupadas não estavam em evidência. No dia seguinte, no bazar deserto, contudo, os comerciantes estavam com ares de preocupação, mas quando comentei a falta de fregueses eles disseram: "Os turistas chegarão no mês que vem, *Inshallah*."

Eu sabia que era um viajante solitário numa longa jornada. Sem planos detalhados para o futuro, eu não me preocupava demais com o que teria pela frente, após a Turquia. As manchetes dos jornais eram todas sobre a guerra do Iraque — a fronteira iraquiana ficava a um dia de ônibus. A guerra era claramente impopular, mas ninguém me interpelou ou hostilizou. Pelo contrário, fui bem tratado em restaurantes e me deliciei com a comida: charutinhos de folha de uva, enchova, bolinhos de queijo e um prato com berinjela delicioso, de nome divertido, *imam bayildi*, "o imã desmaiou".

Graças à chuva e ao vento forte de março no Bósforo, as ruas estavam quase vazias. Caminhei de uma mesquita a outra, dei alguns telefonemas, aceitei o convite para dar uma palestra numa faculdade local, como havia feito na primeira visita. Fui convidado também para um jantar festivo, e perguntaram se eu gostaria de conhecer alguém.

— Que tal Orhan Pamuk?

— Ele geralmente diz não.

No dia seguinte de minha palestra na universidade Bogazçi, uma antiga faculdade missionária nas colinas de Bebek, e como estava na hospitaleira Turquia, fui convidado de honra de um almoço em que todas as outras pessoas presentes eram mulheres. Uma delas, norte-americana, preparava um livro sobre todos os escritores que haviam morado em Istambul e escrito sobre a cidade, entre eles Mark Twain, James Baldwin, Paul Bowles e um sujeito que conheci depois do almoço, John Freely, nova-iorquino que residia e trabalhava ali havia 35 anos, autor de vários livros sobre Istambul.

Como as mulheres nas sociedades dominadas pelos homens tendem a ser mais diretas e divertidas do que as mulheres de lugares mais liberados, o almoço no campus foi agradável e animado. Em seguida falei sobre tempo e viagem para uma turma de literatura inglesa, sobre meu retorno e também (uma vez que a turma estava estudando o Romantismo) sobre *Tintern Abbey*, de Wordsworth.

Eram estudantes interessados, do tipo que costumava existir nas faculdades norte-americanas — modestos, estudiosos, intensos, leitores onívoros, conhecedores de Byron a ponto de citá-lo, admiradores de Shelley, sempre tomando notas, sem se intimidarem com o esoterismo romântico. Estudavam *Northanger Abbey* — havia um exemplar sobre cada mesa. Sabiam que, por serem turcos estudando clássicos ingleses, eles precisavam se esforçar mais; provar alguma coisa. E compreendiam facilmente o que eu dizia sobre minha viagem de volta à Turquia e as lembranças da viagem distante no tempo, pois percebiam o sentido de *Tintern Abbey*, sua situação e o que representava:

> Aquelas belas formas,
> Por uma longa ausência, não foram para mim
> O que a paisagem é para os olhos de um cego:
> Mas por vezes, em quartos solitários, em meio ao som
> Das vilas e cidades, tenho devido a elas
> Em horas de cansaço doces sensações...*

Embora não fossem nascidos quando estive ali pela primeira vez, aqueles estudantes, graças a seu aprendizado, conseguiam captar minha jornada sentimental: tínhamos em comum Wordsworth.

Depois da aula sobre Romantismo saí em busca do hotel em que me hospedara na primeira vinda, o Pera Palas. O prédio que um dia parecera sedutor agora transmitia uma impressão de descuido e velhice; após um drinque no bar saí e segui pelas alamedas chuvosas no sentido da praça de Taksin.

Um dos aspectos marcantes de Istambul é que, minutos depois de passar pela mesquita mais sagrada ou pelo bairro mais respeitável, encontramos seus opostos — espeluncas, lugares de baixo nível, favelas. A densidade da cidade permite essa proximidade. O conceito metropolitano de esnobe é que a pobreza fica longe, mas na verdade ela se encontra a poucas quadras de distância.

Portanto, lá estava eu, num piscar de olhos, depois de sair do Pera Palas, num bar de porão, o Club Saray, entre mesas vazias, sendo atendido por Marjana, que sentou comigo.

— Você me paga um drinque?

— Claro.

Ela era magra, loura, emburrada, com ar faminto. Podia estar doente, e o que me chamou a atenção nela, entre as moças do bar mal-iluminado, foi estar lendo uma revista. Embora a tenha guardado logo na bolsa, pude ver que era russa, e não turca. Estava tão entretida que foi a única mulher a não erguer os olhos quando entrei. O que uma russa fazia ali?

— O que está lendo?

Foi quando ela guardou a revista. Sorriu e depois de sentar disse:

---

* *These beauteous forms, / Through a long absence, have not been to me / As is a landscape to a blind man's eye: / But oft, in lonely rooms, and 'mid the din / Of towns and cities, I have owed to them / In hours of weariness, sensations sweet...*

— Artistas pop. Música. Dinheiro.
— Você é russa?
— Sou da Ucrânia. — Mas ela talvez tenha dito "saí".
— Kiev?
— Não Kiev. Pequena vila. — Ela bebericava um copo de *raki*.
— Bom lugar?
— Não bom. Pequeno! — Ela balançava a cabeça, procurando as palavras. — Não vida. Não dinheiro.
— Galinhas?
— *Da*. Galinhas!
— Você veio a Istambul para ganhar dinheiro?
— Você tem dinheiro? — Ela era magra, tinha mãos delicadas e boca faminta, dizia "dinheiro" no tom que uma pessoa faminta usaria para dizer comida.
— Muito — disse, fazendo o sinal de dinheiro com os dedos.
— Então pague outro drinque.
— Você ainda não terminou este.

Eu conhecia a rotina. A visão convencional é que aquelas moças são vagabundas, desocupadas que matam o tempo bebendo, fazendo hora numa mesa de bar. Mas não, elas tratam o tempo com extremo rigor, chegam a assustar, principalmente quando precisam prestar contas a um cafetão. Estranho, pois seu mantra é "vamos logo", o que não tem nada de afrodisíaco nem de meigo.

O taxímetro estava rodando. Tempo é tudo para uma prostituta. Em termos de respeito ao relógio, elas são piores que advogados, embora o termo indecoroso se aplique a ambos e eles compartilhem o conceito de horas trabalhadas, em que cada minuto deve ser cobrado por esses profissionais que balançam os pés e tamborilam com os dedos.

A prostituta também exibe a falsa simpatia dos advogados, a aparente preocupação com seu bem-estar, a costumeira conversa fiada do estou-aqui-para-ajudar, a insinuação de ajuda que serve para seduzir a pessoa e tomar seu dinheiro. Nos dois casos, enquanto você pagar, consegue atenção total. Mas eles sempre dão as cartas.

Marjana, era possível perceber pelos olhares de esguelha, recebia sinais de um turco, provavelmente seu cafetão, que apoiava o salto do sapato na trave de uma cadeira, enquanto balançava para a frente e para trás, com um copo na mão.

— Então, vamos?
— Onde?

— Não é longe. Aqui perto. Gostei de você. — O segundo drinque foi deixado de lado. — Acho que você é um homem forte. De qual país veio?

— Estados Unidos.

— Grande país. Muito dinheiro. Quero ir para os Estados Unidos.

— Como chegou aqui, à Turquia?

— Minha amiga disse que eu podia ganhar dinheiro aqui. Ela falou: "Trabalhe num café." Paga bem. — Marjana parecia meio decepcionada, mordendo os lábios enquanto enchia a boca de *raki*, antes de engolir.

— Como você veio? De avião? De ônibus?

— Vim de avião. Bem barato.

— Quem é seu chefe? Um ucraniano?

— Um turco. — Ela olhou de lado para o homem que continuava a nos encarar, com os lábios apertados. Então, erguendo a cabeça, disse:

— Vamos?

— Vamos conversar.

— Conversar, conversar — ela disse, irritada, impaciente. Debruçou-se e tocou meu joelho. — E foder?

Peguei algumas liras turcas e as coloquei em sua mão, um gesto destinado a acalmá-la, mas que não adiantou. Ela me olhou como se eu fosse maluco, mas o dinheiro havia comprado mais alguns minutos.

— Tem família? — perguntei.

Ela fez que sim.

— Marido?

Ela fez que sim, mais lentamente.

— Filhos?

Ela me encarou apenas quando perguntei; depois, começou a chorar, pressionando os olhos com os nós dos dedos. Balançava a cabeça e parecia desamparada. Baixei a cabeça e, quando vi seu sapato — salto alto, gasto, deformado, úmido por causa das ruas molhadas de Taksim —, senti-me também desamparado, pensando no tormento de seus dedos.

Uma mulher de aspecto rude parou a seu lado e começou a resmungar. Era gorda, usava vestido justo, e a barriga enorme parou na altura dos meus olhos. Reconheci a palavra *prablyema*. Marjana soluçava, desolada.

— O que você falou para Marjana? — a mulher perguntou, hostil.

— Nada — respondi, envergonhado.

— Ela chorou — a mulher disse.

Marjana tentou afastar a mulher com um gesto.

— Eu não fiz nada — falei, soando como um menino de 10 anos. Mas eu havia feito com que ela se lembrasse dos filhos pequenos.

A mulher começou a resmungar novamente para Marjana. Lágrimas, recriminações, desafio, acusação, mais lágrimas — era o mais distante de sexo que poderia haver. E na periferia pairava uma sugestão de violência, na postura ameaçadora e no olhar fixo do turco.

A mulher apontou a mão gorda para mim, com as unhas enormes na direção da minha cara. Embora fossem falsas, coladas, eram afiadas como garras e poderiam servir de arma.

— Acho bom ir andando, tá?

Com prazer, pensei. Levantei-me e recuei, talvez depressa demais, feliz por sair dali, dizendo adeus. Eu havia percebido que Marjana era uma daquelas mulheres atraídas a Istambul e mantidas ali contra sua vontade — tinha família em outro lugar, incapaz de ajudá-la. Eu queria conversar, apenas, mas nessas circunstâncias conversar é sinônimo de encrenca.

■ ■ ■

Recebi novidades a respeito do jantar:

— Pamuk disse que vai.

Eu estava ansioso para conhecê-lo, não apenas por causa dos bons romances e de sua história pessoal em Istambul, mas também porque, como escritor impetuoso e grafomaníaco declarado, ele provavelmente era excêntrico, alguém que vivia num extremo do mundo, a alma solitária que todos os escritores precisam ser para produzir uma obra e viver a vida. Os escritores são sempre leitores e, embora normalmente desequilibrados, observadores atentos do mundo. Desde pequeno carrego a noção inescapável de que os melhores escritores são heróis profundamente imperfeitos.

Entre os convidados turcos para o jantar festivo, alguns escritores, todos educados, pacientes e respeitosos, Pamuk estava agitado. Magro e alto, de óculos, virava para um lado e para o outro ao falar. Fez com que eu me lembrasse de uma pessoa que conheço. Era um provocador, arqueava os ombros, virava a cabeça para trás para rir — e exibia uma risada alta, compreensiva. Fazia caretas engraçadas, que os óculos de intelectual exageravam. Zombava dos outros e de si, sabia prender a atenção, apontava o dedo para as pessoas, e seu procedimento padrão para saber algo era a provocação. Alfinetava, zombava, não falava demais, preferia soltar comentários irônicos em um tom alegre, meio acusador, como um cortesão sagaz.

Sorri quando me dei conta de que ele fazia com que eu me lembrasse de mim — evasivo, desajeitado, meio rabugento, à vontade no meio da multidão, embaraçado nas ocasiões formais. Os latinos se assemelham muito aos turcos: percebi que ele era fisicamente parecido comigo, e que tinha o mesmo hábito de fingir ser ignorante e meio descompensado para obter informações.

— O que quer dizer com isso? — Era a pergunta mais frequente dele, exigindo uma explicação para o que o outro havia acabado de dizer.

A mãe dele desempenhava um papel enorme em sua vida e nas histórias sobre Istambul. Eu lhe perguntei o que ela achava do livro.

— Ela não gostou do meu livro sobre Istambul. Depois eu me divorciei. — Ele sorriu. — Não gostou nem um pouco. Mas eu a coloquei num livro, *Meu Nome é Vermelho*, e ela ficou contente.

— Eu coloquei minha mãe num livro e ela ficou desolada — eu falei. — Viu isso como traição. Quando meu primeiro livro foi publicado, faz quase quarenta anos, ela me escreveu uma longa carta. Eu estava na África na época. Ela disse que o livro era uma porcaria. Usou esta palavra. Porcaria! "Obrigado, mamãe!"

Pamuk interessou-se.

— Isso deve ter entristecido você.

— Surpreendentemente, não aborreceu. Encheu-me de energia. Creio que teria ficado perturbado se ela elogiasse o livro — desconfiaria que estava mentindo. Pensei: não sou escritor para agradá-la. Por falar nisso, guardei a carta. Ainda a tenho. Serviu de estímulo para mim.

Estávamos à mesa, apreciando uma refeição turca. Enquanto me ouvia atentamente, Pamuk absorvia a reação das outras pessoas: seus olhos não paravam quietos.

— Por que fez uma careta? — perguntou à mulher sentada do meu lado. Ela negou ter feito careta.

— Foi porque falávamos em mães, e você é mãe?

— Claro que não.

— Você fez assim — Pamuk disse e semicerrou os olhos, mostrando os dentes, e comprimiu o rosto até formar uma expressão cômica.

Ele falou a respeito da época da faculdade, quando estudava inglês, lia livros em inglês, e contou que como turco anônimo, fluente em inglês, havia levado Arthur Miller e Harold Pinter para conhecer Istambul, mostrando as atrações da cidade e explicando sua história.

— Eu lhes mostrei a cidade. Era o intérprete. Estava sempre ao lado deles, ajudando, ouvindo. Eles não faziam a menor ideia de quem eu era, e para mim os dois eram grandes escritores.

A conversa sobre Arthur Miller levou a Marilyn Monroe. Contei que eu havia escrito um ensaio sobre o leilão dos objetos pessoais de Marilyn na Sotheby.

— Coisas caras? — Pamuk perguntou.

— Tinha de tudo, vestidos, livros, espelhos quebrados, calça Capri, um exemplar de *O Prazer de Cozinhar* com anotações de próprio punho, bijuterias. No bloco de anotações amarelo, com sua caligrafia, as palavras "Ele não me ama". Um isqueiro, presente de Frank Sinatra. E também o vestido do dia em que cantou "Parabéns a você" para o presidente. E a torradeira.

A lista encantou Pamuk. Ele disse:

— Adoro catálogos da vida das pessoas. Você viu o leilão dos pertences da Jackie Kennedy?

— Vi, mas não havia torradeira nos lotes.

Ele declarou gostar de minúcias, da revelação contida nos objetos cotidianos. Não dos tesouros, mas dos objetos de bazar, sempre mais reveladores. Era uma paixão de romancista, uma necessidade de conhecer segredos, de se intrometer na vida alheia — sem dar esta impressão.

Sem parar de comer, ele me avaliou e disse:

— Você foi nadar com Yashar Kemal.

— Isso mesmo. Faz 33 anos.

— Ele viajou para o sul da Anatólia — o anfitrião explicou, pois eu também havia perguntado como poderia entrar em contato com Kemal. — E lamenta perder a oportunidade de encontrá-lo. Ele se lembra de você daquela época.

Para mim, era surpreendente o fato de ele ainda estar vivo e escrevendo, aos 82 anos. Era um sujeito que se orgulhava de seu sangue cigano e de ter crescido no ermo interior da Turquia, entre camponeses e bandoleiros. Faulkner o inspirara, outro escritor orgulhoso de ser rústico. Mas Pamuk era metropolitano, um sujeito na fronteira, como todos os escritores, mas essencialmente um habitante da cidade.

— Li seu livro sobre a América do Sul — Pamuk disse. — Gostei da parte sobre a Argentina, especialmente de Borges.

Pamuk tinha muito em comum com Borges, não só na escrita como na personalidade — um recolhimento, o dom da magia na prosa, em que o conhecimento amplo e até mesmo arcano combinava-se ao sentido cômico. Borges era muito divertido nas conversas; frequentemente irônico consigo fingia desprezar seus próprios escritos, comentando sem sinceridade que seus contos eram muito curtos — "e provavelmente cheios de erros banais!" Ele me disse a respeito de *A Muralha e os Livros*, sua história chinesa.

O traço mais encantador compartilhado por Pamuk e Borges era a paixão pela cidade de origem. Uma história de Buenos Aires cheia de nuances percorre os escritos de Borges, que teria balançado a cabeça em sinal de aprovação para a avaliação de uma vida em Istambul, pois era muito similar à de um habitante de Buenos Aires, um portenho: "Quando os nativos de Istambul crescem e sentem seus destinos se entrelaçarem com o da cidade, eles passam a valorizar a capa de melancolia que proporciona às suas vidas um contentamento e uma profundidade emocional que quase parecem felicidade. Até este momento eles lutam contra seu destino."

Em seus escritos Borges exalta a violência, a música e os segredos excitantes de Buenos Aires, e simultaneamente critica a atitude filistina, a pomposidade e os conceitos atrasados. Pamuk, pelo que me pareceu, não era diferente.

— Você leu para ele — Pamuk disse. — Isso foi legal.

— Ele gostava quando liam para ele. Ainda lhe restava um restinho de visão, pois conseguiu autografar um livro para mim, mas não conseguia mais ler.

— Ele fez isso? — Pamuk fechou os olhos e virou a cabeça para trás, numa imitação de Stevie Wonder enlevado de prazer, sorrindo, balançando a cabeça. Foi uma mudança súbita e inesperada. Todos riram.

— Você é terrível — falei.

— O que quer dizer com isso?

Falei:

— Ele não balançou a cabeça. Ficou lá sentado e frequentemente terminava as frases dos contos. Dava a impressão de conhecer todos de cor.

— Quais contos? O que leu para ele?

— Kipling. Ele gostava de *Contos das Colinas*. "O portão dos mil penares", sobre fumar ópio. "Para lá do pálido", sobre um caso amoroso maldito. Borges era um especialista em amores não correspondidos.

— E o que mais?

— Partes das *Mil e uma Noites*, tradução de Burton. Ele tinha a primeira edição, com uns vinte volumes.

— Certas partes são sensuais. Você leu essas partes também, é?

Indagando, zombando, cutucando, provocando e de repente atento, Pamuk abordava um assunto como cidadão metropolitano: corria pelo beco, atravessava a rua, subia ao primeiro andar para gritar da janela, soltava uma gargalhada antes do confronto com uma pergunta direta. Ele também tinha o dom do escritor para arriscar perguntas infantis excessivamente diretas que podiam causar constrangimento.

Falar sobre Borges e amor o levou a relatar com sinceridade a outra vida misteriosa de seu pai, os gritos durante as brigas entre seu pai e sua mãe: um lar turbulento, com marido ausente, esposa agitada.

A mulher sentada ao lado de Pamuk disse:

— Minha mãe uma vez encontrou meu pai com a amante.

— Um pesadelo — comentei.

— Boa resposta — Pamuk disse, sorrindo para mim, debochado.

Sua dissimulação, o modo como provocava, as atitudes e alfinetadas, o desfecho com um comentário ferino, tudo isso provava a seriedade de Pamuk. Pensei em como todos os escritores falam consigo quando estão sozinhos. "Quando a história interior da mente de um escritor está escrita", V. S. Pritchett disse certa vez, "descobrimos (creio) haver uma ruptura a esta altura da vida. Em determinado momento ele se aparta das pessoas que o rodeiam e descobre a necessidade de falar consigo, e não aos outros".

Em *Istambul* é possível observar o processo na mente inquieta de Pamuk, a descoberta de que a família desconhece sua vida interior, o alívio de conversar consigo. Encontra consolo longe da família, em caminhadas solitárias e meditações murmuradas, pois entre outras coisas — retrato da cidade, crescimento numa família tumultuada, alegria de ler, visitantes famosos, amor pelo recolhimento, melancolia de um lugar antigo — o livro trata de como ele abandonou todas as outras ambições para se tornar escritor, ou mais do que isso.

Ele aparecia na imprensa. Aquele sujeito recluso era um herói improvável, mas poucos meses antes ele havia comparecido ao tribunal como acusado num processo federal que mais parecia um conto moralista, no qual o leão era julgado pelos jumentos. Na época ele escreveu na *New Yorker*: "Vivendo como eu vivo num país que reverencia seus paxás, santos e policiais em todas as oportunidades, mas se recusa a reverenciar seus escritores, a não ser depois de passarem anos em tribunais e prisões, não posso dizer que fiquei surpreso ao ser acusado. Compreendo por que meus amigos sorriem e dizem que finalmente eu me tornei um escritor turco de verdade."

Forasteiros se queixam da repressão na Turquia. Os turcos também. Todos os matizes da opinião islâmica estão presentes na sociedade turca, variando do mais benigno ao mais fanático, e todos os matizes da opinião secular também. Esta, creio, é a razão pela qual todo visitante sempre encontra algo que lhe agrada no país e sempre encontra um turco com quem concorda.

O fato curioso, mas provavelmente comprovável, é que a repressão pode provocar um efeito salutar nos escritores: fortalece-os ao desafiá-los, leva-os a resistir e torna suas vozes importantes, pois os escritores em seu melhor momento são rebeldes, e a pressão é a pedra de amolar que os mantém afiados, mesmo que esta repressão desgrace suas vidas. Um país livre não pode garantir grandes textos, e um intelectual público (embora relutante) como Pamuk dificilmente surge nos Estados Unidos ou na Grã-Bretanha.

O crime de Pamuk foi mencionar a um jornalista suíço que "um milhão de armênios e 30 mil curdos foram mortos neste país, e eu sou o único que ousa tocar no assunto". O comentário resultou em ameaças de morte, ataques dos jornais, difamação e acusação por crime de insulto ao Estado. Em seu julgamento Pamuk enfrentou a possibilidade de três anos de sentença se fosse considerado culpado, mas o caso foi encerrado. Ele saiu livre. Consagrou-se como escritor turco e desapareceu — Istambul possui a qualidade das grandes metrópoles de ser um lugar onde se pode sumir sem deixar vestígios.

Pamuk aceita ser entrevistado de vez em quando. Sua voz é distinta; seus modos, inimitáveis. Sua resposta a uma mulher de um jornal britânico que o pressionava a respeito da questão da liberdade de expressão na Turquia: "Veja bem", ele disse, "nunca tive problemas ao escrever romances. Conversei a respeito disso com meu editor quando estávamos publicando *Neve*, que foi meu romance explicitamente político, e não aconteceu nada com este romance. A única vez que tive problemas, minha senhora, foi por causa de entrevistas". Em seguida ele sacudiu o dedo na cara da repórter e riu.

Estava apontando o dedo naquele momento, indicando uma pessoa, depois outra. "O que quer dizer com isso?" "Por que está rindo?" "Acho isso ridículo."

— Como chegou à Turquia? — ele quis saber. — Alguém me disse que veio de trem.

— De trem, desde Londres. Foram quatro trens, na verdade. Passando pela Romênia.

Quando Pamuk fez uma careta, pareceu anos mais moço, como se fosse uma criança enojada, e os óculos se mexeram no nariz enrugado.

— Estive na Romênia — ele disse. — Um congresso de escritores, mas num navio, uma espécie de cruzeiro. Uma semana inteira navegando com outros escritores.

— Me parece terrível.

— Boa resposta.

Ele sorriu ao saber que eu havia entrado pela Bulgária, passando pelo interior da Turquia, para me habituar, e que pretendia seguir para o leste dali a poucos dias, até Ankara, Trabzon e Hopa, para chegar à Geórgia.

Ele disse:

— Li seu livro sobre Naipaul, *Sir Vidia's Shadow* (A sombra de Sir Vidia).
— E o que achou?
— Um livro muito terno.
— É verdade, mas poucos perceberam isso.
— Por que não perceberam?
— Não sei. Talvez os conflitos sejam mais interessantes. As pessoas dizem que foi cruel. Eu diria implacável. A parte das brigas foi considerada rixa entre escritores. Mas Naipaul foi uma figura importante em minha carreira profissional.
— Gostaria de saber o que ele achou do livro.
— Impossível saber. Ele se recusa a comentar.
— Duvido que não tenha lido.
— Creio que não leu. A mulher dele leu, disso eu tenho certeza.
— A mulher foi parte do seu problema — Pamuk disse. — Segunda mulher, certo?
— Isso mesmo.
Pamuk debruçou-se e olhou por cima dos óculos, dizendo:
— E eu, sou um bom leitor de Paul Theroux?
— Muito astuto.
— E não havia outra mulher?
— A amante de Naipaul, de 23 anos. Ele a dispensou quando a esposa morreu e casou com uma mulher que havia acabado de conhecer no Paquistão. Um caso estranho.
— Talvez não seja tão estranho assim — Pamuk disse.
Falamos sobre amantes de escritores e reconstruímos a curiosa vida amorosa de Graham Greene, que permaneceu casado com uma mulher por sessenta anos, sem morar com ela, enquanto corria atrás das outras, tendo sofrido com três ou quatro grandes paixões, todas por mulheres casadas. Seu último caso parecia um casamento. A mulher o visitava no apartamento em que ele morava por volta do meio-dia, preparava o almoço e depois eles faziam amor. Tomavam um drinque e, ao cair da tarde, a mulher voltava para a casa dela, para o marido. Isso durou anos. O marido sabia, mas a esposa lhe disse algo como "Não me obrigue a escolher".
Pamuk disse:
— Soa perfeito.
— Após a morte de Greene, a mulher se divorciou.
— Ah — Pamuk ficou contente, ponderando sobre a complexidade do caso.

Durante a sobremesa, outros escritores convidados falaram sobre a dificuldade de ser escritor turco no estrangeiro. Ocidentais cujo conhecimento da Turquia se limitava ao *Expresso da Meia-Noite* e kebabs os desafiavam, dizendo: "E os armênios? E quanto aos curdos? Como podem torturar as pessoas?"

Um escritor chamado Yusof disse que admirava o crítico anglófilo George Steiner.

— Eu estava em Londres — Yusof contou — e tinha cinco livros para George Steiner autografar. Fui a uma de suas palestras, e depois ele sentou à mesa para autografar os livros das pessoas. Ele assinou dois livros meus e disse: "De onde você é?" Falei que era da Turquia. Ele empurrou o resto dos livros — recusou-se a assiná-los. E disse: "Volte para casa e cuide de seu povo." Ele se referia aos curdos.

De volta ao hotel, ocorreu-me que, apesar de os Estados Unidos apoiarem os curdos, tolerarem o terrorismo curdo tanto na Turquia quanto no Iraque e travarem uma guerra no Iraque, nenhum turco me acusava de genocídio: eles nem sequer abordavam o assunto comigo.

■ ■ ■

Eu também queria conhecer em Istambul a escritora Elif Shafak. Em mais um dia chuvoso nos encontramos no Ciragan Palas. Ela era tão linda que me esqueci dos livros; escrever parecia irrelevante, fiquei deslumbrado. Fez com que eu me lembrasse de um trecho de Kipling: "Muito do que se escreve sobre a paixão e a impulsividade oriental é exagero e foi compilado de segunda mão, e muito pouco é verdade." Elif Shafak encarnava a frase. Tinha cerca de 30 anos, olhos cinza-azulados e rosto de criança brilhante, que também é a face pedomórfica de uma madona renascentista, emoldurada por mechas de cabelo claro. Finas correntinhas prateadas cobriam suas mãos e seus dedos, entrelaçadas ou pendentes, presas a uma variedade de anéis de prata, como se ela tivesse acabado de fugir de um harém.

Para mim foi difícil me concentrar no que ela dizia, de tão distraído por sua beleza. Mas sua paixão e impulsividade eram inconfundíveis, e eu me esforcei para lembrar que ela havia escrito cinco romances muito elogiados.

Ao contrário de muitos outros escritores turcos, ela era cosmopolita. Estudara ou lecionara em universidades nos estados do Michigan e do Arizona, e em Mount Holyoke. Sua mãe havia sido diplomata turca, e a família residiu em muitas capitais internacionais. O pai sumira de sua vida; ela sabia que ele morava em Istambul, mas nunca o via. O pai ausente serviu como tema de seu novo romance, *De Volta a Istambul*,* que muitas livrarias da cidade não exibiam ostensivamente por causa do título sugestivo.

"Shafak", um sobrenome inventado, significa aurora ou alvorecer, em turco. O nome combinava com ela, uma vez que fulgurava de vida, e o amanhecer na Ásia não chega aos poucos, fazendo com que o céu se ilumine lentamente; mais parece que o novo dia foi ligado, trazendo um brilho súbito, completo. Elif Shafak esbanjava este brilho.

Além disso, era inesperadamente combativa — não se espera tamanha virulência de uma beldade — e tornava encantadora a denúncia de várias atitudes turcas em meio ao tilintar das correntinhas e filigranas de prata.

— A Turquia sofre de amnésia — ela disse. — Os turcos são indiferentes ao passado, às palavras antigas, aos costumes tradicionais.

— Pensei que as reformas turcas fossem uma coisa boa, no geral.

— Não foram, elas apagaram muitas coisas que precisamos saber — ela disse. — Os kemalistas e reformistas mudaram a cultura. Jogaram fora palavras antigas, livraram-se de termos estrangeiros. Mas essas palavras fazem parte do que somos. Precisamos conhecê-las.

Seus olhos e seus dedos esguios me paralisavam, com a correntinha de ouro a pender dos anéis nos dedos todos.

— Precisamos saber sobre os armênios — ela disse.

— Você fala essas coisas em público? — perguntei.

— Sim, embora seja difícil, principalmente para uma mulher.

— É interessante que tenham intelectuais públicos, que manifestem sua opinião. A maioria dos países não os possui.

— Temos muitos. Discutimos e discordamos sem parar.

— Como você se sente nos Estados Unidos?

— Gosto muito, mas tive de recomeçar tudo lá. Aqui, sou alguém. Lá, não sou ninguém.

Ela falou a respeito de seus estudos sobre literatura e cultura sufi, mas não dos dervixes de Istambul, e sim dos cultos e praticantes dos recantos remotos da Turquia. Citei minhas lembranças dos sufis dançando ao crepúsculo numa mesquita em Omdurman, no Sudão, um dos encontros mais dramáticos do meu *O Safári da Estrela Negra* através da África. No meu caso, foi uma feliz coincidência; no dela, eram tão vívidos quanto cerebrais; o sufismo era um tema, em seu caso. De todo modo, eu estava distraído — sua beleza era como uma maldição que me impedia de captar as nuances do que ela dizia. Mesmo

---

*Em turco, o título significa *Baba e o bastardo*. (N. da E.)

assim, eu sentia que, ao conversar com Elif Shafak e Orhan Pamuk estava olhando para o futuro da literatura turca.*

Em uma conversa informal com um acadêmico turco mencionei o quanto as obras de escritores como Pamuk e Shafak me impressionaram. E havia muitos outros que não tinham sido traduzidos. Como explicar essa excelência literária?

— Nomadismo — ele disse. — A tradição de contar histórias é forte na Turquia por causa de nossas migrações sazonais. O Irã está acomodado há 2.500 anos. A Grécia é sedentária. Mas a sociedade turca possui uma estrutura dinâmica. Em consequência de nosso movimento constante, nos tornamos contadores de histórias.

Só faltava uma visita ao dentista, antes de pegar o expresso noturno para Ankara. Uma restauração solta causava o temor de que o desconforto pudesse piorar nas semanas ou nos meses seguintes. Pedi uma indicação.

Foi assim que acabei sentado na cadeira reclinada da dra. Isil Evcimik, uma quarentona agradável cujo consultório bem-equipado inspirava confiança. Brinquedos de pelúcia encostados num canto ajudariam a acalmar crianças ansiosas. Eles também me animaram, e quando a dra. Evcimik contou que a filha estudava em Princeton com bolsa integral, senti que estava em boas mãos.

Parte da técnica da dra. Evcimik incluía comentários incessantes sobre os procedimentos em curso num dado momento. Com seringa hipodérmica numa das mãos e cotonete na outra, ela disse:

— Primeiro vamos passar um analgésico — e esfregou o cotonete na minha gengiva — e depois introduzir lentamente a agulha. Por favor, avise se doer. — Não doeu. — Ótimo. Agora esperaremos um pouquinho.

O dente apresentava sensibilidade ao frio ou ao calor? Ela queria saber.

Eu não sabia, mas ele estava sensível.

— Pode ser um dos dois, ou ambos. Melhor se for um ou outro.

Ela explicou a sensibilidade reversível. Isso poderia acontecer comigo. Ou a sensibilidade irreversível.

— Neste caso, precisaria de tratamento de canal. Para onde vai depois daqui?

— Geórgia. Azerbaidjão.

— Um tratamento de canal no Azerbaidjão? Nem pensar.

Ela escolheu uma broca, dizendo:

— Agora vou remover o amálgama. — Ela retirou a obturação frouxa com a broca, depois mostrou. — Isso é amálgama. — Lavou o dente e limpou

---

*Naquele mesmo ano Orhan Pamuk ganhou o prêmio Nobel de Literatura.

a cavidade mais um pouco. Em seguida, misturou uma substância num pratinho. — Trata-se de uma resina. O gosto é ruim. Não engula, embora não seja veneno.

De boca aberta, eu só a ouvia.

— Agora vamos preencher a cavidade. — Ela colocou a resina. — Isso — ela disse, apontando com uma ferramenta — é o agente polimerizador. Vamos aplicá-lo. E depois — um reflexo prateado — o molde. Como um cinto em volta do dente, para que possa usar o fio dental. — Mais manipulação. — Ainda não terminamos. Está alta. Vamos desbastar. — Ela prosseguiu. — Por favor, morda aqui. — Obedeci, duas vezes. — Como ficou?

— Melhor.

— Melhor para mim não é suficiente.

Ela desbastou um pouco mais o cimento dentário, até ficar perfeito, e me contou que sempre quis conhecer o Havaí; depois apresentou a conta, uma pechincha em moeda turca, equivalente a 153 dólares.

Quando contei à dra. Evcimik que eu ia pegar o trem noturno para Ankara, ela disse:

— É a melhor maneira de ir para lá. Avião custa caro e pode dar muitos problemas. O aeroporto fica longe, sempre ocorrem atrasos. Quando preciso ir a Ankara, também vou de trem.

Continuava chovendo em Istambul. A chuva me seguira desde Paris, definindo cada cidade: Paris reluzia em luz difusa; as ruas de Budapeste ganharam uma pátina de neve e barro, escurecendo o mofo dos prédios; a Bucareste enlameada exibia poças de água negra nos buracos da rua. Mas em Istambul a chuva dava às ruas uma nobreza sonolenta, pois era uma cidade de canais e domos, de minaretes esguios e torres que faiscavam na luz difusa do aguaceiro. Os edifícios eram obras-primas, mas eu guardaria na lembrança o modo como, a distância, eles eram transformados pela chuva.

4   Trem noturno para Ankara

A centenária estação de Haydarpasa, profusamente iluminada, mais parecia um teatro de ópera na noite em que cruzei o Bósforo para pegar o expresso noturno com destino a Ankara. "Uma ferrovia aqui na Ásia — no reino oriental dos devaneios — é uma coisa estranha de se pensar", Mark Twain escreveu em *The Innocents Abroad* (Os inocentes no estrangeiro), quando passava pela Turquia. "Entretanto, eles já têm uma e estão construindo outra." Meu trem noturno partia às dez e meia, e cheguei uma hora antes, pela balsa que vinha do outro lado e parava no píer. A estação havia sido inteiramente reformada. É óbvio que a consideravam um prédio venerável, digno de preservação; a restauração fora completa. Anos antes, escura e decrépita, parecia ter os dias contados. Agora que o trem era o melhor transporte entre Istambul e Ankara, o investimento na linha férrea aumentava.

O bilheteiro de uniforme novo também era um bom sinal de que as ferrovias turcas estavam em boa forma. Parado na escada do vagão-dormitório, ele me cumprimentou e me ajudou a localizar minha cabine. Explicou que havia vagão-restaurante naquele trem. Os vagões eram novos. Ali encontrei um pequeno paraíso: cabine aconchegante, leito exclusivo, um livro para ler — eu estava lendo *The Flea Palace* (O palácio das pulgas), de Elif Shafak — e 12 horas de conforto pela frente. Nenhuma fronteira a cruzar, nenhuma interrupção. Os outros passageiros eram executivos de terno, carregando valises; uma família com duas crianças; algumas mulheres de véu.

Os *manti* turcos (bolinhos recheados cozidos) constavam do cardápio do restaurante: farinha, queijo, carne e temperos, servido com sopa de lentilha e uma taça de vinho. Depois de comer fui deitar, li um capítulo de *The Flea Palace* e peguei no sono embalado pelo suave balançar do trem, ouvindo o som da chuva que batia na janela.

Acordei oito horas depois, com o sol forte, o primeiro dia sem chuva desde a partida de Londres, nas colinas secas desoladas de Gordion, com seus túmulos de terra amontoada e sepulturas, a cerca de 90 quilômetros a oeste de Ankara, onde Alexandre cortou com a espada o nó górdio.

Nas imediações de Ankara havia casas novas, condomínios fechados, campus de universidades, conjuntos habitacionais — uma expansão imobiliária que parecia ser característica das pujantes cidades turcas. Na minha primeira viagem eu havia resumido a Turquia a uma economia agrícola com ruínas coloridas, mas com a modernização e a mecanização o país passara por uma transformação: agora exportava alimentos, a taxa de alfabetização era alta, os trens melhoraram, mas a maioria das pessoas preferia ônibus, pois as estradas eram muito boas.

Não havia trem para Trabzon; eu teria de pegar um ônibus, como fui informado assim que cheguei a Ankara e anunciei minha intenção de viajar para o nordeste da Geórgia e Azerbaidjão. Meu plano era contornar o Irã, seguindo sempre por terra.

Eu havia sido convidado para dar uma palestra em Ankara, e me explicaram que seria um encontro formal. Isso significava que eu precisaria de gravata, artigo que não possuía. Comprei uma por alguns poucos dólares, e naquela noite falei longamente aos convidados sobre a experiência de voltar a algum lugar, de que forma ela revela o modo como o mundo funciona e faz de tolos os profetas e sábios. Ela também mostrava o tipo de viajante que eu havia sido, o que vira e o que perdera da primeira vez. Não procurava novidades — nunca havia procurado, expliquei. Queria conhecer melhor o mundo e a vida das pessoas. Não era uma águia nas viagens, e sim uma borboleta. Todavia, a revelação era garantida até ao viajante mais sem direção, mais feliz e mais receptivo a impressões.

— Uma alegria sem propósito é uma alegria pura — falei, citando Yeats.

> E a sabedoria é uma borboleta
> E não uma ave de rapina sombria.*

Ankara, que na primeira visita parecia um posto avançado na fronteira do mundo conhecido, deixara de ser um lugarejo empoeirado para se tornar uma cidade próspera, importante pela indústria, clara, jovem, espalhada por morros e ravinas, com três grandes universidades na periferia. Culturalmente ela retomara o passado glorioso dos místicos e filósofos que floresceram milhares de anos antes, a oeste de Ankara, em Hatusa.

Conversando com as pessoas que foram à minha palestra, em sua maioria acadêmicos e políticos, soube pelos sussurros de um dos presentes que eles eram contra a guerra do Iraque e que prefeririam que os Estados Unidos não tivessem invadido o país.

O bigodudo ergueu o dedo num sinal abrangente e disse: "Ninguém nesta sala apoia o que os Estados Unidos estão fazendo no Iraque." Preocupado

---

* *And wisdom is a butterfly / And not a gloomy bird of prey.*

talvez com a generalização, ele olhou para a centena de pessoas que acabara de caracterizar e, ao notar alguns norte-americanos, acrescentou:

— Os turcos, pelo menos. Todos nós somos contra a invasão.

— Éramos de uma família turcomena do Iraque — disse uma senhora que se apresentou como professora Emel Dogramaci, da universidade Çankaya. — Éramos poderosos em Kirkuk. — Ela queria dizer ricos. A família dedicava-se à filantropia em Ankara, onde se instalou depois que saiu de Kirkuk, atualmente uma área curda. — Saímos porque não estávamos contentes com Saddam.

— Ficou contente com a queda dele?

— Claro, mas não com o custo desta guerra — ela disse. — A guerra é terrível. Não ajudará em nada. Não sabemos nem como nem quando acabará. A única certeza é a guerra civil. Bem, já está acontecendo, não acha?

Falei:

— O mais deprimente é que pode durar anos.

— Não gosto de Bush. Prefiro Clinton, com todas as suas fraquezas — ela disse. Admirei sua confiança, fluência e estilo. Era uma mulher de certa idade, bem-vestida, com joias reluzentes, direta e firme nas opiniões.

— Bush não sabe nada, quem são esses sujeitos que o assessoram? Eles dão péssimos conselhos. Será que sabiam o que estavam fazendo?

— Rumsfeld era um deles.

— Conhecemos Rumsfeld! — a mulher disse, fazendo uma careta para o nome. — Ele apoiava o Iraque durante a guerra Irã-Iraque. Ele apoiava Saddam! E dizia para fazermos o mesmo!

De sua casa em Kirkuk a família vira Donald Rumsfeld trocar cumprimentos com Saddam, além de vender armas, entre as quais minas terrestres. A resposta iraniana foi mandar crianças pequenas — pois elas são numerosas, portáteis e dispensáveis — para correr nos campos minados, pisar nas bombas com seus pezinhos e voar pelos ares.

— Isso não é política. Não tem a ver com a opressão. Trata-se de uma guerra religiosa: sunitas contra xiitas — disse a professora Dogramaci.

— A que grupo você pertence?

— Sou muçulmana cultural — ela disse. — Não frequento mesquitas. Mas o islã é meu passado e minha história pessoal.

— Talvez o Iraque se desmembre em vários países, um curdo, um xiita, um sunita... — eu falei.

— Isso pode ocorrer: uma espécie de federação. Mas, vou lhe dizer uma coisa — ela falou ao me encarar séria, e seu vestido de seda diáfana, o belo colar e os anéis faiscantes só a tornavam mais ameaçadora. — O petróleo não pertence apenas aos curdos. Pertence ao povo do Iraque. Se houver um estado curdo e eles quiserem ficar com o petróleo, passando os outros para trás — ela ergueu a mão cheia de dedos reluzentes —, então vou logo avisando que teremos confusão.

— Que tipo de confusão? — perguntei.

— Não posso ser específica — ela disse, feroz como uma avó indignada. — Mas não vamos assistir a tudo de braços cruzados.

De cabeça inclinada para ouvir a conversa, vi a sra. Zeynep Karahan Uslu, que era membro do parlamento pelo AKP, partido da Justiça e Desenvolvimento, atualmente no poder. Era atraente, tinha 30 e poucos anos e exibia o mesmo ar independente da professora.

Notando seu interesse, o tom da professora abrandou-se. Ela disse:

— Está vendo? Esta mulher é parlamentar. Tem um filho. Veio de Istambul. Aquele é o marido dela, Ibrahim.

Ele, que nos observava, sorriu:

— Ele a acompanhou até Ankara para tomar conta do filho. Zeynep é uma mulher turca moderna. Conheci o pai dela, estudioso importante. Estou muito feliz por vê-la!

— Sabe, não é fácil — Zeynep disse. — Por vezes, as sessões do parlamento vão até duas ou três da manhã. Quando saio, a polícia me para na rua. Ao verem uma mulher sozinha, de carro, perguntam: "O que está fazendo?" E tenho de responder: "Atividades parlamentares!" Isso jamais aconteceria em Istambul, lá as pessoas passam a noite acordadas. Mas Ankara é uma cidade grande e inerte.

Não vi inércia na universidade Hacettepe, porém, quando fui lá no dia seguinte dar a palestra, cartazes enormes diziam: "abd! evine dön!"

— Estados Unidos, voltem para casa! — explicou meu intérprete.

— É por minha causa?

— Não, não, para a manifestação de sábado — ele disse, para me tranquilizar.

— Organizada pelo AKP.

O partido de Zeynep — como ela pôde afirmar que a cidade era inerte?

O saguão do prédio em que eu ia falar estava cheio de cartazes de Fidel, Che Guevara e do venezuelano Hugo Chávez. Lembrava os Estados Unidos nos anos 1960: cartazes políticos inflamados, embora os estudantes fossem militantes à moda turca — firmes, mas educados.

Fotos de cenas sangrentas na parede mostravam atrocidades israelenses na Palestina e massacres no Iraque — vítimas de bombardeios, valas comuns, casas destruídas, mulheres desesperadas gritando, famílias de luto, crianças que perderam pernas e braços, com curativos ensanguentados. E uma declaração em letras grandes.

— O que diz?

— Que está em nossas mãos acabar com isso!

Uma moça bonita e um rapaz bem-vestido, sentados a uma mesa, obviamente universitários, vendiam distintivos de papel, discos enfeitados com fitas pretas e uma frase no centro.

Antes mesmo de eu perguntar, meu intérprete falou:

— Nós apoiamos a resistência iraquiana.

Era um conjunto impressionante, quase assustador: bandeiras, estandartes, cartazes com denúncias, imagens chocantes que me fizeram entender a exigência turca de "Estados Unidos, voltem para casa!". Vi a frase por toda parte; ela me seguiu pelo corredor até o auditório da universidade.

— Não há uma só pessoa nesta universidade que acredite que os Estados Unidos tenham razão nesta guerra — um dos professores me disse. — Nem uma.

Quatrocentas pessoas me esperavam sentadas. Estudantes de literatura. Eu lhes disse que tinha a mesma idade de nosso belicoso vice-presidente e que nossa semelhança se resumia a isso. Depois de se formar na universidade, Dick Cheney foi para Washington em busca de poder político e nunca mais saiu de lá. Eu entrei para o Peace Corps para dar aulas na África. Desconfiava dos políticos e evitava fazer amizade com pessoas politicamente poderosas, pois (eu dizia), quanto mais perto dessa gente, mais nos cegamos moralmente.

Depois falei sobre literatura.

— As pessoas dirão: "Para que serve? De que adianta ler romances e poesias?" Elas lhes dirão que é para estudar Direito ou Economia ou fazer alguma coisa útil. Mas livros são úteis. Os livros nos levam a refletir e podem fazer a nossa felicidade. Eles sem dúvida ajudam as pessoas a serem mais civilizadas.

Em seguida eu lhes contei que estivera na Turquia 33 anos antes, quando os telefones não funcionavam e os turcos no interior queriam que eu vendesse o relógio e a calça jeans. E agora eu via que todos os presentes tinham relógios e usavam calças jeans.

Perguntei quantos tinham telefones celulares. Todos tinham. Todos também acessavam a internet e tinham e-mail.

— Quantos pretendem ir à manifestação de amanhã?

Todos.

■ ■ ■

— Maomé era analfabeto. Teve 12 esposas e, digamos assim, uma história sexual intensa — um professor turco incisivo disse a mim. Eu estava em outra parte de Ankara, em outro campus, da universidade Bilkent.

Maomé, o conquistador incansável: foi assim que Nagib Mahfouz retratou o Profeta em seu elogiado romance *Children of the Alley* (Crianças do beco), livro proibido em todos os países árabes. Por isso não me surpreendi. E falei:

— Vocês dizem essas coisas em voz alta, aqui na Turquia?

— Todos conhecem meus pontos de vista — ele disse, dando de ombros.

— E são fatos. Noventa por cento do que digo seria contestado por muçulmanos ortodoxos. — Ele sorriu. — Ou considerado herético.

Eu conversava com o professor Talât Halman. Como ex-ministro da cultura do governo turco, estudioso, escritor e diretor do Departamento de Literatura Turca em Bilkent, tinha uma considerável autoridade no assunto. Ele também dava o curso de história do islã na universidade Nova York. Setenta e tantos anos, era ferino e divertido, exibindo a ironia confiante dos intelectuais. Durante o almoço ele contou coisas que eu não sabia e que nunca havia perguntado, até então.

— O que sabemos sobre Meca na época de Maomé? — perguntei.

— Meca era uma cidade pagã, mas havia sacerdotes e rabinos aqui e ali. Os rabinos viam com desconfiança aquele novo culto do islã e tentaram reprimi-lo. Por isso o Corão está cheio de batalhas entre muçulmanos e judeus.

— E existem documentos históricos que descrevem os atritos iniciais entre muçulmanos e judeus?

O professor Halman balançou a cabeça.

— Não restaram muitos documentos. Este é o problema.

— E por que os rabinos desconfiavam do islã?

— Eles se assustaram com as novas ideias e o modo como se misturavam às histórias tradicionais. — Tomávamos uma sopa perfumada, servida em tigelas, e o professor Halman baixou a colher para explicar.

— Sempre há tensão na origem de uma nova fé. Isso tem sido verdadeiro durante toda a nossa história. Houve muitos atritos em Meca na época de Maomé.

— E qual o significado da Caaba? — perguntei, pois o imenso cubo de pedra negra polida sempre me pareceu um símbolo enigmático.

— A Caaba, em Meca, é um meteoro, claro.

Eu não sabia disso e confessei minha ignorância.

— Trata-se obviamente de uma força milagrosa da natureza — disse o professor Hamlan. — Os judeus não a quiseram. Ninguém a quis, então Maomé a pegou.

Falei:

— Estou interessado em Joseph Smith, fundador do mormonismo, uma religião norte-americana. Colombo e a revolução norte-americana foram citados no *Livro de Mórmon*, copiado de placas de ouro por Smith em 1827, segundo ele. Quando estava vivo, consta que havia muitos profetas norte-americanos como ele, pregando e afirmando que Deus os dirigia. Jesus também teve predecessores. E como Maomé surgiu como profeta?

— Não houve protótipos de Maomés, como no caso de Jesus e Joseph Smith — o professor disse. — Desde os 40 anos Maomé tinha suas ideias. Ele pregou. As pessoas anotaram suas palavras. Há muitos textos apócrifos, também, especialmente o Hadith, a sabedoria do profeta em ditados. Existem cerca de um milhão, mas — o professor sorriu — quem pode estabelecer sua veracidade? Conseguiram reduzir o número para 5 mil.

— Pode citar um Hadith?

Ele recitou, imediatamente, um provérbio irresistível:

— A tinta de um estudioso é mais sagrada que o sangue de um mártir.

Eu falei:

— Judeus não fazem proselitismo, mas os muçulmanos fazem e convertem muita gente. Qual é o apelo?

— Na época de Maomé os convertidos eram pessoas oprimidas. O islã lhes deu um motivo para lutar, uma forte crença na vitória.

— Estou falando do presente.

— Mesmo hoje, as experiências traumáticas do colonialismo e da ocupação, a lembrança da humilhação nas Cruzadas. Em larga medida o islã foi moldado pelos conquistadores e pelo colonialismo.

— E os norte-americanos, lutando no Iraque, farão com que o islã se fortaleça?

— Sim, e trarão mais terroristas suicidas — disse o professor Halman. — O martírio é importante para o islã. Há inúmeras menções a mártires no Hadith. E bastante militarismo no Corão.

— Mas o martírio também é importante para o cristianismo — falei. — É um meio de atingir a santidade.

— Certo. Mas, ao contrário do que ocorre no cristianismo, no islã é louvável apoiar e instigar o martírio — ele disse. — E distribuir dinheiro também é uma forma de martírio.

— O que não entendo — falei — é o motivo que leva muçulmanos a abandonar comunidades islâmicas e emigrarem para lugares como Alemanha e Grã-Bretanha, que são basicamente países cristãos, para viver entre cristãos e judeus. Os muçulmanos se revoltam quando o uso de véus é proibido e assim por diante. Por que emigrar, se isso causa tanta infelicidade?

— Eles emigram porque seus países são atrasados — o professor disse, com supremo bom senso. — Melhor emigrar do que morrer de fome.

— Jovens muçulmanos incendiaram automóveis em Paris, poucos meses atrás.

Ele disse:

— O norte da África oferece opções limitadas a seus moradores. Eles só podem ir a países de língua francesa. O sujeito vai para a França, encontra um país secular e não aceita isso. Mas vemos também que os muçulmanos estão reagindo à opressão política.

— Explique como isso se aplica ao Iraque atual.

— Os especialistas norte-americanos são o problema — disse o professor Halman. — Eles se enganaram a respeito da União Soviética e se enganam a respeito do Iraque. São acadêmicos e burocratas com interesses escusos.

— Forças sinistras?

— Sinistras, não: obtusas. Quem afirmava que a União Soviética era uma potência possivelmente tinha motivação política. Eles desconheciam a fraqueza soviética.

— Sendo assim, o governo dos Estados Unidos recebe má assessoria?

— Sim, principalmente dos acadêmicos. Eles precisam validar o status quo, ou perdem as fontes de financiamento.

— Na última vez em que fiz essa viagem — falei —, o xá estava no poder. Todos diziam que ele era forte e progressista, embora para mim fosse claro que o interior do país era reacionário e muçulmano ortodoxo.

— Eis a questão. Os assessores não viajam muito — ele disse. — Para onde vai, a seguir?

— Até Trabzon, depois à Geórgia, Azerbaidjão, Turcomenistão e — parei, pois pareceu-me brincar com a sorte mencionar outros países.

— Isso é bom — ele disse. — Ankara é um lugar pavoroso.

— Mas passei momentos interessantes aqui.

— Terra devastada — ele disse. — E os turcos são um povo melancólico. — Ele levou os dedos à têmpora, como se quisesse acelerar a memória. — Creio que há problemas em Trabzon. Mas não me lembro quais sejam.

Saí de Ankara com a intenção de deixar a Turquia. Muito tempo atrás a Turquia parecia um país distante e exótico de homens carrancudos e mulheres enigmáticas, com telefones precários e estradas estreitas, dotado de uma cultura dramática, conflituosa. Agora tinha de tudo, fazia parte do mundo visível, mas não servia mais como acesso para o Irã e o Afeganistão. Por isso, rumei para o norte.

5   *Trem noturno para Tbilisi*

O problema em Trabzon, no mar Negro, onde encontrei tempo ruim, boatos alarmantes e marés violentas, foi um incidente que escapou da memória do professor Halman: o assassinato de um descrente no mês anterior, num surto de fúria irracional. Aquela afronta singular — pois coisas assim raramente ocorriam na Turquia — foi o homicídio do padre italiano Andrea Santoro por um muçulmano descontrolado chamado Oguz, decidido a vingar a honra de Maomé durante controvérsia a respeito das charges que zombavam do Profeta, publicadas em diversos jornais europeus. Oguz tinha 16 anos e foi preso no dia seguinte ao do crime. Despacharam o corpo do padre Santoro com todas as honras, e à solenidade compareceram os mais altos clérigos muçulmanos da Turquia, os muftis.

    O simbolismo é tudo nos conflitos religiosos, por isso eles parecem tão lógicos, embora sejam estúpidos e brutais. O católico foi escolhido como vítima e abatido por simbolizar o inimigo, como poderia ocorrer com qualquer estrangeiro, inclusive eu. O pobre homem pregava numa capela menor da igreja de Santa Maria em Trabzon, e naquele domingo típico não havia mais de uma dúzia de fiéis ali. Por mais raro que fosse um assassinato assim, sua ocorrência tão recente fez com que eu me concentrasse em partir para Trabzon. Ao chegar, perguntei: "Quais são as atrações?", e soube que a antiga mesquita merecia uma visita. Era sexta-feira, dia de oração naquela cidade santa (pelo que me disseram). Devo acrescentar que jamais fui incomodado na Turquia por ser descrente, a questão não era sequer mencionada. Mas a chuva dificultou minha vida, e passei a procurar um jeito de me livrar dela.

    Como não havia trem, eu tinha chegado no ônibus noturno de Ankara, da viação Ulusoy — padrão Greyhound — que fazia paradas frequentes durante o trajeto de 12 horas para o nordeste, permitindo aos passageiros que descessem para fumar, uma vez que era proibido fumar nos ônibus turcos. Exceção feita ao motorista, que podia acender quantos cigarros quisesse. Havia também paradas para comer, em lanchonetes de beira de estrada nas quais a comida não era ruim: sopa grossa, tigelas de feijões-vermelhos, pedaços generosos de carne boiando em molho escuro, kebabs chamuscados e pão redondo do diâmetro de um volante de automóvel.

Cruzamos as montanhas depois de Ankara na escuridão e seguimos para Samsun, às margens do mar Negro, acompanhando a estrada à beira-mar com tranquilidade, até o raiar do dia. Na alvorada cinzenta sem sol as cidades costeiras Ordu, Giresun, Tirebolu e inúmeros povoados anônimos pareciam feios, sem vida, com prédios novos hediondos e prédios antigos decrépitos, na costa desolada. No entanto, as escarpas íngremes logo depois da costa eram lindas, com morros cobertos de mata escura, e ao longe as montanhas se erguiam em meio a nuvens de chuva entrelaçadas.

A visão do mar Negro provocou alegria nos passageiros. Eram todos turcos, obviamente felizes por se afastarem de Ankara, que era moderna e tinha edifícios demais, além de estar situada nas colinas áridas; se estendia a costa chuvosa de um mar interior.

— Karadeniz — disse o senhor idoso a meu lado quando acordou e viu a água. Eu havia viajado certa vez num navio turco chamado *Akdeniz*, queria dizer mar Branco, nome dado ao Mediterrâneo pelos turcos, e portanto entendi que a palavra significava mar Negro. Ele sorriu, surpreso, e cutucou a mulher com o cotovelo. A exemplo dos outros homens do ônibus, ele usava terno escuro, camisa branca e gravata. Durante a viagem de 12 horas noite adentro os homens afrouxavam um pouquinho a gravata.

A julgar pelo que eu havia visto de Istambul a Ankara e Trabzon, a febre imobiliária contaminara a Turquia, havia casas novas por todos os lados, e muitas delas eram horríveis, tortas, deformadas, amontoadas; pareciam perigosamente inflamáveis. Ganharam fama por cair ao menor tremor de terra, e na Turquia os abalos sísmicos eram rotineiros.

Mas assim que guardei minha mala no guarda-volumes da estação rodoviária e subi a pé a colina de Trabzon, percorrendo as ladeiras sinuosas do centro da cidade, mudei de ideia a respeito das casas feias. Trabzon era um lugar agradável, mesmo com chuva: centro compacto, com as lojas turcas de sempre vendendo comida, roupas e doces, além de algo que eu não esperava: *banyos*, as casas de banho. Tive a impressão de que eram banhos tradicionais, e não um eufemismo para locais de prostituição.

Vi um homem ser magnificamente barbeado numa barbearia; por isso entrei e, usando grunhidos e gestos, pedi a mesma coisa. O processo inteiro, com corte de cabelo, durou 45 minutos; senti-me recuperado após a longa viagem de ônibus.

Perto da barbearia encontrei um hotel simples, mas limpo. O preço do quarto era 350 dólares por noite — quem pagaria tanto em Trabzon? Em vez de me hospedar, resolvi experimentar o bufê de café da manhã do restaurante, avisando ao garçom que eu ia pagar. Ele disse que não havia problema, e demorei-me no café da manhã, tentando planejar a jornada a seguir. Ponderei seriamente minhas opiniões: após semanas de viagem eu estava enfrentando um tempo horrível, frio e úmido, com o vento norte que soprava no mar Negro, vindo de Odessa; o assassinato recente de um padre italiano, só por ser cristão, não era encorajador; e o local mais interessante de Trabzon era uma mesquita.

Quando terminei, decidi que seguiria para o leste, saindo da cidade; peguei o dinheiro, mas o garçom dispensou o pagamento com um gesto. Repeti que não era hóspede. O garçom sorriu e disse: "Sem problema", indicando que era um dia fraco em Trabzon, e acrescentou: "*Beer-shay de-eel*" (foi um prazer).

Retornei andando para o lugar em que guardara a bagagem e vi no caminho um cartaz anunciando ônibus para a fronteira da Geórgia e mais adiante: Tbilisi, Yerevan, Baku e outros locais distantes. Entrei na agência de ônibus, o sininho da porta fez *ding-dong*. Mulheres em trajes negros acompanhavam o noticiário sobre a guerra do Iraque — cenas de tanques norte-americanos — numa televisão em preto e branco. Comiam pipoca cor de rosa, de saco.

— Passagem, por favor.

Mas o sujeito no guichê mal levantou os olhos do jornal.

— Ônibus cheio.

— Um lugar só.

— Lotado.

— Por favor, efêndi. — A atitude educada atraiu sua atenção. — Tenho assuntos importantes para resolver em Teeflees — disse, usando a pronúncia turca. — Muito sérios. — Ele olhou para mim e lambeu o polegar, pegou o talão, ergueu a caneta e emitiu a passagem.

— Sai às 13 horas em ponto — disse antes de voltar ao seu jornal. As mulheres de roupa preta não tiraram os olhos do noticiário da guerra.

Entretanto, o ônibus saiu ao meio-dia; por sorte eu havia chegado cedo e tomava café no bar ao lado da parada. O ônibus estava mais do que cheio: muita gente sentada no chão, no colo dos outros passageiros, ou em pé. Não vi nenhum lugar vago. O motorista cutucou meu braço e disse, rude:

— Você senta aqui — apontou uma almofada a seu lado, no degrau de acesso. — Em Hopa, muitos lugares. — Hopa ficava perto da fronteira turca; o controle de passaportes era feito num lugar chamado Sarp.

Sentei na almofada no chão daquele ônibus lotado e maltratado, contente comigo por ser um homem idoso, portanto invisível, espectral, mais desleixado que a maioria dos passageiros, muitos deles turcos a caminho de Hopa, o restante georgianos que pretendiam cruzar a fronteira para ir a Batumi. Os georgianos levavam sacolas plásticas pretas enormes, cheias de mercadorias turcas que pelo jeito não conseguiam na Geórgia — roupas infantis, brinquedos, torradeiras, telefones, fornos de micro-ondas e pacotes de biscoito. Tanta bagagem prenunciava problemas com a iminente inspeção pela aduana.

Seriam apenas 150 e poucos quilômetros até Hopa, mas a estrada costeira toda estava sendo recapeada; portanto, seguimos devagar e paramos muito. A viagem demorou cinco horas. Refleti com meus botões que não tinha pressa e ri ao pensar no que havia dito ao vendedor de passagens: *Tenho assuntos importantes para resolver em Teeflees*, pois não havia assunto nenhum a tratar lá. Foi um dos momentos em que novamente me lembrei de que uma viagem era pura evasão preguiçosa, desculpa barata para invadir a privacidade alheia.

Passamos por cidadezinhas simpáticas e paramos em algumas delas para apanhar passageiros. Em Rize e Pazar pudemos comer. As plantações de chá escureciam os morros atrás de Rize, e o mar Negro estava imóvel, como se percorrêssemos as margens de um lago glorificado — sem correnteza, sem maré, sem ondas ou arrebentação, mais famoso atualmente por permitir que as prostitutas o cruzassem de balsa para a margem turca, vindas de Odessa.

Atravessamos Hopa, onde havia uma fila de 3 quilômetros de caminhões estacionados, aguardando permissão para prosseguir. Desci do ônibus na fronteira, Sarp. O chofer disse que precisávamos passar pela aduana e pela imigração, depois nos reuniríamos para pegar o ônibus no lado georgiano. Pensei: eu não, efêndi.

Um dos prazeres de jornadas assim é atravessar a fronteira a pé, andar de um país a outro, especialmente no caso de países que não têm idioma em comum. O turco era incompreensível para os georgianos, e os georgianos se orgulham de afirmar que nenhuma língua do mundo se assemelha ao georgiano; não pertence à família indo-europeia, e sim à kartveliana, ou caucasiana meridional. Os georgianos destacam de forma triunfante que sua língua é única, uma vez que a palavra para mãe é *deda* e para pai é *mama*.

Paguei vinte dólares por um visto georgiano, carimbaram meu passaporte e fui saudado pelo soldado de guarda. Entrei andando na Geórgia, onde descobri haver duas horas de diferença em relação ao outro lado da fronteira. Esperei mais de uma hora até que os passageiros do ônibus passassem com torradeiras e micro-ondas pela alfândega turca. Quando um taxista georgiano começou a me assediar, resolvi escutá-lo — fiz mais do que isso, ofereci um café ao sujeito.

Seu nome era Sergei. Sentamos num café de fronteira, abrigados da chuva. Ele disse que os negócios não iam bem. Eu queria comer alguma coisa, mas só havia pão velho e biscoito cream cracker. Assim que se deixa a Turquia, por qualquer fronteira, a qualidade da comida cai muito.

— Vai a Batumi?
— Talvez. Quanto sai?

Ele mencionou um valor em lari georgiano. Converti para dólares e disse:
— Dez dólares. Batumi.

Isso o deslumbrou. Como Batumi ficava a 45 quilômetros dali, também gostei.

— Você pega o ônibus, Batumi a Tbilisi.
— Quanto tempo leva?
— Seis horas. Sete horas.

Seis ou sete horas. Perguntei:
— Existe trem?
— Sim, mas o trem leva nove horas, dez horas.
— Vagão-dormitório? *Schlafwagen?*

Ele fez que sim com a cabeça. Joguei a mala no banco traseiro do carro e fui na frente com ele, driblando buracos e poças fundas de lama. A estrada estava vazia. Ele disse que no verão as pessoas vinham passar férias na costa do mar Negro, mas eu encontrei dificuldade para imaginar isso: não havia hotéis à vista; as casas eram pequenas e escuras, pareciam cobertas de musgo; a rodovia costeira estava em péssimas condições, e ao contrário do que ocorria nas estradas turcas, inexistia manutenção.

Mas tudo bem, eu seguia rumo a Batumi no crepúsculo frio, sob a garoa — ia para um lugar desconhecido, onde eu jamais pisara. A decrepitude e a decadência serviam de consolo. A julgar pelo que vi na fronteira, pela estrada, por Sergei em seu carro velho, pelos homens que puxavam carroças, aquela era uma região incivilizada, barata, um pouco assustadora — realmente maravilhosa, pois eu estava sozinho e tinha todo o tempo do mundo. Nem sinal de turistas ou outros viajantes. Se Sergei estava certo ao afirmar que existia um trem noturno para Tbilisi, tudo estaria perfeito.

Para mim, este era o principal encanto da viagem: chegar sozinho num país estranho ao entardecer, como um espectro, e não entrar pela capital profusamente iluminada, mas sim pela porta dos fundos, pelo interior rústico, a centenas de quilômetros das metrópoles, no interior onde, tipicamente, as pessoas não encontravam muitos estrangeiros, eram hospitaleiras e não pensavam em mim imediatamente como dinheiro com duas pernas. A vida era mais dura e simples ali — era possível ver pelas casas rústicas, estradas esburacadas, pilhas de feno e meninos pastoreando cabras. Entrar pelo interior apenas com planos bem vagos era um momento de libertação. Ponderei que era uma ocasião solene para a descoberta, mas sabia que não era nada disso: mais parecia uma caçada irresponsável e aleatória por outro planeta.

Em Batumi, cidade costeira de ruas empoçadas e lojas mal iluminadas, os georgianos pesadamente encapotados enfrentavam a chuva a duras penas. Na periferia havia bangalôs típicos da Ásia central, e a aproximação do centro ao entardecer era como entrar num túnel de tempo nublado, onde tudo era antigo e cheio de lama. Nos anos 1870 Batumi havia sido uma cidade exuberante, consequência da rápida riqueza do petróleo, que fez a fortuna dos Nobel e dos Rothschild.

— Futebol — Sergei disse.

Passávamos por um campo enlameado.

— Igreja.

Passamos por uma igreja redonda com torre alta esmerada e cruz cristã no alto, com pontas.

— Clube de *Shakmat*.

Shakmat é o termo persa para xeque-mate: "morte do rei". Era o clube de xadrez, um prédio enorme, dos mais novos de Batumi.

Seguimos adiante, Sergei explicava em inglês precário que a estação de trem não se situava em Batumi, mas num vilarejo próximo, também na costa, chamado Makinjauri. Ali poderia comprar passagem e embarcar.

A parada mais ocidental da ferrovia transcaucasiana não era exatamente uma estação, e sim uma plataforma rural sob um capão de árvores desfolhadas e luzes fortes. Ao lado ficava a bilheteria, no formato e tamanho dos guichês estreitos dos parques de diversões, que vendem ingressos para o carrossel. Comprei um leito de primeira classe para Tbilisi por 15 dólares e percebi que tinha dado sorte, pois o trem só partiria dali a várias horas. Paguei Sergei e lhe deixei uma boa gorjeta por conta de sua boa vontade, depois saí atrás de um lugar para comer.

Babuchkas de avental, saias rodadas e meias grossas me receberam num restaurante frio, iluminado por lâmpadas incandescentes, com um único salão. Uma delas, por meio de gestos, me sugeriu um prato georgiano — pão redondo imenso e bem fofo, assado na panela e recheado com queijo, cortado em fatias. Comida de camponeses, simples e nutritiva. Bebi duas garrafas de cerveja com gosto de sabão e pedi mais detalhes, que me foram passados de bom grado: como estávamos em Batumi, aquela era a cozinha *Adjaruli* — estilo da Geórgia ocidental.

Alguns operários entraram, e seu inglês era suficiente para me explicar que vinham todas as tardes àquela hora para comer ensopado; pedi um pouco também e os imitei, comendo com pão.

— De que país?

— Estados Unidos.

— Bom país. Quero ir!

Sensação de estar fora deste mundo, escrevi em meu caderno de anotações, entre os bocados. *Sala fria e suja, mulheres narigudas de mãos calejadas cobertas de roupas grossas; pouca luz, sombras furtivas, um samovar a chiar, pessoas falando em voz baixa; tudo estranhamente agradável.* Na áspera fímbria da Geórgia — e também da Turquia — eu me sentia feliz.

A certa altura a chuva parou. Na escuridão gelada a noite brilhava nos cristais de gelo em forma de estrela, e no céu as estrelas eram visíveis acima do mar Negro. Na estação de Makinjauri, na plataforma descoberta, uma centena de pessoas aguardava a chegada do trem, batendo os pés, esfregando as mãos por causa do frio e se espreguiçando por ser muito tarde.

Fiquei sozinho numa cabine. Comprei água mineral no quiosque da plataforma. Vi dois cobertores e uma manta empilhados em minha cama, e depois de furar minha passagem o bilheteiro entregou um pacote selado: lençóis estampados com coelhinhos.

Deitei-me para ler as páginas iniciais de *A Linha de Sombra* de Joseph Conrad e dormi enquanto seguíamos para o norte, pela costa e em seguida pelo interior.

O barulho do trem velho de rodas e acoplamentos estridentes aumentou nas montanhas que atravessávamos; ele balançava em seu berço de aço e eu dormi tão bem durante o percurso de dez horas que só acordei quando chegávamos a Tbilisi.

Na periferia da capital a luz cheia iluminava os barrados nos morros, conferindo à cena uma aura gótica de escuridão e sombras, com telhados e cumes branco-azulados da lua fria. Enquanto olhava a paisagem pela janela do corredor, na frente da minha cabine, cumprimentei um senhor que fazia a mesma coisa, de terno azul, gorducho, cabeça coberta de cabelos brancos, telefone celular no ouvido, e quando sorri ele pulou para a frente e apertou minha mão. A mão pegajosa me levou a adivinhar que se tratava de um político georgiano. Ele confirmou minha impressão e declarou pertencer ao partido do presidente Mikhail Saakashvili.

A estação de Tbilisi era austera, mal iluminada, cheia de mendigos malcheirosos e papéis no chão; numa manhã fria de março não era exatamente um bom lugar para passear. Peguei um táxi, escolhi um hotel ao acaso, deixei as malas e fui dar um passeio a pé.

■ ■ ■

Durante minha estada descobri que os georgianos não chamam o país de Geórgia. Usam o nome antigo, Sakartvelo, derivado de seu fundador lendário. "Geórgia" vem do persa Gorjestan, terra dos lobos. Os armênios chamam o local de Vir, outro nome ancestral, variação de "Iberia". Mas, seja qual for o nome, era um país descuidado e conflituoso, de pessoas narcisistas em relação às suas diferenças.

Pensei: se eu tivesse simplesmente tomado um avião para vir a Tbilisi, pensaria que era uma cidade agradável, embora antiquada, com alguns edifícios interessantes e muitos decadentes; de muitos — talvez demasiados — cassinos; de bulevares e conjuntos habitacionais distintos, de igrejas velhas encarapitadas com enfática arrogância no esplendor rochoso dos morros baixos; uma cidade elegante, dividida pelo rio Kura. Sua aparência de prosperidade era completamente enganosa.

Na viagem por terra, a partir da Turquia, passando por Hopa, Sarp e a enlameada Batumi, da plataforma gelada de Makinjauri em diante, atravessando as cidades e os vilarejos de Kutaisi, Khashuri, Kaspi e Gori — Gori, onde Iosif Dzhugashvili, ou Joseph Stalin, nasceu em 1879, "um menino fraco, marcado pela varíola, com os dedos ligados", moleque de rua, valentão e cantor no coro da escola da igreja de Gori, antes de seguir para o seminário de Tbilisi e se tornar chefe de uma gangue e ladrão de bancos —, a via férrea mostrava que a Geórgia era essencialmente um país agrícola em dificuldades, atrasado, russofóbico, algo descontente, atormentado pela divisão em torno da província autonomista de Abkhazia, e nos dias escuros e duros do final do inverno, orgulhoso, embora encurralado.

Muita gente em Tbilisi mencionou que menos de dois meses antes, num dos invernos mais frios de sua lembrança, os russos haviam cortado o suprimento de gás natural da Geórgia. Em poucas horas o calor sumiu das casas e fábricas, e uma geada negra cobriu tudo. A não ser pela lenha — que escasseava no interior sem florestas —, a Geórgia não contava com fontes próprias de energia. O interior não dispunha de energia elétrica; Tbilisi parou, os sinais de trânsito apagaram, as lojas fecharam, escolas e hospitais ficaram no escuro. Os russos alegaram que terroristas haviam explodido o gasoduto, mas o presidente Saakashvili denunciou os russos escandalosamente, acusando-os de maldade deliberada — afinal de contas, os ucranianos haviam sofrido o mesmo destino gelado quando atrasaram o pagamento do gás russo.

Os políticos do governo georgiano distribuíram ostensivamente latas de querosene. Com menos ostentação, despejaram cargas de lenha nas esquinas para que as pessoas as disputassem. A temperatura continuou abaixo de zero, o rio congelou, a neve formou uma grossa camada e nevascas bloquearam as ruas.

— As pessoas faziam fogueira na rua para se aquecerem — uma mulher me contou.

A russofobia na Geórgia atingiu novos patamares de intensidade quando o país inteiro passou frio; finalmente, após uma semana de sofrimento, Tbilisi chegou à beira do colapso — coberta de neve, gelada, cadavérica, paralisada pelo frio —, e o suprimento de gás voltou. Mas a Geórgia foi lembrada de sua vulnerabilidade, pobreza, desespero, dependência da Rússia e falta de recursos adequados.

O tempo ainda estava frio e nublado quando cheguei, mas decidi permanecer alguns dias por curiosidade. O hotel em que eu estava hospedado ficava perto do centro; fiz passeios a pé. Havia chegado num final de semana, quando moradores de Tbilisi e dos subúrbios realizavam uma feira coletiva nas ruas próximas do rio e na ponte — e pude ver as pessoas venderem lâmpadas, luminárias, torneiras, cartões-postais, lembranças de plástico, fotografias, peças de latão, rádios, velas, samovares e artigos religiosos, incluindo crucifixos e pinturas. Os negócios iam mal; havia muito mais gente vendendo do que comprando. Os vendedores eram pessoas idosas, obviamente precisavam de dinheiro e também em muitos casos queriam vender os bens da família, a prata da casa, literalmente — travessas, colheres, saleiros, bules de chá. Os itens que mais me interessaram foram os ícones, alguns de prata ou folhados a prata, e após alguns dias de busca adquiri um ícone de prata.

As imensas varandas da Ásia central, com elaboradas treliças de madeira e divisórias entalhadas retiradas de prédios antigos, e um bairro inteiro de casas tradicionais — com mesquitas e uma sinagoga — haviam sido reformados. Mas, ao circular pela parte negligenciada da cidade, passei por uma multidão que fazia fila na calçada, numa linha irregular de seres humanos esfarrapados disputando a passagem por uma porta estreita que dava para a avenida David Agmashenebeli.

Um jovem abriu a porta e ergueu um papelão quadrado com um número escrito. Consegui ler: 471. Como se tivesse ganhado no bingo, uma senhora idosa, radiante, gritou e ergueu um pedaço de papel — seu número era 471. Ela abriu caminho na multidão e entrou pela porta.

A cena se repetiu mais duas vezes, enquanto eu observava. Novos números foram anunciados — 472, 473 —, e os ganhadores entraram no prédio. O edifício exibia um ar elegante, embora fosse praticamente uma ruína, a exemplo de outros naquele bairro. Não havia placa nenhuma no prédio, apenas um monte de gente aglomerada na porta, cada qual com seu número, esperando ser chamado. O que estaria acontecendo, exatamente?

— Com licença — segui os últimos que entraram. Eram uma família pequena: pai, mãe e filho. Não pareciam necessitados; usavam roupas quentes, e o homem discutia com os outros que ficaram parados na esquina, abrindo caminho a cotoveladas, impaciente.

O que me pareceu ser uma mansão assombrada possuía um saguão do tamanho de um salão de baile, com pé-direito alto, janelas grandes, algumas exibindo vitrais. Mesmo assim, mais parecia um templo maçom do que uma mansão. Ninguém me perguntou nada; portanto, continuei caminhando e olhando em torno — o local era quente, agradável e cheirava a pão quente. Segui o aroma e encontrei dois jovens de 20 e poucos anos que falavam inglês, Marina e Alex.

— O que está acontecendo aqui? — perguntei.

— É a Casa de Caridade — Alex disse.

Marina recuou um passo e apontou com um gesto.

— E aquele é o homem.

Um sujeito pálido, miúdo, com rosto vulpino e olhos escuros estreitos deu um passo à frente e me encarou, sem hostilidade, numa espécie de saudação de boas-vindas meio rabugenta. Usava um traje vagamente clerical: manto negro abotoado no pescoço, casaco sobre os ombros, como se fosse uma capa. Além do misterioso traje eclesiástico, ele usava bota preta, um pingente de aspecto ocultista numa corrente pesada em volta do pescoço e numa lapela, um adorno de fita. Teria uns 50 anos, estranhamente confiante para tamanha palidez, ereto e dotado do olhar messiânico que encontramos nas pessoas com senso de destino, com uma crença de que estão fazendo a coisa certa. Seu casaco pesado, cabelo empastado e ar de santo adoentado sofredor levou-me a classificá-lo com uma palavra em meu caderno: *Dostoievskiano*.

— Isso tudo que você está vendo — Marina explicou — foi ideia dele.

— O que vocês fazem aqui?

Em vez de responder à minha pergunta, Marina a traduziu para o sujeito de preto, ele respondeu em georgiano e ela traduziu a frase para o inglês.

— Alimentamos as pessoas — foi a resposta. — Alimentamos todas as pessoas. Normalmente servimos 350 refeições por dia, mas hoje é Dia Livre; portanto, vamos alimentar quinhentas pessoas.

— São todos pobres? — perguntei, e ela traduziu.

— Não fazemos perguntas. Todos são bem-vindos. Alguns poderiam comprar comida, outros passam fome, mas não fazemos distinção.

— Pertencem a alguma religião?

O homem pálido sorriu ao ouvir a questão. Seu rosto vulpino quase infantil emoldurava dentes miúdos e regulares. Ele disse, triunfante:

— Nenhuma mensagem! Nenhuma religião!

— Então pergunte a ele qual o motivo para fazer isso.

Ela conversou um pouco com ele, que respondeu com monossílabos e depois deu de ombros, falando algumas frases em georgiano.

— Ele disse que os motivos são profundos demais para discutir assim. Poderia levar dias para explicar por que faz isso.

Neste meio-tempo os números continuavam sendo chamados na porta de entrada. Pessoas famintas entravam correndo, pessoas saciadas sorridentes saíam, cutucando os dentes amarelados com palitos.

— Não poderia dar uma ideia geral? — pedi, e Marina o interpelou.

Ele respondeu:

— Em 1989, muitos homens desejavam o poder e tinham ambições políticas. — Ele se referia à época do colapso da União Soviética. — A Geórgia se libertou. Decidi fazer algo diferente, talvez o oposto de buscar o poder, algo humilde e útil. Sem política e sem religião. E chegamos a isto.

Mais pessoas passavam por nós, a caminho do salão principal, que acomodava em mesas grandes e pequenas umas 150 pessoas. Quando uma pessoa desocupava a cadeira, um número era exibido no lado de fora e outra pessoa com fome entrava, arrastando as botas molhadas em direção ao cheiro da comida.

Recuamos para dar passagem aos que entravam. Perguntei ao sujeito qual era o nome dele.

Era Oleg Lazar-Aladashvili, e ele chamava seu projeto de Catharsis. Dedicava-se a ele havia 16 anos.

— Catarse, em grego, significa purificação espiritual por meio da compaixão — explicou. ("Renovação espiritual por purgação", segundo meu dicionário.)

— Temos outra casa em Moscou — ele disse. — Nossos princípios são caridade, não violência e combate à aids. Também fornecemos serviços médicos e ajuda aos sem-teto.

— A qualquer um que peça?

Ele foi mais específico e disse:

— Damos ajuda, mas não como presente, e sim como recompensa pelo trabalho. Todos que são ajudados precisam participar, fazendo alguma coisa, colaborando em um dos programas ou trabalhando como zelador no prédio.

Oleg disse que o edifício, a mansão que me confundira, havia sido o quartel-general do comitê regional do partido Comunista da Geórgia, mas o partido não tinha mais importância. As pessoas beneficiadas pela Catharsis ajudaram a pintar e reformar o local, fizeram murais, tapeçarias e pinturas. Famílias ricas de Tbilisi contribuíram com joias, quadros, ícones e antiguidades. O papa João Paulo II visitara o projeto em fevereiro de 1999 e doara uma Bíblia. O arcebispo de Canterbury também tinha ido lá. As fotos autografadas enfeitavam a sala de Oleg, um ambiente eclesiástico — mobília pesada, almofadas de veludo, borlas douradas, carpete castanho, vitrais, livros encadernados em couro e uma escrivaninha imensa.

Dei uma nota de vinte dólares para Marina e disse que gostaria de comer no refeitório.

— É grátis — Oleg disse.

— Aceite o dinheiro, mesmo assim.

— O dinheiro não faz diferença. A comida é para todos. Não selecionamos as pessoas que alimentamos.

Talvez sem perceber, Oleg parafraseara um dos preceitos do Sutra Diamante: *Buda ensina que a mente de um Bodhisattva não deve aceitar a aparência das coisas como base, quando pratica a caridade.*

— Por favor — falei e coloquei o dinheiro em sua mão.

— Daremos um recibo — Marina disse.

— Pode me entregar mais tarde.

— Não. O recibo precisa ser fornecido agora.

Foi preciso localizar um talão especial, depois a caneta e finalmente o carimbo especial — o logotipo da Catharsis, uma barra vertical com outra cruzada em diagonal e alguns rabiscos. Isso tudo demorou mais do que eu esperava, e a agitação toda fez com que eu me arrependesse da doação, por mínima que fosse. A comoção para fornecer um recibo parecia um deboche aos meus vinte dólares.

Depois eles me escoltaram até o salão das refeições — um dos três disponíveis. Após a religiosidade do escritório a cena era quase chauceriana, com características medievais e libidinosas, cada pessoa pesadamente vestida, devorando uma tigela de sopa de lata e um cesto de pão — um pão inteiro cortado em pedaços grandes —, além de um pratinho de salada de macarrão polvilhada com orégano. O tilintar das colheres, o ruído ao ingerir a sopa, os risos, a gritaria, as crianças barulhentas, as tigelas trazidas em bandejas e batidas na mesa de treliça: uma cena alegre de apetite e disposição. Moças serviam a comida — formosas em seus aventais e toucas, blusas folgadas, rostos afogueados, transpirando pelo serviço pesado de limpar mesas e servir sopa.

Isabella Kraft era uma delas. Viera de Colônia, na Alemanha, de família grande — tinha irmãos e irmãs. Vinte anos, magra e alta, loura, muito bonita, parecia exausta e determinada, com cachos de cabelo úmido grudados na testa.

— Estou aqui há seis meses — ela me contou. — No total, passarei um ano aqui. Terminei os estudos e soube que precisavam de ajuda.

Eram todos voluntários, segundo ela. Eu gostava da ideia de não questionar as pessoas, de não transmitir nenhuma ideia, exceto a da caridade, obviamente.

— Faço isso nas horas vagas — Isabella disse.

— E no resto do tempo?

— Trabalho com crianças deficientes — ela falou. Tinha a intensidade passional que eu vira nos olhos de Oleg, mas ela ria, tinha senso de humor; era intensa, humilde, altruísta, sem ser pretensiosa.

— Isabella! Chega de conversar, hora de trabalhar! — uma senhora idosa gritou.

— Ela é a supervisora — Isabella disse e riu, depois gritou de volta: — Ele veio dos Estados Unidos!

— Leve-me para os Estados Unidos! — uma mulher desdentada gritou, perto de mim, erguendo a colher molhada para enfatizar o pedido.

Outras pessoas que comiam na longa mesa começaram a brincar e a rir. Era um salão inacreditavelmente feliz de comensais satisfeitos, com o rosto sujo de comida, pessoas com um pedaço de pão numa das mãos e a colher na outra, atacando as tigelas de sopa grossa de grãos.

Nenhum dos voluntários tinha algo a pregar; nenhuma filosofia acompanhava seus atos. Simplesmente trabalhavam, sem questionamentos. Como os custos operacionais eram baixos, o orçamento praticamente inteiro era usado para comprar comida. Oleg contou mais tarde que recebia dinheiro de empresas locais, da Oxfam e de diversos organismos vinculados à ONU, mas que continuaria a tocar sua instituição de caridade mesmo sem esta ajuda.

Para os voluntários aquilo era um trabalho pesado feito com boa vontade, ao qual acrescentavam humanidade. Em sua maioria vinham de outros países europeus, viviam frugalmente e longe de casa; não se queixavam, aprendiam a ser humildes e ali onde estavam podiam entender o cerne da Geórgia. Eu os admirava por seguir o princípio fundamental do budismo, o ponto central do caminho budista, o completo altruísmo, talvez sem conhecer uma só palavra da Sutra Diamante.

Inevitavelmente, pouco depois, numa rua próxima, vi jovens georgianos cantando pneu nas esquinas em excesso de velocidade, em carros velhos. Gritavam pela janela e ouviam rap alto demais, fazendo papel de idiota.

■ ■ ■

De vez em quando conhecemos alguém numa festa ou na casa de amigos, e a pessoa diz: "Sou de Tbilisi" — ou qualquer outro lugar — "se algum dia passar por lá, não deixe de me visitar".

E a gente responde: "Com certeza", mas esse dia nunca chega; por que cargas d'água você iria a Tbilisi? Normalmente a pessoa está apenas sendo educada e não fala a sério. Mas Gregory e Nina, casal que conheci poucos anos antes em Massachusetts, parecia sincero.

E lá estava eu em Tbilisi, sob o céu invernal, com tempo de sobra. Resolvi ligar.

— Você ficará até amanhã? — Nina perguntou.

— Claro que sim — respondi.

— Então precisa ir ao balé.

Nina era bailarina da companhia estatal de ópera da Geórgia, e Gregory, seu marido.

— Haverá a première de *Giselle*. Venha ao teatro de ópera às sete. Peça para falar com Lizaveta. Ela entregará seu convite. Nós o encontraremos no camarote.

O teatro de ópera era uma atração maior em Tbilisi. Cheguei a pé, sem dificuldade para encontrá-lo. Construído no século XIX, o imponente edifício cor de queijo, na avenida principal, Rustaveli, data de uma época em que a Rússia — que anexara a Geórgia em 1801 — considerava um teatro de ópera essencial ao conceito romântico da Geórgia como uma das regiões mais pitorescas do império russo. Os georgianos eram ótimos agricultores, famosos pelos vinhedos, e além de tudo dançavam e cantavam.

Descobri que Nina não era apenas a primeira bailarina, como também diretora da companhia de ópera. Quando a encontrei no camarote, ela havia acabado de dar à luz uma menina.

Gregory, próspero investidor, marido apaixonado e empresário de Nina, disse: "Ela voltará a dançar no ano que vem. Provará que é possível ter um filho e continuar sendo uma grande bailarina."

As outras pessoas — em sua maioria, parentes e amigos — já estavam sentadas.

Ao me apresentar, Nina disse:

— Este é Paul. Ele atravessou a África sozinho!

— Sério mesmo? — uma mulher disse.

— De carona — Nina completou.

— Não foi bem assim — falei.

Mas a mulher não escutou. Virou-se para o marido e disse que eu havia percorrido a África de carona.

E *Giselle* começou. O papel principal feminino coube a uma bailarina do Bolshoi. O masculino, Prince Albrecht, a um bailarino local de 21 anos, muito aplaudido quando entrou no palco. Eu não fazia ideia do que veria. Não sabia nada sobre balé, mas me pareceu um modo melodioso de passar uma noite em Tbilisi.

Após uma jornada chuvosa por morros desolados e vales nublados, em estradas enlameadas, aquele teatro de ópera lotado — quente, aconchegante — era a antítese de Batumi: lindas fadas de tutu, homens de calça colante fazendo piruetas, dando saltos enquanto no fosso a orquestra de smoking executava melodias melífluas e elaboradas harmonias.

Sentado confortavelmente numa cadeira dourada com estofamento de veludo, observei o príncipe Albrecht (disfarçado) se apaixonar pela camponesa Giselle. Mas havia um empecilho: ele estava noivo de Bathilda, a filha do duque. Giselle também tinha outro amante, um rapaz muito nervoso. Após muitos pulos e saltos nos braços alheios, as identidades foram reveladas, fazendo Giselle perder a cabeça. No final da agonia prolongada e intensa de Giselle, ela ouviu as Wilis — "espíritos das moças mortas antes do casamento", segundo o programa — e faleceu.

Segundo ato: Giselle volta, agora transformada em uma das Wilis. Reunida com Albrecht, dança com ele através da noite. Ao fazer isso, salva a vida dele e desaparece ao raiar da aurora. Era uma folia de ninfas alvoroçadas, mímica eloquente, música melosa, pernas esguias, saltos graciosos e movimentos estranhos, especialmente de Giselle, que saltitava na ponta dos pés, impulsionando o corpo com chutes da outra perna no ar e recebendo aplausos e bravos animados.

O balé me proporcionou um sentimento de bem-estar tão grande que permaneci sentado sorrindo diante da cortina vermelha por um tempo, depois que ela se fechou.

Então ouvi:

— Este é Paul. Ele atravessou a África de carona.

— Não foi exatamente assim — respondi. — Você fala inglês?

— Claro que sim — a mulher disse. — Sou inglesa. Estou aqui a serviço.

Ela contou que escrevia sobre dança para um jornal londrino e que passaria uma semana em Tbilisi. Pretendia escrever a respeito do balé.

Ainda deslumbrado com o espetáculo, perguntei:

— Como se pode avaliar algo tão agradável?

— O corpo de baile precisa melhorar — ela disse sem hesitar —, embora estejam na média para esta parte do mundo, e se realmente se esforçarem terão uma chance de apresentar algo interessante em dois anos.

Era o fim das minhas fadas de tutu, as ninfas alvoroçadas.

— O protagonista, infelizmente, não tem o dom de dançar — prosseguiu —, embora seja evidente que o rapaz tenha dado tudo de si. — Ela sorriu desanimada e o descartou com um gesto da mão. — A bailarina do Bolshoi, Anastasia Goryacheva, é talentosa. Fez bem o papel, mas foi terrivelmente maltratada pela orquestra. Eles tocam de um modo muito arrastado. Músicos de segunda linha, não são intérpretes de uma sinfônica. Quero dizer que pelo jeito eles não estão nem aí para nada.

E lá se vão as melodiosas harmonias, pensei.

Sua crítica era provavelmente precisa, embora a plateia tenha ficado mais entusiasmada, aplaudindo o balé inteiro e exigindo a volta dos artistas várias vezes ao palco, num abrir e fechar de cortinas. Quanto a mim, que por acaso vi o espetáculo de boca aberta feito cachorro atordoado, estava grato pela música e pelo calor, pela visão das pernas leves das ninfas alvoroçadas saltitando para lá e para cá na ponta dos pés.

■ ■ ■

Uma senhora chamada Marika, que também estivera no balé, ofereceu-se para me mostrar a cidade de Tbilisi — as partes que haviam sido restauradas, os bairros ainda dilapidados, as mansões antigas, os escritórios soviéticos, as sinagogas e as mesquitas. Mas eu achei Marika bem mais interessante do que o tour imobiliário.

Teria seus 30 e poucos anos e afirmou descender de família de nobres proprietários de terras vastas, e o palácio ancestral situava-se em Ratja. Tanto o avô quanto o bisavô cumpriam pena em prisões soviéticas, 13 anos no caso do avô, por serem membros da aristocracia georgiana e, portanto, contrarrevolucionários. Uma das prisões, parte do gulag no Cazaquistão, era um campo de trabalhos forçados remoto, perto da cidade de Karaganda. Mais tarde eu soube que Soljenítsin havia passado um ano no mesmo campo.

— Você é escritor — Marika disse. — Tem sorte de ser norte-americano. Nossos escritores foram mandados para a prisão de Mordva. Um lugar terrível, apesar do nome: Penitenciária do Cisne Branco.

Em 2001, Marika havia trabalhado por um tempo no ministério das Relações Exteriores em Tbilisi, ganhando trinta lari por mês.

— Não é muito, creio.

— Quinze dólares — ela disse. Acrescentou que depois de vários levantes políticos, o mais recente conhecido como Revolução das Rosas, em 2004, que visavam eliminar políticos corruptos, os salários no governo haviam aumentado, e ela passou a ganhar 160 dólares por mês. Agora trabalhava numa companhia de seguros, com salário de duzentos dólares, e sobrevivia com isso.

Gregory havia dito que a economia ia bem, que o turismo crescia e o setor de serviços — não especificou quais serviços — se expandia. Ele tinha um vinhedo, mas disse que fazer vinho era só um hobby, embora o vinhedo fosse grande.

— E qual é a sua atividade profissional? — perguntei.

— Sou empresário de Nina, mas só para me divertir. Vivo de rendas e investimentos.

Ele vivia bem, tinha bons contatos. Marika contou uma história diferente. Disse que os negócios iam de mal a pior. A comida ainda era barata, mas os salários davam dó. A maioria das pessoas de sua idade falava em emigrar para os Estados Unidos. A este respeito ela contou que George Bush visitara o país no ano anterior — em maio de 2005 — e havia sido recebido com entusiasmo. Isso tinha a ver com a necessidade de a Geórgia contar com um aliado poderoso, pois o país possuía uma vizinhança ruim, em termos geográficos, cercado por russos hostis, separatistas da Abkhazia, vales infestados de bandidos em Dagestan e a perigosa ruína da Chechênia, às voltas com a guerrilha islâmica e frequentes atentados a bomba.

— E quanto a emigrar para a Turquia?

— Não — ela disse, embora muita gente sonhasse com um emprego na Europa.

Caminhamos, conversando sobre o futuro desanimador, para não dizer sombrio, e logo chegamos a um restaurante.

— Você já experimentou *khajapuri*?

— Sim. Em Batumi.

— Então precisa conhecer o outro prato nacional georgiano, o *khingali*.

Era uma tigela grande de caldo com bolinhos, alguns recheados de carne, chamados *khafsuru*, e outros com verdura, os *kalakuri*. O restaurante estava quase cheio, várias famílias ocupavam mesas de madeira, e todos comiam os bolinhos com as mãos, segundo o costume georgiano.

Marika não se queixava, mas eu achei lamentável que uma pessoa com formação superior e experiência profissional de uns 15 anos numa cidade grande trabalhasse por tão pouco.

Em minha viagem anterior eu havia conhecido muitos trabalhadores mal pagos, mas eles viviam numa época de fronteiras fechadas e viagens caras. Não podiam esperar nada melhor e não possuíam recursos para deixar o país de origem. Contudo, em nossa época de viagens baratas o mundo encolheu e qualquer um com acesso a computadores — a maioria dos habitantes das grandes cidades — sabia que a vida era melhor em outro lugar. Nos lugares que conheci, como povoados e cidades pequenas onde as pessoas viviam acomodadas, ou metrópoles formadas por profissionais cosmopolitas orgulhosos de sua cidadania e culturalmente engajados, cujo horizonte era a fronteira nacional, todos se tornaram (tive a impressão) descontentes e amargurados. Um mundo de gente estável evoluiu para um mundo de pessoas que desejam emigrar. Não há nenhuma distinção, e muito pouco romantismo, em ser viajante. Vivemos agora num planeta de viajantes, de gente que sonha em mudar para um país distante. *Por favor, me leve para os Estados Unidos!*

Alguns vínculos culturais persistem. Gregory e Nina me convidaram no dia seguinte para o batismo de sua filha, Elena. A cerimônia foi realizada no distrito de Metekhi, numa igreja cristã ortodoxa oriental, construída e reconstruída desde épocas imemoriais. A igreja era dedicada à Virgem Maria. Mais por orgulho nacional do que por devoção religiosa, os georgianos afirmam orgulhosos que o cristianismo foi trazido por Santa Nina, a partir da Grécia, no século IV (incidentalmente, mais ou menos na época em que se espalhou pela Etiópia). A imagem de Santa Nina pode ser vista por toda a parte.

A pequena Elena, com pouco mais de um mês de idade, animadinha, estava enrolada numa manta pesada e usava gorro com pompom. Um padre muito baixo cantava e fazia repetidamente o sinal da cruz. Tinha barba e nariz grandes e chapéu parecido com uma cobertura de chaleira, o que lhe dava ares de anão de jardim fantasiado de Smurf. Os círios foram acesos, as velas balançadas, os ícones beijados, numa profusão de genuflexões e idolatria enérgica. Não havia bancos — nem qualquer lugar para sentar.

Observamos em pé o padre baixinho barbudo murmurar orações com a testa pressionada contra um quadro de santo. Embalavam o nenê, e não havia sinal de água benta.

Telefones celulares tocavam, homens conversavam e faziam ligações, outras pessoas formavam círculos nos quais falavam, riam e cumprimentavam quem chegava, outros ainda introduziam laris nas caixas de esmolas, e alguns até rezavam.

Curiosamente, Gregory e Nina foram excluídos da cerimônia e ficaram a alguns metros de distância, observando ansiosos enquanto os padrinhos seguravam Elena. Também fui excluído e, quando me interessei por um ícone muito colorido, iluminado por velas, um homem de avental preto me chamou e indicou por meio de gestos vigorosos que eu estava perto demais.

— Vai se danar — falei sorrindo e voltei a acompanhar o batismo, que se tornou dramático.

O bebê foi despido, tiraram até a touca. Eu me dei conta de que a igreja estava gelada. As perninhas e os bracinhos começaram a se agitar; os primeiros gemidos saíram do corpinho avermelhado.

O padre gnomo ajustou o chapéu eclesiástico esquisito, tipo Smurf, e chamou os padrinhos para a pia batismal, na lateral da igreja, parecida com uma bacia imensa. Ele pegou a criança e a mergulhou na água fria — totalmente, da cabeça aos pés, como se lavasse um frango. Quando ele pronunciou seu nome e recitou a fórmula batismal ("eu renuncio ao demônio e às suas tentações"), a pequena Elena começou a chorar alto. Passou um bom tempo reclamando, e quem poderia censurá-la?

Quando Elena já começava a ficar roxa, a futura bailarina foi embrulhada em sua manta grossa, as pessoas se beijaram e trocaram apertos de mão, a mãe e o pai receberam a bênção do padre e fizeram doações em dinheiro.

Atentas ao sentimentalismo supersticioso do ritual, um grupo de senhoras idosas oportunistas aproveitaram a chance para ladear o caminho que ia do pé da colina até a igreja, sentando no chão com a mão estendida, confiantes, esperando esmolas.

Alguns costumes não mudam. A cerimônia batismal vem sendo realizada naquela igreja desde o início do século VII — ainda na era bizantina, antes que os califas árabes assumissem o poder em 654 e tornassem Tbilisi um emirado.

Quando chegou minha hora de deixar Tbilisi e ir para Baku, um dos amigos de Gregory me ofereceu uma carona.

— Não tem problema. Posso levar você para o aeroporto — disse.

— Estação ferroviária — corrigi.

Ele me encarou de olhos arregalados.

— Você vai de trem?

— Isso mesmo.

— De trem? — ele repetiu, incrédulo, com voz sumida. — Por que não pega um avião?

Baku situava-se a uma noite de viagem de Tbilisi, uma distância não muito maior do que a de Boston a Washington, mas ele nunca tinha pegado o trem. Nunca tinha ido a Baku, no vizinho Azerbaidjão, embora tivesse morado em Moscou por vários anos e trabalhado na Alemanha por alguns meses.

Ocorreu-me que o amigo, embora tivesse 34 anos e crescido em Tbilisi, talvez nunca tivesse ido à estação ferroviária da cidade — ou pelo menos não recentemente, pois ele ficou chocado com seu aspecto sujo e intimidador. Fez caretas, ergueu os ombros em sinal de impotente compaixão, desejou-me sorte e saiu correndo quando viu um trem velho parado na plataforma.

6   Trem noturno para Baku:
O transcaucasiano

Um trem que percorre os trilhos de um país antigo causa a impressão de estar viajando para trás, mergulhando no interior primitivo, escuro e simples do passado remoto. Mas isso não passa de ilusão. O trem parece apenas um cruel artefato a se arrastar para fora da estação enorme e maltratada, lotado de passageiros, deslizando como se fosse uma antiguidade ruidosa a avançar, manchado de ferrugem e pegajoso de graxa, com bancos e leitos ocultos pela sujeira das janelas, a composição inteira chacoalhando com a vibração do motor barulhento, espalhando óleo preto sobre os trilhos conforme abre caminho na direção do que seria um passeio pela história. O trem oferece a verdade sobre o lugar: por mais horrível e selvagem que possa parecer, o interior é também o presente.

Sempre me senti sortudo num trem, como neste caso. Tantos passageiros correm para o aeroporto, para serem interrogados e revistados, para terem a bagagem vasculhada em busca de bombas. Eles se dariam melhor numa ferrovia nacional, provavelmente o melhor jeito de ver como as pessoas realmente vivem — os quintais, celeiros, barracos, as ruelas e favelas, os fatos ilustrativos da vida nos povoados, a miséria por sobre a qual voam os aviões. Sim, o trem leva mais tempo, e muitos trens são imundos, e daí? Demora e sujeira fazem parte da realidade das viagens mais proveitosas.

Por que não vai de avião? O georgiano tinha me perguntado.

Porque — pensei nisso quando me acomodei no assento do canto de minha cabine — os aviões são uma distorção do tempo e do espaço. E eles revistam a gente.

Como uma relíquia soviética, com direito a samovares amassados no vestíbulo e um rabugento *provodnik*, o bilheteiro de uniforme manchado, o trem azerbaidjano parecia ter saído aos trancos de uma era ancestral. Até a plataforma de embarque na estação de Tbilisi parecia um quadro do passado distante — velhas acocoradas perto de sacos grandes de laranja e pilhas de frutas secas; de onde? Do Azerbaidjão, talvez. Crianças maltrapilhas, velhos de botas grossas dormindo encostados nos sacos, jovens de saia longa embalando bebês. Era uma visão nada romântica dos camponeses, *Giselle* em trapos, sem música.

Muitas pessoas que conheci na Geórgia falavam da modernidade e das possibilidades do país, inclusive sua suposta prosperidade: "Podemos voar até Paris em poucas horas." Mas o que vi na estação de Tbilisi era uma cena compatível com um período difícil na época dos czares. Senti-me um felizardo, de certo modo, por testemunhar um momento como aquele.

Por coincidência, os trilhos acompanhavam uma das estradas que conduziam ao aeroporto de Tbilisi. Vi uma placa colorida na via expressa mais larga que dizia (em inglês) *Presidente George W. Bush Street*, uma placa que o presidente visitante deve ter visto e lido em sua visita à Geórgia no ano anterior. Com um país muçulmano em cada fronteira, a Geórgia era um aliado natural de Bush na chamada guerra ao terror, embora eu não tivesse conhecido nenhum georgiano que concordasse com a política dos Estados Unidos, exceto numa perspectiva míope e oportunista.

A periferia de Tbilisi era desoladora: conjuntos habitacionais com prédios altos e malcuidados, em ruas estreitas esburacadas, depois barracos, conjuntos com aparência antiquada — barracos interligados com pátios, cercados para animais, depósitos. As choupanas de camponeses dominavam a paisagem —, improvisos asiáticos de um mundo distante dos cassinos, malandros urbanos, balé e o delicado ritual do batismo.

Depois de um tempo o bilheteiro mal-humorado de paletó manchado de sopa e boné amassado abriu a porta da cabine.

— Passagem? — perguntei.

— *Nyet, nyet* — ele disse, ao me empurrar para passar. Insistiu em arrumar minha cama e depois, esfregando os dedos num gesto que indicava dinheiro, exigiu dez lari, cerca de cinco dólares. Considerei exagero, mas quando um sujeito enorme e feio usando uniforme, num país estrangeiro, pede uma soma pequena, específica, eu normalmente cedo.

O ônibus de longa distância era o modo mais comum para ir de Tbilisi a Baku. Não que muita gente o usasse: a Geórgia vivia voltada para o Ocidente, e o Azerbaidjão para o Oriente, situado na borda da Ásia central. Mas o ônibus era lento por causa da péssima condição das estradas, e havia ainda os bloqueios militares. O trem seguia em frente, e aquele trem era uma revelação, o mais desleixado que eu já tinha visto. Nada funcionava, nem as luzes nem a tranca. Estava sujo demais; embora fosse um expresso, fazia inúmeras paradas, e as estações eram cada vez mais assustadoras e decrépitas.

Prédios de apartamentos imensos e sombrios da era soviética erguiam-se no meio do nada, em terrenos baldios. Comparados a eles, os casebres e barracos vizinhos eram um alívio, pois tinham proporções humanas. Pessoas idosas arrastavam os pés pelas estradas de terra, como troles desaparecendo ao cair da noite, que parecia brotar do chão como um nevoeiro denso. O anoitecer obscurecia parcialmente a cidade de Rustavi, um centro industrial decadente de fundições e siderúrgicas antiquadas. Durante todo o percurso acompanhamos o curso sinuoso do rio Kura, que atravessava o Azerbaidjão e desaguava no mar Cáspio.

Na escuridão da minha cabine, chacoalhando pela Geórgia central, eu pensava em como minha rotina de viajante era completamente diferente de minha rotina de escritor. A previsível regularidade da vida doméstica insípida é perfeita para escrever: a monotonia é amiga do escritor. As pessoas me diziam: "Você vive viajando!" Mas isso não corresponde à verdade. Adoro ficar em casa, acordar na cama ao lado da minha mulher, assistir ao noticiário na televisão, passar metade do dia escrevendo e depois cozinhar, nadar, andar de bicicleta, visitar os amigos. Lar, doce lar.

Ali — na cabine fechada num trem velho do Azerbaidjão — era outra história. Viajar significa estar entre desconhecidos, conviver com seus odores característicos e perfumes ácidos, comer sua comida, conhecer seus dramas, ouvir suas opiniões, frequentemente sem que haja uma língua em comum, mover-se continuamente no rumo de um destino incerto, traçar um itinerário que muda sempre, dormir sozinho, fantasiar a viagem, formar um conjunto de hábitos capaz de mantê-lo são e racional, encontrar maneiras de preencher o dia e se aprimorar, evitar o perigo e as confusões e, imerso no autobiográfico, no caso do meu relato, anotar tudo para poder lembrar, refletindo a respeito do lugar onde estou e do que faço.

Ainda sendo atirado de um lado para o outro na cabine escura, lembrei-me da mulher — onde a conhecera? Ankara, talvez? — que havia dito: "Eu quero viver a sua vida."

Pensei: quer mesmo? Minha infância atormentada e criticada, minha carreira escolar insignificante de bagunceiro sem destaque nos esportes, de universitário indeciso e participante abortado do Peace Corps, desonrado em Cingapura quando meu contrato não foi renovado, na miséria em Londres, sem cartão de crédito aos 32 anos, por não ter fonte de renda comprovada, divorciado — ah, me desculpe, você falava dos livros e das viagens divertidas!

Uma batida na porta: dois soldados empunhando fuzis gritam para mim:
— De pé!

Meus devaneios foram interrompidos por militares armados na fronteira georgiana, num povoado empoeirado chamado Jandari. Eles desempenharam a função de verificar passaportes distraidamente, sem criar caso; mas percorrer o trem lotado exigiu que ficássemos parados durante duas horas.

A parada seguinte aconteceu 15 minutos depois — no lado azerbaidjano, em Beakykok, com um número muito maior de soldados e uma estação ferroviária imponente. Os soldados entraram no trem batendo as botas no piso e examinando passaportes. Fiquei apreensivo, pois meu visto especificava: "Local de entrada — Baku." Eu estava a mais de 400 quilômetros de lá, mas isso não incomodou o soldado, que lambeu o dedo e folheou meu passaporte. Ele não se interessou pela mala ou seu conteúdo, mas admirou meu rádio de ondas curtas, sintonizado na BBC. *Funcionários do alto escalão manifestam temor de uma guerra civil no Iraque*, uma locutora dizia no noticiário.

Passava da meia-noite quando partimos novamente. Acordei no escuro, apertado para ir ao banheiro, mas não consegui abrir a porta. Pelo jeito, eu estava trancado ali dentro. A cabine era muito quente, o trem seguia depressa e me jogava de um lado para o outro. Naquele breu era impossível descobrir onde a porta estava emperrada. Por cinco ou dez minutos lutei com a porta, sentindo o pânico crescer — algo raro em mim. A luz não funcionava, mas peguei o BlackBerry e o liguei. Não havia sinal, mas serviu de lanterna, iluminando a porta. Finalmente, apoiado no leito, consegui chutar a porta até abri-la. No corredor muitos azerbaidjanos olhavam pela janela, para a sombria Tovuz, na província ocidental, oculta nas trevas, e alguns me encararam, provavelmente por terem ouvido os chutes na porta, ou talvez pela minha lanterna inusitada. O toalete era indescritível.

Ao amanhecer, nove horas depois de passar a fronteira, vi planícies imensas com manchas de lodaçais e pastos gastos pelos rebanhos de ovelhas — centenas, uma clara indicação de espetinhos de cordeiro e shish-kebabs adiante. A região era plana até as distantes montanhas azuladas.

Naquela imensa planície grombooliana havia uma aldeia composta por bangalôs de telhado inclinado. Alguns exibiam telhados de silhueta graciosa, com um toque asiático na inclinação. A paisagem parecia infinita, como uma aquarela de Edward Lear — sem árvores ou pessoas, apenas as ovelhas de sempre, alguns caminhos improvisados, e me lembrei de que não via um turista ou uma folha verde desde que partira de Paris.

Um oleoduto cruzava o meio da planície, como uma serpente ou um esgoto a céu aberto. É claro que era o petróleo a base da riqueza do Azerbaidjão. Na frente e atrás do oleoduto havia mais casas de teto curvo, em ruas de terra, e pelo modo como as velhas se vestiam, com aventais e botas de cano alto, pelo modo como os pastores montavam guarda, feito sentinelas no campo, eu me dei conta de que estava num lugar completamente diferente, que não acenava apenas com aspectos asiáticos nas aparências, mas que fazia parte de uma Ásia desconhecida para mim, a porta de entrada da Rota da Seda.

No meio daquele cenário ancestral, um imenso depósito de petróleo iluminado brilhava na planície, e as chamas saíam de chaminés altas, como se fosse uma cidade de aço e fogo.

Residências térreas fustigadas pelas intempéries deram lugar a outras mais sólidas, de dois ou três pavimentos, e perto do meio-dia uma metrópole surgiu ao longe, a cidade de Baku, que flutuava inteira sobre o petróleo. Depois das planícies desoladas, dos vilarejos amontoados e cheios de lama como seus pastores, uma cidade em expansão. Baku situava-se numa baía grande do mar Cáspio, na ponta de uma península em forma de nariz aquilino, e na crença de muitos habitantes marcava o limite entre a Europa e a Ásia. O conceito foi abordado no grande romance azerbaidjano *Ali e Nino*, no qual li pela primeira vez o nome Baku, um livro tão persuasivo em seus detalhes e misterioso em suas origens que me deu vontade de ir para lá. Por "misterioso em suas origens" quero dizer que seu autor, um muçulmano chamado Kurban Said, também usava o nome turco Essad Bey, mas nascera judeu em Baku, com o nome de Lev Nussimbaum.

Não havia turistas boquiabertos no corredor do trem para ver os subúrbios bem urbanizados da capital, a impressão de prosperidade era cada vez maior conforme nos aproximávamos da estação. Todos os passageiros eram do Azerbaidjão — haviam embarcado nas paradas de Ganca, Yevlax, Ucar e Kurdemir — e pareciam deslumbrados com a imensa cidade.

Baku não precisa de turistas, é um lugar rico. A economia havia crescido 25 por cento no ano anterior, 2005, e ia melhor ainda no ano corrente — campeã mundial de crescimento, graças exclusivamente aos ganhos com o petróleo. Na virada do século XX o petróleo azerbaidjano jorrava de poços em terra firme, mas agora provinha principalmente da costa do mar Cáspio, a grande profundidade, o que exigiu a presença de especialistas na extração em águas profundas, da Grã-Bretanha e dos Estados Unidos. Os trabalhadores estrangeiros do setor petrolífero encheram os bares e hotéis, envolvendo-se em brigas de bêbados — exatamente como ocorrera no Irã no início dos anos 1970, durante seu boom do petróleo, o que resultou em xenofobia, ideias de jihad e o aiatolá Khomeini.

— O Azerbaidjão é um estado policial — um diplomata ocidental me disse logo depois que cheguei. — A tevê é controlada. A mídia impressa desfruta de certa liberdade, mas um editor da oposição foi executado a tiros no ano passado.

Estávamos passeando a pé por uma praça em que algumas pessoas tocavam. Os espectadores assistiam ao número musical rodeados por policiais fortemente armados. "Sempre que dez ou mais azerbaidjanos se reúnem há forte presença policial. Este festival atraiu os mais pesados."

■ ■ ■

Duas palavras constam entre as mais apavorantes a um viajante recém-chegado: "feriado nacional". Ouvir isso me deixou nervoso. Meu trem parara em Baku no primeiro dia da primavera, e o equinócio vernal era celebrado num festival chamado Novruz Bayram. *Novruz* é o termo parse para "novo dia". Tudo fechado, nenhuma loja aberta; os mercados, a cidade inteira, o porto, as avenidas e ruelas, tudo deserto. Eu, que nunca planejo com antecedência, tive dificuldade para achar um hotel, pois o Azerbaidjão inteiro comemorava o feriado de três dias de ociosidade geral e frivolidade governamental. Nada acontecia durante o longo festival de Novruz Bayram.

Por vezes afirmam equivocadamente que o islã destruiu ou substituiu todas as crenças e rituais antigos dos países em que se tornou predominante, eliminando até a lembrança dos rituais. Mas Novruz Bayram comprovava que alguns antigos costumes permaneciam, apesar de heréticos.

Baseado no zoroastrismo, uma crença muito mais antiga que o islã e anterior ao cristianismo em mais de mil anos, Novruz Bayram é um festival de renovação, época de comprar roupa nova, lustrar os móveis, encerar o assoalho, plantar flores e desfrutar a chegada dos dias mais quentes e longos, deixando para trás a escuridão e o frio do inverno.

O profeta Zaratustra, que emprestou seu nome ao zoroastrismo, surgiu e foi perseguido há uns três milênios e meio, na região que hoje abrange o Irã e o Afeganistão. Portanto, Novruz Bayram é um dos feriados mais antigos do mundo e sempre foi comemorado. Zaratustra pregava o monoteísmo, defendia a igualdade das mulheres, desprezava o conceito do sacerdotismo (por serem os sacerdotes intermediários corruptos), combatia o sacrifício de animais, o evangelismo e os milagres. Ele denunciou o uso do nome de Deus em barganhas por poder. Exaltou as virtudes da luz e especialmente do fogo. Novruz Bayram é um festival da primavera e da luz solar.

Os aspectos humanos do zoroastrismo provavelmente explicam sua decadência como fé, ou mesmo seu fracasso. Uma religião precisa de rigidez e apelos para dar certo, e todos os ensinamentos de Zoroastro se baseavam na compreensão dos elementos terrestres, o transcorrer do ano e o Deus único. Bastavam três regras simples para o viver: bons pensamentos, boas palavras, boas ações, além da crença na natureza purificadora do fogo, fundamental para esta fé e símbolo do Altíssimo.

"A palavra persa para o fogo é *azer*", Tom Reiss escreveu em *O Orientalista*, um livro sobre Kurban Said, "e desde os tempos ancestrais a abundância de petróleo e gás natural no Azerbaidjão, que provocava explosões naturais capazes de incendiar morros inteiros, tornou o país o centro do zoroastrismo".

Isso aconteceu há alguns milhares de anos. Hoje restam cerca de 124 mil zoroastristas — em sua maioria na Índia, principalmente Bombaim, onde são conhecidos como parses. Trata-se de um grupo em extinção, o último alento de um sistema remoto de crenças. Novruz Bayram não é celebrado na Ásia inteira — na verdade, alguns países muçulmanos o condenam por ser pagão —, mas as comemorações vigorosas no Azerbaidjão e no Turcomenistão fazem da data uma das mais importantes do ano. Suas origens ancestrais foram esquecidas. Tornou-se uma desculpa para não trabalhar, um descanso dos conflitos políticos, alguns dias de bons sentimentos. Vi azerbaidjanos de roupa nova, saindo para passear, ingerindo alimentos associados ao festival, principalmente malte (*samani*) e ovos, pois representam a fertilidade.

Muitos restaurantes permaneciam abertos, e, além do malte e dos ovos, havia outros pratos do Azerbaidjão: torta de carneiro, carneiro envolto em espinafre, kebab de carneiro, almôndega de carneiro, bolos de batata, massas longas e sobremesas imensas, indigestas. Embora as lojas estivessem fechadas, havia mais movimento nas ruas, mais vitalidade no centro, por conta do festival. Grupos de músicos tocavam para as pessoas reunidas em praças e na costa do mar Cáspio — em todos os aglomerados havia forte presença policial.

Nos bares e cafés as pessoas — normalmente moças apresentáveis, por vezes faceiras — perguntavam qual era a minha companhia, pois um norte-americano da minha idade em Barku provavelmente trabalhava no setor petrolífero. O que mais eu poderia estar fazendo em Baku?

— Estou só de passagem — dizia. — Vou para o Turcomenistão.

— Eles têm gás.

Na noite de Baku sobrava animação, pois o pessoal do petróleo gostava de farra, e me garantiram que depois da meia-noite a farra virava esbórnia, mas naquela altura eu já estaria dormindo.

Ali na beira do mar Cáspio eu pretendia encontrar um barco que me levasse a Turkmenbashi (antiga Krasnovodsk), na costa ocidental do Turcomenistão. Dali, por trem (segundo meu mapa), iria a Nebitdag, Gumdag e Gyzylarbat e Ashgabat, a capital, considerada um dos lugares mais malucos da face da terra, por causa das predileções dementes de seu atual ditador, Saparmyrat Niyazov, que se proclamou Turkmenbashi e rebatizou a cidade portuária com seu nome. Estava ansioso para visitar o país e andar de trem através dos desertos, no rumo leste, até o Uzbequistão.

Mas primeiro eu precisava arranjar um barco. Como era feriado, o porto dos barcos e das balsas estava fechado, assim como as agências de viagem. Ninguém em Baku dispunha de informações sobre o serviço, e quando fui ao porto e consultei um portuário, ele disse que não havia hora certa para a saída das embarcações.

— Quando enche, parte para Krasnovodsk — ele disse em azerbaidjano, e um passante traduziu a frase para o inglês. Seu nome era Ahmat.

— Então precisamos esperar até que lote?

— Sim. Talvez seja uma longa espera.

— Por que é assim?

— Porque ninguém quer ir a Krasnovodsk.

— Eu quero — falei.

Ele resmungou algumas palavras e se afastou.

— O que ele disse?

— Que deve haver alguma coisa errada com você. Estava brincando. — Ahmat me encarou. — De onde vem?

— Dos Estados Unidos.

O sujeito de bigode volumoso era funcionário público, aproveitara o feriado para um passeio e se disse simpático aos norte-americanos. Detestava armênios, pois nos anos 1990 eles ocuparam a província azerbaidjana de Nagorno-Karabakh, matando 20 mil azerbaidjanos e desalojando um milhão de pessoas. A província abriga uns 100 mil habitantes de origem armênia. O Conselho de Segurança da ONU exigiu a retirada armênia em 1993, mas os responsáveis pela secessão se recusaram a obedecer. Contavam com o apoio de muitos políticos norte-americanos, cujos esforços eram patrocinados pelo lobby armênio nos Estados Unidos, que a exemplo do lobby grego é pequeno mas rico e bem organizado. Mais de cem congressistas pertencem ao grupo armênio. Até recentemente não havia embaixada em Baku, e no momento o relacionamento dos Estados Unidos com o país é precário. Uma pena, pura miopia, pois a Armênia tem tapetes e o Azerbaidjão tem petróleo.

Mesmo assim, Ahmat se declarava simpático aos Estados Unidos e conhecia o pessoal inglês e norte-americano envolvido com petróleo. Para ele, a Armênia era um problema, assim como o Irã.

De onde estávamos, em Baku, até a fronteira iraniana, bastaria percorrer 150 quilômetros no sentido sudoeste. Ahmat disse que os iranianos eram, de certo modo, um problema maior que os armênios, que não possuíam exército digno do nome. Culturalmente, os azerbaidjanos pouco tinham em comum com o Irã — e muito a ver com a Turquia. O turco e o azerbaidjano eram idiomas quase iguais, e havia um projeto de construir um oleoduto de Baku até a Turquia, via Geórgia, desviando da Armênia e do Irã.

Em minha busca por um barco conheci um azerbaidjano chamado Rashad, de uns 30 anos. Ele disse que tentaria conseguir os horários dos barcos para mim.

— Gosto de Bush — ele contou quando eu disse de onde vinha. E começou a rir, desafiador. — Não dou a mínima para o Iraque. Talvez seja até bom para os iraquianos — disse, referindo-se à guerra. — Talvez Bush lhes dê uma chance. Mandamos alguns soldados para lá.

Depois eu soube que cerca de 150 soldados azerbaidjanos serviam no Iraque, protegendo uma represa estratégica.

— Aquilo está virando uma guerra civil — falei.

— Porque eles são sunitas e xiitas. Mas Bush! O que eu gosto nele é o discurso sobre o Irã, talvez guerra!

O presidente norte-americano havia feito ameaças ambíguas ao Irã, por desenvolver sua capacidade nuclear, embora Paquistão, Israel, Índia e Rússia — para mencionar alguns vizinhos, ao acaso — já tivessem a bomba.

— Queria que ele invadisse o Irã e destruísse tudo — Rashad disse. — Acabasse com Ahmadinejad, o presidente do Irã, e criasse uma encrenca enorme.

— Quer que os Estados Unidos façam isso?

— Ajudaria, se fizesse. Seria bom para o Azerbaidjão. E para mim. Entraríamos para a Otan!

Ele sorria e socava o ar.

— Então o Irã é seu inimigo.

— A Armênia é pior. Nagorno-Karabakh é o problema. Eles transformaram os azerbaidjanos em refugiados, e é o nosso país. No futebol, a Armênia é nosso inimigo. Na vida, também.

■ ■ ■

Eu havia vindo ao Azerbaidjão porque não me concederam o visto da Turquia ao Irã, como na outra vez. Embora eu tenha sido obrigado a proceder assim, o desvio para o norte foi interessante, pois me permitiu visitar o cenário de *Ali e Nino*. Quando mencionei isso a um norte-americano que conheci em Baku, ele disse:

— Você precisa conhecer Fuad Akhundov. Ele realizou uma pesquisa sobre todos os locais de Baku mencionados no romance.

A topografia literária, em fato e em ficção, é um dos meus prazeres — refiro-me ao ponto em que a rua real entra nas páginas do livro, permitindo que alguém caminhe tanto na rua imaginária quanto na existente de fato. Um passeio chamado por exemplo de "Pontos de referência literários" pode não ser a diversão de muita gente, mas me agrada por mostrar como a imaginação e a paisagem se combinam na arte: os pubs e as ruas de Dublin mencionados em *Ulisses*, a ferrovia de *Anna Karenina*, as cidades à beira do Mississippi importantes para *Huckleberry Finn*, o pântano em *Grandes Esperanças*, as ruas do Cairo que se cruzam na *Trilogia do Cairo*, a Londres de *O Agente Secreto*, o Congo em *No Coração das Trevas*, Paris em *Trópico de Capricórnio*, Chicago em *Augie March* e — como mencionei antes — a terra natal de Pamuk, Istambul.

Por isso fiquei contente em conhecer Fuad Akhundov num local marcante, a entrada principal da Sociedade Filarmônica de Baku, construída por volta de 1910 por um arquiteto armênio para abrigar o Clube da Cidade, e mencionado em *Ali e Nino* como cassino. Por causa da riqueza azerbaidjana e do orgulho dos habitantes de Baku, prédios como aquele foram preservados e meticulosamente restaurados nos últimos dez anos.

— Sou nascido e criado em Baku. Esta é a minha cidade! Como Ali e Nino!

Fuad vestia, para causar efeito, um fez vermelho com borla dourada oscilante. Era alto, expansivo, passional, divertido, propenso a súbitos discursos, declarações chocantes, recitação de poemas rimados, em geral de sua própria lavra, não raro em inglês arcaico. Debaixo do braço levava um álbum de fotografias volumoso, com um arquivo enorme de fotos antigas de Baku garimpadas pela cidade. Tinha 38 anos e trabalhava como inspetor sênior do escritório central da Interpol no Azerbaidjão — uma boa referência para um sujeito que procurava a verdade por trás do romance. Ele também guiou Tom Reiss em sua pesquisa sobre o Lev Nussimbam real. No caso das atividades para a Interpol, o problema estava no contrabando — drogas, dinheiro, pessoas. Fuad Akhundov falava pelos cotovelos e, como a maioria dos tagarelas, raramente ouvia.

Até que ponto falar o impedia de ouvir? Bem, a edição de *Ali e Nino* que portava — tornara-se obcecado pelo livro, pois explicava a cidade, sua cultura, seu passado, sua própria natureza; ele leu e sublinhou trechos, marcou páginas e colocou pontos de exclamação — continha um ensaio que eu havia escrito quatro ou cinco anos antes. Pensei que ele se interessaria em saber que eu era o sujeito cujo nome havia sido impresso na obra de Kurban Said: *Com um novo posfácio de Paul Theroux*.

— Este sou eu — falei, tocando meu nome.

— Quero lhe mostrar uma coisa — disse, ignorando meu comentário. Tirou o romance da minha mão para pôr o dedo em cima de uma página com orelha.

Ele começou a ler:

— "Era um jardim grande cheio de pó, com árvores de aspecto tristonho e caminhos asfaltados. Do lado direito ficava a muralha da antiga fortaleza. No meio, o Clube da Cidade." — Fuad era alto, agitava os braços, parecia um cata-vento alucinado, girando o corpo para apontar para os quatro lados: — O jardim, ali! As árvores! A muralha da fortaleza! E na nossa frente, o Clube da Cidade!

Não mencionei meu nome novamente. Mal falei, pois Fuad continuava animadíssimo.

— Baku não é uma mistura harmônica de povos e culturas. Nunca foi — ele disse. — Mas convivíamos. Não havia gueto para os judeus, como em outros lugares. Os judeus viviam para lá do *Pale of Settlement* (Fronteira de assentamento), constituindo cerca de cinco por cento da população. A tendência era que fossem arrendatários, e não proprietários de terras. Os azerbaidjanos eram donos das casas. Depois que os soviéticos assumiram, os judeus se mudaram.

— Nussimbaum era judeu, mas não há judeus no livro — comentei.

— Por ser um caso de amor entre Oriente e Ocidente! Ali e Nino. Judeus eram médicos e advogados. Ocupavam um nicho totalmente diferente em Baku, que não foi abrangido pelo livro. Ainda restam alguns judeus, na cidade de Kuba. Agora, veja este muro.

Havíamos descido a ladeira desde o prédio branco que abrigara o Clube da Cidade, atravessando o jardim para ver melhor a muralha que separava a cidade nova, onde estávamos, da velha. O Ocidente do Oriente, Ali de Nino. Fuad contou que fora erguida por Manuchehr II, no século XII.

— Os georgianos sempre nos desprezaram — Fuad dizia enquanto caminhávamos jardim adentro. — Mas somos próximos, compartilhamos os mesmos problemas.

— E quanto aos armênios?

— Muita amizade e muita hostilidade em relação aos armênios — ele disse. — Não creio que haja inimigos permanentes. Os armênios se tornaram reféns do passado e por isso se privaram do futuro. Vivemos subjugados pelas emoções! Os armênios não distinguem turcos de azerbaidjanos. Para eles, tudo gira em torno de 1915. Quando estive em Harvard — como pesquisador visitante, uma experiência maravilhosa —, conheci armênios de Yerevan, sem problemas. Mas os armênios de Watertown são beligerantes.

Watertown, subúrbio de Boston, era um enclave armênio.

Ele seguiu adiante, em passos rápidos, acompanhando a cerca viva baixa para chegar ao centro do jardim, onde cresciam azevinhos empoeirados.

— Veja esta escultura. — O telefone celular de Fuad começou a tocar quando ele se aproximou da escultura de cabeça grande mosqueada. O chamado não o impediu de me dizer que era o busto de Vahid, o respeitado poeta do Azerbaidjão. — Nome real: Iskanderov, 1899-1965. — Enquanto falava ao telefone em russo, atropeladamente, ele se virou para mim e traduziu o poema entalhado no pedestal, do azerbaidjano para o inglês.

— Pela injustiça do destino...! — e depois retornou à conversa em russo.

Historicamente, Baku esbanjava proximidades: mesquitas ao lado de igrejas, muçulmanos perto de cristãos, Ocidente em contato com o Oriente, velho adjacente ao novo — como dizia o livro, a cidade velha na nova, como "um caroço de noz". Isso persiste no presente. As duas escolas mencionadas no romance ainda existem e funcionam, embora não sejam mais paroquiais. Caminhamos até a rua principal, Nikolayaskaya, no sentido das escolas: de Nino e do liceu para meninas, Sagrada Rainha Tamar, atual escola Santa Nina; e do outro lado da rua a escola de Ali, fechada por conta do feriado de Novruz. A prefeitura e o gabinete do prefeito situavam-se nas imediações, num prédio de sete andares com pedras entalhadas, construído por volta de 1900.

— Esta cidade foi erguida com dinheiro, ganância e petróleo — Fuad disse. — Em 1901, metade do petróleo do mundo provinha do Azerbaidjão. Veja este quadro. — Ele indicou uma página do álbum grosso que carregava. — O primeiro navio petrolífero do mundo, o *Zoroaster*, foi construído por Alfred Nobel em 1880; carregada em Baku, a carga viajou até Astrakhan.

Caminhamos ao longo da muralha que dividia Europa e Ásia, a cidade nova da velha — que mantinha seus 22 hectares, o tamanho que sempre teve —, enquanto eu refletia sobre o entusiasmo de Fuad pela cidade, seu orgulho nacionalista, o amor pelo romance que, dizia, representava tudo para ele.

— Não há outro livro em azerbaidjano como *Ali e Nino*. — Ele o mostrou. — E não só porque conta como Chaliapin visitou Baku para cantar. Sabe que Chaliapin realmente veio a Baku? Pois veio! Veja esta mansão.

Estávamos na praça de Sabir, ao lado da Sociedade Muçulmana de Caridade, um palacete inspirado num palácio veneziano. O prédio, segundo Fuad, fora em grande parte destruído em março de 1918, durante uma rebelião armênia, na qual os armênios mataram 30 mil azerbaidjanos (fontes armênias falam em metade deste número). Levantado por Musa Nagi, milionário adepto da religião Baha'i, foi reconstruído nos anos 1920.

— Vamos agora para o capítulo 16. Eis Musa Nagi — Fuad disse, e passou a ler um trecho do livro, vigorosamente.

Odeio que leiam para mim. Odeio as pausas. Odeio gagueira e pronúncia errada. Acima de tudo, odeio a lentidão. Leio com rapidez e eficiência, não aguento quando alguém toma a iniciativa e me priva do prazer de ler eu mesmo o texto.

— Deixe-me ver — pedi. — Por favor!

— Não, não, é a melhor parte! — Fuad disse, arrancando o livro da minha mão. E passou a declamá-lo.

— "Sou um velho" — ele leu, apontando para a página com o dedo. — "E fico triste ao ver o que vejo, ao ouvir o que ouço. Os russos estão matando os turcos, e os turcos estão matando os armênios, os armênios gostariam de nos matar, e nós os russos..."

Ele continuou a ler em voz muito alta, gesticulando; quando viu que eu desviava a atenção, parou na minha frente e gritou:

— "Nossas almas anseiam em ir ter com Deus. Mas cada nação acredita ter um Deus para si, e que ele é o único Deus. Mas eu creio que se trata do mesmo Deus, que se fez conhecer por meio das vozes de todos os profetas. Portanto, eu adoro Cristo e Confúcio, Buda e Maomé. Todos viemos de um mesmo Deus, e pelo portal retornaremos todos a ele. Os homens deveriam aprender que não há brancos e negros, pois o negro é branco, e o branco, negro."

— Pura verdade — falei, torcendo para que ele parasse.

Mas ele ainda não tinha terminado.

— "Então, o meu conselho é o seguinte: não fazer nada que possa ferir alguém, em qualquer lugar do mundo, pois fazemos parte da mesma alma, e cada alma faz parte de nós."

Fuad fechou o livro.

— Agora quero que olhe outra vez para o prédio. Veja que linda fachada. E lá está Musa Nagi, o adepto da crença Baha'i.

O rosto benevolente de Musa Nagi havia sido esculpido na fachada de pedra.

Fuad cruzou os braços e voltou a recitar. Desta vez, um poema:

>Cada época tem seu rosto
>Cada época deixa seu rastro;
>Por vezes, ele está cheio de desgraça,
>E não apenas neste caso particular.

— Eu mesmo escrevi — Fuad disse.

Continuamos a passear pela praça, batizada em homenagem a Mirzah Sabir, herói nacional falecido em 1911. Uma estátua de Sabir, no meio, mostrava um homem sentado. Era um eufemismo visual, disse Fuad, pois "fazer alguém sentar" era uma expressão russa para prender alguém, e Sabir, escritor e satirista, havia sido preso.

— Ele ridicularizou os mulás — Fuad disse. — Mirzah Sabir disse: "Não temo um lugar cheio de deuses e demônios. Mas temo um lugar cheio de mulás."

Entramos na cidade velha e Fuad me mostrou a casa de Ali, exatamente como fora descrita no capítulo um.

— Está vendo o segundo andar? O quarto de Ali! De lá ele olha para fora e vê — ele passou a ler o livro — "a Torre das Damas, rodeada pelas lendas e pelos guias turísticos. Atrás da torre começa o totalmente anônimo, opressivo, inescrutável mar Cáspio, e depois o deserto, rochas irregulares, moitas: imóvel, mudo, inexpugnável, a paisagem mais linda do mundo".

Sua performance o comoveu.

— Concorda com Ali? — eu perguntei.

— Em quê?

— O mar. O deserto. A paisagem mais linda do mundo.

— Claro, com certeza — ele disse.

Senti um "mas" oculto em sua afirmação. E falei:

— Mas...

— Mas vou mudar para o Canadá — Fuad disse.

Apesar do fervor nacionalista e da história literária, do orgulho cívico e da declamação, das citações e do louvor às estátuas e mansões, apesar dos poemas, dos olhos arregalados, dos gestos, do fez vermelho, ele pretendia abandonar o barco.

— Este governo está fazendo besteira — ele disse, guardando *Ali e Nino* na valise. — Derruba prédios lindos para erguer porcarias. Por isso vou embora.

— Mas o país é rico, e você tem um cargo importante na Interpol — falei.

— Meu filho tem 6 anos. Não pretendo criar uma criança neste ambiente hostil. Quero que ele tenha mais chances.

— E qual é o problema, aqui?

— Tudo, principalmente os russos.

A Rússia estava por trás de todos os movimentos separatistas, nas repúblicas sitiadas e conflituosas, da Abkazia à Ossétia do Sul, do Dagestan a Nagorno-Karabakh. Quando perguntei que sentido havia, para os russos, em fomentar movimentos nacionalistas nesses locais, ele disse que obviamente não fazia o menor sentido. Era pura maldade política tornar a vida miserável para georgianos e azerbaidjanos.

— Não, não, não — disse ele, quando tentei esticar o assunto. — Ouça meu poema. — E recitou novamente, de cor:

> Baku é o local
> Onde cada pedra
> Tem sua própria história.

Ele ergueu um dedo admonitório no ar, derrubando o fez da cabeça. Terminou com a voz ligeiramente embargada:

> E as histórias poderiam ser mágicas
> Se não acabassem assim tão trágicas.

— "Vamos para Fillifpojanz" — Fuad disse. Ele estava citando o romance novamente, pois o local do café Fillifpojanz ainda existia, um imponente prédio branco na rua Barjatinsky, mas estava sendo restaurado.

Fomos até lá, passando por sinais da prosperidade do Azerbaidjão: cassinos e bares, lojas de artigos de luxo, cafés com internet, onde jovens despenteados usavam computadores com câmeras de vídeo para falar com mulheres — esposas e namoradas. Os bons tempos se refletiam nos próprios azerbaidjanos, bem-vestidos e apressados, aproveitando a primavera naquele feriado ensolarado e prolongado. Fuad tinha outros planos. Ele não se interessou muito em descrever o Fillifpojanz e deixara *Ali e Nino* para trás. Como já tinha divulgado seu projeto de emigrar, ele passou a falar do quanto seria feliz e do quanto trabalharia quando chegasse ao Canadá.

7   Trem noturno de Ashgabat para Mary

O Turcomenistão, o "tão" seguinte, era uma ditadura chefiada por um louco chamado Saparmyrat Niyazov, que adotou o título de Turkmenbashi, "líder de todos os turcomenos". Era um dos lunáticos mais ricos e poderosos da terra e comandava um país inteiro. O povo se encolhia todo ao ouvir seu nome, as prisões viviam cheias de dissidentes, as estradas estavam fechadas para pessoas como eu. Recentemente ele passou a se considerar Profeta (*Prorók*), um conceito inofensivo se você for civil, mas uma tendência patológica e até fatal se o sujeito for um déspota. Para embasar sua postura messiânica ele escreveu uma espécie de bíblia nacional chamada *Rukhnama* (O livro da alma) e se congratulou por ser um escritor talentoso consagrado, sinal indubitável de desvario em qualquer um. Tudo o que ouvi a respeito daquele homem e de seu país me deu vontade de ir para lá.

Ele tratava o país como seu reino particular, uma terra onde tudo pertencia a ele, inclusive o gás natural abundante no Turcomenistão, boa parte do qual chegava à atmosfera a partir de sua pessoa, na forma de discursos intermináveis. Não faz muito tempo ele profetizou que o século XXI marcaria a era de ouro do Turcomenistão. Eu ouvira falar dos esquemas insanos para promover sua imagem, que aparecia pelo país inteiro, com destaque para as estátuas de ouro na capital, Ashgabat. Fiquei desapontado por não ter sido possível pegar o barco em Baku, mas ansiava conhecer aquele vingativo potentado de queixo duplo, que em palavras e obras parodiava Shelley constantemente — "Meu nome é Ozymandias, Rei dos Reis/ Atentem para minhas palavras, ó poderosos, e desesperai!" — em sua terra arrasada desértica.

Pela primeira vez na viagem tomei um avião, para percorrer em cinquenta minutos a distância entre Baku e Ashgabat, como quem atravessa o espelho (por assim dizer). O termo coloquial "Absurdistão" não consegue descrever aquela aberração política — muito clemente, muito definido, muito engraçado. "Insanistão" tem mais a ver, pois não chegava a ser um país, era um gigantesco hospício controlado pelo paciente mais insano, para quem o termo megalomaníaco seria afetuoso e inexato demais. Niyazov ganhou fama de odiar escritores e bisbilhoteiros, e o Turcomenistão era um dos países que mais dificultavam a entrada de um viajante solitário no mundo. Nem sei como acabei entrando no Turcomenistão. Havia excursões em grupo: um dia em Ashgabat, viagem de um dia às ruínas de Merv e depois o Uzbequistão, de ônibus ou avião. Na verdade, eu tinha um amigo solícito, bem situado. Foi bom ter estado ali.

Niyazov mandara construir recentemente uma mesquita enorme, moderna, e a batizara com seu nome, Saparmyrat Hajji; ele encorajava o povo a visitá-la anualmente, numa peregrinação sagrada, espécie de hadji nacional. Seus retratos, que chegavam a ter centenas de metros quadrados de seu rosto inexpressivo, estavam por toda a parte. Em alguns parecia um Dean Martin envelhecido e gordo, usando anel do Super Bowl; em outros, um executivo de ar severo e sorriso frio, convencido, truculento, desafiador. Um cartaz o mostrava como menino-prodígio sagrado, no colo de sua mãe de bronze. O retrato mais comum o mostrava segurando o queixo com a mão, sorrindo com ar de falsa cordialidade, como um cantor de churrascaria. Sorrir era um aspecto importante de sua filosofia política. Tinha traços italianados e às vezes posava ao lado de uma pilha de livros, como um autor desagradável em tarde de autógrafos. Tinha 65 anos e se considerava "líder perpétuo". Era a vontade do povo, dizia. Tudo que dizia respeito a ele mostrava que o sujeito perdera a cabeça. Ele proibira barbas, dentes de ouro e balé.

Chefe de Estado e ditador absoluto, Niyazov se apropriava dos recursos do gás natural e era um louco de ideias deturpadas; Ashgabat era o exemplo do que acontece quando poder político, dinheiro e doença mental se combinam numa única paranoia.

— Ele rebatizou o pão com o nome da mãe dele — alguém me disse antes de eu ir para lá.

Ao que constava, ele havia estudado a ideia e implantara outra mais doida ainda: rebatizou os 12 meses do ano — janeiro passou a ter o seu nome e o nome de membros de sua família foi dado aos outros meses. O nome da mãe, Gurbansultan-ezdhe, ficou no lugar de abril. Os dias da semana também mudaram, inovação dele, e um dos dias era dedicado à sua mãe. Defensor dos interesses nacionais, ele aboliu todos os nomes e todas as expressões não turcomenos, ordenando que os dicionários fossem reescritos segundo a nova diretriz.

Um norte-americano que conheci por lá disse:

— Se você pegar Las Vegas e Pyongyang, e misturar bem no liquidificador, o resultado será Ashgabat.

— É a Las Vegas dos pobres — disse outro norte-americano. Ele se referia às torres de mármore branco, às estátuas de ouro, às luzes e fontes, aos imensos espaços vazios e às árvores mortas. Nenhuma dessas ironias era exata, pois o lugar era originalmente estranho. Percebi que havia algo fora de lugar assim que cheguei. As estátuas de ouro e árvores mortas eram apenas o começo; o pior ainda estava por vir.

Exceto pelo gasoduto, o país vivia isolado do mundo. Não se podiam fazer ligações telefônicas internacionais, não havia internet, celulares ou contatos por satélite. Jornais, rádio e televisão eram controlados; notícias de verdade não eram veiculadas, não havia acesso ao mundo exterior. Meu BlackBerry, que funcionara em Baku e Tblisi, apagou. O ditador decretara que a internet era subversiva — e provavelmente tinha razão. Era quase impossível entrar no país e muito difícil sair dele. Os cafés com internet haviam sido fechados três anos antes. As pessoas tendiam a sussurrar, não era de admirar. Num caso típico, relatado por fontes externas, uma jornalista de 58 anos — repórter da rádio Europa Livre, Ogulsapar Muradova, mãe de duas filhas, foi presa, condenada (sem direito a advogado) num julgamento secreto a seis anos de prisão, a partir de uma acusação forjada. Em setembro de 2006, um mês após sua detenção em Ashgabat, Muradova foi encontrada morta em sua cela (consta que ela sofreu um "ferimento na cabeça"); o corpo foi entregue às filhas.

As esquisitices do Turcomenistão ficaram evidentes desde o início, muito antes de eu topar com as estátuas de ouro. Poucos aviões pousavam no aeroporto estilo cassino, e os funcionários responsáveis não faziam a menor ideia de como proceder em suas funções, nem tomavam decisões — uma característica da maioria das ditaduras, pois o medo da represália gerava a rigidez que conduzia à incompetência. Homens em uniformes vistosos circulavam por entre os passageiros, atrasando sua liberação. Os visitantes eram em sua maioria trabalhadores estrangeiros — britânicos, malásios, filipinos — da indústria petrolífera. Os funcionários sorriam uns para os outros, mas quando me encararam fecharam a cara, belicosos.

Um deles, usando um quepe enorme de aba brilhante, olhou para mim, chupou os dentes e disse:

— *Prablyema.*

— Qual é o problema?

— *Shto eta?* — Ele mostrou a camiseta na minha bagagem que embrulhava o objeto proibido.

— Ícone — falei. O ícone de prata que eu havia comprado na feira popular de Tbilisi, com uma tela a óleo que mostrava Jesus olhando de um losango no centro, embrulhado para não riscar.

— *Eta staroye* — ele disse.

— Não, é novo.

— *Ochen dorogaya.*
— Não. Custou barato.
— *Antikvarnaya!*
— Antiguidade?
— *Da. Prablyema!* — ele disse e mostrou a palma da mão. — *Zhdi zdyes.*

Esperei quase uma hora. Um grupo me abordou. Um dos sujeitos falava inglês, e o resto balançava a cabeça, concordando com o que dizia.

— Por que trouxe este ícone para cá? — ele disse, lentamente. — Por que não o levou para casa?

— Eu vou levar para casa — falei.

Ele ergueu os braços.

— Aqui é Ashgabat, não é a sua casa.

— Estou a caminho de casa — falei. O que, em certo sentido, correspondia à verdade. — Presente para minha mãe.

— *Mat* — o sujeito explicou para o restante do grupo. — É para a mãe dele.

Mencionar a mãe sempre ajuda, principalmente num país de cidadãos vindos do deserto, de mentalidade tradicional, cujo líder encorajava o culto matriarcal, como eu descobriria depois.

Mas o sujeito que portava o formulário da alfândega parecia não entender. Expliquei que o formulário continha uma seção para *Descrição e Origem dos Bens*, poderíamos preencher o campo, e quando eu fosse embora o mostraria na fronteira, provando que não estava contrabandeando antiguidades. Eles consideraram a ideia uma solução de compromisso aceitável, e depois de duas horas eu estava a caminho de Ashgabat.

— Ele apareceu na televisão ontem à noite. Bem, ele aparece quase todas as noites — o motorista falou. Ninguém usava o nome de Niyazov, nem mesmo o espalhafatoso título "Turkmenbashi", e, quando o faziam, falavam em voz baixa. — Ele disse: "Quem ler meu livro três vezes irá para o paraíso."

— Mas como ele sabe disso?

— Ele disse: "Pedi que Alá providenciasse."

O *Rukhnama* de Niyazov é um livro volumoso que mistura história pessoal, curiosidades turcomenas, genealogia, cultura nacional, sugestões dietéticas, insultos aos soviéticos, ostentação alucinada, promessas malucas e poemas dele, um dos quais começa com "Ah, minha alma maluca..." O livro contém mais pontos de exclamação do que anúncios do tipo fique-rico-agora, com os quais aliás se parece bastante. Pelo jeito ele o considera uma espécie de Corão misturado com guia para o povo turcomeno e patriotismo fanático de orelhada, e embora não seja mais bizarro e artificial que outras obras apocalípticas, baseia-se numa narrativa muito tênue — e mescla conselhos, discursos do ditador e história condensada — e não passa de "clorofórmio impresso", tomando emprestada a expressão de Mark Twain para descrever o *Livro de Mórmon*. Li uma vez. Niyazov teria de me prometer mais do que o paraíso para me fazer ler novamente aquele livro insuportável.

Contudo, ele possui um imenso valor para o viajante que atravessa o Turcomenistão, uma vez que todos os textos, até mesmo os mal escritos — especialmente estes —, revelam a mente e o coração do autor. Mal escrito, *Rukhnama* não é exceção. No início do livro Niyazov escreve, otimista: "O estrangeiro que ler *Rukhnama* nos conhecerá melhor e se tornará nosso amigo mais depressa", embora os turcomenos letrados erguessem os olhos quando eu o mencionava, profundamente constrangidos.

Em sua dissertação confusa e desconexa Niyazov voltou 5 mil anos no passado (segundo ele mesmo) e alegou: "A história turcomena pode ser reconstituída a partir da inundação de Noé." Na sequência, quando as águas baixaram, o ancestral original dos turcomenos, Oguz Khan, emergiu. Os filhos e netos de Oguz geraram os 24 clãs do Turcomenistão. A figura de Oguz é uma das chaves do *Rukhnama*: Niyazov explica que os turcomenos chamam a Via Láctea de Arco de Oguz, e o rio Amu Darya de rio de Oguz, e a constelação do Touro, as estrelas de Oguz. Este também "implementou... o uso do alfabeto nacional de Oguz". Seu nome foi dado a muitos acidentes geográficos e elementos celestes. Além disso, Oguz anunciou uma idade do ouro.

O subtítulo do *Rukhnama* (atualmente chamado de *O Rukhnama Sagrado*) poderia ser "A segunda vinda" — mas na verdade é "Reflexões sobre os valores espirituais dos turcomenos". Niyazov enfatiza que é uma espécie de reencarnação de Oguz Khan, tão poderoso e sábio quanto ele, e para provar isso batizou cidades, montanhas, rios e ruas com seu nome. Ele mexeu no idioma, à moda de Oguz, ordenando que o turcomeno fosse escrito com letras latinas, e alegou que seria presidente pelo resto da vida, pois sempre se dedicou a tornar o Turcomenistão um grande país.

Niyazov era órfão. Dá grande importância a isso no livro, e suas descrições têm uma afetividade desajeitada. "Enfrentei muitas dificuldades na vida", ele conta, revelando que o pai foi morto na Segunda Guerra Mundial, lutando ao lado dos soviéticos em Ossétia. Quando o ditador tinha 7 anos, perdeu a mãe no terremoto que arrasou Ashgabat em 1948. Isolado, fortaleceu-se e recusou-se a lamentar. "Quando considerei minha situação, descobri que não era órfão! Como alguém pode ser órfão, tendo um pai como Oguz Khan?" Em vez dos pais naturais, ele tinha uma nação, uma causa e um pai tirado da história. Ele incorporou os pais à imagem nacional, batizando o ano de 2003 com o nome do pai, Atamurat, e o de 2004 com o da mãe, Gurbansultan-ezdhe.

Adiante, no *Rukhnama* (ah, 2005 foi o ano *Rukhnama*), ele se emociona com a história de sua mãe, e com as mães em geral. Isso logo se transforma num programa de veneração da maternidade. "A mãe é um ser sagrado... Só se pode compreender o valor das coisas sagradas depois que elas são perdidas." Ele explica que o pai dá apoio material e que a mãe dá amor. Cita um ditado turcomeno: "Sem pai, sou órfão; sem mãe, sou cativo", e conclui: "O destino reservou duas dores para mim. Eu fui tanto órfão quanto cativo."

A infância perdida parece essencial na biografia do ditador, a formação irregular pode ser determinante para tornar alguém um tirano político. A atenção que Niyazov confere a seu sofrimento inicial e a existência do palácio dos Órfãos em Ashgabat — havia instituições similares em outras cidades — provam que uma de suas prioridades era tomar providências especiais para crianças abandonadas ou órfãs. Não ter clã nem família real se tornou uma vantagem naquela sociedade dominada pelos clãs. "Ele se preocupa com os órfãos", um turcomeno me disse. A preocupação era óbvia na cidade, assim como nas páginas de *Rukhnama*, nas quais Niyazov descreve como perdeu os pais, como ficou sozinho e como foi obrigado a lutar.

Em matéria de lamúrias sobre o abandono, o livro soa (por vezes literalmente) parecido com a ascensão do colador de papel de parede austríaco na primeira parte de *Minha Luta*, que escreveu: "Em meu 13º ano perdi meu pai, repentinamente", e "Quando minha mãe morreu o Destino, ao menos em um aspecto, tomara suas decisões... A criança de 3 anos tornara-se o rapaz de 15 que desprezava todas as autoridades". Mas a orfandade sofre de sentimentalismo em *Rukhnama*, que tem muito mais: histórias, velhos provérbios, promessas de glória suprema, lista de deveres e obrigações, das quais se destaca "mantenha o rosto sorridente", nada hitleriana.

Uma ordem importante do Turkmenbashi era: "Sorria!" Pregava a necessidade de sorrir aos turcomenos com o mesmo fervor com que enfatizava a necessidade de trabalhar e orar. Ele escreveu: "Como diz o velho ditado, 'em rosto sorridente não há rugas.'" E recordava: "Lembro-me sempre de minha mãe. Seu sorriso ainda surge perante meus olhos... O sorriso é visível para mim na noite escura, mesmo que eu feche os olhos."

Um sorriso é poderoso: "Um sorriso pode transformar um inimigo num amigo. Quando a morte olhar na sua cara, sorria para ela, que poderá ir embora sem tocá-lo." Até a natureza sorria: "A primavera é o sorriso da terra." O sorriso pode ser um modo de conversar: "Sorriam uns para os outros... Falem com os outros por meio de três sorrisos."

Páginas e páginas assim, em sua maioria autorreferentes. Niyazov atribuía a seu sorriso boa parte do sucesso como líder nacional. "Este sorriso que herdei de minha mãe é meu tesouro." Talvez por isso os retratos de Niyazov espalhados pelo Turcomenistão o mostrem sorrindo, embora ele nunca pareça menos confiável ou menos contente do que quando está sorrindo. Seu sorriso — e isso pode ser dito de todos os líderes políticos — era seu traço mais sinistro.

Por ordem de Niyazov, o livro era estudado em todas as escolas do Turcomenistão; um conhecimento aprofundado da obra era obrigatório para acesso às faculdades e universidades do país, bem como para fazer carreira no serviço público. Os funcionários da imigração que me atormentaram não sabiam direito como lidar com uma questão simples na aduana, mas provavelmente poderiam ter citado: "Um sorriso pode transformar um amigo num inimigo" — embora nenhum deles tenha sorrido para mim.

O que Niyazov não contou em *Rukhnama* é que depois de seus estudos na Rússia (ele cursou engenharia elétrica) ele se tornou quadro do partido. Isso aconteceu nos anos 1970 e 1980 — época soviética, quando ele ascendeu nas fileiras do Politburo até se tornar secretário-geral do Partido Comunista do Turcomenistão. Foi um dos provincianos educados que os soviéticos (no caso, Gorbatchev, que o escolheu sem saber que o sujeito era maluco) louvavam como convertidos ao marxismo, verdadeiros exemplos da eficácia do sistema, esperando que funcionassem como agentes da reforma. Não se menciona em *Rukhnama* que ele passava muito tempo em Leningrado e Moscou; que era casado com uma russa — curiosamente, judia —, a qual preferia morar longe dele, em Moscou; que tinha dois filhos e que um deles, Murat, pretendia sucedê-lo no poder.

Outra omissão significativa nas edições subsequentes do livro (mais de um milhão de exemplares impressos em mais de trinta línguas, inclusive zulu e japonês) diz respeito à tentativa de assassinato contra Niyazov, que ele não menciona. Em 2002, no que parece ter sido um golpe de estado fracassado, ele quase morreu; a caravana presidencial que cruzava a cidade foi atacada, e o ditador levou um tiro. Em consequência, desencadeou-se uma onda repressiva na qual os autores e as pessoas que os ajudaram foram perseguidos e mortos ou presos. Famílias inteiras foram para a cadeia, e nunca mais se ouviu falar nelas. Corria a versão de que ministros ambiciosos e descontentes do próprio governo haviam conspirado para se livrar dele, e que o plano era sequestrá-lo, mantê-lo como refém e depô-lo do governo, em vez de matá-lo.

De todo modo o golpe fracassou, e ele compreensivelmente alimentou a paranoia de Niyazov, e seus delírios de grandeza — evidente no país inteiro, na forma de estátuas de ouro — passaram a ser acompanhados pela mania de perseguição. Ele ordenou restrições governamentais: nada de internet ou telefone, controle total da mídia e de todas as idas e vindas.

Mais um traço inconveniente das tiranias — bloqueios das vias públicas foram instalados em vários pontos da cidade e nas estradas que conduziam à cidade, a cada 6 quilômetros em média. Numa jornada de 18 quilômetros até ruínas próximas fui parado três vezes por soldados pesadamente armados, usando fardas garbosas, que não faziam a menor ideia de como proceder em relação aos carros que paravam. Conferiam documentos, examinavam o banco traseiro, faziam cara feia e exibiam fuzis; mas, na verdade, estavam perdidos.

No passeio para conhecer as ruínas perguntei a respeito da paixão de Niyazov pela mudança dos nomes. Estava com dois turcomenos — um homem a quem chamarei de Mamed, cujo inglês era precário, a uma mulher chamada Gulnara, fluente no meu idioma.

A parte mais engraçada era que Mamed e Gulnara, embora tenham lido a respeito das renomeações, devido a tantas mudanças, não conseguiam memorizá-las.

— Janeiro agora é Turkmenbashi — Gulnara disse. — Ele batizou o primeiro mês com seu próprio nome. Ah! Fevereiro é Bayderk — a bandeira. Março é Nowruz. Abril, Gurbansultan-ezdhe — nome da mãe dele. Junho é Oguz — nosso herói. E maio — como ficou maio?

Mamed disse:

— Maio é Sanjar.

— Não, Sanjar é novembro.

— Tem certeza?

— Sei que setembro é Rukhnama — Gulnara disse. — O que acha, Paul?

Falei:

— É o sonho de qualquer escritor ter um mês com o nome de seu livro.

— Agosto é Alp Arslan — Mamed disse. — Ele foi sultão.

— Esqueceu de julho — Gulnara disse.

— Não me lembro de julho. Como é?

Gulnara negou com a cabeça. Fechando os olhos, falou:

— Ainda falta outubro.

Mamed disse:

— É Garashsyzliyk.

— Independência — Gulnara explicou.

Eles também não tinham certeza dos dias da semana, embora Gulnara tenha dito, confiante:

— Segunda é Bashgün, início. Terça é Yashgün, dia jovem. Quarta é Hoshgün.

— Terça é Hoshgün — Mamed disse. — Quarta é Yashgün.

— Acho que não — Gulnara retrucou.

A confusão dos dois era cômica, mas politicamente suspeita, pois os novos nomes eram considerados importantes. Por decreto governamental, todos os departamentos, ministérios, escolas, faculdades, polícia e exército — todos os cidadãos — precisavam demonstrar conhecimento das alterações, sendo obrigados a usá-las.

— E se as pessoas falarem russo? — perguntei, pois isso era comum, sendo Ashgabat habitada havia muitos anos por uma comunidade russa, deixada de lado pelo nacionalismo de Niyazov, mas antiga demais para ir embora.

— Mesmo se alguém falar russo — embora fosse normal utilizar os nomes russos para os meses e os dias —, usa os novos nomes. O que não faz sentido.

— Eu soube que ele rebatizou o pão.

— Foi só uma ideia que não vingou — Gulnara disse. — Mas ele rebatizou o ketchup. Fez um longo discurso: "Por que falamos ketchup? É uma palavra estrangeira. Somos turcomenos. Precisamos de um termo turcomeno para isso."

— E qual é?

— Ketchup é *uwmech*.

— Se procurarmos *uwmech* no dicionário, o que encontraremos?

— Seria ketchup, mas não temos dicionários novos no Turcomenistão.

Mamed disse:

— Foram retirados de circulação.

Toda essa conversa sobre o presidente obsessivo deixou Mamed e Gulnara desconfortáveis, e quando eles se calaram perguntei:

— Não os incomoda que o presidente tenha feito tantas mudanças? Não são só os nomes, mas o uso do pai e da mãe.

— A maioria das pessoas não pensa nisso — Gulnara disse. Ela quis dizer: não querem pensar no caso, pois isso só lhes traria sofrimento.

— E quanto às estátuas de ouro que ele ergueu de si mesmo?

Mamed arregalou os olhos, balançou a cabeça, alerta. Diziam que escritórios e quartos de hotel tinham escutas para captar conversas subversivas — e o carro era bem capaz de estar grampeado também.

Mas Gulnara quis dar sua opinião. Era brilhante, confiante, compartilhava essas qualidades com muitas turcomenas que conheci. Ela disse:

— As estátuas. Os slogans. Os planos quinquenais. Já vimos isso antes. Com Stalin e outros.

Era verdade que, quanto às imagens para promoção pessoal e faixas nos edifícios, os soviéticos haviam sido praticamente imbatíveis, o rosto dourado de Lenin por toda parte, e as cidades e vilas com estátuas de Lenin ganharam a companhia das estátuas de Stalin. Não surpreendia que o ambicioso S. Niyazov tenha mudado seu nome para Turkmenbashi (como Iosif Dzhugashvili fizera, para Joseph Stalin) e implantado uma ditadura, com direito a culto da personalidade e tudo o mais.

— Isso tudo vai passar — Gulnara disse.

Não foi apenas uma observação sensata, mas também o modo correto de verificar o valor desta autocracia, pois aquele sujeito hiperativo e dominador morreria, uma vez que sofria de diabetes em estágio avançado e tivera pelo menos um ataque cardíaco, e o desfecho viria mais cedo ou mais tarde. As estátuas de ouro seriam então derrubadas.*

Neste meio-tempo os turcomenos, num total de 5 milhões, expressavam sua contrariedade com anedotas. Uma delas dizia: "Por que o Turkmenbashi é o homem mais rico do Turcomenistão? Porque ele tem 5 milhões de carneiros." E riam, lembrando que Niyazov sugeriu que as pessoas roessem ossos, pois era bom para os dentes.

A caminho das ruínas passamos por uma série de vinhedos pertencentes ao Estado — uma das contradições do islâmico Turcomenistão era ter uma vigorosa indústria vinícola, tanto para exportação quanto para consumo interno. Na beira do deserto, nos aproximamos de uma elevação, mais parecida com um monte de terra do que com um morro, sobre a qual havia uma estrutura decrépita de tijolos de barro ainda identificável como uma mesquita.

Era Anau, uma mesquita do século XV em ruínas — algo comum no Turcomenistão, que recebeu os primeiros evangelizadores muçulmanos no século VII; o próprio profeta enviara emissários de Meca, naquela direção, e a taxa de conversão foi alta. Aquela mesquita era diferente por mostrar a influência da arquitetura chinesa, com mosaicos ainda vívidos praticamente inexistentes em outras mesquitas, pois continham imagens de criaturas e retratos humanos, ambos incomuns na arte islâmica, além de exibir no arco de entrada dragões rachados, mas sinuosos.

Grande parte do Turcomenistão é formada por desertos, com vegetação rasteira e solo rochoso, uma vastidão parecida com areia para gato habitada

---
* Ele morreu em dezembro de 2006.

por lagartos. Na época soviética, em algumas cidades e aldeias, havia postos remotos, como numa colônia imperial, onde pessoas de roupas coloridas teciam tapetes, deixando a reserva de gás e óleo para os senhores russos. Essa exploração, uma das injustiças denunciadas em *Rukhnama*, não ocorreu sempre. Os dragões na mesquita serviam para lembrar que o Turcomenistão situava-se na Rota da Seda, o caminho para a China, e que viajantes intrépidos, grandes tesouros, generais ousados e vastos exércitos passavam por ali: Alexandre, o Grande, os partos, árabes e mongóis.

A mesquita era um centro de peregrinação, pois continha o túmulo de Seyyed Jamaluddin, pai de um governador local do século XV. Várias pessoas, em sua maioria mulheres e crianças, oravam na frente da pilha de tijolos que marca sua sepultura.

— Eles vêm aqui porque a comunicação dele com Alá é boa — Mamed disse.

Havia outra sepultura, o túmulo da Mulher Solteira — Gulnara explicou que o termo "mulher solteira" poderia ser traduzido também como "virgem". Várias moças rezavam ali, e centenas haviam passado pelo local: deixavam oferendas sob a forma de símbolos dos desejos que gostariam de ver atendidos. Em sua maioria, pediam filhos. Havia tigelas presas nos ramos de uma árvore próxima, pequenos berços entalhados inconfundíveis, e ossos de carneiro caprichosamente empilhados que, segundo Gulnara, também representavam filhos, pois serviam de brinquedos para as crianças turcomenas. Grampos de cabelo indicavam meninas, assim como pedaços de pano colorido; carrinhos de plástico significavam a preferência por um menino.

— No islã, geralmente não se faz isso. Não se pede nada a uma mulher morta — Gulnara disse. — As pessoas devem pedir a Alá. Mas esta mulher é muito poderosa.

Reparei que a maioria dos pedidos especificava o desejo de ganhar um menino.

Ela disse:

— As mulheres que dão à luz meninas têm um jeito especial de indicar que desejam um menino. Elas colocam na filha o nome de Chega (Bester) ou então de Cessar (Boyduk). São nomes comuns. Eu conheço várias.

A cerca de 15 metros da mesquita decadente havia outro monte, no topo do qual uma centena de casebres de brinquedo tinha sido erguida com tijolos quebrados — paredes improvisadas, uma tampa no lugar do telhado — e havia até sobrados meio inclinados. Um homem agachado, usando avental, e uma mulher de lenço na cabeça erguiam uma casinha quando nos aproximamos.

— As pessoas pedem casas — Gulnara disse. As imagens representavam as pessoas (em geral, jovens casais) que moravam com os pais em conjuntos habitacionais superlotados, ou em vilarejos miseráveis na periferia de Ashgabat, e ansiavam pela casa própria.

A crueldade da política de Niyazov obviamente se manifestava naquele conjunto de casinhas de brinquedo, que eram um pedido claro — não ao Turkmenbashi, mas a Alá — de moradia. Pessoas sem teto abundavam naquele país extremamente rico. Em seus arroubos como urbanista Niyazov ordenara que muitas casas fossem destruídas, conjuntos demolidos e bairros inteiros de Ashgabat arrasados, mas não providenciara casas para os despejados. Essas pessoas viviam precariamente em barracos na periferia de Ashgabat. No lugar ocupado por suas casas havia agora estátuas de ouro, fontes, prédios enormes revestidos de mármore e prédios de apartamento de mármore branco e aspecto cômico, parecendo pilares de sal com bordas douradas, todos vazios, pois eram, em seu luxo exagerado, caros demais.

O islã não é imutável, e sim sujeito a variações. No processo que os antropólogos chamam de sincretismo — costumes e adaptações locais a um sistema de crenças importado — o islã adquiria ali uma forma mais colorida, como o catolicismo na Sicília ou no Congo. Ali os santos e mártires nacionais podiam interceder, e havia fetiches. Os brinquedos, modelos em escala reduzida e símbolos que reforçavam as súplicas constituíam uma inovação. O uso simbólico dos nomes era um modo de adquirir poder sobre o destino. Apelar aos espíritos — e não a Alá. O estilo turcomeno de orar, com a intenção de controlar o destino, era incomum entre os muçulmanos.

Nos dias seguintes, cheguei à conclusão de que o Turcomenistão, talvez por sua história desumana, era uma das culturas mais suscetíveis à superstição que eu já tinha visto. Por serem douradas e solenes, as estátuas da capital turcomena possuíam uma aura eclesiástica. Um líder a cavalo, fundido em bronze ou entalhado em pedra, não era a mesma coisa que um líder fundido em ouro. Em todas as estátuas Niyazov era o El Dorado, o Homem de Ouro — todo-poderoso, onisciente. As estátuas não estavam ali para fazer o queixo cair, mas para serem veneradas. Uma delas, mostrando Niyazov de braços erguidos, girava, mantendo o rosto voltado para o sol, e parecia guiá-lo através do céu, do alvorecer ao crepúsculo. Outra, a Arca da Neutralidade, fora instalada em cima de uma imensa estrutura de mármore que mais parecia, e ganhara localmente o apelido, um desentupidor de privada. Algumas estátuas de ouro mostravam o Turkmenbashi sentado, outras andando, saudando, acenando e, claro, exibindo seu sorriso de 24 quilates. Muitas o mostravam como uma criança dourada precoce.

Ele disse certa vez a um jornalista:

— Admito que há muitos retratos, imagens e monumentos (de mim). Não sinto prazer algum nisso, mas o povo exige, é a sua mentalidade.

Todos os retratos e as estátuas seriam destruídos, claro; sua maldição estava nas letras de ouro, nos gestos de ouro. Eram conceitos presunçosos demais, derrubá-los seria apenas questão de tempo. Uma estátua de Lenin na praça da Neutralidade em Ashgabat, de bronze, em tamanho natural, continha um mosaico que imitava o padrão dos tapetes turcomenos, e a mensagem, em russo e turcomeno, dizia: o leninismo é o caminho para a emancipação dos povos do oriente. Era, por contraste, modesta e graciosa em comparação com as estátuas de ouro de Niyazov, três vezes seu tamanho, que mais pareciam uma ordem para que todos se submetessem às suas insanidades, e por consequência desafiavam os turcomenos do futuro a derrubá-las.

Embora a cidade fosse feita de mármore branco e ouro, nas estátuas, prédios, ministérios e anfiteatros, no conjunto, Ashgabat tinha a aparência vulnerável e pomposa de um lugar que desafia o destino. Se um terremoto não a destruísse, um golpe de Estado o faria, ou seria reduzida a pó pelos cidadãos indignados que foram iludidos pelo maluco perdulário.

A ironia de Ashgabat era que em nenhum lugar, entre as estátuas de ouro e praças de mármore branco, com suas fontes e seus arcos do triunfo, havia onde se sentar. A cidade não tinha bancos e transmitia uma mensagem sutil: *Vamos circulando.*

— Erguerei uma floresta no deserto — Niyazov prometeu. Os turcomenos disseram que ele adorava as florestas de coníferas da Rússia. Elas o inspiravam; sentia sua falta ali, no meio das pedras e dunas. O Turcomenistão, de planícies fustigadas pelo vento e ravinas de rochas torradas pelo sol, merecia uma floresta.

Ele ordenou que plantassem centenas de milhares ou mesmo milhões de árvores; embora algumas já tivessem mais de um metro de altura — o projeto estava em andamento quando passei por Ashgabat —, o projeto da floresta não deu certo.

Certas árvores resistem bem à seca — certos ciprestes, alguns álamos, inúmeros arbustos retorcidos que vemos nas ravinas da Patagônia ou nos desolados ermos da região chinesa uigure de Xinjiang. Mas os pinheiros Douglas, os pinheiros brancos e as tuias das lembranças emocionadas de Niyazov não se deram bem. Foram plantadas em fileiras imensas, longas, no centro de Ashgabat, nas extensões de terra árida nas imediações da cidade, como uma espécie de floresta instantânea. Irrigação por gotejamento foi providenciada para lhes fornecer água, mas as espécies inadequadas não se adaptaram. Foram crestadas pelo sol, derrubadas pelo vento, e mais de um terço das árvores apresentava uma tonalidade vermelha, ferruginosa, típica de uma vegetação perene morta.

— São chamadas de *arçabil* — explicou meu novo guia, Masut. — Ele gosta delas.

Eu continuava esperando alguém pronunciar o nome do líder. "Turkmenbashi" era pomposo demais. "Niyazov", muito presunçoso e familiar. "Presidente" e "líder", formais em excesso, e "Profeta", difícil de dizer sem ser traído pela fisionomia. Mais tarde soube que os turcomenos costumavam se referir a ele como *mähriban ata*, "querido pai", ou *serdar*, "líder tribal".

Seguíamos para oeste, passando por placas que diziam povo-pátria-turkmenbashi, às dezenas, fora da cidade, onde mais árvores haviam sido plantadas e estavam seriamente atrofiadas e escuras; algumas, mantidas no lugar com ajuda de arame, haviam caído. Essas árvores vieram da Rússia e da Ucrânia — Bashi as trocara por gás. A floresta parecia um reflorestamento gigantesco abandonado.

Na encosta de uma montanha, em letras grandes esculpidas em blocos de mármore, lia-se o seguinte, em turcomeno: a via saudável de nosso eterno grande líder. Era exatamente o tipo de mensagem em terreno alto que eu havia conhecido na Albânia, dez anos antes, e sem dúvida terminaria do mesmo modo, como pilha de entulho num vale adjacente. Aquela mensagem tencionava encorajar as pessoas a trilhar o caminho pavimentado que circundava a floresta anã moribunda.

— Ele quer que todos sejam saudáveis — Masut disse.

Mas era questionável se Niyazov realmente queria que seu povo fosse saudável. Ele havia fechado todos os hospitais fora de Ashgabat, substituíra milhares de profissionais de saúde por soldados convocados e obrigara os médicos do país a jurar obediência a ele, Turkmenbashi, e ao *Rukhnama*, em vez de fazer o juramento de Hipócrates.

— Os turcomenos me parecem saudáveis — falei. — Têm uma boa dieta. Não fumam. Dão a impressão de trabalhar muito.

— Mas ele quer ver todo mundo na via saudável.

Era o projeto. Tanto faz se o sujeito fosse nômade, morador de um vilarejo ou colhesse algodão, tinha de fazer o que mandavam: percorrer o caminho do Eterno Grande Líder, mais de 30 quilômetros de trilha pavimentada que cruzava a encosta da montanha. Uma das muitas residências do Bashi ficava atrás da montanha, outro palácio. Ele alegou que o palácio presidencial de cem milhões, de mármore branco com domo de ouro, construído para ele, não fora sua escolha. ("Eu só queria uma casinha aconchegante.")

— Muita gente não tem emprego — Masut disse. — O total pode chegar a sessenta por cento de desempregados, fora de Ashgabat.

— Fico surpreso ao saber que as pessoas não estejam furiosas.

— Alguns estão furiosos. Mas temos coisas baratas também. O gás natural para aquecimento é gratuito. A eletricidade é gratuita. A gasolina custa menos de um centavo o litro. Dá para encher o tanque deste carro com cinquenta centavos.

— E, na sua opinião, quais são os problemas daqui? — perguntei.

— Bem, temos problemas, mas não podemos citar os problemas, pois não temos problemas. — Masut disse e sorriu para mim, e o sorriso dizia: *Por favor, chega de perguntas.*

Mais um dia se passou, Masut e eu fomos ao grande bazar na periferia de Ashgabat, que tinha dois nomes: bazar de Tolkuchka, da palavra russa que significava empurrar, e bazar Jygyldyk, uma onomatopeia em turcomeno que significava algo como balbuciar ou tagarelar.

Os turcomenos têm pavor de mau-olhado, provavelmente herança do xamanismo que dominou a vida espiritual da região nos tempos antigos, um reflexo ansioso evidente em todas as esferas da vida turcomena. Esse traço supersticioso, combinado com o islã, produziu uma parafernália supostamente sagrada para afastar o mau-olhado. Os objetos são vendidos nas bancas do bazar e não se resumem ao olho de vidro ou ao talismã entalhado na madeira, incluindo até um chifre de carneiro simbólico que, segundo Masut, era eficaz contra maldições. O totemismo fazia parte das orações, caça a relíquias, amuletos, imagens, tigelas, carrinhos e casas de boneca que eu via por toda parte. Num estado policial que controla todas as idas e vindas, mantendo a população prisioneira, chegava a ser comovente ver as pessoas obcecadas com a magia negra e as forças do mal.

Pelo jeito o mal atacava na forma de uma força estranha e devastadora que surgia do nada, em pleno ar, assumindo a forma de um raio mortal diabólico. A defesa específica mais comum contra esta feitiçaria era um amuleto capaz de fragmentar sua força em pedacinhos, uma espécie de prisma feito de lã colorida, para ser usado como colar ou pulseira, e também pendurado na guarda da cama ou acima da porta. Alguns amuletos assemelhavam-se aos colares coloridos que eu fazia no acampamento de férias, quando era menino. Mas não importava sua aparência trivial; funcionavam, Masut garantiu ao me trazer um pedaço de corda marrom e vermelha, um defletor de mau-olhado, para me acompanhar até o Uzbequistão.

— Esta erva é muito poderosa — Masut disse, apalpando um saquinho de folhas secas.

— Chama-se Cem Maridos.

Em muitos aspectos o bazar de Tolkuchka, na periferia de Ashgabat, era maior, mais vital e variado que seus rivais — por exemplo, o mercado coberto de Istambul, o bazar de Damasco ou o Mall of America em Bloomington, em Minnesota —, com toldos estufados e cortinas para marcar as bancas. Era bastante competitivo e intensamente local — não havia turistas circulando. Cobria várias quadras, e o mercado de cavalos ocupava o espaço de uma feira inteira.

Comprar tapete, melão ou especiarias era apenas uma parte das coisas interessantes daquele bazar. Uma atividade periférica era a interação das pessoas — sitiantes de longe, com suas famílias, meninos de olhos arregalados e moças tímidas. O bazar era um lugar legítimo para as pessoas se olharem, se encontrarem e, embora não pudessem flertar, ao menos trocavam sorrisos. O pessoal do interior viajava um dia ou dois, em ônibus velho ou trem noturno, para chegar a Ashgabat e encontrar os moradores da cidade; famílias se reuniam para fazer piquenique; os homens desfilavam e gritavam, os meninos olhavam para tudo, boquiabertos, tentando imitar os adultos. O bazar era uma espécie de redemoinho, atraindo turcomenos de todas as regiões, numa cerimônia ancestral de encontro e negociação. Aquelas pessoas viviam isoladas e se divertiam no meio da grande multidão, com a música que tocava, os camelos que blateravam e os vendedores que anunciavam seus produtos aos gritos.

Tudo que se poderia imaginar estava à venda, não apenas roupas, sapatos, cintos e calças jeans chinesas, mas também pilhas e mais pilhas de vestidos aveludados locais, com golas brancas bordadas removíveis, em forma de "u", adoráveis, exclusivas das mulheres turcomenas.

Além dos produtos agrícolas — tomate, cenoura, batata, arroz, ervas e frutas frescas empilhadas em bancas e carrinhos —, abundavam os artesanatos tradicionais do Turcomenistão: um quarteirão do bazar era dedicado a tapetes e carpetes, em sua maioria avermelhados, embora houvesse alguns verdes e amarelos.

— Está vendo isso? É peixe. — Musat apontou para um desenho tipo espinha de peixe num tapete grande. — Vem de um clã que vive perto da costa do mar Cáspio, onde o peixe é um símbolo importante.

Enfeites de latão, samovares, colheres de prata, travessas de prata, os tesouros do mercado das pulgas que eu tinha visto em Tbilisi ocupavam inúmeras bancas. Havia artigos russos: fivelas de cinto, botões militares, medalhas e fitinhas de campanha, além de artefatos de bronze e cerâmica de sítios arqueológicos; algumas pareciam genuínas, outras eram falsas. Pilhas de moedas, como rublos do extinto regime, e muitas cuja antiguidade os vendedores garantiam — sua proveniência seria Seljuk, Otomana, Luristana, Gulistana, moedas das antigas cidades do deserto, dos turcomenos Gurly do Afeganistão e da Índia. Quantas eram falsas? Muitas, provavelmente. Mas um homem que encontrei jurou ser de ouro a moeda que eu tinha nas mãos, de Merv ou Bokhara; portanto, a comprei por sua portabilidade, beleza, lisa tanto na cara quanto na coroa.

Algo chamou a minha atenção no bazar de Tolkuchka: os vendedores e mercadores de diversas origens. A maior parte da população era obviamente turcomena, mas havia também muitos russos, alguns persas, azeris e uzbeques. Nos anos 1930 Stalin ordenara que as populações soviéticas fossem dispersadas, de modo a enfraquecer os movimentos separatistas, e a cor das pessoas diluída, por assim dizer. De um lado, levou repúblicas como o Turcomenistão e o Uzbequistão a uma curiosa mistura de raças; de outro lado, as tornou mais manejáveis.

O grupo étnico mais exótico do bazar, e do Turcomenistão, eram os coreanos.

— Stalin o mandou para cá? — eu perguntei.

— Ele mandou minha mãe e meu pai — disse uma mulher. Usava touca branca, como de enfermeira, e avental branco.

Havia muitas mesas com mulheres coreanas, sorridentes, mostrando os dentes de ouro reluzentes e gritando para atrair a atenção, atrás de pilhas altas de repolho em conserva.

— Kimchi — falei, por ser a única palavra coreana que eu conhecia.

— Sim, sim! Experimente um pouquinho!

— É barato. É o melhor. Compre um pouco.

— Quero ir com você para os Estados Unidos!

■ ■ ■

Certa tarde, em Ashgabat, provoquei um incidente diplomático — ocorrência comum no Turcomenistão, mas inconveniente a um viajante estrangeiro que preferia o anonimato. Irritar o governo era um dos perigos da vida ali, e provavelmente por isso os turcomenos viviam de cabeça baixa, sussurrando.

Eu havia concordado em bater um papo inofensivo em Ashgabat com alguns escritores e jornalistas. Cerca de trinta homens e mulheres apareceram numa espécie de sala de conferências de um hotel que a embaixada norte-americana usava como anexo. Como estávamos no Turcomenistão, havia gente de todos os tipos físicos: mulheres requintadas de vestido de veludo e gola branca, com a face impassível dos nômades, homens morenos nariguados de capote pesado, jovens de bigode e terno, senhoras russas de vestido azul, com bolsas grandes, alguns tipos corpulentos, belicosos, de braços cruzados sobre o encosto da cadeira, um sujeito furtivo que vasculhava uma mochila enorme, duas jovens bem brancas, beldades eslavas esguias de cabelo louro liso, encostadas na parede, tímidas, olhando para mim com seus olhos azuis límpidos.

O assunto foi novamente a viagem refeita, o prazer de um viajante mais maduro, o modo como a passagem do tempo revela a verdadeira natureza das pessoas e dos lugares. Falei durante uns vinte minutos, traduzido por um jovem turcomeno fluente em inglês. No final recebi aplausos educados. O sujeito que mexia na mochila tirou uma câmera sofisticada e começou a fotografar.

— Alguma pergunta?

As mãos se ergueram.

— O que pensa do islã? — um homem quis saber.

Dei uma resposta comedida, comentando os versos do Corão que encorajam a hospitalidade, algo que eu valorizava ao viajar a países muçulmanos, e passei rapidamente para a questão seguinte.

— Sou poeta — uma das senhoras russas declarou. Ela queria saber como fazer para traduzirem seus poemas para o inglês e publicá-los nos Estados Unidos.

Recomendei o rapaz que havia traduzido a pergunta.

— Como se escreve um romance? — perguntou um rapaz.

Mencionei que era preciso ter uma ideia, personagens, ambiente e cerca de dois anos de isolamento.

— Você não está aqui há muito tempo — disse outro homem. — Como pode nos entender em tão pouco tempo?

— Tem razão — falei. — Seria impossível. Qual aspecto em particular acha importante que eu entenda em relação ao Turcomenistão?

— Conhece a questão das pensões?

— Não. Poderia me explicar?

— O governo reduziu as pensões de algumas pessoas — ele disse, erguendo a voz. — Em alguns casos, pessoas que recebiam aposentadorias do governo soviético, que foram eliminadas quando o Turcomenistão conquistou a independência. O que acha disso?

Enquanto ele falava, o sujeito com a câmera se debruçou e começou a tirar fotos dele.

O fotógrafo virou para clicar quando eu dizia:

— Temos um problema similar nos Estados Unidos. Muitas pessoas idosas terão de trabalhar mais, pois os recursos do fundo de pensão do governo estão no fim. A idade para solicitar a aposentadoria agora é de 66 anos e aumenta sempre.

— E quanto a nós? — O mesmo homem falou. Sua voz tornou-se estridente. — A situação é séria.

O fotógrafo posicionou-se na beira da fileira de cadeiras e não parava de fotografar.

— Você não está recebendo sua pensão?

— Milhares de pessoas não recebem! São trabalhadores. Agora estão velhos e não têm do que viver. O país é rico, mas eles são pobres. O governo fez isso conosco. Por que não escreve algo a respeito?

— Você é escritor, todos vocês são escritores — falei. — Vocês são as pessoas que devem escrever a respeito, não eu. Vocês conhecem os fatos. Por que não faz alguma coisa?

— Não sou escritor — o sujeito disse. — Sou presidente do partido da Unidade e Neutralidade do Turcomenistão.

Antes que a frase fosse traduzida, o fotógrafo pulou para a frente e o clicou de vários ângulos, enquanto a mochila oscilava em suas costas.

De repente um segurança da embaixada norte-americana deu três passos largos na direção do fotógrafo, aproximou-se dele por trás, agarrou o casaco do sujeito com uma das mãos e com a outra tirou a máquina fotográfica. Em seguida arrastou o sujeito de marcha a ré pelo salão e o expulsou. Tudo aconteceu tão rápido que o fotógrafo nem teve tempo de protestar, e apenas o ouvi uivar quando a porta se fechou.

— Você escreve sobre o amor? — perguntou uma das lindas moças de olhos azuis.

— Constantemente — falei. Estendi-me bastante sobre o tema e declarei a conferência encerrada. O salão esvaziou-se rapidamente.

Mas o mal já havia sido feito. Eu havia permitido a presença de um dissidente político numa conferência. Na verdade, foi a primeira vez que se ouviu falar no tal partido clandestino. E houve danos colaterais, por assim dizer, pois os escritores e jornalistas convidados discretamente (muitos impopulares no governo) haviam sido fotografados. O fotógrafo era espião do governo, enviado para registrar o evento e relatar o que as pessoas falavam.

— Não foi legal — disse o jovem intérprete.

— O que foi que aconteceu? — perguntei ao segurança da embaixada norte-americana.

Sua destreza me impressionou: sem hesitar, praticamente sem causar comoção, ele tirou o fotógrafo da sala. No corredor o segurança tirou o cartão de memória da máquina e apagou as imagens, enquanto o fotógrafo uivava. Senti mais tarde o impacto da expulsão, como uma onda de choque, quando me dei conta do que havia realmente ocorrido.

— Agente do governo — o norte-americano disse. — Ele já devia saber que tecnicamente estava em propriedade norte-americana. Não podia tirar fotos aqui.

— Isso vai dar problema?

— Logo veremos — ele disse. — Sabe, gostei de sua palestra.

O problema chegou logo, quando o fotógrafo se queixou a seus superiores do Ministério das Relações Exteriores do Turcomenistão. No dia seguinte, a encarregada da embaixada dos Estados Unidos em Ashgabat foi convocada para uma reunião com o ministro do Exterior.

Quem é Paul Theroux? Perguntaram a ela. Quais são os detalhes de seu visto? Ele tinha permissão para falar em público? Quando vai embora? Como vai embora? Qual fronteira?

Eu tinha respostas para algumas das questões. Meu visto estava em ordem, em poucos dias eu pegaria o avião para Mary, para conhecer as ruínas de Merv. Depois iria de trem para Turkmenabat e cruzaria a fronteira do Uzbequistão em Farap, e depois outro trem, assim eu esperava.

Passei o resto do tempo em Ashgabat fazendo o que os turcomenos mais gostam de fazer, sentar num belo tapete, e comendo um espeto de carneiro com uma montanha de pilafe de arroz. Sempre havia pão duro, chá e vinho, e às vezes bolinhos.

— Vinho da Geórgia — um de meus anfitriões turcomenos falou. — O favorito de Stalin. Ele não bebia outra coisa.

Por vezes essas refeições eram servidas em casas isoladas, perdidas no meio de campos arrasados, como se fossem cenário de uma peça de Beckett — uma casa no meio do terreno terraplenado para que construíssem mais um projeto mirabolante ou erguessem mais uma estátua de ouro. O governo de Niyazov simplesmente confiscava as casas e expulsava os donos, geralmente sem indenização. Ao longe havia palácios de mármore vazios e prédios altos, delírios brancos com enfeites dourados. Niyazov se considerava urbanista, mas era obsessivo, exibia sua megalomania para quem quisesse ver. Possuía o traço mais pernicioso de um ditador, ou seja, parecer uma pessoa disfuncional que ganhou na loteria.

Como eu me encontrava em situação nebulosa, sendo vigiado pelo Ministério das Relações Exteriores, minha posição como estrangeiro no Turcomenistão me foi explicada. Eu precisava tomar cuidado. Mas ter Niyazov — o Turkmenbashi, líder de todos os turcomenos — como inimigo ajudava, pois quando os diplomatas ocidentais explicavam meus apuros, eles revelavam as maluquices de Niyazov.

— Ele odeia pessoas intrometidas. Odeia ONGs. Na verdade, elas foram banidas — um diplomata me contou. Proibiu grupos de defesa dos direitos humanos, entidades religiosas e ambientalistas. — Permitiu a presença do Peace Corps quando saíram do Uzbequistão, mas eles não podem trabalhar em nenhuma escola. Dão aulas de línguas estrangeiras, basicamente, e fazem o possível para arranjar amigos.

— Não percebe quem é seu oponente? — um outro diplomata disse. — Ele recusou ajuda do FMI e empréstimos do Banco Mundial, pois, se aceitasse dinheiro, teria de fornecer dados financeiros. E eles são segredo de Estado. Considera os lucros do gás seus, em sua maioria, o que faz dele muitas vezes bilionário.

Uma pessoa que passou algum tempo com ele num dos palácios disse:

— Ele é divertido. Adora brincar. Provoca e humilha os ministros.

— O sistema é corrupto, claro — um estudante me explicou. — É preciso subornar um monte de gente para entrar na faculdade, que só aceita turcomenos. Descendentes de russos, uzbeques e coreanos não têm a menor chance. Não há futuro para eles aqui.

— A maioria das pessoas para de estudar na nona série, graças a ele — contou-me um burocrata. — Certa vez um chefe de governo estrangeiro perguntou-lhe o motivo. Ele disse: "É mais fácil governar gente inculta."

■ ■ ■

No início da noite peguei o trem de Ashgabat para a cidade de Mary, a leste. Quando descobri que a passagem no vagão leito custava quatro dólares, fiquei ansioso: era o preço de seis melões no bazar, e uma tarifa tão barata para uma jornada tão longa prenunciava desgraças. Calculei que embarcaria num trem sujo e lotado, no meio de uma multidão, sob a luz de uma lâmpada de 25 watts, e não senti a menor satisfação ao descobrir que estava coberto de razão.

A estação ferroviária era linda, um prédio clássico soviético dos anos 1950, limpíssima, patrulhada por soldados armados com metralhadoras. Contudo, os passageiros não eram revistados. Todos os viajantes que percorriam as estradas do Turcomenistão enfrentavam vários bloqueios do exército, eram revistados arbitrariamente e tinham bens confiscados ao acaso, conforme as regras incompreensíveis das forças de segurança. Quem ia de trem, no entanto, seguia tranquilo, sem interrupções, talvez por considerarem os viajantes de trem indignos de repressão.

Sentei na cabine de quatro leitos com um soldado de farda escura, um estudante de aproximadamente 22 anos, um senhor idoso de barba no queixo e traje turcomeno tradicional — chapéu cilíndrico preto de pele de carneiro, manto preto comprido sobre uma espécie de bata, um dos trajes nacionais que parecem eternos, confortáveis e versáteis em qualquer lugar ou estação do ano. Ao notar minha presença, começou a falar com o estudante.

— *Salaam. Dayf al-Rahman* — ele disse.

— Seja bem-vindo — o estudante traduziu. — Você é hóspede de Alá, o Misericordioso.

— Por favor, agradeça a ele o cumprimento.

O homem falou novamente.

— Ele quer fazer uma pergunta — o estudante disse. — Você vai responder?

Ouvi o apito do trem. A composição deixou lentamente a estação de Ashgabat, e em poucos minutos estávamos no deserto. O velho seguia monologando com o estudante.

— Ele falou que um astronauta pisou na Lua faz alguns anos — o estudante disse. — Era norte-americano. Quando chegou à Lua, ouviu um barulho estranho. Era um *azan*, o chamado para a prece, normalmente entoado por um muezim, na mesquita. O astronauta gravou o chamado. Quando voltou à Terra, os cientistas analisaram o material e concluíram que era a voz do profeta Maomé.

— Na Lua?

— Sim, na Lua.

O velho falava sem parar, e o cavanhaque oscilava.

— Além disso, ele diz que, por causa do que aconteceu, o astronauta tornou-se muçulmano e começou a rezar cinco vezes por dia.

O velho me olhava, como se me desafiasse a duvidar da história.

— Nunca tinha ouvido essa história — falei.

— Ele diz que acredita nela.

— E o que ele acha?

A pergunta foi traduzida, e o estudante informou a resposta:

— Para ele, é uma boa notícia.

Pareceu-me a versão turcomena de um caso de Pat Robertson: intervenção divina num lugar inesperado, resultando em conversão beatífica, com direito a sol brilhando entre as nuvens. Em vez de Jesus falar ao sujeito, quem fala é Maomé; mas no final dá na mesma. Os muçulmanos extremados se assemelham aos cristãos carismáticos, com sua mente literal e negação da razão. Um estudioso árabe disse certa vez que um mito urbano persistente no Oriente Médio é que Neil Armstrong, por vezes confundido com Louis Armstrong, converteu-se ao islã.

Como todos nós íamos para Mary, a melhor tática naquela jornada ferroviária noite adentro era contemporizar, evitando discutir religião.

Enquanto eu pensava nisso, o velho falava com o estudante.

— Ele quer saber se você acredita em Deus.

— Tenho muitas questões a respeito desse assunto.

— Ele quer saber se você acredita em vida depois da morte.

— Não sei dizer. Ninguém voltou dos mortos para nos contar, como podemos saber?

— O sagrado Corão nos revela.

— Pretendo ler quando tiver oportunidade.

O velho, sentado na minha frente, falou diretamente comigo em turcomeno, muito animado.

— Ele disse: "A grama cresce. Depois a grama fica marrom. Depois a grama morre. Depois ela cresce de novo. Fica verde e alta."

O velho continuava a me encarar, com o rosto tenso, uma mão enrugada e magra no colo, a outra a cofiar a barbicha grisalha que saía do queixo. As mãos artríticas lhe davam uma aparência ainda mais forte de desamparo.

— Ele diz que em sua opinião a vida é assim.

— Diga a ele que concordo. A vida também é assim no lugar de onde venho.

— De onde vem?

— Diga-lhe que venho dos Estados Unidos.

O velho muçulmano acabou se interessando mais do que eu esperava pela informação.

— Ele quer saber: "Vocês têm algodão nos Estados Unidos?"

— Muito.

— É algodão de primeira?

— Muito bom — falei.

— Ele queria saber quantos hectares de algodão são plantados nos Estados Unidos.

— Diga-lhe que não tenho certeza. Por que se interessa?

— Ele trabalha no setor algodoeiro.

— O que faz?

Ao ouvir a tradução da pergunta, o homem mostrou as mãos machucadas, os dedos deformados.

— Ele colhe algodão nas plantações a certa distância de Mary, perto de Yeloten, ao sul, na estrada para o Afeganistão, onde ficam as fazendas de algodão.

Ele morava (segundo meu mapa) a algumas centenas de quilômetros da fronteira com o Afeganistão, um dia de viagem de carro, não muito longe da antiga cidade de Herat, que eu havia visitado na primeira viagem do Bazar Ferroviário. Agora Herat era dominada por um clã de guerreiros fortemente armados, comandados por um senhor da guerra paranoico e vingativo. Um viajante alemão fora detido lá, torturado e fuzilado como espião, um mês antes, e eu preferia evitar um destino assim.

O nome do senhor idoso era Selim. Ele me contou sua história simples. Nascera perto de Mary. Não frequentara a escola. Quando menino, trabalhava nos campos, passara a vida inteira colhendo algodão — na maioria do tempo, sob domínio soviético. Casara com uma mulher de seu clã, e eles tiveram quatro filhos.

— Você deve ter uns 60 anos — ele disse.

Quando disse minha idade, ele me desafiou a adivinhar a dele. Aparentava 70, por isso arrisquei 60. Ele disse que tinha 50 e riu.

Na festa de despedida em Ashgabat, numa casa turcomena, ganhei comida para a viagem: tortinhas de espinafre, pastéis de cogumelo, pães grudentos, tudo embrulhado em papel. Abri o pacote na penumbra da cabine.

— Pergunte a eles se aceitam compartilhar minha comida — falei ao estudante.

Eles assentiram educadamente quando a pergunta foi traduzida, e passei a comida para todos; Selim, o jovem soldado, o estudante e um penetra que parou na porta e ficou olhando. Selim, com seu jeito de velho e barba grisalha — poderia mesmo ter apenas 50 anos? — fez outra pergunta.

Ele disse:

— Pergunte ao americano se podemos dizer uma prece.

— Claro que sim — respondi, balançando a cabeça.

Os muçulmanos se lavam antes de comer. Mas no deserto, ou nos lugares em que não conseguem água, realizam uma ablução seca chamada *tayammum*, na qual se dedicam a esfregar as mãos, os pulsos e os braços, limpar o rosto lentamente, massagear os olhos, as faces e o queixo, depois virar as mãos para baixo. Selim fez o ritual enquanto o trem varava o deserto, chacoalhando as janelas e as maçanetas.

Em seguida, rezou por um minuto inteiro, de olhos fechados, falando para o ar abafado da cabine. Quando terminou, perguntei o que ele havia dito — era uma prece decorada ou havia improvisado?

Ele disse que a tinha improvisado para a ocasião.

— Agradeci a Alá pela comida. Agradeci ao amigo que trouxe a comida e a deu para nós. Desejei que a viagem do amigo fosse abençoada.

— *Sagbol* — disse, agradecendo e esgotando meu conhecimento de turcomeno.

— Eles rezam na hora das refeições nos Estados Unidos? — ele perguntou.

— Muita gente faz isso.

— E em outros momentos também?

— Sim. Os norte-americanos rezam muito.

Bateram na porta da cabine: era o bilheteiro. Queria entregar a roupa de cama. O esquema era entregar a passagem e receber os lençóis. Na manhã seguinte entregaríamos a roupa de cama e receberíamos a passagem de volta — precisaríamos dela para sair da estação, em Mary.

Embora não fosse tarde, a luz era tão fraca que não havia mais nada a fazer a não ser dormir. Pelo que percebi, os outros, o estudante inclusive, costumavam ir cedo para a cama. Então todos se acomodaram em seus leitos. Assim que a luz fraca se apagou passei a ver as planícies escuras, o mato baixo, os rochedos a brilhar, lisos e azulados, sob a luz da Lua.

Horas mais tarde, quando nos aproximamos da cidade de Mary, ainda estava escuro. Outra vez bateram na porta, pedindo os lençóis de volta, em troca das passagens. Os outros acordaram espreguiçando.

Falei ao estudante:

— Pergunte se ele já tinha encontrado norte-americanos antes.

— Não — Selim respondeu, pensativo por um instante. — Mas uma vez conheci um uzbeque.

Ashgabat era quente e seca. Para reduzir a bagagem, eu havia dado meu suéter para Mamed e o cachecol para Gulnara. Ao me aproximar de Mary, dei a camisa polo de manga comprida ao estudante, que havia sido muito prestativo.

— Minha camisa da sorte — falei.

Em troca ele me deu uma cordinha colorida que afastava mau-olhado.

Selim disse:

— Esperarei na estação até as oito horas. Depois pegarei o ônibus para Yeloten. Custa 5 mil manats. Rachar um táxi custa 10 mil manats. Mas prefiro pegar o ônibus e dar o dinheiro que sobrar para meus filhos.

Foi uma lição de amor paterno e economia turcomena: o homem que acabara de passar uma noite desconfortável no trem, dormindo mal, passaria três horas esperando no frio e na escuridão da estação de Mary, enrolado na capa, para economizar trinta centavos, que seriam divididos entre quatro filhos.

■ ■ ■

Diziam daquelas terras antigas, Khorrasan, com sua nobre capital chamada Merv, que um dia ali fora o centro do mundo. Numa metáfora extravagante chegou a ser chamada de "a alma dos reis". Era quase axiomático que um oásis assim acabasse por se tornar um poço de pó, e realmente ocorrera isso em Merv. Mas em sua época áurea, e por milhares de anos, fora uma maravilha — metrópole imperial, centro de saber, rodeada de fortificações, uma cidade murada, ou melhor, várias cidades. Meu interesse era só o do observador itinerante, vendo novamente (como eu havia visto a cidade de Turfan, no oeste da China, na Rota da Seda) que com o passar do tempo todas as grandes cidades, seus reis, realizações, pompas e esplendores se reduziam a pó. Tesouros saqueados, porcelana quebrada em milhões de pedaços, fortalezas derrubadas e derrotadas, habitantes afugentados permaneciam como um deteriorado exemplo da vaidade dos desejos humanos.

Merv, ou o que dela restou, situa-se no resplendor árido do deserto centro-asiático, a cerca de uma hora da ferrovia, perto da estação e da cidade chamada Bayram Ali, datada de 1887, quando o czar Nicolau II pretendia visitar a cidade. Um palacete imponente foi erguido para ele em Bayram Ali, mas sua alteza não apareceu, o local não foi usado e acabou transformado em uma casa de saúde para pessoas com problemas no coração e nos rins. Mary — a cidade adiante, capital da província — era a costumeira mistura turcomena, em parte pujante, em parte favelada: estátuas de ouro do Turkmenbashi, retratos do Turkmenbashi, o eterno slogan *Halk, Watan, Turkmenbashi* ("Povo, Pátria, Eu"), edifícios governamentais em mármore branco, projetos vistosos (um teatro de ópera, hotéis de luxo, uma passarela desnecessária) e avenidas praticamente desprovidas de tráfego.

Fora das vias expressas, nas ruas transversais, espalhavam-se casas decrépitas e conjuntos habitacionais da era soviética. Restavam alguns russos — não muitos, embora um pequeno grupo de artistas russos empobrecidos, exilados voluntários a seu modo, exibisse seu trabalho num bairro de Mary. Os alemães da época stalinista que se instalaram ali, vindos da região do Volga, durante a

Segunda Guerra Mundial, tinham ido todos embora. Hospedei-me num hotel barato do governo, onde os outros hóspedes eram funcionários turcomenos. A maior parte das pessoas ia a Mary para conhecer as ruínas de Merv, ou de Gonur Depe, também próximas dali. Era isso ou envolvimento com o cultivo do algodão. Nas transversais havia padarias e locais nos quais assavam espetinhos de carne e serviam pilhas de pilafe, além de pão cortado em pedaços.

Certa manhã, em Mary, conheci Evgenia Golubeva. Cinquentona robusta, divorciada, as filhas moravam em Moscou. Evgenia era da terceira geração de russos imigrados para o Turcomenistão, muito conhecida e querida localmente, acadêmica — estudara as ruínas dali e de Gonur Depe em profundidade. Como remanescente russa decidida a ficar, era só elogios no que dizia respeito aos turcomenos ("tão gentis, cordiais e hospitaleiros"); foi um prazer passar um tempo com ela, pois conhecia e amava aquelas cidades arrasadas.

A caminho de Mary, na beira da estrada, no meio de uma planície empoeirada, entre os arbustos retorcidos e o deserto salgado, vi uma turcomena de estonteante beleza — pele dourada, rosto escultural, usando um manto leve, graciosa, de pé ao lado de um fardo —, provavelmente esperando um ônibus pequeno e sujo. Sua formosura naquela terra árida servia de metáfora para o Turcomenistão: lugar medonho, povo adorável.

A ancestral Merv, ao meu olhar amador e fascinado, assemelhava-se a muitas cidades fabulosas que eu conhecia e haviam decaído, todas situadas em desertos — o deserto chinês de Taklamakan, ou o Nafud, ou ali nos ermos de Karakum. Tinham a aparência de castelos de areia depois que a maré os lambia e os lavava, simplificando e alisando muralhas, achatando os prédios, desfazendo ameias e colunas —, restando apenas a mais leve sugestão de simetria nas elevações arenosas. Quanto à elegância, temos de aceitar a palavra do guia ou do historiador. Basicamente, vemos uma cidade perdida onde moraram milhões de pessoas, e que agora só tinha tijolos espalhados, poeira e montes de barro.

Mas, continuei pensando, trata-se de uma metáfora vívida do que ocorre aos arrogantes cheios de riqueza e poder — ao mundo das estátuas de ouro e palácios de mármore, de lemas vãos e florestas repentinas. Ao mundo dos exércitos e das conquistas. Reino de generais e conversas fiadas. Ah! Era tudo feito de areia, e foi ocupado por roedores e lagartos. As águias sobrevoavam o local, em busca de presas.

— Estamos em Erk Kala, a parte mais antiga de Merv, do VI século a.C. — disse Evgenia, apontando para uma cratera larga e rasa de barro seco.

Aquela cidade, "Merv, Rainha do Mundo", uma das pérolas da Rota da Seda, centro pioneiro do zoroastrismo, associada a Alexandre, o Grande, e Tamerlão, fora mencionada pelos persas (serviria de capital para o Khorrasan persa); foi saqueada por Tolui Khan, filho de Genghis Khan, em 1221, e mais tarde visitada por Marco Polo e Omar Khayyam. Fora budista e cristã nestoriana. Zaratustra a menciona no *Avesta*, como local sagrado de grande poder, uma "terra boa". Sua única rival em opulência era Bagdá. Importante, Merv fora escolhida por Maomé como trampolim para a conversão islâmica. O Profeta dera ordens pessoais a dois de seus discípulos para que fossem até lá evangelizar o povo. "Meus olhos no Leste", ele os chamava; estão enterrados ali.

E não era uma só cidade, mas quatro ou cinco, lado a lado, cada uma delas diferente das outras, de um período distinto, espalhadas por muitos quilômetros quadrados. As muralhas semidestruídas de algumas cidadelas ainda existiam, com salas decrépitas e restos de escadarias, mas era como a reprodução infantil em areia de um esplendor. Pode-se ver poesia ali — como viajantes mais recentes fizeram ao tentar dar vida ao local —, mas era patético e morto, como todas as ruínas no deserto, e não uma coisa viva. Mais parecia uma versão da história ao estilo de *O Planeta dos Macacos*, que é mais verdadeira que a maioria. Era preciso usar a imaginação.

Numa das mesquitas, túmulo dos evangelistas Jaffari e Bureda, do século VII, havia uma placa de mármore com inscrições. Evgenia traduziu:

— Ó viajante, visite este lugar e terá sorte, pois as pessoas que estão enterradas aqui são sagradas e próximas a Deus. Se tiver um problema, dê três voltas em torno da tumba e ele será resolvido.

Meu problema, pelo que me disseram, era o Ministério de Relações Exteriores em Ashgabat, furioso com a confusão durante minha palestra. Especificamente, a intervenção do político dissidente, e mais ainda pela espionagem frustrada do agente do governo, que saiu com o cartão de memória de sua máquina apagado, sem qualquer imagem.

— Talvez tenha problemas na fronteira — alertaram. — Pode ser intimidado. Eles podem detê-lo para valer.

Por isso dei três voltas em torno do túmulo de Jaffari e Bureda.

O que mais gostei em Merv foi da inocência — nada de cercas, cartões-postais, ambulantes, raras placas, não havia nem mesmo muito respeito. Naquele local ermo, no meio do deserto, em ruínas, os visitantes trepavam em muros íngremes, derrubando-os. Recolhiam cacos de cerâmica e faziam piquenique entre as ameias. Dava para ver rapazes turcomenos urinando despreocupadamente nas ruínas. Era assim que terminavam os planos pomposos: um fio de urina a escurecer o pó, o riso das famílias durante o piquenique, espalhando migalhas e punhados de pilafe e derramando limonada no solo.

Fui conduzido à antiga cisterna e ao domo sassânida, depois à mesquita reconstruída ("Veja as junções", Evgenia disse) do sultão Sanjar Mosque ("Domo duplo, duzentos anos antes de Brunelleschi projetar a catedral de São Pedro, em Roma"), a muralha de Antíoco, o imenso estupa budista, arruinado, a casa de gelo, o local da invasão mongol onde um milhão de pessoas foram assassinadas, as torres de vigia desmoronadas...

E tamargueiras com botões roxos enfeitavam as torres de vigia. Um falcão de asas angulosas planava em círculos no céu, lentamente, observando o solo. Ao longe um grupo de homens conduzia camelos. Três meninos se aproximaram do local onde estávamos. Montados em jumentos, gritavam e galopavam por cima de um muro antigo, deixando nele marcas de ferradura. Não usavam sela, apenas rédeas de corda, e esporeavam as magras montarias cinzentas com os calcanhares.

— São balúchis, da Pérsia — Evgenia disse. — Vieram para cá faz muito tempo.

Os toques humanos tornaram o lugar real para mim. Evgenia disse que os moradores locais, supersticiosos em relação à aura de conquista e matança, evitavam Merv e usavam as ruínas apenas para pastorear animais e apanhar tijolos. Os rebanhos de cabras se reuniam à sombra do único trecho de muralha exposta restante no complexo conhecido como Gyaur Kala. O sol se punha em Merv. As fogueiras acendidas pelos pastores para preparar o jantar queimavam os tijolos antigos.

■ ■ ■

Em Mary, com mais um monte de pilafe, um jovem turcomeno — ex-estudante de intercâmbio nos Estados Unidos, recentemente formado na faculdade, no momento visitando Mary pela primeira vez — listou para mim os problemas do país.

— Em primeiro lugar, é um estado policial — disse. — Temos uma polícia secreta, espiões, uma coisa terrível. Além disso, é um sistema corrupto. Impossível ser promovido em qualquer emprego governamental sem pagar propina. Até para entrar na universidade precisamos subornar os funcionários responsáveis pela admissão. Se o sujeito não for turcomeno, pode esquecer. Não entrará nunca.

Havia ainda alto nível de desemprego, uma acentuada falta de professores, salários baixos. Um professor universitário pedalando a bicicleta para passar pelas estátuas de ouro recebia cerca de 150 dólares por mês. O salário mínimo era de vinte dólares mensais; um apanhador de algodão como Selim não conseguia ganhar muito mais do que isso. Falta mencionar ainda o déficit habitacional, os buracos característicos da maioria das ruas, os intermináveis bloqueios das vias e os soldados nervosos, os banheiros insuportáveis.

— Muita gente se desespera.

— Dê um exemplo — pedi.

— Muitas moças se vendem na rua! Não viu isso em Ashgabat?

Eu havia visto moças bonitas em algumas esquinas — por falar nisso, todas as ruas importantes recebiam nomes de membros da família do Turkmenbashi —, mas como eu poderia saber que se vendiam?

— Onde você morou nos Estados Unidos? — perguntei, pois ele mencionava de vez em quando sua família norte-americana. Contou ter 22 anos quando foi para os Estados Unidos e disse que era sua primeira visita a Mary.

— Spokane.

— E você às vezes deseja ter ficado lá, tendo em vista o que me contou sobre o Turcomenistão?

— Não. Sou turcomeno. Amo meu país. Só iria para os Estados Unidos para ganhar dinheiro e mandar para meus pais.

Eu havia conhecido outros estudantes de intercâmbio. Conversavam comigo cautelosamente, por medo de dizer algo que os expusesse a retaliações.

Mesmo assim muitos deles relataram que a vida era dura, não apenas por causa dos baixos salários e do déficit habitacional. Como o Turcomenistão situava-se perto das áreas produtoras de heroína do Afeganistão, as drogas pesadas constituíam um problema sério no país. Muitos viciados em heroína cometiam crimes para obter o dinheiro de que precisavam. O Turcomenistão também servia como local de passagem das drogas que seguiam do Afeganistão para a Rússia. O haxixe afegão podia ser adquirido facilmente.

Soube em Mary que o Ministério de Relações Exteriores continuava a me vigiar, e que já estava na hora de viajar para o leste, até Turkmenabat, na fronteira uzbeque. Alguém seria enviado para me ajudar.

Certa manhã um homem me procurou no hotel, em Margush. Vou chamá-lo de Sedyk Ali. Ele disse que fora convocado para me acompanhar até a fronteira. Também havia sido estudante por intercâmbio.

— Do que gostou nos Estados Unidos?

— Gente boa. Limpeza. Sem propina.

— Fale sobre o que não gostou.

— O jeito como as crianças tratam os idosos. Isso não é legal.

Ele ficou especialmente surpreso com o modo como os adolescentes tratavam os pais — com má vontade, desrespeito, sarcasmo, falando com eles sem parar de andar, de costas para os pais. Isso jamais aconteceria no Turcomenistão.

— Minha família americana foi muito boa para mim, mas voltei da escola um dia e a filha estava fumando um cigarro. Falei que a mãe não ia gostar. "Minha mãe é estúpida. Não dê importância a ela." Imagine só.

— E o que achou disso?

— Fiquei chocado — ele disse. — A mãe é sagrada!

Atravessamos a planície, rumo a Turkmenabat, outra cidade rebatizada — a maioria das pessoas em Mary ainda a chamava pelo antigo nome, Charjou. Em Ashgabat eu havia perguntado a um voluntário do Peace Corps como era aquela região do país. Ele disse: "Parece um pouco com a parte oeste do Texas." E parecia mesmo. Quando chegamos à inevitável barreira militar, no meio da planície pontilhada por arbustos e pedras salientes, conheci um povoado chamado Rawnina, onde as pessoas nos observaram enroladas em suas capas, pois um vento forte levantava a poeira do chão e a espalhava. O ar era quente, o céu nublado, opressivo. Para aliviar ainda mais a bagagem, dei a Sedyk Ali uma das minhas camisas de manga comprida.

Ele agradeceu, apontou para o lugarejo e disse:

— Eles são cazaques.

Uma senhora idosa, de mantilha, estava agachada na beira da estrada ao lado de uma pilha de adornos baratos. Ali, no meio do nada, vendia amuletos contra mau-olhado e má sorte em geral. Diziam que naqueles lugares ermos e selvagens a gente poderia ser perseguido por demônios.

Sedyk Ali comprou para mim um amuleto preso a um cordão repelente de demônios, pensando que poderia me vir a ser muito útil.

Talvez tenha sido. O carro nos deixou em Turkmenabat, o motorista explicou que não podia seguir adiante. Conseguimos contratar outro carro, porém, e logo, tendo ao volante um senhor idoso, vimos o rio Amu Darya — uma das maravilhas da região, o lendário Oxus da antiguidade — quando nos deparamos com um bloqueio da pista. Os soldados examinaram os documentos de Sedyk Ali e lhe disseram para voltar.

Sedyk Ali me desejou boa sorte. Eu o vi pela janela de trás, parado na estrada deserta.

Chegamos a Farap, na fronteira turcomena. Senti-me apreensivo quanto às formalidades da alfândega, mas não tive problemas. Fui revistado, vasculharam minha bagagem, implicaram com o ícone. E com o passaporte.

— Mora em Gavaí.

— Sim.
— Gonolulu?
— Isso mesmo.
— Foi a Ashgabat?
— Sim.
— Viu os prédios altos?
— Sim.
— Qual gostou mais?

Meu favorito, expliquei com plena sinceridade, foi a imensa estátua do Turkmenbashi com o gigantesco desentupidor de privada.

— O braço está levantado — ergui o braço para fazer a mesma saudação nazista —, e quando o sol se move, a estátua de ouro também se move, assim. Incrível. Ouro!*

— Sim — disse o guarda de fronteira, sorrindo de satisfação. O interrogatório terminou, ele gesticulou para que eu avançasse. — Pode passar. *Nyet prablyema.*

Assim passei pela cerca de arame farpado na estrada de terra que cruzava o deserto, rumo ao Uzbequistão.

---

* Em maio de 2008, o novo presidente do Turcomenistão, Gurbanguly Berdymukhammedov, decretou que o monumento, com um tripé de 75 metros, sobre o qual havia a estátua giratória de 12 metros de Niyazov, fosse desmantelado. As proibições à ópera e ao circo também foram revogadas.

8   *Trem noturno para Tashkent*

A maior parte das viagens, e certamente o tipo mais gratificante, depende da gentileza de desconhecidos, o sujeito fica na mão de pessoas estranhas e lhes confia sua vida. Esta arriscada suspensão da descrença costuma ser vivida com certa ansiedade. E qual seria a alternativa? Normalmente, nenhuma. Não havia nada para mim ali, na beira do deserto de Kyzylkum, trilhando o caminho das pedras.

Conforme eu avançava por entre o mato e as pedras da terra de ninguém entre as duas estações de fronteira, da desoladora Farap, no Turcomenistão, à desoladora Jalkym, no Uzbequistão, começou a chover. Não caiu nenhum aguaceiro, era apenas chuva do deserto, uma desanimada garoa que só servia para umedecer o pó e intensificar a desolação. Cheguei ao portão, numa barreira alta, um alambrado de 3 metros de altura do tipo existente nos estacionamentos dos estádios, com a diferença de que aquele ali tinha arame farpado no topo e protegia apenas alguns barracos baixos e as pedras do deserto. Nenhum carro à vista. A cerca continuava até sumir no horizonte, marcando a fronteira nacional do Uzbequistão.

Algumas pessoas com ar desanimado aguardavam no portão, umas vinte, os dedos enfiados nos vãos do alambrado enferrujado, como se fossem prisioneiros, cativos a olhar tristemente para o outro lado. Estavam bem molhados. Calculei, portanto, que estavam ali fazia um bom tempo. Obviamente esperavam para entrar. Mas o portão estava fechado com cadeado; não havia carros, caminhões, camelos nem qualquer tipo de tráfego na estrada.

Como até mesmo a mais emocionante das viagens inclui momentos de tédio, é aborrecido relatar as queixas que temos dos atrasos. Cruzar aquela fronteira a céu aberto me custou meio dia — outro dia chuvoso. Eu estava ansioso, pois saíra do Turcomenistão e não podia voltar. Só poderia entrar no Uzbequistão quando me permitissem. Contudo, durante a espera para passar a cerca e chegar ao posto alfandegário de Jalkym, conheci um senhor turcomeno que viajava com a mulher e a filha. Não falava inglês, nem eu turcomeno, mas ele conseguiu entender que eu pretendia ir pela estrada de Bukhara, e ele explicou que ia para um vilarejo chamado Qorakol, no meio do caminho. Por gestos e expressões ele me fez entender que poderíamos ir juntos.

— Ok — falei.
— Ok — ele disse.

Ele era um sujeito forte, cinquentão e usava boné de pele de carneiro com capote pesado. As duas mulheres usavam capas e lenços na cabeça puxados para a frente, de modo a protegê-las da chuva, por isso mal vi seus rostos; mas pude ver que uma delas era mais nova do que a outra. Estavam ensopadas, com as botas sujas de lama. No grupo que aguardava para entrar no Uzbequistão pouco se conversava. Deduzi que alguns eram uzbeques, e outros, turcomenos. Exibiam a solene paciência dos pobres na presença de soldados, suas bagagens eram sacolas plásticas e estavam de cabeça molhada.

Horas a fio. Estávamos já no meio da tarde. Nenhum sinal de vida do outro lado da cerca. Finalmente, um soldado apareceu. Os turcomenos o chamaram. O soldado se afastou, entrando num barraco. Meia hora mais tarde ele reapareceu e percorreu os 50 metros que o separava da cerca.

Os turcomenos lhe falaram algo, o soldado abriu o portão e, com gestos paternais, os turcomenos ajudaram as duas mulheres a passar, depois me empurraram, enquanto os outros observavam. Caminhamos até o barracão; quando cheguei lá, vi que a lateral era aberta e que havia dois soldados sentados à mesa. Entreguei meu passaporte.

— Estados Unidos — um deles disse. Ele examinou meu passaporte, virando as páginas lentamente, molhando o dedo com saliva, e, portanto, transferindo a saliva para meu passaporte.

O outro soldado deu de ombros, carimbou o passaporte e gesticulou para que eu saísse do barraco, apontando para a estrada de terra vazia que conduzia a Bukhara.

Na beira da estrada, em pé ao lado de um Lada em petição de miséria, com para-brisa rachado, estavam o turcomeno e as duas mulheres. Ele fez um sinal para mim. Apresentou-me ao motorista, um sujeito miúdo de ar tristonho e suéter sujo.

— Bukhara — falei.
— Qorakol — o turcomeno disse.
— Cinco dólar — o uzbeque disse, mostrando os cinco dedos.

Paguei, bateram as portas, as molas rangeram, os pneus balançaram e iniciamos a jornada através do deserto, e a garoa desenhava no pó acumulado no para-brisa rachado.

O motorista se chamava Farrukh. Não era chofer de táxi, apenas um sujeito como o que vemos nesses lugares: tinha um carro velho e sabia — como homens assim sempre sabem — que em fronteiras como aquela ele poderia encontrar pessoas desesperadas por um transporte. Como pouca gente conseguia sair do Turcomenistão, e ninguém em seu juízo perfeito queria entrar, os negócios iam de mal a pior.

Eu me considerei sortudo até certo ponto. Sempre havia o risco — já havia acontecido comigo antes — de encontrar um oportunista. O primeiro sinal promissor de Farrukh foi pedir cinco dólares adiantados. Motoristas desonestos dizem: "Pague ao chegar." E no local de desembarque ameaçam e extorquem. Em outra jogada clássica, o motorista para no acostamento, escolhendo um local ermo e apavorante, cheio de mato, e diz que precisa de mais dinheiro, ou me deixará ali. Há esquemas mais pesados, também, que envolvem ameaças diretas e armas letais.

Depois de uma hora de viagem, chegamos a Qorakol, uma cidadezinha de casas térreas de alvenaria. As ruas transversais estavam cheias de pedras do tamanho de bolas de tênis. Meninos saíram para nos ver, era o único carro. Um puxava uma cabra pela corda, o outro chutava latas. A chuva caía. O turcomeno no banco traseiro ensinou o caminho, e paramos na frente do portão de um muro alto. Ele desceu e gesticulou para que eu saísse do carro. Por quê? Mesmo assim desci e, quando fiz isso, ele me deu um abraço forte, de urso, como agradecimento por eu ter pagado a corrida, depois desejou *salaam* e levou a mão ao coração, o mais tocante dos gestos asiáticos.

— Bukhara — Farrukh disse.

Mais 60 quilômetros de deserto. Farrukh dirigia depressa — pelo jeito, não pretendia me assaltar. A mala estava no bagageiro, a valise no meu colo. Ouvi um zumbido familiar; meu BlackBerry, que não funcionava desde Tbilisi, avisava que eu tinha mensagens, pois havíamos chegado ao Uzbequistão, longe do mundo restrito do Turkmenbashi.

Uma mensagem de Penelope. Estava preocupada. Não recebia notícias minhas havia muito tempo. Onde eu estava?

Estávamos passando por um lugarejo de casas térreas de alvenaria, e Farrukh reduziu a velocidade por causa dos buracos. Fiz um gesto interrogativo, para perguntar o nome do lugar.

— Jondor — ele disse.

Passando por Jondor, a caminho de Bukhara, digitei com os polegares. E sucumbi à tentação narcisista do e-mail para dramatizar, e acrescentei: *numa lata velha, em pleno Uzbequistão...*

A periferia de Bukhara parecia mais miserável, mais suja, mais abandonada, mais desoladora do que Turkmenabat, do outro lado da fronteira, que era apenas feia e estranha. Farrukh tentava me perguntar algo, por sinais.

— Fome — falei, acompanhando a palavra com gestos.

Farrukh mostrou que também sentia fome. Seguimos até uma rua transversal, e ele estacionou na frente de um café.

Dividimos a refeição: uma tigela de ovos de pomba cozidos e uma tigela de bolinhos de carne, que Farrukh descreveu usando o termo turco *manti*, mas naquela região o *manti* de cada um era bem diferente — uma fatia de pão duro, um bule de chá, e eu pensei, isso é muito bom. Acho que vou ficar em Bukhara.

■ ■ ■

— A diferença entre o Turcomenistão e o Uzbequistão é que Niyazov manda os oponentes para a cadeia, e Karimov os mata — disse-me um norte-americano, em Ashgabat. Ele se referia ao fato de o ditador uzbeque ter reprimido uma revolta na cidade de Andijon, na qual centenas de manifestantes desarmados (ninguém sabe o número exato de vítimas) foram massacrados pelos soldados. Aconteceu em maio de 2005. Passado pouco mais de um ano, em setembro de 2006, a Unesco concedeu a Islam Karimov a Medalha de Ouro de Borobudur, por "fortalecer a amizade e a cooperação entre as nações, desenvolver o diálogo cultural e religioso e apoiar a diversidade cultural". Portanto, o assassino implacável e (até o massacre) aliado firme dos Estados Unidos podia exibir uma medalha de ouro das Nações Unidas.

A renovação e arrumação geral de Bukhara era um dos programas pelos quais Karimov fora condecorado. Era um assassino, mas ao contrário de Joseph Goebbels, quando ouvia a palavra "cultura" ele não sacava a pistola. Compartilhava com o Bashi a obsessão pelo passado glorioso e também a fortuna com a exploração do petróleo. Grande parte da cidade naquele mês de março chuvoso parecia triste, mas no setor restaurado de Bukhara reinava uma atmosfera que misturava o artificial com o autêntico, meio Disney, meio Divanbegi — bazares, mesquitas, mercados, sinagogas, madraçais, lago central, mausoléus e a antiga Arca.

Eu sentia vontade de ficar por gostar da comida e consegui encontrar um hotel barato no qual as notícias da tevê não eram sobre o Uzbequistão, e sim a respeito da guerra no Iraque. Fora de temporada, com chuva e lojas vazias, eu tinha a impressão de ser o único infiel neste esteio do islã.

O ruim de ser o único viajante a circular por ali era aturar vendedores desesperados implorando para que eu comprasse tapetes, samovares e joias de prata; como eu não parava, uma técnica clássica de pechinchar, eles corriam atrás de mim, oferecendo preços excelentes, e os reduziam mais ainda.

— Compre isto. É maravilhoso — um vendedor disse no mercado, mostrando uma adaga de prata que ele havia feito. Demonstrou o fio de navalha da lâmina cortando com facilidade um naco de pão uzbeque que comia.

Eu não estava interessado, mas evitei ofendê-lo, dizendo:

— Eu nunca conseguiria embarcar com isso!

— Não tem problema!

— Num avião?

— Eu faço um pacote especial. Com papel-alumínio. Guardo na sua mala. Quando passam no raio X, não enxergam nada. Você leva a faca no avião!

Comprei um ícone pequeno e algumas moedas antigas. Tentei envolver vários uzbeques numa discussão sobre o massacre de Andijon, mas ninguém tinha nada a dizer a respeito. E no começo da noite as ruas esvaziavam. Depois de escurecer, Bukhara era uma cidade deserta — nada na rua, nem gente nem automóveis.

Como Farrukh cumprira a palavra, cobrando cinco dólares pelo percurso por estrada de terra esburacada, da fronteira até Bukhara, dei-lhe mais cinco dólares para me mostrar a cidade, e no dia seguinte me levar até o distante subúrbio de Kagan, para eu comprar uma passagem de trem.

Kagan, cidade russificada a 15 quilômetros dali, era a estação ferroviária de Bukhara — fora construída por um emir supersticioso, que considerava o trem uma inovação perigosa, provavelmente satânica, a ser mantida a uma distância segura.

Sosseguei ao ver uma estação comum, o saguão lotado, a sala de espera cheia, as pessoas entrando nos trens e acima de tudo o quadro alto que informava *departures* (partidas), em caracteres cirílicos, com os dois únicos destinos: Самарканд (Samarkand) e Тошкент (Tashkent), pois eu estava chegando ao fim da linha. Seguindo para a Índia, eu sabia que para mim não existia passagem por terra pela cordilheira Hindu Kush. Em Tashkent eu pretendia pegar um avião e voar até o norte da Índia; ouvira falar num voo rápido até Amritsar, no Punjab, por onde passara 33 anos antes, e a partir de onde poderia retomar minha jornada sentimental.

— Tashkent — falei para a mulher da bilheteria, apontando para a data desejada no calendário: no dia seguinte, às 16h45, no trem noturno para Samarkand e Tashkent.

Não havia leito para Tashkent, só para Samarkand, ela explicou.

Outra passagem de quatro dólares. Usei meu tempo em Bukhara para fazer anotações, e quando Farrukh me levou à estação, eu estava tão impressionado com sua dedicação que lhe ofereci uma gorjeta. Ele recusou, dizendo que só aceitaria o valor combinado. Com gestos e sorrisos, ele deu a entender que éramos amigos e que me levaria para conhecer sua família quando eu voltasse a Bukhara — a esposa e os dois filhos pequenos; faríamos uma refeição caseira. Ele já sabia que eu gostava de ovo de pomba e *manti*.

Tocamos o coração um do outro, nos abraçamos, trocamos *salaams* e eu fui embora.

∎ ∎ ∎

Mesmo antes de o trem noturno, o expresso de Bukhara, sair da estação, os dois homens na mesma cabine que eu se instalaram na mesinha onde eu escrevia para começar o preparo de sua refeição noturna, composta de frango torturado e vodca. Sem tirar os pesados casacos de couro, eles atacaram a comida. O primeiro girou a tampa de uma garrafa enorme de vodca, o outro desembrulhou o frango assado e, usando as mãos, como se picasse papel, arrebentou o frango, espalhando ossos, carne e gordura pela mesa. Depois abriu um pacote com cenoura ralada e pão.

— *Woodka* — disse o sujeito com a garrafa, enfiando-a na minha cara. Dava para ver que já estavam embriagados e que continuariam bebendo.

— Não, obrigado.

Mas ele insistiu, e aceitei um gole para ser gentil. Depois saí da cabine e vi que rumávamos lentamente para a escuridão.

O *provodnik* — por que eles eram sempre tão brutos? — pediu minha passagem. Lembrando dos dois bêbados, perguntei se ele poderia me vender uma passagem para Tashkent. Chegaríamos a Samarkand às duas da madrugada; se mudasse de ideia, poderia simplesmente permanecer a bordo.

O trem estava tecnicamente lotado — a bilheteira em Bukhara havia dito isso. Mas os *provodniks* são astutos; controlam todos os lugares do trem; era possível comprar qualquer coisa, se dependesse deles.

— Cinco dólares — ele disse.

Paguei e ele entregou a passagem.

De volta à cabine, vi que os dois bêbados haviam terminado de comer a cenoura ralada, o pão e o frango — mastigaram e cuspiram os ossos no chão. E que já estavam acabando com a garrafa de vodca.

De tempos em tempos eles sentavam do meu lado e enfiavam a cara no meu caderno, deslumbrados com a página onde eu escrevia, consta do caderno. Eles me encaravam atônitos, com olhos marejados de bêbados, tentando focalizar. Estavam tão embriagados que não se deram ao trabalho de limpar o rosto cheio de gordura e restos de comida.

Como o *provodnik* vendera passagens além da lotação do trem, e faltavam assentos e leitos, a cabine começou a encher de passageiros esperançosos. Além dos bêbados e de seus casacos reluzentes de gordura de frango, havia agora um rapaz pálido, duas moças, também de casaco de couro, e um menino grande, com boné de beisebol.

Farsa, escrevi no pedaço de papel em minhas mãos, um jogo de palavras cruzadas que eu havia encontrado na valise, de uma edição antiga de sexta-feira do *Herald Tribune*, uma das mais difíceis, que eu guardava para dias de ócio. Como havia seis pessoas para os quatro leitos da cabine, e a vodca continuava rodando, eu pedi licença e fui para o corredor, onde fiquei olhando pela janela os campos arados, as vacas e os carneiros, as estepes de Gidjuvan.

Estudei a definição *Manter os conquistadores a distância* e ia para a dica *Ataque direto*, quando um dos uzbeques bêbados me cutucou. Ele me seguiu até o corredor e olhava por cima do meu ombro. *Idioma da Ásia Central*, com cinco letras. Escrevi *azeri*. O sujeito bafejava em cima de mim, mas o que eu podia fazer? Bancar o ocupado. *Complemento de traje formal*. Muito bem, clichês fora de ordem. Arrisquei *gravata*. O sujeito ainda respirava forte, o hálito de álcool parecia saído do escapamento de um carro. *Azeri* estava errado. Troquei por uzbeque e encontrei a solução.

— *Krussvort* — o uzbeque disse, enfiando a cara na folha de jornal.

A mesma palavra em russo, viria a descobrir depois.

Por volta das dez horas, voltei à cabine. Oito pessoas se amontoavam lá dentro, três delas dormiam esticadas umas por cima das outras, quatro se espremiam num dos leitos inferiores (sendo duas mulheres), e um sujeito se enfiara na prateleira para bagagem acima da porta. Um leito superior estava vazio — o meu.

Aquele obviamente era o compartimento onde o *provodnik* juntou os passageiros a mais que o subornaram. Ele entrou quando eu estava deitando na minha cama, apontou e indicou que dali a algumas estações eu teria de trocar de lugar com o homem encolhido na plataforma para bagagem.

Os bêbados roncavam, apesar das luzes fortes em seus rostos. As mulheres haviam tirado os casacos de couro e dormiam enroladas em colchas. Em pouco tempo estavam todos dormindo, eu inclusive.

Samarkand foi uma parada brusca às duas da manhã. Eu poderia ter descido e procurado um calhambeque de aluguel, mesmo morrendo de sono e frio. Os bêbados, ainda altos, se arrastavam para fora do compartimento. Duas mulheres entraram. Olhei para o sujeito na plataforma de bagagem, ele fez um sinal de *tudo bem* e escondeu a cabeça, de modo que não precisamos trocar de lugar, no final das contas.

Nove pessoas numa cabine para quatro, e tudo correu em ordem, com segurança. Mas era sujo e fedorento — todo mundo dormindo de roupa, janelas fechadas, botas úmidas debaixo dos bancos, bagagem malcheirosa, casacos velhos de couro empilhados num canto, gordura de frango, farelo de pão e cenoura ralada em cima da mesa. Cabine nojenta, pessoas gentis, nenhuma pressão: a experiência ferroviária da Estrela do Oriente.

As mulheres levantaram cedo para preparar o desjejum — ovo cozido, repolho em conserva, pão duro. Eu queria um pouco? Sim, aceitei; comemos passando por Chinaz e Yangiyol, os nove passageiros, amigos após uma longa noite, e entramos na metrópole.

A estação de Shimoly — estação do Norte — foi uma das maiores estações ferroviárias que vi na viagem toda, provavelmente a maior, a mais bonita também, varrida por duas mulheres idosas com vassouras de palha. Uma faixa de mosaico colorido com motivos uzbeques acompanhava a face do andar superior daquele prédio que mais parecia um palácio, construído pelos soviéticos como símbolo de seu poder e influência na terceira maior cidade da União Soviética, agora capital do Uzbequistão independente.

Para mim significava o fim da linha, da primeira perna da viagem. Dali para a Índia, ou para o Paquistão, a única via terrestre cruzava os passos montanhosos mais isolados do mundo, e o firme antagonismo dos vales islâmicos que produziam recrutas para a Al Qaeda e plantadores de ópio — melhor evitar esta rota que não constava nos mapas, fora do alcance de qualquer governo, regida por suas próprias leis e pontilhada por vilarejos suspeitos nos quais todas as mulheres andavam de véu e todos os homens, de arma na mão. Era provavelmente a área mais inacessível do planeta: vale do Pamir, Waziristão, fronteira Noroeste, onde o Wali de Swat reinava. Osama bin Laden fora visto lá, mas como um forasteiro poderia saber mais do que isso? Não havia exatamente estrada, apenas uma rede de trilhas pelas montanhas. A ferrovia mais próxima era no Tadjiquistão e não ia a lugar nenhum, exceto de Dunshanbe a Termiz, na fronteira do Afeganistão — nada me levaria de Tashkent a Amritsar, a não ser o voo curto sem escalas.

A primavera chegara a Tashkent: narcisos nos jardins da cidade, sol fraco, cerejeiras em flor e pessoas reunidas nos parques e jardins, como na Geórgia e no Azerbaidjão; os homens vendiam a prataria da família e cartões-postais e as mulheres se prostituíam.

— Vamos? — uma jovem disse, juntando os lábios para fazer o som de um beijo.

— Amanhã — falei, para não ser rude.

Na esquina seguinte:

— Streep shaw, meester?

— Não, strip-tease não, obrigado.

— Dreenks?

— Não bebo, obrigado.

Vendiam também relógios velhos, chiclete, acessórios para banheiro, lembranças da era soviética, candelabros. Um homem da distante Chukchi ofereceu um pênis de morsa e esculturas em marfim. Murat e Zahir especializavam-se em arte cristã; pelo jeito, era um ramo lucrativo para empreendedores muçulmanos. Comprei mais um ícone, por cem dólares.

Rauf, em sua banca de filmes piratas, estudava inglês. Como Murat, Zahir e muitos uzbeques que eu havia conhecido, ele sonhava em emigrar para os Estados Unidos; como os outros, odiava a guerra do Iraque. Rauf não parecia querer virar norte-americano, pelo jeito antipatizava com os Estados Unidos, mas mesmo assim queria muito ir para lá.

— Os negócios vão mal aqui e pior ainda em Samarkand — ele disse.

Ele completava os campos num livro de exercícios.

Ao lado de *Can you swim?* ele escreveu bem devagar: *No, I cannot swim.*

Peguei o livro. Li a pergunta seguinte:

— Gosta de ver televisão?

— Sim, gosto.

— Gosta do quê?

— De ver tevê.

— Sim, gosto de ver tevê.

— Sim, gosto de ver tevê.

Sentei. Li outra pergunta:

— O que fez na noite passada?

— Ouvi música com os amigos — ele disse.

— Você tem carro?

— Não, eu não tenho carro?

Fingi que lia uma pergunta e disse:

— Você gosta de George Bush?

— Não — disse, gaguejando de fúria. — Não gosta do meester Bush presidente.

A irmã de Rauf morava em Miami e tinha visto de trabalho. Ele sonhava com o documento, queria largar a banca de CDs e filmes baratos pirateados, sair do Uzbequistão e trabalhar nos Estados Unidos. O anseio por emigrar para o Ocidente talvez suavizasse a atitude das pessoas em relação a mim — nunca fui objeto de hostilidade pessoal, exceto esporadicamente, por funcionários da alfândega.

Tive a impressão de ser o único viajante estrangeiro em Tashkent. Era o único hóspede num hotel imenso. Não vi outro turista naquela cidade imensa. E quando finalmente fui ao aeroporto de Tashkent pegar o avião para o Punjab, esperei sozinho a hora do check-in, era o único passageiro naquele dia, na única escala da rota Birmingham a Amritsar da Uzbek Airways. Entrei numa aeronave em que todos os homens eram *sikhs* de turbante e todas as mulheres usavam sari.

Saí de Tashkent sentindo-me um felizardo por ter chegado até ali incólume, desde Londres, por meus contatos pessoais terem sido com boas pessoas. As dificuldades e os atrasos faziam parte de qualquer viagem. A revelação foi que o mundo antigo ainda existia. O aeroporto estava praticamente deserto; mas os pátios da estação de Shimoly estavam cheios de trens, que aguardavam nos trilhos, e a estação lotada de gente que ia para diversas partes do país e estava usando o trem por ser pobre.

Quanto a mim, ali como em outros lugares, eu me sentia um viajante sortudo.

9   *O expresso Shan-e-Punjab para Déli*

Como Amritsar era uma cidade sagrada, uma multidão imensa, mas surda e descontínua, formada basicamente por romeiros, enchia suas ruas e seus caminhos. Nas ruas ensolaradas cheirando a escapamento, onde a poeira ardia nos olhos, o tráfego pesado incluía vacas sagradas, cães pernetas, carros velhos, bicicletas tortas, riquixás motorizados ou pedalados, as costumeiras carroças de duas rodas — *tongas* e *gharries* — e ônibus enferrujados. Havia pilhas de lixo revirado; na calçada alinhavam-se homens que consertavam de tudo com seus instrumentos ancestrais: plainas, talhadeiras, furadeiras manuais, furadores, ferros de solda, máquinas de costura de pedal. No meio da rua, fumaça azul de escapamento, óleo na pista, esterco fresco, uma fonte no meio da rua miserável exibia a placa: *Fundo para o Desenvolvimento de Amritsar*, os templos eram muito atraentes para os mendigos, pois locais sagrados estimulavam a distribuição de esmolas; o barulho atordoante confirmava o simples mas firme delírio indiano de que buzinar fazia o trânsito andar.

O problema da multidão de peregrinos excitados com o local sagrado era o deslumbramento de estar lá fisicamente. Mais que deslumbramento — eles proclamavam, pulavam, riam, reviravam os olhos de enlevo com o centro do universo Sikh, formado por homens de turbante e mulheres de trajes esvoaçantes correndo para o Templo Dourado.

Bem-vindo à Índia e à comprovação de que, como Borges escreveu certa vez, "a Índia é maior do que o mundo". À primeira vista, nada mudara em Amritsar. Pelo que eu podia reparar, o país não era diferente do que eu vira três décadas antes. A perspectiva me encantou. Era o alívio, o salve-se quem puder meio improvisado da Índia — algo de hospício, com um toque de anarquia, sim, mas também um asilo no qual os estrangeiros são bem-recebidos, mesmo abelhudos como eu; onde tudo é possível, o clima costuma ser agradável e a comida condimentada limpa os seios da face. Em sua maior parte a Índia valida a frase de Blake: "A energia é a eterna delícia." A gente só precisa ter estômago forte, algum dinheiro e tolerância para multidões. E lembrar-se de erguer a cabeça, seguindo em frente, para não ver o chão — na Índia, o chão geralmente é horrível. A realidade era que Amritsar, como todas as cidades indianas, parecia feita à mão, por mãos macilentas, resultando numa impressão de improviso, de algo falho, frágil e incompleto.

O horror é provavelmente verdadeiro, ou talvez seja apenas uma ilusão, como alguns indianos acreditam, sorrindo ao dizer: "Verídico e inverídico, sar. *Anekantavada*, sar. A realidade multifacetada, sar."

O torpor austero dos "Tãos" me desgastara — a falta de humor e a paranoia dos Estados policiais, a ausência de sinais externos de conflito, numa espécie de conformismo forçado. Aceitação não é um traço indiano. Na Índia, ninguém aceita não como resposta: insultam os policiais, a autoridade existe para ser desafiada, as muralhas são construídas para serem demolidas, todo mundo fala, frequentemente em inglês. Engraxates, puxadores de riquixá, motoristas de táxi, mendigos, empresários, lojistas e Surinder ("Sou agente, sar") Singh, com sua perna coxa e seu passo perito, todos a pedir atenção. Surinder conseguira para mim uma passagem até Déli, embora o trem estivesse lotado. Conhecia pessoas, embora os trapos que vestia não me inspirassem confiança.

Quando comentava que Amritsar não havia mudado, os indianos estalavam a língua ou chupavam os dentes, contrariados. Insistiam que fora modernizada. Não vi onde ou como. Trata-se de uma cidade fronteiriça, a poucos quilômetros da divisa com o Paquistão, e consequentemente não se presta a grandes investimentos. Além disso, não faltam cidades sagradas na Índia, uma vez que os indianos são peregrinos instintivos, adoram o ritual, o crescimento espiritual e o companheirismo da romaria, que sempre envolve um grande número de pessoas, longas viagens de trem, música alta e travessas cheias de comida.

Eu estava na principal estação de trem, com Surinder.

— Qual a sua idade? — ele perguntou.

— Adivinhe.

— Por favor, diga, sar.

— Vamos lá, tente adivinhar. O que acha?

— Não, isso é muito sério, sar — ele disse, revoltado com minha brincadeira. — Precisa me dizer agora.

Eu disse a ele.

— Que sorte — ele disse, num tom meio ressentido. — Hoje você está com muita sorte.

— E por quê?

— Você tem direito ao passe de idoso.

Isso queria dizer um desconto de cem rupias na tarifa de quatrocentas rupias, 7,50 dólares em vez de dez dólares, pois eu tinha mais de 60 anos. E um suplemento de 25 rupias pelo assento, que exigia preencher um formulário enorme em triplicata — cópias meladas em azul e perfurações. Na era dos computadores, em que os indianos se destacavam — pelo que eu soube —, muitos formulários oficiais ainda eram preenchidos à mão em triplicata, em blocos grossos encadernados, com folhas finas separadas por papel-carbono, com uso de lápis de ponta rombuda, seguindo a instrução impressa: *aperte com força*.

Eu procurava mudanças sociais. O imundo café e confeitaria Joginder tornara-se o imundo cibercafé e confeitaria Joginder, que parecia ter duzentos anos. A estação ferroviária de tijolos, anterior à Segunda Guerra Mundial, que eu havia conhecido em 1973, fora profundamente descaracterizada por pichações em inglês e híndi. Reconheci a palavra *Zindabad* — greve, um termo comum na Índia — e soube que o prédio inteiro fora pichado durante a greve ocorrida no mês anterior, um serviço tão profissional que os slogans pareciam de propaganda — o que eram, incentivando uma paralisação geral. Que já tinha passado.

— Mas a greve se repetirá. Por isso as pichações permanecerão.

■ ■ ■

Num mundo em constante mudança, a Índia é excepcional. Todos comentam o grande salto indiano, a modernidade indiana, os milionários indianos: "Você precisa ver a transformação de Bangalore." "O milagre indiano" era uma ladainha inevitável nas revistas e nos jornais ocidentais, mas não passava de uma farsa, não era apenas piada de mau gosto, mas uma sátira cruel. Tive a impressão de que quase nada mudara, exceto o tamanho da população para 1,3 bilhão de pessoas impossíveis de alimentar, alojar e conter, muitos dos quais não podiam dizer "Agora somos modernos", pois mais de um terço ganhava um dólar por dia. Os indianos apregoam o milagre, mas quando eu mencionava aos empresários as quatrocentas milhões de pessoas vivendo abaixo da linha da pobreza, eles balançavam a cabeça, resmungavam ou permaneciam em silêncio, sombriamente ressentidos por eu ter levantado a questão, e se recusavam a informar quanto pagavam aos funcionários.

Contudo, o país continuava existindo a seu modo desengonçado, com os defeitos e as precariedades à mostra, e o que parecia ser caos na Índia era na verdade um tipo de ordem, como o movimento furioso dos átomos. Surinder Singh apenas dava a impressão de ser um parasita oportunista. Na verdade, fazia parte do complexo sistema indiano de compra de passagens. Eu estava feliz por ter conseguido um lugar por dez dólares no expresso para Déli, quando ele apareceu novamente, exigindo o equivalente a mais dez dólares.

— Para quê?

— *Baksheesh*, sar. — Propina.

Mas ele manteve a palavra dada.

Ninguém se dá bem na Índia sem explorar alguém, enganá-lo, pisar em sua cabeça, torcer seu braço, obrigá-lo a trabalhar por 12 centavos a hora. As novidades dizem respeito aos ganhadores — grandes empresas, centros de atendimento, fábricas, indústrias têxteis etc. Todavia, para haver quem ganhe muito, na Índia, é preciso haver quem perca muito. O sistema é esse.

Quem desfruta a riqueza? No Punjab ouvi falar em um advogado indiano famoso que ganhou 1,5 milhão de dólares num ano e mesmo assim pagava vinte dólares por semana ao seu motorista e 25 centavos ao engraxate. Depois, durante minha viagem, conheci uma advogada que recebeu de empresa norte-americana uma oferta de trabalho que lhe garantia um milhão de dólares por ano, mais porcentagem dos lucros nos contratos. Como esperava mais, acabou indo para uma empresa concorrente que lhe ofereceu quase 2 milhões. Nada de errado nisso, dizem os indianos: belo exemplo das forças do mercado, e a reação indiana convencional é dizer que os sujeitos poderosos são também grandes filantropos. É o paradoxo indiano: fazer bons negócios, pagar mal os empregados, tornar-se um senhor de escravos corporativos e mais tarde dar esmolas aos mesmos funcionários desesperados.

Os prejudicados na Índia conseguem revanche, sempre, como vi pela cidade de Amritsar inteira: não só as greves e operações tartaruga atormentam os empregadores, como há o fato visível de que a maior e mais rápida das limusines é forçada a se arrastar pelas ruas atrás das carroças e dos homens esquálidos pedalando riquixás. Esta é a outra verdade sobre a Índia: o país é uma lição de moral, um conjunto de visuais simples; em grande parte é pura simbologia, vacas e riquixás, homens puxando carroças, impedindo o avanço das limusines e dos caminhões. O caminhão entrega computadores, talvez, mas os computadores não chegam ao destino mais depressa do que o homem com dez sacos de feijão no carrinho de mão.

Por acaso encontrei Amar Singh. Ele tinha carro. Trabalhara como intermediador de jornalistas por vários anos. Ele disse:

— Agora somos uma grande potência.

— Em que sentido? — perguntei.

— Melhor do que antes. Mais fortes.

— Dê um exemplo.

— Somos iguais aos Estados Unidos agora.

Em Amritsar a declaração é discutível, mas sua confiança me impressionou. Ninguém teria dito aquilo trinta anos antes. No entanto, para dizer tais coisas era preciso ignorar as vacas esquálidas, o tráfego parado, os pardieiros, os mendigos, as multidões, a sujeira e a fome.

Para mim foi um alívio constatar que Amritsar não estava muito diferente. Eu gostava dela como era — progredindo, obviamente, mas tão mergulhada no passado e em suas devoções que não poderia mudar muito. Por ser uma cidade sagrada, os visitantes causavam mais inconveniências: sujeira, distância e barulho eram o preço da santidade e de suas bênçãos.

Eu havia caminhado por algum tempo, depois acenei para um táxi, e foi Amar Singh quem me conduziu lentamente, através da multidão. Passamos por uma placa que dizia *Servir à Humanidade é o Verdadeiro Serviço a Deus*.

Anotei a frase em meu caderno.

Amar Singh perguntou:

— Você é jornalista?

— Mais ou menos.

Fomos ao Templo Dourado, mas a multidão era tão grande que o carro não conseguia chegar perto da entrada. Deixei Amar Singh e caminhei os últimos dois quilômetros com os romeiros exaltados — *yatris* bem-humorados e ríspidos, pois se aproximavam do desfecho de sua longa *yatra*. Alguns tiravam sandálias e sapatos e subiam na ponta dos pés a escadaria de tijolos pelando naquele dia quente, na entrada do templo; outros jogavam lenços em um barril grande, ou escolhiam lenços lá dentro, para colocá-los na cabeça.

— O que significa isso? — perguntei.

— É o sistema — um homem respondeu.

— Qual é o sistema?

— Cabeça coberta com pano no templo.

— Ninguém descoberto — outro sujeito acrescentou. — Sem exceções.

Ele quis dizer: sem exceções para os *ferringhis* — estrangeiros. Mas eu usava chapéu.

Uma mulher punjabi interrompeu para dizer:

— Seu chapéu é aceitável.

A etiqueta do meu chapéu, estilo Traveler, dizia *Locke's The Hatter, St. James, London W1* — seria um adereço adequado para o santuário sagrado?

Caminhei com a multidão desordenada, atravessando uma piscina rasa, destinada a purificar os pés, mas depois de ter sido pisada por milhares de peregrinos, a água estava nojenta — verde e viscosa, como água do pântano. Era a ideia costumeira — se um lago ou tanque era considerado sagrado, não importava que fosse água suja. Quanto mais sagrada a água, mais fedia.

Tudo bem. Aqui é a Índia, pensei, e eu me sentia grato por estar aqui. O Templo Dourado parecia mais dourado, mais reluzente. Eu percorri o caminho de mármore quente com os romeiros contentes, mas como não tinha fé via apenas um palácio luzidio de sikhs, uma atração, algo a ser visitado — a multidão me interessava mais do que os domos dourados e os cantos dos sacerdotes.

— Vá por ali!

— Isso é tão legal, Ma!

Sikhs com sotaque norte-americano, sikhs falando à moda do West End londrino, sikhs da Califórnia, sikhs da Escócia e do Canadá. Circulei pelos caminhos por um tempo, dei a volta na piscina sagrada, voltei até a entrada, calcei o sapato e fui até o carro.

— Conhece Mark Tully? — o motorista Amar Singh perguntou.

Mark Tully, conhecido na Índia como Tully Sahib, foi durante muitos anos correspondente da BBC na Índia. Adoravam o repórter por seus relatos favoráveis mas escrupulosos, seu amor pela verdade e pelo país.

— Estive com ele uma vez — falei. — É um grande jornalista e amigo da Índia.

— Cuidei dele durante o conflito da Estrela Azul — Amar Singh disse.

Então aquele chofer de táxi que conheci por acaso na estação de trem foi um dos corajosos motoristas de serviço durante a crise de Amritsar, em 1984.

A operação Estrela Azul foi um ataque militar do exército indiano contra o Templo Dourado — uma inominável e injustificada profanação do templo sikh mais sagrado, segundo os sikhs. Um desastre: artilharia pesada numa cidade pequena, cheia de gente. Foi deflagrada depois que militantes sikhs ocuparam as torres, os depósitos e os quiosques do templo. Eles participavam de um movimento de renovação religiosa que pregava um estado sikh independente, a ser chamado de Khalistan ("Terra dos Puros"). Liderados por um pregador sikh chamado Sant Jarnail Singh Bhindranwale (profeta para alguns sikhs, incômodo para praticamente todos os outros), a ação foi acompanhada de perto pelos sikhs do mundo inteiro. Bhindranwale era um desordeiro, clamava pelo assassinato de hindus e sikhs moderados. A barba chegava à cintura, andava armado e era tido como carismático. Recusava-se a deixar o templo que havia ocupado com muitos de seus seguidores e um forte arsenal, em maio de 1984.

Em junho daquele ano, após vários dias de negociações infrutíferas, Indira Gandhi, a primeira-ministra, deu a ordem de desalojar Bhindranwale e seus seguidores. O exército deslocou tropas numerosas para ocupar Amritsar, e comandos de farda negra invadiram o conjunto do templo. Foram recebidos a tiros de metralhadora pelos homens de Bhindranwale. Alguns soldados atiraram de longe, mas conseguiram apenas matar civis e destruir parte do templo. Os oficiais indianos pediram reforços, insistindo que precisavam de tanques.

Depois da recusa inicial — por causa do perigo aos civis — eles receberam a permissão de usá-los. Treze tanques avançaram, sendo detidos por uma barragem de projéteis antitanque e foguetes. Mais algumas centenas morreram.

No entanto, Bhindranwale estava encurralado, era apenas questão de tempo para que sua munição acabasse. Ele decidiu partir numa explosão gloriosa. No decorrer do sítio tornara-se messiânico, e uma das versões do evento teria dito a seus homens: "Quem quiser se tornar um mártir, venha comigo." Ele saiu do esconderijo atirando com uma metralhadora e foi morto ao lado de cinquenta seguidores. Seiscentos homens dos dois lados já haviam sido mortos ou feridos.

O conflito não acabou aí. Os sikhs ficaram furiosos com a profanação do Templo Dourado pelos atacantes e puseram a culpa na sra. Gandhi. Circularam histórias sobre os soldados indianos que invadiram o templo; eles teriam ingerido bebidas alcoólicas e, muito pior, fumado tabaco. Os sikhs sentem profundo horror pelo cigarro. A sra. Gandhi se escondeu, protegida por numerosos guarda-costas. Quatro meses depois, porém, os sikhs obtiveram sua vingança. Em outubro a sra. Gandhi (que ignorara diversos alertas) foi assassinada por dois de seus guarda-costas, que eram sikhs. Em Déli, certa manhã, com o pretexto de protegê-la, sacaram as pistolas e atiraram em sua cabeça.

Com seus turbantes óbvios, barbas compridas e braceletes de prata característicos, os homens sikhs estão entre os crentes mais fáceis de identificar do mundo. Na esteira do assassinato de Indira Gandhi, os sikhs foram perseguidos e maltratados pelos hindus — expulsos de trens e ônibus, esfaqueados nos bazares, incendiados quando tentavam fugir de carro. Cerca de 3 mil teriam sido mortos — não há dados confiáveis, apenas estimativas grosseiras de um evento trágico que ninguém mais esqueceu.

— Foi terrível — Amar Singh disse. — Muitas pessoas foram mortas.

— Mas isso acabou com o problema representado por Bhindranwale, certo?

— Sim, acabou. Mas o perigo ronda nosso povo, em todos os lugares.

— O que acha da sra. Gandhi?

— Uma pessoa gentil — disse, mas estava sendo educado. Nem os amigos íntimos de Indira Gandhi consideravam a demagoga manipuladora uma pessoa gentil.

— As pessoas ainda falam em Khalistan?

— Nas aldeias, alguns. Os habitantes das cidades, não.

Mesmo assim, o Khalistan, "um projeto de nação sikh", mantém escritório em Washington: envia press releases, promove campanhas de divulgação, lança manifestos radicais e divulga a sua bandeira.

Naquela noite eu fazia anotações em meu quarto, num hotel barato de Amritsar, onde não existem bons hotéis. Ocorreu-me a razão de o Templo Dourado parecer mais dourado e reluzente, bem como mais bem cuidado do que na época em que o conheci. Por causa dos danos causados no cerco e da necessidade de reafirmar a identidade sikh, o templo fora reformado, dourado até brilhar.

Chamei Amar Singh no dia seguinte para uma corrida até a estação de trem, onde nos despediríamos. Ele mencionou outros jornalistas a quem havia mostrado a cidade. Além de Mark Tully, citou Satish Jacob, que eu havia conhecido anos antes — Tully e Jacob escreveram o relato definitivo da operação Estrela Azul.

— E David Brown, do *Guardian*. Eu o guiei também. Mora em Jerusalém, agora. Eu o ajudei.

Amar Singh disse que ainda ouvia a BBC. Acompanhava o noticiário internacional e sempre procurava matérias dos jornalistas que acompanhara. Eu o elogiei por ser interessado e prestativo.

— Meu objetivo é prestar um bom serviço — disse.

Poderia soar como clichê, mas não soou. Ele era sério e sincero, e aquela manifestação de um chofer de táxi idoso que levava um jornal e um livro no banco da frente do carro me comoveu. Vivia na periferia do jornalismo, mas acompanhava as notícias. Isso fazia parte do prazer de estar na Índia novamente, todos pareciam excessivamente qualificados para as tarefas que desempenhavam. Embora a conversa possa ser irritante e as exigências exasperantes, eu adorava a fluência dos indianos. As multidões pareciam mais compactas do que nunca, mas eu gostei de voltar à confusão do país.

■ ■ ■

A estação ferroviária central de Amritsar fora construída em 1931; registraram a data na fachada de tijolo vermelho. As antiguidades curiosas eram outro prazer da Índia. Ao entrar na estação, senti-me como se retornasse ao passado, vendo o enorme e escuro restaurante da estação, com seus ventiladores de teto, os meninos de rua correndo uns atrás dos outros pelas plataformas, um sikh de terno marrom e turbante azul, um homem de pijama empoeirado, dormindo apoiado numa pilha de sacos de estopa. E não faltavam ambulantes na estação, em geral crianças vendendo refrigerantes em baldes enormes ou sorvetes que tiravam de uma caixa de madeira ou engraxates com a caixa no ombro magro, todos completamente fluentes em inglês e analfabetos.

— O que diz aquela pichação?

O menino teria uns 13 anos, e eu apontava para um dos exemplos mais chamativos do grafite da greve ferroviária.

— Não sei. Não vou à escola.

Sadhus semidespidos, santos com tridentes de metal e todos os pertences num saquinho de pano; grupos de mulheres limpas e serenas no meio da miséria; um homem escarrava bem debaixo da placa de PROIBIDO CUSPIR; senhoras enérgicas de buço pronunciado com meninas pequenas, quase todas as mulheres de sari ou vestido estilo punjabi, todos os homens de turbantes. Poderíamos estar nos anos 1930; poderia ser 1973, quando fiz a viagem do Bazar Ferroviário. Superficialmente, nada havia mudado, e isso era um consolo, como se o tempo tivesse parado, como se eu fosse novamente jovem.

— Qual é o seu vagão? — o bilheteiro perguntou.

Informei-o, e ele me mostrou o lugar. Era um trem diurno, levava sete horas para chegar a Déli, não tão elegante quanto o expresso Shatabdi, mas confortável, pontual, equipado com serviço de copa, e logo estava balançando através dos trigais do Punjab — o Paquistão ficava a poucos quilômetros a oeste.

Eu havia cogitado a possibilidade de pegar o trem para Lahore, mas as notícias do Paquistão me desencorajaram. Em muitas cidades paquistanesas ocorriam tumultos, inclusive em Lahore, por conta de um caso ocorrido recentemente na vizinha Cabul, onde um certo Abdul Rahman foi julgado por ter se convertido ao cristianismo. A acusação, "apostasia". Um hadith especifica a morte como punição para o muçulmano que abandona a fé. Mas a vida do sujeito foi poupada, o tumulto começou, com multidões gritando:

— Morte aos cristãos!

— Morte aos americanos! — era outro grito, e — Abdul Rahman deve ser executado!

Enquanto isso, os responsáveis por julgar o batismo do sujeito disseram:

— A sanidade mental de Rahman será avaliada.

As leis baseadas no Corão vigoravam no Afeganistão e no Paquistão, que teoricamente eram aliados dos Estados Unidos. Mas eu sabia que não estaria seguro. O jornalista Daniel Pearl havia sido sequestrado e decapitado recentemente no Paquistão, e hostilizavam os ocidentais nos bazares. Era o resultado de bilhões de dólares gastos e muitas vidas perdidas na fútil tentativa do governo norte-americano de apoiar os governos desses países.

— Trata-se de uma jovem democracia — disse o secretário de Estado norte-americano quando a vida de Abdul Rahman corria perigo pelo crime de apostasia, e o Afeganistão precisava de apologistas.

Por isso não revisitei o Paquistão. Preferi seguir para o sul e avançar até chegar à extremidade da Índia.

Muita gente subiu no trem em Ludhiana, entre eles Kuldeep e Kumar, nos lugares perto de mim. Nenhum dos dois usava turbante, mas deduzi que poderiam ser sikhs — ocidentalizados por residirem na Inglaterra, como me contaram, os dois em Ilford, Essex. Visitavam parentes em Ludhiana. Kuldeep era o mais falador.

— Vocês morariam aqui? — perguntei.

— Sou punjabi, poderia viver aqui facilmente — ele disse. — Minha esposa, porém, nasceu na Inglaterra. Ela teria muita dificuldade em se adaptar à vida num vilarejo.

— Qual seria a dificuldade dela?

— Calmo demais, suponho. Mas eu acho ótima a vida num vilarejo. Comida abundante, custo de vida baixo, sem estresse. Eu não preciso da vida noturna, ia gostar. — Ele dava a impressão de estar meio contrariado por ter de voltar à Inglaterra. — A Índia atual é diferente do país que deixei. Muita gente está voltando.

— Construindo casas?

— Aos montes. Palacetes. Não há muitos em Amritsar, por ser uma cidade fronteiriça. Ninguém quer se arriscar a morar tão perto do Paquistão. Mas Ludhiana é calma e segura. Jullundur também. Ali, está vendo?

Passávamos por um grupo de casas cercadas por um muro.

Kumar disse:

— Temos duas colheitas por ano. Está vendo todo esse trigo? — Eu estava, impossível não ver, verde e exuberante, sedoso à luz do sol. — Será colhido em poucas semanas. Depois será a vez do arroz, as chuvas virão para irrigar a arrozeira.

— Além disso, a região toda está conectada — Kuldeep disse. — Os fazendeiros parecem rústicos, mas todos possuem celular. Raramente alguém usa telefone fixo.

— E quais são as preocupações deles? — perguntei.

— Eles se preocupam com a democracia, como eu — foi a resposta. — As classes desfavorecidas, por exemplo.

Ele se referia às castas mais baixas da Índia — os *dalits*, também chamados de intocáveis, para quem Mahatma Gandhi usava o termo Harijans, filhos de Deus. Kuldeep questionava um sistema que tinha um equivalente norte-americano não somente nos programas de afirmação das minorias, como também na resistência teimosa do resto da população às quotas preferenciais.

— Eles vivem melhor do que nós, atualmente. Contam com muitas vantagens. Os benefícios constam das leis feitas para estimular seu progresso, e nunca mais revogaram essas leis. Isso está se tornando um problema.

— De quantas pessoas estamos falando?

— Um grupo grande, quase trinta por cento da população.

— E o que mais preocupa você?

— A divisão entre norte e sul, muitos atritos. Punjab e Haryana alimentam o país inteiro — Kuldeep disse. — Grande parte da água vem daqui. E o que recebemos em troca?

Interessante que um rapaz de Ilford, em Essex, fosse tão passional e indignado em relação aos recursos do Punjab. Ele não morava ali, mas seu coração morava.

— O drama da Índia são as estradas ruins. Ruins por vários motivos. Não conseguimos acompanhar o desenvolvimento de outros países no que diz respeito às estradas. Corrupção, gestão incompetente. Uma viagem simples pode durar muitas horas. Tudo progride, menos a construção de estradas.

Kumar disse:

— Além da população. Olhem só para isso.

Ele se referia ao vagão do trem lotado — mais do que isso, todos os assentos estavam ocupados, muitas pessoas viajavam de pé, havia bagagem empilhada até o teto, sempre que passávamos por uma curva mais fechada ou parávamos de repente os passageiros tropeçavam e caíam. As plataformas nas estações por que passávamos estavam sempre cheias de gente. As pessoas se dependuravam nas janelas, acotovelavam-se, muitos passageiros subiam para o teto — uma ocorrência corriqueira. Todos agiam educadamente, mas não havia como escapar da multidão.

Apesar dos anseios de modernidade, o trem estava em péssimas condições — imundo, com assentos quebrados, banheiros sujos, fios soltos nos corredores, pintura descascada e sempre fedorento.

Contudo, no meio do caos e das multidões, a vida prosseguia, os bilheteiros picotavam as passagens, os passageiros telefonavam, os vendedores se espremiam para passar de um vagão a outro, gritando "Costeletas! Costeletas!" ou "Ess krim! Ess krim!" ou "Manga! Suco de manga!" ou "Arroz com frango!" ou "Pani! Vutta! Pani! Vutta! Bule Vutta!"

— Qual é sua principal preocupação?

— A distância entre ricos e pobres vem aumentando — Kuldeep disse. — No momento já é enorme, e só piora. Muita gente tem tudo, mas tem gente ainda que não tem nada. Como resolver isso?

Para mudar de assunto, ele disse que ansiava pelo jogo de críquete entre Índia e Inglaterra.

— Será amanhã. Você devia ir.

— Talvez eu vá — falei. — Quem é o destaque?

— O lançador, Harbhajan Singh. Conhecido como Bhaji. Ele é ótimo.

Foi quando tive certeza de que Kuldeep era sikh. Não usava barba, nem turbante ou bracelete de aço. Fora aculturado pela Inglaterra, mas suas raízes continuavam na Índia, ele se mantinha fiel a sua origem e religião: mencionou o único jogador sikh do time.

Estiquei as pernas na plataforma entre os vagões, tomei um pouco de ar e iniciei uma conversa com Mohinder Singh. Empresário, residente em Ludhiana, estava a caminho de Déli. Mencionei que havia estado recentemente no Uzbequistão.

— Vendemos muitos produtos de lã de Ludhiana para a região — Uzbequistão, Cazaquistão — disse. — Pulôveres, cachecóis, luvas. Compram muito de nós. Exportamos para muitos lugares. Peças para bicicleta. Ludhiana saiu no *Guinness Book of Records* como um dos maiores fabricantes de bicicletas. Em consequência do sucesso desta indústria, a Hero Honda, empresa de motocicletas, instalou-se aqui.

Jullundur também se destacava pela fabricação e exportação de artigos esportivos. Bolas de futebol, tacos e bolas de críquete, tacos de hóquei. Por motivos religiosos, muitos hindus não faziam nada que levasse couro, que consideravam impuro. Os sikhs não tinham essa proibição e dominaram o mercado.

Ele disse:

— Grande parte da terra usada para agricultura vem sendo ocupada por conjuntos habitacionais. Temos um boom imobiliário no Punjab. Não só pessoas locais, indianos residentes nos Estados Unidos, Canadá e Reino Unido investem em imóveis aqui. Pequenos sitiantes vendem a terra e usam o dinheiro para mandar o filho para o Reino Unido ou para o Canadá, buscar o sucesso emigrando. Esperam que ele se dê bem e mande dinheiro.

Ele me perguntou se eu havia estado na Índia antes. Contei que passara pelo Punjab 33 anos antes.

Ele perguntou:

— Qual é a diferença mais notável, na sua opinião?

— O que estão fazendo agora — falei. — Falam de progresso, elogiam a economia da Índia. Confiança e amor-próprio. Uma atitude inédita, pelo que sei.

— E temos telefone — acrescentou, concordando comigo. — Morávamos em Simla, meu pai era paramilitar. Vinte anos atrás era praticamente impossível conseguir um telefone. Eu me lembro do dia em que recebemos a notificação liberando a linha. Foi uma festa!

— Quanto tempo esperaram?

— Dois anos! Agora, deixou de ser símbolo de status. Até os puxadores de riquixá têm celular.

Ventava, víamos o Punjab passar no vão entre os trens. Trigais, mulheres de véu, homens de turbante, bicicletas em estradinhas de terra, o campo não mudara desde minha visita anterior. Mas a atitude confiante de Mohinder Singh e o bom humor de Kuldeep e Kumar eram novidades. Em minhas recordações da Índia as pessoas fitavam o passado. Agora eu me surpreendia ao encontrar indianos com olhos no futuro.

Perguntei:

— Qual é o problema da Índia?

Mohinder Singh respondeu:

— O cerne do problema indiano é a superpopulação. Assim que implementamos qualquer obra de infraestrutura, ela se mostra inadequada por causa do excesso de pessoas — respondeu, dando de ombros.

■ ■ ■

Entretanto, depois de toda a conversa no expresso Shan-e-Punjab (Glória do Punjab) sobre a renovação do país, o sucesso da Índia e a riqueza do Punjab, todos os otimistas desceram do trem no escuro, na estação de Nova Déli, para encontrar a velha Índia teimosamente agarrada à vida. Milhares de passageiros desembarcavam, sobrecarregados por sacos, malas, mochilas, filhos, avós idosas, latas rudimentares de manteiga tipo ghee, para encontrar outros milhares que esperavam a saída de outros trens sob as luzes ofuscantes — mais claras na Índia do que em qualquer lugar que eu tenha conhecido —, tão fortes que impediam a visão das coisas.

Os moradores da estação dormiam debaixo de cobertores e lençóis. Mark Twain, que vira esses grupos de viajantes e sem-teto, incluiu uma descrição satírica de duas páginas da estação ferroviária indiana de uma cidade grande em *Seguindo o Equador* (1897). Em seguida, dispensa o lado jocoso; aquelas pessoas o intrigaram e perturbaram: "As multidões silenciosas permaneciam lá, com suas cestas e seus sacos humildes, tendo em volta os poucos utensílios domésticos, esperando pacientes — o quê?" Os ocupantes continuavam lá, ainda esperavam, numa cena imutável, tornando as palavras de Twain tão atuais agora quanto eram um século atrás. Dormiam às centenas, completamente cobertos, grandes e pequenos, alguns pareciam corpos em sacos plásticos, outros acampados, outros, múmias; formavam grupos familiares sob as luzes da estação, do lado do portão de Ajmeri.

Todos os otimistas do Punjab que desceram do trem comigo passaram por aquelas hordas adormecidas de mendigos, sem-teto e despossuídos. A cena perturbadora, fato corriqueiro da vida indiana, era tão óbvia que ninguém a mencionava, sequer olhava para ela.

Naquela época de seca a atmosfera em Déli transformava-se numa nuvem de poeira e fumaça de escapamento, numa neblina de sujeira que doía nos olhos, e acima de tudo uma nuvem de fedor humano produzida pelo excesso de gente, pelas emanações de suas necessidades feitas na rua que saturavam as narinas. Não se trata de um cheiro de cidade, e sim de uma sugestão de desmatamento e desertificação, de tijolo pulverizado e fogões a lenha, de odor humano, que é também o odor da morte. Mesmo quando fica escuro como breu, num dos frequentes cortes de energia de Déli, a gente sabe que está num lugar superpovoado que enfrenta uma crise de velhice.

Hospedei-me no mesmo hotel de Déli em que havia ficado na vez anterior. Agora era um luxo. Num momento de nostalgia e autocomiseração recordei-me de quando, num passado distante, tentei telefonar para minha esposa em Londres e sofri uma tremenda frustração — sua voz distante e evasiva, sem muito calor, depois uma onda de estática sufocante. "Fale mais alto", a telefonista disse, em meio ao som de ondas estourando na linha. Telefonar não era mais problema. Como o sujeito do trem havia dito, "até os puxadores de riquixá têm celular". Da janela eu via a nuvem de poeira que ao anoitecer se transformava numa neblina áspera que pairava acima da imensa metrópole horizontal — não havia arranha-céus, apenas muitos túmulos, domos, monumentos, mesquitas, templos, fortes ribeirinhos, muralhas antigas e obeliscos, cobertos por um vapor com cheiro de gente.

Arranjei uma caixa e a enchi com casaco, luvas, colete de lã, ícones que havia comprado, mapas da Geórgia e do Turcomenistão. Mandei tudo para casa, livrando-me do excesso de bagagem. Na troca de trens eu chegara ao verão; não haveria mais frio até a chegada ao Japão. Com a mala mais leve, contendo apenas mudas de roupa, e uma valise com meus papéis, eu ansiava por seguir adiante.

Na busca por passagens de trem voltei para a estação de Nova Déli e procurei o saguão internacional. No passado, como em Amritsar, eu havia pago um indiano para ficar na fila no meu lugar. Mas ali havia mais organização — fila pequena, pagamento em dólar. Uma parte dos lugares agora era reservada aos estrangeiros como forma de incentivar o turismo, que na Índia é relativamente pequeno. O estado do Havaí recebe o dobro de turistas (7 milhões) da Índia inteira.

Ao ver meus documentos, o sr. Sharma disse:

— Você é escritor.

— Isso mesmo. De volta, após muitos anos.

Levantando-se rapidamente, ele disse:

— Em que posso servi-lo?

— Estou procurando passagens de trem.

Mostrei-lhe o itinerário que me faria cruzar a Índia antiga, a nova, a pobre, a dos milagres, a dos marajás, a Índia do *Grande bazar ferroviário*: Déli-Jodhpur-Jaipur-Mumbai-Bangalore-Madras-Rameswaram, do norte para o sul.

— Permita que eu apresente minha chefe, a sra. Matta.

A sra. Matta, de meia-idade, usava sári azul. Estava sentada numa sala dos fundos, mobiliada à maneira indiana: bandeja de pendências cheia, xícara de chá, fotos de crianças sorridentes e um retrato emoldurado do primeiro-ministro, mapa da Índia na parede, mostrando todas as linhas de trem, e um altar ao deus com cabeça de elefante, Ganesh, com uma vela votiva tremeluzente num pires amarelo.

— Famoso escritor — o sr. Sharma disse. — De volta ao país.

A sra. Matta me ofereceu um chá e o livro de visitantes, dizendo:

— Por favor, escreva seu nome. Com comentários. Mencione sua satisfação, se for possível, por favor.

Escrevi: *A Índia funciona porque as ferrovias funcionam.*

Eu havia acreditado nisso na primeira viagem; ainda acreditava. Graças à vasta rede da Indian Railways, eu podia ir a qualquer lugar do país. Podia dormir confortavelmente num trem; comer, ler um livro, fazer minhas anotações, conversar com qualquer pessoa. Existem ônibus na Índia, além de táxis e limusines. Mas, como Kuldeep comentara no trem, *O drama da Índia são as estradas ruins... Uma viagem simples pode durar muitas horas.* Não faltam novas companhias aéreas, embora os atrasos fossem praticamente garantidos; as revistas dos seguranças eram terríveis, e os aeroportos lotados pareciam quartéis, cheios de soldados e passageiros impacientes com a falta de pessoal. Como eram uma instituição, as estações ferroviárias indianas eram bem organizadas e eficientes. Na Índia o trem era a única maneira de partir na hora marcada e chegar em segurança. Os trens eram lentos, alguns se queixavam, mas ter pressa na Índia era tolice, ilusão — e frequentemente um comportamento condenável.

Com um aperto de mão do sr. Sharma e um movimento de cabeça aprovador da sra. Matta, saí do saguão com todas as passagens, cupons, vales e recibos de suplementos das passagens. A confusão, as pilastras empoeiradas e as cadeiras desconfortáveis de um escritório indiano não significam ineficiência. No meio do caos dos talões de recibos, papel-carbono, computadores precários e pastas gordas presas com fitas desbotadas, brota uma atitude firme e resultados claros, mesmo que a gente não consiga ler o que está escrito e os dedos fiquem sujos de tinta por manuseá-los.

Deslumbrei-me com o que consegui numa única manhã em Déli: as passagens de trem de que eu precisava, o notebook exato pelo qual eu procurava, remédios para minha gota (não pediam receita para indometacina) e o mais cobiçado ingresso do momento, para o jogo entre Inglaterra e Índia.

■ ■ ■

Por não ser anglófilo, eu havia enfrentado 17 anos de exílio na Inglaterra. Os anglófilos não duram muito na Inglaterra, e meu distanciamento impediu que eu me tornasse fã do críquete. Desconheço as regras do jogo e principalmente suas sutilezas, embora lançar, rebater e correr sejam habilidades fáceis de se apreciar e agradáveis de se ver. Eu queria ir àquele jogo de críquete principalmente por ser o evento mais importante da semana e por reunir 50 mil indianos num só local, o que me interessava.

Gostei de ter ido. Os jogos de críquete na Inglaterra são famosos soníferos, caracterizados por aplausos desanimados, um gritinho perdido, o estalo do taco ao rebater, o baque da bola no campo e esporadicamente o som da meta ao ser derrubada, como o de um osso fraturado. Mas este era um universo distante do pandemônio no estádio de Ferozeshah Kotla, no norte de Déli — torcedores ruidosos, bandeiras da Índia, apitos, cornetas, flautas, trompetes, gritos. A torcida indiana de críquete (pelo que me disseram) é famosa pela veemência — vaia nos erros, uiva nas decisões duvidosas e ocasionalmente resvala para a insensibilidade racial, gritando "Macaco! Macaco!" (*Bandar! Bandar!*) para os jogadores negros britânicos ou caribenhos.

O sujeito na minha frente usava uma grande bandeira indiana como poncho. A seu lado, um outro soprava uma corneta. Todo mundo gritava. Cheguei depois do almoço. A Índia havia batido 209, e os times trocaram de lado. Chegara a vez de a Inglaterra rebater, e o time inglês precisava superar a marca. Chegaram a 124, com dois de seus melhores rebatedores.

O torcedor a meu lado, Vikram — "mas pode me chamar de Vicky" — me contou tudo isso. Tinha 19 anos, faltara ao serviço alegando doença, como todo mundo — o comércio de Déli estava fraco, com poucos fregueses e funcionários, por causa do jogo. Mencionei o tamanho do estádio.

— É espaçoso — Vicky disse. Outro prazer na Índia é ouvir palavras assim em conversas informais. — Aquele é o Pietersen. Foi o herói da série Ashes no verão passado.

— E ele é bom? — perguntei.

— A força na mão não lhe falta. Nem senso de oportunidade. — Vicky olhava para o fundo do campo. — E aquele é Flintoff. Grande rebatedor.

— Então a Inglaterra tem boas chances.

— Acho que não. Temos lançadores capacitados. Veja Bhaji Singh. Ele é magnífico.

Mas os rebatedores ingleses colecionavam sucessos. Vicky traduziu os gritos em híndi: "Índia vencerá!" e "Azul é bosta!" — os uniformes ingleses eram azuis — e "Bhaji-Bhaji-Bhaji!" O estádio inteiro uivava, e apenas aplausos comportados acompanharam uma boa rebatida de Flintoff. Nem os entusiasmados torcedores de futebol eram páreo para aquela multidão ensandecida, e os jogadores comemoravam cada rebatida ou defesa com abraços, rolando no gramado.

— Grande dia — falei.

— O críquete na Índia é sagrado — Vicky disse. — Mais que sagrado.

E ele seguiu narrando o jogo para mim:

— Olha lá, lançamento meio descontrolado... Ah, boa pegada no fundo da meta... Flintoff tentou uma rebatida infeliz, contra um lançamento reto... está fora. Lado do taco... Harbhajan será o cara, neste jogo... veja, jogador na linha.

— É um ponto duvidoso?

— Um arremesso irregular, para mim.

Os gritos de "Índia vencerá!" me levaram a pensar que era uma manifestação da nova Índia. O estádio enorme, o unânime insulto à Inglaterra, a multidão, a confiança. Era também a estúpida febre comercial do novo século, os uniformes exibiam logotipos e propaganda.

— A Índia pode vencer — Vicky disse, conforme a tarde ia passando. — Precisamos derrubar mais cinco metas.

Pietersen conseguiu uma rebatida forte, a bola foi parar na parte superior da arquibancada.

— Este foi bom — Vicky disse.

Mas a rebatida seguinte, também forte, foi apanhada por um jogador em boa forma, no limite do campo.

— Já e-ra! — Vicky berrou.

Os novos rebatedores foram rapidamente eliminados: bola apanhada, erro, perna na frente da meta, parecia que a vitória seria indiana. Confiante de que a partida estava ganha, Vicky passou a tratar de outros assuntos: Eu tinha filhos? Em que trabalhava? Havia críquete nos Estados Unidos? Gostávamos da Índia?

Satisfeito com minhas respostas, ele voltou a atenção ao jogo. Concluí que a Índia venceria logo; em poucos minutos 50 mil torcedores triunfantes deixariam o estádio de Ferozeshah Kotla em busca de brancos *ferringhis* como eu para tripudiar, inspirados pela vitória. Por isso fui embora, passei pelo pessoal da segurança, alambrados, detectores de metal e fileiras de policiais empunhando *lathis* — bastões compridos usados para controle de distúrbios, nas famosas cargas de *lathi*. Todos os policiais brutamontes se reuniram nas saídas.

Eu não era o único com pressa. Um indiano robusto de terno branco esperava a esposa passar pelo detector de metal. Podia ser um magnata, e ela, uma marani. O detector apitou, mas permitiram que ela passasse e seguisse na direção de uma limusine que aguardava, com chofer de uniforme — era lenta, pesada, tentava acompanhar o marido baixote. Usava pulseiras, colares grossos, brincos pendurados. O diamante em sua narina era do tamanho de uma semente.

Do lado de fora do estádio ainda dava para ouvir a torcida. Num país atormentado por divisões de classe, a multidão do críquete cantava em uníssono, como se houvesse ali mais do que solidariedade — uma manifestação de amor-próprio, alegre e afirmativa, contente consigo, como a ecoar rouca a frase dita a mim em Amritsar por Amar Singh: "Agora somos uma grande potência."

Naquela noite, como se tivesse sido ensaiado, uma senhora norte-americana entrou com o marido no saguão do hotel em que eu estava, e dei um passo para o lado, deixando que passassem. Haviam retornado de um *city tour* por Déli, que deve ter incluído o túmulo de Humayun, o Forte Vermelho, o Qutub Minar e a visão de muitos indianos alijados do milagre econômico. Para reforçar o fato de a Índia não servir para os fracos de estômago, os olhos da mulher estavam vermelhos de tanto chorar, ela fungava e esfregava os olhos inchados. Olhou para mim, lacrimejante, depois desviou a vista, resmungando:

— Não quero saber. Amanhã eu vou embora.

Depois, meio teatral, meio sincera, e totalmente irritada, disse:

— Walter, me parte o coração ver gente vivendo daquele jeito.

10 Trem noturno para Jodhpur:
O expresso Mandore

Sabia, sem precisar que me dissessem, que o trem para Jodhpur sairia da plataforma 16; era óbvio pela aparência das pessoas que o esperavam. A maioria das pessoas do mundo se veste do mesmo jeito: calça jeans, camiseta e tênis. A Índia rural é uma das exceções nesta monotonia no modo de se vestir universal, e o Rajastão continua sendo original, tranquilo, multicolorido. Na estação antiga de Déli era possível saber pelas roupas das mulheres da plataforma que elas esperavam o expresso Mandore para Jodhpur.

Para onde mais poderiam ir paramentadas e pintadas daquele jeito, vestindo sáris amarelos e vermelhos, xales rubros debruados em dourado ou ocre, longas echarpes cor de açafrão, véus diáfanos, joalheria pesada de ouro, colares de contas do tamanho de bolas e braceletes enormes, com os pés e as mãos pintados de hena, toda a pompa das vestimentas ancestrais, brilhantes, coloridas? Eram assim os habitantes do vasto estado do Rajastão; em Jodhpur as casas eram azul forte, as fachadas e os palácios de Jaipur, cor-de-rosa, os turbantes dos homens, escarlate. Como se quisessem se destacar dos tons empoeirados do ambiente, os moradores do Rajastão se adornam enfaticamente. Mas isso vale para habitantes do deserto em geral, para quem joias douradas significam riqueza, e cujo gosto notável pelas cores parece ser uma garantia contra o perigo de se perderem ou de não serem percebidos.

O expresso Mandore era um trem noturno para Jodhpur — onde eu nunca havia estado antes — na rota para Jaipur, cidade sobre a qual escrevera havia muito tempo. Jodhpur é uma cidade famosa pelos tecidos e móveis, atividades tradicionais, e isso incluía cópia de antiguidades. Os indianos conheciam Jodhpur como produtor de imitações requintadas que iam para todos os mercados, bazares e museus crédulos do mundo — terracota, porcelana, latão, estátuas, espadas e adagas. Jodhpur tinha também um palácio de marajá do tamanho do Vaticano, transformado em hotel, no qual o marajá ainda morava — jogava polo e adorava o apelido de "Bapji".

Colado na lateral do trem estava o manifesto, uma lista de passageiros e leitos para a segunda classe AC. Achei meu nome, mas antes de o trem sair da estação notei algumas vagas na primeira classe. Pedi ao bilheteiro que mudasse. Ele pegou o dinheiro, emitiu o complemento da passagem em triplicata, entregou-me uma pilha de recibos e me mostrou a cabine com quatro leitos. Duas pessoas já estavam sentadas: um rapaz que lia a revista *Debonair* e, na frente dele, uma moça que falava agitada ao celular, numa mistura de híndi e inglês. A enérgica jovem tinha o rosto aquilino e os olhos frios de uma víbora. Era um exemplo do quanto o rosto de uma pessoa fica feio fisicamente quando está reclamando aos berros; era uma gárgula com óculos de aro.

Enquanto ela ralhava com alguém, Rakesh, o sujeito na frente dela, me contou que era vendedor e exportador de lenços e xales. Ia a Jodhpur, onde os tecidos seriam tingidos e estampados com as cores vívidas do Rajastão.

— Pego este trem quase todo mês — disse Rakesh. — É a melhor maneira de viajar. Chego cedo em Jodhpur, trabalho o dia inteiro e volto de noite, direto. Assim economizo passagem aérea e diária de hotel, que são caras.

Ele ofereceu a comida que tinha: grão-de-bico apimentado, castanha-de-caju, uns bolinhos estranhos e legumes empanados.

— Quer que eu repita? — a mulher disse, com olhos faiscantes. — Estou no trem. Estou furiosa. Estão todos contra nós! Três ministros, três secretários. O ministro das Finanças é o pior.

Uma resposta breve do outro lado da linha a fez gritar novamente.

— Não me interessa! Ele está enganado!

Mais gritaria, olhos arregalados, enquanto coçava os braços peludos.

— Não viu o memorando? Era audacioso!

Sorri, impressionado, pois não me lembrava de ter ouvido a palavra "audacioso" numa conversa em minha vida inteira de bisbilhoteiro.

Em seguida ela passou a se comportar como um marechal de campo:

— Claro que podemos triunfar! Prevaleceremos! Vamos nos reorganizar. Responder à altura. Você verá, estou dizendo!

Estalando a língua, ela ouviu a resposta.

— Já chega. Já chega. Ligue para meu celular, em Jodhpur — ela disse e silenciou o aparelho com um dedo resoluto.

Foi uma admirável demonstração de insolência. Acredito que as pessoas gritam ao celular para avisar a quem estiver ouvindo que tomem cuidado; a gritaria no celular é mais uma demonstração de agressividade dirigida a quem está por perto do que à pessoa do outro lado da linha.

Como visitante aleatório da Índia, eu aproveitava tudo que cruzasse meu caminho, enquanto procurava desconhecidos para participar de minha narrativa. Ali, por puro acaso, eu viajava numa cabine com um vendedor solícito que me oferecera comida e uma mulher peluda troglodita gritando insultos pelo telefone.

— Importa-se? — ela disse, ranzinza, virando o rosto aquilino na minha direção. — Tive um dia muito longo.

Ela se referia ao banco em que eu estava sentado, que era seu leito, e ela queria arrumar a cama para dormir. Eu estava no leito de cima. Era uma das gentilezas comuns na Indian Railways, principalmente nas cabines mistas. Eu teria de subir para a minha cama. No início da noite, com 12 horas de viagem pela frente, ela insistia em dormir. Mesmo assim era maravilhoso que um viajante descompromissado como eu pudesse penetrar no aposento em que dormia uma mulher nativa de meia-idade e (se quisesse) olhar para baixo e vê-la dormindo, roncando e reclamando durante o sono.

Atendi a seu pedido. Subi a escadinha até meu leito e comecei a ler o relato fluente e bem-documentado de Christopher Hibbert sobre a revolta indiana de 1857, *The Great Mutiny* (O grande motim). O levante (tropas indianas sanguinárias) e seu desdobramento (tropas britânicas sanguinárias) constituíram uma das mais violentas convulsões raciais da história indiana, e, apesar disso, a narrativa é vívida, cheia de inesperados prazeres. Um inglês famoso residente em Déli, chamado Thomas Metcalfe, "não suportava ver mulheres comendo queijo" e as expulsava da sala, para que satisfizessem a vontade de saborear um cheddar longe de sua vista; lorde Macaulay resumiu sua opinião a respeito das conquistas indianas, dizendo: "Doutrinas médicas que desgraçariam um ferreiro inglês. Astronomia que seria ridicularizada em qualquer internato feminino inglês. A história está cheia de reis de 10 metros de altura que governaram durante 30 mil anos. E geografia é feita de mares de melado e manteiga."

No escuro o trem varava rapidamente a noite fria do deserto, balançando e retinindo sobre os trilhos. Dormi, senti que girava, como uma pessoa passando o que um escritor de ficção científica chamaria de "transferência de matéria". De manhã, ao ver a mulher mal-humorada de novo, bocejando, exibindo caninos longos na boca escancarada, feito uma hiena, lembrei-me de outra descrição em *The Great Mutiny*, de Hibbert, de uma mulher "de olhos grandes, escuros, implacáveis".

Mas, estando no Rajastão, fui contemplado com uma visão deslumbrante, ao amanhecer. O trem se aproximava da estação quando uma moça linda, de sári roxo flutuando em torno de seu corpo esguio — uma beldade de cinema, esbanjando encanto e harmonia —, caminhou alegre e rapidamente, acompanhando o trem na plataforma; carregava um cesto de tomates maduros. O trem parou, desci para olhar melhor. Eu a vi cruzar a plataforma para ir até outro trem vender tomates, e logo depois uma senhora idosa sorridente aproximou-se de mim com um bule de café com leite, serviu uma xícara e me deixou ali parado naquela manhã dourada, contente por tudo. O apito do trem soou, partimos novamente e, quando passávamos pela placa de *Não dê esmolas*, eu já estava no meu compartimento.

O vendedor de lenços ainda dormia, mas a mulher agressiva estava acordada, sentada, olhando pela janela, de costas para mim. O balanço e o barulho do trem ao cruzar o deserto contrastavam com a cena: som vívido, paisagem vazia. Árvores magras aqui e ali eram como mudas mortas na poeira daquela planície indiana.

Olhei para além da mulher e disse:

— Que lindo! Depois de Déli, o grande vazio.

— Não tem nada de vazio — disse a mulher.

— Para mim parece vazio.

— Tem gente de sobra, se olhar direito.

Eu estava olhando, mas não via ninguém.

Ela riu, forçando desdém através de seu nariz impressivo.

— Acha que está vazio? Que nada!

Vão por mim, estávamos na beira do deserto de Marusthali, no ensolarado Rajastão, um lugar deserto.

Mas ela disse:

— Tudo intensamente cultivado. Uma fazenda atrás da outra.

— Em parte, creio — falei, ao ver sulcos de arado ao longo de um canal e talos ressequidos de uma gramínea, talvez trigo.

— Tudo cheio! Não está vendo?

Era uma mulher irritante, rabugenta, que às sete e meia da manhã gritava, contraditória.

— O que é aquilo, trigo?

Ela fez cara de desdém e disse:

— Essa gente não é tão estúpida a ponto de plantar trigo aí. Preferem lavouras que exigem pouca água. Eles cultivam painço.

— Entendo.

— Veja quantas árvores você está ignorando. Elas retêm o nitrogênio no solo. São benéficas.

— Entendo.

Tentava soar esnobe e condescendente, mas era apenas rude, sua grosseria mais parecia uma paródia dela mesma. Talvez houvesse algo de interessante no que dizia, mas o tom irritante a tornava insuportável. Desconfio que a mulher presumira que compartilharia a cabine com apenas mais uma pessoa, o vendedor de lenços, mas deparou-se com uma terceira pessoa, um intruso estrangeiro enorme, tatuado, que a encarava por trás dos óculos escuros, rabiscando coisas num caderno. Sua intenção era fazer com que eu me sentisse deslocado, e registrei isso em meu caderno, acrescentando que isso era de se esperar na nova Índia, potente e agressiva, dos burocratas obcecados pela questão de casta.

— Você é advogada? — perguntei.

— Sou jornalista. Ambientalista. Estou a caminho de Jodhpur para uma conferência sobre a questão da água. — Ela se voltou para a janela. — O príncipe Charles discursará no nosso congresso sobre conservação da água.

— O príncipe Charles está em Jodhpur?

— No palácio Umaid Bhawan. Como já disse, para falar em nosso encontro.

Duvido que fosse este o motivo da viagem. Eu havia visto notícias sobre Charles nos jornais de Déli; ele estava fazendo uma viagem de caráter particular pela Índia, com Camilla, duquesa da Cornualha, antes Parker-Bowles, nascida Shand, atualmente sra. Charles Windsor — a primeira visita dela ao país.

— Talvez tenha a oportunidade de conhecer o príncipe.

Ela deu de ombros e fechou a cara.

— Pouco me importa.

— Seria espetacular, não acha?

Embora estivesse descabelada depois de uma noite no trem, sentada na cama de pijama amarrotado, tentou bancar a superior, dizendo:

— Já cansei da família real.

Percebi que ela tentava me humilhar, e aquilo me fascinou. Não me importei por ser considerado mochileiro, vagabundo, viajante desocupado — era a pura verdade. Mas ela não sabia que eu havia escrito em meu caderno, assim que virou as costas: *Enjoada — pijama amarrotado — olheiras — cansei da família real*. E como eu também pretendia ficar no palácio Umaid Bhawan, pensei que poderíamos tomar chá juntos — a mulher rabugenta, o príncipe de Gales e eu.

— Mas que coincidência. Também vou ficar lá — falei. Ela não se abalou com a notícia. — Para onde você escreve? — perguntei.

Ela virou o rosto para trás, disse o nome da revista e se virou novamente para a janela, de modo que dela eu só via o ombro magro e as roupas amarrotadas. Talvez desconfiasse que eu havia me debruçado no leito durante a noite para observar seu corpo retorcido, enquanto ela roncava, lançando golfadas de hálito pestilento.

Quando o vendedor de lenços acordou, olhou pela janela para dizer, aparentemente com base apenas no contorno empoeirado de alguns morros:

— Meia hora até Jodhpur.

Conversamos enquanto a mulher falava no celular, fazendo cara feia. Ele também tinha assistido ao jogo de críquete em Déli, e falei:

— Os jogadores de críquete costumavam aplaudir e fazer cara de entediados ou impassíveis. Quando começaram a se abraçar e rolar na grama?

— Faz uns dez ou 15 anos — ele disse. — Os australianos que começaram com isso. Deram ao jogo uma cara mais americana. Mudaram as cores, buscaram patrocínio. Transformaram o esporte.

— Com licença — disse a mulher, passando por nós. Entrávamos na estação de Jodhpur, mas ela tinha tanta pressa de descer do trem que já abria caminho, a cotoveladas, para a saída, no fim do vagão, e para seu congresso sobre águas, embora desse a impressão de que se dirigia para um sabá de bruxas.

Uma multidão sempre aparece quando um trem chega a uma estação grande da Índia: uma corrida de carregadores, peões, homens com carrinhos de mão e de bagagem, carregadores de água, vendedores de alimentos, taxistas, puxadores de riquixá, propagandistas de hotéis e pousadas. Eles se aglomeram na plataforma e bloqueiam as portas, em busca de uma posição privilegiada.

Deixei que cercassem a mulher ranzinza e passei discretamente, seguindo direto para a fila dos táxis com minha mala pequena e discreta.

Perto do centro de Jodhpur o carro foi rodeado por homens de ar sério que carregavam placas de latão. As placas eram reluzentes e pesadas, eles as erguiam e balançavam, gesticulando para eu baixar o vidro da janela.

— Quem são esses homens? — perguntei ao chofer. — O que eles desejam?

— É Navratri, sar. Eles estão celebrando.

Abri a janela, calculando que queriam algumas rupias pelas placas de latão, mas não era isso: uma pessoa se aproximou e, depois de sujar o polegar com um pó vermelho, fez uma marca na minha testa.

No caminho para o Umaid Bhawan o motorista contou que Navratri estava apenas começando — nove noites de jejum e oração dedicados à deusa Durga. Esta deusa-mãe é uma das mais ferozes do panteão indiano, facilmente reconhecível pelas armas em seus vários braços e pelo colar de crânios — ela é muito mais violenta que os deuses masculinos, tem o poder tanto de criar quanto de destruir. Durga quer dizer "a Inacessível". Lembrei-me da mulher petulante do trem, uma encarnação de Durga, vociferando ao telefone celular, e que durante a viagem fez questão de permanecer inacessível para mim.

— Navratri também é muito importante para Surya — o motorista disse.

Eu conhecia templos de Surya. Deus do sol na cosmologia hindu, Surya é louvado com mais devoção no Rajastão do que em outros lugares, pois, como eu vim a descobrir, a família real Rajput — o clã Rathore, dominante no Rajastão — é considerada descendente do deus do sol, *suryavanshis*.

O aspecto negativo do Navratri daquele ano e da mitologia solar foi que um eclipse solar ocorrera no dia anterior naquela parte da Índia, e o escurecimento do sol foi plenamente visível em Jaipur.

— Não é um dia auspicioso — uma mulher disse no palácio Umaid Bhawan; em Jodhpur o fato era uma notícia mais importante do que a visita do príncipe Charles e sua duquesa. Um eclipse solar durante o festival religioso era um mau presságio.

Eu estava no saguão do Umaid Bhawan (em cujas paredes e plataformas havia mais leopardos e tigres empalhados do que eu havia visto em minha vida), para onde fora na esperança de conversar com o marajá de Jodhpur. O avô dele, o marajá Umaid Singh, mandara construir aquele palácio em 1928. Na época aquela parte do Rajastão, o reino de Marwar, no deserto, estava sendo assolada pela seca, provocando fome, e a ideia era de que o projeto, que exigira 15 anos para sua realização, seria um meio de ocupar e empregar os súditos, os marwaris desesperados e famintos. Foi um dos últimos palácios e certamente o último dos grandes palácios construído na Índia imperial. O prédio pronto, de arenito marrom-avermelhado do Rajastão e mármore, no alto de uma colina, com vista para o Jodhpur, era um palácio rosado imenso, com um domo enorme e reluzente, com toques de gótico e art déco jovial, bem como torres mongóis, varandas amplas e os caprichos arquitetônicos mais delirantes de Rajputana. Pode ter sido construído para dar emprego aos marwaris, mas depois de pronto passou a deslumbrar as pessoas.

O marajá atual residia discretamente numa das alas, conhecida como Apartamentos Reais. O príncipe Charles ocupava uma ampla suíte no andar de cima com sua duquesa recente, rodeado pela comitiva. No andar superior estava também o pessoal do congresso sobre a água, em busca de saídas para a inevitável catástrofe ecológica na Índia — mais seca e fome. Na ala do hotel de luxo havia outros hóspedes: casais em lua de mel, turistas, indianófilos, os poucos privilegiados e, com pouca bagagem, um sujeito que anotava tudo, sorrindo despreocupado — eu, que falava com uma moça indiana solícita.

— Mau agouro. Hora de queimar o incenso? — perguntei.

— Não, é mais sério do que isso. "Não olhe para o sol", me disse um membro da família do marajá. "Não saia." Falei: "Mas eu preciso trabalhar!"

Ela disse que, se eu estivesse interessado, poderia comparecer ao elaborado ritual para Navratri no forte Mehrangarth, do outro lado do Jodhpur, acima da cidade pintada de azul, numa fortificação no alto do morro tão imponente que Rudyard Kipling a chamou de "obra de anjos e gigantes". A *puja* — cerimônia da prece — seria realizada por sacerdotes e membros da família do marajá, a marani e o próprio marajá.

— É essencial acalmar a deusa Durga por causa do eclipse solar — disse a mulher.

O ritual marcaria o início dos nove dias de jejum e oração. Algumas pessoas (nos vilarejos, como os esnobes indianos urbanos faziam questão de ressaltar) sacrificariam cabras.

— Queimando?

— Não. Cortando a cabeça da cabra. Para o sangue escorrer.

Num dia muito quente em Jodhpur eu acompanhei o cortejo da família real Rajput até o forte íngreme, penetrando em suas muralhas. O templo de Durga (templo familiar tradicional para a realeza de Jodhpur) no forte era antigo — o forte em si data de meados do século XV — e estava lotado de fiéis e súditos meio histéricos do marajá, um vínculo vivo com a deusa do sol.

Ao segui-lo sob o calor do sol no forte, vi uma multidão que caminhava arrastando os pés, com flautas, sinos, gongos e tambores, além de guirlandas de flores. Todos cantavam: "*Durga Mata ki jai*" — Viva a mãe Durga.

O ritual é importante para mim, mas não por causa de sua questionável santidade, e sim por ser um conjunto de gestos que revela o estado de espírito das pessoas envolvidas e seu protocolo sutil. Debaixo de um toldo, esforcei-me para acompanhar a cerimônia, as falas, a água aspergida, as prostrações. Os sacerdotes eram simultaneamente submissos e importantes, ajudando o marajá, que realizava a *puja* sob os olhares de seus súditos leais, a cantar. Ali, um elemento teatral era acrescentado ao elemento da devoção.

O instante mais doloroso foi a chegada do filho do marajá, Shivraj Singh, o Yuvraj de Jodhpur, herdeiro do trono. Correu a notícia de que ele finalmente apareceria em público, e isso criou muita ansiedade, pois constava que havia sofrido ferimentos sérios.

O yuvraj tinha 31 anos, era muito bonito e se destacava havia anos como jogador de polo — exímio cavaleiro, marcador de vários pontos — e patrono do jogo em que Jodhpur se distinguia havia séculos. Mas, no ano anterior — fevereiro de 2005 —, o yuvraj sofrera um acidente de polo. Ao tentar uma manobra brusca, o cavalo tropeçara, o yuvraj caíra no chão e o cavalo em cima dele. Depois de passar mais de um mês em coma profundo, o jovem finalmente recuperou a consciência. Após um período de fisioterapia intensa — sua terapeuta era uma jovem profissional norte-americana — ele havia recobrado o uso rudimentar dos membros, e lá estava ele, em sua primeira aparição pública desde o horrível acidente.

De turbante e terno branco, enfeitado com grinaldas de tagetes, com um ajudante de cada lado, ele se esforçava para se manter em pé e caminhava em direção ao templo, pisando nas pétalas de rosa que formavam um volumoso tapete no acesso. Era penoso acompanhar sua tentativa, o homem acabara de retornar dos mortos.

O mais tocante na *puja* de Durga era marcar o círculo da vida e da morte, celebrando o renascimento; portanto, tudo o que acontecia ali, sob o sol abrasador do forte, como o tocar dos sinos e gongos, e os cantos para Durga, importava muito ao jovem enfermo que se tornara um símbolo vivo da ajuda que a deusa-mãe poderia propiciar.

Os sacerdotes pintaram sua testa com pó vermelho, amarraram o cordão sagrado em sua cintura, aspergiram água e ofereceram doces, sempre sob o som dos cânticos, das flautas e dos gongos.

— *Durga Mata ki jai!*

O príncipe foi conduzido até um trono dourado sob um toldo branco de lona, perto do templo, tendo a seu lado o robusto marajá, a marani em seda púrpura, os acompanhantes com bandejas de doces, os sacerdotes e centenas, talvez milhares, de fiéis que se acotovelavam e se pisavam na esperança de ver de relance o rei semidivino.

Eu estava parado atrás do toldo, tentando manter os pés descalços na parte mais fria do piso de tijolos, à sombra. O yuvraj fez um sinal, pedindo água. O calor era como um martelo reluzente. Eu o observei fazer um esforço enorme para segurar o copo, virá-lo e beber. Estava claramente em péssima forma, mas decidido a completar o ato sem ajuda, e quando finalmente foi levado embora, com sua frágil aparência, a determinação tornou-se ainda mais evidente nos movimentos. Era um homem dotado de força interior; percebi que avançara muito, e que sua força de vontade o levaria muito longe; no decorrer da cerimônia perfumada e harmoniosa, sua postura ganhou firmeza, resolução.

Acontece alguma coisa na presença da realeza — uma vibração no ar, um magnetismo, um zunido — que faz a pulsação das pessoas aumentar. Provavelmente não é muito diferente da excitação no tapete vermelho, na noite do Oscar, embora a sensação seja amplificada pelo fervor religioso associado às antigas dinastias reais. Ali no forte era óbvio, com todos os membros da família real de Jodhpur à vista, com ar piedoso e protetor, observados pelo público deslumbrado. Acontecia uma espécie de êxtase, despertado pelo marajá, com sua postura imponente e seu ar confiável, acompanhado da adorável rainha, do filho ferido, perante a imagem da deusa-mãe coberta de pasta ritual, ao som poderoso dos gongos e sinos.

Hospedei-me na ala de Umaid Bhawan transformada em hotel, mal acreditando na minha sorte de poder ficar num lugar daqueles. Dei um passeio pelo bazar de Jodhpur e antiquários vizinhos, procurando tesouros e tentando distinguir o verdadeiro da imitação. Na verdade, pouco importava; o que eu mais gostava num mercado indiano era andar de banca em banca, de loja em loja, abrindo caminho entre os camelos de caminhar penoso, dos riquixás e das vacas que passeavam naquela cidade onde nada parecia moderno.

Dias depois, novas vibrações reais agitaram o palácio de Umaid: atividade frenética, movimento incessante, uma animação que eu não conhecia. Depois do almoço vi que desenrolavam um longo tapete vermelho.

— O príncipe Charles está de partida — disse um dos funcionários que desenrolava o tapete, ajoelhado no mármore encerado do saguão externo para alisar as beiradas.

Eu queria ver de perto a nova esposa do príncipe Charles e por isso parei debaixo do grande arco da entrada do palácio.

— Em que posso ajudá-lo, sar? — era um segurança.

— Estou esperando o príncipe Charles. Queria dar um alô. — O guarda de segurança tinha crachá e cassetete. Acrescentei: — Estive com ele uma vez.

Tive de pegar um lugar no fim da fila de pessoas que desejavam se despedir dele: mordomos, faxineiras, vigias, varredores, cocheiros, funcionários do hotel, secretárias, domésticas e eu.

Todos os hóspedes do hotel estavam reunidos para a despedida; todos os participantes do congresso sobre conservação da água também. Percorri seus rostos com o olhar e vi a mulher rabugenta do trem. Era pequena, meio monstruosa, de ombros redondos, estava do outro lado do salão. Não me viu até o príncipe se aproximar da minha fila, e, quando nossos olhos se cruzaram, pisquei para ela. Ah! Ela fechou a cara do jeito que eu esperava. Lembrei-me do modo como pronunciou a palavra "audacioso" no celular.

O príncipe e a duquesa seguiram a fila, agradecendo a cada um, e quando chegou a minha vez, falei:

— Paul Theroux. Esteve no lançamento de meu livro *A Costa do Mosquito*, faz vinte anos, em Londres. Claro, não deve se lembrar.

— Mas é claro que eu me lembro — ele disse, sorrindo ao apertar minha mão. Tinha pele rosada e estava ficando calvo, mas mantinha a postura altiva e o sorriso frustrado de alguém que acreditava jamais ter sido suficientemente levado a sério. Parecia jovem e meio tímido, não muito principesco.

A duquesa estava atrás dele, meio desmazelada, velha e meio matrona, com o ar rude de algumas mães indulgentes de filhos grandes e desajeitados: amigável, desalinhada, meio corcunda, pequena, compacta, meio barriguda no conjuntinho de saia e casaco escuro — formal demais para o calor daquele deserto, mais adequado a uma festa em um jardim inglês; talvez pensasse que o banquete de um marajá fosse o equivalente mais próximo. Era desculpável numa pessoa que nunca tinha estado na Índia antes.

Ela tocou o braço do príncipe e disse, de um modo vago mas simpático:
— Puxa, esqueci os óculos escuros.
Alguém a ouviu e correu para dar a ordem de procurar os óculos.
O príncipe Charles perguntou-me:
— O que está fazendo aqui?
— Viajando, apenas. Vou para o sul.
— Está escrevendo alguma coisa?
— Tentando, alteza. Rascunhando, rascunhando...
Isso o fez rir.
— Ando rascunhando, também. Mas não livros. E não para publicação, embora às vezes eu sinta vontade... — E riu de novo, em vez de terminar a sentença.

No mês anterior, trechos do diário de Hong Kong do príncipe se tornaram públicos. Ele o havia mandado imprimir particularmente e o distribuíra a amigos. Era um texto pleno de observações expressivas, com algumas alfinetadas inesperadamente ferinas; as últimas renderam manchetes nos jornais londrinos. Ele zombara da cerimônia de transferência e chamara alguns notáveis chineses de "figuras de cera", comentara o "discurso de propaganda" do presidente e zombou do passo de ganso dos soldados chineses. Reclamou também de ter sido posto na classe executiva, e não na primeira, na viagem de volta. "Então é assim o fim do império, pensei, suspirando com meus botões." Isso provou que talvez ele não fosse coroado rei da Grã-Bretanha e Irlanda do Norte, mas sempre poderia ganhar a vida decentemente, como escritor de viagens, dada sua jovial capacidade de generalização.

— Viaje em segurança — ele disse. Um fotógrafo aproximou-se e ele posou com a equipe. Quando tiravam a foto, ele disse ao flash cegante da câmera:
— Tem absoluta certeza de que devo fazer isso?
Os óculos da duquesa foram encontrados e a realeza seguiu para seu avião particular. Tinham um séquito de 26 pessoas, que incluía o chef particular do príncipe.

— Ao que parece, o príncipe não aprecia sua comida — falei, brincando com um homem que contou ter ajudado a organizar a visita real.

— Ah, Sua Alteza é muito exigente no que diz respeito às refeições — o homem disse, repentinamente melindrado e sério, como se recordasse de algo. — Foi uma tremenda confusão aqui, até encontrar os ingredientes para fazer o pão preto que o príncipe gosta de comer. Certas ervas. Mas finalmente conseguiram encontrá-las no mercado.

■ ■ ■

No dia seguinte tomei chá com o marajá Gai Singh II. O 38º Chefe Rathore de Marwar e marajá de Jodhpur tinha 58 anos, mas parecia mais velho, com a pele crestada pelas intempéries, como um velho guerreiro. Ele assumira o trono e o título de marajá aos 4 anos, com a morte do pai. Era conhecido por não ter pretensões. Podia descender de Surya, o deus do sol, mas preferia que todos os chamassem de Bapji — Papai Querido. Tudo bem. Os ingleses nunca se impressionaram com essas alegações de ancestralidade semidivina. Na época vitoriana o Real Conselho de Heráldica determinou: "O Aga Khan é considerado descendente direto de deus por seus seguidores. Os duques ingleses têm precedência."

Bapji aceitou que um setor do palácio Umaid Bhawan fosse transformado em hotel, um pouco na linha da aristocracia inglesa falida que abriu seus castelos e mansões. Transformou-os em museus e casas de chá, organizou excursões pelos jardins de rosas, reservas de caça e campos de croquet, permitiu que continuassem residindo numa das alas e pagassem suas contas. Com mão pesada, em emenda à constituição indiana, em 1969, Indira Gandhi confiscara as fontes de renda das famílias reais indianas. Em consequência, alguns marajás se tornaram empresários, outros, hoteleiros, e muitos venderam os bens familiares. Os comerciantes indianos de antiguidades sempre desembrulham adagas ou taças de cristal adornadas com insígnias, dizendo: "Da família real de Cooch Behar, senhor. Da coleção particular. Consegui adquirir um lote magnífico, senhor."

Bapji conquistara popularidade como membro do parlamento indiano e embaixador. Para levantar fundos ele se associou ao grupo Taj e abriu um hotel de luxo. Com o passar dos anos, o hotel decaiu bastante, mas depois foi restaurado e recuperou sua glória anterior. Era também uma espécie de zoológico morto — cabeças de tigre de presas enormes na maioria das paredes, leopardos empalhados em atitudes felinas em cima de colunas ou escadarias, búfalos, antílopes chifrudos, pares de presas de elefante gigantescas na sala de jogos e até nos apartamentos — troféus dos machos alfa juntando poeira, ao lado das fotos dos dias memoráveis: caçadores garbosos empunhando rifles e pisando com a bota nas cabeças de tigres e leopardos abatidos.

— Seja bem-vindo. Por favor, sente-se — Bapji disse quando entrei em seu escritório. Era um sujeito robusto, de traje tradicional do Rajastão, que parecia um pijama branco; a camisola comprida chamava-se *kurta*, e a calça justa, jodhpur, claro. Estava descalço. O aposento era um depósito de fotos da família, livros e arquivos, e na mesa de centro na minha frente, videocassetes de *Godzilla* e das séries da BBC *Grandes jornadas* e *Sim, senhor ministro*. A televisão mostrava um jogo de críquete em andamento e continuou ligada. Bapji acompanhava a partida com uma espiada de vez em quando, durante nossa conversa.

— As coisas estão mais calmas. Ficamos muito ocupados durante a visita real, como pode imaginar, embora fosse uma visita informal.

— Existe outro tipo?

— A visita formal. Neste caso, é bancada pelo governo. O príncipe tem apenas um dia de folga, a parte informal da visita formal, digamos. Mas neste caso, ele mesmo pagou a conta.

— Ele me pareceu bem animado.

— Está feliz. Ela também.

Tive a impressão de que Bapji e Charles tinham a mesma idade. Perguntei:

— Frequentou a escola com ele, por acaso?

— Estudei em Eton. Depois em Oxford, Christ Church. Fui o primeiro da família a ir para Oxford. Ele estudou em Gordonstoun — Bapji sorriu. — Um lugar sombrio, extremamente espartano. Teria sido mais feliz em Eton. Os filhos estudaram lá.

— Já conhecia a duquesa?

— Conhecia o irmão dela, Mark Shand. Ela tem uma irmã, Annabel. Mas eu não a conhecia ainda.

Um empregado trouxe chá e biscoitos. Perguntei a Bapji a respeito de seus ancestrais — se era verdade, como diziam, que a família descendia do deus do sol.

— É verdade, somos associados a Surya — ele disse. — Não existe uma adoração ao sol propriamente dita, mas deve conhecer a posição de ioga *surya namaskar*. Nossa família tem origem no *Ramayana*. Somos *kshattriya*, a casta dos guerreiros.

Era uma forma delicada de dizer: a família reivindica ser descendente de Rama, que é associado ao sol. Em contraste, Krishna é associado à lua.

— Isso tudo está documentado?

— Claro. Nossa história familiar foi bem-documentada. Meus ancestrais chegaram a esta região em 1211. Antes disso, o neto de Jai Chand reinava, de modo que nossa família possui vínculos com a família Rashstra Kuta desde o início do século X.

Ele falava de uma árvore genealógica com mais de mil anos, dos ramos às raízes.

— Eu me lembro de ter ido a um templo do sol.

— Existe um em Jaipur.

Situava-se no alto do desfiladeiro de Galta, perto de um templo que eu havia visitado fazia muito tempo, na periferia da cidade.

— Está jejuando para Navratri?

— Estou fazendo o possível. Jejuar depende da escolha. Algumas pessoas passam nove dias sem comer nada, só tomando água. Alguns fazem uma refeição. Outros comem frutas. E há rajastanis que matam uma cabra, como *prasad*, oferenda. Também oferecem álcool. Há quem beba, claro.

— Eu não sabia que cada um fazia um jejum diferente.

— Pois é o que acontece — ele disse.

— Espero que não se importe se eu anotar o que falou — falei. — Achei interessante.

Ele balançou a cabeça à moda indiana, como quem diz: tudo bem. Eu me dei conta do que havia de simpático nele, algo que o fazia soar confiável e nem um pouco pedante: era o cecear, uma ligeira alteração na fala, talvez pela pequena assimetria da mandíbula que o fazia parecer um menino, apesar do bigode farto.

— Cada comunidade atribui um valor especial a determinados alimentos. O que torna a pessoa forte e excitável é proibido aos brâmanes, pois pertencem a uma tradição ascética. Mas um sadhu pode fumar haxixe — ele ergueu o braço e fumou um baseado imaginário. — Mas não fuma *bhang*. Reduzem a pó e preparam milk-shakes chamados *thandhai*.

— O que vai na mistura?

— Leite, água, amêndoas e outros ingredientes. Além de *bhang*, claro. Vocês chamam de maconha, certo? Deixa a pessoa bem tonta.

— Gostaria de experimentar.

— Algumas pessoas começam a rir. Outras ficam amuadas — Bapji disse. — Comer ópio também faz parte de nossa cultura. Tornou-se um ritual no Rajastão ocidental. Era comum, no passado, comer ópio.

— Não há sanções religiosas, neste caso?

— Não. É uma tradição. Nós, os *kshattriyas,* podemos comer carne e beber álcool, embora dentro da casta *kshattriya* ocorram diferenças. Especialmente nas duas extremidades do espectro, por assim dizer. As castas altas numa ponta e as marcadas e tribais na outra.

— Pensei que o vegetarianismo fosse a norma — falei.

— No exterior imaginam equivocadamente que a maioria dos indianos é vegetariana. — Ele riu, descartando a ideia, e balançou os dedos dos pés. — Não é verdade. Um inglês realizou uma pesquisa. Descobriu que, no geral, há mais não vegetarianos que vegetarianos na Índia.

— E o senhor come carne?

— Sim, somos carnívoros! Caçar faz parte de nossa tradição. E existe o costume de sacrificar uma cabra na frente do templo. — Ele fez um gesto de degola, com uma das mãos. — Eu o vi na *puja* outro dia, no forte. O sacrifício da cabra era feito lá, há alguns anos.

— Há quanto tempo?

— Quando eu era menino — disse. Não fazia muito tempo, pois ele era de 1948. — Quando era pequeno, eu vi o sacrifício da cabra. Foi um grande choque para mim. Mas minha mãe disse: "Isso faz parte de seu crescimento. Se ver sangue o incomoda, não poderá ser um guerreiro."

Adorei sua sinceridade, a capacidade de conversar sobre qualquer assunto, o interesse em explicar as minúcias do uso de drogas e do sacrifício de cabras. Ele se debruçou, concentrado em novos detalhes.

— Há sutilezas, veja bem. Consta que a cabra, se não tremer, não pode ser aceita como sacrifício. O animal precisa sentir medo, estar adequadamente apavorado, permanecer imóvel, indicando de modo visível que sente medo. Caso contrário, eles a levam e colocam um anel em sua orelha. O animal é impuro.

Embora Bapji não tenha dito, mais tarde eu soube pelos peregrinos que nos templos de Kali — considerados muito sagrados —, em Calcutá e Gauhati, as cabras (sempre pretas) são decapitadas e sangradas em sacrifício, diariamente, chegando às vezes a 15 ou vinte animais. As carcaças depois são desmembradas, preparadas nas cozinhas dos templos e servidas aos pobres, com curry.

Atrás da cabeça dele havia uma estante com porta-retratos. Reconheci a Rajmata de Jaipur, em solteira Gayatri Devi, uma beldade em sua época. Rajmata significa literalmente rainha-mãe. Ela enfrentou muitas adversidades — não só a morte prematura do marido e do filho mais velho, como a detenção longa e vingativa, ordenada pela sra. Gandhi, por se recusar a aceitar mudanças arbitrárias na constituição. Fumante inveterada, famosa por ser conhecedora de uísque *single malt*, a Rajmata morava em Jaipur no mesmo estilo de Bapji, no anexo do imenso palácio.

Bapji explicou a conexão:

— A primeira esposa do marajá de Jaipur era irmã do meu avô. Pelo acordo, sua sobrinha também se casaria. Então, tia e filha — ou seja, a irmã do avô e a filha dela, deduzi — se casaram com o mesmo homem. A tia era oito ou nove anos mais velha que ele. Na época, sabe, ele só tinha 15 anos.

Eu me perdi um pouco na explicação, incerto quanto a datas, mas não importava, tamanha a complexidade do caso. Pedi-lhe que prosseguisse.

— O guardião inglês do marajá não permitia que morassem juntos. Ela saiu do quarto furiosa. "De que vale estar casada, se não posso dormir ali?" Ha-ha.

Ele se levantou, esticou as pernas. Caminhamos até a ampla sacada rosa com vista para os jardins do palácio e um pavilhão de mármore branco que brilhava ao longe, no meio do gramado verdejante.

Ele disse:

— Nasci neste palácio. Foi meu único lar. Qual a sua idade?

Contei-lhe.

— Parece mais jovem do que eu — ele disse.

Mas a vida dele fora mais movimentada que a minha, e não apenas por seu nascimento glorioso como descendente de Rama, pelos rituais rígidos, sacrifícios de cabras e o pressuposto profético de sua mãe, a marani reinante:

— Você tem de ser um guerreiro. — Ele se tornou marajá aos 4 anos, depois que o pai, aos 28, faleceu num desastre aéreo. Seu mundo principesco de privilégios veio abaixo por obra da sra. Gandhi. Aos 20 e poucos anos ele se tornou diplomata, alto-comissário indiano em Trinidad. E houve o acidente com o filho, um evento que o fez envelhecer.

Como se as tragédias não fossem suficientes, ainda havia o irmão instável — ilegítimo e ressentido —, responsável por várias tentativas de decapitar Bapji. Em certa ocasião o cineasta Ismail Merchant, que rodava um filme no palácio, estava presente e observou horrorizado quando o irmão enlouquecido invadiu um banquete, à noite, e ameaçou os convidados com uma espada. No final, relatava Merchant, o irmão louco e deserdado acabou sendo decapitado e esquartejado. Bapji parece ter lidado com tudo isso com tranquilidade.

— Acho que eu devia praticar ioga — Bapji disse, tocando a barriga coberta pelo *kurta*.

— Gostava da vida diplomática?

— Gostava. Eu me dava muito bem com os indianos de Trinidad. Eles mantinham o equilíbrio, assim como eu. Era como andar na corda bamba.

Mas eu lhes disse que não era o alto-comissário deles. Eram trinitários, entende? Deixei claro a todos que eu não rebateria no time deles.

Provavelmente o jogo de críquete na televisão despertou a lembrança e a metáfora.

— Meu predecessor era um senhor muçulmano idoso que escreveu um memorando dizendo que queria proibir os jogos de críquete entre a Índia e Trinidad, pois eles provocavam emoções muito fortes. — Ele riu, ao se lembrar do caso. — Um trinitário negro veio a mim e disse: "Queremos jogos de críquete! Queremos ver Gavaskar!" — um grande rebatedor. "O que acontece entre nós é problema nosso!"

Bapji parou de falar para acompanhar o final do jogo de críquete, e quando ficou claro que a Índia não seria derrotada, falou da tradição militar de seu estado. Louvado na Índia, seus feitos são ignorados no resto do mundo. O exército indiano se destacara pelo heroísmo nas duas guerras mundiais. Bapji explicou que numa batalha decisiva, em setembro de 1918, os lanceiros reais de Jodhpur lideraram a carga em Haifa, com os lanceiros de Hyderabad e Mysore a cavalo, surpreendendo e derrotando o exército turco-germano entrincheirado no monte Carmel.

— Eles avançaram direto sobre as metralhadoras. Morro acima: exímios cavaleiros, suprema coragem. Dalpat Singh liderou a carga, morrendo na ação. — Bapji gesticulava novamente. — Direto na linha de fogo. Claro, muitos morreram, mas eles mataram quatrocentos homens e tomaram Haifa. Eram muito corajosos.

Ele olhava através da janela para o imenso gramado atrás de Umaid Bhawan. Empertigou-se e torceu as pontas do bigode.

— Meu povo tem coragem. — E balançou a cabeça. — Heróis.

Ele quis saber por quanto tempo eu ficaria lá. Eu disse que logo mais iria para a estação, pegar o trem noturno.

— Verá meu avô lá.

Não estava sendo enigmático. Referia-se à estátua equestre de Umaid Singh, na frente da estação ferroviária de Jodhpur.

11   *Trem noturno para Jaipur*

Kapoorchand, um senhor sério de aproximadamente 60 anos, estava fazendo a mesma coisa que eu, e pela mesma razão. Residia em Jodhpur; precisava ir a Jaipur.

— O trem é melhor — afirmou, ligeiramente contorcido, sentado de pernas cruzadas em cima da cama. Ao me ver estendendo as cobertas, disse:

— Não faça isso. Deixe por conta do camareiro, eles têm responsabilidades. Arrumar a cama é função dele. Assim como acordá-lo no horário desejado. E deve trazer chá.

Seu tom revelava um homem capaz de explosões ardentes. Esperei pelo resto do pessoal. Mas, pelo jeito, seríamos os únicos no compartimento. Arrumei minhas coisas: garrafa de água, comida adquirida no hotel, caderno de anotações, a edição daquele dia do *Hindustan Times*, meu exemplar de *The Great Mutiny* e uma tabela de horários resumida da Indian Railways.

A tabela impressionou Kapoorchand. Ele disse:

— A gente nunca sabe se o avião vai decolar. E pode parar em Déli, em vez de Jaipur. Isso quando não passamos horas esperando. — Ele sorriu para a plataforma da estação de Jodhpur, através da janela. — O trem parte no horário. E chega no horário. Darei minha consultoria e pegarei o trem noturno de volta para Jodhpur.

Ele me entregou seu cartão de visita, no qual constava que era contador diplomado da firma Jain and Jain.

— Anda muito ocupado?

— Muito. Viajo pela Índia inteira, e sempre de trem.

Perguntei:

— Gauhati? — Ficava em Assam, bem distante.

— Já estive lá.

— E em Manipur?

— Também.

— Darjeeling?

A resposta foi sim para mais dez locais remotos que mencionei. Quando conversávamos sobre esses lugares distantes, um homem com uniforme de soldado entrou na cabine, deu boa-noite e começou a acorrentar sua mala à coluna do leito superior.

— Acha isso necessário? — perguntei. Enquanto eu falava, o apito do trem soou e a viagem começou.

— Uma precaução, por assim dizer — Kapoorchand falou, consultando seu relógio para abrir um sorriso satisfeito, pois o trem partira no horário previsto.

Quando o soldado subiu para o leito sobre minha cabeça — passageiros idosos, como eu, preferem a cama de baixo —, Kapoorchand me entregou uma corrente com cadeado que levava na mala de reserva. Mas eu não quis usá-la. Levava pouca coisa na mala e normalmente a deixava debaixo do travesseiro, pois continha meu passaporte, cartões de crédito, cadernos e cerca de 1.500 dólares em notas pequenas.

— Conhece a região de Jain? — Kapoorchand perguntou. — Sou jainista. Medito três horas por dia. E farei mais. Tenho dois irmãos que renunciaram ao mundo. Andam por aí. Não usam sapatos. Viajam muitos quilômetros juntos.

— Este tipo de vida o atrai?

— Muito, mas muito mesmo. — Ele era alto, simpático, grisalho, obviamente empresário. Os jainistas eram famosos tanto pelo tino empresarial quanto pela espiritualidade. Estava bem-vestido para um passageiro de trem, com camisa branca de manga comprida engomada e calça azul; exibia um relógio caro. Declarou que também gostaria de renunciar ao mundo. — Farei isso em cinco ou seis anos. Serei um andarilho. E poderei me conhecer.

— Onde vai morar?

— Vou morar em minha alma.

Ele me deu um panfleto jainista chamado *Fraternidade Universal*, que folheei enquanto ele comia sentado o que trouxera numa pequena caixa. O panfleto continha muitos conselhos sábios — humanismo, solidariedade, fazer a coisa certa. Li um pouco, folheei o jornal, escrevi minhas notas sobre o Bapji. O soldado roncava; a noite havia caído, embora não fosse tarde. Kapoorchand parecia ansioso para discutir a vida da alma. Talvez por ele ter acabado de comer, falou sobre os aspectos espirituais do alimento.

— Cebola e alho são os piores — disse. — Fomentam o desejo por sexo. E despertam a raiva.

— Eu não sabia disso.

— Um amigo meu, quando viaja sem a mulher, nunca come cebola. — Ele enumerou com os dedos vários vegetais. — Cenoura. Raízes. Não como, pois mata a planta viva. Só como a parte de cima.

— Batata?

— Algumas pessoas comem. Para mim, não serve. Muitos seres vivos podem ser encontrados numa batata.

— Vivos? Como assim?

— Bactérias, bolor. Por que devem morrer por mim?

Por esta razão muitos jainistas costumam usar máscaras, evitando inalar pequenos insetos que estejam voando perto de sua boca, e agitam a superfície da água para afastar os seres vivos — Quais? Insetos Aquáticos? Larvas de mosquitos? — antes de beber. Era uma interpretação ao pé da letra do mandamento Não Matarás: não devemos matar nada, vale inclusive para bolor e moscas.

— Fruta tudo bem, mas... bananas são perigosas. Depende do momento no dia. — Ele ergueu um dedo de alerta. — Banana é ouro de manhã, prata de tarde, ferro de noite. Não devemos comer bananas de noite. Nem tomar iogurte, embora ele seja benéfico pela manhã.

— Mas a comida indiana é bem condimentada — falei.

— Não é benéfico. Pimenta e picles despertam a raiva. Amplificam a natureza cruel.

Percebi que ele estava gostando de me informar, pois há um monte de detalhes em cada aspecto da vida indiana — o fardo onipresente do dogma, das restrições, lições e distinções — que deixam os indianos falando sozinhos. Sua motivação parece pedante, não querem convertê-lo e sim exagerar a ignorância que o outro tem da vida.

Comi um pouco do que eu tinha levado, lhe oferecendo. Ficou confuso, mas aceitou. E disse:

— Estou envergonhado. Não lhe ofereci nada, pois estava escrevendo. E agora você me convida. Foi um erro meu. Você deu um bom exemplo.

— É um elogio.

— Aperte minha mão — Kapoorchand disse subitamente. Estendi o braço até o meio da cabine do trem que sacolejava e fiz o que ele pediu. Ele disse: — Você é generoso. Bom. Tenho muitas teorias sobre o aperto de mão. Se fizer assim — ele estendeu a mão mole —, não é generoso. É vigarista. Ou pode significar que você só tem filhas. Apertei a mão de um homem certa vez e perguntei a ele: "Quantas filhas?" Ele disse: "Três." Depois falou: "Por que não perguntou a respeito dos filhos?" — Kapoorchand fez uma pausa, para que eu saboreasse o momento. — Eu respondi: "Por que você não tem filhos." O sujeito ficou perplexo. "Como sabe?"

— Qual foi a resposta?

— O aperto de mão. Fraqueza. Esperma fraco não faz filhos.

— Tem outras teorias? — Eu me lembrei de que ele era contador diplomado e de que ia para Jaipur passar o dia examinando os lançamentos nos livros de uma empresa.

— Sim, muitas. Quem vive com raiva mas não a põe para fora acaba doente. Muitos morrem de câncer. Seguram a raiva dentro do corpo, e isso os mata.

— Provavelmente.

— Tem alguma teoria, senhor Paul?

— Defendo a teoria de que nenhuma casa deveria ser mais alta do que uma palmeira.

— Isso é bom. Tenho um *haveli* a certa distância daqui. Um lugar de tamanho modesto.

— Também tenho a teoria de que nada importa.

Kapoorchand olhou para mim com ar desanimado.

Sentindo que eu o chocara (estava simplificando algo que Leonard Woolf havia escrito), falei:

— E por vezes noto que um homem, ao olhar para a gente e contar uma mentira, costuma tocar os olhos ou a face.

— Isso mesmo! — Kapoorchand disse. — Há mentira demais no mundo. Outra razão para eu me tornar sadhu. Meus irmãos fizeram isso. Meu pai virou santo. — Ele abriu a carteira e tirou uma foto pequena desbotada. — Eis seu retrato.

Mesmo desbotada e em preto e branco, dava para ver na foto um homem de rosto gentil, barba grisalha e turbante branco na cabeça.

— Primeiro, ele esperou alguns anos. Quando viu que eu estava encaminhado, disse que se tornaria santo. Viveu 15 anos como santo.

— E como ele fez?

— Ele veio falar comigo. Disse: "Tome conta de sua mãe." Obedeci. Continuo obedecendo. Em seguida ele renunciou a todas as coisas mundanas. Desistiu dos sapatos, só andava descalço. Dormia no chão. Não possuía nada. Tornou-se um sadhu, um homem santo. Andava por aí, descalço. Usava roupas simples, dormia em ashrams, ia de um lugar para o outro a pé, chegava a caminhar 15 quilômetros num dia. Não podia me visitar, mas eu podia visitá-lo, se permitisse.

— Ele era feliz?

— Muito feliz.

E Kapoorchand explicou que outro ramo dos jainistas, a seita Digambara, renunciava também às roupas. Viviam no mato, pelados, apareciam em público a cada 12 anos apenas, para o grande encontro espiritual chamado Kumbh Mela, quando tomavam banho no Ganges e em outros rios.

— Você mencionou que meditava.

— Três horas por dia, pela manhã. Recito os preceitos jainistas. Faço orações.

— Diga uma. Quero anotar.

Ele disse, ou melhor, entoou:

> Perdoo todos os seres.
> E que todos os seres me perdoem.
> Tenho amizade por todos eles.
> E ressentimento por nenhum.

Depois disso ele dormiu, e enquanto escrevia, pensei: este homem é o companheiro de viagem perfeito.

■ ■ ■

Encontrei a estação de Jaipur cheia de gente no meio da noite, embora na Índia seja difícil distinguir viajantes de ocupantes. Mesmo de madrugada havia gente conversando e tomando chá sob as luzes ofuscantes, grupos familiares em volta de caçarolas cheias de comida, pessoas dormindo em pilhas, estendidas feito múmias ou cadáveres ensacados. Outras discutiam por causa das passagens, e o raiar do dia ainda demoraria.

— Chame um carregador — foram as palavras de despedida de Kapoorchand.

Eu o deixei em sua árdua busca da virtude. Não precisava de carregador. Precisava de táxi. Um grupo de motoristas e atravessadores, puxando a manga da minha blusa, me acompanhou até a saída, escolhi o mais idoso, supondo que fosse o mais confiável, e combinamos a tarifa antes de eu entrar em seu carro velho. Ele seguiu noite adentro e manteve a palavra. Mesmo naquela hora tardia fui bem recebido no hotel, com um copo de suco e um quarto aconchegante; dormi profundamente.

Eu já havia me hospedado naquele hotel antes, o Rambagh Palace, mas antigamente era mais simples, um imenso palácio de ecos e mármores. Pela manhã percebi que agora era um lugar luxuoso.

— Não vi a parte interna de uma estação de trem, nem andei de trem ou ônibus até quase os meus 20 anos — contou-me uma senhora indiana no Rambagh Palace.

Ela tinha 40 e poucos anos, era uma senhora educada, de boa família, que sempre fora à escola em automóvel com chofer.

— Nunca vi uma pessoa pobre. Nem um cortiço. Nunca usei transporte público. Não sabia comprar a passagem. Ia de casa para a escola, da escola para casa; era a rotina. Um dia me rebelei. Tinha 17 ou 18 anos. Disse ao motorista: "Vou a pé para casa." Ele me seguiu, de carro. Sentia medo de mim, temia o que meu pai poderia dizer. Mas, caminhando para casa, e depois andando de trem, finalmente vi como a Índia realmente era. Fiquei muito chocada. Ignorava completamente a existência de pobres na Índia.

No mercado e nas lojas de antiguidades de Jodhpur eu havia visto quadros com a técnica de pintura no verso dos vidros que me atraíram, e um deles me encantou. Era a pintura de uma garota indiana *nautch* — uma dançarina — capturada num movimento sinuoso, intencionalmente provocante, que deve ter sido pintada na segunda metade do século XIX, com caracteres chineses em preto, a pincel, no verso da placa de madeira, em moldura maltratada. Não o avaliei. Fiquei impressionado, creio que me apaixonei. Era uma sensação antiga.

O instinto de colecionador, que é também um apetite poderoso, começa quando vislumbramos algo singular e abrimos um sorriso de reconhecimento. A técnica de pintura no verso do vidro, criando efeitos visíveis pela frente, tinha origem na Europa (uma versão mais barata e rápida do vitral); mas o estilo daquele quadro era chinês, o tema secular e inusitadamente sensual. Os europeus do século XVIII introduziram aquela técnica na Índia, onde floresceu. Os chineses haviam aprendido a pintar no vidro desta forma com os jesuítas, na China, na mesma época ou anteriormente, e alguns artistas chineses itinerantes acabaram chegando à Índia, onde produziram muitos quadros seculares como aquele. Foram feitos retratos da realeza, de dançarinas e cenas do *Ramayana*, e os artistas indianos começaram a criar suas obras em vidro — no caso, de Krishna e Shiva, Ganesh e Hanuman — em cores mais fortes, com detalhes em ouro e prata.

O que me encantou foi que essas pinturas, embora estupendas, não eram tesouro no sentido clássico, nem muito populares entre os colecionadores endinheirados, mas apenas objetos apreciados em lares humildes, criados por uma mão individual, por alguém com entusiasmo e visão.

Comprei o quadro da moça *nautch* (provavelmente pintado por um artista chinês em Gujarat) e fui procurar mais. Não foi fácil localizar outros, mas a variedade encontrada me encantou — religiosos, míticos, eróticos — e também os lugares inesperados em que estavam.

Viajar com a cabeça em quadros de vidro, digamos (poderia ser cerâmica, tecidos artesanais, brincos tribais, adagas de Deccan ou o bestiário de alças de latão fundido para palanquins), poderia render um estudo amador do assunto, bastava circular pelos bazares. Outro prazer em passear pela Índia é a visita descompromissada a antiquários, mercados e museus, onde se pode conversar com mercadores, colecionadores e especialistas. Depois de ver centenas de quadros, alguns empoeirados, outros rachados, tirados de gavetas, armários e sótãos, a gente desenvolve o olho clínico, consegue distinguir o verdadeiro da imitação, o bom da falsificação apressada.

No sótão apertado no bazar de Jaipur, perto da fachada rosada do Hawa Mahal e suas inúmeras janelas — o Palácio dos Ventos —, o sr. Kailash me mostrou alguns quadros em vidro. Estavam abandonados, sujos e rachados demais para não serem genuínos, mas quando mencionei as rachaduras, o sujeito resolveu me esnobar.

— Como no corpo humano, sar. A gente tem pés, tornozelos, joelhos e cotovelos, tudo grudado, e tudo separado. Não é mesmo, sar?

— É verdade — falei.

— Deus nos fez assim — Kailash Sahib disse, erguendo o quadro até a altura do meu rosto. — Este quadro é como um corpo. Precisa do quê? De uma operação, isso mesmo! É normal, sar. Uma imagem rara. Sem rachaduras custaria centenas de milhares de rupias, e este aqui está bem barato.

Comprei o quadro depois de barganhar um pouco, e Kailash Sahib ficou de enviá-lo para mim em poucos meses.

— Teve sorte de encontrar uma pintura tão boa. Por favor, assine o livro de visitas.

Assinei o nome e escrevi: *Negociamos. Os dois ganharam.*

— Tem sorte também por hoje ser o primeiro dia do festival de Gangaur. Ao sair daqui, verá a procissão. Vá ao palácio da Cidade, vai ser maravilhoso.

O festival de Gangaur comemora a união de Shiva e Parvati, cuja felicidade matrimonial serve de inspiração aos casais indianos, pois "faziam amor de modo tão intenso que sacudiam o cosmo, assustando os deuses". A celebração duraria 18 dias no mês de Chaitra (março-abril). Muitos festivais indianos eram tão ruidosos e desorganizados quanto outros aspectos da vida indiana, por isso era difícil para um estrangeiro como eu saber quando a festa realmente começava ou terminava. A boa notícia em relação a este festival era o desvio de carros e caminhões do roteiro da procissão, de modo que o cortejo pudesse passar pelo palácio dos Ventos, pelo antigo observatório e pelas ruas e alamedas da cidade cercada por muralhas.

Quarenta elefantes, estampados com flores e símbolos hindus de giz colorido, foram cobertos com panos vermelhos, e lenços de seda ondulavam de suas presas. Através das saias esvoaçantes dava para acompanhar os movimentos sensuais e o balanço dos quadris das dançarinas; um rapaz com pernas de pau andava a 4 metros do chão; um conjunto tocava música indiana sincopada, com metais estridentes; carros de boi carregavam canhões; quatro camelos exibiam metralhadoras nas corcovas. Landaus e outras carruagens decoradas levavam flautistas, depois passaram cavalos adestrados, mais elefantes, dançarinas, bandas e finalmente um palanquim com a imagem de Parvati ("a que se abriga nas montanhas") sobre ele.

As pessoas jogavam moedas para a imagem e para os carregadores do palanquim, que era uma liteira com 3 metros de comprimento. Segurando cada uma das quatro enormes alças havia dois homens. Eles tentavam proteger a cabeça da chuva de moedas, e assim que eles passavam, as moedas que caíam no chão depois de bater na cabeça de Parvati e dos carregadores eram disputadas — outra cena grotesca da multidão: os adultos empurravam as crianças para apanhar as moedas no chão.

Foi então que me afastei e saí andando com o resto da multidão dispersada pelas ruas fechadas ao trânsito de veículos. Parei e tomei uma cerveja Kingfisher, enquanto o frescor da tarde chegava. Numa rua larga vi uma farmácia, comprei vitaminas e um frasco de pílulas para dormir, mais algumas cápsulas para a gota que ocasionalmente me atormentava — custo total de 170 rupias, 4,20 dólares. Raramente pedem receita na Índia, e os remédios são mais baratos que os doces.

Mais um quilômetro e um riquixá motorizado parou ao meu lado. O condutor disse:

— Entre, sar. Vou levá-lo para casa.

■ ■ ■

"Anoitecia, os prédios amontoados na garganta de Galta escureciam. Um macaco guinchou e saltou para o galho da figueira-de-bengala bem acima da cabeça do sr. Gopal, entortando o galho para baixo, que ao descer fez um ruído de abanador. Entramos pelo portão, cruzando o pátio para chegar aos prédios arruinados, com afrescos coloridos de árvores e pessoas na fachada. Alguns haviam sido cobertos por pichações indecifráveis e desenhos; painéis inteiros foram removidos com cinzel... Nas paredes decoradas do templo, cheias de cartazes, desfiguradas a cinzel, sujas de urina e rabiscadas com enormes textos no alfabeto devanágari, anunciando empresas de Jaipur, havia um aviso em esmalte azul, alertando os visitantes em híndi e em inglês que era 'proibido profanar, defecar, marcar ou danificar de qualquer forma as construções'. Até o aviso fora atacado: havia lascas no esmalte — parecia estar parcialmente carcomido. Mais adiante, o calçamento de pedras se transformava em um caminho estreito e depois numa escadaria íngreme, talhada nas paredes rochosas do desfiladeiro. No alto, havia um templo em frente a uma piscina de água negra e imóvel..."

Este parágrafo, copiado sem alterações de *O Grande Bazar Ferroviário*, não precisaria de aspas, pois pouca coisa havia mudado no templo dos macacos, na garganta de Galta, nesses 33 anos transcorridos desde minha última visita. Ampliado, continuava em ruínas, parecendo muito antigo: era assim o estilo indiano. Em vez do sr. Gopal, quem estava comigo era Mohan. Ele queria me mostrar uma imagem milagrosa que aparecera na face rochosa de um templo escavado no alto.

Uma nova piscina fora escavada, agora havia duas, uma para homens e meninos, e a mais recente, a *zenana*, somente para mulheres usando sári, por uma questão de recato, embora ensopados e grudados ao corpo provocassem o efeito oposto ao desejado. Elas brincavam entre as meninas nuas de 6 ou 7 anos. Os dois tanques estavam cheios de água fétida, onde os romeiros se banhavam, mergulhavam e bebiam — mais parecia um dia quente na piscina pública do que uma visita ao templo sagrado; os meninos riam e jogavam água nos outros, mergulhavam, nadavam e tomavam banho debaixo do jato de água que saía da boca de uma vaca esculpida em mármore.

Ao me ver escrevendo no caderno, um dos meninos pequenos saiu do tanque e disse:

— Por favor, sar. Dê a caneta.

— Por que deseja a caneta?

— Estou na escola, sar.

Eu lhe dei uma caneta barata de reserva, ganhada no hotel, e subi a escada, seguindo Mohan.

— Macacos — falei. — Odeio macacos.

— Macacos sagrados — Mohan disse, como se fizesse alguma diferença quando arregaçavam os dentes para mim. Décadas atrás pensei que fossem babuínos, mas eram macacos resos, grandes e pequenos, com pelagem sarnenta imunda e olhos maldosos. Certa vez, vendo macacos assim, Paul Bowles escreveu que "seus traseiros lembram um pôr do sol de calendário de quitanda".

O templo do deus macaco ficava num abrigo parecido com uma caverna, no alto da garganta. Subi, como havia feito anos antes, e, ao ver um sacerdote agachado ali perto, deixei a caneta e o caderno do lado de fora — talvez fosse sacrilégio levar meu material de trabalho ao interior do templo.

Mas assim que entrei ouvi:

— Sahib! Sahib!

O macaco maior havia roubado a caneta e o caderno. Gritei, a criatura deixou cair o caderno, mas parou a uns três metros de distância e começou a mascar a ponta de borracha da caneta.

Joguei amendoins para ele, que largou a caneta e foi catá-los.

— Bom carma — Mohan disse, referindo-se à comida que dei ao macaco, e me mostrou a tal mancha na parede do templo. — A imagem de Hanuman é um milagre. Como pode ver, surgiu naturalmente na rocha.

A parede irregular da pedra, supostamente a cabeça e os ombros de um macaco, fora marcada com tinta cor de laranja.

— Tem 600 anos — Mohan disse. — Ou mais.

Pela altura, pude ver que Galta estava muito maior do que antes; o que não passava de um santuário empoeirado numa ravina era agora um imenso complexo de templos. Acima de tudo, no alto, havia o templo do sol, para os devotos de Surya. Cuspir e jogar água — explicitamente proibidos antes, numa placa cômica — agora eram tolerados, assim como a gritaria e a natação nos tanques, e a visão das mulheres com sáris molhados e meninas nuas rindo na beira da piscina feito fadinhas da água.

Quando passei por elas, as mulheres lançavam pratinhos flutuantes, todos carregando velas acesas — na crença hindu, um *deepak*, ou chama sagrada — enquanto uma garça marrom e branca percorria uma plataforma baixa, enfiando de vez em quando o bico na água.

— Hanuman é o meu deus — explicou Mohan. — Faço *puja* todos os dias no meu templo, antes de sair para o serviço. E minha mulher também. E minha filha.

Os indianos se orgulhavam das mudanças em seu país. Era moderno, mais rico: "Até os puxadores de riquixá têm celular" e tudo o mais. No entanto, na garganta de Galta eu me dei conta de que nada havia mudado. O lugar estava maior e tão sujo quanto antes; mais gente, mais macacos, as mesmas devoções.

E então, um dia, depois de almoçar em Jaipur, resolvi ir embora. Graças ao trem, isso era fácil. Fui até a estação, onde o trem me esperava. Subi. O trem partiu. Eu simplesmente evaporei.

12 Trem noturno para Mumbai:
O expresso "super-rápido"

O adorável centro de Jaipur é o que o turista vê, uma cidade rosa e principesca, de templos e palácios — elefantes pintados, um forte maravilhoso, tudo empoeirado, mas lindo, como as mulheres rajastanis envoltas em sedas sensacionais e véus debruados com fio de ouro. O passageiro do trem, entretanto, vê uma Jaipur diferente e começa a perceber a verdadeira dimensão da cidade. Ela se estende até o horizonte, abriga 3 milhões de pessoas, em sua maioria residentes em casas térreas ou sobrados. Trinta minutos depois de sair da estação, passando o aeroporto, ainda percorríamos o subúrbio de Sanganer, um dos mais distantes, uma área decrépita e mesmo assim cheia de templos, cuja entrada é um portão triplo. Poucas horas depois o trem atravessava uma planície amarelada, lisa e seca até onde a vista alcançava, com árvores dispersas. Parte havia sido arada, aguardava a semeadura, e rebanhos de cabras pastavam na grama. Na realidade, era uma extensão imensa de campos abertos. Nesta nação de mais de um milhão de habitantes, o vazio completo.

"Super-rápido" talvez seja um termo incorreto para aquele trem — 18 horas de viagem, saindo de Jaipur às duas da tarde para chegar a Mumbai às oito da manhã seguinte —, mas o eufemismo servia de consolo. Eu precisava atualizar minhas anotações, e *The Great Mutiny* me arrebatava. Distância percorrida: uns 1.100 quilômetros.

O sr. Gupta, meu companheiro de cabine, estava sendo transferido para Mumbai pela companhia telefônica em que trabalhava.

— A transferência foi inesperada e muito estressante. Peguei o trem porque precisava descansar um pouco — o sr. Gupta contou. — Os aviões são problemáticos. A gente corre, depois espera. Por vezes o avião fica sobrevoando o aeroporto por meia hora. Ridículo.

— Tem onde ficar em Mumbai?

— Vou passar o primeiro mês num hotel. Depois que conseguir uma casa, minha mulher e meus filhos virão. — Enquanto falava, ele telefonou para a esposa e, quando desligou, quis saber: — O que acha da Índia? Muito simpática?

— Sim, claro. Nenhum problema.

— Estamos em Sawai Madhopur. Há um santuário para os tigres perto daqui, em Ranthambore.

"Santuário" não passava de eufemismo, soube depois: cerca de vinte tigres, e a população diminuía por causa da caça ilegal. Antigamente a área era reserva de caça privada dos reis de Jaipur, e muitos animais acabaram empalhados, presos nas paredes ornamentadas do palácio Rambagh e do forte Amber.

Entramos numa região de morros alongados e irregulares, marrons, secos, sem árvores, na borda dos vales cultivados. Mulheres com lindos sáris amarelos e alaranjados cuidavam de hortas com enxadas pesadas. Carregavam bilhas de água na cabeça, como antigas águas-tintas, caminhando com graça imponente por caminhos estreitos, passando por cabras e galinhas.

No final da tarde, grupos de pessoas se reuniam nos trigais para a colheita, algumas se abaixavam para cortar as hastes, outras as atavam em maços — nem sinal de qualquer intervenção mecânica. Tudo parecia antigo. Embora estivéssemos a poucos quilômetros do entroncamento de Kota, os vilarejos estavam entre os mais simples que eu tinha visto na Índia. Uma cidade industrial que possuía uma usina nuclear a pouca distância, Kota era bem moderna e extremamente poluída (do guia: em 1992 "os níveis de radiação estão bem acima dos limites 'seguros'"). Fazia parte do panorama: uma longa tarde quente na Índia rural, com direito a arados ancestrais, trigo colhido com as mãos, bilhas de água tirada do poço comunitário, tudo perto de uma usina nuclear com vazamento radioativo.

Logo estávamos entre arados e colheitas, e, ao entardecer, entre um grupo de trabalhadores em postura de *puja*, numa versão indiana do *Ângelus* de Millet.

O sr. Gupta falou:

— As pessoas trabalham duro aqui.

Passamos por um homem que arava.

— Eles olham para o futuro — falei. — "Nenhum homem que, tendo posto suas mãos no arado, olhar para trás é digno do reino de Deus."

— Quem disse isso?

— Jesus, na Bíblia.

— Muito bom.

A noite caiu nos vales amplos, aqui e ali se via uma vela brilhar nas cabanas. Um vendedor de comida entrou na cabine e me ofereceu uma refeição vegetariana especial por 45 rupias — um dólar. O sr. Gupta e eu compramos uma bandeja cada um. Enquanto comíamos e conversávamos, outro passageiro entrou e ocupou um leito superior. Era vendedor de xales, a caminho de Mumbai para tirar pedidos.

O telefone do sr. Gupta não parava de tocar.

— Com licença. Lamento incomodar, mas minha filha menor, de 4 anos, sente muito a minha falta. Preciso conversar com ela.

Ele falou mais três vezes com a menina antes de dormir. Mais um rapaz da província a se unir aos 20 milhões de habitantes de Mumbai.

Li *The Great Mutiny* à luz de leitura ao lado da cama, depois peguei no sono, mergulhando em sonhos inspirados pelo motim, com distúrbios sangrentos, fanatismo religioso, vingança e anarquia.

Pela manhã, o sr. Gupta e o vendedor de xales levantaram e arrumaram suas coisas. Desceriam em Santa Cruz, enquanto eu continuaria até o fim, o centro da cidade.

■ ■ ■

Os carreiristas frenéticos de Mumbai não paravam de falar sobre o progresso contínuo da cidade, como se o abandono do antigo nome, Bombaim, significasse a fundação de uma nova cidade. Seu orgulho obtuso era esquisito num país encantado com seu passado, obcecado com sua complexidade, onde a nostalgia era a paixão dominante. Mas os indianos que ansiavam em participar de um mundo maior somavam mais de um bilhão — e não apenas em participar, mas fazer com que o mundo tivesse uma opinião favorável a seu respeito, se impressionasse com sua história, sua natureza moralizante e investigativa, seu prazer incontrolável pela verborragia, o amor pelo bombástico e pelo sentencioso, e com a duradoura singularidade de seus costumes: como evitavam matar uma mosca, como adoravam *lingams* ("É o pênis, sar."), como bebiam água do rio-mãe, o Ganges, como perdoavam a deusa Lakshmi para adquirir riquezas, como aprovavam a prática de queimar viúvas, a sati, e os casamentos arranjados, enquanto simultaneamente descreviam seu progresso nos fundos de hedge, software de computador, reatores nucleares e astrofísica.

— Este é meu marido, Arun — disse uma indiana mais tarde, em Mumbai, com os olhos desafiadores e brilhantes. — Não foi um casamento por amor. Nossos pais o combinaram. Mal nos conhecíamos. Somos muito felizes. Temos três filhos. Vamos arranjar casamentos para eles, um dia. Depois de consultar os astrólogos, claro.

Ela estava se exibindo, tentando me seduzir. Eu estava a ponto de dizer: "Curioso, conheci minha esposa num bar", quando o marido começou a se gabar do modo como a Índia liderava as aquisições e fusões corporativas no setor siderúrgico internacional. Preferi não dizer: "E nem precisa contratar analistas de mercado, tendo à disposição videntes e astrólogos, né?"

Mumbai era o orgulho da Índia, representava tudo o que gostaria que o mundo admirasse. Percebi que a cidade crescera. Os limites se estenderam por quilômetros. Na minha primeira visita, estavam perto de Mahim; agora encontravam-se a 20 quilômetros adiante, em Thana e Mahisa. Mas Mumbai, a magnífica, também abrigava a maior favela da Ásia. Quem ia do centro aos subúrbios de Mumbai passava horas em ônibus e trens. Os dois aeroportos haviam sido superados pelo desenvolvimento, de modo que sua proximidade do centro de Mumbai distorcia o tamanho da cidade, que se espalhava para norte e para leste, em subúrbios imensos, de casas baixas, que iam dos barracos da periferia ao distrito dinâmico de Colaba, com edifícios altos, igrejas e prédios da administração municipal na peculiar arquitetura indo-sarracena governamental, jocosamente apelidada de "gótico desapontado".

— Quando voltei a Mumbai, na semana passada, vindo de Nova York, vi que haviam erguido um novo prédio — disse um empresário norte-americano. — Não é nenhuma Xangai, mas cresce depressa. Basicamente, um edifício novo por semana, pelas minhas contas.

A gente leva um choque ao viajar do interior — principalmente se vem das províncias desertas do norte — para a maior cidade da Índia, uma das maiores do mundo. Das planícies amareladas pontilhadas por vilarejos empoeirados até aquele porto enorme, entupido de gente, cheio de carros buzinando nas ruas estreitas. A população oficial é de 17 milhões; a extraoficial chega a 20 milhões e continua crescendo; como é muito quente, grande parte da vida transcorre fora de casa, inteiramente visível, fazendo com que Mumbai seja uma espécie de cidade sem paredes.

— Os estrangeiros chegam e só sabem falar nos pobres — uma mulher indiana disse a mim. — E quanto aos pobres dos países deles? Existem muitas coisas na Índia além de pessoas pobres.

Verdade. Mas existe um número excepcional de pobres na Índia. As estatísticas indianas, como os números referentes à China, são estupendas e incompreensíveis. Quando um indiano diz, como me foi dito, "Há 250 milhões de indianos de classe média, o que é ótimo, e 400 milhões vivem abaixo da linha da pobreza", como reagir? Há duzentos anos o aforista francês Chamfort descreveu Paris como "uma cidade de diversões, prazeres etc., na qual quatro quintos dos habitantes morrem de vontade". Pode-se dizer o mesmo de qualquer cidade indiana.

Se desviamos o olhar do novo hotel ou do novo centro de atendimento, a Índia continua tão pobre quanto antes. Lembrei-me do comentário de V. S. Naipaul em *An Area of Darkness* (Uma área de escuridão), de 1964: "A Índia é o país mais pobre do mundo. Portanto, ver sua pobreza é fazer uma observação sem valor." Mas isso não traduz mais a verdade.

Seria mais verdadeiro dizer que a pobreza na Índia de hoje representa um tipo perverso de riqueza: meio bilhão de pessoas ganhando um dólar por dia produz os excedentes agrícolas da Índia; empregados mal pagos formam a força de trabalho do setor de alta tecnologia. A economia indiana inteira é movimentada pelos pobres, por baixos salários e, claro, por uma ética do trabalho tremenda, que na Índia é instrumento de sobrevivência e instinto. "O alto nível de vida de que desfrutamos na Inglaterra depende de manter o império sob controle rigoroso", Orwell escreveu. "Para a Inglaterra viver no conforto, 100 milhões de indianos precisavam viver no limite da desnutrição." O desespero dos moradores pode ser chocante: quando Naipaul visitou um *chawl*, ou cortiço, para um livro posterior — *India: A Million Mutinies Now* (Índia: um milhão de motins agora), de 1990 —, ele escreveu: "Fiquei tão desmoralizado, tão chocado, quase sofrendo de dor de estômago com o cheiro na entrada, com o lixo molhado misturado, com os gatos e suas crias procurando comida no pequeno pátio, e depois, na passagem subitamente escura, pelo cheiro quente e espesso, que grudou na minha garganta, dos ralos obstruídos..." E assim por diante, nos mínimos detalhes. Ele ficou chocado, atônito, quase abalado com o que viu, e pelo jeito mudou de ideia quanto à discussão da pobreza na Índia. Mas foi um dos poucos escritores-viajantes que em livros subsequentes sobre a Índia refizeram seus próprios passos.

Ao contrário dos pobres na Europa, na América do Norte ou mesmo na China, os pobres na Índia são uma presença constante. Onde mais as pessoas erguem barracos de plástico na calçada de uma rua principal? E não um ou dois, mas uma série de barracos e cabanas? Eles moram nas estações de trem, dormem nos portais, se escondem debaixo das pontes ferroviárias e rodoviárias. Fazem isso por segurança e conveniência também, uma vez que não são parasitas nem vagabundos, e sim trabalhadores mal pagos, muitos dos sem-teto têm emprego em Mumbai. Entre os mais pobres estão o povo Koli, descendentes dos habitantes originais (a cidade tirou seu nome da deusa protetora da cidade, Mumbai-Devi). Muitos dos Kolis são pescadores que vivem na beira do mar, em barracos precários, perto de um dos bairros mais valorizados de Mumbai.

Deparando-se com uma pobreza não óbvia e inevitável, o estrangeiro por vezes chora, até aprender o truque indiano de olhar apenas para o fundo, onde se vê a silhueta dos novos prédios. Enquanto eu estava em Mumbai, a prefeitura lançou um "programa de erradicação de barracos e tendas das ruas e calçadas". No primeiro dia, mil habitações precárias foram derrubadas e os moradores dispersados. Numa manhã, mais de 6 mil pessoas ficaram desabrigadas.

— Para onde vamos? O BMC* derrubou nossas casas — disse uma das vítimas.

"Nossas casas" é uma expressão interessante. As estruturas eram feitas de galhos, gravetos, madeira de demolição, corda, plásticos de cobertura com fita adesiva, pano, papelão, madeira compensada, lona gasta; todos possuíam uma lamparina trêmula e um fogão improvisado.

Os sem-teto se estabeleceram com tanta firmeza em todas as cidades indianas que seus acampamentos aparentemente improvisados são enganosos como ninhos de pássaros, por causa da camuflagem, além de densos e complexos como eles. Aquelas pessoas possuem equivalentes em todas as grandes cidades do mundo. Como uma senhora indiana me disse: "E os pobres do seu país?" Certo. Nova Orleans é um exemplo vívido de um lugar onde os pobres se escondiam ou não podiam ser abordados. Parece que ninguém sabia de sua existência ou o que fazer com eles, até que a inundação provocada pelo furacão Katrina os expulsou de suas casas.

Há um livro de viagem deprimente a ser escrito sobre os pobres dos Estados Unidos. O problema é: como penetrar em seu mundo? O livro é quase impossível de escrever, exceto por alguém que realmente viva num lugar pobre — embora viver num cortiço não signifique um visto de entrada para conhecer ou visitar outro. Os pobres norte-americanos moram em lugares perigosos; por paranoia, proteção, negligência da polícia ou ameaças das gangues, eles conseguiram driblar esses perigos por conta própria, isolando-se das autoridades, dos estranhos ou de qualquer pessoa curiosa que costuma ser considerada inimiga (e com razão). Nunca vi uma comunidade na Índia que fosse tão desesperançada, hermética em sua miséria, explícita na atmosfera ameaçadora, triste e hostil como a de East St. Louis, em Illinois, a cidade decadente que se ergue do outro lado do Mississippi, oposta à próspera St. Louis do Missouri. Contudo, posso imaginar que muita gente da St. Louis rica choraria ao ver a pobreza indiana. Eles não ousam cruzar seu próprio rio para ver a decadência complacente e a miséria da outra margem.

Os indianos pobres são acessíveis, conversam, frequentemente são simpáticos e amigáveis e, de modo geral, inofensivos. Ninguém poderia viajar entre

---

* Brihanmumbai Municipal Corporation (Corporação Municipal da Grande Mumbai)

os pobres norte-americanos do jeito que eu viajo entre os pobres indianos, fazendo perguntas invasivas: Qual é o seu nome? Há quanto tempo mora aqui? Onde trabalha? Quanto ganha? — as perguntas costumeiras dos visitantes. Obtive respostas e até hospitalidade. Numa área semelhante dos Estados Unidos — partes decadentes de Jackson, no Mississippi, o baixo de Roxbury, em Boston, o distrito de Anacostia, em Washington, D. C., e diversos outros lugares — eu seria ameaçado, roubado ou expulso por ousar fazer essas perguntas. *O que você quer aqui?* É a reação compreensível. Mas na Índia eu era inesperadamente bem-vindo em lugares assim — cortiços, favelas, *chawls* fedorentos e *bustees* imundos.

— Esta é a maior favela da Ásia. Está nos jornais — um rapaz chamado Kartik me disse, numa área de Mumbai chamada Dharavi. O nome é praticamente sinônimo de desespero: mais de 200 hectares nas profundezas da cidade, com 600 mil habitantes e estatísticas medonhas, embora o consagrado factoide de Dharavi, "um banheiro público para cada 800 pessoas" — e a visão de uma longa fila de pessoas esperando impacientes —, seja enganoso, pois ficou patente para mim, pelo fedor, que muita gente em Dharavi considerava os banheiros públicos uma novidade supérflua.

Dharavi estava nos jornais, pois, com a recente prosperidade de Mumbai, a terra se tornara valiosa. Mumbai é essencialmente a gigantesca ilha de Salsette, cuja maior parte foi ocupada. Há um movimento para pôr Dharavi abaixo e erguer casas elegantes para as novas classes abastadas de Mumbai. A ideia de demolir Dharavi é um exemplo da ganância astuciosa dos especuladores imobiliários, pois "favela" não a descreve adequadamente. Longe de ser uma região fétida e desesperada, era uma parte autossuficiente da cidade, na verdade outra cidade, e em parte se parece com qualquer outro trecho de Mumbai. O distrito do bazar Chor, por exemplo, era precário e feio, mas igualmente tomado por lojas movimentadas, residências tumultuadas e a multidão indiana. Ali, como em qualquer outro lugar, a multidão indiana se compunha de rapazes e meninos excitados, que pareciam impulsionados por um frenesi de repressão sexual e bom humor — mas principalmente repressão sexual — em busca de alívio, com mãos ávidas, olhos atentos e o rosto suado e ansioso dos moralistas e onanistas.

A história da família de Kartik era típica. Seu pai, aos 15 anos, viera do estado de Tamil Nadu, ao sul, para ficar com parentes moradores de Dharavi. Compartilhava um quarto pequeno com mais cinco meninos, trabalhava num hotel como cuminim, ganhando o equivalente a dois dólares mensais — curiosamente, isso aconteceu na época da minha viagem do *Bazar Ferroviário*, em

1973. Um ano depois o pai de Kartik conseguiu serviço temporário na Indian Railways, limpando vagões por quatro dólares por mês. Logo ele foi contratado em caráter definitivo, aprendeu o ofício de encanador e instalador e passou a cuidar dos tanques de água da ferrovia. No início ganhara novecentas rupias por mês (cerca de vinte dólares) e agora recebia 7 mil rupias (150 dólares). Na época, mais de trinta anos antes, suficiente para ele se casar e constituir família, embora nunca tenha conseguido sair da favela de Dharavi.

— Ele é feliz. Tem comida. Não precisa pedir esmola — Kartik disse.
— Mas éramos pobres e continuamos pobres. Meu irmão está desempregado. Tenho emprego porque consegui ter carteira de motorista aos 16 anos. Não falta serviço em Mumbai para um motorista confiável e honesto.

Estávamos sentados em banquetas, na frente do barraco que seu pai construíra, colado a outro barraco. Kartik não queria deixar que eu entrasse para ver o local. Disse que estava esperando os homens que contratara para reformar o barraco, mas eu entendi que ele estava constrangido por causa do tamanho, não passava de um cubículo rodeado de miséria, em meio a uma barulheira que fazia as pranchas frágeis balançar e tremer.

— Mas há engenheiros de software morando aqui na favela de Dharavi — ele disse. — Gente que trabalha para a IBM e ganha 40 mil rupias por mês — novecentos dólares. — Meu amigo vai se casar com uma moça que mora nos Estados Unidos. Ele é tâmil, chama-se Shekhar. Ela vem de uma família rica. Seu dote é um quilo de ouro e 200 mil rupias — 4.500 dólares — e também uma moto.

— E quanto ao seu casamento, alguma chance?
— Nenhuma. Eu bem que gostaria de conhecer uma moça assim.

Morar em um lugar tão abarrotado gerava outras consequências. Segundo o *Hindustan Times*, um estudo recente com 3.600 moças de Déli mostrou que uma em cada oito havia sido estuprada por um membro da família, e que três quartos das entrevistadas temiam ser estupradas por um parente.

Despedi-me de Kartik e caminhei na direção da parte mais salubre de Mumbai, seguindo pelas ruas estreitas para evitar a multidão e o tráfego das avenidas. Quando cheguei à área de Church Gate e atravessava uma via larga, exclusiva para automóveis, uma velha senhora de sári azul apertou o passo para ficar do meu lado e perguntar de onde eu era. Quando lhe disse, ela falou:

— Seja bem-vindo.

Três crianças a acompanhavam: uma menina de uns 10 anos, um rapaz de 14 e uma moça magra, com cerca de 16 anos. Todos pareciam subnutridos; difícil determinar suas idades exatas. A mais velha atraiu minha atenção, pois era graciosa e estava bem-vestida, com uma saia cigana, vaporosa e volumosa. E não se podia deixar de notar a falta de seu antebraço esquerdo.

— Talvez possamos ajudá-lo — a senhora disse. — Qual é seu nome?

— Paul. São seus filhos?

— Eles me chamam de tia.

Eu entendi logo a situação. Fim de tarde, escurecia e esfriava, eu queria saber o que ela pretendia me oferecer. Se havia uma diferença entre ser turista e viajante, era aquela. Um turista estaria passeando num templo ou num museu; eu havia visitado a favela e, por curiosidade, caminhava ao lado da Madame Abusada, a alcoviteira e seus três jovens de ar depravado.

— O que deseja? — perguntei.

— Apenas conversar, senhor.

— Então pode falar.

— Melhor conversar ali — ela disse, indicando uma casa de chá.

Ela me levou até o salão. Sentei-me ao lado da moça magra de um braço só; a velha e as outras crianças sentaram na nossa frente.

— Chai, chai — ela disse ao garçom.

— Querem mais alguma coisa?

A menina menor queria sorvete, o menino, samosa, e a moça de um braço só disse que para ela chá estava ótimo; ela bebeu envergonhada, encolhida a meu lado.

— Moramos aqui perto — a velha disse, apontando para a janela da casa de chá. — Cinco minutos.

Olhei para a menina de um braço só, que me fitava ansiosa. Seus olhos encovados eram curiosamente amarelados, como os de um animal noturno, e a pele do braço inteiro, encostado no meu, era seca e cabeluda, indicando desnutrição.

Era perfeito, aquele lugar discreto, com uma velha insinuante que, eu tinha certeza, pretendia explorar sexualmente aquelas crianças. Estávamos num dos distritos mais agradáveis de Mumbai, e ela deve ter sorte abordando estrangeiros como eu; caso contrário, não se mostraria tão confiante. Eu queria que ela me dissesse o que tinha em mente — quais atividades, preços, duração e promessas pretendia fazer.

Ela me disse que morava ali perto; agora me contava como sua casa era limpa e discreta.

— Muito quieta, senhor. Prédio muito bom.

Eu queria fazer muitas perguntas. Mas o movimento na casa de chá me constrangia. Era na verdade uma espécie de lanchonete, com pratos de comida atrás dos balcões de vidro — pães, samosas, sanduíches. Estávamos sentados perto da entrada, e todos que chegavam — em geral, homens — me encaravam com hostilidade. Eu era o único estrangeiro no lugar, às seis e meia da tarde, sentado com uma cafetina, duas crianças adoentadas de ar promíscuo e uma prostituta adolescente.

Eu queria perguntar: Quanto? Qual é a história?

Pretendia perguntar o nome deles, mas percebi que, se fizesse isso, as pessoas em volta ouviriam e saberiam instantaneamente o que ocorria. Tentei fingir que éramos amigos de longa data.

— Ele está com muita fome! — falei. — Quer outro sorvete?

Três homens de cara amarrada passaram por nós e escolheram a mesa em frente, onde poderiam ouvir e ver tudo.

Encolhi-me, pensando na impressão que causava naquele local. Queria dizer: sou viajante. Estou escrevendo um livro. Fazendo perguntas, apenas. Não tenho planos para essas crianças!

— Vamos embora — a velha disse, tendo talvez percebido como eu me sentia.

Falei:

— Vou passar uma semana aqui, mais ou menos. Estou ocupado agora. Mas podemos nos encontrar de novo.

— Quando? — a velha falou. — Onde?

— Em qualquer lugar — respondi, evasivo.

— Amanhã — ela disse. — A que horas?

— Qualquer hora. Encontrarei você aqui — e coloquei duzentas rupias na mesa. — Para a comida. — E sussurrei: — Preciso ir.

— Senhor Paul! — A mulher gritou quando eu passava pelas mesas. Agora todos me olhavam, pensando: Olha o tarado! Corri para a porta, murmurando: — Preciso cair fora daqui.

Por vários dias pensei nas crianças e na moça de um braço só, na fome que sentiam, no modo como tomavam o chá e comiam de cabeça baixa, concentrados e famintos, com satisfação animal. Não os vi mais, embora os tivesse procurado. Provavelmente acharam outro estrangeiro.

■ ■ ■

Quando matava o tempo no bazar Chor, o Mercado dos Ladrões, olhando as pinturas em vidro ao longo de Mutton Street, ocupada principalmente por comerciantes muçulmanos de vidro e porcelana, prataria e lâmpadas, enveredei por uma ruazinha estreita em busca de moedas antigas e encontrei um homem que se dizia admirador de George Bush. Olhar sem pressa e bater papo com frequência surtiam efeito, levando os donos dos antiquários a abrir gavetas e armários para mostrar objetos, não para vender, apenas por seu interesse, valor como curiosidade — uma peça de cerâmica antiga, um azulejo esmaltado, uma pedra da Lua, um pote de louça no formato de yoni, um crânio de macaco de Nagaland, um crânio humano do Tibete.

— Veja só isso, da Pérsia — o antiquário Rajendra disse, tirando a tampa de uma caixa estreita.

Ele me mostrou uma adaga de 30 centímetros, em prata com incrustações de ouro, com um poema parse e finamente ornamentada, com cabo grosso de marfim. Puxando-o, Rajendra tirou uma faca menor, de cabo de marfim, também incrustada em ouro.

— Lâmina damasco. Muito antiga. Muito rara. Muito cara.

Um dos detalhes folclóricos mais sangrentos a respeito das lâminas damasquinas é que depois de serem aquecidas e forjadas elas eram enfiadas num ser humano vivo para esfriar, e a pessoa morria para temperar a lâmina. Mencionei isso a Rajendra.

— Não sei nada a respeito, mas... — Ele ergueu a lâmina para que o sol refletisse em seus detalhes, no ouro do cabo e nos veios do marfim. — Ouro puro, marfim de baleia.

— Quanto?

— Dezenas de milhões! *Crores!* Mas não está à venda — ele disse e aproximou-se, parecendo contrariado. — Eu queria dar de presente ao embaixador norte-americano em Déli. Ele pode pôr num museu ou dar para o presidente Bush, vender e entregar o dinheiro às famílias dos soldados americanos que morreram no Iraque.

— Quer dar esta adaga a Bush?

— Bush é um grande homem. — Ele empunhou a adaga. — Bush tinha razão! A história mostrará que ele estava certo.

— Certo em relação a quê?

— Ao islã! A brutalidade! — Ele apontou para fora, mostrando o bazar de Chor, cheio de lojas de muçulmanos, com artigos de segunda mão, oficinas mecânicas e relojoarias. — Bush precisava agir. Olhe para a história. Aurangzeb matou o pai.

E matou os irmãos, também. Era um famoso fanático, construtor de mesquitas, senhor da guerra.

— Mas isso foi quando? Uns quatrocentos anos atrás?

— Eles matam animais. E os comem. Já viu a morte de uma cabra? É horrível.

— Os hindus de Jodhpur matam cabras durante os festivais religiosos. Fizeram isso há poucas semanas, em Navratri.

— Mas os muçulmanos as sangram enquanto ainda estão vivas! — Rajendra disse. — Sempre tivemos problemas com os muçulmanos. Veja a história da Índia! Vinte anos atrás um marajá me procurou para comprar algumas peças. Eu lhe disse: "Essas coisas não são nada. Pode levar. Mas eu gostaria de lhe dizer que o islã vai ser o maior problema do mundo. A principal causa das dificuldades mundiais."

— E o que o marajá respondeu?

Ele nem me ouviu. Mas Bush sabe disso. As pessoas falam, até meus amigos, que Bush está errado. Mas não é nada disso, Bush está certo. Sem ele o mundo acabaria! — O homem ergueu a adaga com as duas mãos, como se a oferecesse.

"Eu quero dar isso em homenagem aos soldados que morreram. Talvez você possa falar com alguém."

— Tem um cônsul geral norte-americano em Mumbai. Ligue para ele e diga o que pretende fazer.

Rajendra devolveu a adaga a sua caixa forrada de seda e disse:

— As pessoas ficarão furiosas comigo se eu fizer isso, tanto que hesito. Elas dirão: "Quem é ele? Apenas um *bunniah*" (mercador), mas eu sei que tenho razão. Sei que Bush está certo.

Em minha viagem de 45 mil quilômetros conheci centenas de pessoas e encontrei duas pessoas que apoiavam o presidente norte-americano: o sujeito em Baku que torcia para os Estados Unidos invadirem o Irã e depois Rajendra. Mais ninguém.

■ ■ ■

Todos na Índia — e também nos Estados Unidos — falam a respeito de terceirização. A Índia produz camisas, sapatos e equipamentos eletrônicos, crescendo nos ramos de TI (tecnologia da informação), terceirização de produção e de tecnologia de serviços. Esses setores empregam mão de obra intensiva e ajudaram a inchar Mumbai até a situação atual, com 20 milhões de habitantes, trens superlotados de moradores da periferia, hotéis e restaurantes sempre cheios, incorporadores de olho na favela de Dharavi como grande investimento. Centenas de milhões de indianos vivem abaixo da linha da pobreza — o índice de suicídios nas áreas rurais é anormalmente alto —, mas, por outro lado, centenas de milhões de outros ganham dinheiro.

"Eis o milagre indiano", diziam os indianos quando passávamos de carro pelas ruas de Mumbai, cheias de cortiços, gente dormindo na calçada, mancos e aleijados. Pensei: seria o milagre apenas uma ilusão?

Persuadi amigos a me colocarem em contato com alguns endinheirados. A maior companhia de TI da Índia era a Tata Consultancy Services (TCS). No mês de minha visita à sede da TCS em Mumbai a companhia valia 4 bilhões de dólares. Empregava mais de 80 mil pessoas em 74 cidades do mundo inteiro, mas o escritório em Mumbai era o maior, pois a família Tata era de lá, sendo ali sua sede e seu centro.

Em vez de pegar o trem, deixei que me convencessem de que ir de automóvel seria mais rápido. Mas o carro levou o dobro do tempo — uma hora e meia para chegar a Vikhroli, na pujante periferia de Mumbai. A companhia ficava num terreno protegido por um muro alto, tendo do lado de fora trânsito intenso e desespero, sereno na parte interna, onde tudo era bem-arrumado e organizado, como um campus universitário. Era o Godrej & Boyce Industrial Garden, e, embora o grupo Godrej fabricasse sabão, detergente, tintura para cabelo, óleo capilar, fraldas, "guardanapos de casamento requintados", ferramentas e móveis, seus imensos terrenos disponíveis ainda o tornaram o paraíso da terceirização. Dúzias de empresas norte-americanas também se instalaram atrás dos muros daquela área bem arborizada.

— Seja bem-vindo, senhor — disse o sr. Burjor Randeria, CEO daquela unidade da TCS. Era parse e tinha 61 anos. Mostrou-se muito hospitaleiro e solícito. Era zoroastriano; uma chama tremulava sobre um pires, em sua mesa, onde havia uma imagem que eu calculei ser de Ahura Mazda. — Também o chamamos de Asho Farohar — disse o sr. Randeria. Ao lado de seu guardião barbado havia um retrato do guru de cabelos crespos, Sathya Sai Baba, uma pequena estátua do deus elefante, Ganesh, e uma caixa de seus mantras, do tamanho de uma caixa de fósforos grande, que passava dia e noite engenhosamente transmitindo mantras.

— Ela criava vibrações de Ganesha — o sr. Randeria disse. — Eu a deixo ligada sempre.

— Mas você é parse.

— Sim, mas eles me acalmam.

Falamos sobre os parses. A família Tata era parse, famosa pela filantropia, tinha fundado hospitais, escolas, faculdades e orfanatos. Havia, segundo o sr. Randeria, apenas 73 mil parses no mundo, em sua maioria residentes de Mumbai. Eram uma espécie em extinção.

— Casamos tarde. Raramente temos mais de um ou dois filhos. E os zoroastrianos não convertem outras pessoas. É preciso nascer parse.

Ele havia nascido em Sanjan, no Gujarat. Foi lá que os primeiros parses se instalaram após a perseguição muçulmana em diversas jihads, entre os séculos VIII e X, que acabou por expulsar todos eles da Pérsia. "Parse" significa persa.

Depois de trabalhar na Swissair por alguns anos, procurando maneiras de terceirizar os custos da contabilidade da empresa — a mão de obra era muito cara na Suíça —, o sr. Randeria fundou em 1995 uma companhia que realizava serviços de assessoria financeira a empresas aéreas. Tata tinha participação na companhia; aliás, possuía ações ou participava em muitas empresas. O nome Tata constava da traseira da maioria dos ônibus, caminhões e carros indianos. Controlavam ainda a Tetley Tea e muitas lojas de varejo. Os hotéis Taj pertencia a Tata, e a rede incluía o Pierre de Nova York e o antigo Ritz-Carlton de Boston. Telecom, aço, software, utilidades domésticas, internet e companhias de seguros também pertenciam ao gurpo.

Uma das curiosidades da companhia, fundada por Jamsetji Nusserwanji Tata (1839-1904), era que uma parcela considerável dos imensos lucros da Tata iam para instituições de caridade. Foi assim desde o começo, a empresa financiava institutos de pesquisa e hospitais. Ratan Tata, o atual CEO da organização, é solteiro, tem 70 e poucos anos, e pouco se sabe a seu respeito, a não ser que vive modestamente. Continua a expandir a empresa, comprando siderúrgicas e gigantes da telecomunicação, além de produzir carros baratos para a família, uma iniciativa recente. Sempre busca maneiras criativas de distribuir a maior parte de seu dinheiro. Em 2006, ano no qual me aventurei nos meandros da Tata Consultancy Services, as vendas do grupo atingiram a casa dos 24 bilhões de dólares.

Caminhando com o sr. Randeria pelos salões de mármore do prédio imenso, perguntei quais eram seus concorrentes.

— Microsoft, Infosys e muitos outros — ele disse. — Nosso lema é: "Entre os dez primeiros até 2010." Chegaremos lá de várias maneiras. Crescimento orgânico e inorgânico. Código de conduta. Cultura. Ética. Expansão. E também aquisição; recentemente compramos a Pearl Insurance e o gigantesco banco financeiro Chile Comicron. Somos muito sérios. Temos escritório em Budapeste para negócios em língua europeia.

— Passei por Budapeste. Tive a impressão de que muitos húngaros estavam procurando emprego.

— Se quiserem mesmo trabalhar e forem qualificados, nós os empregaremos.

— Estranho ouvir isso de uma companhia indiana — falei.

— Leve em conta nossas vantagens. Idioma inglês, legado do domínio britânico — o sr. Randeria disse. — E educação. De uma forma geral, somos um país com boa instrução.

— Então está tudo bem?

Ele sabia que era uma provocação, mas reagiu bem.

— Nem tudo. Eu sigo a lei, mas todos sabem que há corrupção na Índia, e que se pode comprar um diploma universitário. Fora a população, que cresce num ritmo alucinante.

Em 1973 eram 600 milhões. Hoje é mais do que o dobro disso.

Perguntei:

— E o que se pode fazer a respeito?

— Só conseguiremos reduzir a população por meio da educação — o sr. Randeria disse. — Formação de adultos. Sabe, se a gente proporciona educação, cria várias fontes de prazer e estímulo intelectual. Maneiras de usar o tempo. Sem educação, nas áreas rurais só resta o sexo.

— Lembra-se de como era Mumbai antes da explosão populacional?

— Claro, e muito bem. — Ele sorriu com a lembrança. — Quando eu era menino, em Jogeshwar, as ruas ficavam vazias depois das sete ou oito horas da noite. Quando escurecia, meus pais exigiam que eu voltasse para casa. Víamos raposas e hienas, além de muitas cobras. Agora é um lugar superlotado.

Jogeshwar, antes um recanto remoto de Salsette, local de uma famosa caverna, era um centro urbano grande e superpovoado a uns 15 quilômetros do centro de Mumbai. O sr. Randeria declarou que quatrocentas famílias por dia — com quatro membros por família, em média — migravam para Mumbai.

Passando o cartão de segurança por todas as portas, enquanto me levava até o *call center*, ele disse:

— Prestamos serviço de atendimento para — e deu o nome de uma rede varejista norte-americana que depois jurei não revelá-lo — nos níveis um a quatro. Se tiver um problema com sua furadeira elétrica, nós o resolveremos.

Ele me mostrou salas nas quais eram ministrados cursos avançados de inglês (inclusive pronúncia norte-americana) e salas de pesquisa técnica, nas quais os empregados aprendiam como era o funcionamento dos produtos, para poderem esclarecer as dúvidas dos consumidores confusos e dar sugestões.

Por favor, retire a chave da bolsa, introduza a chave no orifício do mandril da furadeira e gire no sentido horário para que os dentes prendam a broca...

Sentenças do gênero eram repetidas e ensaiadas nas classes e depois recitadas ao telefone pelos funcionários indianos, que adotavam nomes norte--americanos ("Rick", "Andrea") e falavam com sotaque norte-americano.

Através das janelas à prova de som eu via cubículos — sessenta a oitenta por salão — nos quais funcionários indianos usando fones de ouvido falavam com consumidores norte-americanos que tinham problemas com produtos. Uma faixa grande na entrada dizia: *O que posso fazer para resolver seu problema hoje?*

Eles eram consultores técnicos que dependiam da voz; seu sotaque e sua atitude precisavam transmitir confiança.

Basta girar o produto até o fundo ser vertigal, depois procure o número serial de dez dígitos. Deve começar com B de Bahb.

Em outros departamentos o sotaque não é tão importante. Uma sala estava lotada de técnicos em medicina e médicos, que esclareciam dúvidas médicas dos usuários de um plano de saúde dinamarquês. Falavam com dinamarqueses de Esbjerg, Aalborg e Copenhagen, debatendo problemas referentes a diabetes.

Outra área da TCS era dedicada à manipulação de números: milhares de cubículos com técnicos em computação que ajudavam a resgatar milhas aéreas dos passageiros lidavam com preços ou explicavam outras questões relativas a passagens aos usuários de linhas internacionais.

— Está vendo aquele homem? — o sr. Randeria disse. — Ele está falando com um agente de viagens (pode ser de Nova York ou de Dallas) que teve problemas com uma passagem.

Os funcionários daquela sala não precisavam ter nomes e sotaque norte-americano; atuavam em áreas de apoio, serviços de emergência e suporte técnico. A sala era uma confusão de vozes indiferenciadas, parecia uma gaiola de araras.

— As companhias aéreas são nossos melhores clientes. Para obterem o máximo de lucro com um voo, precisam de ajuda no controle do espaço e na maximização dos lucros.

Da emissão das passagens aos preços, da logística da distribuição dos lugares (suponho que "controle do espaço" seja isso), tudo era feito pelos técnicos de Vikhroli, que trabalhavam todos os dias e todas as noites do ano.

— Trabalho estressante — o sr. Randeria disse. Por conta disso, a TCS oferecia academia, lanchonete e médico residente. Todos os empregados iam para o trabalho nos ônibus fornecidos pela companhia, que paravam em diversos pontos da cidade.

— Suponhamos que haja falta de energia — falei. Isso era comum, e os eufemismos não conseguiam ocultar o problema, como "quase blecaute", "blecaute rápido" ou "queda de carga". — O que acontece?

— Houve cortes de energia em julho. Novecentos e três milímetros de chuva em 16 horas. — Era muita chuva para menos de um dia! O sr. Randeria sorria, porém. — Tínhamos duzentos por cento de backup redundante. Vou lhe mostrar.

Ele me levou a um prédio alto nos fundos do complexo.

— Aqui fica a UPS:* fornecimento de energia ininterrupto. Mas também temos geradores adicionais. Na Índia eles são essenciais.

— Tudo aponta para uma história de sucesso — falei.

— Se a TI e a terceirização não tivessem aparecido, a Índia estaria vinte anos atrasada. Veja a China. Já lideram em hardware e querem ser os primeiros em software. Mas nós temos a vantagem do idioma.

— Será que a China pode aprender inglês depressa o suficiente para competir com a Índia?

— Só o tempo dirá — ele falou. — Nós sempre demos muita ênfase ao treinamento.

Obviamente o empreendimento deu certo graças a uma imensa força de trabalho formada por pessoas inteligentes, instruídas, fluentes em inglês, simpáticas e necessitadas; gente que não podia sair da Índia e que em outra época — quando estive aqui pela primeira vez — teria procurado emprego como professores, funcionários públicos, contadores, redatores e pesquisadores; que costumava assumir as funções indianas tradicionais para os formados, como intelectuais, banqueiros e profissionais de comunicação.

Aquele era o prédio mais limpo e organizado que eu tinha visto até o momento na Índia, e quando estava saindo continuei fazendo perguntas a respeito de treinamento, promoção e salários ao sr. Randeria.

— Senhor Paul — ele disse, gentilmente —, devia ver nosso serviço em Bangalore. Bastaria Bangalore para deixá-lo boquiaberto.

---

* Sigla em inglês de Uninterruptible Power Supply. (N. da E.)

13 Trem noturno para Bangalore:
O expresso Udyan

No início da manhã, Mumbai, banhada pelo sol, ainda estava úmida e um pouco lamacenta pela condensação noturna sobre as pedras antigas do pavimento. Uma cidade de ruas desertas antes de trabalhadores e veículos chegarem ao centro e de o sol a pino queimar. Naquela hora, por volta das seis, eu corria para a estação Victoria, e o limo me ajudou a lembrar da cidade que eu havia visto antes, de desabrigados, varredores e riquixás, com seu cheiro medonho — de dinheiro e morte.

Victoria ganhara um novo nome. O prédio grandioso como uma catedral (mais "gótico desapontado"), assim batizado para celebrar o jubileu da rainha em 1887, era uma das maiores estações ferroviárias do mundo e se chamava agora Terminal Chatrapathi Sivaji, em homenagem ao astuto guerreiro, rei dos Marathas, que unificou Maharashtra e enfrentou os mongóis no século XVII.

Como deixei para comprar a passagem no último minuto, só consegui lugar na segunda classe AC: cabine em vagão velho, leitos com cortina em vez de porta, como os trens de transporte de tropas em filmes antigos, ou o de *Quanto mais quente, melhor*, com cortina solta. Os passageiros espiavam por elas feito nômades olhando pelos vãos das tendas. Na parte externa do vagão seguinte, ocupando toda a sua extensão, havia, em letras brancas altas e graciosas, uma pichação denunciando: *A pessoa mais corrupta da ferrovia é Shyam Prakash*. Uma frase no livro de Hibbert sobre o motim de 1857 dizia: "Uma daquelas declarações antigas, apreciada pelo pichador de paredes, cujo sentido normalmente só é compreendido pelos *cognoscenti*."

Eu ia a Bangalore porque todos falavam na cidade como centro do modelo econômico de alta tecnologia que impulsionava a economia indiana. E Bangalore ficava no caminho de Madras, que eu havia visitado antes e queria rever.

No início da viagem já estava com sono e dormi no meu leito. Quando acordei, cerca de uma hora mais tarde, cruzávamos uma região de morros marrons baixos e vales fundos, vilarejos minúsculos na Índia vazia dos agricultores em dificuldade. Longe do mar de gente, a região crescia como o continente. A novidade a respeito daquela área agrícola de Maharashtra era que os fazendeiros profundamente endividados pela seca estavam tomando veneno de rato, cometendo suicídio em números recordes (quase 2 mil nos últimos seis anos e oitocentos neste ano em que passei por lá, e a taxa de mortes acelerou nos primeiros três meses de 2006 para "um suicídio a cada oito horas").

Seguíamos para o sudeste, passando pela região dos templos rochosos e cavernas profundas, escavadas nos dois primeiros séculos da era cristã, perto da estação ferroviária, em Lonavale e Malavli — a cerca de 150 quilômetros de Mumbai, um mundo à parte, com um rio barrento e estreito adiante, serpenteando por vilarejos, o que dava às mulheres a chance de lavar roupa em suas águas turvas. Cinquenta a oitenta mulheres por vez batiam as roupas nas pedras, enquanto os maridos cuidavam dos trigais e as crianças menores ajoelhadas transformavam esterco de vaca em discos do tamanho de um *frisbee* e os secavam para usar como combustível. Não era aquilo o milagre indiano. A menos de três horas de Mumbai, com seus plutocratas e ufanistas, lá estava a Índia dos casebres, do fogo de esterco, da roça de feijão, do búfalo, do carro de boi e da bicicleta, da dívida, da seca e da morte.

Depois de Pune, chegamos à junção de Daund no início da tarde, onde um grupo de senhoras idosas, mas ricamente ornamentadas — "tribais" —, esperavam outro trem. Vi espelhos do tamanho de moedas de um dólar costurados ou bordados na parte superior dos vestidos, e todas elas exibiam um pequeno pingente filigranado em forma de candelabro na narina esquerda. Usavam xales amarelos e marrom-avermelhados, véus e pulseiras, e o grupo, cerca de vinte mulheres enfeitadas, poderia ser de ciganas. A Índia é a origem da nação cigana. É emocionante ver pessoas vestindo trajes tradicionais, especialmente num lugar onde tantas pessoas adotaram de modo definitivo as roupas ocidentais, como forma de afirmação. Sempre constatei que as pessoas que usam trajes tradicionais mantêm vivos o folclore e também as sutilezas de sua língua.

O lento percurso até Bangalore ("igual ao Vale do Silício!") revelou a Índia eterna, teimosa e em alguns trechos desesperada. Aldeias com ar desolado, nas quais mulheres trabalhavam curvadas nas lavouras de cebola e milho franzino, plantando ou tirando mato. Nada havia mudado para aquela gente. Escrevi em meu caderno: *Se tivesse sobrevoado o local, teria perdido o esplendor e a miséria. Quando alguém diz "Índia", não vê uma imagem, ou mesmo uma centena delas, mas 10 mil, e muitas permanecem na mente. Não deixo de notar crianças pequenas em trabalhos estafantes, carregando jumentos com sacos de entulho e esfregando o chão, para fazer faxina; em Daund, meninos com no máximo 9 anos perambulam com sacos enormes, esvaziando latas de lixo.*

Os indianos das cidades costumam espernear: "Gente demais!" Mas as pessoas que vivem na zona rural de Maharashtra estão plantando sua comida, tirando água dos poços, construindo suas casas e providenciando seu próprio combustível.

A terra plana e árida lembrava a savana africana: arbustos baixos demais para dar sombra, grama seca, caminhos empoeirados. Havia até um toque africano nos vilarejos de casebres de alvenaria, com varandas e teto de zinco, celeiros cobertos de palha e muros de galhos entrelaçados.

As horas passavam, mas a paisagem de planícies e campos cultivados não mudava. Uma melancolia familiar tomou conta de mim, efeito de uma longa tarde de calor num trem que atravessava uma região de árvores esparsas e campos exauridos. Perto de uma parada no meio do nada havia um homem de cócoras, numa passagem de nível de estrada rural, mais dois de bicicleta e um velho ônibus vermelho, todos esperando o trem passar. Conforme o trem avançava pelo vasto abdome da Índia, pensei que uma pessoa que não vê isso — a imensidão, a privação, o vazio, a solidão imemorial — nada sabe da Índia.

Os casebres não podiam ser mais simples: feitos de pedras empilhadas, o telhado formado por feixes de palha. O arado rústico era puxado por um boi, o homem que o guiava usava chicote. Dizer que "Mumbai fica em Maharashtra" não faz sentido, pois nada poderia ser mais diferente de Mumbai do que esta vasta planície de lavouras de lentilha, um pastor observando do barranco seus vinte e tantos búfalos se banharem no rio. Eles pulavam e afundavam a cabeça. Os chifres haviam sido pintados de vermelho.

O dia estava muito quente, quase 40 graus, mas o calor não desanimava os vendedores ambulantes de Sholapur.

— Suco! Suco de frutas frescas!

— Revis-tas! Revis-tas!

— *Pani, pani, pani, pani — vohta*!

— Biscoitos, *cheeps*! Biscoitos, *cheeps*!

Ao me ver, um homem disse:

— Almoço?

— O que tem aí?

Ele vendia *dahl* em copos. Comprei a sopa, um saco de pistache e uma garrafa de água; comi vendo a Índia passar. Após 11 horas, a paisagem pouco mudara, plana até o horizonte, campos arados por bois, mulheres reunidas com cântaros de latão em volta de um poço, no meio das ovelhas que pastavam, como uma litografia do Antigo Testamento — e, mesmo hoje, no estado de Karnataka, os vilarejos pareciam tão isolados e miseráveis como qualquer outro que eu já tinha visto na face da terra, e muitos deles estavam claramente visíveis para quem viajava à badaladíssima cidade de Bangalore.

Perto do final da tarde, dois rapazes se juntaram a mim na cabine. Eram funcionários da área de tecnologia da informação e trabalhavam em Bangalore. Falavam no que considerei ser a língua deles — ou algum idioma incompreensível para mim —, e só depois de 15 minutos eu me dei conta de que falavam inglês.

Rahul, o mais velho, queixava-se de que alguns especialistas em TI de Bangalore ganhavam a praticamente inédita soma de 30 mil dólares por ano, fazendo com que o preço dos imóveis subisse.

O outro jovem, Suresh, falou sobre suas viagens: ele treinava pessoal de TI em lugares como Cingapura e Bangcoc. Alegava que os indianos eram perseguidos pela polícia dessas cidades.

Ao escurecer, numa parada em Dudhan, na última luz do dia, um homem com pé atrofiado e perna curta percorria a plataforma, andando com a ajuda de uma muleta. Depois o sol se escondeu na poeira atrás dos barracos. Uma mulher se aproximou do trem, pedindo dinheiro e mostrando uma criança nua esquelética, obviamente doente, com moscas no rosto e entre seus lábios.

A visão dos dois seres permaneceu comigo na escuridão. Dormi. Acordei com o sol batendo no trem, que deslizava por entre as palmeiras com todas as janelas abertas a fragrância do campo enchia o vagão.

■ ■ ■

Pequena, sonolenta, com sombras de árvores e bangalôs, Bangalore era tão irrelevante na primeira vez que cruzei a Índia, no *Bazar Ferroviário*, que não parei lá quando estava indo para Madras. Era uma cidade de aposentados, muitos deles britânicos, oficiais do exército indiano e carolas cansados, com tudo o que isso significava: jardinagem, boliche, espectadores para jogos de críquete, frequentadores de igrejas, bazares de caridade entre os sócios dos clubes e futuros decrépitos no limbo de *Staying On*, o equivalente indiano de Cheltenham ou Bognor Regis ou Palm Beach. Eles sentavam na varanda para tomar chá ou um jarrinho de bebida destilada localmente, reclamando de como a Índia estava indo para o buraco.

— Aqui era o paraíso dos aposentados — um indiano comentou comigo assim que cheguei. Chamava-se Vishad Gupta e riu ao dizer isso.

Ele ria porque um evento dramático ocorreu quatro ou cinco anos antes: Bangalore explodiu, tornou-se o centro da indústria indiana de alta tecnologia. A plácida cidade, com menos de um milhão de habitantes, tornou-se uma pujante metrópole de 7 milhões de habitantes.

— Três razões provocaram a explosão — Vishad disse, erguendo o dedo para indicar a primeira razão. Ele era diretor de Estratégias e Iniciativas Empresariais de uma subsidiária da Tata, no novo subúrbio empresarial de Bangalore chamado Eletronics City Phase 2. A Phase 1 estava lotada. A curta distância do centro de Bangalore exigia uma demorada jornada de carro, por causa do trânsito infernal, que incluía motos, riquixás motorizados, carros de boi, vacas sagradas e pedestres apressados, todos na mesma rua — uma via esburacada ainda em construção.

— Primeira razão: tempo e clima. Nove meses de temperaturas moderadas — Vishad disse, erguendo outro dedo. — Segunda: abundância de instituições de ensino, muitos formados, muitos talentos. E, finalmente — terceiro dedo —, as pessoas aqui são mais quietas e calmas, mais relaxadas. Aqui é mais seguro. Déli é agressiva, Mumbai, quente e lotada. Aqui é o melhor lugar.

E o governo de Karnataka, onde Bangalore se situa, introduziu incentivos fiscais nos anos 1990; concedeu benefícios para companhias inovadoras, além de atrair empresas estrangeiras. O idioma foi outro fator. Como não havia uma língua dominante na babel das línguas locais (*coorg* ou *kodagu*, concani, télugo, canará, híndi e outras), geralmente falava-se inglês. Os dois sujeitos em minha cabine contaram que falavam inglês em casa, embora o inglês deles fosse quase um idioleto, ou pelo menos uma variação que eu não entendia facilmente, com os arcaísmos de sempre, dos quais "*thrice*", "*mountebank*" e "*redoubtable*" eram apenas alguns exemplos.

Considerei o grande número de igrejas cristãs em Bangalore (contei nove, sem esforço) reflexo da cultura dos residentes britânicos, cuja aposentadoria ali era a penúltima escala antes da salvação. Algumas ruas tranquilas sobreviveram, ladeadas por árvores antigas — incomum na Índia, onde alargar vias era política governamental. Portanto, restava ainda parte da antiga Bangalore, sufocada por prédios novos e canteiros de obras: condomínios fechados, hotéis, uma explosão imobiliária, especulação com terrenos e outros imóveis, a atmosfera de trabalhos em eterno progresso que eu sentia em todas as cidades indianas que visitava.

— Aqui começará o novo viaduto...

Eu via isso por todos os lados. Tudo sempre em construção — pessoas dormindo sob a obra, vacas reunidas à sua sombra, frases pichadas nas paredes. Eu tinha a sensação de que o viaduto, quando estivesse realmente pronto, já seria insuficiente.

A caminho do International Tech Park de Whitefield, bairro afastado de Bangalore, o motorista disse:

— Conhece Sai Baba? Seu ashram é aqui.

Em vez de ir a Tech Park, preferi o local de reunião dos discípulos do guru.

Bhagwan Sri Sathya Sai Baba nasceu perto dali, em Puttaparthy, na linha ferroviária para Chennai; montou seu ashram ali pela mesma razão que levou as companhias a agirem assim — clima agradável, ruas arborizadas, atmosfera acolhedora da velha Bangalore.

O ashram situava-se atrás de um muro alto, mas os guardas de segurança me receberam bem, com *namastes*. *Amor em Ação* fora escrito em letras grandes na parede interna do muro. Um salão enorme, com um lado aberto e teto alto, abrigava a plataforma suspensa e de ar fresco, na qual Swami promovia seu *darshan* diário, ou encontro espiritual, com seus seguidores. Para compreender os ensinamentos de Swami bastava olhar para seu símbolo, um círculo que abrangia os emblemas das principais fés: a cruz que representava a cristandade, o crescente dos muçulmanos, a chama de Zoroastro e assim por diante, para judaísmo, budismo e hinduísmo. Reunindo essas fés, Sai Baba criou um sistema de crenças capaz de incluir quase todas as pessoas. Mas ele dava a impressão de rejeitar a ideia de liderar uma religião.

— "Sem religião, sem oração", Swami diz. — O esclarecimento veio de um voluntário que usava crachá com uma frase de Swami: *Trabalho é devoção*.

— Siga sua religião. Ame a si mesmo.

A inconfundível imagem de Swami estava em muitos táxis, lares, escrivaninhas e paredes de escritório: sorriso gentil, cabelo crespo.

O nome do atendente era Narayan.

— O Swami diz: "Coração a coração." Nada de pregação. Apenas servir à humanidade com o coração sincero.

Soava agradável para mim, então decidi dispensar o táxi e conhecer a sede de sua comunidade espiritual. O Swami não estava no local. Sua mansão art déco estava deserta, no meio de um lindo jardim protegido por uma cerca alta.

Conversei com alguns discípulos, mas eles se mostraram evasivos, não esticavam a conversa nem diziam seus nomes ("Não use meu nome, use o de Swami."). Eles enfatizavam que Sai Baba não seguira nenhum guru na juventude, embora tivesse passado por uma encarnação prévia. E a nova encarnação ocorreria num futuro próximo — provavelmente no ano 2030.

O Swami, em fotos recentes, parecia menor, mais magro e idoso do que as fotografias divulgadas sugeriam, e o cabelo era uma bola crespa menos simétrica. Seu sorriso, mais fatigado do que travesso. Mas já completara 80 anos. O contato direto, os conselhos práticos e a recusa em pregar — o essencial Swami atraía aquela gente.

— Ele deixará o corpo aos 96 — um devoto declarou. — E após oito anos nascerá a terceira e última encarnação. Receberá o nome de Prema Sai. Eu torço para poder observar isso.

Os discípulos não indianos tinham menos paciência em relação às minhas perguntas, mas um dos indianos do ashram explicou algumas sutilezas do pensamento de Sai Baba.

— O Swami ensina que existem quatro tipos de pessoas. Tipo *Artha*. Pobres em todos os sentidos, marcados por dentro. Tipo *Arthathee*. Eles querem coisas. Buscam as posses. Tipo *Jidnyasu*. Eles só têm perguntas. Precisam de respostas. Tipo *Jnani*, que são iluminados. Sabem tudo. Ao verem uma nuvem, sabem se vai chover.

— Creio que sou um *Jidnyasu*. Apenas perguntas.

— Sim, posso perceber. — Eu tomava notas daquelas palavras difíceis de soletrar.

— O Swami disse: "Não estou aqui para pregar ideias novas."

Foi uma boa abordagem.

— Não procure Deus lá fora, procure dentro de você. Conquiste a felicidade. Busque por *ananda* — bem-aventurança ou serenidade.

— Ando tentando — falei.

— "O que é Deus?", o Swami pergunta. E responde: "É a experiência."

— Gostei.

— Acredite em você.

Com isso, o discípulo me deixou sozinho para que eu encontrasse meu próprio caminho. Sentei-me perto da estátua da harmônica deusa Saraswati, o dobro do tamanho de um ser humano normal, que tocava cítara. Lembrei-me de que alguém me disse que Sai Baba podia fazer milagres, coisas adoráveis como aparecer chocolate em suas mãos, para oferecer às crianças.

— Sim, ele faz milagres — outro devoto disse. — Mas só para atrair os iletrados. Eles se chamam *Chamatkara*. Sua intenção é deslumbrar a pessoa.

Havia centenas, talvez milhares de relatos de milagres de Sai Baba, supostas provas de sua origem divina. Entre eles, aparição de objetos, como Bíblias e crucifixos, curas múltiplas, mensagens milagrosas, casos de teletransporte — transferência de humanos, alguns deles mortos — e a famosa manifestação do Koh-i-Noor, quando Sai Baba criticou a plateia pelo deslumbramento com o diamante:

— Alguém entre vocês olhou para mim do modo como admiram esta peça da criação? — Muitos dos antigos discípulos denunciaram Sai Baba por forjar seus milagres.

Mas a filosofia básica enfatiza a luz interior que as pessoas podem encontrar em seus próprios corações, e o poder das iniciativas práticas. *Mãos que ajudam são melhores do que lábios que rezam* — este ensinamento de Swami não soaria esquisito se fosse feito por Lenin, Mao, Jesus ou Jimmy Carter.

— As pessoas vêm de todas as partes — disse o guarda do portão frontal. — Imãs do Iraque. Ravi Shankar. Hillary Clinton queria vir, mas desistiu, pois a segurança era problemática.

Perto daquele condomínio para renovação espiritual — um pouco adiante, pela estrada barulhenta e congestionada — espalhava-se a pujante Bangalore. Atravessei o portão e peguei um táxi para o International Tech Park. Os edifícios do complexo erguiam-se ao longe, para lá das bancas de melancia, dos riquixás enfileirados, das lojas de reparo, das bancas de suco e de comida.

Atrás dos muros do Tech Park, entre os prédios altos de vidro e aço com placas reluzentes na entrada — Infosys, Oracle, Disa, Think Inc. e outros —, erguia-se o da Perot Systems. Recordei-me do candidato a presidente dos Estados Unidos, o diminuto, fanhoso e orelhudo texano Ross Perot, cuja plataforma incluía um projeto para impedir que os serviços fossem terceirizados para países como a Índia, gerando desemprego. Perot dizia que podia ouvir "um som estrondoso de aspirar", enquanto os empregos norte-americanos eram perdidos. Tendo fracassado em sua tentativa de ser presidente, o empresário fanhoso descobriu que os indianos de Bangalore trabalhavam por uma fração do que se paga a um norte-americano.

Muitas atividades dos centros de atendimento de Bangalore eram antes realizadas nos Estados Unidos por universitários e donas de casa. Todos trabalhando meio período. Um serviço tedioso e mal pago.

Mas as companhias norte-americanas, a partir de 2001 principalmente — e agora havia milhares, apenas nesta cidade —, descobriram que jovens indianos com curso superior de primeira, inglês fluente, educados, pacientes e persistentes fariam o mesmo serviço, em tempo integral, por um salário menor. A cidade se tornou tão amplamente consagrada como centro de serviços alternativos que em abril de 2006, num episódio dos *Simpsons*, a cidade de Springfield terceirizou a operação de sua usina nuclear, e Homer Simpson foi a Bangalore procurar funcionários indianos. Bangalore talvez seja o mais conhecido centro de mão de obra barata e fácil de treinar do mundo. Eu desconhecia a razão até ir para lá e descobrir, na época da visita aos centros de atendimento, que os empregados (em sua maioria com curso superior) ganhavam menos de 2.500 dólares por ano. A prosperidade de Bangalore se devia àquelas pessoas — necessitados de trabalho, formados em boas faculdades, capacitados, esbanjando boa vontade, prudentemente austeros, pontuais, humildes e acima de tudo dispostos a trabalhar por baixos salários.

— Não pode prosseguir — disse o segurança no portão de Tech Park ao motorista do táxi. Fiz algumas perguntas e consegui permissão para visitar outro centro de atendimento, situado em mais um conjunto murado de escritórios de grandes empresas, no caso o Electronics City Phase 2. Este conjunto tinha apenas dois anos e já estava cheio de empresas promissoras, ou seja, companhias estrangeiras com funcionários indianos.

Fui à noite, por ser o momento em que os empregados estariam atendendo a região oeste dos Estados Unidos, especificamente a Califórnia. Atravessei outro portão de segurança e outro alambrado, chegando a um prédio moderno com toques indianos — um altar para Ganesh, o deus elefante e padroeiro dos empreendedores, e uma queda d'água artificial. Recebi um crachá do segurança. Assinei a ficha e fui conduzido pela labiríntica sede.

— Bangalore costumava ser quieta, sonolenta — disse Hardeep, o gerente noturno. — Agora funciona dia e noite. É cosmopolita, tem gente de todos os lugares. Menos de trinta por cento dos moradores da cidade são locais, por causa do crescimento da TI.

— As pessoas em Mumbai temem a competição chinesa — falei.

— Certo, os chineses tentam competir conosco, mas têm uma postura diferente. Se você pedir a um trabalhador chinês que aperte um parafuso, ele dará três voltas. O indiano dá uma volta extra.

— Vou me lembrar disso. E quanto ao dinheiro?

— Nosso custo operacional tem crescido, mas ainda apresentamos um custo/benefício de quarenta a cinquenta por cento. Agora a indústria de TI da Índia gera de 16 a 18 bilhões de dólares. Em 2008 chegará de 60 a 80 bilhões.

— Eu queria saber quanto ganha um operador no centro de atendimento.

Hardeep hesitou e desconversou, mas descobri por minha conta, fuçando um pouco, que a resposta era cinquenta a sessenta dólares por semana de 44 horas, em média, e que podia incluir um turno à noite, com término às três ou quatro da madrugada.

— Não nos preocupamos com a China, que já tem seu papel definido. Nós perguntamos: quem será a próxima Índia?

— E qual seria a resposta?

— Talvez as Filipinas. Mas há instabilidade política lá. Fizeram algumas tentativas na África. Gana foi testada, mas não rendeu bons resultados.

Eu estava impaciente para ver e ouvir os indianos ao telefone. Não havia conseguido isso em Mumbai. Hardeep disse que poderia me mostrar as salas do atendimento, mas eu não poderia divulgar o nome das companhias envolvidas. Disse que tudo bem, embora reconhecesse algumas — bancos e financeiras, empresas aéreas.

— Esta ala faz suporte técnico — disse, citando uma grande companhia aérea. — Digamos que alguém está emitindo um cartão de embarque em qualquer lugar do mundo, durante o check-in, e acontece um problema. A pessoa liga e alguém da nossa equipe técnica atende a chamada.

— Posso escutar?

Encostei a orelha no fone de ouvido e escutei uma voz norte-americana do outro lado, talvez de Los Angeles, dizendo:

— Então é só introduzir o código de dez algarismos?

O técnico do atendimento era um sujeito simpático, tinha uns 30 anos, concentrado na tela do computador para ajudar o funcionário da companhia aérea num aeroporto muito, mas muito distante.

— Este é um departamento de suporte interno — Hardeep disse — e não para um consumidor final.

— Qual é a diferença?

— O suporte ao consumidor final é baseado na voz, exige sotaque, norte-americano ou inglês. O atendente se identifica com um país específico. "Alô, aqui é o John..."

— Mas na verdade é o Mohun, certo?

— Para nossos objetivos, é John.

Atravessamos um corredor e entramos em outro salão, com cerca de cem cubículos e postos de atendimento. Em cada um deles havia um rapaz ou uma moça. Pareciam estudantes indianos fazendo pesquisa até mais tarde na biblioteca, a não ser pelos fones e pelo zumbido das vozes no salão. Os empregados das centrais de atendimento trabalham com roteiros, e as ligações são gravadas para que possam ser repassadas e ajudar a aumentar a produtividade.

— A imagem da marca não deve mudar, da perspectiva do consumidor, ou a pessoa que ligou dos Estados Unidos pensará que a empresa tirou um emprego do país.

Mas era exatamente isso que acontecia: um indiano ajudando um norte-americano a resolver problemas com um computador, eletrodoméstico ou formulário de seguro.

A situação me fascinava: indianos imitando norte-americanos, não só no modo de vestir (calça jeans, camisa de manga curta, tênis), mas também nos serviços norte-americanos que desempenhavam, usando sotaque totalmente norte-americano.

Conheci "Lynn Hayes", nascida em Hasina, Kerala, na costa indiana. Vinte e dois anos, solteira, trabalhava das 17h30 até 2h30 da madrugada, no centro de atendimento — melhor horário para falar com a Califórnia. Ela estava convocando pessoal especializado da área de São Francisco para trabalhar em uma empresa de manutenção doméstica que desejava possuir sua própria equipe de serviço.

Passei a ouvir a conversa, que começou com um rude:

— Quem está falando?

— Lynn Hayes — Hasina disse em tom neutro, sem sotaque regional. — Eu poderia falar com o gerente, por favor?

— Ele saiu.

— Por favor, poderia me informar a que horas ele volta?

O sotaque era norte-americano, a delicadeza, não.

— Não sei — disse a mulher do outro lado da linha.

— Posso ligar mais tarde?

— Se quiser. Ele está muito ocupado.

Lynn Hayes insistiu até descobrir a que horas o gerente daquela firma de consertos voltaria.

— Precisamos conseguir mensalmente 225 prestadores de serviços para esta companhia — Hardeep disse. — Eles devem trabalhar com encanamento, instalação elétrica, construção e por aí afora. É quase impossível conseguir profissionais assim em alguns estados. Em Nova York é duro. Arizona, melhor. Califórnia, difícil.

— Como ela sabe para quem deve ligar?

— Nós adquirimos os números de telefone.

Eram as instruções — eu as chamava de orientações Glengarry e imaginei que a sala cheia de funcionários se encaixaria perfeitamente no enredo de *Sucesso a Qualquer Preço*, de David Mamet, o drama definitivo sobre telemarketing e rejeição. Os empregados em Bangalore não competiam por bônus ou um conjunto de facas para churrasco, mas cada vez que um deles capturava um prestador de serviços ganhava uma estrela dourada no painel central.

"David Lewis" (Nitish Chandra) disse:

— Faço umas 130 ligações por dia. É muito difícil. A cada vinte ligações, consigo falar com um prestador de serviços. De seis interessados, digamos, um assina o contrato.

— Bom dia, aqui é Tina — disse Aisha, com um tom de voz agradavelmente anasalado, e após uma rápida conversa: — Posso deixar meu telefone?

Ela ditou um número com código de área 212 — cidade de Nova York —, e quando a pessoa ligasse de volta em algum lugar dos Estados Unidos, o telefonema seria redirecionado para Bangalore.

Enquanto eu escrevia tudo isso, alguém gritou:

— Chris conseguiu mais uma estrela no painel!

"Chris Carter", para seus pais e amigos Subramanian, trabalhava no *call center* havia mais de um ano, destacando-se por seu jeito persuasivo, mas agradável. Conseguira também aprender um sotaque norte-americano forçado, porém muito convincente — todos eles passaram por um treinamento intensivo.

— Vocês dizem *route* ou *rowt*? — perguntei. — *Roof* ou *ruff*?

Rowt e *ruff*, eles responderam. E *in*-surance. E *ree*-peat. E *minny* em vez de *many*, *peenless* no lugar de *painless*. Todas as pronúncias que eu considerava enervantes.

— Bom dia, aqui é Sean Harris — Ramesh dizia, tamborilando com o lápis num bloco de rascunho. — Precisamos de um prestador de serviços na região de Santa Rosa. Temos muito trabalho. Eu poderia falar com o gerente?

Aquilo iria até duas ou três da manhã, o salão inteiro ligando para a Califórnia, fazendo o impossível: procurar encanadores disponíveis. Havia uma centena de funcionários na sala, mil empregados naquela firma, 10 mil em Bangalore — um número que poderia triplicar em poucos anos.

Era difícil para mim obter dados precisos dos salários dos gerentes — todos evitaram responder às minhas perguntas, questão delicada. Dois mil e quinhentos dólares por ano foi o menor valor de que ouvi falar, para quem estava começando; alguns ganhavam 4 mil dólares. Uma pessoa no topo da pirâmide poderia ganhar de 30 a 40 mil dólares anuais, um salário muito alto na Índia, mas poucos chegavam lá. A maioria continuava na base, faturando cerca de cinquenta dólares por semana e, por conta da natureza estressante do trabalho e do horário móvel, havia muita rotatividade. Alguns especialistas e pessoal de suporte de software que conheci na academia da empresa ganhavam de 6 a 7 mil dólares por ano, e alguns projetistas de software chegavam a 10 mil dólares — mais do que suficiente para fazer com que permanecessem no emprego, mas uma ninharia para o cliente norte-americano. Não faltavam candidatos, nunca: Hardeep se dizia sitiado por recém-formados à procura de trabalho. Novamente reconheci o paradoxo, os pobres eram a riqueza da Índia.

Desde a época da Companhia das Índias Orientais, nos séculos XVII e XVIII, a mão de obra indiana vem sendo explorada por ser barata. Os trabalhadores braçais formaram a base do domínio britânico, de meados do século XIX a meados do século XX, fosse para plantar algodão para as tecelagens, juta para produzir corda ou chá para satisfazer a sede imperial, ou (como nos anos 1850) ópio indiano com o propósito de enfraquecer a China, transformando-a numa nação de viciados, e enriquecer os britânicos. Os indianos continuam sendo explorados, mas o trabalho braçal e a força muscular deixaram de ter grande utilidade; os trabalhadores de agora são inteligentes, educados, geralmente jovens, uma força de trabalho de peões instruídos.

Um dos prédios municipais mais antigos de Bangalore era o Mayo Hall. A estrutura de dois andares e aspecto eclesiástico foi erguida no final do século XIX, sendo dedicada à memória do quarto vice-rei da Índia, Lord Mayo. A pomposidade de Lord Mayo o levou a realizar uma visita protocolar à colônia penal das ilhas Andaman, a certa distância da costa leste da Índia, onde veio a falecer, vítima das facadas de um preso enlouquecido. O mesmo Lord Mayo havia dito, certa vez: "Somos cavalheiros britânicos dedicados à magnífica tarefa de governar uma raça inferior."

Nos dias seguintes de minha estada em Bangalore conheci alguns desistentes. Vidiadhar e Vincent haviam comandado uma das primeiras centrais de atendimento, cuidavam de hipotecas para uma companhia australiana, davam suporte técnico e vendiam software.

— Foi divertido por algum tempo, mas o horário era péssimo — Vidiadhar disse.

— O pior problema eram os tarados — Vincent disse. — Australianos! Eles ouviam uma voz feminina na linha e diziam: "Faça um programa comigo e eu compro tudo o que estiver vendendo."

— Outros perguntavam: "O que você está vestindo agora?"

— E isso era só o começo! — Vincent disse. — Podia ficar muito pior. Nem tenho coragem de repetir.

Vidiadhar disse:

— Para clientes norte-americanos dizíamos: "Estamos na Califórnia." Bem, a sede da companhia *é* na Califórnia, de modo que não chegava a ser uma mentira. Se eu lhes dissesse que estava na Índia, eles falariam: "E como um indiano poderia entender os problemas que estou tendo com o produto?"

Eles contaram ainda que compravam números telefônicos e perfis de consumidores, o que também lembrava as orientações Glengarry.

— Tínhamos dicas quentes e dicas frias. Pagávamos muito caro por algumas, mas descobríamos tudo sobre as pessoas — idade, endereço, se a hipoteca havia sido refinanciada, ficha de crédito e histórico financeiro.

Mas a tensão se tornou insuportável após alguns anos, e as mulheres reclamavam dos tarados. Por isso Vidiadhar e Vincent tentaram outra área promissora de Bangalore, contratos para fornecer roupas ao mercado norte-americano.

— Alguma marca conhecida?

— Está familiarizado com Kenneth Cole, Banana Republic e Tommy Hilfiger? — Vincent disse.

A rotina era uma das companhias fazer um pedido específico. Usavam geralmente tecido indiano, algodão ou seda; os botões e o cós vinham dos Estados Unidos. Eles preparavam uma amostra, esperavam a aprovação e assinavam o contrato para um número determinado de peças.

Eu disse:

— A Banana Republic vende uma calça de pijama que costumo usar no trem. De amarrar na cintura, com bolso. Custa cerca de quarenta dólares.

— Fazemos aqui por sete.

Vidiadhar disse:

— Qualquer empresa dos Estados Unidos poderia vender roupas com cinquenta por cento de desconto e ainda obter um bom lucro.

Os homens e as mulheres que cortavam e costuravam as roupas, costureiros sem especialização, começavam ganhando mil dólares por ano.

— Esta camisa polo que você está usando — Vincent disse — me parece familiar. Tenho quase certeza de que foi feita aqui.

■ ■ ■

Encontrei algumas pinturas em vidro em Bangalore e pude conhecer melhor o homem que as vendeu para mim, o sr. V. K. Reddy, que se considerava um interessado em antiguidades. Era reacionário, retrógrado, cheio de opiniões e muito engraçado em seus conceitos, usava bigode enorme, exagerado como um bigode postiço de comédia, que ele cofiava continuamente com seu dedo grande e gordo. Era robusto, tinha carranca de indigestão, e seus modos, com destaque para a voz poderosa, eram de um ex-oficial do exército indiano, coisa que ele poderia muito bem ter sido.

— Mas que absurdo! — ele disse quando falei que Bangalore era considerada um exemplo do milagre indiano.

— Qual a sua opinião?

— A cidade não era nada, acredite! Só senhoras idosas e cavalheiros aposentados que viviam seus derradeiros momentos. E agora, isso! Pelos últimos três anos!

— Tráfego assustador — sugeri.

— Você é ingênuo, meu caro! Pior do que isso!

— Barulho — falei.

— Barulho não é a palavra certa, senhor! — disse o sr. V. K. Reddy, cofiando o bigode e torcendo sua ponta sebosa. — É uma sucursal do inferno.

— Mas o senhor tem a loja de antiguidades.

— Apenas por hobby. — Ele se debruçou para dizer: — Acontece que tenho em minha posse o terço pessoal da madre Teresa, com uma carta de próprio punho, em sua inimitável caligrafia, atestando sua autenticidade. Posso mostrá-lo ao senhor, e se por acaso resolver adquiri-lo, não se arrependerá.

— Deve ser excepcional — falei.

— De interesse sem paralelo — ele disse, sem largar o bigode. — E não se esqueça do valor espiritual.

Se eu voltasse à cidade, o sr. Reddy afirmou que me levaria para almoçar no Bangalore Club.

— Lá verá a antiga Bangalore. A velha Índia.

Ele se referia ao tempo do domínio britânico, das requintadas tardes anglo-indianas poeirentas, com caçadas a tigres, chá das cinco, jogos de polo e terrinas desbeiçadas de sopa *mulligatawny*. Mas no dia seguinte, ou no outro, em meu lugar no salão de café da manhã do hotel, com uma xícara de café numa das mãos e o *Times of India* na outra, li que quatro membros de uma família, num tribunal local, haviam sido condenados à prisão perpétua, "por incitar a autoimolação". Dois eram filhos da vítima; para colaborar na antiga (e proibida) prática do sati, eles atiraram a mãe de 60 anos na pira funeral do marido, para que se unisse a ele na morte. Todos falavam na nova Índia, mas a velha Índia nunca estava muito longe.

14   O expresso Shatabdi para Chennai

Quanto mais tempo eu passava em Bangalore, menos gostava de lá. Muitos indianos que conheci queriam que eu me deslumbrasse com as mudanças, mas fiquei mais horrorizado do que maravilhado. A atividade chamada de empresarial em Bangalore era na realidade uma forma de pirataria, na qual os piratas usavam terno escuro e telefone celular em vez de espadas. O lugar não evoluiu, foi grosseiramente transformado — em vez de planejamento urbano, o equivalente metropolitano a uma operação plástica malfeita. A cidade querida, limpa e sombreada do passado recente era hoje um aglomerado urbano imenso, inacabado, desmatado, debilitado pelos dúbios melhoramentos, no qual era impossível caminhar sem cair num bueiro aberto ou numa vala recém-cavada. A maior parte das calçadas havia sido arrancada, e as árvores, cortadas para permitir o alargamento das vias. Viadutos e passarelas estavam todos em construção, exibindo um ar de abandono e de ruína. Os homens esqueléticos que neles trabalhavam, movendo torrões com pás pequenas, sugeriam que jamais ficariam prontos.

Em poucos anos você não reconhecerá a cidade, diziam os defensores do progresso, mas seria isso positivo? A região inteira sofria, engolfada pela poeira fedorenta das obras. Eu me dei conta de que havia gostado de Amritsar e Jaipur porque não mudaram muito desde minha primeira visita. Cresceram, claro, mas estavam prontas e habitáveis. Mumbai e Bangalore estavam sendo simultaneamente destruídas e construídas, obras em andamento, mas a distância de Bangalore do mar, e de qualquer corpo de água, conferia à cidade um aspecto mais arenoso e angustiante. E havia outro problema: tentei caminhar em Bangalore várias vezes, mas o trânsito era tão intenso que eu raramente conseguia atravessar a rua.

Sendo assim, às cinco da manhã do dia seguinte, quando a cidade ainda dormia e apenas os ônibus dos centros de atendimento, o templo dos macacos e as vacas sagradas se agitavam, peguei o expresso para Chennai, deslizando pelos arrozais e pelas palmeiras em direção à costa. O trem era rápido: uma jornada de oito horas, curta para padrões indianos, e cheguei a tempo para um almoço tardio de comida tâmil — pães no vapor chamados *idlies*, *masala dosa* (uma espécie de panqueca), ensopado com curry, batata, coco e coalhada, servidos numa folha de palmeira recém-cortada. A cidade que eu conhecera como Madras, muitos anos antes, quadruplicara de tamanho, embora mantivesse a mesma aparência: prédios coloniais embolorados, jardins tropicais, ruas de tráfego intenso e, a leste, uma costa longa de areia na qual batia a brisa do oceano Índico, o que era um alívio.

Para retraçar meus passos eu havia pensado em tomar um trem dali a Rameswaram, na ponta do nariz da Índia, e depois uma balsa até o Sri Lanka.

— Mas há problemas no Sri Lanka — disse o agente de viagens.

— Que tipo de problema?

— Uma nova ofensiva.

Os tâmeis acompanhavam de perto os desdobramentos no Sri Lanka, uma vez que tinham interesses nas guerrilhas. Ele se referia aos Tigres Tâmeis, que haviam atacado soldados do Sri Lanka. O trem para o sul e a balsa noturna para o Sri Lanka haviam sido bem simples, até agradáveis, 33 anos antes, mas nenhuma informação sobre esta rota estava disponível em Chennai. Mais um obstáculo, como o visto iraniano que não consegui obter, a guerra (com sequestro e assassinato de viajantes ocidentais) no Afeganistão e a xenofobia no Paquistão. Eu tentava refazer meus passos, mas aqui e ali precisava fazer desvios.

A Chennai que eu conhecera tinha uns 2 milhões de habitantes, a atual passava de 7 milhões. Possuía poucos prédios altos, crescia espalhando-se, engolindo vilarejos vizinhos, campos de arroz e de trigo, enchendo tudo de gente, carros e casas construídas apressadamente. Muito tempo antes eu havia visitado a aldeia de Tambaram, nas proximidades de Chennai, para lá dos limites meridionais da cidade. Arborizada, com árvores altas, palmeiras e jardins, estação ferroviária e uma pequena faculdade, Tambaram era agora um bairro lotado e urbanizado de Chennai; sua atmosfera rural fora deturpada e alterada. Era estranho: quando as cidades indianas trocavam de nome — Bombaim para Mumbai, Madras para Chennai —, sua personalidade também parecia mudar, como se elas não precisassem mais manter a imagem antiga de cordialidade e pudessem se tornar um pesadelo de novidades.

— Para onde vai, senhor? — disse o porteiro do meu hotel.

— Sair para passear um pouco.

— Vá de carro, senhor — e fez sinal para um táxi.

— Não precisa.

— Andar não é possível, senhor!

Meu hotel ficava próximo à Mount Road. Eu pretendia caminhar para o lado oeste, talvez até o monte de São Tomé, um acidente geográfico mencionado por Marco Polo, onde (segundo a lenda) o apóstolo relutante foi martirizado por um brâmane armado com uma lança. Tanto a lança em questão quanto os restos mortais do santo estavam guardados na catedral de São Tomé. E eu também queria passear pela Beach Road, procurar sinais do tsunami que atingira a região no ano anterior.

— Vou andando — falei, sem me deter.

A rua principal, com empórios e bazares, ficava a poucos minutos dali. Cheguei lá e tentei conseguir espaço para andar, mas a pressão dos pedestres e as calçadas ruins me forçaram para a sarjeta. Segui pelo meio-fio, batendo em riquixás, assustado com as buzinadas dos carros. Avancei cerca de 100 metros — odiando tudo, cada vez mais frustrado, atônito com a quantidade absurda de pessoas, que abriam caminho a cotoveladas, metendo os ombros para passar. Eu era maior do que qualquer um dos dravidianos de pernas tortas, mas só com muito esforço conseguia continuar em pé e avançar um pouco.

Eu gostava de me ver como imperturbável, mas a simples caminhada me abalou: dia quente, multidão, fumaça de escapamento, o lento progresso no que pretendia ser uma caminhada tranquila até Mount Road, da qual eu me lembrava bem. Não procurava prazer em minha viagem, esperava desconfortos e atrasos. Mas aquilo era diferente, um esforço inútil e descabido do tipo que ninguém quer saber.

Só a cortesia natural, o jeito simpático e a disposição da multidão tâmil impediram que eu fosse pisoteado — e isso foi uma descoberta. A superpopulação tornada suportável pela gentileza. Mas, quando tentava caminhar, não chegava a lugar algum, não via nada, só conseguia me proteger.

— Viu, senhor? — disse o porteiro, que entendeu meu súbito retorno.

— Difícil.

Difícil não era o modo como eu via as ruas lotadas de Chennai. Eram outra coisa — insuportáveis, horrorosas, *cauchemardesques*. Elas me tiraram do sério.

— Andar não é possível. Vá de táxi.

Peguei um táxi para Beach Road e no caminho refleti sobre a vida de um estrangeiro norte-americano na Índia: o empresário ou advogado versátil, com motorista, ar-condicionado no escritório e secretários — a Índia era o paraíso dos serventes, contínuos, criados, porteiros, garçons e lacaios. A esposa de um estrangeiro assim sofre idêntica ascensão, passando de alma simples, provavelmente iletrada — teria dificuldade de localizar a Índia num mapa —, a *memsahib*, com status de dama importante na sociedade, com cozinheira, faxineira, guarda, *dhobi*, ou lavadeira, e, se tiver jardim, dois jardineiros.

Tipicamente, o casal expatriado tem interesses limitados, nada sabe sobre a história da Índia e não fala híndi. Os filhos frequentam escolas exclusivas, que atendem a filhos de indianos ricos e de diplomatas, e neste caso o marido se envolve com questões relativas à escola e a mulher faz amizade com os outros pais. Eles reclamam das dificuldades, mas a Índia lhes permitiu sentir o gosto do poder — o poder da riqueza e, ainda mais sedutor, o poder sobre os empregados e uma facilidade de vida quase incomparável. Na Bombaim de 1860 o visitante de Boston, Richard Henry Dana, anotou em seu diário a surpresa que teve com o número de empregados nas casas inglesas (um lar modesto visitado por ele mantinha 17 empregados domésticos) e o choque com os baixos salários. "O pagamento é muito pequeno, e eles providenciam sua própria comida, moradia e roupa." Nada mudou.

Por mais inconveniente e descuidada que a Índia possa parecer aos estrangeiros, ela é preferível a voltar para casa e ter de dirigir o carro, preparar as refeições, lavar a louça e a roupa. O papel de "burra *memsahib*" (grande dama), a busca degradante por mão de obra barata, a preguiça e a condescendência da vida, a frequência dos clubes e das festas, tudo isso foi satiricamente descrito em detalhe muito tempo atrás: a negligência do domínio britânico serviu de tema para Kipling, Orwell e outros escritores ferinos. Mas agora, no colonialismo de alta tecnologia, os *sahibs* retornaram — em Déli, Mumbai, Bangalore, Chennai e muitos outros lugares. Em sua maioria eram indianos aproveitando os baixos salários; muitos eram europeus, e alguns, norte-americanos.

Seus equivalentes da época colonial não caminhavam; essa gente também não. Eu agora era um deles, sentado num táxi para evitar enfrentar a multidão. Não gostava nem um pouco disso. Não aprovava o que eu estava fazendo.

Cheguei à praia — muito quente, muito suja, como o trecho plano entre as marés na praia de Santa Monica, mas essa era cheia de barcos maltratados, com pescadores ao lado cuidando das redes na beira da água. Era difícil imaginar vida pior do que a de pescador na praia de Madras. Desabrigados pelo tsunami, viviam em barracões improvisados — milhares de pessoas —, com plástico de cobertura sobre frágeis armações de madeira trazida pelo mar, dois anos após a tragédia. Muitos haviam morrido afogados. As lonas plásticas azuis exibiam o logotipo dos serviços de emergência. Alguns homens estavam ao largo, lançando redes, as mulheres vendiam peixe na beira da pista, e crianças pequenas jogavam críquete, usando tacos e metas entalhados em madeira trazida pela maré.

Não havia sombra. Sob o sol abrasador, a temperatura beirava os 40 graus e aumentaria bem mais no mês seguinte.

Conversei com as pessoas que enfrentaram o tsunami. Um senhor idoso disse:

— Encheu tudo de água, até St. Mary. — Ele apontou para um ponto cerca de 400 metros terra adentro, para lá de Beach Road.

— Barcos, também. Perda total — completou o filho.

Os *dories*, barcos pesados de 25 pés, haviam sido levados pela onda e jogados do outro lado da rua, no gramado do St. Mary's College.

— Senhor — um homem disse, puxando minha manga. — Ajude-nos.

— Querem dinheiro?

— Não queremos dinheiro. Ajude a trazer o barco.

Eu os surpreendi, segurando um cabo, e todos riram quando os ajudei a puxar um dos barcos de pesca da praia até acima da marca de preamar.

Era um dos seis barcos chamados *Acts of Mercy*. Os outros exibiam o nome *SOS Children's Village*. Os nomes indicavam instituições de caridade que os doaram às vítimas do desastre.

Fiquei por ali, acompanhando o descarregamento da pesca do dia — três ou quatro barcos juntos conseguiram cerca de 25 quilos de um peixinho comprido, parecido com uma sardinha avantajada. Crianças esquálidas me rodearam, fazendo gestos que indicavam fome, como mãos na boca ou na barriga. Alguns homens também pediram esmolas.

— Posso comprar peixe para vocês — falei. Pretendia comprar o peixe e dar para eles. — Quanto custa tudo isso?

— Não. Os compradores estão ali — o velho disse.

— Dinheiro, dinheiro — disse o rapaz.

Desisti. Não queria mostrar dinheiro nenhum para eles.

— Vocês têm dinheiro. Peixe é dinheiro.

— Peixe dá pouco dinheiro.

Provavelmente era verdade. Falei a um dos meninos:

— Venha comigo. — Ele me seguiu até Beach Road. Dei-lhe algumas rupias, só para escapar com elegância do grupo de vinte e tantos homens famintos e semidespidos, que de longe mais pareciam aranhas sobre a areia quente e branca.

Saí andando sob o calor, pela rua que acompanhava a praia, e depois de caminhar pouco mais de um quilômetro reconheci um curioso prédio cilíndrico da minha primeira visita, e também de uma velha aquarela que eu possuía. O estilo da pintura, seu valor artístico, era duvidoso — comprei em Londres, paguei barato —, mas retratava uma estrutura incomum na cidade. Seu título era *A Casa de Gelo, Madras*. Eu pouco sabia sobre o prédio, apenas que fora construído para estocar o gelo que chegava de navio da Nova Inglaterra.

O edifício, com uma única torre de castelo, que eu conhecera em estado lamentável, uma ruína com pintura verde descascando, fora reformada e pintada. Tinha varandas largas, janelas em arco e uma fachada cor de creme, clara, parecia elegante e revigorada, atrás do muro alto. Em volta da torre havia um jardim de buganvílias púrpuras e no acesso uma estátua rodeada de arbustos floridos. A placa no portão dizia: *Vivekanandar Illam.*

Como eu tinha um quadro do antigo armazém do gelo, passei trinta anos pensando no prédio. Agora estava aberto, era um dos pontos turísticos de Chennai, e sua história era contada em painéis colocados nas salas recém-pintadas. Comprei o ingresso e entrei para passear um pouco. Conheci um pouco do passado do armazém e pesquisei o resto. Fora construído em 1842 por Frederic Tudor, "o rei do gelo", mercador de Boston. Tudor levara o primeiro carregamento de gelo de Massachusetts para Madras em 1833, no clipper *Tuscany*, e anos depois construiu o depósito. No início, a maior parte do gelo de Tudor vinha das lagoas próximas a Boston, onde eu esquiava quando era menino.

De seu chalé, Henry David Thoreau via a Tudor Ice Company cortar blocos de gelo no lago de Walden, no inverno de 1846-1847. Impressionado, Thoreau escreveu a respeito em seu diário, bem como no capítulo "Lago no Inferno" de *Walden*, estimando que num dia proveitoso os cortadores produziam "mil toneladas" de blocos de gelo. Saber que o gelo ia de navio para a Índia estimulou o lirismo de Thoreau em seu diário: "Portanto, parece que as vítimas do calor opressivo de (...) Madras, Bombaim e Calcutá bebem do meu poço", e "a água pura de Walden se mistura com a água sagrada do Ganges".

Tudor continuou a levar gelo para a Índia nos trinta anos seguintes, até morrer em 1864. Mais tarde (assim dizia um dos textos na Casa de Gelo), "a invenção do 'processo a vapor' para produzir gelo arruinou o negócio de gelo importado". A Casa de Gelo de Madras fechou, e nos anos 1890 passou às mãos de um empresário indiano, que a ampliou e a batizou de Castelo Kernan.

Quando Swami Vivekananda visitou Madras em fevereiro de 1897, a estrutura interessante, cilíndrica e estranha, foi considerada adequada para sua presença sagrada. O Swami ficou hospedado no prédio, realizou "sete palestras eletrizantes" e foi instado a consagrar o local como centro espiritual. Concordou e meses depois enviou o discípulo Swami Ramakrishna para pregar. Ele viveu ali como guru, meditando e pregando a renovação espiritual.

Certo dia, em 1902, quando orava na Casa de Gelo, Swami Ramakrishna ouviu "uma voz incorpórea mas familiar, declarando: 'Sasi [Swami R], eu abandonei o corpo'", e pouco depois Ramakrishna recebeu a notícia do falecimento de Vivekananda.

No final, a Casa de Gelo foi comprada pelo governo indiano. Primeiro serviu de abrigo para senhoras, a Brahmana Widows' Hostel, depois de pousada para professores. Mas acabou abandonada e começou a deteriorar. Quando a vi em 1973, era quase uma ruína. Servia atualmente de centro espiritual e museu, com mostra permanente da vida e obra de Swami Vivekananda, uma curiosidade arquitetônica que fazia parte da "herança cultural" indiana, segundo a placa; mas também, a seu modo, constituía uma contribuição permanente à paisagem de Chennai de um empresário da Nova Inglaterra.

A pequena descoberta e sua história me animaram, mas quando saí da Casa de Gelo e segui para o sul, margeando a praia de Marina, rumo a Mylapore e suas igrejas, fui seguido por uma tropa de crianças maltrapilhas que pediam dinheiro, comida, qualquer coisa; quando consegui despistá-las, estava de novo no meio da multidão e do trânsito.

No hotel de Bangalore eu havia encontrado um exemplar descartado de *Dream Catcher* (Apanhadora de sonhos), livro de Margaret Salinger em que ela relembra a experiência de crescer na casa de J. D. Salinger. Era uma narrativa humana e sensível de um homem volátil, cujo humor dominava a família. Não era o vulnerável e carente Holden Caulfield, mas um sujeito paranoico que se considerava muito importante, facilmente irritável. Margaret, de modo convincente, defende que a casa dos Salinger tinha todas as características de um local de culto e que J. D. exibia as características severas de um líder espiritual.

No decorrer do livro, Margaret menciona o interesse do pai por Raj Yoga e Sri Ramakrishna, guru de Vivekananda. Ela cita o *Evangelho de Sri Ramakrishna*:

> Um homem pode viver numa caverna da montanha, esfregar cinza no corpo, jejuar e praticar uma disciplina austera, mas se sua mente se detiver nos objetos mundanos, em "mulher e ouro", eu digo: "Que vergonha!" A mulher e o ouro são os inimigos mais temíveis do caminho da iluminação, e a mulher ainda mais do que o ouro, pois é ela quem cria a necessidade do ouro. Pela mulher o homem se torna escravo de outro e assim perde sua liberdade. E então ele não pode agir como gosta.

"A única coisa que valia a pena ler" era o juízo de J. D. Salinger sobre esta pomposa amostra de misoginia. Swami Vivekananda era outra história. Seymour Glass o elogia num conto de Salinger, "Hapworth 16, 1924". Um texto que li na Casa de Gelo sugere uma razão para isso. O Swami disse: "Cada alma é potencialmente divina. A meta é manifestar esta divindade pessoal controlando a natureza externa e interna. Isso se consegue por meio do trabalho, da oração, do controle psíquico ou da filosofia — por um, mais de um ou todos os meios. A religião se resume a isso. Doutrinas, dogmas, rituais, livros e templos não passam de detalhes secundários."

■ ■ ■

Eu ainda não havia perdido a esperança de pegar uma balsa para o Sri Lanka. Com frequência, só obtinha informações confiáveis perto da hora de embarcar. Era fácil em Chennai conseguir os horários dos voos para a cidade de Nova York e impossível ter uma resposta clara sobre os barcos que partiam de Rameswaram, perto dali.

Chennai fazia parte da lista de cidades consideradas propulsoras da economia da nova Índia. Companhias estrangeiras se mudavam para cá a fim de aumentar lucros, manufaturar roupas e eletrônicos, responder às ligações telefônicas e terceirizar a produção de tecidos. Contudo, minha permanência lá só confirmou o que eu havia sentido em Bangalore: que a nova Índia se apoiava nas costas dos trabalhadores mal remunerados (embora instruídos). Sim, para eles era melhor do que morrer de fome, e eu admirava sua ética de trabalho. Mas já tinha visto o suficiente; mais uma transformação chocante e incompleta, e eu odiava ter de enfrentar a luta contínua e o contato dos corpos imposto pela multidão de 11 milhões de pessoas suadas e amontoadas na cidade, por mais escrupulosas que fossem.

■ ■ ■

O lado bom da irritação e do tédio de uma cidade indiana era poder encontrar alívio numa viagem de trem. Fui para a estação de Egmore e comprei uma passagem para o trem matinal de Tiruchirappalli — "Trichy" para a maioria dos tâmeis. O trajeto era feito em menos de seis horas, com coqueiros e arrozais durante todo o caminho. O sujeito a meu lado apresentou-se como Sathymurthy. Era tâmil. Perguntei se sabia algo sobre a balsa para o Sri Lanka.

— Apesar da crise atual — ele começou e depois enveredou pelas generalizações melífluas, que eu associava a indianos que não faziam a menor ideia do que estavam falando, descrevendo a situação no sul. Não tardei a dormir. Quando acordei, ele tinha ido embora e o trem estava chegando a Tiruchirappalli.

Trichy era tudo o que eu esperava: pequena, empoeirada, cheia de riquixás; na planície periférica erguia-se um forte de pedra enorme, com templo no alto, e adiante um conjunto de templos antigo, parcialmente pintado, com muitos hectares. Além disso, oferecia comida e suco de fruta baratos, população pequena e trânsito inexistente: o tipo de cidadezinha interiorana que pouco havia mudado nos últimos trinta — ou talvez cem — anos. Nada de terceirização, elogio à nova Índia, carreirismo, tecnologia, centros industriais ou de atendimento. O melhor hotel da cidade cobrava uma ninharia.

Visitei os templos, sem pressa — quase 40 graus à sombra —, e tentei fazer meus planos para continuar seguindo para o sul. Rameswaram ficava a apenas meio dia dali.

— Não tem balsa — disse o sr. Sundrum, escritor que eu havia conhecido em Trichy e que estivera recentemente em Rameswaram. Mais generalizações melífluas. — A luta recrudesceu.

Eu não sabia na época, mas a tal luta era o início de uma ofensiva ampla, que começara no norte do Sri Lanka, por um grupo que se intitulava Tigres da Liberação de Tâmil Eelam. No final, mais de 4 mil pessoas morreriam.

Sundrum disse:

— Há barcos para o Sri Lanka. Os Tigres os operam. Têm seu próprio sistema de transporte e podem levá-lo para o outro lado.

Isso, porém, exigia subornar alguém do setor de imigração, em Rameswaram, para conseguir um carimbo de saída no meu passaporte. E depois cruzar o estreito de Palk, que era intensamente patrulhado por causa de conflitos e bombas recentes. Por outro lado, eu estaria seguro no território controlado pelos tâmeis, mas para entrar no território do Sri Lanka (desviando das minas terrestres) eu teria de subornar um funcionário da imigração de lá para conseguir um carimbo, pois entrara ilegalmente no país. Eu já esperava que a travessia fosse ser problemática, mas correr risco de morrer era outra coisa.

— Antigamente não era assim — falei.

— Agora temos um conflito — Sundrum disse. — Por que não vai a Chennai conhecer as centrais de atendimento e os progressos em TI? Trichy não é nada. Chennai progride, lidera.

— Já fiz isso. Quero pegar a balsa.

Sundrum se orgulhava pelo fato de os Tigres controlarem o estreito de Palk e operarem um serviço rudimentar de travessia. No fundo de seus corações os tâmeis queriam que os Tigres vencessem, embora fossem um bando homicida responsável pelo atentado que matou um primeiro-ministro, por assassinatos no Sri Lanka e pela fuga de dezenas de milhares de pessoas —

tanto tâmeis quanto cingaleses. Eles violavam acordos de paz e incentivavam a violência.

Por enquanto eu pretendia ficar em Trichy, repassando as anotações anteriores e visitando templos. Era gostoso passear pela cidade, que, embora não fosse muito populosa, cobria uma área vasta, nas duas margens do rio Cauvery, amplo e sem água naquela estação de seca. E, apesar do calor, ser pedestre ali era agradável na maior parte do tempo.

Templos atraíam mendigos. Vi isso no meu primeiro dia na Índia, em Amritsar — os pedintes no Templo Dourado. Mas isso acontecia desde a Turquia: sempre que havia uma mesquita, havia mendigos; eles se concentravam em torno das igrejas, enfileiravam-se na porta dos templos. Eu os vira de novo em Tbilisi, Ashgabat, Bokhara e Tashkent. Característicos dos templos indianos, pediam rupias, gemiam e por vezes exigiam dinheiro; por onde quer que eu passasse eles se atiravam a meus pés ou puxavam minha manga. Em geral, eu dava alguma coisa. Os indianos eram doadores instintivos, principalmente os romeiros e penitentes, que formavam um bom carma dando esmolas.

Muitos peregrinos visitavam os templos de Trichy, que eram antigos e bem-preservados, e consequentemente havia muitos mendigos. Os pobres indigentes faziam parte do cenário indiano: aleijados e mancos, cegos e amputados, com as mãos ou tigelas estendidas, por vezes acompanhados de uma criança coxa ou babando ou um neném de rosto acinzentado pela varíola.

Eu não endurecia meu coração para eles. Dava-lhes algumas rupias e seguia em frente, meditando sobre o milagre indiano.

Um menino sorridente usando uniforme escolar aproximou-se de mim.

— Boa tarde, senhor. De onde vem?

Contei de onde vinha e elogiei sua fluência.

— Falo bem inglês por estudar numa escola — ele disse.

Era um menino vigoroso, de 12 ou 13 anos, uniforme impecável, mas estava descalço. Perguntei seu nome.

— Meu nome é Murugam. A Índia é o meu país.

Agradeci e segui na direção do portão do templo.

— Dê-me dez rupias — ele disse.

— Hoje, não.

— Pague uma Coca-Cola.

— Sinto muito.

— Tudo bem, então dê cinco rupias.

— Me diga por quê.

— Sou de uma família muito grande. Dê uma rupia. Dê alguma coisa. Dê sua caneta esferográfica.

Ele disse isso por eu estar escrevendo em meu caderno: *Menino. Uniforme. Murugam.*

Quando me afastei, ele murmurou ofensas e passou a xingar em voz alta quando dei dinheiro a uma velha aleijada que estava apoiada numa pilha de alguma coisa, com a mão estendida, palma para cima.

Os mendigos faziam parte da vida indiana. Como ter uma população de 1,3 milhão sem mendigos? Eles vinham com os templos, eram parte da paisagem — e não a pior parte. Mas me deprimiam. A gente podia viver muito tempo na Índia se ficasse dentro de casa, mandando nos serviçais, mas eu passava a maior parte do tempo na rua, em geral na condição de pedestre, e muita gente também vivia na rua.

Meu tempo se esgotara: eu precisava seguir para o Sri Lanka. Admiti que estava assustado e que precisava de um refresco.

Certo dia, vi uma fruta redonda podre na beira da pista. Estava cheia de insetos, viva de tanta formiga, que chegavam a enegrecê-la. Seria um coco ou durião? Fosse o que fosse, representava um pequeno mundo da fome, obscurecido pelos famintos.

Saí finalmente de Trichy e da Índia. O que me fez partir não foi a pobreza, embora fosse patética e abundante. Nem a sujeira, embora por vezes eu tivesse a impressão de que nada era limpo na Índia. Não foi o panteão de deuses grotescos, alguns derivados do macaco, outros do elefante, outros em postura de repouso sob o capuz de uma naja — apavorantes ou benignos para os crentes que os homenageavam com flores. Não foi a queima da viúva ou os casamentos entre crianças, nem as multidões de aleijados e amputados, caolhos, mancos e silenciosos que mal erguiam a vista. Uma experiência da Índia pode ser comparada a entrar num quadro de Hieronymus Bosch — habitado por deformados, caras de peixe, rastejantes, agitados, bicudos, escamosos, escandalosos, mutilados e pés de pato.

Não foi o calor, embora todos os dias no sul do país tenham sido quentes, beirando os 40 graus. Nem a presunção e o sucesso dos indianos e de seus sócios estrangeiros explorando os pobres e os mal pagos em busca de lucro. Nem as ruas, embora fossem terríveis e intransitáveis em muitos trechos. Nem o medo da doença ou o horror pela riqueza obscena, embora a visão dos super-ricos na Índia seja mais perturbadora do que o mais desgraçado dos mendigos.

Nenhum desses fatores. Todos eles podem ser racionalizados.

O que me fez ir embora foi algo mais simples, ainda que maior e inescapável. Foi a multidão compacta, nas cidades horrivelmente superlotadas, a colossal aglomeração de indianos disputando espaço a cotoveladas, mais de um bilhão. Foi aquele monte de gente, sentir seu desespero e sua fome, tendo de competir com eles por espaço na calçada, na rua, em qualquer lugar — "Gente demais. Gente demais." E todos competindo por espaço, o que tornava boa parte da vida de lá uma esfregação rotineira, viver na Índia era participar de uma interminável experiência de bolinação compulsória.

E não por ser a Índia — os indianos são no geral corteses e bem-humorados —, e sim por ser o destino do mundo. A população dos Estados Unidos dobrou desde meu nascimento, o mundo antigo simples que eu havia conhecido quando menino acabou. A Índia me fazia lembrar do que nos aguardava, deu uma amostra do futuro. Trilhões de dólares são gastos para manter as pessoas respirando, curar doenças e aumentar a duração da vida humana, mas nada se faz para aliviar o planeta da superpopulação, dos bilhões em confronto, como as formigas sobre a fruta podre.

Eu não havia sentido isso na Índia na primeira vez, há muito tempo, mas naquela época eu era jovem. Fiz uma rápida viagem aérea para cruzar o estreito de Palk e chegar ao Sri Lanka, um mundo bem diferente.

15   *A linha costeira para Galle e Hambantota*

Cheguei a Colombo no dia do meu aniversário. A encantadora recepcionista do hotel, de sári vermelho, sabia disso, não sei como. Ela disse:
— Feliz aniversário, senhor. Se quiser, podemos subir e cantar parabéns a você. — O "podemos" fez a oferta parecer mais devassa ou mais casta.

Para dar sentido ao dia saí para caminhar, deslumbrado com a população rarefeita da cidade, em comparação com os lugares que eu acabara de visitar na Índia. A população inteira da república de Sri Lanka empatava com a da cidade de Mumbai: 20 milhões. Os cingaleses, plácidos e desprovidos de pressa, fizeram com que eu me lembrasse do quanto os indianos eram agitados e loquazes, sempre nervosos e falantes. Entrei numa barbearia, pedi para cortar careca, saí com cabelo escovinha. Tirei retrato num fotógrafo de esquina. Comprei um caderno do Sri Lanka. O motorista de táxi que me levou de volta ao hotel perguntou se eu queria ver algo especial, e, quando perguntei ao que se referia exatamente, ele lançou um olhar maroto e disse: "Mulher." Respondi que não, energicamente. Mas a palavra ficou na minha cabeça. Lembrei-me de que Colombo era uma cidade famosa pela libertinagem. Talvez eu pudesse encontrar outro chofer de táxi mais tarde e comemorar meu aniversário com depravação, entre fogosas cingalesas e comedores de lótus.

Ainda era dia, e eu considerava meu aniversário auspicioso, por isso sentei no jardim do hotel sob uma árvore fragrante, abri o caderno e comecei um conto, "O Deus Elefante": algo para me ocupar à noite e exprimir meus sentimentos a respeito da Índia. A escuridão chegou enquanto eu escrevia. O jardim estava deserto, o hotel, vazio; ninguém queria ir ao Sri Lanka naquele momento. A ofensiva dos Tigres Tâmeis saíra nos jornais. Uma mina em Trincomalee explodira na véspera, matando sete pessoas, tiroteios no norte deixaram quatro vítimas fatais, e temiam o ataque suicida dos homens-bomba em Colombo.

Vi em meu quarto um bolo pequeno, uma garrafa de vinho e um cartão de feliz aniversário sobre a mesa de centro. Saquei a rolha do vinho e servi uma taça. Sentei-me para beber. O quarto estava calmo, quente e escuro. A bebida parecia tinta vermelha. Bebi e pensei: gandaia. Quem saberia? Era meu aniversário!

Comi um pedaço de bolo e ia beber mais vinho quando meu couro cabeludo encolheu e o crânio começou a esquentar. Arranjei uma dor de cabeça terrível com o primeiro cálice de vinho. Dormi no sofá, acordei com meu próprio ronco à meia-noite, ainda tonto, resfolegando; tirei a roupa e fui para a cama. De manhã acordei um ano mais velho e saí em busca das passagens de trem.

Na visita do *Bazar Ferroviário* eu queria conhecer o mais célebre estrangeiro residente no Sri Lanka, Arthur C. Clarke, que se instalara ali em 1956. Mas, por conta de sua notoriedade com *2001* e falta de espaço na agenda, não consegui. Outra lição do Tao da Viagem: espere o suficiente e tudo se tornará possível. Desta vez fiz um plano. Mandei uma mensagem a ele, por intermédio de um amigo comum, e torcia por uma resposta favorável.

Neste meio-tempo, fui à principal estação de trem para comprar a passagem até Galle, na costa atingida pelo tsunami.

— Não vendemos antecipadamente — o funcionário explicou do outro lado da janelinha gradeada que o enjaulava.

— E como eu faço para conseguir a passagem?

— Chegue antes da saída do trem.

— Dá para reservar um lugar?

— Não. Entrou, sentou.

— Quanto custa até Galle?

Ele fechou a cara.

— Cento e poucos, para qualquer lugar.

Um dólar para ir de trem a qualquer lugar.

No dia seguinte recebi uma mensagem de sir Arthur: ele ia me receber. A secretária disse que ele andava um pouco fraco, sofria do que ela chamou de síndrome pós-pólio, mas que eu podia passar lá no dia seguinte. Eu estava ansioso para conhecê-lo. Sir Arthur se destaca em diversos contextos: ficção científica, ciência de verdade, revistas populares e publicações científicas, astronomia, astrofísica, delírios paranormais, primeiros satélites, escândalo de pedofilia (no qual sofreu difamação), programa espacial, Stanley Kubrick, celebridades, divulgação da cultura do Sri Lanka, pioneiro da ecologia, realizador de documentários e especialista em televisão. Adorava discursar, prever e escrever. Estava na ativa fazia tanto tempo que muita gente (inclusive pessoas que encontrei no Sri Lanka) pensava que já tinha morrido. Mas estava vivo, com quase 89 anos.

A guerra de secessão dos Tigres Tâmeis tornara Colombo uma cidade muito tranquila, com poucos visitantes e quase nenhum turista. Não havia nem mesmo muitos cingaleses nas calçadas, exceto no bazar perto da estação. A política de "fale apenas cingalês" imposta às escolas pelo governo nos anos 1970 resultou em poucos cingaleses que falassem inglês e os tornou inúteis para as empresas estrangeiras que procuravam mão de obra barata para a indústria de TI. (Nos anos

1990, em certa ocasião, 3 mil cingaleses com curso superior se apresentaram para trabalhar nos centros de atendimento; menos de cem falavam inglês.)

Recusados pelas empresas de alta tecnologia, eles acabaram contratados para fazer camisas polo, calças jeans, camisetas e tênis nos ateliês cingaleses. A economia estava em péssimas condições, a guerra recrudescia e o governo hesitava; como muitos países tropicais miseráveis com um governo incompetente e um exército combatido nas províncias, o Sri Lanka era atrasado e, exceto pelas zonas de conflito, um lugar sedado, ou pelo menos quieto, como se prendesse a respiração.

Almocei com um diplomata que me deixou informado sobre os Tigres Tâmeis. Ele me disse que os tâmeis do Sri Lanka reivindicavam a criação de um país para eles havia trinta anos. Não discursavam apenas, lutavam também. Os Tigres combatiam com selvageria sem precedentes. A certa altura havia dúzias de organizações tâmeis que buscavam a separação — grupos de todos os matizes, alguns moderados, outros conciliadores, outros que se recusavam a combater, preferindo o debate e um acordo.

Um a um os líderes desses grupos foram mortos pelos Tigres, seus membros foram emboscados, as mulheres, violadas, as aldeias, incendiadas e os combatentes, postos para correr. Agora só restavam os Tigres, e eu soube em Trichy, por um tâmil orgulhoso, que os Tigres haviam sido os pioneiros dos homens-bomba.

Meu amigo diplomata confirmou, era verdade.

Quando insisti, ele disse:

— Colete-bomba suicida. — Em outras palavras, eles inventaram a bomba escondida.

Mas não foi bem assim. Um equipamento igualmente sinistro é descrito por Joseph Conrad em seu romance sobre as bombas explodidas em Londres, *O Agente Secreto* (1907), no qual uma bomba assim é usada pelo cínico bandido chamado Professor, que alega poder explodir a hora que quiser. Ele considera isso um dispositivo libertador. Tem o hábito de "manter a mão no bolso esquerdo da calça, segurando com cuidado a bola de látex, a suprema guardiã de sua sinistra liberdade" — apertando forte, a bomba explode e *Paradise Now*. Como diz um de seus colegas terroristas mais adiante, no romance: "A gente carrega no bolso explosivos suficientes para ir para o espaço e levar mais umas vinte pessoas para a eternidade."

Mas (pelo que me contaram) os Tigres Tâmeis — ou melhor, o Esquadrão Suicida Tigre Negro, incluindo seu subgrupo de radicais que usam coletes explosivos — detêm o recorde mundial de explosões suicidas. A cifra oficial é 1.680 em vinte anos, entre 1980 e 2000, muito mais do que o Hamas e o Hezbollah juntos. Uma das vítimas mais conhecidas dos Tigres foi o primeiro-ministro Rajiv Gandhi, morto numa explosão ocorrida em Chennai em 1991, de autoria de uma militante dos Tigres Negros, uma das muitas jovens que se opunham à participação de soldados indianos no esforço do exército cingalês para livrar o Sri Lanka da violência étnica.

Os Tigres eram tenazes e refratários a acordos; quando seu líder, Velupillai Prabhakaran, foi descrito como "implacável e evasivo", pensei que isso queria dizer estúpido e teimoso, características que alimentam a monomania de um fanático de vilarejo. Ele havia abandonado a escola na quinta série, famoso por ser desatinado, invulnerável à lógica, capaz de mandar crianças para a morte sem piscar. Um homem mais imaginativo ou instruído teria desistido ou assinado um acordo há muito tempo. Ele quase nunca mostrava o rosto. Surgiu em 1972, quando tinha apenas 18 anos, instigando os Tigres, e cometeu seu primeiro assassinato em 1975 — atirou num líder político tâmil por ele ser muito moderado. Nas raras fotos em que aparece, Prabhakaran é um sujeito gorducho, baixinho, bigodudo, usando roupa cáqui estilo militar, justa e limpa demais, impossível de distinguir de qualquer dono de banca dentuço e barbudo da seção de secos do bazar de Chennai. Só o que se sabe dele é que sofre de hipertensão, que mora num bunker no norte e que nunca esteve em Colombo na vida.

— Quais são as crenças dele?

— Só tâmil, tâmil, tâmil — meu amigo disse.

Prabakharan não tinha filosofia política nem ideias econômicas e não defendia nada a não ser a soberania e a separação dos tâmeis. Os Tigres tinham recursos e armas abundantes. A maior comunidade tâmil fora da Índia encontra-se em Toronto, e os tâmeis canadenses (além dos tâmeis da Austrália e dos Estados Unidos) recebem a cobrança de uma "taxa de liberação" de coletores de seu antigo país. Alguns sofrem coerção, com ameaças à família, mas a maioria paga de bom grado, no mesmo espírito com que os irlandeses nos Estados Unidos davam dinheiro a Norair, para pagar as bombas que mataram mulheres e crianças no Ulster nos anos 1970 e 1980.

A convulsão tâmil e todas as mortes ocorreram depois de minha visita, e como a violência atrasou o Sri Lanka, eu reconheci o lugar instantaneamente. Pouco mudou. Colombo era uma cidade esquecida, recebia poucos investimentos estrangeiros e tinha uma economia precária; portanto, não sofria de modernidade prostituída, apesar de decadente. Graças à indiferença dos investidores e especuladores, os edifícios coloniais de Colombo continuavam intactos. Ninguém podia se dar ao luxo de derrubá-los ou substituí-los. A pedra esculpida gasta nas fachadas de lojas e armazéns, datada das eras vitoriana e eduardiana, permanecia lá, assim como os assoalhos de madeira que rangiam e os ventiladores de teto empoeirados. A cidade era praticamente igual à que conheci trinta anos antes e passei os dias anteriores ao encontro com Arthur C. Clarke caminhando pelas ruas, conhecendo as galerias e solicitando vistos para prosseguir viagem.

Telefonei para a secretária de sir Arthur na manhã seguinte, como me fora instruído.

— Sir Arthur o receberá.

Localizei facilmente a casa dele. Havia passado por perto no dia anterior, quando tentava tirar o visto para entrar em Mianmar — a embaixada ficava numa rua próxima, e os vizinhos de sir Arthur eram as embaixadas do Iraque e um ashram de Sai Baba. Aquele bairro tranquilo se caracterizava por muros altos, portões bem guardados, câmeras de segurança e o ocasional barulho de alguém mergulhando numa piscina que eu não conseguia ver.

Sir Arthur morava atrás de muros de 3 metros, com arame farpado no alto, numa mansão quadrada, mais espaçosa e confortável do que luxuosa. Quando me anunciei, o portão se abriu e me orientaram a subir uma escada, vi janelas decoradas com divertidos adesivos da Nasa, e uma com uma seta vertical e a indicação *Marte: 35.000.000 miles*. Entrei na ala de trabalho da casa, um saguão com o escritório da secretária, cheio de arquivos e máquinas — fax, computador, telefones. Documentos emoldurados e pendurados na parede asseguravam que sir Arthur se tornara membro desta ou daquela sociedade, ou que ganhara um de seus muitos prêmios; vi placas, troféus e badulaques cerimoniais com o nome dele gravado. Não faltou reconhecimento a sua carreira. Foi um cientista sério, além de escritor ambicioso e imaginativo, capaz de antecipar possíveis futuros. Fazia parte de uma antiga tradição. Ao escrever entusiasmado sobre *As Crônicas Marcianas*, de Ray Bradbury, Borges sustentou que Ludovico Ariosto e Johannes Kepler foram os pioneiros da ficção científica, em imaginação e prática. Em suas memórias, Doris Lessing (também ela escritora ocasional de ficção científica) considerou visionários os escritores de ficção científica.

— Olá!

Sir Arthur entrou em uma cadeira de rodas, com seu rosto conhecido, sorridente; usava óculos, perdera cabelo, mantinha-se aprumado, mas dava a impressão de fragilidade e, apesar do calor, cobrira as pernas com uma manta. Parecia um pouco o tipo de alienígena descrito por ele em seus romances de fantasia. Homens de certa idade — e também mulheres — desenvolvem um olhar atento, arregalando os olhos numa postura quase reptiliana, projetando-os em domo na estrutura óssea que atribuímos a extraterrestres.

Sua aparência, portanto, era de um homem idoso, vagamente sobrenatural. A sofisticação de sua cadeira de rodas de alta tecnologia enfatizava seu ar marciano. Ele tivera pólio 12 anos antes e sofria dos sérios transtornos que atingem as vítimas com o passar dos anos — fraqueza muscular, dificuldade para respirar, degeneração das células. Isso tudo também lhe dava um ar alienígena, pois ele era bem-humorado e receptivo.

— Hoje estou me sentindo meio nublado — disse ao entrar no escritório, onde havia mais placas e troféus, cartas de chefes de Estado e fotografias autografadas; sem dúvida a beldade era Elizabeth Taylor, e o gordinho sorridente não seria o papa falecido?

Os lábios assimétricos de sir Arthur e a pronúncia meio mastigada da palavra "nublado" eram da Nova Inglaterra. Perguntei se ele era de lá. Ele declarou ter nascido em Minehead, na costa de Somerset.

— Uma costa adorável. Praias compridas, muito bonita — ele disse. Falava lentamente, a voz era cautelosa e vaga, suas mãos se mexiam e ele franzia a testa, sugerindo perda de memória. — Como chegou ao Sri Lanka? — ele quis saber.

— Viajando pela Índia — falei, para poupar os detalhes sobre a Geórgia e o Turcomenistão. Ele não disse nada, por isso perguntei: — Tem alguma opinião sobre a Índia?

— Índia. Chegando ao ponto da massa crítica.

— Refere-se à população?

— Fora de controle. Gente demais — disse.

Ele mostrou um diário grande como um livro-razão e abriu no dia em que estávamos. *12 de abril* fora sublinhado, e embaixo da data, em letras grandes, infantis: *Titanic afundou em 1912.*

— Hoje é um dia importante — ele disse, apontando para a página no diário com a unha amarelada de um dedo magro. O *Titanic* estava em sua cabeça. — Terrível. Mas a data está mesmo correta?

— Podemos confirmar — falei. Mas, claro, ele era especialista no naufrágio: 15 anos antes ele publicara um romance, *O Espectro dos Grandes Bancos*, sobre duas expedições que competem pelo resgate do navio.

— Veja só isso — ele disse, empurrando uma bandeja pequena de prata por cima da sua escrivaninha. Estava cheia de pequenas ampolas de vidro. Ergueu uma delas. — Veja. — No rótulo do frasco constava *Poeira da Lua*. — Consegue ver?

Era um pó claro, parecido com restos de sal de aipo velho num vidro de condimento. Ele escolheu outra ampola.

— Veja. — Aquela exibia o rótulo *Rusticle — Titanic*. Era um pedacinho de ferro fungiforme que fora raspado do casco e dado de presente a sir Arthur.

— O que é isso? — ele me perguntou, erguendo o frasco que continha uma massa esbranquiçada.

— Para mim parece um pedaço de pipoca.

— É uma xícara de isopor do mergulho! Esmagada pela pressão. Veja como ficou pequena.

Ele sorriu para a bandeja de prata ao pegar outras ampolas e a me desafiar a identificar o conteúdo. Estavam cheias de pedrinhas raras, organismos flutuantes e lembranças esfareladas de expedições.

— O que está escrevendo, sir Arthur?

— Nada. Algumas notas. Já destruí árvores demais.

— E quanto às suas memórias?

— Já fiz muito — ele disse. — Meus amigos todos já se foram. Veja — ele disse, apontando para as fotos na parede.

Assim tive oportunidade de levantar e examinar as assinaturas e dedicatórias: uma saudação calorosa de Liz Taylor, um rabisco do papa, frases de Neil Armstrong e Buzz Aldrin, de sujeitos sorridentes que poderiam ser atores, de Stanley Kubrick e outros, incluindo Darth Vader.

— Wernher von Braun — falei.

Mas ele voltara a tamborilar no diário.

— Sabe, o *Titanic* representou o triunfo e o desastre.

— Orgulho desmedido, suponho.

— Como?

Repeti a expressão e ele citou em tom declamatório:

— Nem Deus conseguiria afundar este navio. He-he-he.

Naquele momento consegui ver a frase inteira na camiseta que ele usava por baixo da camisa. Dizia: *Inventei o satélite e só ganhei essa camiseta vagabunda*. Pura verdade, ele imaginou e descreveu satélites capazes de orbitar a Terra muito antes de terem sido inventados e lançados no espaço.

— Já viu *Metropolis*? Lindo filme — ele disse de repente. Eu já estava me acostumando a seu estilo de conversar, uma espécie de diálogo alienígena: pequenos blocos de fala, impulsos inspirados, comunicação cheia de estática, lembranças explosivas. — Quando foi? Nos anos 30? A imagem de um homem segurando os ponteiros de um relógio. Pense nisso, no que a imagem diz.

— Sim, claro, eu me lembro — falei. Nunca tinha visto o filme, mas não importava. Ele não estava ouvindo mesmo, e continuou falando. Sem deixar de brincar com a bandeja de prata, olhando as ampolas.

— Um dos maiores filmes de todos os tempos. Gostaria de assisti-lo novamente.

— Sofreu influência de algum filme quando estava escrevendo o roteiro de *2001*?

— Eu adorava cinema. Kubrick! Fiz o roteiro do filme, sim. Kubrick era boa gente.

— Não era muito difícil?

— Pelo que eu me lembro não ficou sangue no carpete — ele disse. — Tivemos desentendimentos, mas foram amigáveis. Ele morreu? Não me lembro.

— Morreu faz alguns anos.

— E Conrad Hilton, está vivo? — Ele estava batendo no frasco com poeira lunar.

— Creio que Conrad Hilton já morreu.

— Você joga tênis de mesa? É o único esporte em que eu me destaco. Meu maior passatempo, meu único esporte.

— Podemos jogar quando quiser, mas acho que vou perder.

— Olhe — ele disse. Deixara a poeira lunar de lado para mostrar uma foto antiga. Uma mulher de cabelo claro e vestido creme, num dia ensolarado, em um jardim provavelmente inglês, rodeada por três crianças andróginas. — Esta é minha mãe. Qual deles sou eu?

Escolhi o filho errado. Ele era o menino mais efeminado e obediente, vestido com babados.

— Fizeram um filme com *O Dia Depois de Amanhã*? — perguntei.

— Acho que sim. Pelo que me lembro, saí na metade.

— *O Fim da Infância* é um de meus livros favoritos.

— "Eu me lembro da Babilônia" é um conto meu — ele disse. — Bela história. Ganhou o prêmio da *Best Ever*. Onde está? — Ele procurou numa pilha de livros e encontrou um exemplar de seus *Contos Reunidos*. — Está aqui, em algum lugar. "Estrela do Cão" é outro que me agrada.

— *O Fim da Infância* daria um bom filme — falei.

— Deveria ser filmado, mas é muito para baixo, do ponto de vista humano. — Ele continuava tentando localizar "Eu me lembro da Babilônia" no grosso volume de contos. Na frente dele, no meio da bagunça, havia um poema datilografado, "Ozymandias" de Shelley.

— Aprecio este poema — comentei.

Ele deixou de lado os *Contos Reunidos* e pegou o poema.

— Eu queria relê-lo. — Aproximando a folha do rosto, leu. — "Contemplem minha obra, ó poderosos, e desesperem!" He-he-he.

— Talvez a Terra acabe como na cena de "Ozymandias".

— Se a gente esperar o suficiente, é claro — ele disse. Depois olhou diretamente para mim: — Já contei como salvei a vida do homem que fez a bomba atômica? Estou tentando lembrar os detalhes. E tem outra questão. — Ele puxou o diário do meio da confusão. — Quando o *Titanic* afundou? Foi hoje? Creio que escrevi algo a respeito.

Encontramos numa obra de referência os fatos: o *Titanic* bateu no iceberg na noite de 14 de abril de 1912 e afundou na manhã do dia 15.

Quando eu estava anotando isso, sir Arthur disse:

— O avião aproximou-se da pista de pouso, em baixa altitude — ele descrevia como salvara a vida do homem que havia inventado a bomba A. Depois da recordação dispersa, que tive dificuldade de visualizar, ele disse: — Deveria constar da minha biografia. Está em algum lugar, nos meus textos. Assustador. E o outro filme que eu gostaria de rever é *O Mundo Perdido*, da década de 1930. Foi o primeiro filme a que assisti.

O herói deste e de outros contos de Conan Doyle ("O dia em que a Terra gritou") é o professor Challenger, cientista intrépido, homem de ação e de aventura. Era fácil imaginar um professor Challenger idoso e enfermo como sir Arthur, rodeado de livros e troféus, cujas lembranças eram fragmentadas e fugidias.

— Conan Doyle, coitado, ficou maluco — sir Arthur disse. — Foi o espiritualismo.

— Não foi a morte da esposa que o desequilibrou?

Sir Arthur franziu a testa, dizendo:

— Estou tentando lembrar o nome do astrônomo que disse: "Voar é impossível. Já provei isso, acima de qualquer dúvida." E os irmãos Wright já haviam decolado. He-he.

— Qual é o próximo grande lance da ciência?

Ele não hesitou.

— Transferência de matéria.

— "Viagem a cabo" é um conto seu. Trata de transferência de matéria.

— Eu escrevi isso? Não me lembro. — Ele bateu com a mão no tampo e fechou a cara. — Eu preciso preparar uma cronologia! Principais eventos. Livros. Lugares. Gente. Amigos. Roteiros. Sabe? — disse, debruçando-se para me encarar. — Escrever roteiros não me inspira muito. Trabalho penoso. — E começou a mexer na lateral da mesa. Encontrou o livro que desejava numa pilha. — Aqui está. *O Espectro dos Grandes Bancos. Titanic.* Tudo a respeito.

Ele me entregou o livro com mãos trêmulas.

— Se pudesse ser içado, que tremenda atração turística! — disse.

Sorri com sua súbita animação. Era cientista, mas também artista, o espetáculo, o deslumbramento, o estupendo, as buscas do professor Challenger eram essenciais para sua imaginação literária, e talvez para a ciência também, impressionando o leitor, sonhando o que não foi sonhado, numa literatura de surpresas.

Sem largar o livro, ele disse, tristonho:

— Vivo assombrado pelo homem no bote salva-vidas, entregando o filho. "Adeus, meu menino!" — Fez uma pausa. Vi lágrimas. Ele disse: — Morreu de frio! O navio de salvamento chegou. Tarde demais! Desastre! — Depois de engolir em seco, ele disse, hesitante: — Você escreveu alguns livros.

— Sim. Num deles, *A Costa do Mosquito*, há uma citação sua, sem a fonte, a respeito de mágica e tecnologia.

— A terceira lei de Clarke! — ele disse, esfregando as mãos. — Qualquer tecnologia suficientemente avançada é indistinguível da magia.

— E qual é a primeira lei de Clarke? — perguntei.

— Primeira lei — ele repetiu sem hesitar. — A única maneira de descobrir os limites do possível é ir além do impossível.

— Segunda lei?

— Não há segunda lei, só a primeira e a terceira. He-he. — Ele se animou, tornou-se brincalhão. Começou a recitar um poema que me contou ter escrito muito tempo atrás. Talvez as leis numeradas tenham predisposto seu espírito para isso.

> Lama de dois pés é padre,
> Llama de quatro pés é besta.
> Mas, no cósmico melodrama,
> Não existe nenhum lama de três pés.

— Eu não sabia que era poeta.

— Escrevo poesia ocasionalmente — disse, e seu rosto se contraiu. Eu havia testemunhado isso várias vezes, durante a visita: seu esforço para recordar algo. Ele disse, com dificuldade: — Eu já lhe contei a história de como tomei café da manhã com o czar da Rússia?

Falava comigo como se conversasse com um amigo antigo e querido. Respondi:

— Não, adoraria ouvi-la.

— Certo. — E sorriu. — Tínhamos apenas algumas semanas! Sabe...
— Ele levou os dedos à cabeça, como um vidente tentando forçar uma visão,

e disse, subitamente: — Eles estavam exilados na Inglaterra, em 1918. Tínhamos uma babá inglesa, a srta. Hinckley, e ela... — Ele fez uma pausa e levou os dedos à cabeça outra vez. — Tinha estado na Rússia. — Sua voz sumiu, e ele perdeu o fôlego, pelo jeito. — Sim, família real. — Havia perdido o fio da meada e murmurava o nome da srta. Hinckley. Finalmente, disse: — Quantas histórias ela sabia contar!

E recolheu-se ao silêncio de suas divagações pessoais. Pensei em pedir licença e ir embora, mas sir Arthur parecia contente. Tomei notas discretamente, fazendo uma espécie de inventário dos quadros emoldurados e troféus que conseguia identificar. Vi uma prateleira de aeromodelos — aviões a jato e foguetes de brinquedo.

— Você perguntou se eu escrevia poemas — disse, animando-se. — Escrevi um poema quando era pequeno. Acabava assim: "Levantei e fui embora, com medo de ficar sozinho."

Ficou triste, ao lembrar.

— Quais foram as circunstâncias? — perguntei.

— Estava sendo evacuado para os Estados Unidos. Mandado embora. — Ele olhava para o infinito. Carregado de sentimento, repetiu o verso: — "Levantei e fui embora, com medo de ficar sozinho."

A secretária bateu e abriu a porta do escritório.

— Está na hora — ela falou. Para mim, ela disse: — Sir Arthur está cansado. Precisa almoçar e fazer a sesta.

Mas sir Arthur continuava animado, recitando, com as costas retas e a cabeça erguida. Pensei que ele ia dizer mais alguns versos do poema. Mas ele falou:

— Eu o dediquei ao menino por quem eu estava apaixonado.

A secretária fez careta. Começou a empurrá-lo para fora, sir Arthur sorria contente, e percebi que eu vislumbrara um pouco de sua paixão e tristeza.*

■ ■ ■

Na manhã seguinte fui à estação Fort, em Colombo. A estação não havia mudado, exceto por estar bem cheia, era Avurudu, o Ano-Novo cingalês, na época da lua cheia. Paul Bowles, que morou ali, na costa, escreveu: "Ano-Novo aqui não é um dia, mas uma estação." Verdade. Uma semana depois ainda reali-

---

* Sir Arthur faleceu em 22 de março de 2008, quando eu revisava estas páginas. Foi enterrado em Colombo, e na lápide constava o epitáfio que ele escreveu para si: "Aqui jaz Arthur C. Clarke. Ele nunca amadureceu e nunca parou de crescer."

zavam rituais e festanças, os horários de ônibus e trens eram reduzidos, pois a maioria das pessoas considerava a data razão suficiente para ficar em casa, fazendo as refeições prescritas e obedecendo às indicações astrológicas.

Também seria um dia auspicioso para se viajar (depois de ter a cabeça "untada com o suco das folhas de nuga às 7h39 da manhã enquanto pisava folhas de *karanda*"). A fila para comprar passagem estava tão grande que simplesmente abri caminho para entrar no trem e sentei. Ninguém pediu a passagem. O trem não mudara nada com o tempo. Partiu e avançou pela periferia de Colombo, rumando para a costa em que o tsunami passou.

Aquela era, na minha lembrança, uma das jornadas mais lindas feitas na época do Bazar Ferroviário — uma das mais adoráveis ferrovias do mundo, que no nível do mar passava rente à praia e acompanhava a costa faiscante, com o mar azul e as palmeiras, mantendo todas as janelas abertas para a brisa marinha refrescar o vagão. Poderia ter sido o mesmo dia ensolarado que passei naquele trem em outubro de 1973: a mesma gente, monges, monjas, famílias, crianças, velhas de xale, homens de gravata, homens de sarongue. "A cor de roupa recomendada é o azul", anunciaram os astrólogos do Avurudu.

Numa manhã assim, em 26 de dezembro de 2004, naquela costa, a maré subiu dramaticamente. *O mar recuou até o horizonte*, contaram cingaleses. *Só vimos barro, areia e pedras ao longe — nenhuma água.*

A extravagante visão da água sugada para longe do fundo do mar, da areia exposta refletindo o sol forte, atraiu moradores das vilas próximas à costa. Muitos deles correram para a areia, para a nova terra firme. Barcos de pesca enormes ficaram no meio de uma estranha área seca.

Depois a maré alta veio na forma de uma imensa parede de espuma que avançou na direção da costa e logo caiu sobre todos; invadiu a terra firme, esmagou casas, arrastou cabanas, afogou pessoas e animais, atingiu um trem igual a este, que tombou de lado nos trilhos, e afogou 1.500 passageiros, quase todos que estavam nos vagões.

Os trilhos foram arrancados, as casas, mesmo de tijolo e cimento, foram derrubadas e destruídas, muros com 30 centímetros de espessura se desmancharam em pedacinhos. Contudo, por milagre, a maioria das árvores — palmeiras, capões de pandanos com raízes aéreas enormes, extensões de manguezais — foi poupada pela mesma onda que carregou muralhas de fortalezas e estradas asfaltadas. Como as tenazes árvores da costa mantinham seu ar sereno, não vi a terra nua arrasada que esperava ver após um ciclone.

Muitas casas haviam sido reconstruídas — tijolos reluzentes, cimento recente, telhado de palha trocado, bambu novo. Havia novas pontes e rodovias asfaltadas, e ao longo da ferrovia sinais de um esforço maciço de reconstrução. A linha fora reparada dois meses depois do tsunami, mas no momento, 16 meses depois, ainda se via que muita gente morava nos abrigos de emergência, e que aqui e ali placas indicavam *Acampamento do Tsunami*. Centenas de milhares de pessoas haviam perdido suas casas.

A visão mais chocante, mais comum, eram os inúmeros túmulos ao longo da costa, como se as pessoas tivessem morrido afogadas em um ponto exato — talvez tivessem — e agora restavam as pedras em forma de estupas budistas, grandes e pequenas, agrupadas na praia, sob as palmeiras, dúzias delas, em alguns lugares. Comecei a associar estupas grandes a adultos, menores a crianças, e cheguei a ver estupas de bebês, como se aqueles pobres coitados tivessem virado pedra perante o horror de uma súbita muralha de água e ficado lá na praia, petrificados.

Em meu vagão lotado, as pessoas viajavam sentadas e em pé, balançando conforme o trem acompanhava a costa curva, refrescadas pela brisa marinha.

— Fico contente em vê-lo aqui — disse o homem a meu lado. — Os turistas temem o lugar por causa dos problemas — a questão tâmil, o tsunami e não sei o que mais.

— Estive aqui há muito tempo — falei.

— Era diferente naquela época.

— Acho que era igual.

— Quero dizer, era melhor.

— Talvez.

Seguíamos para Galle naquele dia lindo, mas ao longo da via sobravam evidências dos estragos do tsunami. Mesmo onde os vilarejos foram reconstruídos, casas refeitas, estradas asfaltadas e pontes reformadas, havia lápides, estupas e placas com inscrições recentes, lembrando os muitos milhares de mortos na tragédia.

Depois dos capões de palmeiras e dos manguezais, Galle apareceu subitamente, uma cidade no dia azul, antiga fortaleza holandesa, e um mercado na praça em frente à estação de trem. Havia mais gente agora, mas o resto era como eu me lembrava: o bazar, as fortificações, os riquixás motorizados, as bancas que vendiam tecidos e material de cozinha. Em 1973 eu havia comprado uma adaga antiga em uma das bancas, com lâmina de nove polegadas e uma cabeça de leão asiático entalhada no cabo de osso. Eu a carreguei na mala por dois meses, passando pelo Sudeste da Ásia, Japão e União Soviética. Ninguém implicou com ela. Ainda a tenho. Com o passar dos anos, enferrujou e perdeu o brilho, mas quando eu estava trabalhando neste livro comprei uma pedra de amolar e a afiei, limpei e restaurei até lhe devolver todo o brilho, um suvenir de outra época, recuperado.

— Aqui ficou tudo debaixo d'água — contou uma das mulheres do mercado. Vi algumas casas afetadas, mas o forte do século XVII escapou ileso. As crianças brincavam em suas muralhas.

Recebi a indicação de uma pousada barata em Galle. Um sujeito de riquixá motorizado me levou até o alto de uma ladeira sinuosa, no morro mais alto da cidade.

Naquela noite sentei na varanda do terraço do pequeno e tranquilo hotel Lady Hill, escrevendo sobre minha visita a sir Arthur, a melancolia que senti ao vê-lo tão frágil, tão vago, com a mente à deriva. As luzes da cidade piscavam através das árvores, o céu se enchera de estrelas; ali do alto eu via as luzes dos barcos de pesca no porto. Flores noturnas enchiam o ar de fragrâncias.

Considerei aquela uma das melhores noites da viagem: o ruído abafado de uma pequena cidade costeira à noite, o ar fresco, o perfume das flores. Nenhum acontecimento, nenhum drama, apenas contentamento por estar ali, naquele momento, sentado sob a lua cheia do Ano-Novo cingalês.

■ ■ ■

Na manhã seguinte, só se falava nas cinco mortes causadas por emboscadas dos Tigres Tâmeis, de mais uma mina terrestre e de um ataque a uma unidade do exército do Sri Lanka. Nos últimos três anos vigorou um cessar-fogo negociado pelo governo dinamarquês, mas o acordo periclitava visivelmente, conforme os Tigres promoviam novas matanças. As mortes eram chocantes, violentas e desnecessárias. Era óbvio que os tâmeis acabariam controlando parte do norte do Sri Lanka. Já tinham um estado de fato, com escolas e hospitais tâmeis. Seu exército era notoriamente cheio de crianças, meninos entre 13 e 17 anos (a Unicef calcula o total em quase 16 mil), que foram recrutados à força ou raptados de vilarejos tâmeis. Depois do tsunami, muitas crianças, órfãs da tempestade, foram levadas pelos Tigres Tâmeis e receberam armamentos.

Quando passei por Galle da outra vez, havia fome no Sri Lanka. A colheita decepcionante levara à escassez de comida. Escrevi, na época: "Eles expulsaram os tâmeis, responsáveis por todo o cultivo." E também: "Mas Galle é um lugar lindo, enfeitado com hibisco vermelho, com a fragrância do oceano e das palmeiras, com casas agradáveis, ao estilo holandês, rodeada por matas de bambu. As luminosas cortinas do crepúsculo tingiam o céu de ouro avermelhado por uma hora e meia, todas as noites, e as ondas batiam nas proteções do forte a noite inteira." Esta parte continuava sendo verdade.

Caminhando por Galle ao sol da manhã, lembrei-me de que queria ir a Hambantota na outra vez em que estive ali. Não havia sido possível, mas agora eu podia ir.

A maior parte dos combates ocorria no norte e centro-norte do Sri Lanka e também na parte superior da costa leste. Eu estava na costa sul; Hambantota era um lugar seguro, no extremo sul da ilha. Havia sido o último posto de Leonard Woolf, um agente colonial britânico na cidade, tema de um livro inusitado que recriou a trajetória do inglês, *Woolf in Ceylon* (Woolf no Ceilão, 2005). Na minha primeira viagem eu havia lido a sombria obra-prima de Woolf, *The Village in the Jungle* (O vilarejo na selva), assumindo que se passara em algum lugar dali, o que me levou a visitar aquela parte da ilha. Ondaatje, também admirador de Woolf, teve a mesma ideia. Mas suas credenciais eram melhores. Irmão mais velho do romancista Michael Ondaatje, nascera no Ceilão, de uma família abastada. Seus ancestrais estavam entre os pioneiros europeus da ilha, e muitos deles haviam sido importantes. O pai dele plantava chá e, como muitos homens isolados nas fazendas de chá, era esquisito e bebia muito. Em seu livro, Ondaatje revisitou os principais cenários de sua juventude, bem como os lugares importantes para a carreira colonial de Woolf. A narrativa respondeu a todas as questões que surgiram em minha mente sobre o conhecimento da vida cingalesa por Woolf, seus sete anos como funcionário e as bases de seu texto. O livro apresenta um passeio descompromissado pelo Sri Lanka, abrangendo aspectos literários, arqueológicos, políticos e autobiográficos. Ele me poupou o trabalho de localizar os cenários do romance injustiçado e de muitos contos de Woolf.

Para chegar a Hambantota peguei o trem de Galle até Matara, outra linha ao longo da costa, tão perto do mar que os borrifos das ondas fortes vindas da África chegavam à janela dos vagões desgastados. Destruição em larga escala e reconstrução limitada foram as consequências do tsunami, visíveis durante todo o trajeto. Os alicerces das casas, a laje do piso ou uma pilha de pedras foi só o que restou de muitas construções na orla — nada além disso, exceto algumas palmeiras que alimentavam a família desaparecida.

Chegamos a Weligama, uma angra em que se destacava uma pequena ilha, perto da praia, verdejante, com rochas esculpidas, árvores delicadas e um chalé sedutor com varanda branca de alvenaria. Ouvi o nome Weligama pela primeira vez por Paul Bowles, que me contou nos anos 1950 ter navegado de Tânger a Colombo para viver naquela ilha costeira chamada Taprobana.

"Taprobana era o nome dado pelos antigos gregos e romanos ao Ceilão, mas a moderna Taprobana é uma ilha que pertenceu ao conde de Mauny, um francês de caráter duvidoso que alegava ter herdado o título da avó, considerado por muitos fraudulento." Isso é de Ondaatje, que descreveu o conde de araque como pederasta envolvido em escândalos que encontrou ali um refúgio tranquilo, nos anos 1920.

E quem não gostaria de ficar? A baía de Weligama é uma das mais belas do Pacífico Sul, tem a beleza límpida, o mar azul, a praia de areia branca emoldurada por palmeiras e bambuzais que dão a impressão de estar fora do mundo. "As oportunidades para uma vida feliz são maiores no Ceilão do que em qualquer lugar em que estive até agora", Bowles escreveu numa carta a Gore Vidal, em 1950. Um mês depois ele considerou o país "o melhor para alguém se instalar, sob todos os pontos de vista". Ele elogiou a cortesia, o asseio e a hospitalidade do povo, além de sua eficiência no serviço doméstico. Ele adorava a "exuberante vegetação costeira onipresente". E ficou encantado com a ideia de morar numa ilha.

Bowles viu Taprobana pela janela deste mesmo trem em 1949 e conseguiu comprar a ilha poucos anos depois. Ali escreveu seu romance de Tânger, *The Spider's House* (A casa da aranha), e praticamente mais nada. Após uma temporada infeliz na ilha, em 1954, acompanhado por seu amante marroquino e a esposa Jane, ele resolveu vendê-la. Jane a odiava: morcegos enormes se dependuravam nas árvores e revoavam em torno da casa, batendo as asas de quase um metro de envergadura. Além disso, os Bowles precisavam de dinheiro.

A uns 20 quilômetros adiante, na costa, situava-se a cidade de Matara, com sua velha estação de trem que marcava o fim da linha. Saí e andei até o terminal de ônibus, o meio de transporte que me levaria a Hambantota.

— É este ônibus. Vai sair daqui a pouco — um senhor me explicou.

Ele também ia para Hambantota.

— Esta é a pior época do ano para viajar. Todos querem ir para casa no feriado de Avurudu — declarou.

Realmente, o trem estava cheio, e o ônibus, pelo jeito, também lotaria logo. O cobrador entregou minha passagem — custava 25 centavos de dólar, para o trajeto de 80 quilômetros.

— Fala inglês — observei. — Pouca gente sabe o idioma, aqui.

— Eles não ensinam mais inglês nas escolas. Mas eu estudei. As pessoas mais velhas sabem falar inglês.

Isso ocorreu depois de minha visita ao país; a insurgência tâmil também; e, como eu verificara em Colombo, as duas coisas atrasaram o Sri Lanka, afastando turistas e investidores, o que deu à ilha o ar do antigo Ceilão. A população pequena e a antiga cordialidade eram um alívio: como os negócios iam de mal a pior, o país foi poupado da exploração estrangeira e preservou sua alma.

O motorista do ônibus tocou a buzina. Os passageiros embarcaram, o ônibus deu a volta na torre do relógio de Matara e rumou para o sul, acompanhando a costa. O homem com quem eu havia conversado na estação sentou ao meu lado. Seu nome era Takil; ele me perguntou de onde eu era, e quando respondi, ele disse:

— Já estive em Miami.

— O que foi fazer lá?

— Trabalhava para um xeque saudita — ele explicou, informando o nome do xeque. Era um dos mil e tantos príncipes, muito bem relacionado: seu irmão era ministro do governo saudita.

O xeque possuía uma mansão de 25 milhões de dólares em Golden Beach, outra propriedade em Los Angeles e casas espalhadas pela região. Eu nunca tinha ouvido falar em Golden Beach, mas Takil garantiu que era uma área abastada nos limites setentrionais de Miami e que só bilionários residiam ali. Bill Gates, por exemplo.

— Mas ele não mora em Seattle?

— Ele mantém uma casa em Golden Beach, perto da mansão do xeque.

Tive de passar por Dikwella (atravessávamos o vilarejo) num ônibus velho do Sri Lanka para descobrir coisas sobre meu país.

— Ele precisava de uma casa enorme — Takil disse. — Tinha três esposas e um monte de filhos. Apesar de ter apenas 28 anos.

— E o que fazia para ele?

— Era garçom. Servia a comida dele.

— É muçulmano?

— Não, sou budista. E não falo árabe. Gozado, né? Ele conversava comigo em inglês. Eu tinha apenas 20 anos, foi na década de 80. O xeque confiava em mim, e eu era um profissional qualificado. Fiquei quatro anos no emprego.

— Ele era um playboy?

— Não. Casou com uma atriz, mas pediu divórcio. E procurava mais uma esposa.

— Na Flórida?

— Em qualquer lugar. Viajava muito. Muitos de seus parentes moravam nos Estados Unidos. Ele fretava um jato da British Airways para as viagens.

— Dinheiro do petróleo?

— Claro. Aos montes. Mas não negociava. Levava os filhos para a Disney World, para Los Angeles, fazia outros passeios. Não trabalhava. Não fazia nada.

— Orava, suponho.

— Não. Ele não era particularmente religioso.

— As pessoas não entendem por que Osama bin Laden odeia a família real saudita e deseja punir os Estados Unidos por se aliar a ela. Esse xeque e pessoas semelhantes são a razão, e todos nós estamos pagando um preço terrível por tudo isso.

Passamos por Tangalla — a prisão de lá consta no livro de Woolf, *The Village in the Jungle* (Povoado na selva). Chegamos à margem de um rio. Takil disse que era o Ambalantota, e que logo estaríamos em Hambantota.

Entrávamos numa região mais plana, com arbustos, menos habitada. Tive a impressão de que o tsunami invadira a área e arrasara as casas, mas Takil disse que ali só havia planícies salgadas. Por centenas de anos o sal era produzido ali pela evaporação nos trechos planos e nas lagoas chamadas *lewayas*. Ondaatje explicou que um século antes Leonard Woolf "revolucionara a coleta de sal", introduzindo ali um sistema de pagamento justo e bem regulamentado, supervisionado por ele de perto.

Descemos por uma estrada ladeada por árvores, passando pelos vilarejos que antecediam Hambantota, e logo atingimos a praça principal. Takil foi para casa celebrar o Avurudu e eu saí em busca de hospedagem. Não achei nada, mas ainda estava no meio da tarde, por isso procurei nos barcos do porto e caminhei pela cidade, depois peguei um riquixá motorizado para ir até o bangalô do governo onde Woolf morara, localizado por Ondaatje. Em várias passagens do livro, Ondaatje repete que o país pouco mudara nos cem anos transcorridos desde que Woolf era funcionário colonial e cita um cingalês que em 2002, num artigo de jornal, discute os eventos perversos e a dura vida dos camponeses relatados em *The Village in the Jungle*: "Foi uma era na qual a selva governava a vida dos camponeses humildes, como ainda ocorre nos vilarejos remotos espalhados pelo país."

O que confere ao romance publicado em 1913 sua estranha dignidade é um aspecto incomum: apresentar camponeses cingaleses como personagens principais, embora tenha sido escrito por um jovem inglês. A trama se baseia nos costumes matrimoniais das aldeias, rivalidades tradicionais e as vinganças, paixões e gratificações típicas dos cingaleses. Estupro, assassinatos múltiplos e a exploração são fundamentais no livro, que se destaca em minhas lembranças por ter talvez o enredo mais violento e o final mais deprimente que já encontrei num romance. Quando pensamos que o último personagem sobrevivente representa a esperança e a possibilidade, ela olha para fora do casebre à noite e vê os olhos brilhantes de um porco — ou demônio — prestes a devorá-la.

Apesar do esforço, Leonard Woolf ganhou muito pouco com o romance. Seu amigo Lytton Strachey disse: "Desapontei-me ao ver que tratava somente de negros, que não me importam muito." Embora lhe tenha dedicado o livro, a esposa de Woolf, Virginia, mostrou-se indiferente a seus méritos.

Estrangeiro, fui contratado pelo governo de Cingapura nos anos 1960 para lecionar na universidade, sendo desprezado e explorado. Na biblioteca da faculdade encontrei os cinco volumes da autobiografia de Woolf, que li inteira. O segundo volume, *Crescimento*, sobre seus anos como funcionário colonial desprezado e explorado, deu-me coragem e me ajudou a ter paciência e compreensão. No livro ele descreve a necessidade de ser eficiente — responder cartas no dia em que chegam, manter anotações acuradas, aprender a ser metódico, desenvolver interesse pela cultura. Valorizei seu conselho e segui o exemplo, tornei-me produtivo e mais feliz como estrangeiro em Cingapura.

— Onde vai ficar? — o rapaz do riquixá me perguntou.

Eu não fazia a menor ideia. O final da tarde se aproximava, logo anoiteceria.

— Conhece algum hotel por aqui?

— Hotel? Ali — disse, apontando para a estrada que acompanhava a costa, no sentido de onde eu viera.

Foi assim que encontrei o hotelzinho térreo, polvilhado de sal e pintinhas de bolor, atrás de uma duna de areia. Do outro lado havia uma praia deserta na qual as ondas quebravam com força. Um grupo de turistas alemães, recém-chegado, já havia marcado seu território, reservando as espreguiçadeiras com toalhas, mas todas as cadeiras estavam vazias, a não ser pelas toalhas. Aqueles alemães eram provavelmente os primeiros turistas que eu encontrava na viagem — o primeiro grupo grande, de todo modo — e estavam fazendo retiro aiurvédico. Pelo jeito, as notícias sobre minas terrestres e ataques não os abalavam.

Passei alguns dias ali, fiz outro passeio até Hambantota e continuei o conto "O Deus Elefante". Um dia escrevi sobre o personagem principal:

> Ela por fim compreendeu que o viajante solitário de longas distâncias acaba sabendo, após alguns meses na estrada, que, com o passar do tempo, uma viagem deixa de ser um interlúdio de distrações e desvios, uma busca de vistas e prazeres, para se tornar uma série de desconexões, renúncias ao conforto, um jeito de abandonar ou de ser abandonado pelos amigos, passar o tempo em lugares obscuros, habituado ao conceito de demora, uma vez que a própria viagem é uma sucessão de atrasos.
>
> Resolver problemas, conseguir comida, comprar roupas novas e dar as velhas, lavar a roupa, comprar passagens, procurar hotéis baratos, consultar mapas, estar sozinho sem ser solitário. Isso não tem a ver com felicidade, e sim com segurança, busca da serenidade, realização de descobertas durante toda essa locomoção e uma igual serenidade quando tiver lugar para pernoitar, como um pássaro migratório que avança lentamente, numa sequência de voos.

— Gostoso e tranquilo — o gerente do hotel disse ao passar por mim um dia. — Aqui você pode relaxar.

Mas eu não tinha vindo até aqui para relaxar. Expliquei a ele que ia embora no dia seguinte.

— Avurudu — ele disse, sorrindo. — Impossível. Não tem ônibus.

— Arranjarei um carro.

— Não tem carro. Nada. Todos ficam em casa com a família. Não é auspicioso viajar.

Ele me mostrou uma notícia em destaque no jornal. Momentos favoráveis Avurudu listados incluíam o seguinte: "O momento auspicioso para sair de casa para trabalhar é 6h35 da manhã, na quinta-feira, 20 de abril... Use roupas douradas e saia no rumo norte, depois de consumir uma refeição composta por *moru* e arroz."

Ainda faltavam três dias. O país inteiro ficaria fechado até lá. Nada funcionava. Nem trens, nem ônibus.

— Para onde vai, senhor? — o gerente perguntou quando paguei a conta na manhã seguinte.

Quando falei Colombo, ele riu, pois considerava a viagem "impossível".

Caminhei até a estrada e comecei a pedir carona. Uma van lotada me levou quase até Matara. Tive de ir agachado, numa posição desconfortável, com cotovelos dos outros passageiros nos meus rins. Após quase quatro horas, eu finalmente desisti, pois não suportava mais. Desci e pedi carona de novo; meia hora depois um homem num carro pequeno parou para mim. Perto de Galle, numa curva da estrada, vi uma faixa grande com os dizeres: *Boas-vindas para os amigos americanos do Sri Lanka.* Uma multidão excitada aguardava os visitantes dos Estados Unidos, sobre os quais recairia a hospitalidade Avurudu, com grinaldas e cestos de frutas.

Não vi sinal de norte-americanos no evento, mas adiante na estrada ouvi o inconfundível *yak-yak-yak* de um helicóptero pousando em algum lugar da selva, fora da vista. Mais tarde soube que transportava três senadores norte-americanos com suas esposas; eles pretendiam visitar um acampamento para refugiados do tsunami. Viagem com dinheiro público: políticos aproveitando a oportunidade para tirar férias com a família e recebendo agradecimentos pessoais e recompensas pela generosidade de seu país. Não havia melhor exemplo de viagem oficial e particular: o ruído do helicóptero dos senadores no alto e eu parado na beira da estrada estreita, pedindo carona.

16   O trem lento para Kandy

Uma das maiores e mais alegres ilusões de viajar é pensar que se trata de uma busca. No final do Avurudu, quando chegou o dia auspicioso para trabalhar e viajar, peguei o trem para Kandy, capital do antigo reino, no centro da ilha, no alto da montanha, onde no famoso templo, local de peregrinação, um dente de Buda jazia guardado numa caixa de ouro.

Todos os trens que peguei no Sri Lanka eram pequenos e lentos, provavelmente contemporâneos dos que eu havia usado muito tempo antes, apenas mais sujos. Contudo, os percursos eram tão emocionantes, à beira do mar azul ou entre colinas verdejantes, que eu mal notava a condição dos vagões ferroviários ou o banco duro. Ademais, eram apenas 100 quilômetros até Kandy; a linha partia da costa, passando por jardins e vilarejos nas encostas, com arroz plantado em tabuleiros inundados pela água prateada que refletia o céu, templos esculpidos em pedras nos penhascos, mosteiros nas partes mais altas. Plantações de coco, fazendas de vegetais, campos de abacaxi, mercados cheios de ramalhetes desabrochando: o caminho para Kandy estava forrado de flores.

Ar mais fresco, árvores mais altas, depois da estação de Ambepussa e do entroncamento de Polgahawela, onde se situava um mosteiro e templo budista. No meio da subida íngreme, que começa num lugar chamado Rambukkana, começou a chover — a primeira chuva que eu via desde Bokhara, havia mais de um mês. As janelas abertas do trem deixavam a chuva entrar, mas não havia muitos passageiros e sobravam lugares secos para quem quisesse mudar.

Um senhor idoso com guarda-chuva bem enrolado, valise e chapéu de aba larga deu um jeito para eu sentar num dos bancos.

— Fique à vontade.

Seu nome era sr. Kumara. Aposentado do Departamento de Saúde, vivia atualmente da pensão governamental.

— E tenho tantos outros interesses. — Seus modos eram confiantes, e o conjunto chapéu, guarda-chuva e maleta lhe dava um ar de autoridade. Seu sorriso calmo parecia estimular indagações.

— Que tipo de interesses?

— Quiromancia e numerologia. Faço previsões.

— E qual foi sua melhor previsão?

— A de que Franklin Roosevelt seria assassinado — ele disse, e antes que eu pudesse fazer algum comentário, acrescentou: — E que certa mulher abandonaria o marido. E foi o que ela fez.

Ele pediu que eu informasse algumas datas e números da minha vida. Tirou um bloco da pasta e fez cálculos baseados na minha data de nascimento, cobrindo a página com contas obscuras e rabiscos, até chegar a um único número, em volta do qual desenhou um círculo.

— Seu número é o dois — disse. — Parece mais jovem do que é. Terá uma boa linha do Sol. Posso dizer isso sem olhar para sua palma da mão. — Depois fez novos cálculos. — Eis agora os anos que o destino escolheu para você — os anos significativos. Quando tinha 23, 32, 41 e 50.

Considerei as datas e pensei: África, *Bazar Ferroviário*, caso amoroso desastroso, divórcio — anos decisivos. O sr. Kumara olhou para a palma da minha mão.

— A linha do Sol está ali! Veja, como eu falei!

Sem ter mais o que fazer além de segurar nos canos e apoios, os outros passageiros se interessaram e esticaram o pescoço, como se quisessem conferir as linhas de minha mão.

— Eis sua linha da vida. Pode viver até os 82 ou 85 — disse, manipulando meu polegar. — Este é o monte de Júpiter. Você é um sujeito teimoso, independente. Decidido. Não se curva para ninguém. Gosta de flertar, mas não é bom em termos de satisfazer o apetite sexual.

A frase provocou murmúrios nos demais passageiros, e balancei a cabeça, tentando lançar dúvidas sobre a avaliação.

— Você é um Júpiter, um líder natural entre as pessoas — ele disse, como quem narra um fato, sem se impressionar. — Sua visão é ruim, contudo percebo que não usa óculos.

— Fiz cirurgia para catarata nos dois olhos.

— Não falei?

Ele se dirigia aos curiosos que nos rodeavam.

— Você é generoso, mas foi enganado por causa do amor que leva no coração — disse. — As pessoas abusaram de sua boa vontade, no passado. Verdade?

— Tudo verdade.

Ele passou para a palma da mão esquerda.

— Sua mão esquerda é mais interessante do que a direita.

— Em que sentido?

— Mais irritada — o sr. Kumara explicou. — Você venceu as batalhas contra seu inimigo. No futuro, não precisará mais se preocupar com ele.

— Parece bom.

— Viajou muito para países estrangeiros em sua vida — ele disse.

— Fala isso por eu estar no Sri Lanka?

— Você depende das viagens para viver — ele disse, virando minha mão para examinar a palma. — Em breve receberá riqueza inesperada de maneira inesperada. E sua carreira vai bem. Nada o incomoda. Mas tem problemas nos brônquios e de respiração.

— Esta parte não é verdade.

— Os problemas virão — ele disse, confiante. — Antes dos 35 anos você vivia muito perturbado. Trabalho, casamento, vida.

— Isso é fato.

— Vai se apaixonar mais de duas vezes.

— Mais duas vezes?

— Pelo jeito. — Ele me encarou com intensidade e largou minha mão. — Você é juiz, advogado, escritor. Embaixador, talvez.

— Se fosse embaixador, estaria viajando neste trem?

Os passageiros em volta olharam para mim, esperando a confirmação. A não ser pelo insulto de sugerir que eu poderia ser advogado, ele acertou na maioria das vezes.

Eu já tinha me acostumado com os estragos provocados pelo tsunami na costa, com as ruínas e a reconstrução. Mas ali no interior as casas estavam inteiras, os vilarejos intactos, reluzentes sob a chuva fraca, e a cor das folhas verdes da mata se intensificou com a garoa.

— Chegamos a Peradeniya — o sr. Kumara disse e se levantou, soltando a presilha do guarda-chuva. — Quando voltar ao Sri Lanka, por favor, me procure. Conhecerá minha família. Casei-me com uma excelente cozinheira.

— E, quando eu voltar, poderá confirmar suas previsões. "Riqueza inesperada."

— Falo apenas o que vejo — ele disse. Ao descer do vagão, comentou: — Temos jardins maravilhosos aqui. Você precisa conhecê-los.

Eu pretendia ir aos jardins, saindo de Kandy, que ficava a poucos quilômetros. Calculei que seria difícil conseguir um táxi nos jardins.

Em Kandy, andei da estação até o Dalada Maligawa, o Templo do Dente, ao lado de uma multidão de romeiros, pensando nas profecias e na leitura de mão do sr. Kumar. Eu presumira que a população local, de budistas cingaleses, seria racional e misericordiosa. Em algumas formas o budismo é como um vapor, um aroma de santidade, o minimalismo da autonegação; nada a ver com religião, trata-se de uma filosofia da generosidade e do perdão.

Foi curioso, portanto, ver os cingaleses observarem rigorosamente as proibições esquisitas do Avurudu ("A lareira deve ser acesa por pessoa usando roupas coloridas, voltada para o sul... passar suco de folhas de nuga na cabeça às 7h39 da manhã... Sair no rumo norte...") ou sentir atração pela numerologia do sr. Kumara — adição, subtração e previsões seguras. Agora em Kandy, na confusão daquele templo profusamente decorado, com pilares dourados, fitas, pedras semipreciosas, estátuas com mantos e o olhar de pálpebras pesadas de uma centena de Budas fazendo gestos — além de flores, velas, frutas e bandeiras, relíquias e flâmulas brilhantes, a parafernália toda que eu associava com o sangue, o ouro e os órgãos típicos da decoração do interior das catedrais sul-americanas e dos maiores exageros do catolicismo, com direito a uma nuvem espiralada de incenso fumegante: "Aquele vasto brocado musical comido pelas traças / Criado para fazer de conta que nunca morremos."*

Tirei o sapato e entrei na fila de pessoas ansiosas para ver o dente de Buda, que naquele templo, em sua caixa de ouro, equivalia a uma relíquia cristã, como o crânio de São Francisco, uma múmia na catacumba ou uma lasca da cruz de Cristo. A história do dente de Buda data do século IV d.C., e há dúvida quanto a ele, se é o canino real ou uma substituição (por um dente falso, alegam os cingaleses) do dente que os portugueses carolas queimaram em Goa por ser coisa do mal e idolatria. Os portugueses que veneravam as lascas da cruz e os crânios de santos praticamente destruíram Kandy na época; o que restava do templo foi arrasado quando os holandeses conquistaram a área, no século XVI, deixando muito pouco para os ingleses, quando eles chegaram em 1815.

Os salões internos do templo estavam cheios, superlotados de budistas que admiravam as estátuas impassíveis, se prostravam, agitavam velas finas e gesticulavam com os braços abertos — como se ensaiassem para se tornarem cristãos.

Saí do templo e caminhei ao redor do lago, apreciando o ar agradável a 500 metros de altitude; depois de algum tempo encontrei um restaurante que servia curry (prato de arroz coberto com molho fortemente condimentado, 75 centavos de dólar) e sentei para ler no jornal os ataques recentes dos Tigres Tâmeis. No local por onde eu havia planejado atravessar da Índia para o Sri Lanka, uma frota de embarcações dos Tigres, fortemente armadas, camufladas como barcos de pesca, atacaram barcos da marinha do Sri Lanka. Quinze marinheiros do Sri Lanka morreram ou desapareceram. Na retaliação, trinta Tigres morreram e oito barcos rebeldes naufragaram. Em Colombo, três comandos

---

* Philip Larkin, "Aubade".

dos Tigres foram capturados quando colocavam minas no mar, usando equipamento de mergulho; dois cometeram suicídio, engolindo cápsulas de cianureto que portavam para este fim.

Um cingalês sentado do meu lado iniciou uma conversa. Vendo o artigo que eu lia, comentou:

— Sessenta e sete pessoas mortas nas duas últimas semanas. Durante o cessar-fogo!

Seu nome era Kaduwella. Viera a Kandy para ver o dente sagrado. Disse que os Tigres Tâmeis haviam atacado o templo.

Claro: um local de tanta serenidade, brilho e santidade, era inevitável que os Tigres o violassem. E por que não? Num parágrafo que mostra a confusão histórica, Christopher Ondaatje descreve as desavenças por causa do dente de Buda, que acontecem faz mil anos, como Kublai Khan tentou se apossar dele, mas não conseguiu, e como os indianos conseguiram tomar posse dele no século XIII, mas acabaram por perdê-lo para um rei cingalês. Quando os chineses fracassaram em sua tentativa de roubar o dente, fizeram reféns os membros da família real. Os portugueses foram enganados com um dente falso. Os Tigres Tâmeis, portanto, eram apenas os últimos de uma longa lista de predadores, aproveitadores e violadores do Templo do Dente.

Os Kaduwella residiam em Colombo. A esposa e os filhos sorriram timidamente quando o sr. Kaduwella me convidou para ir a sua casa.

— Faremos uma boa refeição — ele disse, olhando de relance para meu prato, como se o desprezasse, embora a família inteira estivesse comendo algo similar.

Perguntei como chegar a Peradeniya. Ele explicou que era longe demais para ir a pé e que depois do almoço ele desviaria de seu caminho para me arranjar um táxi e negociar o preço. Quando nos despedimos, ele repetiu o convite.

No passado, talvez não tenha visitado o jardim botânico de Peradeniya. Mais provável que eu tenha visitado o Peradeniya Bar e passado a maior parte da noite sentado lá. Mas nas viagens atuais eu raramente saio à noite, costumo levantar cedo e visitar jardins — particularmente os projetados por britânicos —, nos quais a maioria das árvores é antiga e alguns espécimes foram plantados no século XIX. Passei a me interessar por jardinagem depois que me tornei dono de casa, resultado do inesperado sucesso de *O Grande Bazar Ferroviário*. Usei o dinheiro do livro para comprar uma casa. Plantei arbustos, flores e mais recentemente diversas variedades não invasivas de bambu.

Os bambuzais de Peradeniya eram densos, muitas das varas gigantescas — as placas indicativas diziam apropriadamente *giganteus*. O que acontece com uma moita de bambu não invasivo após cem anos? As touceiras chegam a 6 metros de diâmetro e a planta atinge a altura de uma casa de três andares. As cicadáceas abundantes e emplumadas contrastavam com as palmeiras altas antigas; num lugar como o Sri Lanka, terra da procrastinação e do declínio, aqueles jardins imensos cresceram e floresceram. Lembravam as palmeiras e os manguezais da costa — que Bowles chamava de "vegetação triunfante" —, capazes de suportar os estragos da onda e a fúria da inundação, resistindo, como aquelas árvores, samambaias e bambus de Paradeniya, não apenas incólumes, mas também maiores, mais bonitas.

Leonard Woolf circulara por ali, segundo Ondaatje. Residira um ano em Kandy, no tribunal, fascinado pelos casos de homicídio intricados e disputas conjugais complexas. Impressionou tanto seus chefes que conseguiu uma função melhor em Hambantota, onde, alegou, poderia passar o resto da vida feliz.

Era fácil de ver por que o Sri Lanka conquistava nosso coração, como havia ocorrido com sir Arthur. Era especialmente agradável estar num lugar que não mudava quase nada. Contudo, tratava-se de um espaço violado — guerra e tsunami o mantinham atrasado, impediam qualquer tipo de desenvolvimento. A guerra de secessão tâmil provavelmente causou o maior impacto. A guerra é fatal, neste aspecto: o tempo para, ninguém pensa no futuro, só em sobreviver ou escapar.

Saí de Kandy. E poucos dias depois de minha partida de Colombo, na mesma rua do meu hotel, perto de um parque pelo qual passei inúmeras vezes, por ser agradável demais, um grande grupo de mulheres grávidas formou uma fila para realizar exames numa clínica pré-natal; era o semanal "dia da maternidade", iniciativa do exército do Sri Lanka. Sem aviso, uma das mulheres, membro do esquadrão suicida Tigres Negros, fingindo estar grávida (na barriga, sob o vestido, havia uma bomba), detonou os explosivos e morreu, levando consigo seis pessoas.

17   *Trem fantasma para Mandalay*

Minha primeira reação a Rangum, hoje uma cidade triste e esquelética, rebatizada de Yangon, foi de incredulidade. Chegar à irrealidade de uma cidade distante e moderna não se compara à irrealidade de ver uma cidade que praticamente não mudou nada. Se um lugar, décadas depois, está igual ou pior do que antes, é quase vergonhoso observá-lo. Como uma prece que lamentamos ter sido escutada, ela existe como sua imagem no espelho, e o viajante tem de admitir: sou o mesmo também, embora mais velho, cansado, frágil, alquebrado, exposto, fraco, desalinhado, apavorado. Há um padrão humano na cidade que definhou nos anos em que estive fora, um toque mais idoso, quase senil. Vagando na futilidade de estar numa cidade estrangeira, suado por causa do calor intenso, eu me encaixava bem na cena. Um dia depois eu sentia um prazer horrível por estar lá, recuado no tempo, num lugar do qual eu me lembrava bem, e do qual um dia havia zombado com meu estilo juvenil satírico, uma cidade fantasma que fazia com que eu me sentisse velho, quase um espectro.

A cidade decadente e negligenciada parecia surreal, pois o local vivia isolado por causa da ditadura militar que governava Mianmar, sofrendo com o desamparo e a tirania. Soldados por toda parte, mesmo nas ruelas secundárias sepulcrais. Parecia pessimista, azarada e malgovernada. Não tinha jeito. Era uma cidade sem ambições visíveis: nenhum desafio, nenhuma contestação. Ser jovem ali não trazia vantagens, e a força não tinha utilidade; ter cérebro só tornava a pessoa infeliz e visada pela polícia secreta. Estudantes e jornalistas eram odiados e perseguidos. Idem para os democratas: quem ganhasse uma eleição ali ia para a cadeia. Mas o reino do terror raramente apresenta o terror no sentido estrito, vigora o suspense e o tédio ansioso, além de uma resignação desesperançada que beira o desespero, como uma casa dominada pela patologia de pais bêbados ou ranzinzas.

Os birmaneses com quem conversei eram francos a respeito de seus medos e da intimidação política. Exibiam a atitude desafiadora e ressentida das pessoas que são constantemente atormentadas.

— Eles governam com as armas. Podem bater em sua porta a qualquer momento, entrar na sua casa e levá-lo preso. — Ouvi isso de um motorista de táxi, um sujeito de aproximadamente 30 anos que sussurrava.

— E por que razão o prenderiam?

— Não precisa de razão!

Outro homem, comerciante no mercado, disse no mesmo tom de sussurro cauteloso:

— A pena aqui é a prisão perpétua. Muitos dos meus amigos foram levados. Sei que jamais voltarei a vê-los.

Os generais já detinham o poder em 1970, quando estive aqui. Continuavam governando, graças ao controle do tráfico de drogas, além do apoio e financiamento do governo chinês, seu maior parceiro comercial, tanto em substâncias exóticas como heroína quanto em itens prosaicos como melancias. Os Estados Unidos e outros países se recusam a fazer negócios com Mianmar por motivos éticos. Trata-se de um país pária desde que o governo invalidou o resultado da eleição geral de 1990 e prendeu a vencedora, Aung San Suu Kyi. A partir de então, ela vem sendo ameaçada, atacada, detida, processada e continuamente colocada em prisão domiciliar, além de ter ficado viúva. Cheguei a Mianmar no momento em que a sentença de prisão domiciliar tinha sido estendida por mais um ano. A rua em que ela morava exibia barricadas, bloqueios e sentinelas. Nem o chofer de táxi mais ambicioso ousaria me levar até aquela rua, ou mesmo passar por ela.

Mas Yangon era tão familiar em sua mesmice e em seus odores que encontrei meu caminho facilmente. Para me orientar melhor, segui a pé para a estação ferroviária central, informei-me sobre passagens para Mandalay e depois caminhei pelas ruas que conduziam ao rio, fascinado pelo prédios decadentes, lojas antigas com o reboco rachado, vendedores ambulantes agachados na sombra das galerias oferecendo mangas e laranjas, calhambeques medonhos, bueiros fedorentos para as monções — nenhuma novidade. Os pagodes estavam mais reluzentes, os estupas recentemente pintados de dourado, as paredes caiadas. Frustrados pela repressão militar, os habitantes pelo jeito se refugiaram no budismo, que pregava a paciência e a misericórdia. A não ser pelos pagodes com pintura recente, a cidade estava em ruínas, algo incomum no Sudeste da Ásia reinventado. Mianmar era excepcional na decrepitude e moral baixa, ali a ineficiência era quase total.

A cidade imperial continuava ali, vitoriana em suas colunatas compridas e seus passeios estreitos. A existência de prédios amplos me deslumbrava, com suas janelas altas, sacadas e varandas, todos preservados pelo descaso. Os moradores da Rangum colonial teriam achado a cidade familiar. Se Rudyard Kipling, George Orwell e H. H. Munro (Saki) — todos ex-residentes — caminhassem pela rua Dalhousie no sentido do pagode Sule e entrassem na Strand Road, teriam reconhecido o Lar dos Marinheiros, o Correio Central e o hotel Strand. E poderiam percorrer a cidade usando (como eu) uma edição antiga do guia *Murray*.

O hotel Strand era praticamente o único prédio que tinha sido amplamente reformado, uma restauração que lhe devolveu a glória passada, com pátio decorado com palmeiras, ventiladores de teto e um saguão requintado, no qual circulavam lacaios de sobrecasacas imaculadas e luvas brancas. O restaurante elegante do Strand oferecia "Filé grelhado 'Mulwara' com foie gras", por 34 dólares. O preço do prato me fascinou, pois em Mianmar, onde o estudo era desprezado e considerado suspeito, os professores ganhavam 34 dólares por mês. Só os militares enriqueciam; o resto da população lutava para sobreviver, investindo e especulando no mercado de câmbio — a taxa oficial era de 300 kyats por dólar e chegava a cinco vezes mais no mercado negro.

Neste tipo de tirania, sem oposição, todos se viam forçados a adular, choramingar, negociar, pechinchar e mentir. Se de um lado os militares de Mianmar eram desprezíveis, de outro, o povo que conheci era solícito e pacífico. Talvez tenha sido o único país no qual encontrei apenas generosidade e gentileza. Os birmaneses eram violentamente maltratados, pessimamente governados, intimidados e perseguidos, mais do que qualquer outro povo que conheci; viviam pior do que os turcomenos, o que já é muita coisa.

No entanto, não me hospedei no Strand, como havia feito muito tempo atrás. Era ridículo pagar 450 dólares por uma noite num quarto de solteiro. Consegui um hotel perfeitamente adequado (quer dizer, meio assustador, mas barato) por 45 dólares, perto do pagode Shwe Dagon.

— O trem está lotado — disse o sr. Nay Aung, agente de viagens, na estação. Ele sugeriu que eu voltasse no dia seguinte.

Esperei mais um dia. Passeei pelo Shwe Dagon e pela cidade. Quase não vi turistas, não havia trânsito, destacavam-se apenas os sinais da ditadura: egoísmo e apego paranoico ao poder, simbolizados pelos soldados bem-vestidos, de botas pesadas, em oposição aos civis maltrapilhos de sandálias de dedo. Enchi-me de admiração por minha coragem juvenil. Yangon era miserável na época, e eu não tinha dinheiro; consegui me virar improvisando, com iniciativa e flexibilidade. Uma das lições da segunda viagem foi mostrar que eu havia sido um viajante audaz, embora soubesse que não tinha sido tanta audácia assim, mas o desespero para tornar a jornada proveitosa.

— Você tem muita sorte — o sr. Nay Aung disse no dia seguinte. — Houve um cancelamento.

E me vendeu a passagem para Mandalay; primeira classe, mas num compartimento para quatro pessoas. O trem saía à uma da tarde e chegava lá às três da madrugada. O sr. Nay Aung não sabia explicar a razão daquele horário improvável — e só havia um trem por dia.

— Sim, não é conveniente chegar às três da manhã. Ainda está escuro.

Eu me lembrava do trem para Mandalay. O conforto era mínimo, o que tornava a viagem uma provação. A composição atual estava em melhores condições, mas, de todo modo, era um trem fantasma, uma decadente relíquia do passado que me levaria da cidade assombrada pelos militares para a cidade fantasma de Mandalay, no norte. Senti o forte impacto da situação quando saímos. Eu não tinha ideia do quanto minha visão de Mandalay era exata, uma cidade de espectros e mortos-vivos, de pessoas assustadas pelos gritos dos soldados demoníacos.

Na cabine, um jovem francês deitado na cama abraçava a curvilínea namorada tailandesa, ainda adolescente. Cumprimentei-os e fui até a plataforma comprar laranja.

Um monge com uma trouxa pendurada no ombro sofria nas mãos de um birmanês maltrapilho. O monge falava inglês e tentava entregar dinheiro ao sujeito — notas velhas dobradas.

— Não, dois dólar — o birmanês disse.

— Mesma coisa, em kyats — retrucou o monge.

— Dois dólar — insistiu o birmanês.

Perguntei:

— Qual é o problema?

O sujeito maltrapilho conduzia o riquixá motorizado que levou o monge até a estação. Insistia, como costumam fazer os birmaneses com estrangeiros, em receber em dólares norte-americanos.

— Tome — falei, entregando dois dólares ao sujeito. Ele pegou as notas com as duas mãos, dedos esticados, e tocou a testa com elas.

— Você é um estranho — o monge disse. — Não me conhece.

Eu estava lendo um texto budista, a Sutra do Diamante, como parte da ambientação de um pequeno romance indiano que escrevia: "O portal da Índia"; por isso pude dizer:

— A Sutra do Diamante diz que se deve dar sem pensar em mais nada. Você não fala birmanês?

— Sou coreano. — Soube que ele ia para Mandalay, e era, por coincidência, a quarta pessoa na minha cabine. Ele cumprimentou o francês e a tailandesa, e logo depois, ao som dos engates metálicos, o trem começou a andar.

Olhei pela janela e me deslumbrei novamente, como na chegada a Yangon. Nada mudara nos subúrbios, tampouco — após os bangalôs decadentes e vilarejos à beira dos riachos, apenas campos ressequidos, cabras comendo capim na beira da via férrea, patos em lagoas barrentas, mulheres a pé carregando pesadas cargas, dando a impressão de altivez, pois equilibravam os volumes na cabeça, birmaneses esguias de sarongue e valas fedorentas.

Cochilei e acordei; o francês e a tailandesa dormiam separados, nos leitos superiores. O monge estava sentado na minha frente.

Era um monge zen chamado Tapa Snim ("Snim significa monge em coreano"). Acabara de chegar a Mianmar. Tinha 50 anos. Ele mudou a posição da trouxa, que se encontrava agora no canto da cama. Era um homem magro, esguio, muito asseado; usava uma túnica marrom imaculada e raspara totalmente a cabeça, exibindo a pele cinzenta. Não era o tipo de monge sorridente e evasivo que eu me acostumara a encontrar, mas um homem atento e animado que olhava nos meus olhos e respondia às minhas perguntas.

— Há quanto tempo é monge? — perguntei.

— Tornei-me monge aos 21 anos — Tapa Snim disse. — Medito há 29 anos e também viajo. Passei alguns dias num mosteiro em Yangon, mas quero ir ao mosteiro de Mandalay.

— Quanto tempo passará aqui?

— Meditarei por seis meses, depois seguirei para o Laos e o Camboja, também para meditar num mosteiro.

— E basta ir até lá e dizer: "Cheguei!"?

— Sim. Mostro documentos para comprovar minha identidade. Eles são budistas Theravada, e eu sou Mahayana. Acreditamos que é possível atingir a iluminação total.

— Como o Buda?

— Uma pessoa pode se tornar um Buda, total e completo.

— Fala inglês muito bem — falei.

— Viajei por 15 países budistas. Você conhece um pouco o budismo, pois mencionou o Sutra do Diamante.

— Eu o li recentemente. Gosto da parte em que descreve a vida na Terra:

> Uma estrela cadente, uma bolha no regato.
> Uma chama ao vento. Geada sob o sol.
> Um relâmpago na nuvem de verão.

— Um fantasma num sonho — Tapa Snim disse, acrescentando o verso que eu tinha esquecido. — É o poema final. Você leu o Sutra do Sexto Patriarca?

Respondi que não e anotei o nome em meu caderno.

— Todos os budistas zen o conhecem — ele disse, apontando para o nome.

Viajamos em silêncio por algum tempo. Ao me ver fazendo anotações no caderno, o francês disse:

— Você deve ser escritor.

Ele levava uma caixa de comida, principalmente batatas chips, sementes de abóbora e amendoins. E compartilhou o saquinho de sementes de abóbora conosco.

Atravessamos a imensa planície da província de Pegu, alva e poeirenta ao sol. O largo vale se aquecia mais ainda na estação seca. Povoados pequenos e casebres despojados, templos ao longe, vacas dormindo à sombra fragmentada das árvores esguias. Estupas altos solitários pareciam peões brancos de um tabuleiro de xadrez longínquo, outros se assemelhavam a sinos gigantes sob o céu azul e límpido.

O bambu ali assumia a forma de galhos enormes, aqui e ali os porcos varavam o mato para chegar às lagoas cobertas de lótus. Era uma visão do passado, sereno a distância; rústico e implacável de perto.

Quilômetros a fio de arrozais drenados após a colheita, com os colmos amarrados e colocados em pé enquanto não os recolhiam. Nenhum sinal de trator ou qualquer tipo de mecanização, só uma mulher com um fardo enorme na cabeça e uma junta de bois na canga — uma visão curiosa, por ser tão antiga. Depois vi um carro de boi carregado de algodão enfardado, e para lá de um quilômetro de arrozal o estupa dourado.

Andei até a plataforma fechada do vagão, para me exercitar um pouco, e bati papo com um senhor idoso e desdentado que ia para Taungoo, por um momento. Quando perguntei a respeito do passado, ele foi meio vago.

— Tenho 52 anos — disse, o que me fez lembrar do quanto a pobreza envelhece as pessoas.

Quando voltei à cabine, Tapa Snim mexia em sua trouxa. Vi quando tirou um envelope e amarrou as duas tiras que transformavam um pedaço de pano quadrado numa trouxa.

— Tem mais bagagem? — perguntei, pois considerei seu tamanho improvável para um viajante de longa distância.

— Não. Aqui levo todas as minhas coisas.

Tudo, não apenas a bagagem para um ano de viagem, e sim tudo o que ele possuía no mundo e cabia tranquilamente numa bolsa que poderia ser carregada debaixo do braço. Tudo bem, ali fazia calor, mas a trouxa era menor que uma sacola de supermercado.

— E eu poderia saber o que leva aí dentro?

Tapa Snim desfez o nó e mostrou o conteúdo, com a maior boa vontade.

— Minha tigela, muito importante — disse, apresentando o primeiro item. Era uma tigelinha preta de plástico para sopa com tampa bem justa. Ele a usava para pedir esmola, e também servia para comer arroz.

Numa bolsinha havia uma barra de sabão dentro de uma saboneteira, óculos de sol, lanterna, um tubo de repelente de mosquito e uma cartela de aspirina.

Numa caixinha plástica, um carretel de linha cinza, uma tesoura, cortador de unha, cotonetes, um dedal, agulhas, elásticos, um espelho de 5 centímetros, um tubo de creme para micose, um batom protetor labial, spray nasal e lâminas de barbear.

— Também muito importante — disse ao mostrar as lâminas. — Raspo a cabeça a cada 15 dias.

Dobrados caprichosamente havia um suéter de lã, um xale que chamava de *kasaya*, uma muda de roupa. Na bolsinha para documentos, ele levava um caderno, algumas folhas de papel, uma fotografia ao lado de uma dúzia de outros monges ("para eu me apresentar") e um documento grande com letras chinesas, chamado por ele de *bhikkhu*, um certificado para provar que ele oficialmente era um monge, com assinaturas, selos e letras desenhadas a pincel. Também tinha um dicionário eletrônico Sharp que lhe permitia traduções em muitos idiomas e um colar de contas — 108 delas, o número espiritual.

Enquanto eu preparava a lista, ele disse:

— E isso — o chapéu de palha — e mais isso — o leque.

— Mais nada?

— Mais nada.

— E quanto ao dinheiro?

— Isso é segredo.

Ele ajeitou cuidadosamente os objetos em cima do pano aberto e o dobrou até formar uma bolsa com tudo que ele possuía no mundo.

— Como você faz para meditar?

— Você conhece a palavra japonesa *koan* — ele disse. Não foi uma pergunta. — Por exemplo, na antiga China, um estudante perguntou a um monge zen importante: "O que é Buda?" E o monge respondeu: Um pinheiro na frente do jardim.

Pela janela do trem eu entrevi uma aldeia no meio de um bosque denso que fornecia sombra, além de coqueiros e bananeiras espalhados, mais lagoas cobertas de lótus, pessoas e bicicletas. E, na minha frente, o monge Tapa Snim, de cabeça raspada e sorriso gentil.

— Eu medito sobre isso. "Um pinheiro na frente do jardim." Trata-se de uma árvore específica.

— Há quanto tempo usa este *koan*?

— Anos. Muitos anos. — Ele sorriu de novo. — Doze horas por dia.

— E está dando certo?

— Acabarei entendendo. Todos têm dentro de sua mente o espírito do Buda. Em razão dos sofrimentos, desejos e raiva, não conseguimos encontrá-lo. — Ele balançou um pouco no assento e prosseguiu. — Se nos livrarmos do sofrimento, do desejo e da raiva, podemos nos tornar um Buda.

— E como a gente se livra deles?

— Meditando. Esvaziando a mente. Sua mente precisa estar vazia. A não mente é o estágio mais profundo do estágio profundo. — Ele pediu emprestados a caneta e o caderno que eu usava. E disse: — Todas as noites eu tenho uma questão séria na cabeça, todas as noites e todos os dias. Veja.

Ele desenhou seis caracteres chineses, lentamente, fazendo linhas e pontos. Depois apontou para cada um dos símbolos e os traduziu.

— Buda com cara de sol, Buda com cara de lua — disse. — Por 26 anos pensei a respeito disso. Se resolver, saberei a verdade. É meu destino, minha vida inteira, resolver este problema.

— Mas como escolheu essas imagens?

— Um dia perguntaram a um monge famoso, Ma Tsou: "Como vai?" E esta foi sua resposta.

— Por que veio meditar aqui? Poderia ter ficado na Coreia.

— Buda viajava! — ele respondeu. — Então eu também viajo. Estou procurando a iluminação.

— E qual sua opinião sobre a Mianmar?

Ele riu e me disse que no dia de sua chegada fora até a estação ferroviária, mas o guichê de venda de passagens estava fechado. Ele aguardou num banco, e, de tanto esperar, pegou no sono. Quando acordou, descobriu que a bolsa em sua cintura havia sido cortada com uma lâmina — por um batedor de carteiras — e que uma parte de seu dinheiro havia sido roubada.

— Só uns trocados! O dinheiro grande está num lugar secreto.

— Esteve na Índia?

— A Índia pode ser um lugar perigoso — ele disse. — Mas tenho uma teoria sobre aquele país. — Ele se debruçou, para explicar: — Vejo muitos pobres lá e penso: será o carma deles? São as pessoas mais pobres do mundo. Por que receberam tanto sofrimento?

Respondi que não fazia a menor ideia e que o povo aqui — bastava olhar pela janela — também parecia miserável, vivendo em casebres de bambu, guiando arados de madeira puxados por bois, carregando fardos pesados nas costas.

— A Índia é pior — ele disse. — Este é o meu pensamento ridículo. Sei que é bobagem, mas... — Por "mas" ele insinuava que a ideia não tinha nada de ridícula e que eu não deveria fazer um julgamento precipitado. — Os indianos têm carmas muito ruins. Em sua história, geraram muita violência; destruíram estupas budistas, perseguiram monges. Vivem culpando os muçulmanos, mas os hindus foram tão maus quanto eles. Na minha viagem à Índia, concluí que esta é a razão profunda para o sofrimento deles.

— E quanto à Coreia, muito sofrimento?

— Sofrimento por toda parte! Na Coreia temos cristãos malucos, pois sofremos influência dos Estados Unidos.

— Reverendo Moon?

— Muita gente como ele! — Tapa Snim disse. — Felizmente estou aqui.

Ao poente de sutis tons de rosa e castanho, a luz fraca lançava longas sombras aos agricultores que participavam da colheita, abaixados. O anoitecer confirmava a pobreza rural com um sinal inconfundível: não havia luz nos vilarejos, apenas o lampejo das lamparinas nos casebres e a chama fraca do fogo de chão e o cheiro de lenha. Todas as janelas do trem estavam abertas para a entrada de insetos, cheiro de fumaça e, ao passar por um brejo ou por uma lagoa, a umidade pesada do ar e as emanações fétidas das águas paradas.

A última estação discernível antes de escurecer totalmente foi Taungoo, uma espécie de fronteira — afinal de contas, dali em diante era tudo Mianmar Setentrional. Enquanto eu conversava com Tapa Snim, o jovem francês e sua namorada haviam saído. Pedi ao monge que tomasse conta da minha mala e atravessei três ou quatro vagões para chegar ao vagão-restaurante.

Sentei e pedi uma garrafa grande de cerveja birmanesa, sentindo a mesma bem-aventurança indescritível que experimentara no Sri Lanka, na pequena pousada de Galle, como se tivesse viajado até ali para flutuar no ar noturno, sentindo a brisa entrar pelas janelas do trem e soprar as cortinas ensebadas, as mesas tortas e sujas de comida em que os mianmarenses apoiados nos cotovelos comiam arroz frito e macarrão, rindo e bebendo. Só de vez em quando uma lamparina, vela ou fogueira quebrava a escuridão, sem iluminar nada a não ser a si, embora "uma vela baste para iluminar o mundo". Fora isso, nada a relatar. Senti-me um felizardo por ter encontrado Tapa Snim e pensava: Que bom ter vindo.

— Posso sentar aqui?

Claro, respondi, pois havia poucos lugares vagos no vagão-restaurante. O quarentão sorridente chamava-se Oo Mindon. Disse que era comerciante.

— Vendo biscoitos, macarrão oriental e cigarros — explicou. — Além de roupas infantis.

Ele tinha uma banca no mercado Myoma de Ye-u, cidade a noroeste de Mandalay. Uma viagem de 220 quilômetros a partir dali, explicou. Seis horas de ônibus por estradas ruins. Qualquer viagem por terra em Mianmar era lenta e suja, e embora não reclamasse das dificuldades, ele balançava a cabeça ao citar as distâncias e as condições das vias.

Depois das perguntas costumeiras — País?, Esposa?, Filhos?, Trabalho? — ele riu e disse:

— Gosto da democracia.

Era dono de uma banquinha num mercado pequeno num canto remoto do país, na parte norte de Mianmar, e passou a fazer uma longa denúncia ao governo, aos generais, às estradas, à falta de manutenção dos trens e às construções. Ele viajava muito para fornecer massas e biscoitos a cidadezinhas esquecidas e considerava a situação terrível. Usava só os nomes antigos: Mianmar, Rangum em vez de Yangon, Maymyo em vez de Pyin-Oo-Lwin.

— O exército não presta. Militares causam problemas.

— E qual é a saída?

— Queremos eleições — ele disse.

— Mas Aung San Suu Kyi não venceu a última eleição?

— Sim. Ela é ótima. Deveria governar o país. Todos nós gostamos dela.

Para provocá-lo, perguntei:

— Por que deseja democracia?

— Porque a vida seria melhor. Teríamos desenvolvimento e não o que se vê aqui — militares ricos e povo pobre.

Um rapaz sentou conosco à mesa. Era o filho de 16 anos de Oo Mindon. Não falava uma palavra de inglês, embora estivesse no colegial. Aquela era a próxima geração, a que os generais intimidaram e podaram, limitando sua formação. Oo Mindon havia estudado inglês e cursado o colegial.

— O que ele faz? — indaguei.

— Ele gosta de jogar videogames — disse, erguendo as mãos para mexer os polegares, furioso, para ilustrar a obsessão.

Eu não havia almoçado ainda, mas não queria me arriscar a comer o arroz frito sacudido numa *wok* enegrecida pela colher de pau do cozinheiro de camiseta regata suada e cigarro pendurado na boca — ou a má impressão veio dos pratos lavados numa pia cheia de água suja?

De volta à cabine, vendo que eu estava debruçado sobre o caderno, o francês disse de novo:

— Você deve ser escritor. — Foram as únicas palavras que dirigiu a mim em 15 horas.

Tapa Snim, o budista zen, dormia tranquilamente, encolhido, enrolado no manto, usando a trouxa com seus pertences como travesseiro. Eu cochilava, mas não conseguia dormir. O problema era a luz fluorescente forte no teto do trem, ela não desligava e me fazia acordar dos sonhos agitados de perseguição.

■ ■ ■

Quase quatro da manhã, vi luzes piscando fora do trem, nos pátios de manobra de Mandalay. Minha lembrança da cidade se concentrava num ar tão denso que ao entardecer parecia o fog típico de Londres: poeira espessa a obscurecer as lâmpadas alaranjadas, impedindo que iluminassem; um ar que nos fazia vomitar; um nebuloso pesadelo de redemoinhos de pó grosso.

O ar estava realmente denso de poeira quando me despedi de Tapa Snim na plataforma da estação. Depois corri para a rua, perseguido por condutores de riquixá. Tinha a indicação de um hotel barato. Escolhi um condutor mais velho, de ar cansado, e subi na traseira de seu riquixá motorizado. Ele me levou através da escuridão.

As ruas transversais de Mandalay eram de terra, com sulcos de rodas e esburacadas. Não havia iluminação pública, as lojas estavam fechadas, e apenas algumas casas tinham refletores apontados para a rua, por motivo de segurança. O ar opressivo da noite abafada acentuava a escuridão. A cidade invisível fedia, e depois de 15 ou vinte minutos ainda não havíamos chegado ao meu destino, continuávamos balançando e chacoalhando nos buracos da rua, às quatro da manhã.

Saber que eu estava totalmente por conta de um estranho não era novidade. Ocorrera muitas vezes durante a viagem. Um homem que se apresentava como motorista ofereceu-se para me levar em seu calhambeque várias vezes, na Turquia; aconteceu de novo na Geórgia; inesquecível, na fronteira do Turcomenistão com o Uzbequistão, eu precisei me esgueirar pela janela do passageiro antes de ser transportado a Bokhara; na Índia, em várias ocasiões, por condutores de riquixá. E ainda pedi carona humildemente em Sri Lanka, andei de calhambeque em Yangon e agora andava de riquixá motorizado na escuridão de Mandalay, quando todos dormiam. Todos esses meios de transporte equivaliam ao Expresso do Oriente.

De todo modo, aquela foi a experiência mais aterrorizante que vivi. As ruas escuras, pretas de poeira compacta, luzes fracas, cheiro de fogo apagado e cinza fria, o matraquear do riquixá, o desconhecido guiando de costas para mim — tudo isso provocou a sensação surrealista de nascer no escuro pelas mãos de um velho magro maltrapilho, de ser lançado neste mundo. Pensei: não sei quem ele é. Não sei onde estou nem para onde estou indo. Não sei ler as placas e não há uma alma viva por perto.

Sozinho e apreensivo, mantinha os sentidos alertas, como viajante obrigado a dar um salto no escuro. A situação aguçou minha percepção, me fez observar cada momento que passava, cada cheiro ou piscar de luz. Depois, quando pensava na viagem pelo norte de Mianmar, a primeira lembrança era daquela jornada noturna no escuro, sentindo o calor bater no rosto. A razão provavelmente era simples: estava sozinho com um estranho. Não fazia a menor ideia de para onde estava indo, avançava pela densa escuridão. Aquilo resumia o que havia de mais vívido em minha vida de viajante, mas especialmente naquela revisita fantasmagórica — chacoalhando noite adentro num riquixá espectral.

A lentidão do riquixá exagerava a distância, mas até meia hora naquela escuridão já seria assustadora, considerando o local.

Fiquei surpreso ao ver o hotel na minha frente, na beira da estrada, pois o condutor cumprira sua palavra. Antes de pagar confirmei a disponibilidade de quartos. O prédio estava fechado e a porta trancada, mas acordei o porteiro noturno, que destrancou a porta e me levou até a recepção. Um sujeito deitado num cobertor atrás do balcão, tendo ouvido as batidas, acordava, bocejando.

■ ■ ■

Nos dias ensolarados seguintes — só as noites eram nevoentas — vi que Mandalay também não mudara muito. Tinha mais hotéis, inclusive um luxuoso, pertencente a investidores de Cingapura, ao qual dava para ir a pé do meu hotel. Pelo jeito, vazio. E não havia outros sinais de prosperidade ou renovação na imensa cidade plana ou em sua malha viária. Uma das vantagens da pobreza era a falta de trânsito. Apenas alguns carros, muitas motos e scooters, bicicletas aos montes, e uma relíquia da antiga Birmânia, o riquixá de pedal, ou *pedicab*.

A beleza do riquixá pedalado é a brisa na face, o ar fresco, a jornada plácida, avançar em velocidade quase pedestre pela areia funda das ruas transversais de Mandalay. Encontrei um sujeito disposto a me levar até o templo de Maha Muni, menos interessado no templo do que na experiência de viajar do canto sudeste do forte até o complexo de templos e mosteiros do sudoeste, passando pela parte mais populosa da cidade.

O condutor, um senhor magro, porém musculoso, falava bem inglês. Disse que a vida era horrível e, a exemplo de muitos outros birmaneses que afirmaram a mesma coisa, sussurrava e olhava frequentemente para os lados.

— Eu olho para verificar se alguém está ouvindo — disse ao virar a cabeça.

Em Maha Muni, um grupo de moças bonitas me chamou. Estavam sentadas no jardim do templo, debaixo de uma árvore. Uma delas tinha no colo um cesto de pardais trêmulos.

— Boa sorte. Você solta um. Quinhentos kyat.

Por 25 centavos eu poderia comprar a liberdade de um passarinho. Dei-lhe um dólar e ela me passou um passarinho estupefato por vez, e eles foram embora, piando enquanto voavam para longe.

Nenhuma das atrações de Mandalay — templos dourados, o versátil bazar de Zegyo, a madeira teca entalhada no palácio de Shwe Nandaw, os mosteiros atarefados, o forte com suas defesas e fosso cheio de lírios, a colina ao norte, com mais templos — chamou mais a minha atenção do que o condutor.

Seu nome era Oo Nawng, e ele exibia o rosto polinésio largo e gentil de muitos birmaneses. Tinha exatamente a mesma idade que eu. Passara a vida profissional, quase quarenta anos, como professor primário numa cidadezinha próxima a Mandalay e se aposentara aos 62 anos. Tinha duas filhas; uma delas, casada com um carpinteiro, tinha cinco filhos e morava num povoado à beira da estrada para Pyin-Oo-Lwin. A outra filha era costureira, modista, e beirava os 40 anos. Oo Nawng a incentivava a se casar, mas (embora alguns homens tenham demonstrado interesse romântico) ela se recusou, dizendo: "Preciso cuidar de meu pai e de minha mãe, não posso casar."

De shorts puídos, camisa desbotada e um capacete de bambu, Oo Nawng era pobre por motivos claros e facilmente explicáveis. Assim que se aposentou como professor perdeu a casa à qual tinha direito por conta do emprego. Recebia uma aposentadoria equivalente a dois dólares por mês. Conseguira alugar um barraco na periferia de Mandalay, "uma casinha de bambu". Pagava quatro dólares mensais de aluguel. Uma das razões para a aposentadoria fora o problema nos rins, que exigia hospitalização. O alto custo dos medicamentos acabou com sua poupança, e por mais que a filha costureira o ajudasse, era difícil sobreviver.

O riquixá puxado por bicicleta, que ele conduzia com dignidade, fora o último recurso. Na sua idade não conseguia outro serviço. A bicicleta era dele, mas o riquixá, composto de assento, roda, apoio para os pés e engate para prender na bicicleta, era alugado a ele por 25 centavos ao dia.

Descobri tudo isso passeando por Mandalay com ele, pois conhecia os pontos turísticos, sabia onde encontrar comida boa, era simpático e sincero. Eu queria saborear a sopa de peixe de que tanto me lembrava, apimentada e cremosa, com macarrão. Chamava-se *mohingas*, ele explicou, e me levou a um lugar que a servia. Também a experimentou. Depois me levou a um comerciante muçulmano chamado Soe Moe, a um especialista em antigos pesos para balança, a um birmanês que fizera longas viagens a Nagaland — não os cristãos Naga, numerosos no lado indiano, mas os animistas, fetichistas e adoradores de macacos que viviam de modo tradicional nas clareiras da floresta. Este birmanês possuía pilhas de itens curiosos: colares de crânio de macaco, dentes de bisão, bicos de calau, galhadas de cervo, máscaras, pulseiras de osso, facas, espadas, lanças e tecidos. Em troca o sujeito dava remédios ao povo de Naga, pois nenhuma instituição governamental subia os rios e enfrentava a selva na fronteira com a Índia.

Quando falei com Oo Nawng a respeito do futuro, ele riu, dizendo:

— Que futuro? Estou velho!

— Tem a minha idade.

Oo Nawng franziu o nariz e disse:

— Não quero viver muito tempo.

— Por causa do problema nos rins?

— Não. Porque não tenho dinheiro. Por quanto tempo poderei pedalar a bicicleta? Uns dois anos, no máximo. Se tivesse recursos, gostaria de viver por muito tempo. Como não tenho, prefiro morrer logo.

Muitos anos de estudo, dedicação e magistério possibilitaram que ele fizesse esta declaração em um inglês perfeito. Moral da história: inteligência e fluência lhe deram a capacidade de declarar seu soturno epitáfio.

Ele era um dos milhões que não contam. Idoso, não podia reagir nem trabalhar, não era importante para a economia — apenas um receptor de recursos disponíveis. Os militares que governavam Mianmar diriam que o melhor era Oo Nawng morrer. O próprio Oo Nawng concordava com isso. Depois de toda a vida profissional educando crianças, não passava de um desvalido.

Numa barraquinha de suco ele disse:

— Oitenta e cinco por cento das pessoas são contra o governo. — Tomou um gole de suco e continuou: — Os outros 15 por cento são parentes dos governantes. Ou chineses.

Eu já havia percebido o ódio pelos chineses na primeira viagem. Pelo que era possível observar, havia aumentado muito no período, pois os chineses locais agora podiam negociar com os burocratas e empresários da República Popular. Dominavam o comércio de pedras preciosas e drogas, alimentos e exportação de madeira. As mansões de Mandalay, em condomínios fechados murados, eram em geral propriedade de negociantes chineses. O governo de Cingapura, a República Popular da China e a Índia apoiavam a ditadura militar de Mianmar, sustentando o regime e sua postura de prender e condenar pessoas por crimes políticos. Vários birmaneses me contaram em voz baixa que o país estava cheio de colaboradores, informantes e espiões. Desafiando a tendência de liberalização do século XXI, Mianmar andava para trás e para os lados.

O governo que se mantinha no controle havia quarenta anos estava decidido a continuar no poder. Era muito dinheiro em jogo, pois, como um birmanês instruído me dissera em Mandalay, "O governo ganha muito dinheiro com as drogas — tráfico de ópio. Os generais daqui estão todos envolvidos com os cartéis mundiais da droga."

Ouvi inúmeros elogios aos Estados Unidos, por se distanciarem do regime, e muitas acusações contra China, Rússia e Cingapura, por apoiá-lo — principalmente a China. Mas a prosperidade da China, sua necessidade de petróleo, madeira e alimentos, havia criado uma nova dinâmica. A China não tinha interesse no desenvolvimento das instituições democráticas de qualquer país; muito pelo contrário, era um aliado natural dos regimes repressivos. Quando o Banco Mundial corta fundos de um país africano por ser corrupto e tirânico, exigindo a realização de eleições antes de aprovar qualquer ajuda, a China aparece oferecendo dinheiro — "ajuda duvidosa", sem contrapartidas, em troca de teca, alimentos e drogas.

— Poderíamos ter um golpe interno, mas não mudaria grande coisa — um homem me contou. — Não há liberais neste governo.

Ele também havia sofrido queda no padrão de vida.

— Minha família tinha um Mercedes quando você esteve aqui antes. Agora só temos uma motocicleta chinesa.

— O que podemos esperar? — Oo Nawng disse. — A mesma coisa.

Ele disse que os turistas escasseavam, e os poucos que vinham não se interessavam por andar de riquixá pedalado. Queriam táxis. Gastavam nos hotéis. Estava contente por eu contratá-lo por três dias inteiros, mas e depois?

— Medito duas vezes por dia — disse, como uma forma de explicar que isso tornava a vida suportável. Acordava às quatro e meia da manhã e meditava por uma hora. Depois do jantar fazia a mesma coisa. — Meu *koan* é "Buda medita o monge". Oro e... — ele fechou os olhos, falando com intensidade: — Buda senta na minha cabeça.

Complicado demais para explicar, segundo ele. Oo Nawng perdera a maioria dos dentes, praticamente só lhe restava um dente bom na frente.

Ele personificava a melancolia que eu sentia neste retorno. Não era desanimado. Era realista. Não queria viver bem, apenas ganhar o suficiente para pagar o ínfimo aluguel de seu barraco de bambu e comprar comida. De que adiantava viver sem comida?

Ele parecia achar engraçado que sua preferência pela morte me chocasse.

Oo Nawng não me saía da cabeça. Pensando nele, não conseguia dormir. Tinha visões em que ele, com seu capacete de bambu escuro de sol, pedalava o riquixá pelas ruas estreitas de Mandalay: o homenzinho esquelético em sua bicicleta enferrujada, puxando o riquixá alugado, com seu caderninho. Como eu, era um espectro — invisível, idoso, apenas observando tudo, uma espécie de visitante do além indefeso.

As pessoas davam dinheiro para as crianças do Terceiro Mundo, para orfanatos, para fortalecer as mulheres, para hospitais, escolas, governos, mas nunca davam dinheiro para pessoas simplesmente velhas, para que pudessem viver um pouco mais e morrer com dignidade. Oo Nawng não era velho — tinha a minha idade —, mas em Mianmar isso era velhice.

No dia anterior à minha partida rumo ao norte, para uma viagem sentimental a Pyin-Oo-Lwin, fui procurá-lo na esquina onde costumava ficar, debaixo de uma árvore frondosa. Nem sinal dele.

Viajei para Pyin-Oo-Lwin. Na volta, procurei Oo Nawng novamente, na mesma esquina. Os outros condutores de riquixá disseram que não o tinham visto. Pensei que o encontraria no mercado, ou talvez um comerciante soubesse seu paradeiro — Oo Nawng me levara até lá para mostrar o equipamento tribal de tatuagem, como por exemplo os pequenos estiletes que o povo de Karen usava como ornamento para as agulhas de tatuagem. Perguntei a Soe Moe, o comerciante muçulmano que eu havia conhecido antes (seu nome verdadeiro era Hajji Ali; o nome birmanês era uma invenção), se ele sabia de Oo Nawng.

— Aquele velho que o trouxe aqui? Não. — E depois, sem que eu perguntasse nada, disse: — Ele é muito pobre.

— Andei pensando nele.

— Um bom homem — Soe Moe disse. — Tem bom coração. Ele traz as pessoas aqui e ganha um pouco com isso.

Soe Moe disse que lhe dava uma gorjeta se a pessoa comprasse alguma coisa.

Naquela noite pensei em Oo Nawng novamente, como um fantasma superior, um *nat*, a figura birmanesa do guardião vestido de túnica dourada comprida, sorridente, solícito, irradiando bondade e proteção. Ele me fez lembrar de meu pai, uma boa alma. Na manhã seguinte fui outra vez à esquina de Oo Nawng e esperei. Ninguém sabia dele. Estranho, dada a sua pontualidade. Um homem disse:

— Hoje ele não vem. É sábado.

Fui embora, temendo que ele tivesse morrido. Mais tarde, naquela mesma manhã, procurei-o de novo. Nada de Oo Nawng. Desci andando uma rua transversal onde alguns homens vendiam laranja em carrinhos de mão, enquanto outros ofereciam cebolas e bananas. Continuei caminhando ao calor do meio-dia, com o sol na cabeça, pensando no capacete de bambu surrado de Oo Nawng.

Depois de 45 minutos de andança inútil pelas ruas cheias de areia e pedregulhos, virei-me e — como nos sonhos — vi Oo Nawng pedalando na minha direção, sorridente.

— Suba, senhor.

Acomodei-me no riquixá.

— Para onde hoje?

— Vamos para um lugar tranquilo, onde ninguém possa nos observar.

Ele pedalou por algum tempo, parando à sombra de uma figueira-de-bengala, no acesso de uma viela.

— Está bom aqui?

— Perfeito.

E entreguei-lhe um envelope.

Ele espiou o conteúdo. Não parecia surpreso, embora tenha levado o conteúdo à cabeça. Depois franziu a testa e disse:

— Precisamos trocar. O senhor troca. Eles não vão acreditar. Dirão que é roubado.

Fomos, portanto, ao cambista e trocamos o envelope cheio de dólares por um maço gordo de kyaks de Mianmar, preso com elástico.

— Vamos beber alguma coisa.

Tomamos limonada, e ele me disse seu nome completo: Oo Ng Nwang. Anotou o endereço de onde morava e depois: *condutor de riquixá, professor*. Como se pensasse em voz alta, disse:

— Poderei pagar um ano de aluguel, talvez dois. Vou comprar um riquixá novo. No futuro, poderei vendê-lo. É isso.

— Ótimo.

— Estou feliz — ele disse. Seu sorriso também era quase sobrenatural, beatífico, um sorriso espectral de confiança restaurada. — Agora, para onde deseja ir, senhor?

18   O trem para Pyin-Oo-Lwin

Na classe comum do trem não se vê nada pela janela aberta na escuridão da madrugada, exceto a silhueta desfocada dos prédios baixos. Mandalay, como uma cidade esboçada a carvão, era pouco mais do que marcas leves e odor complexo de fogo a lenha e poeira, pelo de cachorro e botões de flor, tijolo velho e incenso, fumaça de diesel e água estagnada, além do aroma dos bolinhos fritos que encharcavam de óleo o jornal que os continha, e que outros passageiros devoravam avidamente.

O caminho para Pyin-Oo-Lwin era o caminho para a China. Nove horas ao norte situava-se a cidade de Mong Yu, na fronteira, tendo do lado chinês a cidade de Wanding. Ao final de mais um dia de viagem de ônibus de 500 quilômetros pelas estradas montanhosas de Yunnan, ficava a capital provincial, Kunming. O estreito relacionamento de Mianmar com a China incluía uma fronteira aberta. Os caminhões de Mianmar seguiam para o norte carregados de vegetais, toras enormes de teca, caixotes de rubis preciosos e fardos de ópio; os caminhões chineses vinham com cargas de sandálias de dedo, panelas de metal, bicicletas baratas, armas e munições.

O trem era tão lento que o sol nasceu antes do início da subida íngreme, partindo da planície do rio de Mandalay. Assim que começaram os primeiros morros, o ar ficou mais fresco, e a brisa trazia aromas de vegetação, das flores amarelas das árvores, dos odores dos canais com seus jacintos, com os quais os birmaneses alimentavam os porcos. As lagoas exibiam camadas e lótus branco, pomares adoráveis de ameixa se estendiam por quilômetros, bem como as lavouras de cebola. A chuva recente deixara um brilho no ar — sua doçura ainda podia ser sentida.

Tecas jovens, finas e altas, com folhas largas no formato de ventarolas, ladeavam os trilhos.

— Elas têm 20 anos — explicou Ko Tin. Estava sentado ao meu lado, num banco de encosto reto, duro demais para trazer algum conforto, estreito demais para se deitar. Mas Pyin-Oo-Lwin estava a apenas cinco horas de distância.

— Em Kachin, há matas de teca, árvores com 300 anos de idade. Os chineses as compram.

Ao longe via-se uma montanha azulada corcunda, numa cadeia nítida em forma de ombro que se estendia por quilômetros.

— Aquela montanha é chamada por nós de "o Búfalo". — O nome não poderia ser mais adequado. Ao ouvi-lo, deixei de ver a montanha e passei a ver o musculoso animal.

Eu estava indescritivelmente feliz por viajar naquele trem barulhento — grato por ver que tão pouco havia mudado, embora odiasse pensar que pararam no tempo por causa da ditadura militar, que mantinha Mianmar em estado de animação suspensa. A única mudança eram as prisões maiores e um exército enorme, uma população paralela — mais saudável, mais bem-vestida, mais instruída, temida e odiada ("Os soldados aqui não pagam impostos!"). Num país onde todos viviam precariamente, os militares tinham segurança. Mas, por causa de sua luta, os birmaneses estavam ansiosos para falar, ajudar, trabalhar e, apesar das ameaças e dos perigos, dispostos a confiar num estrangeiro.

Quando eu mencionava o exército, as pessoas diziam, espontaneamente: odiamos. Mencionava o governo, e diziam: são ruins, corruptos, estão destruindo o país. Mencionava Aung San Suu Kyi e seus 14 anos de prisão domiciliar, e diziam: queremos sua volta. Ou: queremos democracia. Fazia perguntas sobre budismo, e diziam: os monges também estão furiosos! Quando tocava nesses assuntos, recebia invariavelmente a mesma resposta.

Com Ko Tin não foi diferente. Declarou odiar o exército e "gostar de democracia". Ressaltou que os críticos do governo eram presos.

— Você conhece pessoas que foram para a prisão? — perguntei.

— Sei de muitas pessoas que de repente desapareceram. Estavam aqui, não estão mais. Somem subitamente. É assim que acontece. A gente nunca sabe para onde foram. Vão e nunca mais voltam. A gente nunca vê a polícia. Tudo acontece na escuridão.

Chegando à subida da montanha, o trem entrava e saía de túneis, depois cruzou uma rodovia. Comboios de caminhões com a carga coberta por lonas se arrastavam ladeira acima.

Um caminhão aberto na lateral estava forrado de palha.

— Melancias — explicou Ko Tin. — Vão para a China.

Um caminhão-plataforma lotado de arroz, tomate, feijão, cebola, banana, laranja, limão, pimenta — Mianmar, miserável e faminta, fornecia comida para a China abastada. A cidade tornara-se uma espécie de feudo chinês: pagava tributos, permitia que a China abandonasse as lavouras e construísse fábricas no lugar dos arrozais, dedicando mais tempo à manufatura e à tecnologia.

Eu estava acordado às cinco da manhã, quando partimos, mas poucas horas depois dormi, mal-acomodado no meu assento. Acordei com o frio das grandes altitudes — cerca de mil metros — e vi pés de café, barracas de flores e pés de poinsétia com 2 metros de altura.

Vi também quartéis aos montes: áreas cercadas por muros altos, com casas bem-construídas, prédios administrativos e quartéis, tudo muito arrumado. Um dos complexos tinha aeroporto próprio. Instalaram as unidades ali provavelmente para desfrutar o clima salubre das encostas do estado de Shan.

Pouco antes de chegar a Pyin-Oo-Lwin, o trem passou pelo muro externo do que poderia ser um campus universitário — portões, arcos, gramados, canteiros floridos —, mas que era (segundo Ko Tin) uma imensa academia militar que ostentava numa placa os dizeres em birmanês e inglês: *A Triunfante Elite do Futuro*.

■ ■ ■

Quando a conheci, Pyin-Oo-Lwin se chamava Maymyo. A única mudança em 33 anos foi o nome. A primeira coisa que vi praticamente foram carroças de pônei — tongas em cores alegres que mais pareciam carruagenzinhas cenográficas de madeira. Eu havia usado uma, muito tempo antes, para ir à antiga pousada Candacraig. Em outros países as carruagens de pôneis seriam divertimento para turistas, um elemento visualmente chamativo no qual o visitante podia sentar e tirar uma foto. Mas ali não, elas continuavam sendo usadas como transporte público, era o mais barato, um recurso para percorrer o curto trajeto de ida e volta ao bazar.

A estação de trem continuava igual, provavelmente desde os anos 1930, segundo um birmanês me disse, embora sua simplicidade indicasse um período anterior — térrea, de tijolo e madeira com teto de zinco; as partidas e chegadas dos trens eram escritas na parede caiada de branco. Ao lado do novo nome havia a placa indicando *3.506 pés acima do nível do mar*.

Um trem parado na estação partiria em pouco tempo para Lashio, numa jornada de 11 horas até as proximidades da fronteira chinesa. Mas para mim já estava ótimo ter descido ali, para me recuperar. Não sentia vontade de avançar — não tinha estômago para tanto. Mais uma vez, minha ousadia juvenil me assombrava, aquele rapaz de 32 anos sentado no banco de madeira da terceira classe durante todo o trajeto até Naun Peng, só para ver o viaduto Gokteik, todo de ferro, que cruzava um desfiladeiro no norte do estado de Shan. Eu estava com saudades de casa e com pouco dinheiro, sem fazer a menor ideia do que haveria pela frente, preocupado com a falta de recursos, inseguro quanto à minha rota. Estivera completamente fora de contato — enquanto enfrentava os lamaçais de Maymyo e pegava uma carruagem de pônei para Candacraig —, sentia saudades de minha esposa e dos meus filhos.

— Conhece Candacraig? — perguntei a um homem na estação.

— Eu o levo até lá.

Ele tinha um Datsun com trinta anos de uso. Eu me recordava de Mianmar como um país de carros velhos, em alguns casos verdadeiras antiguidades, em outros, calhambeques e latas velhas.

O nome do motorista era Abdul Hamid, e calculei que teria uns 70 anos. Ele me perguntou de onde eu era e ficou contente quando eu lhe disse.

— Gosto do Texas — ele disse.

— Por que do Texas?

— Caubóis. John Wayne. — Ele dirigiu por certo tempo, murmurando, depois disse: — Gary Cooper. Dos filmes.

Pyin-Oo-Lwin parara no tempo, o que significa dizer que estava maior e mais largada do que antes — mercado, lojas, galerias, bangalôs, a torre do relógio no centro indicando a hora errada, com os dizeres *Purcell Tower — 1936*, talvez o auge de Maymyo.

Como posto inglês, fora projetada pelo coronel James May, e como homenagem a seu esforço de planejamento urbano, os britânicos deram seu nome à cidade. Com todo o direito, os birmaneses trocaram o nome pelo do povoado que fora antes, Pyin-Oo-Lwin, cujo único defeito era a dificuldade de pronunciar o nome sem hesitar.

Mas as mansões coloniais permaneceram, eram bangalôs imensos, verdadeiros palacetes com teto de zinco, muitos dotados de cúpula ou torre, varandas e cocheira para carruagem, além de chaminés altas — a cidade era um gelo em janeiro. As casas, que eram feitas de madeira, com tijolos vermelhos ou pintados na fachada, continuavam elegantes, embora bizarras. Na Inglaterra seriam vistas como versões satíricas de casas paroquiais ou chalés de caça, mas ali pareciam curiosas, inegavelmente elegantes e espaçosas.

Algumas exibiam nomes inspirados em moradas inglesas de Cotswold, como "The Hedges" e "Rose Manor"; outras exibiam nomes birmaneses. Muitas casas tinham dois nomes: Maymyo e Pyin-Oo-Lwin eram intercambiáveis. Tapsy Road era agora Thiksar Road. Candacraig era o hotel Thiri Myaing.

Mas Candacraig continuava sendo o mesmo lugar, uma mansão imperial imensa de dois andares, com torre. A única diferença era que, em vez de situado no final de uma rua de terra, em um declive úmido, entre moitas e arbustos, o edifício — recentemente pintado — era rodeado de jardins. O paisagismo incluía canteiros de flores e topiaria promissora, um caminho de pedrinhas e uma quadra de tênis. O acesso frontal era ladeado por sebes baixas bem-aparadas, alternadas com canteiros de não-me-toques nas cores rosa e branca. Na parte interna da varanda da frente havia uma pedra fundamental com a inscrição *Candacraig, 1904*.

Era uma "pensão" na época, um tipo de alojamento colonial para jovens solteiros — gente como George Orwell, que era policial, ou H. H. Munro, que também estava na polícia — que desejavam passar um mês de férias no alto verão. Os funcionários mais graduados do império, com mulher e filhos, tinham seus próprios bangalôs ou suas próprias mansões. A cidade sempre contara com uma boa parcela de descendentes de indianos e muitos nepaleses, descendentes dos corajosos e treinados soldados Gurkha que os britânicos trouxeram para Mianmar.

Percorri o caminho até chegar à varanda e entrei no passado pela porta aberta.

Ali não havia abandono. O lugar fora inteiramente restaurado: a imensa escadaria envernizada, com corrimão curvo, parapeito de teca na galeria superior, como nas mansões rurais inglesas, o vasto saguão na entrada, com pé-direito duplo que valorizava as vigas de madeira do teto, a cabeça de búfalo empalhada e outros troféus — galhadas de cervo pequenas e pontiagudas, montadas em placas, numa longa fileira.

Parei na frente da recepção vazia e vi o livro de registro aberto em cima do balcão. O assoalho havia sido encerado, estava tudo limpo, com cheiro de cera recente. Não havia um único hóspede à vista, ninguém mesmo; contudo, era um destino aconchegante e receptivo como fora 33 anos antes — até mais, uma vez que servia para mim, como outros lugares que já conhecia, como sucedâneo do lar. Cheio de lembranças, era uma casa fantasma, no bom sentido.

Embora tenha alegado em *O Grande Bazar Ferroviário* que o conhecera no trem — queria dar alguma emoção ao percurso —, foi ali que conheci o hospitaleiro sr. Bernard.

Aquele senhor gentil e digno me desafiou a acertar sua idade, e quando errei, ele revelou ter 80 anos, dizendo: "Nasci em 1894, em Rangum. Meu pai era indiano, mas católico. Por isso eu me chamo Bernard. Meu pai serviu no exército indiano. Foi soldado a vida inteira — suponho que tenha se alistado em Madras, nos anos 1870. Estava na 26ª Infantaria de Madras, veio para Rangum com o regimento em 1888. Eu tinha um retrato de meu pai, mas quando os japoneses ocuparam Mianmar... perdemos tanta coisa, foi tudo desviado."

O sr. Bernard, servidor colonial de família expatriada (ele não conheceu a Índia), serviu como elo com o século XIX. Exibia uma memória impressionante, precisa. Ele me contou em detalhe como foi seu trabalho na ferrovia, a carreira militar e a vida como cozinheiro e supervisor. Conheceu Chiang Kai-shek, o lorde Curzon e o duque de Kent — todos em Mandalay, onde servia jantares com seis pratos no refeitório militar. Recordava o dia da morte da rainha Vitória, a invasão japonesa em Maymyo, e falou de seus muitos filhos. Conheci alguns quando vinham a meu quarto trazer baldes de água quente para meu banho, ou acender a lareira do quarto.

Agora eu estava de volta àquela mansão imponente, contente por verificar que ainda existia e continuava ativa.

— Sim?

Um homem surgiu atrás do balcão da recepção e girou o livro de hóspedes para eu assinar.

— Bem-vindo, senhor.

Era um indiano magro e sorridente, cinquentão, de boné e jaqueta — acabara de entrar, estava supervisionando a pavimentação de um caminho pelos jardineiros. A roupa lhe dava um ar atlético.

— Eu me hospedei aqui há muito tempo — falei. — O local está realmente em ótimas condições.

— Foi reformado recentemente — o recepcionista concordou. — Pintura nova. Assoalho envernizado. Encanamento bem melhor. Quando esteve aqui, senhor?

— Faz mais de trinta anos!

— Muito tempo, senhor.

— Escrevi a respeito de minha estada aqui, quando conheci o sr. Bernard.

— Meu pai — o homem disse. Ele me fitou atentamente e logo abriu um sorriso. Tinha dentes lindos e um rosto simpático. — Você é o senhor Paul Theroux.

— Isso mesmo.

— Meu nome é Peter Bernard — disse, apertando minha mão. — Sou o gerente, agora. Estou muito feliz em conhecê-lo. Falamos muito a seu respeito. Temos um exemplar de seu livro. O senhor ficou no quarto 11. Vou levá-lo até lá.

Nesta vida não é frequente que se faça um plano geral de viagem e tudo saia à perfeição, mas daquela vez deu certo. A melhor parte foi que, sendo a perfeição inimaginável, existem limites para a esperança. O complemento veio inesperado, espontâneo, imprevisto.

— Eu me lembro do senhor! — ele disse.

Era mais do que eu esperava, e foi um momento de puro prazer retornar ao passado sem um único átomo de desapontamento — o passado recapturado, feito um fugitivo, com tudo o que eu sonhava em termos de boas-vindas na volta ao lar, mas algo que não me acontecia (pelo menos no meu caso). Foi um retorno sensacional, como se aquele senhor de 50 e tantos anos, que na época não passava de um adolescente, aguardasse minha volta.

— Você veio de Lashio de trem, depois pegou uma carruagem de pônei na estação — ele disse. — Fumava cachimbo. Usava camisa preta. Tinha uma mala muito pequena. — Estávamos no meu antigo quarto, espaçoso, com lareira e vista para o jardim. — Eu o vi escrevendo naquela mesa.

Finalmente, então, uma testemunha de meu padecimento anterior, de minha solidão, dos meus registros escritos.

— O que aconteceu a seu pai? — perguntei.

— Faleceu, senhor. Faz alguns anos. — Logo ele começou a sorrir de novo. — Ele leu seu livro! Um hóspede trouxe um exemplar para cá. Meu pai ficou muito contente em ler a respeito de si. Todos conhecem esta história. Ele ficou famoso. Muita gente passou a vir aqui por causa das coisas que escreveu. As pessoas mencionavam seu nome.

Peter Bernard guiou-me num passeio pela mansão. Vi o assoalho encerado, as camas feitas, as lareiras limpas, as flores nos vasos, as mesas postas no salão de refeições. A luz era excepcional, pois todos os quartos possuíam janelas grandes, e havia uma sacada em cada um deles. Arquitetura colonial, no caso, mansões e bangalôs dos servidores coloniais britânicos — exército indiano, funcionários públicos —, era deliberadamente ampla e confortável, refletindo as pretensões de quem pretendia ser considerado da classe alta, mesmo não sendo aristocrata. Era o jogo imperial: assim que os britânicos chegavam às colônias, ascendiam socialmente um ou dois degraus, assumindo ares de importância, humilhando serviçais, subalternos e trabalhadores braçais, a quem chamavam de burros de carga. Kipling dramatizou a situação, Saki a satirizou, Orwell a criticou violentamente, E. M. Forster a romanceou e J. R. Ackerley zombou dela. Mas o sr. Bernard suportou tudo, servindo sempre; afinal de contas, era vitoriano de família expatriada, leal súdito britânico.

Seu primeiro nome era Albert. Se soubesse, teria me lembrado: era também o nome de meu pai. O sr. Bernard havia sido gerente do Candacraig, nomeado em 1962, com 66 anos, arrancado de uma semiaposentadoria para revigorar o local. Era tão idoso quando o conheci (contava histórias da Primeira Guerra Mundial) que talvez tenha servido ao policial colonial Eric Blair, que talvez tenha se hospedado ali, antes de partir para Londres e se tornar George Orwell. O sr. Bernard morreu com 90 anos.

A descrição desse homem em meu livro fez o que a palavra escrita consegue fazer às vezes, acidentalmente: uma espécie de mágica. Atraíra visitantes, dera ao sr. Bernard uma "cara", algo muito importante em Mianmar, especialmente para quem não era nativo, e sim descendente de indianos. Mencionei em meu livro que o pai dele servira no exército indiano. Peter contou que o avô conquistara o posto de maestro da banda na Infantaria de Madras e que nunca voltara para a Índia, nem qualquer outro membro da família viajara para lá, nem mesmo para uma visita breve.

— E como é lá, na Índia? Gente demais, não é? — Peter perguntou.

Em seguida ele me convidou para conhecer sua casa — a casa da família, construída pelo sr. Bernard para abrigar seus nove filhos.

Era um bangalô grande chamado Newlands, no final de um acesso comprido — em terreno murado, como de costume —, sob uma figueira-de-bengala enorme. Dois senhores sessentões me receberam, Vincent e John. Ficaram tão contentes ao saber quem eu era que foram até uma sala nos fundos e trouxeram meu livro para me mostrar. A assinatura do sr. Bernard constava na primeira página.

— Ele gostava de ler o livro — Vincent disse. — Ficava muito feliz.

Dos nove filhos de Bernard apenas dois se casaram, John e Margaret. Victor — nascido em 1945 e cujo nome se devia à vitória contra os japoneses — morrera de falência cardíaca.

— Ele era padre, religioso salesiano, de uma paróquia ao norte, no estado de Wa.

O estado de Wa era distante e isolado, no planalto de Shan, área de plantio de papoula e exportação de ópio, nas montanhas nubladas do Triângulo Dourado. Mas o padre Victor Bernard não se intimidou, tornando-se popular em sua paróquia, que abrangia a principal cidade da região, Pang Wai. Os habitantes de Wa eram mais escuros que os birmaneses, animistas e moravam na selva. Em sua maioria cultivavam a papoula e havia entre eles alta incidência de fumadores de ópio. Seu paganismo exuberante os tornava especialmente atraentes para missionários católicos e batistas. Conhecidos por comer cachorro, por preservar a cabeça dos inimigos mortos e pelo conhecimento de crânios, eles costumavam fixar tantos crânios em estacas (como o sr. Kurtz havia feito na Estação Avançada) que se criava a impressão de haver uma avenida de crânios humanos em plena selva. Seu objetivo era purificar, afastar maus espíritos.

Os Wa negavam ser canibais, mas o historiador birmanês Thant Myint-U afirmava isso. Com as vigorosas decapitações, eles buscavam apenas a boa fortuna: "Um belo crânio garante todo o milho, o cachorro e a bebida (vinho forte de arroz) que precisam para serem felizes." O estado de Wa fazia fronteira com a China, e Pang Wai estava convenientemente próxima da cidade chinesa de Cangyuan, na rota de transporte do ópio. Mesmo num mundo integrado, o estado de Wa, a leste do rio Salween, não era apenas distante, mas quase inacessível.

Sentado na sala de Bernard, tomando chá, fiquei sabendo das novidades. Margaret residia agora em Berlim. Um médico alemão lera meu livro e visitara Candacraig. Viúvo, fizera a viagem para acalmar os nervos e conhecer Margaret, na época recepcionista do hotel. Apaixonou-se por ela. Casaram-se ali mesmo, enfeitados com flores.

Num país de beldades de pele cor de creme, voz suave, modos gentis e sorriso adorável, os outros filhos de Bernard continuaram obstinadamente solteiros. Aquilo me intrigou. Com exceção de Margaret, as filhas também preferiram não casar. Quanto mais eu os conhecia, mais percebia que a atitude tinha a ver com o lar feliz, com a família mutuamente solidária que o sr. Bernard havia formado e também uma indicação de como eles viviam no norte de Mianmar, numa cultura fechada de budistas, sendo católicos e descendentes de indianos. Imagens de Jesus, da Virgem Maria e dos santos decoravam as paredes da sala. Sobre a cornija da lareira havia um cálice de ouro, entre outros símbolos de devoção.

A mãe deles, Theresa Bernard, fora muito amada e respeitada; falecera poucos anos antes, aos 90. Era como se todos vivessem tão contentes que não suportavam a ideia de abandonar a serenidade do lar. Margaret saíra do país. Jane a visitara recentemente na Alemanha e voltara contando que ela vivia feliz em Berlim. Nenhum dos outros deixara Mianmar. Continuaram vivendo a existência provinciana de cidade pequena, com passeios esporádicos a Mandalay.

— Ainda aguardo a chegada de meu dia de sorte — Vincent disse, referindo-se às possibilidades de casamento. Era um sujeito corpulento, que cuidava de mais de 400 hectares de milho com um sócio holandês, não muito longe de Pyin-Oo-Lwin.

John, apelidado de Sunny, era um homem magro e atento. Sentado de lado numa cadeira de encosto reto, tremia por conta dos estágios iniciais do mal de Parkinson. Ele disse:

— Lembro-me bem de você, sr. Paul. Ficou no quarto do canto. Conversava conosco.

— Seu pai se orgulhava de você — falei.

— Você escreveu nossos nomes no livro! — Vincent disse.

— Seu pai era muito severo?

— Ele batia em mim duas vezes por semana — Sunny disse sem rancor, sorridente, arregalando os olhos.

Peter concordou: eu havia descrito a interessante carreira do pai como funcionário da administração colonial, mas não mencionara sua severidade. Ora, como eu poderia saber? O pai era pontual, metódico, exigente, madrugador. Candacraig estava sob sua exclusiva responsabilidade, e a tarefa lhe fora conferida no final de sua carreira. Bernard supervisionou o hotel até se aposentar. E, embora fosse propriedade do governo, ele o transformou num empreendimento familiar: todos os filhos trabalharam lá em algum momento.

Vincent disse:

— As pessoas chegavam com seu livro na mão, querendo conhecer meu pai. Turistas da Grã-Bretanha. E dos Estados Unidos. Austrália. Meu pai os recebia, conversava com eles, contava histórias.

— Ele se aposentou aos 81 anos — Peter disse.

— Depois, quando as pessoas vinham, informávamos que estava morto — Sunny disse. — Alguns choravam. Iam embora muito tristes.

Eles me mostraram o álbum da família, lembranças, um retrato grande do pai, de estúdio, em que ele parecia meio acorujado, por causa dos óculos de chifre. Ficamos ali sentados, tomando chá, um momento feliz. Uma recepção que eu não esperava, como a visita de parentes generosos e gratos que não apareciam havia décadas. Nada do gênero ocorrera na minha família. Teria sido esta a motivação, o abraço de estranhos, para eu me tornar viajante? Era tudo positivo e prazeroso naqueles homens que eu conhecera como rapazes educados e prestativos; as mulheres tinham sido apenas nomes. A melhor parte era a continuidade de tudo, ver que a vida seguia adiante. Sem ousar antecipar um evento daqueles, era o tipo de encontro que eu esperava quando decidi refazer a viagem.

Circulei pelo bazar, visitei igrejas católicas — góticas em tijolo vermelho — e passei um dia em Kandawgyi, o jardim botânico que data da primeira séria ocupação da cidade, quando a construção da ferrovia terminou, em 1900. O paisagismo bem-sucedido valorizava os quase 200 hectares em que havia lagoa, bambuzal, cervos em risco de extinção e um centro de pesquisas dedicado ao estudo de amoreiras destinadas à produção de seda, além de criar o bicho-da-seda. Caminhando por entre canteiros floridos, me lembrei de que numa outra época eu teria dito ao condutor do riquixá que passasse direto pelo

Jardim Botânico de Kandawgyi e lhe pediria que parasse no bar Kandawgyi, caso um lugar assim existisse, e teria ficado por lá, morrendo de saudades de casa, meio embriagado.

Na noite anterior a minha partida, fiquei meio alcoolizado em Aung Padamyar, um restaurante indiano recomendado por Vincent. A gerente era uma prima dele, pois o irmão do sr. Bernard também residia em Maymyo havia muito tempo.

Dennis Bernard, outro primo, apresentou-se. Outra aparição sensacional do passado, ele disse:

— Lembra-se de mim? Eu arrumava sua mesa em Candacraig.

Também cinquentão, estava praticamente aposentado. Disse que havia trabalhado para o sr. Bernard como garçom e faxineiro.

— Não era fácil — disse. — Levantávamos às quatro da manhã para limpar o salão e pôr as mesas. Esvaziar cinzeiros. Varrer. Tio Bernard insistia em que chegássemos na hora. "Trabalhem em silêncio, os hóspedes estão dormindo." Ele era muito rígido. Examinava todas as mesas. "Não se apressem, dizia. Façam tudo direito." E podia ficar muito bravo.

— O que o deixava bravo?

— Uma colher de açúcar fora do açucareiro.

■ ■ ■

Voltei a Mandalay. Foi quando procurei Oo Nawng e lhe dei o dinheiro. Ele disse:

— Estou feliz.

Antes de partir visitei Irrawaddy, só para ver o rio e os barcos no atracadouro. Era longe demais para Oo Nawng pedalar o riquixá, então peguei um táxi. No caminho passamos por uma placa enorme: *O Tatmadaw Jamais Trairá a Causa Nacional.*

— O que é o Tatmadaw?

— Damadaw — disse o motorista, corrigindo minha pronúncia. — É o exército.

— É mesmo?

— O exército idiota.

19   Trem noturno para Nong Khai

O grande desafio em viagens não é chegar a uma encantadora cidade estrangeira, e sim resolver o problema da partida, dar um jeito de ir embora de lá sem ser voando. Os ônibus em geral são horríveis, e as rodoviárias espalhadas pelo mundo não passam de covis de ladrões, batedores de carteira, intimidadores, picaretas e assaltantes. Alugar carros é conveniente, mas quase sempre uma exploração, e quem quer ouvir as histórias do motorista? O trem ainda é o ideal — chegue à estação e suba no vagão.

Os trens expressos que partiam de Bangcoc eram confortáveis, novinhos em folha, e mesmo assim foi difícil partir de lá. Eu tinha pensado em passar rapidamente pela cidade, mas, quando dei por mim, estava na penumbra de uma sala fresca em que uma moça tailandesa lavava meus pés ao som de música oriental. Ela se apresentou como Sky, pois seu nome (argumentou) seria difícil demais de pronunciar. Fiquei tão comovido com a lavagem dos pés que senti vontade de chorar. Depois ela me fez deitar numa mesa e massageou a parte traseira das coxas e as articulações dos braços. Estavam doloridos por conta das viagens por Mianmar em trens fantasmas. Ela pressionou a parte inferior da coluna com os cotovelos e batucou na espinha, batendo com os dedos do pé nas vértebras, enquanto eu pensava na viagem de Colombo a Galle. Sky socou as escápulas, esfregou os músculos até que doessem e pensei nos dois bêbados no trem de Bokhara, com as mãos nos restos do frango devorado, os olhos brilhantes de vodca, enquanto eu tentava me manter em pé no corredor. Ela segurou meus braços, flexionou um, depois o outro, torceu-os e vi a postura rígida dos muçulmanos sentados com as costas eretas no trem de Ashgabat e Mary.

Ela montou em mim, fez cavalinho. Entrei no éden com ela montada nas minhas costas feito uma criança num pônei, com os joelhos para a frente, usando-os para massagear meus rins enquanto martelava as curvas das costas. Eu tinha visto cavaleiros sentados daquele jeito nos campos desolados da Romênia, mas agora eu era o pônei e ela montava.

A moça recuou um pouco, prendeu minhas pernas entre as dela, como num golpe de luta livre, e apertou minha panturrilha com os calcanhares. Em seguida, segurou meu pé e massageou as articulações, os músculos, os dedos — quem tem os pés venerados, cuidados e manipulados assim, mesmo pela amada? Tive uma visão de todas as pessoas, na Índia, no Sri Lanka e em Mianmar, a quem eu vira caminhar — pés rachados e oprimidos em sapatos gastos e sandálias precárias.

— Vire, por favor.

Fiquei de costas, com um pano tapando os olhos, e Sky usou os nós dos dedos para pressionar e socar as minhas pernas, fazendo movimentos circulares com a mão aberta na altura das coxas para depois tocar um número de percussão. Tudo isso durou quase duas horas, uma espécie de êxtase entremeado com dores intensas, e quando ela parou, eu queria mais. Que amante gastaria tanto tempo para eliminar a tensão do corpo do outro?

Perto do final, ela pegou minha mão direita. Uso esta mão para escrever. Permanece meio fechada a maior parte do tempo, como uma garra, de tanto segurar a caneta. Com seus dedos, ela forçou os ossos da mão até que se abrisse, flexionou os dedos um por um, estalou as juntas, puxando cada dedo até a mão deixar de ser um instrumento engripado para adquirir elasticidade, abrindo-se como um botão de flor.

— As mãos das crianças sangram — disse um vendedor de tapetes em Jaipur, estendendo uma peça. — Veja como os nós são miúdos!

E depois suco de fruta sob a luz das estrelas, enquanto eu pensava em ficar um pouco mais.

Na última vez em que fiquei no hotel Erawan — famoso, venerável, excitante — estava cheio de oficiais norte-americanos e outros envolvidos na Guerra do Vietnã. Havia apenas dois grandes hotéis em Bancoc na época, o outro era o Oriental, também venerável e luxuoso. Agora não faltavam hotéis requintados. Bancoc era um destino spa, como se diz, e o Grant Hyatt Erawan, no lugar do antigo, tinha uma área inteiramente ocupada por bangalôs para spa, como um vilarejo de sibaritas e comedores de lótus na cobertura. Meu bangalô tinha quarto para massagens, sauna, varanda e jardim com bambu. A piscina ficava quase na porta. Eu queria outra massagem? Sentia fome? Que tal uma xícara de chá? Ou uma banana?

Naquela cidade grande e úmida demais, ainda às voltas com problemas de trânsito, apesar de terem canalizado e usado a maioria dos *klongs* (canais) para abrir avenidas, dos cenários duvidosos como os templos recém-pintados e o barrento rio Chao Phraya, o hotel se tornara um destino badalado. As pessoas chegavam e passavam uma semana, sendo atendidas e paparicadas, nem precisavam sair do ambiente. O Oriental tendia mais ao palácio, com spa, escola de gastronomia numa mansão do outro lado do rio e cinco restaurantes gourmet. O gerente-geral continuava sendo o mesmo, Kurt Wachtveitl, que conheci lá muitos anos antes.

— Dez milhões de turistas vêm para cá — Kurt explicou. — Não demora e serão 20 milhões, pois os chineses já começaram a chegar. Para fazer compras, procurando pedras preciosas.

A cidade continuava agitada e resplandecente, as ruas transversais ainda duvidosas, com bares devassos e bordéis nos mesmos bairros de antes. Turistas chegavam atraídos pela seda e por ótimas refeições. Alguns também compravam livros — o shopping center Paragon, de cinco andares, possuía a melhor livraria que eu via desde a partida de Londres. Bancoc era um destino para os turistas sexuais e soldados de folga. Embora a cidade hoje seja próspera graças à manufatura — terceirização e fábricas precárias —, essa dimensão atrevida permanece. Pat Pong Road, que tinha um charme malconceituado, com cafetões bonachões, agora era apenas vulgar e estridente, onde as prostitutas disputavam clientes aos berros.

Eu ia para o alfaiate. O motorista do táxi perguntou:

— Gosta de sanduíche?

— Não estou com fome.

— Não. Sexo. Duas mulheres.

— Sanduíche?

— Uma atrás, uma na frente, muito bom. — Ele buscou meu rosto no retrovisor. — Ou quer um menino?

Eu só queria comprar a passagem de trem, mandar fazer duas camisas, revelar alguns filmes, comprar um presente para minha mulher que fazia aniversário e mandar lavar a roupa. Quando relatei deslumbrado a um professor norte-americano morador de Bancoc que conseguira fazer tudo isso em menos de uma hora, ele disse:

— Provavelmente conseguiu tudo no mesmo lugar, não foi?

Ele tinha mais ou menos a minha idade e naquele dia estava com pressa, ia à festa de aniversário de sua namorada tailandesa.

— Ela vai fazer 20 anos — ele disse, deduzindo que eu ia perguntar.

— Então está no paraíso.

— Vou contar uma história — ele disse, em tom de alerta. — Um *farang* conheceu uma tailandesa e se apaixonou por ela. Os dois se casaram. Quando a mulher conseguiu visto para os Estados Unidos, eles se mudaram para lá, foram para a cidade natal do sujeito. Viviam muito felizes. A tailandesa aprendeu inglês, conseguiu emprego e era uma esposa dedicada; a mulher ideal, o sonho do sujeito. Como disse, um paraíso. Durou cinco anos.

"Um dia, a mulher disse: 'Preciso voltar para a Tailândia. Meu marido está muito doente. Preciso cuidar dele.' Marido? Isso mesmo, ela explicou.

Era casada e não havia pedido divórcio. Mas isso não passava de um detalhe. 'Quando voltará?' O marido americano perguntou. 'Não poderei voltar nunca mais. Não sei quanto tempo ele ficará doente. Melhor nos despedirmos agora. Se ele morrer, terei de cuidar da família.'"

— Qual é a moral da história? — perguntei.

— Ela era jovem, mas havia muita coisa que o *farang* não sabia.

A juventude de Bancoc surpreende: rostos iluminados, sílfides trabalhando nas lojas como vendedoras, atendendo em hotéis e restaurantes, lotando o novo metrô e o trem aéreo. Era uma cidade de colégios e faculdades, uma cidade de lindas estudantes. Eu não tirava os olhos. Na portinha mais humilde poderia haver uma linda mulher mexendo a *wok*, mais formosa ainda na dura labuta de mexer o macarrão, com a pele reluzente de suor, úmida, iluminada pela chama do fogão.

As garçonetes dos bares exibiam rostos juvenis de universitárias, embora em sua maioria fossem mais novas; pareciam colegiais vivazes vestidas informalmente, os seios pequenos apontando na camiseta justa. As massagistas no bairro da luz vermelha eram eficientes e charmosas, quase não era possível distingui-las das que faziam massagem terapêutica nos spas. As prostitutas não tinham cara de puta, as garotas de programa não pareciam meretrizes. Qualquer uma delas poderia passar por vendedora na Pragon ou caixa na loja de departamentos Robinsons, e falavam bem o inglês. As recepcionistas nos bares mais suspeitos exibiam o recato das equivalentes nos cafés dos melhores hotéis. A polidez e a mesura eram comuns a todas aquelas mulheres, não eram símbolos de submissão, mas sim uma demonstração ritual de respeito e amor-próprio. Qualquer que fosse seu trabalho, as mulheres andavam de cabeça erguida, com uma graça imponente derivada da crença budista de que a cabeça é sagrada e deve ser mantida ereta.

"Massagem?" Era a primeira pergunta que os motoristas de táxi faziam. Eu ouviria a questão centenas de vezes no mês seguinte no Sudeste da Ásia, de choferes, condutores de riquixá, atendentes, motoboys, rapazes na rua, vizinhos de mesa em bares e desocupados em saguões de hotel. Mas eles não se referiam ao tipo de massagem que fiz no Erawan ou no Oriental. Massagem no caso era eufemismo para sexo de qualquer tipo, combinado no térreo, pago na cobertura.

Nokh — significa pássaro em tailandês — havia trabalhado na Robinsons. Ela dizia para a família que continuava empregada lá. O pai era agricultor. Ela ia para casa uma vez por mês para a refeição familiar ritual, cumprimentava os parentes e frequentava o templo. Morava em Bancoc havia dois anos. Era a mais velha de quatro filhos, recentemente completara 25 anos, e tinha muitas responsabilidades.

Uma delas era bancar os estudos de Boonmah, uma das irmãs mais novas que (ao contrário de Nokh) terminara o colegial e entrara na faculdade. Nokh e Boonmah moravam juntas num quartinho no norte de Bancoc, e Nokh pagava todas as contas.

O emprego de vendedora no departamento de moda feminina pagava tão mal que Nokh não conseguia se sustentar. "Pouco dinheiro", disse. "Muitas moças trabalham na Robinsons para conhecer *farangs* interessados em casar", um *farang* norte-americano me contou. Uma das colegas revelou que poderia ganhar muito mais numa casa de massagens, e ela resolveu tentar.

— Deveria falar com ela — meu amigo disse.

— Ela é incomum?

— Não. Por isso deveria conversar com ela. É típica. Existem dezenas de milhares como ela.

Era pequena, magra, uma bonequinha de aspecto frágil. O que me interessou imediatamente, quando nos encontramos na hora marcada, foi ela estar lendo uma revista com a concentração que eu havia visto na moça do bar de Istambul. Não levantou os olhos. A trabalhadora sexual é acima de tudo atenta, inquieta, com a atitude alerta de um pássaro, em parte para localizar a presa, em parte para se proteger. Ler não somente era improdutivo, como também era perigoso, pois provocava a desatenção. Ela se assustou e riu nervosa quando a interrompi. Falei que queria conversar um pouco e que pagaria o mesmo que um cliente.

Ela riu e disse:

— Os clientes dão 6 mil baht ao homem. Ele me dá mil baht.

Isso queria dizer 25 dólares. Paguei o dobro, e ela ficou feliz e afável.

— Sua irmã sabe onde você trabalha?

— Eu disse a ela que trabalhava num karaokê.

— E quanto a seus pais?

— Eles pensam que sou vendedora na Robinsons. Sofreriam se soubessem onde trabalho.

— E por que sua irmã não trabalha?

— Ela faz uns bicos. Mas precisa estudar.

— Ela é bonita como você?

— Ela é muito gorda!

— E quando ela se formar, o que você vai fazer?

— Guardar dinheiro. Quero abrir um café em Chon Buri.

Nokh olhou para o relógio, mas ficou envergonhada quando perguntei se ela precisava ir embora. Quase cinco horas da tarde. Precisava entrar no serviço às seis, o que significava prender um crachá na blusa, com seu número. Depois ela sentaria atrás de uma parede de vidro, num dos aquários típicos dos bordéis de Bancoc, esperando sorridente até que um homem a escolhesse. Ficaria assim até as duas da manhã. E o homem que a escolhesse poderia ir mais tarde jantar num restaurante, onde escolheria um peixe no aquário para comer exatamente da mesma maneira.

— Leio revista! — ela disse, como se quisesse dizer que não estava matando o tempo.

Para mim, sua situação era deprimente. Nokh desperdiçava a juventude num prostíbulo, sem ser para sua vantagem pessoal, pois era a mais velha dos filhos e precisava sustentar a irmã. Era pequena, gentil e agradável, além de inteligente. Fiz mais algumas perguntas inconsequentes e deixei que fosse embora, que mergulhasse no mundo cruel.

■ ■ ■

Para resolver o problema de como deixar a imensa cidade, peguei um táxi até a estação ferroviária no centro de Bancoc. Eu tinha passagem para o 2045, trem noturno para a fronteira com o Laos, em Nong Khai. Na estação não houve formalidades, nem segurança ou conferência de bilhete, avisos ou revista. Comprei uma garrafa grande de água, cerveja e vi no painel de informações que meu trem sairia da plataforma 3. Achei meu vagão e subi a bordo, uns trinta minutos antes da partida. Sentei e bebi uma cerveja, o condutor entrou, disse olá e perfurou minha passagem, antes de arrumar a cama. Logo o trem se afastava da estação, seguindo no rumo norte.

Encontrei um livro de bolso de Simenon numa livraria de Bancoc, *O Homem que Via o Trem Passar*. Deitei na cama e desfrutei uma das experiências mais prazerosas que conheço numa viagem: estar confortável numa cama larga de um trem asiático, numa cabine particular, lendo enquanto o vagão balança suavemente, sabendo que não precisaria me mexer por 12 horas, quando estaria na divisa com outro país, atravessando uma nova fronteira.

Ao amanhecer, abri a persiana e vi arrozais inundados na imensa planície do norte da Tailândia. Abri a janela, e o trem parou numa pequena estação onde vi famílias bonitas, um monge sorridente envolto em seu manto ocre, moças formosas de camiseta e shorts brancos — durante esta viagem inteira, a Tailândia me ofereceu a primeira oportunidade de ver pernas femininas. As estações eram asseadas, bem varridas, todos usavam roupa limpa, as crianças brincavam e, para desfrutar a calma e a serenidade, havia muitos bancos e cadeiras em que as pessoas esperavam pelo próximo trem. A limpeza de certo modo representava o otimismo e a autoestima, e a organização exemplar era rodeada por campos verdejantes e pela polifonia sonora dos passarinhos.

Inclino-me a avaliar lugares conforme a habitabilidade — se eu conseguiria morar lá. Ao passar por uma clareira idílica, vi uma rede armada entre duas palmeiras, e eu balançando. Atribuo este impulso autocentrado às minhas fantasias escapistas inspiradas por lugares distantes, mas é bastante humano procurar um local ideal para viver, o magnífico refúgio que todos buscamos. Uma paisagem adorável, penso, mas se eu conseguir me ver nela, certamente será ainda mais adorável.

A caminho de Nong Khai, no trem, vi um bangalô banhado de sol em cima de um pilotis, com uma rede embaixo da casa, bananeiras e galinhas ao lado, uma horta nos fundos, arrozais depois, um boi no pasto e mato baixo ao redor, e pensei: sim, seria maravilhoso morar ali. Exceto por uma leve tentação ao Sri Lanka, nunca tinha pensado nisso seriamente, até ali. Mas no norte da Tailândia ponderei a possibilidade de simplesmente abandonar o mundo e de me acomodar naquela versão do éden, andando para lá e para cá só de calça de pijama.

Quando cheguei a Nong Khai, no rio Mekong, como se fosse para provar a validade de minhas impressões, desceram do trem dois *farangs* ofegantes que fumavam sem parar, de rosto avermelhado, acompanhados pelas esposas tailandesas e uma cunhada. Eles haviam subido no trem em algum ponto do percurso, talvez no próprio local onde alimentei minhas fantasias escapistas.

Miles era inglês. Usava terno pesado e gravata, apesar do calor. Rudi — tatuado, bem obeso, de camiseta preta e bota — era de Roterdã.

— Pegamos o trem em Khon Kaen.

— Estão de passagem?

— Moramos aqui — Rudi disse.

— No paraíso — Miles acrescentou. — Apenas uma centena de estrangeiros, todos boa gente. Cuidamos uns dos outros. Somos todos irmãos, em Khon Kaen.

— Mas vou voltar para a Holanda — Rudi disse.

Miles não estava prestando atenção. Falava com as três tailandesas, dando a impressão de que as repreendia:

— Bumpity-bump, bop-bop.

— O que disse? — perguntei.

— Você devia aprender a língua deles, meu caro. Torna a vida bem mais fácil. Kon-kap. Bop-bop. Bumpity-bip.

Miles parecia falar marciano, pressionando os lábios, balançando a cabeça, arregalando os olhos. Seu rosto brilhava de suor.

As mulheres sorriam pacientes e murmuravam entre elas.

Encontrei os *farangs* novamente de manhã, perto do rio, num galpão aberto chamado Alex's Travel Service, onde vistos para o Laos eram emitidos e vendidos. Isso era feito de modo eficiente — era possível tirar foto, enviar um fax ou fazer uma refeição, pois havia uma barraquinha de macarrão oriental. Pedi uma porção para o desjejum enquanto meu pedido de visto era carimbado e aprovado. Depois saí.

— Aquela é a sua mulher? — perguntei a Rudi.

— Sim — disse. — Bem, não é minha esposa, e sim a mulher com quem vivo.

As três mulheres de meia-idade começavam a engordar, mas exibiam o caloroso sorriso tailandês e a serenidade típica, plácida e reservada. Conversavam entre elas, sem se queixar, e de vez em quando estimulavam as tentativas que Miles fazia para falar tailandês.

— Temos tudo em Khon Kaen — Miles contou. — Até hospital.

— Preciso voltar para a Holanda todo mês para receber minha aposentadoria — Rudi disse. — Eles não a enviam para cá. E ver meus netos. Mas sempre volto.

— Bumpity-bump — Miles disse, corando.

— A cerveja é mais barata no Laos — Rudi disse. — Por isso vamos para lá. Descemos o rio. Bebemos cerveja. Comemos alguma coisa. Muito legal.

— Pip-pip — Miles disse. Ele se vestia como quem vai fazer piquenique em Brighton com a turma do boliche, suava profusamente, saía vapor de seu nariz e da orelha. Era o tipo animador de festas, que contava piadas com sotaque estrangeiro cômico. — Sap-songg!

Ele fechava os olhos ao pronunciar as palavras, contraindo e apertando os lábios. O que era aquilo, tailandês? Se fosse, a esposa ou companheira não entendia nada. Ela sorriu e virou o rosto, encabulada.

— Sip-bip-bip!

Agora a mulher escondeu o rosto com as mãos.

Mas Miles fungou, tragou o cigarro e disse:

— Não tem melhor. Torna tudo mais fácil. Kap-ko!

Ele riu, secando a testa molhada com um lenço cinza, por causa do calor. O colarinho apertado ensopou. O holandês também suava, mesmo de camiseta e calça jeans preta de motoqueiro. Quando Miles recomeçou a falar, estalando e chilreando sílabas explosivas, as três mulheres fugiram para a sombra de uma mangueira.

— Siga meu conselho. Como é seu nome mesmo?
— Paul.
— Paul. Você não chegará a lugar nenhum se não bip-kai-bip, kap-ko.

Eu havia terminado de comer o macarrão e esperava por meu passaporte, que Alex, do barracão, logo me entregou.

— O *farang* estava falando tailandês? — perguntei.
— Um pouco. Mas é rude dizer *kap-ko*.

Na minha visita anterior eu havia descido por um caminho até o Mekong e o atravessara numa pequena sampana movida a motor de popa barulhento, e meu passaporte fora carimbado debaixo de uma árvore, na outra margem. Agora a van de Alex nos levou pela Ponte da Amizade, entre a Tailândia e o Laos, cruzando o rio largo até o posto de fronteira. Não havia praticamente nenhum movimento.

A decadente Vientiane do tempo da Guerra do Vietnã, que atendia soldados de licença, tornara-se um lugar adormecido, uma capital que mal chegava a ser cidade, mais atrasada do que cem anos antes. Eu me recordava de uma cidade aberta: prostitutas circulando pelos saguões dos hotéis, acenando e sorrindo para os homens que chegavam. Em Vientiane a palavra "hotel" era um eufemismo para bordel, e a devassidão dos bares era comentada por toda a Ásia — shows de sexo explícito, dançarinas nuas, garçonetes nuas que faziam coisas incríveis com um cigarro. No White Rose, o bar mais notório, vi um bêbado sacar seu Zippo e incendiar os pelos pubianos da garçonete. Ela apagou o fogo com uma das mãos, afastou o sujeito com a outra, exigiu uma gorjeta e seguiu para a mesa seguinte.

Vientiane não havia crescido; entretanto, o contraste não poderia ter sido maior. A mudança mostrava bem o que a Guerra do Vietnã causara ao Laos. Na época vi e descrevi Vientiane como o lugar mais corrupto e dissoluto que já conhecera. Meretrizes baixinhas do Laos e soldados americanos enormes dominavam o cenário. Drogas e pornografia podiam ser facilmente adquiridas. "O que quiser", diziam os condutores de triciclos. "O que você quer, Joe?"

Mas os norte-americanos desordeiros sexualizaram o lugar, transformando Vientiane num mercado de carne. Partiram, deixando uma cidade hoje sonolenta nas margens de um rio barrento, famosa pela cerveja barata, atraente para mochileiros. Um das características dos mochileiros — em geral cautelosos com o dinheiro, socialmente conscientes — é que eles fazem sexo entre si, evitando a população local. As ruas de Vientiane viviam praticamente desertas, assim como as lojas, e os bares não podiam ser mais sossegados. Restavam as cervejas por 25 centavos, os hotéis de três dólares a diária, boa vontade com os pedestres, povo hospitaleiro, mas estranhamente sem graça.

— Senhor?

Duas moças laosianas se aproximaram de mim quando eu dava um passeio pela beira do rio. Eram tão magras e desprovidas de traseiro que poderiam ser meninos. Não falavam inglês, exceto por um verbo nada ambíguo.

— Onde moram?

Elas riram nervosas, puxaram meu braço e quiseram me tentar, apontando para um pequeno bosque na margem do rio, um esconderijo óbvio para cobras e ratos.

Percebendo a futilidade da tentativa de me excitar, desistiram. Segui adiante. Vientiane ainda se considerava uma capital, embora não passasse de uma cidadezinha poeirenta na margem do rio, com tempo quente e povo amigável, além de um governo com intenções obscuras. Sua glória estava nos templos, datados do início do século XIX; não eram antigos, mas foram construídos no estilo antigo, com telhados em forma de gorro, com três camadas, às vezes cinco ou seis sobrepostas, murais amadorísticos na parte interna, onde havia pátios com azulejos vitrificados. As crianças brincavam do lado de fora enquanto os pais entravam e rezavam prostrados aos Budas dourados, ofertando incenso e pétalas de flores.

Em dois dias atualizei meu diário e terminei de ler o Simenon. Pensava em ir ao museu de Vientiane quando conheci Fiona, uma mochileira. Trinta anos, viajava sozinha, como um grande número de viajantes solitários, ardilosos, dissimulados, diretos, cheios de opiniões e informações deturpadas. Ela não lia muito, explicou; obtinha informações de viajantes como ela, nos ônibus, albergues, debaixo das árvores quando chovia. Tinha acabado de chegar ao Laos.

— Sou viajante. Só faço isso. Mas o dinheiro acabou — disse. — Preciso voltar para a Inglaterra, mas só farei isso para ganhar dinheiro. Quero voltar para cá, ou ir para algum lugar. Só quero viajar. Não quero saber de mais nada.

Estávamos num restaurante de massas orientais. Ofereci-lhe uma cerveja, mas ela preferiu chá.

— A questão é que, quando a gente quer guardar dinheiro, precisa dividir o apartamento. Meu último colega foi Roger, um gay. E não se contentava em ser gay, apenas. Sabe algo a respeito de sadomasoquismo?

— Um pouco — respondi. — Era o lance de Roger?

— O lance de Roger eram as festas. Acontecem festas sadomasoquistas em Londres inteira. Fui a algumas. As pessoas são legais! Advogados. Executivos de grandes companhias. Trabalhos no centro da cidade, corretores da bolsa. Roger trabalhava no fórum. E todos têm aquilo em comum.

— A dor — falei.

— Não só a dor. Espancamento. Chicote.

— Não me atrai — falei.

Ela não estava escutando.

— Roger tinha dois amigos. Um deles, muito alto, usava um prego de metal no nariz, tinha tatuagens e piercings. Um cara legal. O outro era uma moça muito miúda, de cabelo encaracolado, que usava óculos como os da Deirdre Barlow. Ela era a mais maluca da turma.

— Em que aspecto?

— Todos iam para a cama juntos. Eu os chamava de Trupe de Circo. "A Trupe de Circo vem hoje, Roger?" Quando eles estavam lá, o apartamento fedia. Eles não tomavam banho.

— Mas maluca em que sentido?

— Eles submetiam Roger a cortes e a escarificação. Usaram facas afiadas para fazer cortes em volta de uma perna inteira. Roger disse: "Quando puseram a salmoura, foi o paraíso."

— Estou perdendo o apetite — falei.

Fiona disse:

— E isso me fez pensar. Como ficam as pessoas que realmente sofrem? Os pobres. As pessoas na prisão. Aquilo é um tipo de insulto a seu sofrimento.

— Bom argumento. — Eu não tinha pensado nisso. Falei, mudando de assunto: — E você quer continuar viajando?

Ela disse:

— Sim. Meu herói é Michael Palin. Sabe, o cara da BBC? Ele percorre o mundo inteiro.

— Com uma equipe de filmagem e alguém para maquiá-lo e comprar as passagens. As pessoas indicam até onde ele deve se posicionar!

— Ele é um verdadeiro viajante. E divertido, também.

— Nisso você tem razão. Ele faz brincadeiras.

— Ele é inteligente! — Ela se debruçou. — Nunca tinha ouvido falar em Lhasa até ele ir para lá.

— Fiona, é a capital do Tibete. Já estive lá uma vez.

Ela não deu importância.

— Aposto que Michael Palin já esteve aqui no Laos.
— Talvez não.
— Era isso o que eu queria ser.
— Como Michael Palin? Você ambiciona isso?
— Você não gostaria de ser Michael Palin? — ela perguntou.

No dia seguinte, quando eu almoçava num café ao ar livre em Vientiane, uma senhora norte-americana idosa entrou, acompanhada de dois rapazes. Sentaram perto de mim, e pela conversa deduzi que um era filho dela, e o indiano, o namorado dele. A mulher permaneceu calada, altiva, enquanto os dois rapazes conversavam discretamente. O garçom a abordou.

— Pergunte a eles. Tomam todas as decisões — ela disse. — Eu só os acompanho.

Pequenas e estranhas peças teatrais acontecem, fragmentos que capturo como viajante. Não são um conto, mas uma impressão fugaz de outro tipo. Eu sempre soube que havia muito mais, e portanto aquelas pessoas se tornavam personagens a minha espera, como ocorria com alguns norte-americanos na Índia, para que eu lhes destinasse papéis num roteiro maior.

Fiquei satisfeito ao ver que a Vientiane das prostitutas e dos drogados que eu havia conhecido acabara, sendo substituída pela dos viajantes econômicos e mochileiros. De todo modo, os laosianos faziam o possível para cruzar o rio e viver na Tailândia, onde eram muitas as oportunidades de trabalhar e ganhar um bom dinheiro.

Um triciclo de passageiros, conhecido localmente como *tuk-tuk*, passou por mim quando eu estava caminhando pela rua. O sujeito disse:

— Para onde?

Pensei em ir ao museu, ou visitar mais templos. Mas acabei dizendo:

— Quanto é até a ponte?

Ele deu o preço e não tardou para que eu chegasse à estação de Nong Khai, onde esperei o trem para Bancoc, pensando nas pequenas peças teatrais. Uma mulher sorriu para mim.

— Tem alguém sentado aqui?
— Não. Por favor, fique à vontade.

Ela era norte-americana, gorducha, baixa, bunduda, cinquentona, de calça capri preta e cabelo parcialmente preso para trás; boa parte se soltara e caía sobre o rosto suado. Era demasiadamente clara naquele sol forte. Carregava uma sacola de lona disforme, que abriu para apanhar um sanduíche de baguete com 20 centímetros, embrulhado em papel. Ela removeu o papel e segurou o sanduíche com as duas mãos, como se fosse uma ferramenta, ergueu a cabeça e começou a comer, atacando o pão pela extremidade mais estreita.

— Muito bom — ela disse enquanto mastigava.
— É de quê?
— O de sempre. Carne misteriosa e salada. — Ela riu. Parecia segura de si, sozinha naquela estação ferroviária vazia, na fronteira entre o Laos e a Tailândia, numa tarde quente.
— Você é americana?
— Do Missouri. Mas moro em Khon Kaen.

Mais uma. Não falei nada por um bom tempo. Estava contente. Tinha acabado de comer macarrão na frente da estação, e o vendedor tailandês disse que eu devia ficar por ali, morar ali, muitos *farangs* tinham feito isso e eram felizes. Comer macarrão oriental num restaurante simples, esperando o trem para Bancoc, era a glória. Muitas mulheres aceitariam morar comigo, ele disse, acenando também com envolvimento amoroso. Agora eu estava na plataforma com a mulher do Missouri, que devorava um sanduíche.

Nong Khai provavelmente era a estação de trem mais limpa que eu via desde a saída de Londres. Nem um pedacinho de papel na plataforma ou nos trilhos, ninguém cuspia, nada de grafite, nenhum maltrapilho ou mendigo, o local era todo bem varrido, reluzia ao sol da tarde.

A ordem, a polidez e a eficiência do bilheteiro me deixaram com o espírito otimista. Sério, ali parecia haver uma quase improvável sociedade de famílias felizes, boas estradas e pessoas de roupas limpas. Seu amor-próprio e recato inatos mostravam que eles não precisavam de terror e multas para serem asseados.

A mulher ainda mastigava ruidosamente, de um modo que teria escandalizado um tailandês. Ela suava na blusa justa, o cabelo se soltara inteiro, vi um pouco de maionese no nariz dela e outra mancha na bochecha.

— O que faz em Khon Kaen?
— Oficialmente, não faço nada.

Ela me olhou, enigmática, sem parar de mastigar.
— Não oficialmente, sou missionária.
— Levando a palavra.
— É isso aí.
— Cita as Escrituras?
— Com certeza.
— A letra mata — falei. — Quem disse isso?
— Paulo. Coríntios. "Mas o espírito vivifica."
— Não falta espírito aos locais.

— Falta espírito cristão.

— Como se precisassem de aulas de piedade na Tailândia! — Falei, a voz trêmula de impaciência. Pensei nos tailandeses que levavam flores e incenso aos templos, agachados ou prostrados, os rostos brilhando à luz das velas, e na beleza original que irradiavam durante as orações.

— Eles precisam de Jesus.

Respirei fundo e disse:

— Qual é o problema de vocês?

Ela seguiu mastigando, desafiadora.

— Precisam do Todo-poderoso.

— Se o Todo-poderoso fosse um pato imenso capaz de emitir um grasnado eterno, todos teríamos nascido com pés de pato, todos infalíveis como o papa — e nunca precisaríamos aprender a nadar. — Uma citação do pai de Henry James que eu sempre achava útil nessas ocasiões.

Seus olhos se arregalaram acima da boca grande, seu rosto inteiro se mexia quando ela mastigava. Engolindo, disse:

— Tenho uma missão — e não se tratava mais de uma missão cristã, e sim de seu apetite incontrolável, ávido, enquanto ela dava outra mordida, mexendo a mandíbula, como um vira-lata gigantesco protegendo seu osso.

Logo depois o trem para Bancoc parou na plataforma. Localizei minha cabine. Sentei para descansar um pouco. Um senhor idoso entrou e, como se fosse uma contestação viva à missionária, meditou por muito tempo, com ar beatífico. Seu nome era Vajara. A noite caiu. Ele ficou no leito de cima. Quando acordei em Bancoc, ele já tinha ido embora.

20 Trem noturno para o entroncamento de Hat Yai: *Expresso especial*

Um retrato colorido imenso de Rama V, o grande rei inovador Chulalongkorn, enfeitava a sala de espera da estação central de Hua Lamphong, em Bancoc, construída em 1910, ano da morte do idolatrado soberano. Ele foi a locomotiva da modernização da Tailândia, introduzindo reformas políticas, melhorando a educação e as estradas, bem como as ferrovias, em 1891. Também foi o rei retratado no livro que inspirou o duvidoso musical *O Rei e Eu*. Todos os tailandeses odiaram o livro e o filme, que consideram cheios de mentiras ofensivas destinadas a zombar do rei tão reverenciado. Os tailandeses veem seu rei como semidivino, e Rama V (corretamente) como um visionário benevolente, sobre quem não se deve falar de forma casual, e muito menos criticar ou escarnecer, fazendo dele um rei siamês cômico, valsando e perdendo tempo com uma *farang* intrometida.

Na viagem anterior eu havia feito uma pergunta qualquer sobre o rei atual. Estava numa sampana com dois tailandeses, um rapaz e uma moça; ele era fotógrafo, e ela, jornalista. O rapaz me ensinava a remar com um remo só, como os gondoleiros. Estávamos num *klong*, canal de 2 metros de largura, longe de outros barcos e pessoas. Minha pergunta inofensiva provocou um silêncio tão profundo que era como se eu não tivesse falado nada.

A moça olhou para o fundo do barco comprido e emitiu um som parecido com um pio de pássaro, com o nariz. Queria dizer "ai, ai".

— Se a gente disser uma palavra sobre o rei — o rapaz falou, num tom mais temeroso do que crítico —, perde a cabeça.

Eu havia feito uma pergunta sobre o rei Bhumibol Adulyadej, Rama IX, o bilionário sisudo e caolho, meio homem, meio deus, o monarca que reinou por mais tempo na história da Tailândia. Reinava desde 1950, e agora, em minha segunda visita, estava para completar 80 anos. Havia retratos dele por toda a parte, e muitos tailandeses usavam braceletes e camisetas amarelas, pois esta era a cor real.

Era domingo, e um torpor luminoso, com uma pontinha de tristeza, caía sobre Bancoc, fazendo-me lembrar da opressão dos domingos vazios, quando eu era pequeno. Se ficasse na cidade grande (raciocinei), seria envolvido e adiaria tudo com o maior prazer, desfrutando os golpes das princesinhas delicadas nas casas de massagem e ouvindo a música suave dos gongos à luz de velas. Era bem capaz de nunca mais ir embora.

Contente por Bancoc ter crescido sem perder a alma, embarquei no expresso que ia para o sul.

A conversa girava em torno da insurgência muçulmana no sul, com bombas dos secessionistas nos mercados, assassinatos sectários, milícias locais, *mujahideen*, menções à Al Qaeda e à Irmandade Muçulmana. Relatavam atentados recentes, com mortes e incêndios em lojas tailandesas. As províncias do sul, na fronteira com a Malásia, tinham maioria muçulmana. Falava-se em soberania e introdução da lei da *sharia*, bem como outras formas de repressão e arcaísmo. O governo tailandês não obtinha muito sucesso na pacificação do sul; o exército não conseguia conter os atentados a bomba, cujo número crescera nos últimos anos.

— Talvez seja melhor deixar que os muçulmanos de lá tenham sua própria província — uma tailandesa disse para mim num jantar em Bancoc, adotando um discurso fatalista. — Assim, talvez eles parem de matar pessoas.

Partindo de Bancoc para o sul, eu me sentia mais do que nunca um voyeur romântico num mundo semiadormecido. O trem fez uma curva aberta em torno de um bairro com casas de teto de zinco. "Lá estava ela, espalhada pelas duas margens, a capital do Oriente", Conrad escreveu em *A Linha de Sombra*, publicado há cem anos, cujas descrições ainda soam precisas: "Um estilo de arquitetura calcado nas plantas, a brotar do solo marrom nas margens do rio barrento." E o trem balançou ao cruzar o rio pela ponte enferrujada. "Algumas das casas de galhos e canas, como ninhos de uma raça aquática, prendiam-se à beira do rio." Templos nas margens ("gloriosos e dilapidados") e embarcações: botes lentos, sampanas movidas a maré; adiante, passando o coqueiral, as bananeiras e mangueiras, com lagos sufocados de lótus. Verdes, baixos, a luz solar vertical refletia nos pântanos, a estagnação, as mulheres esguias carregando fardos pesados — tudo isso me entristecia.

Era um tédio de voyeur, a sensação de ser supérfluo do viajante, que vê e segue adiante de queixo caído; a tristeza de ver aquele povo gracioso numa cidade grande — mais uma cidade grande —, com suas lutas e esperanças. Passamos por uma estação suburbana, Bang Bamru, onde as mulheres lavavam roupa ao lado de uma bomba de água, enquanto as crianças chafurdavam em volta. As mulheres pareciam elegantes, mesmo na pesada labuta, e a visão de dois meninos pequenos, no máximo 7 ou 8 anos, em Nakhon Pathom, mais adiante, um com o braço no ombro do outro, encheu-me de uma inexprimível melancolia.

Usavam shorts e camisas limpas, mas estavam descalços. Por que a pobreza asseada, limpa, digna, obediente e bem-comportada parecia tão triste para mim?

Finalmente, após uma hora ou mais de paisagens silvestres — casas de fazenda, arrozais, bangalôs, uma família de quatro pessoas montadas numa moto, vacas pastando, cultivo de camarão, uma escola cristã, um templo alto dourado, um sujeito soltando fogos de artifício na frente de um grupo de pessoas —, eu não me sentia mais tão mal.

Depois vieram pássaros cantando, cachorros latindo em estradinhas de terra, árvores altas rodeadas de campos de capim-limão e pomares de manga — e eu me senti ainda melhor.

Durante o resto do dia, até o anoitecer, enquanto escrevia mais uma parte de meu novo texto, "O Portal da Índia", vi arrozais em verde-claro, quadriláteros de bordas levantadas, alguns recentes, recém-irrigados, até o horizonte.

Na cabine vizinha à minha havia duas moças no final da adolescência e uma senhora mais velha, que eu calculei ser chinesa. A mulher tinha o rosto mais largo que a maioria dos tailandeses, usava pulseiras de ouro e um colar de ouro. O curioso era elas passarem a maior parte do dia dormindo com a porta do compartimento aberta. A mulher sempre sorria quando eu passava, como fiz algumas vezes, para receber seu sorriso.

— Para onde vai?

— Penang — respondi.

— Também vamos a Penang.

Como ocorre frequentemente com trens de longa distância, eu cruzava repetidamente com elas — na janela do corredor, na passagem barulhenta entre os vagões, na fila do banheiro.

— Onde estamos? — perguntou a mulher, vendo um templo no final da estrada.

— Não sei. — Mas havíamos quebrado o gelo. No encontro seguinte ela disse: — Veio a trabalho?

— Sim.

— Como se chama?

— Paul.

— Baw — ela disse. Sorriu e virou a cabeça na direção da cabine. — Meu nome Lily. Elas, minhas meninas.

Deduzi que era uma cafetina e quis conversar melhor com ela, mas, quando passei novamente pela cabine delas, a porta estava fechada.

Escureceu rapidamente, como de costume no equador, e acordei de manhã sob nuvens douradas e um céu azul rosado, entre arrozais no meio da selva como se fossem prados de água — extremidade sul da Tailândia, perto da fronteira com a Malásia, exuberante, intensamente verde, pouco habitada e parcialmente sitiada.

No entroncamento de Hat Yai desci e fui orientado a ir até o guichê adquirir a passagem para seguir adiante, depois voltei ao trem; somente a metade da frente do trem iria até Butterworth e chegaria à fronteira. Procurei a cafetina e suas duas moças, mas não as vi em nenhum lugar. Os assentos estavam vazios, em sua maioria. Escolhi um no vagão de passageiros e cochilei. Acordei vinte minutos mais tarde, quando o trem partiu, passando por repentinos morros arredondados.

Duas jovens — inglesas, a julgar pelo sotaque — com mochilas enormes sentaram nos lugares do outro lado do corredor. As duas estavam concentradas em livros, a morena lia John Irving, e a magrinha que coçava a cabeça, *A Costa do Mosquito*. Por uma hora eu observei maravilhado a segunda moça, extasiada — ou quase — com a leitura, mordiscando os lábios.

De quando em quando elas erguiam os olhos e falavam.

— Viu o banheiro? — A primeira disse.

— A privada fede!

— Vamos deixar para mais tarde?

— Adianta alguma coisa?

— Deve ter um banheiro decente na fronteira.

— Banheiro decente aqui? Duvido!

E retornaram à leitura. Depois de um tempo uma delas bocejou, apertou o John Irving entre as mãos e disse:

— Este livro é tão denso!

Esperei uma reação, mas a segunda não comentou nada a meu respeito. Estava quase no fim. Esperei que terminasse o livro, e quando fez isso ela o pôs no colo e respirou fundo.

— O que achou? — perguntei.

— Do livro? — ela fez cara feia. — Não era o que eu esperava.

Ela olhou para o livro como se fitasse um pensamento.

— Muitos insetos. Selva. Me fez lembrar de quando fomos ao Vietnã.

— E a família do livro? — perguntei. — Os personagens a convenceram, ou foi só mais uma história?

Ela balançou a cabeça com força e disse:

— Achei convincentes. Até certo ponto, até certo ponto.

Satisfeito, revelei que eu era o autor.

— Isso resultou de alguma viagem que fez? — disse, apontando para o livro.

— Não. Trata-se de um romance. Uma narrativa. De ficção.

Ela sorria, como se tivesse descoberto meu segredo. E disse:

— Então suponho que escrever seja um hobby, certo?

Aquilo me enervou, mas também me fez sorrir.

Ela disse:

— E o que faz no resto do tempo?

— Praticamente, só isso. Escrevo, escrevo.

A outra moça disse:

— Você foi influenciado por *A Bíblia Envenenada*?

— Não. Veja bem, meu livro foi publicado em 1981.

— Eu ainda nem tinha nascido — disse a primeira moça.

— Não posso acreditar que esteja sentado aqui — a segunda disse. — Ei, Doug!

Um rapaz, alguns bancos adiante, virou-se e veio sentar do nosso lado. Era baixo, compacto, parecia portátil e meio irônico, sendo apresentado pelas belas moças ao sujeito que escreveu um livro do qual nunca tinha ouvido falar. Ela mostrou o livro de bolso maltratado, que afirmou ter furtado num albergue da juventude em Phuket. Doug carregava uma bolsa pequena, usava roupas desbotadas e sandálias. Disse que viajava havia três meses. E além disso não revelou mais nada.

— Para onde vai? — perguntei.

— Para qualquer lugar — ele disse. E me encarou. — Ou para nenhum lugar.

Gostei dele por causa da imprecisão. A caneta no bolso da camisa dava uma pista. Ele me lembrou a pessoa que eu havia sido anos antes, quando viajava naquele trem de Bancoc a Penang.

Ele não falava, e as mochileiras só faziam perguntas, portanto pedi licença e me afastei. Ao percorrer o vagão, vi Lily, a cafetina, e suas duas meninas, no último banco. As moças dormiam, à direita e à esquerda dela, que se curvara para acomodar suas cabeças como se fossem um par de gatinhas.

— Baw — Lily disse, convidando-me a sentar na sua frente com um gesto. — Sente aqui. — Depois que sentei, ela disse: — Que tipo de negócio?

— Negócio de livros.

— Muito bom! — ela sorriu. Usava dentes de ouro para combinar com as joias. — De que país, Baw?

Contei.

— Estados Unidos! Que bom! — ela abraçou as meninas. — Gosta delas?

— Sim — falei.

— Elas dormem demais!

Era verdade. Só as vira acordadas uma vez, na noite anterior, no corredor do trem.

— Lindas, né? Beleza, né?

— Muito lindas.

Uma delas se mexeu e bocejou. A mulher beliscou a bochecha da moça afetuosamente, e seus olhos se abriram por um momento.

— Ele negócios — Lily disse. A menina franziu o nariz e voltou a dormir. Lily piscou para mim. — Penang é um lugar bom. Baw, você vem me visitar?

Paramos na estação da fronteira no final da manhã. Era o posto de fronteira ideal, uma plataforma longa, a Tailândia de um lado e a Malásia do outro. Cerca de vinte passageiros atravessaram, apresentando os passaportes para que fossem carimbados nas mesas dos dois países, e passaram pela última roleta.

Na barraquinha de macarrão do lado malaio comprei uma tigela de *laksa*, uma das melhores sopas da culinária da região — leite de coco, curry apimentado, macarrão e broto de feijão. Grossa, cor de ferrugem por causa da pimenta e muitos outros ingredientes — *laksa* pode ter vindo do sânscrito *lakh*, que significa cem mil (como o sr. Kailash explicou em Jaipur); é usada localmente no sentido de "muitos".

Um senhor de passo vacilante, camisa rasgada e tênis vinha atrás de mim, arrastando os pés. Os cordões estavam desamarrados, o zíper meio aberto. Devia ter uns 80 anos. Estava sozinho, ouvia mal — o funcionário da imigração precisou gritar com ele — e usava óculos grossos, forçando a vista. O que fazia sozinho naquela fronteira em plena mata? Fiquei preocupado com ele e o observei até que arranjasse um lugar no trem, onde sentou com a mão na cabeça. Jovens viajantes circulavam por toda parte, mas era raro, quase impossível ver um homem frágil como ele viajando sozinho.

Doug me pareceu ser como a pessoa que um dia fui, por isso senti afeição por ele. Mas senti apenas tristeza ao ver aquele velho; senti vontade de protegê-lo, e medo também. Em poucos anos o senhor idoso viajante, o fantasma que ninguém notava, seria eu.

21 Trem noturno para Cingapura:
O expresso Lankawi

Quando o trem entrou na estação de Butterworth, eu estava passando mal — o *laksa*, suponho. Ávido pelo sabor, acabei comendo duas tigelas. Não tinha passado por Panang na viagem anterior. Poderia ter seguido direto também agora, mas o mal estomacal me impedia. Sentia tontura, e a ideia de pegar o trem de novo me arrepiava. Por isso subi no barco que cruzava o porto, para Georgetown, chamei um táxi e fui para o hotel Eastern and Oriental, onde deitei em posição fetal, levantando só para me reidratar com água reforçada com uma pitada de sal e uma de açúcar. Acordei tão mal no dia seguinte que tomei um remédio; como não funcionou, fui a um herborista chinês na rua transversal e pedi um extrato. Voltei para a cama. Após três meses de viagem, estava doente de verdade.

Na segunda noite ouvi música alta nas ruas próximas — bares, clubes, vielas estreitas com casas de massagem e anúncios de néon. Já havia adoecido nesta viagem algumas vezes, mas aquela fora sem dúvida a pior — cãibras e náuseas. Meu método habitual de tratar a doença era suspender todas as atividades, hospedar-me num bom hotel e dormir até passar — sem comer nada, bebendo água com uma pitada de sal. E foi o que fiz ali, no E & O.

Finalmente me senti um pouco melhor, o suficiente para andar pela cidade com a ginga dos convalescentes. Georgetown (batizada em homenagem ao rei George III), com casas coloniais, passeios cobertos, bueiros de monções e lojas chinesas estreitas com mercadorias empilhadas até o teto, era um milagre de preservação. Parecia muito com a Cingapura em que trabalhei nos anos 1960. Já havia estado em Georgetown antes, uma vez, em 1970, a caminho de uma aldeia de pescadores remota, na costa ao norte, Batu Ferringhi (Rocha dos Estrangeiros). Por curiosidade voltei lá de táxi e descobri que fora invadida por hotéis altos, condomínios fechados, mansões, resorts e conjuntos medonhos que tomavam toda a extensão da praia, um lugar de feiura sem paralelo.

Chandra, o chofer de táxi, era de origem tâmil, mas nascera em Penang. Não conhecia a Índia. Perguntei a razão. Ele disse:

— Gente demais. — Ele era casado com uma chinesa, vizinha e amiga sua de infância. Tinham dois filhos. Seu senso de hospitalidade era tão grande que ele me convidou para ir a sua casa tomar chá, e quando comentei que ele falava com a esposa em tâmil, disse:

— Sempre falamos tâmil em casa. — A esposa falava min-nan, e a língua oficial do país era o malaio. Ele também era fluente em inglês e sabia "um pouco de alemão: *Danke. Guten morgen*".

Muitos alemães montavam ali seu segundo lar, contou. Mas os árabes eram os principais frequentadores.

— Sauditas: eles têm dinheiro — disse. — Mas também chegam jordanianos e sírios. O país deles é quente demais. Precisam sair, mas não querem ir para a Europa ou os Estados Unidos. Sabem que lá são odiados. Os norte-americanos acham que são terroristas. São revistados nos aeroportos. E não gostam de ir a um país onde as mulheres precisam tirar o véu.

— Elas usam véu aqui? — Parecia estranho, num país em que as muçulmanas se vestem graciosamente, com sarongues e blusas justas.

— As mulheres comem assim — Chandra disse e gesticulou, erguendo um véu imaginário para beber de um copo imaginário. — Nenhum homem pode olhar para elas. Só o marido.

— Muitos árabes?

— Milhares. Muitos milhares. Aviões grandes, cheios de famílias: mulheres de preto, homens de terno. Crianças. Eles são muito rudes. Quebram coisas nos hotéis e brigam quando pedimos que paguem. São rudes quando falam com as pessoas. Por vezes dizem para mim: "Vamos agora" — Chandra bateu nos braços —, pois não sabem falar "aeroporto".

— E o que você acha?

— Acho que as pessoas boas não precisam de religião.

— Eles são muito religiosos.

— Rezam cinco vezes por dia, e mesmo assim continuam terríveis. Tão rudes!

Chandra me levou ao jardim botânico de Penang, para que eu conhecesse as várias espécies de bambu. Eu me perguntava se devia procurar Lily, a cafetina, pois ainda convalescia. Sentia-me frágil demais para circular de noite pelas ruas. Encontrei uma edição de bolso de *O Grande Bazar Ferroviário* numa livraria de Georgetown e li uma parte, pensando: não sou mais aquele homem, e os lugares deixaram de existir. Impaciente para ir a Cingapura, comprei a passagem para voltar a Butterworth de barco, depois peguei um trem noturno para Kuala Lumpur e fiquei numa cabine com tantas caixas de papelão que mal havia espaço para mim. Meu companheiro de viagem malaio trabalhava como vendedor para uma firma de ventiladores de mesa.

— Amostras — explicou, mas ele havia desaparecido com as caixas quando acordei.

Mesmo na luz fraca do início da manhã vi que a estação ferroviária principal de Kuala Lumpur era uma maravilha em termos de projeto, tinha piso de mármore e funcionários eficientes, além de muitas opções de escolha de trens. Qualquer cidade dos Estados Unidos sentiria orgulho de ter uma estação como aquela. Comprei passagem para Cingapura para um trem mais tarde, de forma a permitir que eu comesse meu macarrão oriental aqui.

Ao me afastar de Kuala Lumpur, pude ver a cidade como uma miragem suspensa na altura da copa das árvores, um capricho de torres pontudas — selva e palmeiras no fundo, arranha-céus espectrais apontando na névoa, prateados em meio ao verde, numa linha do horizonte de fantasia. O cenário servia para lembrar que a Malásia era um país produtor de petróleo; a magnífica estação ferroviária e o trem eram provas definitivas de sua prosperidade.

Nas sete horas através das selvas do sul da Malásia, com suas aldeias de casas graciosas e plantações de dendê, escrevi mais um pouco da minha história indiana. A zona verdejante era tranquilizadora, calmante. Quando nos aproximamos de Johore Bahru, na fronteira, vi que eu havia escrito em meu caderno apenas as palavras *selva* — *palmeiras* — *rio barrento*.

Bem-vindo a Cingapura era a saudação na estação de Woodlands, o posto de controle, e sob ela o alerta: *A pena para a posse de drogas é a morte.*

■ ■ ■

A pequena e reluzente Cingapura estava irreconhecível, era a cidade mais alterada que já vi na vida, um lugar transformado em algo inteiramente novo; as pessoas também, como flores de estufa forçadas a crescer sob luz artificial, produzindo flores estranhas e frutos ainda mais estranhos. Mas a boa aparência felina das mulheres de Cingapura me desarmara. Moças delicadas, suaves, tenras, com braços magros e ossos frágeis; mulheres vulpinas, sagazes, de olhos rápidos, tensas de tanta inteligência frustrada. Em contraste radical, os homens dentuços corriam desajeitados atrás delas pelas ruas futuristas, riam no celular, andavam feito pombos em sua pressa.

Ninguém era gordo. Ninguém era pobre. Ninguém se vestia mal. Mas muitos cingapurenses (pelo menos me pareceu) tinham o ar meio demoníaco, meio infantil, de quem foi infantilizado e mimado pelo governo descaradamente manipulador. A totalidade da liderança era personificada pelo irritável e difícil de contentar Lee Kwan Yew. O chato insistente, pelo jeito, recusava-se a partir: após 41 anos de governo, aos 83, ainda comandava o país. A cidade exibia esta aparência renovada e ajustada, assim como seus habitantes. Eu tinha morado e trabalhado ali por três anos, na universidade de Cingapura, nos anos 1960. Depois passei pela cidade durante o Bazar Ferroviário, em 1973. Estava de volta, mas nada me era familiar.

Senti-me desorientado assim que deixei o hotel, perto do centro, um lugar que um dia conheci bem, no alto da Orchard Road. Acontece que ela não parecia mais a Orchard Road. Os nomes das ruas permaneceram os mesmos, o que tornava tudo ainda mais confuso, pois as ruas sofreram mudanças de traçado. Cingapura fora uma cidade colonial minúscula numa pequena ilha, com área interior. Agora era uma única peça de geografia modernizada — ilha, cidade e área rural foram combinadas para formar uma cidade-estado de costa barrenta. Era agora uma ilha completamente urbanizada, com 700 quilômetros quadrados, mais ou menos do tamanho da ilha espanhola de Menorca, mas bem menor que a cidade de Nova York.

Era um lugar sem solidão. Câmeras por todos os lados, além dos espiões. A pessoa pode ser multada por andar nua dentro de sua própria casa, se alguém a vir de relance pela janela e a delatar. Trata-se de uma lei inconveniente, pois Cingapura, além de um lugar sem privacidade, é também um território de solidão e medo, onde o povo vive apreensivo, sabendo que está sendo permanentemente vigiado. Os cingapurenses são estimulados a espionar uns aos outros. Delatores são premiados.

Joseph Conrad teria conseguido se localizar na Cingapura dos anos 1960. Ele descreveu um passeio pela cidade em seu longo conto "O fim das forças". Mas a antiga cidade horizontal de lojas com moradia em cima e bangalôs se transformara numa metrópole vertical de edifícios altos, e por conta da intensa ocupação dos espaços, a cidade cresceu cerca de 100 quilômetros quadrados. O que antes era costeiro agora ficava longe do mar — Beach Road não era mais perto da praia. As restrições e o metrô limitavam o trânsito naquela ilha de mercadorias à venda, ruas muito bem-organizadas, conjuntos habitacionais agrupados e muitas mansões. Viadutos substituíram ruas estreitas, parques ocuparam o lugar das casas antigas e favelas. Uma cidade de restaurantes e lojas de departamentos. Uma cidade de consumidores frenéticos, jovens em sua maioria. O que me espantou foi que os cingapurenses, afetados pela vida naquele lugar, tornaram-se estranhos sem perceber isso.

— Você chegou num momento auspicioso — disse um amigo cingapurense.

— Ouço sempre isso.

— Não, é verdade. Acabaram de liberar *Uma Aventura no Oriente*.

Meu romance sobre Cingapura, publicado em 1972, estava finalmente disponível em Cingapura. E o filme feito em 1978, por Peter Bogdanovich, passava nos cinemas. Foi o único filme de Hollywood inteiramente rodado em Cingapura — e isso foi conseguido por meio de ardis, como revelou recentemente Ben Slater, escritor residente na cidade, em seu livro recente *Tempo Quente: A Filmagem de "Uma Aventura no Oriente" em Cingapura*. Bogdanovich não revelou às autoridades que o filme se baseava em meu livro proibido, e graças a esta fraude, além da presença na tela do comércio de sexo, das gangues chinesas e dos bairros mais agitados — como Bugis Street, passarela dos travestis —, o filme também fora banido. Como recuaram da proibição e eu havia acabado de chegar, meus amigos alertaram a imprensa. Fui entrevistado. Pela primeira e última vez na viagem uma foto minha saiu num jornal local.

Quatro entrevistas, e todas incluíram a pergunta (entre outras):

— O que você acha de Cingapura?

Os cingapurenses, conscientes de que vivem numa cidade-estado segura, muito limpa, altamente organizada e no geral repressora, precisam que lhes reafirmem que estão em Shangri-la. Não importava que eu estivesse em Cingapura havia dois dias apenas.

— Tudo é absolutamente maravilhoso — falei.

Os entrevistadores podem encorajar elogios inofensivos em causa própria do entrevistado, ou podem ser obstinados e distantes, ou mesmo desonestos. Mas têm sua utilidade. Uma boa maneira de localizar antigos amigos numa cidade estrangeira é ser entrevistado pelos jornais. Em Cingapura eu havia conhecido muita gente que não conseguiria encontrar de outro modo: velhos amigos que lá envelheciam, e mesmo antigos inimigos — inimigos, depois de tantos anos! Mas um governo cruel e implacável pode tornar seus cidadãos cruéis e implacáveis. Muitas pessoas que serviram de informantes para os entrevistadores disseram, sem rodeios, que eu era insuportável e que me detestavam.

— Conversei com alguns ex-alunos seus — uma entrevistadora disse, tamborilando com a caneta em cima do bloco de estenógrafa. A página aberta estava coberta por sua letra caprichada.

— Eu gostaria de dizer uma coisa — interrompi. — Os estudantes universitários que tive em Cingapura foram os mais brilhantes, os melhores, os mais dedicados de todos os meus alunos. Eles me mimaram. Não encontrei alunos assim em nenhum outro lugar, por isso desisti de lecionar.

— Este é um elogio e tanto. O que ensinava?

— Os contemporâneos de Shakespeare, como Middleton e Tourneur. Peças sobre vingança do período jacobita. O que mais? Fiz uma série de conferências sobre *O Conto de Inverno* e oficinas sobre Conrad, Henry James e D. H. Lawrence, temas que constam do currículo de Cambridge. *Grandes Esperanças*.
— Ela estava anotando tudo. — E o que eles disseram?
— Não foram muito elogiosos.
— Sério? — Surpreendi-me. O titular do departamento de literatura inglesa, D. H. Enright, um poeta e crítico literário inglês muito respeitado, adorado pelos alunos, assumia uma postura cordial em relação a eles, embora fosse rigoroso com sua equipe. Trabalhava com afinco e suspeitava que eu não passasse de um arrivista. Sua necessidade de afirmação o tornara um fofoqueiro inveterado, e o traço puritano o levava a disseminar rumores cabeludos. Confraternizávamos no Staff Club; tomávamos cerveja, reclamávamos do governo e do clima, especulávamos sobre adultérios no campus. Como primeiro norte-americano a lecionar no departamento de Enright, eu precisava provar minha condição de acadêmico. Como necessitava do emprego, tentei impressioná-lo. Ele gostava de estudantes esforçados, por isso senti que batalhava por uma boa causa.
— Um de seus alunos disse: "Se a pessoa não tem nada agradável a dizer, não deve dizer nada. Por isso, não direi nada."
Engoli em seco e disse:
— Prossiga.
— Outro estudante o chamou de arrogante. Isso o incomoda?
— Não — falei. Mas incomodava. Vi a pessoa que fui no escritório, dedicada à correção de uma pilha de ensaios sobre *A Mudança*. Eu tinha 27 anos. Recebia o menor salário entre os professores, o equivalente a cinquenta dólares por semana. Tinha mulher e dois filhos para sustentar. Tentava escrever *Uma Aventura no Oriente*. Não era arrogância, mas desespero.
Meu romance era sobre um homem de 50 anos, sem dinheiro em Cingapura, sonhando com a felicidade. Eu era duro; sentia-me como se tivesse 50 anos. E também sonhava...
— E um outro...
— Ah — falei, pois ser criticado me fez lembrar. — Eu morava numa casa pequena, sem ar-condicionado.
— Ele disse que você era inacessível.
— Eu permanecia em minha sala das nove às cinco — Enright insistia no cumprimento do horário. "Onde está Paul?", perguntava, mesmo quando eu não ia dar aula. Os estudantes me procuravam o dia inteiro. Pensei que gostassem de mim.

Ela continuou consultando o bloco de anotações.

— Um deles o descreveu como "o professor mais que imperfeito".

— Mais que imperfeito! Provavelmente era verdade.

— Lembra-se de um aluno chamado Kirpal Singh?

— Muito bem. Ótimo sujeito. Eu me lembro que era pobre e estudioso, além de diferente — um sikh entre chineses. Mas o governo cancelou sua bolsa. O argumento do governo era que estudar inglês não contribuía para o crescimento da nação. Queriam engenheiros e economistas. Ferraram Kirpal e muitos outros universitários bolsistas. Outra intromissão indevida de Lee Kwan Yew.

Ela leu:

— Singh se recorda de que Theroux chegava atrasado na aula, não corrigia os trabalhos no prazo e não dava retorno individual, o que o levava a se sentir desprezado enquanto estudante.

— Você vai publicar isso?

— Pretendo fazer uma reportagem equilibrada.

— Desprezado? — falei, levantando a voz. — Eu me expus, reclamei com o vice-reitor quando tiraram a bolsa dele!

Muitas entrevistas foram publicadas, com os insultos e as insinuações anônimos, além da crítica de Kirpal Singh. Na matéria, Kirpal, com 57 anos, foi descrito como "poeta e professor assistente de pensamento criativo na faculdade de administração de Cingapura".

Liguei para ele. Falei:

— Kirpal, aqui é Paul Theroux. Por que anda dizendo coisas terríveis a meu respeito?

— Eles deturparam minhas declarações — disse, gaguejando para defender sua inocência. — Vamos nos encontrar, tomar uma cerveja?

— Hora de uma Tigre* — falei.

Durante o peixe ao curry num restaurante ao ar livre, Kirpal se desculpou, envergonhado. Sorri quando ele explicou que dissera à repórter que eu *às vezes* atrasava, que *ocasionalmente* não devolvia os trabalhos na data e que *de vez em quando*... Barba e cabelos grisalhos, ele ainda usava turbante, era jovial e gorducho. A nova esposa era chinesa. Tinham um filho pequeno. Foi maravilhoso ouvir Kirpal falar de sua poesia, animado, tentando me convencer de que não me censurara, enquanto eu ria e bebia cerveja Tigre.

— Deveriam fazer uma retratação — disse, cofiando a barba.

---

* Marca de cerveja de Cingapura. (N. da E.)

Os outros entrevistadores me hostilizaram da mesma maneira, não fui acusado de ser mau escritor, e sim mau professor, de caráter duvidoso. Em Cingapura, lugar que exige lealdade absoluta dos cidadãos, acusar alguém de ser desleal e indigno de confiança era muito pior do que dizer que escrevia mal.

Um antigo colega com quem entrei em contato depois das entrevistas me convidou para ir ao clube que frequentava.

— Foram muito injustos. Você deve estar revoltado — disse.

— Revoltado, não. Fascinado.

Uma das características dos regimes autoritários, mesmo no caso de uma autocracia benigna e bem-intencionada como a de Lee em Cingapura, é que sussurros e traições, exigências para sobreviver, se tornam modos de ser. Cidadãos desobedientes são implacavelmente punidos: qualquer um flagrado com drogas é enforcado, e mesmo os pequenos crimes são punidos com o *rotan*, uma vara fina de ratã, levando trinta ou quarenta golpes nas costas e nas nádegas. O que escrevi até agora basta para eu levar uma surra de vara em Cingapura.

Curiosos resultados, né? Governo cruel e implacável, certo? Tire a calça e abaixe, senhor Thorax! Vai levar cinquenta cortes de *rotan*!

Um exagero? Não mesmo. Meu amigo Christopher Lingle, acadêmico e jornalista, escreveu um artigo para o *International Herald Tribune*, em 1994, no qual mencionava que "certos países do Sudeste da Ásia... arrasam a oposição com o apoio de um judiciário submisso". Ele não mencionou Cingapura pelo nome, mas para o governo de lá a carapuça serviu. Lingle perdeu o emprego na universidade nacional de Cingapura, foi acusado de ofensa ao tribunal e de violar uma lei que proibia "escandalizar o sistema judicial". Decretaram sua prisão domiciliar, da qual ele prudentemente escapou para abandonar o país no meio da noite.

Encontrei Lingle em Bancoc, a caminho de Cingapura. Trata-se de um economista político sério e professor universitário com várias obras publicadas.

— Lee leva crédito demais pelo sucesso de Cingapura — Lingle afirmou. — O que ele realmente produziu? Setenta por cento das empresas de Cingapura pertencem a estrangeiros.

— Cingapura é um sucesso, de todo modo.

— Cidades sempre são locais de alta produtividade. Ele não teria sido capaz de governar a Malásia.

— E qual seria o motivo?

— Ele é articulado, mas incoerente.

— Como o classificaria?

— Eu não o classifico. Cingapura é um exemplo banal de aplicação da teoria econômica — Lingle disse. — Um macaco poderia fazer aquilo.

A punição por não seguir a linha governamental dominou a mente dos cingapurenses. Revelava-se em sua expressão típica de ansiedade — nas mulheres, um beicinho infantilizado, nos homens, um franzir adolescente da testa. Quando eu morava em Cingapura — por conta do que escrevia e por emitir opiniões nas aulas —, eu não era popular no governo, e este não havia mudado. Depois de três anos ali, fui informado pelo novo chefe do departamento — um professor local reclamão, nervoso, politicamente comprometido — que meu contrato não seria renovado. Fui demitido por representar risco político. *Você fala demais*, alertavam meus colegas. *Conta muitas piadas*. Eu havia publicado coisas na revista *Playboy*. Parti numa atmosfera de xenofobia crescente. Depois tornei-me alguém que um cingapurense leal não podia elogiar, e por isso, décadas depois, continuava sendo enxovalhado.

— Se você se comportar, faz carreira aqui — um líder sindical indiano declarou. Eu o conheci no bairro indiano, na Serangoon Road. Ele se encarregou de me atualizar. — Se criticar, a polícia o esmagará como a uma barata.

— Não existe lugar como este no mundo — disse meu velho amigo cingapurense que gosta de clubes, a quem chamarei de Wang. O sentido era o mais abrangente possível. Era um cidadão cingapurense e falava com a costumeira ambivalência local.

Formalmente, Cingapura é uma democracia. Na prática, nem um pouco. Qualquer crítico do governo se arrisca a um processo criminal, pesadas multas, processos por calúnia, ameaças e cadeia. O líder do partido oposicionista certa vez disse eufemisticamente que o governo estava metido em negócios escusos. Foi processado. A técnica de Cingapura é diabolicamente eficaz. Críticos estrangeiros, como Chris Lingle, são deportados ou postos em prisão domiciliar. Se forem jornalistas, os jornais e as revistas são processados. Isso ocorreu inúmeras vezes com o *Far Eastern Economic Review*, o *International Herald Tribune*, Bloomberg.com e outros serviços de notícias. Críticos ou políticos iniciantes em Cingapura são perseguidos nos tribunais com zelo fanático, processados com uma severidade que os leva à falência. Os juízes são nomeados pelo governo e o obedecem cegamente. Destruídos financeiramente, os políticos de oposição não conseguem disputar eleições — mal conseguem viver.

— Mas ele não espanca as pessoas na rua — Wang disse, a respeito de Lee Kwan Yew, que agora ostenta o título de "ministro mentor", e cujo filho é o primeiro-ministro. "Ele", em Cingapura, significa sempre Lee.

Lembrei a Wang que Lee ficou famoso ao elogiar os chineses em 1989, quando estes reprimiram brutalmente, com tiros e prisões, manifestantes da praça da Paz Celestial, num gesto de apoio ao governo chinês que massacrou milhares de pessoas. O fato de Lee aprovar decididamente aquela crueldade apavorou os cingapurenses de tal maneira que manifestações similares nunca ocorriam ali, e os críticos individuais sofriam perseguições.

— Ele é muito esperto — disse Wang. Mas Wang também era esperto. Ele falou: — Pense no texto de Maquiavel sobre a "economia da violência".

— Mate a galinha para assustar os macacos, dizem os disciplinadores chineses.

Lee deu uma rara coletiva de imprensa quando eu estava em Cingapura. Vi pela televisão. Ele havia envelhecido de modo notável; além dos cabelos brancos, adquiriu feições murchas, quase simiescas — não exibia mais o olhar desafiador agressivo de chefão da Tríade, a máfia chinesa, de quando o conheci, e sim um olhar implacável e tenso que associo a cativos infelizes, como um ser a rosnar atrás das grades.

— Não posso me aposentar — Lee protestou, no início da entrevista. E durante todo o tempo manteve o tom de velho intrometido que diz: *Olhem o que vocês estão me obrigando a fazer!* Ele prosseguiu: — Há coisas em Cingapura que nenhum outro ministro pode fazer. — Mesmo aos 83 anos, ele se recusava a pedir aposentadoria e ir jogar golfe. — Ainda tenho ideias. Quero orientar um pouco mais.

— Lee usava a palavra "orientar" sempre no sentido de se intrometer e de conduzir a vida das pessoas.

— Por que não deixar isso aos jovens líderes políticos? — alguém perguntou.

— Sou o único que compreende as necessidades de Cingapura — ele rebateu. — Próxima pergunta.

Um jornalista estrangeiro sugeriu obliquamente que esta era uma forma arrogante de governar — afinal de contas, ele não detinha cargos formais no governo havia anos.

— Se eu fosse arrogante, estaria conversando com você? — Lee disse, ordenando que o repórter se sentasse, e acrescentou: — Há pouquíssimas coisas que você poderia me dizer sobre Cingapura: o que vai dar certo ou não. Este é o meu valor no governo. — Ele estava furioso por ter sido desafiado. Antes de descer do palanque, disse: — Eu sei o que dá certo porque orientei o sistema a nos trazer até aqui.

— Ele é respeitado, pode-se dizer até que é admirado, mas não é amado — disse meu amigo Wang. — Ele sabe disso. Sente muita tristeza por não ser amado.

Lee, frio e obcecado, obviamente não passa de um maníaco por controle, puritano, autoritário, dono da verdade e curiosamente ressentido nas coisas que diz; a sociedade cingapurense reflete todos os aspectos da personalidade de Lee. Não surpreende que o pai dele, dominador, fosse um disciplinador severo, que obrigava o filho a falar inglês em casa. Lee é um sujeito muito emotivo, chega a chorar em público, para sua própria vergonha e horror de seu estoico eleitorado. As pessoas dizem: *Pensei que a ideia era exatamente ele não chorar nunca*, e no entanto lá estava ele, em cadeia nacional, abrindo o coração.

Cuidado com o sentimentalismo dos autocratas, ele o fará chorar. Como líder, Lee permitiu que suas agonias pessoais se alimentassem das vidas das pessoas, tornando Cingapura um reflexo das ansiedades do homem. Ele é famoso por odiar chiclete, tabaco, lixo e nudez. Proibiu que mascassem chiclete em Cingapura, raramente alguém fuma e ninguém joga lixo na rua — as multas são altas, e a *Playboy* foi proibida durante várias décadas. Lee suspeita ser vítima de um complô, portanto criou uma sociedade sem privacidade e praticamente sem oposição. Lee é xenófobo; os cingapurenses, por sua vez, tendem a desprezar e zombar dos estrangeiros, que consideram decadentes e desordeiros. Lee é puritano. Eles também são. Os filmes são censurados rotineiramente, assim como os programas de televisão. *Os Sopranos* recebeu cortes profundos e bips. *Deadwood* tornou-se incompreensível de tantos bips, e a exibição da série foi interrompida. *A Sete Palmos* foi retalhada por causa das insinuações sexuais. Lee recusa-se a ser desafiado ou questionado, e menos ainda criticado. Além de tudo, sua arrogância e censura soam esquisitas num país com taxa elevada de instrução, com um dos índices de alfabetização mais altos do mundo.

Praticamente a única cingapurense que ousou falar abertamente do governo é uma escritora de ficção e ex-professora de linguística, Catherine Lim, uma sessentona corajosa. Ao contrário dos romances imaginativos e espirituosos, seus artigos de opinião parecem memorandos severos. Ela pede mais transparência, idealismo, coração e sentimento. Num ensaio publicado no *Straits Times* ela escreveu: "Mesmo numa sociedade quase sempre descrita como agressivamente materialista e friamente eficaz, ainda existem cingapurenses que acreditam num lugar para o idealismo, e que o fogo, a paixão e o envolvimento da Velha Guarda, que conduziu Cingapura nos difíceis anos iniciais, com pouca esperança de recompensas materiais, continuam vivo em alguns jovem cingapurenses."

Assim que um artigo de Lim sai, ele é atacado por um membro do governo, e ela, colocada em seu devido lugar. Em outro país ela seria considerada uma figura protetora, maternal. Não é exatamente uma crítica do governo, e sim uma pessoa que tenta definir o humor nacional e sugere medidas modestas. Mesmo assim, tamanha temeridade em Cingapura faz com que ela soe como Thomas Paine.

Lee despreza e subestima o eleitor e se mostra intolerante em relação à oposição política, a qual considera gentalha. Continua tão proeminente agora como há quarenta anos, quando cheguei para lecionar na universidade de Cingapura e fui aconselhado pelo vice-reitor a cortar o cabelo. Foi em 1968, um ano em que os jovens corriam das barbearias.

Na viagem de volta tentei conversar com meus entrevistadores e amigos sobre Lee, seu partido e o futuro político de Cingapura, mas ninguém queria saber de discutir política, a não ser meu amigo Wang — que fazia isso sussurrando. Por medo de ser mal-entendido ou ouvido, ninguém mencionava o nome de Lee Kwan Yew. Ele era como um chefão da máfia cujo nome não se podia pronunciar. Numa família criminosa genovesa, o soldado se referia ao chefe, Vincent ("Queixo") Gigante, tocando o queixo, sem jamais pronunciar o nome. Era raro alguém dizer "Lee". Falavam "Ele", "LKY", por vezes "o velho" ou "tio Harry", piscando um olho.

Como Lee moldou Cingapura, o lugar apresenta as características dele, ficou marcado por sua personalidade, suas manias, suas excentricidades. Ele obrigou os cingapurenses a jogar golfe. Não possui senso de humor — e o riso é raro na cidade-estado. A personalidade dos cingapurenses reflete a do líder, o único que muitos já conheceram, e como resultado eles são abrasivos, abruptos, sensíveis, sérios, rudes, puritanos, mandões, egoístas e pouco espiritualizados. Como não se pode criticar o governo, eles criticam uns aos outros, ou se voltam contra os estrangeiros. Naquela sociedade de enforcamentos e espancamentos, as pessoas batem nos filhos abertamente.

Uma senhora europeia expatriada que morou em Cingapura por muitos anos disse:

— Os cingapurenses não têm a menor graça. São o povo mais grosseiro que já conheci. Eu estava grávida de meu segundo filho. Levava uma criança pequena pela mão. No ônibus, ninguém se levantava para me ceder o lugar.

Um momento depois, ela acrescentou:

— Mas eu gosto de viver aqui. Tenho uma casa confortável. Meus filhos frequentam boas escolas. Tudo é bem organizado. Seguro.

Lee, formado em Cambridge, admira muito os ingleses. Tem um histórico de altercações com os Estados Unidos — suas fanfarronadas socialistas nos anos 1960 levaram a CIA a interferir em seu partido, com subornos e intromissões. Ele nunca perdoou os Estados Unidos.

— Ele é um grande admirador do presidente Bush — disse um de meus amigos cingapurenses. — Mas condenava a vida privada irregular de Clinton. Lembra-se de quando aquele rapaz norte-americano danificou o carro e foi açoitado?

Era Michael Fay, um rapaz de 18 anos que foi despido e obrigado a se curvar sobre um cavalete para levar seis golpes nas nádegas. Ele também pagou uma pesada multa e passou quatro meses na cadeia — por pichar com spray os carros de um estacionamento de Cingapura. Fay era um desordeiro, merecia punição. Mas merecia ser açoitado? E a punição foi branda, praticamente ridícula em comparação às torturas infligidas a muitos presos nas penitenciárias cingapurenses, cujos casos jamais chegavam aos jornais: mais golpes, sentenças condenatórias mais longas por motivos políticos ou por crimes de opinião, além da pena de morte para tráfico de drogas.

Wang disse:

— Fay não teria apanhado de vara no governo Reagan. Lee tentava ensinar uma lição a Clinton, mostrando a ele, com a surra no rapaz norte-americano, que Cingapura o desaprovava.

Alguns senadores norte-americanos ensaiaram um protesto. O presidente Clinton considerou a punição "excessiva", embora sua condenação ao castigo deva ser considerada à luz de sua precipitação incompreensível de dois anos antes, em 1992, quando interrompeu a campanha presidencial em New Hampshire para voar de volta ao Arkansas e autorizar a execução de Ricky Ray Rector, um negro retardado mental.

A reação norte-americana ao açoitamento de Fay levou Lee a revelar, numa explosão raivosa, o que realmente pensava da sociedade norte-americana e como via Cingapura: "O governo dos Estados Unidos, o senado dos Estados Unidos e a mídia dos Estados Unidos aproveitaram a oportunidade para nos ridicularizar, dizendo que a sentença foi severa demais", declarou numa entrevista à televisão. Os Estados Unidos "não reprimem nem punem os indivíduos, e os perdoam por qualquer coisa que tenham feito. Por isso o país vive mergulhado no caos: drogas, violência, desemprego e falta de moradia".

Como chefe de um culto isolado que prega ao povo serem eles os únicos puros num mundo corrompido, Lee realmente acredita que os Estados Unidos estão "mergulhados no caos" e estimula os cingapurenses a acreditarem neste absurdo e dar graças pelas bênçãos recebidas. Os norte-americanos são indisciplinados e bestiais, descontrolados e criminosos. Cingapura é o oposto, ordeira e segura, calma e trabalhadora, e continuará a ser assim sob a liderança de Lee.

Faz algum tempo, numa rara viagem a Paris, um amigo com uma boa posição no governo contou que Lee foi recebido por François Mitterrand. Lee começou a dar uma aula de como governar. Depois que Lee saiu, Mitterrand disse: "Quem ele acha que é, este sujeito ridículo que desperdiça meu tempo? Governar Cingapura é como governar Marselha. Eu governo um país inteiro!"

A anglofilia de Lee é compartilhada pelos cingapurenses, mas se baseia numa noção datada da atitude inglesa, um conjunto de atividades sociais esnobes — tomar chá, assistir a jogos de críquete, assumir um pedantismo inofensivo — e um modo de vestir excessivamente formal para o calor de Cingapura, que os obriga a ligar o ar-condicionado no máximo para usar tweed e suéteres da Burberry. Como Lee, os cingapurenses são assíduos, honestos, asseados quase obsessivos e eficientes. Também costumam ser inflexíveis e severos. São fluentes em inglês, embora tenham um vocabulário limitado, e, graças à pronúncia e a confusões idiomáticas, criaram uma língua própria. Os ganidos que entortam a boca e as pausas glóticas são tão repentinos que algumas palavras não soam como linguagem, e sim vontade de vomitar.

Lee é um patriarca fútil e dominador que com o passar dos anos se parece cada vez mais com o chefe de um culto do que com um líder político. Seu filho, Lee Hsien Loong, é o primeiro-ministro e segue os passos do pai. A esposa de Hsien Loong, Ho Ching, é a diretora executiva da Temasek Holdings, empresa ligada ao governo. A família Lee quase equivale a uma dinastia política. Mesmo assim, ele jamais sorri. Nunca está satisfeito.

— Ninguém recebe elogios aqui — disse uma senhora cingapurense. — Não há incentivo. As pessoas suspeitam de elogios ou qualquer manifestação de apreço. O estilo vigente é a aspereza. Boas maneiras são vistas com desconfiança.

Numa piada cingapurense, um homem entra numa loja de antiguidades e vê uma linda estátua, ao lado de outra, pavorosa. "Eu sei que esta é Kwan Yin, a deusa da misericórdia", o homem diz. "Mas e esta outra, tão feia, quem é?" O dono da loja responde: "É Kwan Yew, o deus da falta de misericórdia."

Os cingapurenses têm plena consciência de que vivem como ratos de laboratório numa imensa experiência social. E parece que por isso se tornaram melancólicos, constrangidos e defensivos.

Cingapura é um verdadeiro experimento de autoritarismo. Não tem nada a ver com o jogo político marcado do Turcomenistão, o salve-se quem puder da Índia, a tirania de Mianmar, a confusão e a farsa do Sri Lanka ou a negligência do Laos. A Tailândia me pareceu excepcional — um sucesso, pois o povo orgulhoso ama o rei, possui senso de unidade e nunca foi colonizado. Cingapura passou a existir quando os ingleses colonizaram a região selvagem.

Como fizeram dela uma ilha racial e socialmente estratificada com clubes e bares exclusivos, os britânicos mantiveram o lugar como entreposto colonial até a invasão japonesa durante a Segunda Guerra Mundial, quando soldados miúdos e magrelos sobre bicicletas conquistaram a ilha e humilharam os britânicos durante quatro anos com prisões diabólicas.

Os japoneses demonstraram que o governo britânico era vazio, egoísta e frágil. Depois da guerra os ingleses pareciam impotentes, sem disposição para governar. Cingapura foi dominada pela Malaia, islâmica e avessa aos chineses, e que se tornou a república da Malásia em 1963. Finalmente, em 1965, numa exibição lacrimosa, quando chorou na televisão (mas ele chora à toa), Lee declarou a independência da ilha. Bancou o humilde, pois acreditava que seu destino era ser primeiro-ministro da Malásia, e não CEO daquela ilhota, que estava mais para uma corporação ou culto do que para um país. Lembrando aos cingapurenses que eles viviam rodeados por inimigos, convidou o mundo a negociar com sua cidade-estado. Empresas estrangeiras se instalaram ali, investindo seu capital e ajudando Cingapura a se tornar um sucesso econômico. O país floresceu, pois soube se mostrar útil às grandes potências e à globalização econômica.

Como a iniciativa é algo perigoso numa autocracia, os cingapurenses são empregados, e não empreendedores. Como o espaço é insuficiente e o custo de vida alto, os cingapurenses casam tarde e, por pessimismo ou procrastinação, têm poucos filhos. A taxa de natalidade caiu tanto nos anos 1980 que o governo abriu uma agência matrimonial em 1984, para ajudar no encontro dos pretendentes, promovendo casamentos e nascimentos. A agência, chamada de Unidade de Desenvolvimento Social, SDU, na sigla em inglês (chamada pelos locais de Single, Desperate e Ugly*), fracassou. Quando eu visitava Cingapura, em 2006, foi fechada.

Durante a semana que passei lá retomei contato com meus amigos e ouvi seus relatos.

Um deles disse:

— Minha mulher foi para a Austrália estudar. Quando tirar o diploma, não voltará. Fui até lá e tentei persuadi-la. Disse que não conseguiria mais viver aqui, embora tenha nascido em Cingapura. Não foi por causa de nenhum homem. Ela não suportava mais Cingapura. Acabou em divórcio.

Outro disse:

— Seu aluno (e deu o nome) cometeu suicídio. Sua aluna (e deu o nome) também se matou. Suicídio é uma solução cingapurense.

---

* Em português, solteiro, desesperado e feio. (N. da E.)

Outro disse:

— Nunca vamos à Malásia ou à Indonésia, embora fiquem bem aqui do lado. Os muçulmanos são malucos. Querem nos dominar. Eles nos isolaram deliberadamente.

Outro disse:

— A vida aqui se resume em comprar e comer. E também em: "Que tipo de carro você tem?" e "Para onde vai nas férias?" Quando as mulheres se encontram, falam de clubes, investimentos, dinheiro, conselhos de investimento em ações e empregados.

Outro disse:

— Lembra-se de (e citou dois ex-alunos)? Eles se casaram, depois se separaram, e ela virou católica fanática. Não sai mais de casa. Passa o dia inteiro trancada, rezando.

Outro disse:

— Comprei um carro novo, faz poucos anos. Custou 45 mil dólares. Primeiro precisei pedir licença para comprar o carro. Em dez anos terei de renovar a licença, e custa caro. Tudo é regulamentado — comprar um carro, dirigir, trafegar, estacionar. Uma fortuna, por causa de um sedã Nissan pequeno. Bem, na verdade ninguém precisa de carro aqui.

Outro disse:

— Nunca falamos de política, raça ou religião. Nunca falamos do primeiro-ministro. Não contamos piadas racistas. Na verdade, evitamos contar piadas. Pode ser perigoso.

Outro disse:

— Lembra-se de (e citou o nome de um cingapurense)? Ele odeia você até hoje!

Outro disse:

— Sim, é uma vida sem qualidade.

Outro disse:

— O grande homem (Lee) apagou a antiga Cingapura. A nova começa com ele, que eliminou o passado. Embora se possa ver que a cidade teve um passado colonial, ele tentou apagá-lo. Este é seu problema aqui, Paul, você é um fantasma do passado.

■ ■ ■

E nisso reside a contradição. Todas as pessoas que encontrei em Cingapura me trataram com extrema cortesia. Serviram-me as delícias de Cingapura: caranguejo apimentado, bolinhos, peixe no vapor e tigelas de *laksa*. Fui convidado a dar uma conferência na nova biblioteca nacional, e quatrocentas pessoas compareceram. As pessoas mais atenciosas e carinhosas que conheci na viagem inteira me levavam para passear. Abriam caminho para mim. Eu precisava de alguma coisa? Como poderiam ajudar? Eu queria ler alguma coisa? Gostaria de encontrar alguém em especial? Sentia fome? Estava cansado? Estava gostando?

Eu jurei que não reclamaria. Havia adoecido durante a viagem, enfrentado governos detestáveis e hotéis horríveis, bebi água suja em trens imundos, comi coisas nojentas, suportei a companhia de bêbados, ladrões e chatos. Agora estava num lugar onde tudo funcionava, tudo era limpo, tudo era pontual.

Enquanto fazia as anotações noturnas, minha mão começou a tremer. Parecia ingratidão criticar. Todavia, era terrivelmente injusto haver tão pouco espaço para as pessoas crescerem e serem felizes. O interesse do governo por arte e cultura era inteiramente fictício, apenas mais uma forma de controle. Apesar dos discursos elogiosos, na hora de agir o pessimismo tomava conta. Ninguém queria ter filhos em Cingapura, muitas pessoas sequer pretendiam se casar. A cidade-estado continuava evoluindo, e como a regra era "obedeça ou vá embora", os cingapurenses permaneciam numa condição de desenvolvimento suspenso, sendo sempre lembrados da sorte que tinham por serem governados por uma liderança tão inspirada — na prática, a família Lee.

Lee era um nivelador social, mas como todos os outros igualitários, ele ascendeu socialmente, introduziu contradições e criou uma sociedade na qual havia privilégios para poucos e monotonia para a maioria. Lee e seus planejadores tinham muitas ideias grandiosas. O problema era que eles não sabiam quando parar, o que me parece ser um defeito da maioria dos governantes repressores sedentos de poder.

■ ■ ■

Mas existe uma outra Cingapura. Demora-se um pouco para descobri-la e é necessária a ajuda de alguém que a conheça. Um dos meus amigos, "Jason Tan", ouviu minhas críticas a Lee por esterilizar o país.

— Me dê alguns dias. Mostrarei a você coisas que a maioria das pessoas não vê.

A primeira coisa que vi foi à meia-noite, no bairro afastado de Geylang: uma prostituta esquelética de vestido vermelho justo orando enquanto queimava o chamado papel de ouro (*kim chwa* em min-nan), num braseiro na calçada. Era um maço grosso de notas falsas com enfeites dourados — uma fogueira e tanto, na frente de um estabelecimento ruidoso em que outras prostitutas (infantilizadas, astutas) abordavam homens sentados ao balcão.

— Ela está transferindo ouro deste mundo para as almas do outro mundo, que podem gastá-lo, como uma Western Union do além — Jason disse.

Gostei daquela cena cingapurense inusitada: beleza decadente, obviamente depravada, superstições ancestrais, lixo na rua, veneração, cinza e fumaça. Havia algo naquela cerimônia intensa, realizada por uma meretriz de vestido vermelho, com o rosto branco de maquiagem, lábios rubros, unhas longas e salto agulha, que a tornava majestosa.

Na Cingapura que deu as costas ao passado, que nunca mencionava ter feito parte do império britânico, que desprezava temas como os quatro anos de ocupação japonesa ou os cenários de livros de Joseph Conrad, Somerset Maugham, Anthony Burgess e até eu, aquela prostituta rezando a céu aberto, usando dinheiro de mentira e chamas reais, era uma aparição tão estranha quanto maravilhosa.

Havia algo mais estranho adiante: 12 ruas compridas de bordéis, casas de massagem, bares, lojas e hotéis de alta rotatividade. Os rapazes delicados locais — homens de maquiagem — circulavam e piscavam, e havia travestis; as prostitutas de rua ficavam em bancos ou motocicletas, pareciam comportadas e chamavam os clientes com beijinhos.

— Quanto é?

— Oitenta dólares. Vamos?

Eram cinquenta dólares norte-americanos, e em Geylang era o preço médio para um programa rápido.

— Quer que eu vou para seu hotel? Cem dólares. Vamos?

Mulheres esguias da China, com cara de cobra e pernas compridas simplesmente erguiam os seios com a mão e os ofereciam com delicada eloquência, dizendo:

— Não falo inglês.

Era a velha Cingapura que eu conhecia, mais radical do que antes, contudo. Como os cingapurenses eram encorajados a elogiar ao máximo sua cidade-estado, e como (fiquei sabendo depois) nenhum dos profissionais do sexo era cingapurense, aquele lado oculto nunca era citado em reportagens ou mencionado.

— Está vendo? Está vendo? — Jason Tan disse. — Isso é a Lorong 4. Todas as ruas de números pares até Lorong 24 ou 26 são reservadas para o sexo.

Lorong é a palavra malaia para viela ou ruela, e caminhávamos pela East Coast Road, que cortava as ruas numeradas e tinha vista para o leste. Nos bordéis das *lorongs* havia dez ou 15 prostitutas, algumas sentadas em sofás, outras dentro de saletas de vidro parecidas com aquários. Cada garota vestia um número e, quando passávamos por perto, acenavam freneticamente.

— O governo tem noção disso?

— Está brincando? Todos os bordéis possuem licença governamental. As moças têm plano de saúde. Submetem-se a exames regularmente.

Havia mais do que algumas ruas de prostituição, havia um bairro inteiro de ruas abarrotadas de gente, todas semelhantes a Gin Lane — restaurantes de massas orientais, bares ao ar livre, bordéis, hotéis baratos, mulheres sentadas na guia, adolescentes de queixo caído, grupos de rapazes tomando cerveja; muita animação naquela noite quente, barulhenta, agitada. Os pedestres e fregueses eram principalmente locais — chineses, malaios, indianos, com um pequeno número de *ang mohs*, termo cingapurense para os demônios de cabelo vermelho. Como Cingapura era bem policiada, o distrito era seguro; como Cingapura era maníaca por limpeza, não havia lixo no chão; e, em consequência das restrições, havia pouco trânsito. Apenas passantes, clientes, intermediários, cafetões e a seleção costumeira de malandros e vigaristas. O distrito inteiro era bem organizado e permitia liberdade de movimento. Não vi polícia, e no entanto o lugar era pacato; presumo que tenha certa autorregulação, provavelmente por conta das gangues e das Tríades, sociedades secretas cuja presença em Cingapura data do século XIX.

Os motéis — Hotel 81, Fragrance Hotel e outros — eram novos em folha, vários deles numa mesma rua, e anunciavam os preços: 25 dólares por duas horas. Rapazes elegantes uniformizados trabalhavam neles, contrastando com os gigolôs e gerentes de bordel, tatuados, com cara de poucos amigos, membros de gangues.

— Se veio só olhar, pode cair fora. Está me fazendo perder tempo — disse um sujeito mal-encarado, ordenando que eu me afastasse de um aquário cheio de beldades numeradas.

— Esses caras são quase todos ex-presidiários — Jason disse. — Não arranje encrenca com eles. Podem agredi-lo.

Na entrada de cada bordel havia um altar chinês, um oratório taoista com um deus furioso, um dos Imortais, um pote com incenso aceso, algumas frutas frescas e um pires com dinheiro.

— Veio aqui só para falar, falar, falar?

— Eu só queria saber se...

Era um sujeito baixo, mas musculoso, tinha um corte de cabelo grosseiro, rosto marcado por cicatrizes e tatuagens grosseiras de cadeia. Ele avançou para cima de mim, gritando ferozmente:

— Fora!

A indústria do sexo é meticulosamente cronometrada, muito mais do que a maioria das atividades econômicas. O minuto é a unidade de tempo que conta, não a hora. Não há pessoa mais atenta ao relógio do que o cafetão ou a prostituta, apesar do tempo enorme que gastam esperando um cliente, o que torna sua atitude contraditória.

— Essas moças são daqui?

Jason falou que não. Possuía o olho clínico cingapurense para distinções raciais e étnicas. As meninas, disse, são da Tailândia, Mianmar, Malásia, Índia, Camboja, Vietnã, China continental, Indonésia, Mongólia e Filipinas. As nacionalidades que faziam os serviços domésticos em Cingapura: faxineiras, amas, babás, arrumadeiras, lavadores de carros. Dizem que nenhuma moça de Cingapura fazia serviços domésticos. As mesmas nacionalidades se aplicavam às profissionais do sexo.

Como os prostíbulos e as casas de banho da Londres elisabetana, fervilhando de rameiras intrépidas em meio a passantes, clientes, bêbados e oportunistas que escarravam, vomitavam, tomavam cerveja e comiam ostra fazendo barulho, aquela parte de Geylang também se destacava pela vitalidade abrasadora, pela degradação, pois as mulheres pareciam animais no zoológico, implorando e gesticulando em suas jaulas, com promessas de bons momentos, algo especial, um banho, uma hidromassagem, uma massagem, fazendo gestos explícitos e dizendo obscenidades.

— Escolha uma — os cafetões gritavam. — Anda logo!

O que tornava a cena ainda mais inusitada era que as mulheres não ficavam em bares, não dançavam nem bebiam. Não havia clubes de striptease nem bares suspeitos. Os bordéis eram organizados como lojas chinesas, e no lugar da mercadoria — embora fossem, claro, um tipo de mercadoria — as mulheres eram exibidas, à espera de fregueses, sussurrando para eles: Me escolha!

No final de uma *lorong* havia jovens prostitutas, segurando bolsas e de salto alto; ficavam sob as marquises, sorrindo, ou sob as árvores, ou do lado de um carro. Quando me aproximei, surgiram rapazes agressivos, para tomar conta delas.

— Não fale com as moças. Trate conosco!

— Está com fome? — Jason perguntou. — Quer macarrão?

Sentamos, cada um de nós com uma cerveja e uma tigela de massa oriental, numa esquina nos limites daquele mundo flutuante.

— Este é Gerrie Lim — Jason disse. Ele avisara que Gerrie poderia aparecer.

Eu tinha ouvido falar em Lim. Cingapurense, escrevera *Invisible Trade* (Comércio invisível), sobre sexo pago em Cingapura, e não se limitou aos serviços dos bordéis e acompanhantes de alto nível; abordou também os rapazes: michês, travestis, prostitutos. No início de sua carreira jornalística Gerrie mantinha uma coluna na revista *Penthouse*, escrevendo sobre filmes adultos. No restaurante ele me disse que era uma espécie de autoridade no que dizia respeito à famosa estrela pornô de Cingapura chamada Grace Quek, que em 1995, sob o pseudônimo de Annabel Chong, fez sexo com 251 homens em aproximadamente dez horas, estabelecendo um recorde (que demorou a ser quebrado). O feito de Annabel foi filmado.

— A mãe dela viu o filme. Pobre velhinha, chorou tanto...

A atleta sexual de 23 anos e cara de duende, simultaneamente rebelde e competitiva, sentiu a pressão local. Num filme sobre sua vida, declarou que se rebelara contra a repressão típica de Cingapura, a diretriz "feche-se para o mundo". Numa entrevista no ano de 2000 ela foi mais fundo: "Ao olhar para minha vida em Cingapura, percebi que ela havia sido inteiramente pasteurizada." Talvez a repressão do lugar houvesse inspirado seu triste exibicionismo, mas tive a impressão de que o traço mais cingapurense de Grace Quek era sua tendência a culpar a ilha por sua ninfomania deliberada. Culpar os outros era o esporte nacional. Os cingapurenses não se viam como indivíduos, e sim como peças imperceptíveis da máquina experimental de Lee Kwan Yew.

Gerrie Lim não se manifestou a respeito desses comentários. Sua ambiguidade também era um traço cingapurense e uma atitude necessária à sobrevivência. Era um sujeito meio franzino, quarentão, muito intenso, de modos afáveis. Seus óculos enormes lhe davam um ar intelectual, de um lado, e libidinoso, de outro.

— O que acha de tudo isso? — Gerrie perguntou, indicando com um gesto as atividades em torno de nós.

— Não esperava algo assim. Talvez a velha Cingapura não tenha mudado. Vai ver apenas se mudou para Geylang.

— Esta é a outra Cingapura — Gerrie disse. — As pessoas não acreditam! — Ele disse a Jason: — Levou-o ao Paramount Shopping Center?

— Vamos ao Paramount mais tarde.

— Vai levá-lo às Orchard Towers?

— Mais tarde.

— O que são as Orchard Towers? — perguntei.

— Quatro andares de putas — Gerrie disse. — Quer conhecer um serviço de acompanhantes? Garotas russas e inglesas. Custa caro.

— Mais tarde, talvez — falei. Tinha terminado de comer o macarrão. — Acho que vou ficar caminhando mais um pouco por aqui.

Escolhi uma *lorong* ao acaso e entrei na rua, olhando para a direita e para a esquerda, vendo vitrines em casas recém-pintadas, portas abertas, vislumbrando as moças sentadas do lado de dentro; algumas as exibiam em salas envidraçadas. Mais adiante a rua estreitava, era mais escura, as casas maltratadas, embora com as luzes acesas e o movimento inconfundível de mulheres no primeiro andar.

— Isso é tudo — Jason disse.

Chegamos ao final da *lorong*, no cruzamento com uma rua escura. Não havia luz nos postes, nem mesmo casas iluminadas, só sombras.

— Acho melhor a gente voltar — Jason disse.

Mas eu já havia visto a ponta acesa de um cigarro vindo em nossa direção e o sujeito que o segurava, um homem vestindo uma camisa branca parecida com um jaleco.

— Boa noite, cavalheiros. Posso ajudá-los?

— O que tem para nós?

— Venha por aqui — disse. E quase desapareceu na escuridão, mas, como a camisa era branca, conseguimos acompanhá-lo. Não havia luz em lugar nenhum, ali. De vez em quando avistávamos a ponta vermelha do cigarro, quando ele tragava. Quando meus olhos se acostumaram com a escuridão, vi que ele nos levava pela viela entre dois prédios de teto de zinco, na direção de um portão de madeira. Segui o som arrastado de sua sandália. Como estava muito escuro para tomar notas, registrei mentalmente: galinheiro. Atrás de mim Jason suspirava, ansioso. O homem nos chamava.

— Qual é seu nome? — perguntei.

— Meu nome é King. Venham por aqui.

Ele nos levou a um lugar ainda mais escuro. Não havia estrelas nem lua, só paredes a nossa volta e um teto de zinco.

— Aqui — King disse.

Eu não conseguia enxergar absolutamente nada. Ele fechou a porta com tranca e tateou em busca do cordão para acender a luz. King acendeu-a, e no súbito clarão vi quatro moças acordarem e sentarem num colchão sem cobertas. Usavam camiseta e shorts; por causa da luz forte da lâmpada sem luminária, faziam caretas e cerravam os olhos. Idade de colegiais, num cômodo que lembrava grosseiramente um quarto de dormir. Elas piscavam e escondiam a face.

— Qual delas você quer?

Eu estava tão assustado quanto as meninas. Elas pareciam preocupadas, hostis. Quem poderia culpá-las?

— Acho que a gente vai voltar mais tarde.

Suspirando, King apagou a luz e fechou a porta. Quando estávamos novamente no escuro, ele disse:

— Talvez queiram uma mais nova?

Ele mostrou o caminho. Arrastou as sandálias até outro barraco de teto baixo de zinco e puxou o trinco, abrindo a porta para acender a luz forte.

Mais moças piscando, como aparições da claridade, cinco ou seis fazendo caretas num colchão estendido no chão. Pareciam apavoradas, daquele jeito, piscando contra a luz — deviam estar mesmo assustadas; nenhuma delas teria mais do que 14 ou 15 anos. Eram tailandesas de rostos simples e dignos, muito magras, quase frágeis, também de camiseta e shorts, inquietas.

King disse algo na língua delas. No mesmo instante elas se levantaram, formando um grupo irrequieto, com os ombros encostados. Estavam ao mesmo tempo ansiosas e temerosas, retraídas, pareciam pressionadas, como alunas da oitava série na aula de ginástica sendo amedrontadas por um técnico exaltado.

— Qual delas você quer?

— Mais tarde.

— Estarei por aqui — King disse.

Vi as meninas pela última vez antes de King apagar a luz. Seus rostos infantis foram minha triste companhia pelo resto da noite.

Encontramos Gerrie Lim novamente no restaurante de massas orientais. Saímos de Geylang e fomos de táxi a Katong e ao Paramount Shopping Center, onde filipinas cheias de energia gritaram ao nos ver. Uma horda de moças cheias de unhas e vozes desabou sobre nós para tentar nos levar a um dos bares enfileirados no corredor. Voltamos depois para a Orchard Road, onde Gerrie me levou a um serviço de acompanhantes comandado por um indiano ciciante e hostil que abriu um álbum volumoso de fotografias.

— Rússia... Ucrânia... Romênia — disse. Eram mulheres de ar decidido, posando sensuais em vestidos caros. Poderia ser um catálogo de moda. — Esta aqui trabalha durante o dia como corretora de imóveis... Esta é professora... Esta é balconista. Taxa de serviço: trezentos. Você negocia o preço do que quiser fazer.

Era um entre muitos, Gerrie disse quando saímos. Vinte e quatro páginas da lista telefônica de Cingapura eram ocupadas por serviços de acompanhantes. Caminhamos um pouco pela Orchard Road, até a movimentada esquina com Scotts Road. Antigamente eu frequentava um cinema ali perto. Assisti a *Perdidos na Noite* ali.

— O que é isso? — perguntei, pois estávamos em plena Orchard Road, no meio de um dos bairros comerciais mais frequentados. Eu havia passado pelo prédio mais de vinte vezes, sem saber o que havia nos andares superiores.

— Orchard Towers — Gerrie disse. — Quatro andares de putas.

Subimos até o último andar e descemos, de bar em bar, vendo a mesma variedade étnica apresentada em Geyland — Tailândia, Mianmar, Mongólia, Laos e outros países. Os bares eram temáticos. Um de rock pesado, outro com decoração tropical. O favorito de Gerrie era um bar country; a maioria das moças vinha do Vietnã.

Paguei bebida para algumas moças. Elas sorriam.

— Por favor — diziam. — Escolha-me.

Dei boa-noite a Gerrie e Jason. Sozinho, voltei ao hotel, que era surpreendentemente próximo. O rosto de menina que fora acordada no colchão pela luz acesa por King me acompanhou. Triste, assustado, frágil, emoldurando olhos brilhantes sobre um corpo delicado. O que me impressionou foi a menina ser obviamente uma recém-chegada, alguém que ainda não se corrompera, exibindo uma inocência luminosa, o brilho que se vê num rosto de criança.

No dia seguinte peguei um táxi para ir a uma livraria, com a intenção de fazer estoque para o trecho seguinte de minha viagem. Vi o nome do motorista no disco de identidade no painel: Wally Thumboo.

— Wally, posso lhe perguntar uma coisa?

— Pode — ele respondeu, com a brevidade cingapurense.

Mencionei que circulara um bocado — Geyland, Katong, Orchard Towers e até Serangoon Road, onde os choferes de táxi pagavam por sexo —, garotas indianas por alguns dólares, os programas mais baratos de Cingapura.

— Nada de moças de Cingapura! — Ele disse ao meu reflexo em seu espelho retrovisor. Ele se orgulhava do fato, serviria como racionalização para todo o processo.

— Por que não? — perguntei.

— Nós, não.

E começou um sermão sobre os vícios dos estrangeiros. Era a voz do dono, falava como Lee Kwan Yew quando denunciava as falhas morais dos norte-americanos e ao mesmo tempo justificava o bairro da luz vermelha. A área das *lorongs* devassas era regulamentada, ninguém corria perigo ali, e o melhor de tudo é que fora sancionada por não corromper as mulheres cingapurenses. Eram todas estrangeiras. Só as estrangeiras faziam aquilo. As cingapurenses eram muito instruídas e puras.

— É uma vergonha para nossas mulheres fazer isso. — E ele ficou sentencioso e cheio de lição de moral, vangloriando-se das virtudes cingapurenses.

22   *O trem lento para a Estrela do Oriente*

De volta a Bancoc, ao comprar passagem para a fronteira, encontrei um *farang* que me aconselhou a pegar o ônibus. Poderia inclusive comprar a passagem de ônibus ali mesmo, na estação ferroviária principal. Ele sorriu quando eu disse que havia tentado viajar no trem para o Camboja muito tempo atrás, mas que não fora possível.

— Quando foi isso?
— Faz 33 anos.
— O ônibus é mais rápido.
— Estou tentando manter a coerência.

A fronteira do Camboja não era muito longe, apenas meio dia de viagem. A beleza da jornada era que os trilhos do trem seguiam direto para o leste, praticamente em linha reta até outro ponto da reluzente Estrela do Oriente.

O trem sairia às seis da manhã e chegaria à cidade fronteiriça de Aranyaprathet no início da tarde — tempo de sobra para atravessar e chegar a Siem Reap. Era outra coisa que eu tinha almejado fazer naquela época distante: visitar as ruínas de Angkor.

Essa parte da viagem não teria sido possível antes, quando o lado tailandês estava cheio de refugiados, pois o Camboja inteiro sucumbiu ao Khmer Vermelho, comandado pelo tirano recluso Pol Pot. O pesadelo cambojano terminou no final dos anos 1980, mas muita gente dizia que aquele país ainda sofria com a opressão e o desespero. Mas ao menos eu podia pegar um trem até a fronteira e provavelmente um ônibus a partir dali.

Eu estava com os olhos embaçados de sono quando subi no trem, na escuridão que antecede a aurora. O trem estava praticamente vazio, exceto por uma família tailandesa, algumas mulheres agachadas e um indiano no fundo do vagão, obviamente comerciante, que viajava transportando caixas de papelão.

Os indianos eram odiados na Tailândia, um tailandês confidenciou certa vez, ao ver um indiano parado na esquina. Eu perguntei o motivo.

— Ele é um *kaek*.
— O que é um *kaek*?
— *Kaek* é um indiano. Também paquistanês. Árabe. Do Sri Lanka — o tailandês explicou. — Rosto escuro, olho redondo.

Na terra dos sorrisos, as raças não viviam tão harmonicamente assim.

— Temos um ditado. Se você encontrar uma víbora e um *kaek* ao mesmo tempo, mate primeiro o *kaek*.

O indiano desceu no entroncamento de Chachoengsao, depois de uma hora de viagem. O trem continuou sacolejando no calor, rumo ao leste, e passando por pomares de mangueiras e canaviais. Eu me sentia bem por seguir adiante, pensava na agradável possibilidade de chegar ao Camboja ainda naquele dia. Havia muitos vilarejos bem ajeitados e lojinhas na beira da ferrovia, até chegar à fronteira; bandeiras reais amarelas e retratos do rei comemoravam seu sexto ano de governo. Depois de cidades superpovoadas como Cingapura e Bancoc, agora havia o campo deserto e o ar fresco. Aqui e ali eu via um povoado rural que correspondia ao vilarejo dos meus sonhos asiáticos, bangalôs graciosos rodeados de espécies frutíferas, como bananeiras e coqueiros, hortas variadas, vacas pastando numa paisagem ampla que arejava minha mente.

Ninguém precisou me dizer que eu havia chegado a Aranyaprathet: tudo ali sugeria que estávamos no fim da linha. Uma estação pequena e vazia, uma rua deserta que levava a poucas lojas, exceto por alguns triciclos. A cidade propriamente dita, como todas as povoações fronteiriças, tinha um ar de inacabada, parecia meio ilícita, cansada, provisória, descapitalizada, exatamente como os viajantes se sentem quando desembarcam num lugar assim, gasto e hesitante. O comércio existe menos para quem vive ali e mais para os viajantes. Ninguém pretende passar muito tempo numa cidadezinha de fronteira, e esta nota antirromântica as torna atraentes a viajantes, refletindo sua própria inquietude.

No Sudeste da Ásia parece haver sempre um lugar que vende macarrão oriental e serve como agência de despachante para as formalidades da fronteira, tiram fotografias, providenciam pedidos de visto, vendem refrigerantes gelados, arroz frito, cerveja e frango duro; tem sempre uma van ali que faz o transporte até o outro lado; provavelmente também lavam roupa. E há garçonetes que flertam com os viajantes, pois é um gesto gratuito e inofensivo — os homens estarão longe dali em uma hora, ou menos.

Encontrei a casa de massas orientais de Aranyaprathet que prestava todos esses serviços. Comi o macarrão e peguei a van seguinte para o posto de fronteira, a menos de 2 quilômetros do centro. Conversei com um mochileiro norte-americano, recém-formado na faculdade, a respeito da viagem e de Angkor. De repente surgiu o assunto sobre a Índia.

— Ouvi dizer que a Índia é horrível — ele disse.

Na fronteira naquele dia quente crianças e rapazes esperavam com carrinhos grandes com rodas de borracha para levar as malas e caixas dos viajantes, pois os postos eram distantes um do outro, como costuma ocorrer em regiões limítrofes entre dois países. Neste caso, havia um posto exemplar em Aranyaprathet, impecável, e do outro lado o paraíso desordeiro da jogatina em formação, a Poipet cambojana, com alguns cassinos no meio das ruínas e cortiços da cidade desleixada.

Segui a pé, carregando minha mala pequena, e achei interessante o quanto aquela fronteira rural era igual a outras que eu havia cruzado no mundo subdesenvolvido: o usual riozinho cheio de lixo, os usuais aproveitadores, vendedores ambulantes e cambistas, os chatos, as almas perdidas e as mulheres sobrecarregadas com crianças pequenas, ao lado de homens de ar nervoso.

Depois a fila na imigração da Tailândia, alguma burocracia, carimbo no passaporte e a longa caminhada até a imigração do Camboja, mais burocracia, outro carimbo, outro grupo de aproveitadores, vendedores e cambistas. O lado cambojano era mais empoeirado, pobre, barulhento e caótico do que o tailandês, chegando a chocar.

Raramente é necessário procurar transporte num lugar desses. Na maioria das fronteiras do gênero o transporte procura você — os ônibus em busca de passageiros.

— Battambang! Siem Reap! Pnom Pen!
— Siem Reap — falei.

Fui empurrado para dentro de um ônibus parado, velho, cheio de rostos desolados nas janelas. Paguei cinco dólares. Fazia um calor danado lá dentro.

O bilheteiro disse:

— Não tem ar-condicionado, mas podem abrir as janelas.

Quando o ônibus saiu pela estrada de terra esburacada, imaginei que a estrada, sendo tão ruim perto da cidade, deveria ser muito pior adiante. Acertei a previsão. Vencer 250 quilômetros seguintes, da fronteira até Siem Reap, exigiu seis horas. Os moradores locais dizem que na estação das chuvas pode demorar 12 horas, pois a estrada de terra virava um lodaçal, com a passagem de caminhões enormes. Os ônibus seguiam atrás deles, tombando às vezes nas valas cavadas pelas tempestades. Hoje enfrentamos apenas poeira, lentidão e um episódio de pneu furado próximo o suficiente de um restaurante de massas que podia servir de parada para lanche. Na parede havia um pôster que eu veria em mais de cinquenta estabelecimentos no Camboja: a foto de um adulto segurando uma criança pela mão e os dizeres, em letras pretas grandes: *Sexo com crianças é crime.*

Saltitando pela estrada esburacada e observando os vilarejos desvalidos — casebres precários, caminhos cheios de lixo, ceifadores nos arrozais irrigados, carros de boi bloqueando a pista, homens em bicicletas velhas —, tive uma visão do norte do Maláui, na África central: as mesmas estradas ruins e bicicletas enferrujadas, o mesmo sol, a mesma exaustão. E um adicional: uma sensação arrepiante que atribuo às más vibrações.

Paisagem africana, escrevi em meu caderno de anotações. Era impossível escrever dentro do ônibus, e foi só o que registrei até anoitecer.

As vibrações negativas que senti não eram imaginárias, e sim efeito dos campos maltratados e casebres destruídos. Acima de tudo, resultavam da fisionomia das pessoas, de um distinto transtorno em suas feições. Com frequência, em países pobres, o rosto dos velhos, e especialmente seus olhos, exibem um ar de terror. Pode ser também fadiga e resignação, e sob elas a face torturada que testemunhou horrores. Os rostos das senhoras também, mas as mulheres desses lugares são estoicas e resignadas em relação à violência. Os homens parecem mais fracos, feridos de forma mais profunda.

A sensação não foi intuitiva, embora eu tenha descoberto depois que meia dúzia dos centros de extermínio e das prisões para tortura do regime do Khmer Vermelho situavam-se naquela via. O livro que forneceu esta e muitas outras informações úteis foi *Pol Pot: Anatomy of a Nightmare* (Anatomia de um pesadelo), de Philip Short, que comprei e li quando estava em Pnom Pen.

"A paisagem (...) e o estilo de vida [do Camboja rural] eram, e ainda continuam sendo, mais semelhantes aos da África do que aos da China", Short escreveu em seu livro. Coincidentemente, ele havia sido correspondente de um jornal no Maláui, por algum tempo. Eu trabalhei no Maláui mais ou menos na mesma época.

"A semelhança com a África é impressionante", ele prossegue. "Cada vilarejo tem seu feiticeiro, ou *ap*, e seu *k'ruu*, ou curandeiro; cada comunidade rural possui um *neak ta*, a figura ancestral (...) que habita uma pedra ou árvore antiga e deve ser aplacado com oferendas de incenso e água perfumada. No interior, os homicídios são atribuídos mais à feitiçaria do que a qualquer outra causa específica."

Assim como nas áreas mais remotas da África, no Camboja carregar um talismã é importante para conseguir proteção. Um amuleto — uma máscara em miniatura, um adorno com contas, uma pata de macaco empalhada, um dente de leão ou uma pulseira de pelo de elefante — serve para afastar os maus espíritos na África. No Camboja, o talismã mais potente é um feto arrancado inteiro do útero da mãe para ser morto e mumificado. Chamado de *kun krak*, criança defumada, este artigo repulsivo era o mais valioso dos talismãs e foi usado tanto pelos soldados do Khmer Vermelho quanto pelos moradores das aldeias.

Na viagem vi que Short dizia a verdade ao comentar que "a vida rural, em grande parte do Camboja, não difere essencialmente de como era há cinco séculos". Trafegar por aquelas estradas era como sacolejar pela África, e quando a noite chegou seguimos no escuro.

— Está vendo aquelas luzes azuis? — perguntou um jovem cambojano sentado a meu lado. Ele apontou para tubos fluorescentes azuis pendurados perto dos casebres nos vilarejos que tinham eletricidade (poucos). — Sabe qual é a utilidade?

Respondi que não fazia a menor ideia.

— Pegar grilos e baratas — ele disse.

— Boa ideia.

— E depois comer — ele disse.

Um pouco depois das luzes azuladas que tremelicavam no meio do mato chegamos ao cruzamento com uma estrada melhor.

— Esta é a estrada para o aeroporto — explicou o rapaz.

Claro, a única rodovia pavimentada na província ocidental inteira era a que atendia a turistas que chegavam de avião, quase todos estrangeiros; os outros, as massas, chacoalhavam e balançavam nas estradas ruins, viajavam em carros de boi, ou desviavam dos buracos com as bicicletas. Se eu não tivesse seguido aquele caminho inconveniente mas esclarecedor, jamais saberia disso.

Em seguida — após o solene e maltratado campo dos fazendeiros cansados — chegaram as luzes fortes: hotéis de luxo, cassinos, bares com garotas seminuas, clubes de striptease, restaurantes chiques. Siem Reap e a antiga Angkor.

O ônibus não parava. Perguntei ao jovem cambojano seu nome. Ele disse:

— Saty.

— Saty, estou procurando um bom hotel que não seja muito caro.

Ele disse:

— Conheço um.

Pensei em Henry T., que disse: "Prefiro sentar numa abóbora que seja só para mim a me apertar com outros numa almofada de veludo." Foi assim que conheci a pousada Green Town, uma mansão em estilo chinês em condomínio cercado, com restaurante de massas orientais no pátio, por dez dólares o pernoite.

Se o luxo é acima de tudo um alto grau de conforto, o hotel era luxuoso. A mansão era limpa, pacífica, simpática, administrada com eficiência. Era sempre fácil encontrar uma mesa tranquila para fazer minhas anotações. Nada das sugestões inúteis e interrupções obsequiosas que, nos hotéis mais caros, não passam de pretextos para conseguir gorjetas.

Prècisei de um dia para me recuperar da viagem de Bancoc. Dormi até mais tarde, tomei notas, mandei lavar a roupa — um quilo por um dólar. A temperatura beirava os 40 graus, e o tempo estava úmido. Fui ao barbeiro, fiz a barba e sentado ali, num salão tranquilo numa rua lateral de Siem Reap, lembrei-me da uma manhã chuvosa em Trabzon, onde fui barbeado por um turco com uma navalha nervosa — e como aquilo me preparou para a jornada adiante.

Caminhei. Siem Reap era uma cidade pequena até poucos anos antes, quando as pessoas começaram a parar ali para visitar as ruínas de Angkor, alguns quilômetros ao norte. Agora virou uma cidade colossal com um milhão de pessoas, hotéis abomináveis e restaurantes caros: um cabaré enfiado na selva.

Não importava para onde eu fosse, saía com a nítida impressão de que o lugar era mal-assombrado. Fiquei assustado — talvez efeito de minha consciência sobre a violenta e recente história do Camboja, embora ainda não tivesse lido a biografia de Pol Pot. As más vibrações estavam presentes mesmo nas áreas mais ensolaradas da cidade, insinuando seu passado pavoroso de sangue e cadáveres insepultos, tortura e traição, mentira e punição — parecidas com as trevas que senti se erguerem do solo quando estive em Dachau: o fedor do demônio.

A maioria dos cambojanos recorda-se dos anos ruins; talvez os carreguem consigo e transmitam o trauma psíquico. O sofrimento era patente em postura, voz, olhos. Mais uma paisagem assombrada para combinar com meu papel de reaparição espectral a bordo do trem fantasma.

■ ■ ■

A atmosfera predominante pesada, opressiva, fantasmagórica era mais intensa na selva em torno de Siem Reap, no meio dos cipós retorcidos, folhas escuras e sombras salpicadas de sol. Era como um vapor asqueroso no imenso lago das imediações, chamado Tonle Sap; era palpável em Angkor, um local de mata e ruínas violadas.

Não se trata apenas de um templo, ou de uma coleção de templos, Angkor é uma cidade arruinada. O nome Angkor deriva do sânscrito *nagar*, que significa cidade. Contém um palácio real, um conjunto de recintos sagrados, mosteiros e residências, muitas delas rodeadas por muralhas e fossos largos de água estagnada. Ergue-se em meio a árvores altas, torres brilhantemente esculpidas e muros altos, e muitas estruturas estão quase sufocadas por trepadeiras. Parece que os templos foram construídos para imitar montanhas simétricas, e seu aspecto imponente, que tem um estilo gótico asiático agressivo, lhes confere um imenso poder — engrandecido pelo modo como foram devoradas pelo tempo, devastadas por séculos de mau tempo e negligência, tornando sua textura grosseira similar à das rochas vulcânicas na beira de ilhas altas do Pacífico, fustigadas pelas ondas que as escavam e aguçam como coral, formando galerias de imensa delicadeza. Nos pórticos e nas varandas cobertos e sob marquises salientes ainda vemos obras-primas da escultura do Khmer Vermelho, adornadas por flores, com velas votivas e incenso. Apesar dos turistas de chapéu ridículo pontilhando as escadarias abruptas e gritando uns com os outros de cúpula a cúpula, as ruínas transpiram santidade, harmonia e luz. Em seu auge, no século XIII, Angkor cobria 260 quilômetros quadrados.

Quase tão impressionantes quanto os mosteiros, muralhas e conjuntos de templos é a selva — árvores altas, quilômetros de trilhas na sombra, bosques arejados. A vegetação atinge a altura dos estupas e parece brotar dos lugares mais sagrados; as raízes se entrelaçam em paredes e baixos-relevos — grossas, cilíndricas, e as raízes flexíveis da figueira-de-bengala parecem tentáculos. As árvores fazem parte de Angkor, algumas destroem, outras ajudam a segurar e a manter a integridade dos muros frágeis. Os caminhos mais estreitos conduzem a santuários isolados com imagens de elefantes gigantescos e o que parece ser o totem dominante de Angkor, a naja — cobras em forma de balaustradas, cobras deslizando pelos beirais dos telhados, ou uma naja solitária com o capelo aberto para proteger a imagem do Buda.

Angkor é também um catálogo visual de sorrisos entalhados em arenito. O mais enigmático — mas sereno à primeira vista, suave ao ponto da ironia, tornando-se ambíguo — é o sorriso nos lábios da enorme estátua de Buda no templo Bayon, em Angkor Thom. Milhares de imagens sorridentes adornam as paredes, de sorrisos leves dos monges que oram aos sorrisos de felicidade no rosto sorridente das *apsaras* de seios arredondados — dançarinas seminuas que provam que a dança faz parte do ritual de Angkor.

A fisionomia das mulheres sedutoras no *wat* reproduzia-se nas moças coquetes que vendiam postais, refrigerantes e lenços de seda, chamando: "Venha cá, me leve com você." "Quero ser sua namorada." "Vamos lá!" Só de brincadeira, para fazer com que as outras moças rissem e cochichassem.

O sorriso Khmer não é uma mera expressão de contentamento, mas uma representação da variedade de humores, bem com um tipo de incoerência incompreensível. A imensa gama de sorrisos representada em Angkor tem sido intensamente investigada. Philip Short cita Charles Meyer, conselheiro francês do príncipe Sihanouk sobre as sutilezas do sorriso Khmer: "O meio sorriso indefinível que flutua através dos lábios de pedra dos deuses de Angkor e que encontramos reproduzido nos lábios dos cambojanos de hoje." Serve como uma máscara "ambígua e agradável", embora seja também um sorriso que "se ergue entre a pessoa e os outros... [como] uma tela ocultando um vazio que foi deliberadamente criado como derradeira defesa contra quem poderia querer penetrar nos segredos dos pensamentos mais íntimos de alguém".

Grande parte de Angkor estava despedaçada — pode-se ver isso nas restaurações improvisadas —, indicando não somente a passagem do tempo, uns setecentos ou oitocentos anos de erosão, como também épocas de traumas severos. A cidade foi construída numa sucessão de períodos históricos; sofreu danos e boa parte foi destruída com o passar do tempo, devastada pelos siameses no século XV, depois por saqueadores, e recentemente, 25 anos *atrás*, quando foi cercada pelo Khmer Vermelho, a cidade inteira se transformou num campo de batalha.

Angkor é também um local de danos humanos, grosseiramente apropriada às estátuas sem braços e pernas ou arrebentadas. Eu havia alugado um *tuk-tuk*, uma motocicleta que puxava uma charretinha de dois lugares. Era tranquilizante, arejada, lenta. O condutor, Ong, não sabia muita coisa sobre Angkor, mas era paciente e me levou para onde eu quis o dia inteiro. Como eu tinha guia e mapa, tracei meu roteiro.

Frequentemente topava com vítimas da recente violência no Camboja — amputados, vítimas de minas terrestres, humanos amputados entre estátuas amputadas. (Guia de viagem: "O Camboja tem mais de 40 mil amputados, um índice per capita maior do que o de qualquer outro país do mundo.")

Bem no meio da selva, no templo de Ta Prohm, ao final do caminho relvado, uma orquestra inteira de vítimas das minas terrestres tocava gongos, flautas e instrumentos de corda — uma música que me cortou o coração, por sua beleza e por ser tocada por deficientes visuais, homens de uma só perna, com dedos a menos ou com braços queimados e cobertos por ataduras. Eles empilhavam as próteses dos membros com capricho, num canto, e os sons agudos faziam contraponto com os ruídos da mata, o ciciar das cigarras, do canto alto dos insetos e dos guinchos dos morcegos.

Perto de outro templo labiríntico chamado Banteay Kdei, eu caminhava quando vi o que parecia ser um grupo de estudantes posando para uma foto — ou seria um coral? Havia uns trinta meninos em pé, formando três fileiras, com os mais altos no fundo, embora nenhum fosse muito grande. Eles se mantinham eretos, olhavam para a frente, sorridentes.

Cumprimentei-os e perguntei ao homem que os acompanhava quem eram.

— Órfãos, senhor.

O homem, Sean Samnang, dirigia um orfanato em Siem Reap. Buscou crianças sem teto e órfãos, alimentou-as e ensaiou-as.

Eu vinha encontrando um número enorme de mendigos desde o norte da Índia. Era como se formassem uma subclasse popular, aos milhões, cuja sobrevivência dependia de esmolas. Eu me perguntei por que aquelas crianças me afetaram tanto — e não só elas, como também os amputados e as mulheres solenes agachadas perto de um cestinho com moedas. Seria por parecerem mendigos tão relutantes, tão hesitantes? Eu desafiaria qualquer passante a resistir à tentação de esvaziar a carteira se confrontado com os sorrisos tristes das trinta crianças paradas na beira do caminho quando ouvissem a frase "Órfãos, senhor".

Os cambojanos sabiam ser diretos, rudes, condicionados pela dura história recente — enrijecidos e hábeis nas estratégias de sobrevivência durante anos de tirania. Contudo, mesmo aquele povo enrijecido não era páreo para as hordas de visitantes, turistas sexuais e predadores, motivo das muitas placas proibindo sexo com crianças e alertando para as penalidades para o estupro infantil. Em Angkor inteira, e em Siem Reap, havia placas dizendo *Denuncie a Exploração Sexual*.

Perguntei a Ong, o condutor do *tuk-tuk*, se ele sabia algo a respeito.

De vez em quando, disse, homens que vinham da Europa a passeio o contratavam e pediam que arranjasse garotos.

— Muito jovens?

— Garotos, meninos pequenos — Ong disse. — Mas isso é errado. Não conheço nenhum.

— E os cambojanos? Eles também pedem?

— Nunca. Mas um suíço quis andar na minha moto. Ele sentou atrás e me tocou, aqui e ali. Fiquei apavorado! Não sabia o que fazer. O sujeito disse: "Venha ao meu quarto no hotel. Eu lhe darei dinheiro." Eu não quis. Não gosto nem de pensar nisso. Senti muito medo.

Era difícil estar preparado para ver pessoas tão pobres e tão bonitas. Talvez me fizessem lembrar das crianças prostitutas reunidas no bordel de Cingapura. Tolamente, eu começava a associar pobreza com estado de degradação e saúde ruim, mas os cambojanos trabalhavam com tanto afinco que me parecia odioso estarem lutando só para comer.

E havia algo a mais em sua beleza. Mesmo mendigando, conservavam a dignidade. Não perseguiam nem intimidavam as pessoas; olhavam para elas com ar solene e mal falavam. Acima de tudo, pareciam familiares. Eram como as estátuas. O rosto do cambojano é como o rosto de uma estátua Khmer; os corpos são esculturais, finamente talhados; parecem ícones, autênticos, parte de uma cultura, os rapazes magros como Budas esbeltos, as mulheres como *apsaras* e anjos.

Algumas dessas *apsaras* e anjos, verdadeiras esculturas vivas, residiam no bairro do mercado velho, na margem leste do rio Siem Reap, onde eu passeava só de calça de pijama sob as árvores na pousada de dez dólares por dia, com direito a massas orientais. Não era depravação; a gentileza das pessoas facilitava minha indolência. Realizava passeios tranquilos até a beira do rio, sentindo o perfume do ar. De vez em quando, ao me ver caminhar sossegado, um condutor de *tuk-tuk* perguntava: "Você se aposentou e veio para cá?" Muitos senhores grisalhos de camiseta desbotada e calça de pijama acabavam se instalando no Camboja. Com os preços que cobravam, eu poderia ficar até meu visto expirar, dali a vários meses. Por vezes acontecia isso numa viagem: ela se tornar seu oposto; viajamos e viajamos até parar no meio do nada. Em vez de tomar uma decisão consciente, simplesmente paramos de viajar.

Isso havia acontecido antes, e eu sabia o motivo. "Em um determinado momento da vida nos acostumamos a considerar qualquer lugar uma possível opção para se construir uma casa", Henry T. escreveu em *Walden*. Para o viajante, este momento não acaba nunca. Todavia, eu sabia o que precisava fazer.

23   *O barco* Sontepheap *para Pnom Pen*

No centro do Camboja, na enorme planície inundável, existe um mar interno, o lago Tonle Sap, tão amplo que na estação chuvosa parece um oceano, não se avista o outro lado. Não é um oceano azul, e sim marrom, a espuma das ondas formadas pelo vento forte parece espuma de café com leite expresso. Não é profundo. Mesmo no centro apresenta bancos de areia e elevações barrentas, embora haja, nos pontos mais improváveis, redes de pesca e até uma sampana navegando nas águas rasas, com dois ou três homens e meninos a bordo, usando chapéus em forma de cone, numa cena delicadamente pincelada num vaso antigo.

Peguei um jipe a uns 10 quilômetros de Siem Reap para a margem norte do lago, baixa e pantanosa, uma aldeia de pescadores de Pnom Krom, onde no início da manhã um ou dois barcos a motor, geralmente superlotados, zarpam para Pnom Pen. Seguem pelo lago para sudeste, até onde começa o rio Tonle Sap, e vão por ele até o cais de Pnom Pen, percorrendo em aproximadamente seis horas o caminho para a capital.

A partida dos barcos é um evento em Pnom Krom e no vilarejo vizinho de Chong Khneas, onde as famílias de pescadores vivem em choupanas trançadas empoleiradas nas margens do rio, lugares mais movimentados às seis da manhã do que muitas aldeias do interior ao meio-dia. Fora o motor de popa em algumas sampanas, a cena nada mudou em centenas de anos: crianças sem roupa brincando em poças de lama, mulheres vendendo banana e arroz, muita gente remendando redes, cuidando do fogo e separando peixes em cestos.

Eles pegam ali peixes chanídeos, conhecidos como cabeça-de-serpente. São ingredientes básicos do *amok*, um dos deliciosos pratos nacionais do Camboja, cozido em leite de coco, com especiarias. Como este peixe tem inimigos naturais, aqui cresce apenas até meio metro. Não se transformam nos monstros que habitam alguns lagos dos Estados Unidos, onde foram introduzidos.

Encontrei a prancha de embarque do meu barco e estava a ponto de entrar na cabine de passageiros quando um sujeito grande de camisa havaiana — obviamente norte-americano — disse:

— Eu não entraria aí, se fosse você.

Sorri, pois ele falou com muita segurança. Recuei e deixei que os outros passageiros embarcassem.

— Olha, só tem uma saída — ele disse. — Se o barco emborcar, está perdido. Como iria escapar? Quando leio a respeito de barcos que afundam em lugares como este, sempre penso no grande número de vítimas. — Ele balançou a cabeça. — Sabe como é.

Então sentamos na parte de cima, e ele se apresentou: Mark Lane, explicando que trabalhava numa balsa em Homer, no Alasca, fazendo o trajeto até as ilhas Aleutas. Estava dando um tempo de seu trabalho no frio, passando algumas semanas ali, ao sol. Deixamos para trás o píer de bambu e a pequena enseada; mal havíamos percorrido 500 metros quando a embarcação girou e adernou violentamente. Quase nos atirou na água. As pessoas que estavam dentro da cabine gritaram, presas lá dentro. O barco guinou e bateu num banco de areia. Por 15 minutos ele continuou adernado, sem se mexer, agitando a lama e fazendo bolhas com a hélice.

— Vai ser uma longa viagem — Mark disse.

No entanto, depois que desatolamos, ele avançou rápido. O único problema foi outro banco de areia no meio do lago, quando não se via mais a margem, outro lamaçal, outro desvio e um novo atraso.

Em certas áreas do lago, aldeias boiavam, eram comunidades aquáticas de casas flutuantes e barcos habitados, uma economia de pessoas que viviam da água, cercadas pelos limites de suas redes e boias de pesca.

Aquelas comunidades de pescadores pareciam autossuficientes, organizadas e discretamente territoriais, distantes dos regulamentos e da intrusão governamental. Mesmo antes de Pol Pot, o governo do Camboja, fosse a autoridade colonial francesa, fosse a marionete dos norte-americanos, só havia provocado guerra, destruição, morte e tortura. Deixados por sua conta, no meio do lago, o povo aquático do Camboja funcionava perfeitamente.

Sentados lado a lado no teto do barco, usando as pequenas mochilas como almofadas, Mark e eu conversamos sobre Angkor e o que tínhamos visto.

— Fiz uma coisa em Siem Reap que nunca tinha feito na vida — Mark disse.

— Que grande estreia — falei.

— Não, é sério — ele disse. — Conheci um condutor de *tuk-tuk* que me levava onde eu queria. Ele só tinha um olho, tem 25 anos e mora com a tia, um rapaz muito gentil. Sabe como é. Passamos alguns dias com o sujeito e acabamos sabendo a história dele.

"Seu nome era Sar. Não falava muito do passado, só pensava no futuro. Havia planejado tudo direitinho. Sonhava em ser contador. Você deve conhecer mil casos assim. 'Quero ser médico.' Claro. Ou piloto de jato. Astronauta. Quem quer ser contador? Por isso achei que ele tinha os pés no chão. Depois do colegial fez alguns cursos, mas precisava ir para a faculdade para tirar diploma de contador.

"Ele me disse que conhecia um sujeito em Siem Reap que era um conhecido professor de economia e contabilidade, muito competente. Sar, o condutor de *tuk-tuk*, queria que ele fosse seu mestre e professor. 'E qual é seu plano, Sar?, perguntei.

"'O plano é eu ganhar bastante dinheiro com o *tuk-tuk* e pagar as aulas. Moro com minha tia e estudo com esse professor. Depois consigo o diploma de contador e emprego em Siem Reap. Os novos hotéis precisam de contadores. Os novos empreendimentos também. Um plano perfeito. A não ser por um detalhe: é impossível.'

"Ele me encarava com o olho bom, sorridente. Perguntei por que era impossível.

"'Porque esta moto é alugada. Não consigo ganhar o suficiente por dia para pagar o aluguel e economizar. Continuo dirigindo, primeiro preciso economizar para comprar uma moto. Depois usar a moto para ganhar dinheiro e economizar um tanto. Quando guardar o suficiente, pagarei os estudos de contabilidade. Mas este dia está distante demais.'

"Eu falei: 'Espero que consiga.' Ele me levou para Angkor. E passeou comigo pela cidade. Fiquei pensando no plano dele. A propósito, ele não me pediu dinheiro. Paguei a tarifa normal, dez dólares por dia.

"Alguns dias se passaram. Eu acordava durante a noite, não conseguia dormir direito. Pensava em Sar e no plano dele. E também pensava em meu pai; quando eu tinha 16 anos, ele me botou para fora de casa: 'Fora daqui. Não quero mais saber de você.' Meu pai era um mau-caráter. Um senhor, nosso vizinho, cuidou de mim como se eu fosse filho dele. Ele é meu pai de verdade. Era da Navy SEAL.* Se ele não tivesse feito isso, eu teria acabado nas drogas, na rua, sem rumo. A mão que me estendeu fez toda a diferença. E eu não conseguia parar de pensar em tudo isso.

"No dia seguinte Sar passou para me buscar, como de costume. Falei: 'Vamos a uma loja de motocicletas.' Fiz uma tomada de preços, comparei as ofertas. Desembolsei 1.100 dólares pela moto, uma Suzuki 110, o modelo que ele precisava para ser condutor independente de *tuk-tuk* em Siem Reap e assim ganhar mais dinheiro.

---

* Força de Operações Especiais da Marinha dos Estados Unidos. (N. da E.)

"Em seguida falei: 'Agora é por sua conta. Não é mais impossível.' E lhe dei meu endereço de e-mail. Vamos ver o que acontece. Vai ser interessante.

"Sabe, era o que me restava de dinheiro, mas eu não precisava dele. Pode significar a diferença entre o sucesso e o fracasso na vida dele."

— É uma boa história — falei. Ele não estava se gabando. Acabara de acontecer, ainda estava ruminando o caso. Era um sujeito legal, de bom coração. Não era nenhum milionário, apenas um operador de balsa no Alasca, que trabalhava duro, aproximando-se da aposentadoria, tinha renda modesta. Parecia meio solitário, e deu para perceber que a boa ação o animara, estava ansioso para saber o desfecho do caso.

Quando narrei minha experiência com o condutor de riquixá em Mandalay, ele disse:

— O melhor de tudo é que não é como a ajuda estrangeira. Cada dólar está sendo usado. Sem atravessadores!

Durante toda a conversa, viajávamos pelo mar interno, vasto e barrento, sob o céu azul e um sol forte que queimava meu rosto e meus braços. Meu lugar no teto da embarcação era tão claro e ventoso que desisti de tentar ler — era a biografia de Alexandre, o Grande, de Robin Lane Fox. A costa sul apareceu, e conforme nos aproximávamos, a margem norte ficava ao alcance da visão, uma linha preta ao longe. Mais adiante um pouco, as margens aproximaram-se, havia casas equilibradas sobre palafitas. A distância, via-se um templo grande e dourado; em seguida passamos por uma brecha na margem, que se estreitou para formar o rio. Era o Tonle Sap, o maior rio que nascia no lago, que se juntava ao Mekong em Pnom Pen e seguia para o sul, atravessando o Vietnã.

Enquanto o sol batia em nossas cabeças e nos fritava no telhado de metal do barco, parecendo uma grelha, Mark me falou sobre as tormentas em sua balsa a caminho das ilhas Aleutas, descreveu os dias de neblina e o modo como o barco acumulava gelo, congelava e ganhava peso, tornando-se instável. Ao longe, vi homens seminus lançando tarrafas e outros puxando armadilhas de pegar caranguejo.

Conduzidos pela correnteza, passamos por margens mais altas, casas maiores, comunidades ribeirinhas, barcos de pesca, barcos a motor e diques fortificados. As casas se tornavam mais altas e próximas, a cidade surgiu quando nos aproximamos do cais.

■ ■ ■

Pnom Pen tinha uma aparência decadente, estava um tanto destruída, como um rosto humano cheio de cicatrizes no qual o passado violento é evidente;

era uma cidade que sofrera uma punição terrível, do tipo impossível de esconder. Uma cidade em reconstrução, com a mesma aparência de uma cidade em demolição, e havia bairros muito pobres, mas, ao contrário da Índia, era uma pobreza sem miséria. Não faltavam, porém, maravilhas arquitetônicas em Pnom Pen — o palácio real, residência do sucessor de Sihanouk, o príncipe Ranariddh (o Camboja voltara a ser um reino), o museu nacional, com sua impressionante coleção de tesouros e estátuas de Angkor, mansões da era colonial, o correio central, o mercado principal e alguns templos —, e mesmo assim, em vez de elevarem a condição da cidade, os edifícios imponentes só faziam com que o resto parecesse ainda pior.

Perto de um templo, escrito com pedrinhas debaixo d'água, vi a mensagem: *Se você quer uma boa reencarnação, deve se libertar das ilusões.* Tive a impressão de que os cambojanos alimentavam poucas ilusões. Em época recente, haviam visto de tudo — terror, fome, genocídio. Tiveram de ser rígidos para sobreviver; portanto, não contavam com a jovialidade dos tailandeses, a sutileza oblíqua dos birmaneses ou o sentido prático dos cingaleses. Mas até os cambojanos cosmopolitas, diretos e exigentes, eram capazes de gestos gentis. Com razão, haviam perdido a fé nas promessas do governo e da justiça. Certa vez, em conversa informal com um cambojano, eu disse que gostaria de voltar um dia. Ele me olhou incrédulo e disse:

— Por que pensa em fazer isso?

Para ele parecia incrível que alguém quisesse retornar a seu país mal-assombrado. Queria sair do Camboja: todos os conhecidos dele queriam ir embora. Pnom Pen estava lotada de pedestres, riquixás de pedal e motonetas. Ninguém tinha dinheiro para comprar carro. Isso bastava para torná-la pitoresca para mim, eu me esforçava para não me tornar um voyeur romântico, embora a cidade fosse obviamente um fardo para os demais.

Por motivos superficiais, eu estava contente — como os homenzarrões rosados de meia-idade ficavam contentes no Camboja, embora a maioria estivesse em cidades praianas, como Sihanoukville. Era um dos melhores lugares do mundo para quem é frequentador assíduo de bares. Cerveja barata, boa comida, clima agradável e um número inesgotável de companheiros na mesma sintonia — frequentadores assíduos e lindas mulheres que decerto não tinham mais nada a fazer além de sorrir e olhar para você.

Numa travessa em Pnom Pen, no bar Sharkey's, um dos inúmeros bares do gênero, sujeitos enormes e feios, vindos do Ocidente, tomavam cerveja e jogavam bilhar na companhia de cambojanas miúdas e formosas, que os paparicavam e lhes serviam bebidas. Esquemas assim eram o paraíso para muitos homens. Reproduziam a atmosfera de cerveja vagabunda e safadeza discreta que eu tinha visto em Vientiane, muitos anos antes. Não saíra de moda, apenas se deslocara um pouco ao longo do rio Mekong.

— O que você quer? — o condutor de *tuk-tuk* perguntou em Pnom Pen com um sorriso confiante, acreditando que poderia conseguir qualquer coisa que eu desejasse: heroína, massagem, mulher, homem, noiva, criança para adotar, um prato de massa oriental ou uma camiseta para levar de lembrança.

Como em Siem Reap, os hotéis de Pnom Pen iam do básico ao faustoso. Os hotéis no estilo palácio francês, luxuosamente mobiliados, como o Le Royal, situavam-se em áreas cercadas com guardas armados do lado de fora e cobravam quinhentos dólares a diária; na outra ponta, numa pensão em uma ruazinha escondida, como a que Mark Lane escolhera, o pernoite era 15 dólares. Mas o quarto dele não tinha janela. Consegui um hotel com vista para o rio por 25 dólares a diária, com café da manhã. Desde Mianmar meu desjejum costumeiro se resumia a massa oriental ou a um monte de arroz com ovo frito em cima.

Eu queria ler a respeito de Pol Pot. Descobri uma livraria perto do museu nacional e troquei meu exemplar sobre a vida de Alexandre, de Robin Lane, pela vida de Pol Pot, de Philip Short. Nas estantes, para minha surpresa, havia exemplares de meus livros. Eram cópias piratas, mal impressas, com ar caseiro.

— Onde isso foi impresso? — perguntei, mostrando um exemplar de *O Safári da Estrela Negra*.

— É uma fotocópia — o vendedor explicou, embora fosse um livro robusto, mais parecido com uma prova do que com o artigo terminado.

— E por que ter todo este trabalho para copiar?

— Porque é um best-seller.

— As pessoas leem o que este sujeito escreve?

— Mas é claro, senhor — começou a explicar, mas antes que se estendesse puxei a carteira de motorista e a mostrei. Ele a segurou com as duas mãos, examinou-a atentamente e gritou; uma reação gratificante. Depois perguntou, ansioso:

— Está bravo comigo?

— Claro que não.

Seu nome era Cheah Sopheap. Quis saber o que eu estava fazendo no Camboja. Peguei a cópia pirata de *O Grande Bazar Ferroviário* na estante e mostrei o mapa da folha de guarda. Eu disse que pretendia viajar da Tailândia ao Camboja nos anos 1970, mas na época isso era impossível.

— Uma época muito ruim — Sopheap disse. — A cidade estava vazia. Todos fugiram para o interior.

— Não havia nada aqui?

— Apenas prisões.

— E Pol Pot criava problemas para vocês?

— Pol Pot não era nada — disse. Fechando a cara, fez com a mão o gesto de esmagar um mosquito.

Para o mundo, Pol Pot era um monstro com cara de lua, então a resposta me surpreendeu. Sopheap explicou que, antes da ascensão do Khmer Vermelho, a sociedade cambojana chegara a um ponto em que os ricos eram ostensivamente milionários e os pobres do campo, miseráveis desesperados. O interior, principalmente a parte ocidental do país, fora devastado com a guerra do Vietnã, que acabou envolvendo o Camboja. O Khmer Vermelho era como os estrangeiros chamavam a organização de Pol Pot. No Camboja era Angkar, o Partido.

Sopheap não disse isso, mas Nixon e Kissinger secretamente aprovaram uma invasão em 1969 e cobriram o Camboja de bombas, na crença irracional e cruel de que isso ajudaria a vencer a Guerra do Vietnã. Por vários anos, sem autorização do Congresso, esquadrões de B-52 de Guam realizaram milhares de missões de bombardeio. O ultraje, minuciosamente documentado pelo jornalista Seymour Hersh, abrangeu o lançamento de meio milhão de toneladas de bombas e o gasto de centenas de milhões de dólares com o regime de Lon Nol, financiado pelos Estados Unidos. A campanha só reforçou a disposição do Vietcong, e os bombardeios geraram uma tragédia no Camboja, matando cerca de 600 mil pessoas e fazendo com que muitos camponeses aderissem ao Khmer Vermelho.

— Os pobres odiavam os ricos e os norte-americanos que os estavam matando — Sopheap disse. — Eles ficaram furiosos! E quando invadiram Pnom Pen, fizeram o que bem entenderam.

Ele se referia aos soldados de uniformes parecidos com pijamas que entraram na capital em abril de 1975 e tomaram o poder, expulsando todos os residentes, pilhando casas e obrigando a população a se refugiar no interior. Os combatentes da guerrilha antes viviam na selva, lutando e procurando comida, em alguns casos durante anos. Estavam famintos, ressentidos e exaustos. Um grande número de novos recrutas era de adolescentes.

— Eles gostavam de ter poder e de matar. Pol Pot não era a única razão. As próprias pessoas provocaram o terror.

— O que aconteceu com sua família?

— Meu pai sobreviveu por ser fazendeiro. Teve sorte. Sabia extrair açúcar das palmeiras.

O pai de Sopheap poderia ter sido fuzilado. Mas, no meio do terror e da fome, o regime introduziu o "dia da sobremesa". Só havia sopa de arroz para as pessoas comerem, mas no dia da sobremesa, três vezes por mês, foi decretado que a sopa fosse adoçada com açúcar de palmeira — o de cana não estava disponível. O pai de Sopheap conseguia produzir açúcar de palmeira caseiro. Por isso não foi fuzilado.

— Fiquei doente — Sopheap disse. — Meu corpo inchou muito. Quase morri. Foi uma época terrível. Já visitou o museu e os campos de extermínio?

■ ■ ■

Os campos de extermínio citados por Sopheap situavam-se a apenas 16 quilômetros da cidade. O lugar era conhecido por Choeung Ek. Era um entre muitos. Havia mais 343 campos de extermínio espalhados pelo Camboja, fora as numerosas prisões para torturas, do período do Khmer Vermelho, de 1974 a 1979. Na época, os Estados Unidos apoiavam tacitamente o governo do Khmer Vermelho por causa da humilhante expulsão do Vietnã. Ao permitir que os chineses armassem Pol Pot, os Estados Unidos dificultavam a vida do Vietnã, que combatia o Khmer Vermelho com artilharia soviética ao longo da fronteira entre o Vietnã e o Camboja.

Passeei de *tuk-tuk* pelos arrozais sob o sol intenso, até um bosque em que se ouvia o cantar dos pássaros. Naquele local tranquilo, que fora pomar e cemitério chinês, 20 mil pessoas haviam sido mortas num período de três anos. Tornara-se um museu a céu aberto, sob árvores frondosas, e a maior edificação era uma torre com estantes escalonadas cujas prateleiras exibiam uns 9 mil crânios humanos. Várias covas coletivas ainda continham restos das roupas das vítimas. Muitos prisioneiros foram espancados até a morte com pás, enxadas e picaretas — uma das mortes mais cruéis e dolorosas que se pode imaginar. Fraturas e buracos eram visíveis em diversos crânios, consequência das machadadas e dos golpes de enxada. Os crânios de homens e mulheres, velhos e crianças, revelavam muita coisa a respeito de quem eram as vítimas e o modo como tinham morrido.

Quando os soldados vietnamitas liberaram Pnom Pen — contra a vontade dos Estados Unidos —, encontraram 129 covas coletivas em Choeung Ek, e uma delas continha 450 corpos.

As vítimas provinham principalmente da prisão de Tuol Sleng, em Pnom Pen, onde haviam sido torturadas para confessar espionagem ou atividades contrarrevolucionárias. Muitos eram soldados do próprio Khmer Vermelho, que estavam sob suspeita, tinham sido delatados ou eram simplesmente azarados. Além de funcionários públicos, professores, proprietários — a educação significava riqueza ("essas pessoas oprimiam os pobres") — ou pobres coitados detidos sem qualquer motivo. Muitos residiam em cidades, sendo chamados de "Nova Gente" e considerados inferiores aos camponeses, pois não haviam lutado nem sofrido. Segundo David Chandler, em *Brother Number One* (Irmão Número Um) — outro livro pirata que comprei numa esquina de Pnom Pen —, eles eram ridicularizados com o dito "Deixar que vivam não dá lucro, fazer com que morram não dá prejuízo". Esses inimigos do Estado eram levados de caminhão para longe da prisão, em lotes de vinte ou trinta. Viajavam 15 quilômetros, famintos, apavorados, com vendas nos olhos, enfraquecidos pela tortura.

Quando o caminhão chegava, as vítimas seguiam direto para a execução em valas e poços, dizia uma plaquinha em Choeung Ek. Como os métodos de execução eram tão brutais — não seria possível matar e enterrar mais de trezentas pessoas por dia —, a lista de condenados aumentava continuamente, e muitos prisioneiros permaneciam trancafiados em choupanas até chegar sua vez de morrer, ouvindo os gritos dos outros na beira das valas.

A placa pregada numa árvore informava: *Árvore da morte, na qual os carrascos matavam as crianças*. Os filhos dos médicos, advogados e professores, desprezados membros da classe alta, eram erguidos pelos pés e girados para que suas cabeças fossem esmagadas contra o tronco.

Trilhas ligavam as covas coletivas às árvores e aos santuários — pequenas plataformas sobre estacas, como comedouros para pássaros —, onde os assassinos empilhavam as roupas e até os ossos das vítimas. Neste dia quente e ensolarado, exatamente como os dias em que as execuções ocorriam, as moscas cobriam as plataformas, zumbindo.

Esta árvore foi usada como local para pendurar um alto-falante que emitia sons bem altos para abafar os gemidos das vítimas quando estavam sendo executadas, dizia outra placa numa árvore próxima a uma das covas coletivas.

Fiquei chocado e deprimido com a visita a Choeung Ek. Além disso, havia começado a ler o livro de Philip Short, que não era apenas a biografia de Pol Pot, mas também uma narrativa da história recente do Camboja. Um dos temas de Short foi como o genocídio servia hoje ao marketing do atual governo, para divulgar suas virtudes, embora não fosse nem um pouco virtuoso. Também enfatizava a importância de se estudar de perto a cultura do Khmer Vermelho, para entender as raízes profundas de sua violência. A aparente anarquia compunha "um mosaico de idealismo e extermínio, exaltação e horror, compaixão e brutalidade capazes de desafiar as generalizações fáceis".

Ao escrever sobre "a eterna dicotomia do Khmer entre serenidade e violência incontrolável, sem meio-termo entre os dois extremos", Short afirmou que os campos de extermínio serviam menos para mostrar os excessos de Pol Pot e mais para revelar um tipo de comportamento endêmico na sociedade Khmer. "A forma peculiar abominável assumida [ideologia] veio de modelos culturais Khmer anteriormente existentes", escreveu. "Todas as atrocidades cometidas pelo Khmer Vermelho (...) podem ser vistas nos frisos de pedra de Angkor [e] nas pinturas que representam os infernos budistas."

Os Estados Unidos usaram o termo genocídio por interesse próprio, segundo Short, pois afinal de contas ajudamos a ascensão de Pol Pot ao governo. A existência de museus sobre a matança do Khmer Vermelho também serviu para sugerir que o Camboja havia mudado, o que não é verdade. O governo atual é "podre" e "profundamente corrupto", muitos de seus membros fizeram parte do Khmer Vermelho e não renegaram seus crimes passados.

Por mais horrendos que fossem os campos de extermínio, o museu das atrocidades desviava a atenção da corrupção do regime atual. Longe de serem uma aberração, as atrocidades eram um exemplo da cultura Khmer ensandecida. Um missionário francês chamou o terror de "uma explosão da identidade Khmer".

Mas Pol Pot acendeu o pavio. Passara a vida exibindo o sorriso Khmer. Ninguém sabia o que ele pensava ou sentia. Poucas pessoas sabiam seu nome verdadeiro. Quando nasceu, chamava-se Saloth Sar, mas com o passar dos anos mudou de nome pelo menos uma dúzia de vezes. "Quanto mais a gente muda o nome, mais confunde o inimigo", afirmou. O que Pol Pot não disse foi que as trocas de nome refletiam suas múltiplas identidades. Ele teve uma criação privilegiada, passou parte da infância no palácio real. Sua educação colonialista lhe permitiu viajar à França em 1949, onde ficou conhecido como um bon--vivant, talvez um pouco reservado, e finalmente como um ideólogo anticolonialista. Logo descobriu o stalinismo. Tornou-se socialista utópico, igualitário, avesso ao sentimentalismo, mas sempre ao estilo Khmer, capaz de pregar a extrema violência.

Em seu retorno ao Camboja nos anos 1950, ele se aliou às forças antifrancesas para comemorar a retirada dos franceses. A guerra do Vietnã o incentivou, assim como havia acontecido com os bombardeios norte-americanos, a conquistar mais adeptos para sua causa. Por causa do apoio chinês, ele tinha boas razões para ser antivietnamita. Limitava-se às áreas rurais, fortalecendo suas tropas num momento em que os Estados Unidos buscavam o apoio da China. Na guerra civil de cinco anos, ele enfrentou um governo corrupto, impopular e debilitado. Meio milhão de pessoas morreram nesta guerra de atrito. Vendo que o confronto se aproximava do final, o homem dos norte-americanos, Lon Nol, fugiu para o Havaí com um milhão de dólares do banco central cambojano. Os cambojanos sentiram-se aliviados, acreditavam que finalmente teriam um governo estável e independente. Não houve entrada triunfal dos novos líderes na capital conquistada. Pol Pot esperou mais alguns dias e penetrou na cidade em meio à escuridão.

Como demonstração de seu idealismo deslocado, Pol Pot declarou Ano Zero — o passado em branco — e aboliu o dinheiro. A medida em si provocou boa parte do caos que passou a imperar, pois os alimentos tomaram o lugar da moeda, sendo acumulados e disputados. A comida ficou cada vez mais escassa, e logo a desnutrição e a fome se tornaram universais. Livros eram queimados, arquivos ministeriais atirados à rua. Pnom Pen teve sua população esvaziada. Os moradores da cidade, enviados ao campo, estavam despreparados para a vida rústica; a maioria saiu de casa apenas com o que podia carregar; um grande número faleceu em áreas remotas. O país inteiro mergulhou no caos, no primitivismo e na loucura caracterizados pela destruição de máquinas e escravidão virtual. Dificilmente alguém avistava Pol Pot, pois era obsessivamente reservado, um enigma até para seus seguidores.

Não havia culto à personalidade de Pol Pot, nem fotos dele em qualquer lugar. Nada de canções, poemas, frases ou casos sobre sua vida. Não se tinha como escapar do Turkmenbashi do Turcomenistão; Pol Pot, do Camboja, era impossível de ser encontrado. Ninguém sabia onde ele morava. Ele não fazia discursos e publicou poucos textos usando seu nome. Não tinha bens ou propriedades. Sua austeridade estendia-se aos eventos governamentais. Numa comemoração do aniversário do partido serviram apenas suco de laranja e passaram filmes albaneses como entretenimento.

Os estrangeiros demonizavam Pol Pot, naquela altura conhecido como Irmão Número Um, mas ninguém realmente sabia quem ele era ou o que defendia. De certa forma era um lunático clássico e, como muitos lunáticos, paranoico.

Suas ideias permaneceram obscuras ou simplificadas demais, mas a paranoia transformou-se em liderança — para soldados, policiais, guardas penitenciários, torturadores e todos que tivessem algum poder. Sua indecisão e reclusão ajudaram a criar uma tirania aleatória e improvisada; ninguém, nem a população apavorada nem os poderosos soldados, sabia qual era sua tarefa. Ter uma arma ajudava, pois quem se armasse detinha o poder. Uma arma podia ser algo simples como um machado, um forcado ou uma enxada. Kampuchea, como o país era conhecido, transformou-se num Estado de escravos onde, em menos de quatro anos, um milhão e meio de pessoas foram mortas como inimigas do Estado.

Pol Pot foi derrubado pelos invasores vietnamitas, que o depuseram e instalaram um aliado no governo, Heng Samrin, em 1979. No mesmo ano, por desejar o enfraquecimento do Vietnã na assim chamada guerra por procuração (a União Soviética ainda era o maior aliado do Vietnã), os Estados Unidos apoiaram que a exilada, e manchada de sangue, delegação de Pol Pot tivesse direito a um assento nas Nações Unidas.

■ ■ ■

Ler sobre isso enquanto estava em Pnom Pen provocou-me calafrios. Alguns dos piores massacres ocorreram quando eu realizava a viagem de *O Grande Bazar Ferroviário* e depois, quando estava escrevendo o livro, no qual me queixei da impossibilidade de visitar o Camboja. Mal sabia eu o que acontecia ali — e pouca gente de fora sabia ou se importava.

Minha leitura sobre Pol Pot chegara a esse ponto quando visitei a prisão de torturas em Tuol Sleng, conhecida como S-21. Antes de ser convertido em presídio, fora o colégio Ponhea Yat, numa área residencial respeitável de Pnom Pen — uma conversão natural, uma vez que escolas grandes com salas de aula se destinam ao confinamento.

O prédio em si assemelhava-se a qualquer colégio de três andares, mesmas paredes de alvenaria, mesmas proporções. Dentro, algumas salas de aula haviam sido divididas em cubículos com paredes de madeira ou tijolo, destinados a presos que aguardavam o interrogatório; outras salas serviam como câmaras de tortura. Os suplícios incluíam algemar a pessoa a um estrado de ferro, onde era submetida a choques elétricos, espancamento com cassetete e facadas, para fazer com que confessassem crimes contra o Estado.

"A função do S-21 não era matar, mas extrair confissões", escreveu Philip Short. "A morte era o objetivo final, mas ocorria ali incidentalmente."

Obedecendo a um senso de ordem macabro e obsessivo, para gerar um registro em papel dos traidores, todos os detentos de Tuol Sleng eram fotografados antes das torturas, seus nomes, idades e histórias registrados — onde moravam e trabalhavam, detalhes sobre família e educação, nomes dos amigos. Longe de constituírem apenas números ou estatísticas na prisão, eles eram apresentados por inteiro, completamente humanos. Seus rostos revelavam terror, choque, exaustão, doenças graves; alguns olhares estavam surpreendentemente serenos ou haviam perdido a vivacidade; mulheres jovens e idosas, velhos, meninos de olhos arregalados, crianças pequenas. Mães também, muitas delas com bebês no colo, como se fossem uma Pietà agonizante, os dois prestes a morrer.

Todas as 14 mil pessoas que passaram pela prisão foram torturadas, e quase 12 mil foram executadas. Seu sofrimento pavoroso é evidente nos pisos superiores, onde os corredores abertos haviam sido fechados com arame farpado. Uma placa dizia: *A tela de arame farpado impedia que as vítimas desesperadas cometessem suicídio.*

Mesmo sabendo que a prisão da tortura havia sido transformada em museu por um governo hipócrita que violava direitos humanos (corrupção, fraude, tortura policial, desapropriação de terras e esquadrões da morte), fiquei horrorizado — quem não ficaria? — ao ver os rostos comoventes das milhares de pessoas assassinadas.

Fazia calor no dia em que percorri as salas vazias e os cubículos precários, passando pelas imagens de rostos condenados e retratos de soldados ainda crianças, alguns de 10 anos, e vitrines com etiquetas dizendo *Instrumentos de Tortura*, em sua maioria ferramentas agrícolas — alviões, machados, cabos, machetes, pás. Como em minha visita a Dachau, vi um exemplo cruel da desumanidade, da matança sádica impiedosa. "Nenhum outro país perdeu uma parcela tão grande de cidadãos numa única hecatombe politicamente inspirada", Short escreveu, "e provocada por seus próprios líderes".

Embora tudo isso fosse chocante, o pior momento para mim ocorreu do lado de fora, ao sol, no pátio da prisão, que fizera parte da área de lazer da antiga escola. Eram forcas, com três seções e ganchos em cada seção, erguidas acima de vasos de cerâmica de boca larga. A placa ali dizia: *Os prisioneiros eram pendurados de cabeça para baixo* [com cordas, pelos pés, nos ganchos] *até perderem a consciência. Então os carrascos mergulhavam a cabeça deles no vaso bojudo cheio de água. Assim as vítimas recobravam a consciência, possibilitando a continuidade do interrogatório.*

Uma semana antes de minha visita a Tuol Sleng, o vice-presidente Dick Cheney foi questionado a respeito de práticas similares por parte dos norte-americanos, conhecidas pelo ridículo eufemismo de "técnicas avançadas de interrogatório", usadas nas prisões militares norte-americanas contra suspeitos de terrorismo. Na tortura conhecida como afogamento simulado, ou submarino, também usada em Tuol Sleng, um prisioneiro de rosto coberto é preso a uma prancha inclinada, em posição horizontal, para receber no rosto um grande volume contínuo de água, de modo a sufocar por um instante e ter a sensação de afogamento. E Cheney fora questionado a respeito da simples imersão, como nos vasos de tortura que eu observava.

O que o segundo político mais poderoso dos Estados Unidos pensa a respeito dessa maneira de arrancar confissões, do "mergulhar em água"?

— Por mim não tem problema — Cheney disse, com o apoio do presidente. — Trata-se de um recurso muito importante.

O conceito do viajante é de que a barbárie é algo singular e estrangeiro, para ser encontrado num recanto afastado, num fim de mundo atrasado. O viajante chega a esse lugar remoto e confirma isso, conseguindo acesso às piores atrocidades que podem ser cometidas por um governo sádico. Então, para sua consternação, percebe que são idênticas a práticas defendidas e diligentemente aplicadas por seu próprio governo. Quanto à santimônia das pessoas que parecem cegas ao fato de que a carnificina ainda é um evento anual, basta que olhem para Camboja, Ruanda, Darfur, Tibete, Mianmar e outros lugares — a frase correta não é "Nunca mais", e sim "Sempre mais".

■ ■ ■

Grande parte de meu conhecimento da história recente do Camboja derivava de livros, por isso decidi procurar uma testemunha ocular em Pnom Pen.

Heng, um senhor de 45 anos, falava bem inglês. Antes da ascensão do Khmer Vermelho, seu pai era tenente do exército e a mãe tinha uma lojinha em Kampot, a uns 100 quilômetros ao sul de Pnom Pen, na costa. Viviam bem, numa casa confortável. Quando o Khmer Vermelho tomou Kampot, em 1972, Heng era apenas um menino e se mudou com os pais para a capital. Dois anos depois, Pnom Pen seria conquistada pelo Khmer Vermelho.

Perguntei a ele:

— Desde o início as pessoas sentiam medo, ou pensavam: "Isso vai durar pouco tempo"?

— Meu pai disse ter ouvido falar que o Khmer Vermelho queria que todos fossem iguais — Heng declarou. — Outros afirmavam que seus soldados eram como animais. Isso nos assustou. Quando o Khmer Vermelho tomou Pnom Pen, ordenaram que todos fossem embora sem levar nada, pois seriam apenas poucos dias de ausência. Meus pais perguntaram para onde deviam ir. Os soldados disseram:

— Problema de vocês. Qualquer lugar.

— Seus pais foram ameaçados?

— Sim. Se as pessoas não partissem, seriam mortas. Meus pais resolveram voltar para Kampot. Levamos quase um dia inteiro para percorrer 15 quilômetros, saindo de Pnom Pen, e vimos cadáveres por todos os lados da estrada. Cheiravam muito mal. É muito difícil encontrar palavras para explicar isso. Quando chegamos a Takeo, a cerca de 30 quilômetros de Pnom Pen, uma senhora alertou minha mãe: "Por favor, corte o cabelo." Minha mãe usava cabelo bem comprido. "E jogue seu dinheiro fora. Se os soldados do Khmer Vermelho virem seu cabelo, ou dinheiro, não escapará da morte."

— O que os cambojanos pensavam dos soldados?

— Sentiam medo, pois os soldados poderiam matar quem quisessem, onde e quando quisessem. Eles viam o povo como inimigo. — Fazendo uma pausa, disse em voz baixa: — Até hoje noventa por cento da população teme os soldados; quero dizer, os soldados do governo.

— Seus parentes sabiam que torturas terríveis ocorriam na prisão de Tuol Sleng, ou nos campos de extermínio de Choeung Ek?

— Nós não sabíamos de nada a respeito — Heng disse. — Não sabíamos nem em que dia, mês ou ano estávamos. Sabe, havia centenas de prisões assim espalhadas pelo país.

— Que tipo de pessoa era Pol Pot?

— Ele se formou numa universidade francesa. Se fosse um aluno medíocre, não teria conseguido bolsa de estudos; portanto, era uma pessoa esclarecida. É muito difícil julgar Pol Pot. Para mim parece que a situação durante aquela época é similar à do Iraque atual. As condições no Iraque antes da invasão norte-americana eram, bem, aconteciam coisas boas e coisas ruins. Mas após a invasão norte-americana, a situação ficou muito pior.

— Você quer dizer que Bush é igual a Pol Pot?

— Talvez. Mas isso não significa que Bush seja má pessoa. O problema é que ele não entendeu qual era a vontade do povo do Iraque. Ele não pode governar aquele povo. Quando Pol Pot assumiu o poder no país, a situação tornou-se caótica. Para mim, não há um único responsável pelo que aconteceu no Camboja durante o pesadelo.

— Acredita que ele era desalmado, cruel ou vingativo?

— Não creio. Acho que ele era um chefe sem influência sobre seus subalternos. Quero dizer, eles podiam fazer o que bem entendessem.

— Qual é sua melhor recordação daquela época?

— Não há nenhuma boa lembrança do período.

— E qual é sua pior recordação?

— A pior coisa foi quando a Kang Chhlorp (milícia armada das aldeias) veio vasculhar nossa casa. Se encontrassem arroz, batata-doce, açúcar ou qualquer vegetal, meus pais seriam presos. Sua posse dava pena de morte.

— Ter comida?

— Sim. Se alguém tivesse comida naquele tempo, era considerado inimigo — Heng disse. — Eles matavam a pessoa e levavam a comida embora.

Quanto mais eu aprendia a respeito do inferno e dos conflitos no Camboja, mais o país me parecia mal-assombrado, e mais triste eu ficava, até que, como muitos cambojanos cansados e desiludidos que conheci, eu só queria ir embora.

24   O expresso Mekong

Viajar se torna realmente gratificante quando deixa de significar chegar ao destino e se torna indistinguível da própria vida.

Certa manhã em Pnom Pen, por volta das oito horas, saí do hotel e caminhei pela alameda que acompanhava o rio, A Cha Xao Street, até a esquina em que parava o ônibus para Saigon. A viagem de menos de 250 quilômetros durava o dia inteiro, pois incluía a travessia do rio Mekong em balsa lenta, a costumeira demora de várias horas na fronteira, com passagem por dois serviços de imigração, até chegar ao Vietnã. A lateral do ônibus exibia em letras coloridas os dizeres: *Mekong Express*. Os passageiros eram em sua maioria vietnamitas e cambojanos, mas havia um casal de mochileiros ingleses, marido e mulher, assim como quatro viajantes franceses de meia-idade, constrangidos por serem obrigados a falar inglês (quase mais nenhum cambojano sabia francês) e pagar tudo em dólares norte-americanos.

Dois rios, o Tonle Sap e o Mekong, convergiam em Pnom Pen, vindos do norte, e se dividiam novamente em dois rios, que fluíam para o sul: o Bassac e a continuação do Mekong. Pnom Pen situava-se na ponta ocidental do X que os rios criavam, um ponto que os franceses chamavam de Quatre-Bras, por causa dos quatro cursos d'água largos.

Cruzamos o rio Bassac na ponte Monivong, rumando para o sul, na direção da fronteira. Logo depois da ponte havia bairros pobres e uma ampla planície de vilarejos, com casas de palafitas na beira dos pantanais, vacas, meninos pastores, cachorros mancos e um arrozal que se perdia de vista. Não conseguia escrever ou tomar notas no ônibus. Olhei para os trabalhadores cambojanos que haviam sido injustamente punidos durante décadas por sucessivos regimes e interesses estrangeiros, uma gente sem sorte que continuava lutando para sobreviver, ainda mais triste por conta de sua polidez.

Algumas horas depois, numa estrada precária, chegamos novamente ao Mekong, esperamos a balsa de Neak Luong (pouco maior que a balsa para três carros em Edgartown), embarcamos e cruzamos as águas turbulentas. Horas depois a estrada melhorou, perto da cidade de Bavet, na fronteira cambojana. Caminhamos através da passagem imponente — imigração e alfândega — carregando as malas. Nenhuma inspeção: eu poderia estar levando um tesouro.

Após nova longa caminhada para passar pela imigração e alfândega vietnamita, chegamos à cidade de Moc Bai ao cair da tarde. Encontrei um mundo diferente do outro lado da passagem.

Ali a atitude confiante era imediatamente percebida. Seguimos por uma estrada vietnamita bem-pavimentada, vendo casas em boas condições e bem maiores. Havia mais iluminação e atividade. Finalmente, como num clamor de esperança, uma multidão de motocicletas e scooters, como ruidosos batedores ao lado do ônibus, formava uma onda sonora agitada de condutores que executavam manobras arriscadas, todos sem capacete. As motos ziguezagueavam na pista, oito delas lado a lado, a poucos centímetros umas das outras. A assustadora densidade do tráfego de motos parecia arrastar nosso pequeno ônibus para o centro da cidade. E durante a hora transcorrida até chegarmos ao centro de Saigon, uma linha ininterrupta de lojas, mercados e fábricas deu certa credibilidade ao que muitos tailandeses me disseram:

— Tememos que o Vietnã controle nossa economia.

Como aquela era uma viagem sentimental, e como eu precisava me situar, pedi para ir até um determinado lugar próximo ao rio Saigon. De lá andei no sentido oeste até o bairro familiar dos hotéis Continental, Rex e Caravelle, do pequeno parque e do correio central.

Minhas lembranças de Saigon em 1973 incluíam ruas desertas cheias de lixo, fachadas coloniais do correio e da prefeitura ao estilo francês, dos tijolos rosados da catedral de Notre Dame com suas torres gêmeas, poucas pessoas, que circulavam de bicicleta. E das noites em que ninguém saía, exceto algumas raras prostitutas esperançosas sob a luz dos postes nas calçadas destruídas das esquinas. Isso, somado ao medo da guerra, ao desgaste causado por ela, era como um cheiro ruim no ar enegrecido pela fumaça.

Agora era o oposto. Havia um monte de gente e trânsito intenso às dez da noite. Uma das primeiras coisas que vi foi uma multidão reunida numa área cimentada, pais com filhos pequenos, rostos iluminados, esperando na fila para entrar na "Candyland", seção de guloseimas de uma loja de departamentos: crianças fantasiadas de elfos, doces, música, mães contentes, pais sorridentes falando no celular, todos bem-vestidos. Não havia imagem mais contrastante com a Guerra do Vietnã do que aquela — paz, prosperidade, rejuvenescimento.

O Camboja tornou-se uma lembrança do caos amortecido, e ao contrário dos cambojanos, que tendiam a insistir e a importunar um pouco, os vietnamitas se mostravam indiferentes à minha pessoa. Tinham mais o que fazer.

Foi minha impressão inicial. Mas, na noite seguinte, quando eu voltava a pé para o hotel, por uma rua movimentada, um rapaz de motocicleta parou ao meu lado e disse: "Senhor, quer massagem? Quer moça? Moça bonita?" Então concluí que certas coisas não haviam mudado.

Depois disso muitos cafetãos em motocicletas me ofereceram mulheres e massagens, todos pareciam ansiosos para me levar até a massagem ou quem sabe para ser assaltado.

Saigon, revitalizada, agitada, enérgica sem ser bela, era uma cidade movida pelo trabalho, dinheiro e pela juventude, um lugar de oportunidades, grande, vistosa e barulhenta, embora curiosamente ordeira e asseada. Eu a conhecera sob uma luz desfavorável; podia dizer que havia renascido. Um dos aspectos impressionantes do novo Vietnã era a compaixão, a ausência de rancores ou recriminações. Reclamar e culpar, procurando despertar a piedade alheia, são considerados sinais de fraqueza na cultura vietnamita; a vingança é um desperdício. Ganharam a guerra contra os Estados Unidos por serem tenazes, unidos e talentosos. Usavam a mesma atitude para desenvolver sua economia.

Era possível ver os efeitos do pensamento positivo em sua ética de trabalho e visão do futuro. Nominalmente budistas, os vietnamitas não me pareceram mais espiritualizados do que outros povos que conheci, mas eram práticos, eficientes e trabalhavam bem em equipe. Ao viajar pelo país inteiro e me apresentar como norte-americano (pois os vietnamitas costumavam perguntar isso), ninguém jamais disse: "Veja o que fizeram conosco." Contudo, os estragos da guerra eram visíveis por todos os lados: minas terrestres espalhadas pela selva, crateras de bombas, muitos amputados mancando pelas cidades e — morrendo discretamente em vilarejos e hospitais — milhares de pessoas com câncer, envenenadas pelos milhões de litros de Agente Laranja que despejamos em cima deles e das árvores.

Os vietnamitas mais velhos se lembram de tudo. Esperava conhecer algum, e consegui. Caminhava pela cidade certo dia, chamando a atenção — um norte-americano sem pressa entre vietnamitas apressados —, e passei por um homem de cabelos grisalhos que me cumprimentou espontaneamente.

— Para onde vai? — ele perguntou. Era vietnamita, mas falava com sotaque norte-americano. Corpulento, simples, rude de um modo espontâneo, informou que tinha motocicleta; eu desejava ir a algum lugar?

Falei que gostaria de encontrar um bar no qual vendessem "cerveja gelada".

— Não quer ver o museu da guerra e os outros lugares?

— Quem sabe outra hora.

Não falei nada, mas como aparentava ter a mesma idade que eu, interessei-me em saber sua história. Ele me levou a Trung Tam Bia Tuoi, uma taberna num prédio com aspecto de quartel num conjunto murado, onde tomamos cerveja e comemos rolinhos primavera até eu mal conseguir ficar de pé.

Ele não quis dizer seu nome vietnamita. Alegou que todos o conheciam como Omar, escolhera o nome "por causa de *Doutor Jivago*, pois no filme Omar Sharif tinha esposa e namorada — e eu também. Três namoradas: 44, 31, 21. Como consigo?"

Eu não havia perguntado.

— Diamante azul, sabe? Viagra!

— Você lutou na guerra? — perguntei.

— Sim. Do lado dos americanos. Era fuzileiro naval. Nona Infantaria, no Delta. Eles me mandaram depois para Danang.

— Estive em Danang depois da retirada — falei. — Lugar pavoroso.

— Eu que sei! — Omar disse. — Depois da queda de Saigon fui detido e mandado para a cadeia. Minha filha pegou câncer por causa do Agente Laranja. Eu queria ir para os Estados Unidos, mas na embaixada disseram que eu não havia passado muito tempo na cadeia, só quatro meses. Meu cunhado ficou preso de 1975 até 1984.

— E o que aconteceu com ele?

— Os Estados Unidos cuidam de gente assim. Mantiveram a palavra. Disseram "Tudo bem". E deram visto para ele. Mora em Houston. Tenho um primo em Portland. Outro em Los Angeles. Tenho 47 parentes nos Estados Unidos, mas não podia ir. Agora, estou velho demais.

— Por que o mandaram para a prisão?

— Eles me pegaram por ter sido soldado do lado americano. Fui para um campo perto da fronteira com o Camboja. Era uma merda. Eu trabalhava o dia inteiro e estudava de noite. — E começou a cantar — Lenin-Marx-Ho-Chi-Minh, Lenin-Marx-Ho-Chi-Minh.

Ele balançava a cabeça ao cantar, segurando um copo grande de cerveja numa das mãos e um rolinho primavera na outra.

— Eles diziam: "Seu cérebro derreteu, cara. Volte para dentro. Vamos dar um jeito."

— E você foi reeducado?

— Se quiser chamar assim. — Ele ria, embriagado. — Você acha que vai passar alguns dias lá, mas passa semanas. Meses. Anos, em alguns casos. Meu cunhado trabalhava para a CIA. Por isso pegou nove anos.

Tudo isso aconteceu depois da queda de Saigon, disse, quando a embaixada foi abandonada e os norte-americanos fugiram de helicóptero, com pessoas agarradas ao trem de pouso.

— Descobriram quem eu era — disse, referindo-se ao Vietcong, que ocupara a cidade. — Disseram: "Você vai para a cadeia, cara." Era como em *O Rio das Almas Perdidas*. Viu este filme? Sensacional, com Gary Cooper, ou John Wayne.

Nenhum dos dois, na verdade. Conferi mais tarde, era com Robert Mitchum e Marilyn Monroe. Estranho que Omar, um sedutor declarado, tenha se esquecido de mencionar Marilyn.

Ainda havia gente presa, disse. E começou a olhar em volta do salão da imensa cervejaria, onde havia música alta, televisão passando videoclipes e homens tomando cerveja e fumando.

— Mas aqui não é o Camboja. No Camboja matam as pessoas na prisão. Aqui nos fazem trabalhar e ler sobre política. Não matam as pessoas.

Ele passou a falar com cautela, de modo claramente confidencial, como os bêbados costumam fazer, mas sempre de modo espalhafatoso, usando sussurros teatrais pomposos e caretas cinematográficas para mostrar que estava sendo discreto.

— Vamos para outro lugar. Preciso ser cuidadoso. — Ele apontou para o garçom, com a cabeça. — As pessoas podem ouvir.

Quando ficou mais bêbado, a exemplo do que ocorre com muitas pessoas embriagadas, abusou um pouco da situação, pedindo que eu pagasse outra cerveja e o acompanhasse até Cholon para pegar mulher. Também falou muito em George W. Bush, que visitara o Vietnã recentemente com a secretária de Estado, Condoleezza Rice.

— Ela é namorada dele! Tenho certeza! Percebi na hora. Conheço as mulheres!

Enquanto isso, o bar encheu, ficou barulhento, e para completar o quadro de desordem, a televisão mostrava a cobertura de um tufão que acabara de matar mil pessoas nas Filipinas e se aproximava do Vietnã.

Omar estava mais calmo no dia seguinte, mas continuava dramático e ocasionalmente fazia alusão, com expressões faciais exageradas, aos comportamentos sinistros do atual governo vietnamita. Isso era raro. A maioria das pessoas desprezava a filosofia política, considerava-a uma enganação e seguia suas vidas.

Estávamos parados na frente de uma lojinha de antiguidades, e perguntei à mulher que me mostrava um entalhe o que ela pensava do governo.

— Política! — Omar disse. — Não fale nada! As pessoas estão ouvindo! — disse em voz alta o suficiente para ser escutado na próxima quadra.

A caminho do Museu das Reminiscências da Guerra (sugestão minha — ele alegou que "era pura propaganda"), Omar contou que nascera em Hanói e fora trazido para o sul quando criança, pois o pai servia no exército francês. Passamos pelo consulado norte-americano, onde um número assustador de vietnamitas fazia fila, tentando obter vistos para entrar nos Estados Unidos. Perto dali havia um monumento dedicado à memória dos 168 combatentes do Vietcong mortos numa escaramuça no local, em janeiro de 1968.

— Agora todos precisam respeitá-los como heróis — Omar disse. — É o que está escrito.

— Eu gostaria de saber a tradução literal.

— Não podemos parar aqui. Há polícia por todos os lados. Eles pedirão meus documentos se você fizer anotações.

Um dado revelador. Os vietnamitas da idade de Omar eram paranoicos e ariscos. Os jovens ignoravam datas e nomes, não se importavam, não se interessavam.

O Museu das Reminiscências da Guerra era uma história visual do caminho do Vietnã até a independência — uma estrada sangrenta de cadáveres e minas terrestres que ocupou grande parte do século XX e começou pela guerra contra a França. "O Vietnã tem o direito de desfrutar sua liberdade e independência", Ho Chi Minh escreveu e também gritou isso para a multidão na praça Ba Dinh em 1945. O desafio fez com que os franceses lubrificassem a guilhotina (em exibição pública), mas em menos de dez anos o exército francês foi humilhado e destruído em Dien Bien Phu. Chegou então a nossa vez.

A pavorosa sucessão de imagens de tortura, massacre, bombardeios maciços, herbicidas, desfolhantes, terror e dioxina lançados de avião, soldados do Vietcong atirados de helicópteros ou arrastados até a morte, morte de civis, caminhões-tanque de napalm pilotados por sorridentes soldados americanos e exibindo os dizeres *The Purple People Eater*[*] — a galeria de fotografias medonhas, condenatórias, que se estendia por dez salas — era ainda mais chocante por ter sido, em sua maioria, obra de fotógrafos norte-americanos e estrangeiros. Sujeitos como Larry Burrows, Robert Ellison, Sean Flynn, Oliver Noonan, Kyoishi Sawada e Henri Huet produziram imagens muito mais chocantes do que as feitas pelos fotógrafos oficiais vietnamitas. Nas fotos deles, o soldado norte-americano era um personagem isolado, atormentado ou ferido, lutando durante a retirada, enquanto as fotos do Vietcong mostravam grupos de soldados vietnamitas impetuosos, manobras, equipes, raros indivíduos.

---

[*] Composta e interpretada por Sheb Wooley, *The Purple People Eater* é o nome de uma canção que fez muito sucesso nos Estados Unidos, em 1958.

Dedicaram diversas salas do museu aos protestos contra a Guerra do Vietnã, não apenas nos Estados Unidos (inclusive a matança de Kent State), como também na Grã-Bretanha, Holanda, Alemanha Ocidental, Suécia e em outros países.

Omar disse:

— Como eu avisei. Propaganda.

Apontei para uma foto e disse:

— Este aí sou eu.

Não era eu, mas poderia ter sido: mesmo cabelo desgrenhado, óculos de aro grosso, rosto pálido do inverno, durante uma manifestação na frente da Casa Branca na chuva, com algumas poucas centenas de opositores. E em minha lembrança surgiu uma cena vívida, frustrante.

Está perdendo o seu tempo, dizia meu irmão mais velho, envergonhado. *Deveria ter ficado em Amherst.*

Você ouviu o que Paul acabou de dizer? Sua esposa aquilina e irônica gritou, caindo na gargalhada ao me ouvir citar um verso do livro de poemas *Prison Diary* (Diários da prisão), de Ho Chi Minh: "O poeta também precisa saber como liderar um ataque."

Do início à metade dos anos 1960, nos Estados Unidos, se opor à guerra era considerado traição, mas o período fora registrado em detalhe e recordado com carinho no Museu das Reminiscências da Guerra. Gostei de visitar aquela sala, que celebrava os rebeldes, os manifestantes que erguiam bandeiras, os que gritavam e cantavam contra uma política que massacrava os vietnamitas e enviava soldados norte-americanos para morrer no conflito. Como resposta, eles me jogaram na cara que eu havia entrado para o Peace Corps e permanecido na África nesse período, como professor. Eu não me arrependia nem um pouco.

— Vamos tomar uma cerveja — Omar disse. No bar, ele falou: — Você é engraçado, sabia?

— Por quê?

— No museu, vi você fazendo anotações o tempo inteiro.

— E daí?

— Você acha que as pessoas estão interessadas? — Ele riu. — Ninguém quer ouvir falar naquilo. — Ele bebeu mais e passou a encarar o copo como se houvesse uma aranha no fundo. — Talvez por isso eu goste de você. Foi terrível, cara. Terrível.

Ele me disse que estava velho demais para pensar em ir para outro lugar. Não quis lhe dizer que, no final das contas, as coisas haviam dado certo.

Falei:

— Li em algum lugar que despejaram 7 milhões de toneladas de bombas no Vietnã.

— Isso foi terrível. — Ele não tirava os olhos do copo vazio. — Eu poderia ir para Bancoc. Morar lá. Seria como em *O Rio das Almas Perdidas*.

Omar envelhecia num país onde predominavam jovens sem recordações da guerra — desprovidos de amargura e de conhecimento histórico. Ele tinha razão. Os visitantes do museu da guerra (havia outro, municipal, que mostrava a queda de Saigon) eram majoritariamente turistas estrangeiros, e não vietnamitas. Omar, como muitos outros da mesma idade, fora esgotado pelo esforço de guerra norte-americano e pelos franceses, aos quais seu pai servira. Enquanto meditava sobre a derrota e a traição, os jovens pensavam no futuro.

Era possível ver nas fotografias que um dos objetivos dos generais norte-americanos era arrasar o Vietnã, queimar tudo para afugentar o Vietcong. Exibiam a fúria, a revanche, o desespero, a irracionalidade e o niilismo que tomam conta do guerreiro desmoralizado quando ele não vê saída. Nós falhamos.

Os vietnamitas desfrutaram a vingança na forma do capitalismo mais descarado, egoísta e oportunista possível. Pirataria, cópia de produtos patenteados, relógios Rolex falsos, peças de design clonadas, livros, CDs e DVDs de músicas populares e filmes de sucesso — tudo disponível, assim como a imitação e cópia em escala industrial de praticamente tudo o que já tentamos produzir. Um paradoxo espantoso que, depois que fracassamos em nossos esforços para destruir seu sonho de um paraíso socialista, dividir seus compromissos de lealdade e promover sua destruição para obter lucros, eles tenham se transformado em empresários e empreendedores. Enfim, apesar de nosso empenho em demolir o país, Saigon era um imenso bazar do capitalismo implacável, de busca frenética pelo dinheiro na qual eles nos derrotavam em nosso próprio campo.

Fui até Cholon, só para dar uma espiada. Certo dia fiz uma refeição no hotel Continental — na "plataforma Continental", a varanda na qual me embriaguei antes da queda de Saigon, vendo a fumaça subir nos subúrbios da cidade, que fora fechada e era atualmente um restaurante italiano.

O Vietnã que eu havia conhecido em 1973 não existia mais. Para a maior parte dos jovens do sul, a guerra não era sequer uma recordação. Um dos motivos para isso foi que em tantos anos de guerra, desde nossa primeira incursão como conselheiros militares em 1961 até a queda de Saigon em 1975, não erguemos uma única estrutura permanente. Os franceses deixaram igrejas antigas graciosas, escolas em estilo colonial, mansões formidáveis e edifícios municipais imponentes, mas em 14 anos, apesar dos bilhões de dólares gastos, os Estados Unidos não deixaram para trás um único prédio útil. A não ser pelas minas terrestres, crateras de bombas e amputados, era como se nunca tivéssemos passado por ali.

Durante o café da manhã, em Saigon, li um artigo no *Vietnam News*, em inglês, com o título "Hoje na história": "Em 1976, a ferrovia Trans-Vietnã foi oficialmente reaberta, depois de trinta anos de divisão do país. A construção da linha de 1.700 quilômetros foi terminada em 1936."

Em 1973, eu havia viajado o máximo possível até o norte, saindo de Saigon de trem, apesar de alguns trechos terem sido bombardeados. Cheguei ao fim da linha, a medonha cidade sitiada de Hue, perto da costa. Adiante havia bases de foguetes e a zona desmilitarizada — era proibido atravessá-la.

Terminei o café da manhã e fui comprar as passagens de trem. O sr. Lien ajudou-me a comprá-las, pois falava inglês fluente. Nascera em 1973, em novembro, mês de minha primeira visita. Era animado, eficiente, otimista e divertido — nenhuma vocação para arranjar encrenca. Uma passagem era para o vagão-dormitório, até Hue, que eu já conhecia, e outra de Hue até Hanói, onde eu nunca havia posto os pés.

25   *Trem noturno para Hue*

O tufão que não saía do noticiário, uma mancha negra agourenta no mapa do tempo, quatro dias antes, atingiu o Vietnã no dia de minha partida: chuva pesada oblíqua em ondas brilhantes sobre a plataforma aberta da estação de Saigon, estalando no cimento preto antigo e encharcando as banquinhas de comida montadas para atender aos viajantes. Mas eu sorria. Nada como o tempo fechado para transformar uma simples partida em um evento memorável e dramático.

Mesmo debaixo de chuva, com vento e poças d'água, a estação era bem-organizada; havia comida para viagem, como arroz com frango, bolinhos e linguiças, frutas, água mineral, biscoitos e cerveja. Comprei uma sacola de itens variados e notei que havia oito jornais diários em vietnamita, nenhuma presença policial ostensiva, nem revista de bagagem ou qualquer forma de constrangimento, enfim, nenhuma invasão, por menor que fosse, da privacidade ou da intimidade da pessoa. O bilheteiro era uma mulher educada e atraente de 30 anos, vestindo um uniforme azul elegante. Aquela ordem, prosperidade e eficiência, os vietnamitas tinham conquistado sozinhos, após décadas de guerra, apesar de nós; não poderíamos reivindicar nenhum crédito por elas.

Para um norte-americano, viajar pelo Vietnã servia como lição de humildade. O país perdera 2 milhões de civis e um milhão de soldados, nós perdemos menos de 58 mil homens e mulheres. Eles não tocavam no assunto no nível pessoal, ou ao fazê-lo não atribuíam culpa pessoal. *Não foi você*, diziam, *foi seu governo*.

Em minha cabine no vagão-dormitório confortável havia dois jovens de 20 e poucos anos: o sr. Pham Vai Hai se despedia da esposa. Estavam sentados no lugar dela, de frente para o meu, de mãos dadas.

— Ela vai descer em Qui Nhon — o sr. Pham disse. — Eu não vou. Ela vai visitar a família.

Vi no mapa que Qui Nhon situava-se na metade do caminho para Hue, capital da província de Binh Dinh, sítio de intensos combates. Mas o sr. Pham não mencionou isso. Contou que havia crescido lá, mas, como não havia trabalho em Qui Nhon, ele e a esposa migraram em busca de oportunidades.

— Por isso viemos para Saigon. — Até então ninguém usara o nome de Cidade de Ho Chi Minh. O sr. Pham disse que era corretor imobiliário. — Vivemos muito ocupados. Todos querem comprar imóveis.

— É uma cidade agitada.

O sr. Pham deu de ombros e disse:

— Saigon não é uma cidade bonita. Mas será, um dia. Estive em Cingapura e Bancoc. Precisamos de mais investimentos estrangeiros, como eles. Mais companhias instaladas aqui. Faremos dela uma linda cidade.

O mercado imobiliário estava em expansão, segundo ele. Prédios de apartamento em construção, para atender à demanda. Ele também estava envolvido em construção; portanto, sabia do que estava falando. Enquanto contava, a esposa sentada a seu lado o ouvia atentamente. Era alta e esguia. Parecia atleta, usando conjunto esportivo com a palavra *Ginasta*.

— Faça uma boa viagem — o sr. Pham disse, e me entregou seu cartão de visitas. Desceu do trem ao ouvir o apito. Aquela era uma das situações esquisitas de viagem, ali e em muitos outros lugares, o marido deixando a jovem esposa na companhia de um estrangeiro, numa cabine minúscula, acenando enquanto os dois, sentados nas camas-prateleiras, estavam a ponto de passar 12 horas em agradável proximidade, balançando lado a lado, a linda mulher e o estrangeiro hirsuto; mesmo assim, ele parecia não se importar.

O nome dela era Phuong. Doce, tímida, muito jovem. Mais tarde ela me contou, contente, que estava grávida de um mês e que ia visitar a família em sua cidade natal para dar a boa notícia. Arrumou a cama assim que o trem deixou Saigon, entrou debaixo das cobertas e dormiu enquanto eu observava a passagem dos últimos trechos da cidade, nos subúrbios onde os prédios de apartamento davam lugar a bangalôs e casinhas entre arrozais e canais, ainda debaixo de chuva. Phuong dormia com os lábios entreabertos, ligeiramente pálida, com a sedutora palidez do rosto de alguém profundamente adormecida. Precisei me esforçar para olhar pela janela.

Estava tudo em paz — campos verdejantes, crianças brincando nos pomares, pequenas estações cobertas de telhas vermelhas, brejos e milharais, porcos fuçando na lama, galinhas correndo pelos quintais. Idílico, pensei.

Lembrava-me de uma Saigon tensa e deserta, o campo cinza e fortificado; poucas pessoas plantavam na época, muitos lugares eram proibidos. Em minha memória, o Vietnã era muito escuro, existia numa penumbra de medo — um mar de minas em que seria impossível caminhar ao acaso, em que muitas pontes estavam prontas para serem dinamitadas por comandos.

Aquele mundo sombrio não provinha da minha imaginação. A guerra — sua transitoriedade e suas urgências — transformara o sul do país num mar de lama e estradas profundamente sulcadas pelo trânsito de tanques e caminhões pesados. Devido aos desfolhantes químicos despejados por nós em grandes quantidades, não havia árvores grandes nem antigas.

Passamos por Bien Hoa, onde eu já havia estado, e entramos no interior, atravessando os campos abertos por várias horas. A paisagem verde extensa era a realidade do Vietnã, Saigon constituía uma exceção, com população densa, tamanho e cacofonia. No resto do país, búfalos, bananais e agricultores nos arrozais dominavam o cenário.

Eu estava lendo um romance chamado *The Sorrow of War* (A dor da guerra), escrito pelo autor vietnamita Bao Ninh, ex-combatente. A história se passava num distrito chamado Selva das Almas Uivantes, perto de Kontum, ligeiramente a nordeste da cidade para onde ia Phuong. Era um romance de amor, mas tratava também da batalha, dos dez sobreviventes (Bao Ninh fora um deles) da brigada de quinhentos homens que havia sido massacrada pouco antes da queda de Saigon, em 1974. Em outras palavras, a batalha ocorrera pouco depois de minha passagem por lá.

Phuong acordou, espreguiçou-se e notou que eu lia. Disse que não conhecia o livro. Acrescentou, como se fosse uma justificativa, que não se sentia muito bem, por causa da gravidez, motivo adicional para ir ver a família.

— Minha família cuidará de mim.

— Que tipo de trabalho você faz em Saigon?

— Sou inspetora de fábrica — ela disse. — Fazemos sapatos femininos de couro.

Desenhei um sapato de salto alto elegante numa das páginas do bloco. Ela sorriu ao ver o desenho e disse:

— Isso mesmo! — Os sapatos eram exportados para a Europa e para os Estados Unidos.

Com a rudeza que caracteriza os viajantes num país assim — eu jamais arriscaria fazer tais perguntas a um norte-americano —, indaguei quanto ela ganhava e pedi detalhes de seu trabalho. Ela me disse que na sua faixa as pessoas ganhavam quatrocentos dólares por mês. Poderia ser verdade? O marido ganhava setecentos dólares mensais. Valores bem mais altos do que os salários de trabalhadores em funções equivalentes na Romênia e na Turquia.

Depois que escureceu, em Cam Ranh — por onde eu também passara, naquela época uma cidade ocupada — dois senhores de meia-idade entraram na cabine e ocuparam os leitos superiores. Eram operários: os dois carregavam capacetes de obra. Permaneceram nos leitos até o jantar ser servido pelo bilheteiro de uniforme azul: cada um de nós recebeu uma bandeja plástica, uma caixa com arroz e tigelinhas com vegetais condimentados.

— Você bebe? — um dos homens me perguntou. E ofereceu uma garrafa de vinho de banana. Era meio marrom, cor de chá fraco. Senti o aroma e, por educação, dei um gole pequeno, sentindo gosto de formaldeído.

Nha Trang, não menos presente em minha memória, era a próxima parada.

— Cidade turística — Phuong disse.

Chovia forte ali, o tufão agitava tudo; lá do alto, as gotas grossas fustigavam as paredes dos barracos próximos. Phuong saiu correndo na chuva e voltou para o compartimento com duas espigas de milho cozido fumegantes e colocou uma delas de pé no colo, segurando-a com as mãos brancas. Sorriu e preparou-a para mim, removendo a palha com dedos delicados.

— Como se chama isso? — perguntei.

— Pipoca — disse.

Li um pouco mais de *The Sorrow of War*, cochilei e acordei quando o trem chegou a Qui Nhon, por volta da meia-noite. Phuong apertou minha mão e desceu. Um sujeito enorme ofegante entrou na cabine e imediatamente ocupou seu leito. Ficou sentado, olhando fixamente para mim com olhos embaçados. Temi perder a mala, guardei-a debaixo do meu travesseiro e dormi até amanhecer.

O mar agitado pela tempestade ficava a um metro e meio da linha férrea que acompanhava a costa. As derradeiras investidas do tufão fustigavam a orla. Estava acordado desde Danang, que também conhecia, outra cidade sitiada naquele período, onde um maquinista desafiador me levou na direção oposta com a locomotiva para provar seu ponto de vista. Sorridente, meio amalucado, ele havia dito que provavelmente haveria minas nos trilhos, mas que nem assim "o Vietcong conseguiria nos deter". Aquilo que tinha me apavorado ficou marcado na minha mente por causa do medo; agora ocorria o oposto, o percurso por entre as palmeiras era quase soporífero, e no lugar dos ninhos de metralhadora na costa mutilada havia resorts de praia.

Bananeiras pingando água, dunas cinzentas encharcadas, esguias sampanas arrastadas acima da linha da maré alta, janelas do vagão embaçadas de chuva. O bebedor de cerveja desceu em Danang. O bilheteiro trouxe para os três passageiros restantes uma tigela de massa oriental. Peguei as tangerinas compradas em Saigon e as reparti com meus companheiros — os trabalhadores da construção civil —, sentados agora na minha frente.

Embora falassem inglês básico, no começo não disseram quase nada. Oanh, o menor e mais rijo dos dois, terminou de comer o macarrão oriental e ficou tomando o vinho de banana em goles grandes. Seu amigo, Thanh, chegou a me assustar um pouco quando se abaixou para trancar a porta da cabine.

— Por que trancou a porta? — perguntei.

Thanh sorriu, ergueu a mão num gesto que significava sei-o-que-estou-fazendo e tirou um saquinho plástico do bolso da calça. Sentou-se e o abriu. Senti o aroma excêntrico de maconha úmida.

Thanh enrolou um pedaço de jornal, formando um tubo rígido com cerca de 20 centímetros de comprimento. Encheu o tubo de fumo, fazendo o clássico baseado, que acendeu, aspirou, tragou e soltou soluçando, com os olhos desfocados. Oahn fumou também e gorgolejou feliz. Depois foi a minha vez — uma bomba às sete da manhã.

Quando terminamos o ritual matinal, Thanh jogou os restos pela janela e destrancou a porta.

— O que era aquilo? — perguntei, falando de forma indistinta.

— *Phien* — ele disse, mas pronunciou *fyeh*.

Os dois sorriam calmamente, desfrutando a viagem, enquanto o trem corria ao longo da costa, passando por arrozais e campos inundados. Algumas casas também haviam sido inundadas, as varandas e o térreo estavam debaixo d'água. A estrada costeira era bem-pavimentada, com cerca de segurança e boa drenagem, muito mais sólida e bem-construída que a Kamehameha Highway, na costa de Oahu, por exemplo. A não ser por alguns carros e motociclistas com capa de chuva plástica, não havia tráfego. Um outdoor enorme, para anunciar certa marca de arroz, fora erguido no local em que antes haveria um ninho de metralhadora — na entrada da ponte ferroviária, acima do bueiro.

A novidade do momento era a Guerra do Iraque, portanto (embora eu considerasse as notícias deprimentes), senti alívio ao ver tanta coerência e serenidade: tocar a vida adiante depois da guerra, sem culpa, enterrando o passado, um povo que olhava para a frente.

Para reduzir o peso dos livros, eu estava copiando citações da biografia de Pol Pot para meu caderno. Ao reconhecer a foto de Pol Pot na capa, Oahn a tocou.

— Pol Pot — falei.

— Sujeito ruim — ele disse.

Em seguida, falou com Thanh em vietnamita. E Thanh disse:

— Nós lutamos — e tocou na foto do rosto de Pol Pot. Pegou minha caneta e escreveu *1976* e *1978* em meu caderno, mostrando dois dedos para indicar os dois anos no Camboja. E apontou para Oanh. — Ele também.

Ainda exibindo o sorriso plácido dos chapados, Thanh explicou com gestos e algumas palavras que ele e Oanh haviam lutado na primeira ofensiva vietnamita para derrubar Pol Pot e o governo do Khmer Vermelho. Foi a chamada guerra por procuração do governo Carter, quando estimulamos os chineses, com total cinismo, esperando assim enfraquecer o Vietnã.

— Você lutou aqui também? Vietcong? — perguntei.
— Sim, claro. Em 1969 e depois. Ele também.

O estoicismo e a tenacidade assemelhavam-se à atitude de muitos homens descritos no romance de Bao Ninh. Eles haviam transportado suprimentos e comida pela trilha de Ho Chi Minh, segundo me contaram. Os dois foram bombardeados por aviões norte-americanos num lugar chamado Con Meo (Morro do Gato). Passaram 12 anos combatendo, primeiro contra os norte-americanos, depois contra os cambojanos; agora eram operários da construção civil em Hanói, erguendo novos edifícios.

— De que país você é? — Oahn perguntou.
— Estados Unidos.

Isso o surpreendeu um pouco, fez com que sorrisse. Apertou a minha mão. Todos nós trocamos apertos de mão. Como no caso do sr. Pham, no dia anterior, houve apenas cordialidade no encontro — nada de lições de moral, testas franzidas, censuras. Quase todos os vietnamitas que conheci eram assim — não se mostravam ressentidos, vingativos, do tipo "Esquecer, nunca!". Eram pessoas compassivas que cuidavam de suas vidas, esperançosas e humanas.

Em *The Sorrow of War*, o personagem principal, Kien, ouve alguns soldados em Hanói conversarem sobre a vitória no Camboja. "Mas ele sabia que não era verdade que os jovens vietnamitas gostavam de guerra. Não era verdade mesmo. Se a guerra acontecia, eles lutavam, e lutavam corajosamente. Mas isso não queria dizer que eles gostavam de combater. Nada disso. Quem gostava da guerra não eram os jovens, e sim os outros, como os políticos."

O trem estava parando em Hue. Na última vez em que eu estivera aqui, a cidade se encontrava sob o domínio de soldados norte-americanos furiosos e apavorados, parecia um inferno. O inferno da guerra — lama, escombros e incêndios, toda a cidade fedorenta em decadência — não se tratava de uma metáfora vazia, e sim do próprio inferno.

■ ■ ■

Hue, na minha lembrança, era uma cidade bombardeada, destruída pela guerra, praticamente deserta, com ruas lamacentas, casas fechadas e um hotel chamado

Morin Brothers, luzes fracas, patrulhas do ARVN passando velozmente de jipe pelas ruas esburacadas, intermediários que prometiam o êxtase nos cruzeiros pelo rio Perfume, com prostitutas e drogas em barcos pequenos iluminados por lanternas penduradas. Prostitutas e soldados eram só o que restava de uma cidade praticamente destruída durante a ofensiva do Tet em 1968, quando o Vietcong conquistou a cidadela de Hue e a manteve sob sua bandeira por 24 dias. A bandeira tremulava novamente, agora sobre a cidadela reconstruída e o palácio real, a Cidade Roxa Proibida, que na época era mera hipérbole e agora se tornara realidade.

Hospedei-me novamente no Morin, o hotel à beira do rio, mas era um lugar reencarnado. A cidade fora restaurada e ampliada: os edifícios administrativos construídos pelos franceses, as igrejas e escolas, os prédios chineses na margem oposta, os bairros das lojinhas e bangalôs com jardins e pátios murados, as ruas estreitas, os bares e pequenos restaurantes. O ofício de condutor de riquixá, ou *cyclo*, fora recuperado, bem como sua conversa:

— Massagem, senhor? Quer mulher? Moça bonita! Eu levo lá!

O que mais me atraía em Hue não era a imponência imperial, a altivez indochinesa ou a profusão de templos, e sim o fato simples das cozinhas abertas — devido ao calor e à tranquilidade reinante na cidade — e o modo como se podia ver as pessoas, geralmente mulheres, preparando a refeição vespertina, macarrão em panelões, carne grelhada, bolinhos em *wok*, enquanto as famílias esperavam, sentadas em banquetas baixas de madeira. Nada era mais indicativo de paz do que pessoas comendo sem pressa, com alimento abundante: parte da vida doméstica a céu aberto, mulheres idosas e crianças sentadas à porta de casa, vendo a chuva cair.

Praticamente não havia distinção entre uma cozinha doméstica e um restaurante aberto ao público. A plataforma aberta da residência atendia aos dois propósitos: a mulher que colocava a massa na panela de sopa cheia de vegetais conversava com as amigas e cuidava dos filhos enquanto servia os fregueses, tudo ao mesmo tempo.

Lembrei-me da ansiedade que senti aqui na época da guerra, quando não podia caminhar para lugar nenhum — ia sempre de carro, rapidamente, para qualquer destino — e atravessei a pé para a margem norte do rio, fui ao mercado de Dong Ba conferir as pilhas altas de frutas e vegetais, as torres de panelas e caçarolas, as bancas de chá, os bagres, as enguias e os atuns limpos, o bazar das especiarias, as bancas que vendiam ervas medicinais, as prateleiras de vinho de serpente (cada garrafa exibia uma cobra enroscada em conserva), as pilhas de roupas. Do lado de fora, onde o mercado acabava no rio, uma moça esguia de chapéu de palha em forma de cone conduzia uma sampana; em pé na popa ela manipulava o remo como se fosse um gondoleiro. Na margem uma mulher lavava roupa, alguns homens levavam fardos para uma barcaça, famílias se acomodavam em barcos grandes para a longa jornada fluvial até seus vilarejos. As embarcações se movimentavam pelo rio como besouros d'água, passando pela antiga cervejaria, pelos templos decadentes, pelos capões de bambu que acompanhavam as margens e pelos barcos que serviam de casas e estavam ancorados em grupos, formando aldeias flutuantes.

Tudo isso simbolizava a vitalidade, a riqueza e o colorido da Ásia. Entretanto, além do vinho de serpente, do chifre de veado em pó afrodisíaco e do chá aromático prensado, havia a nova Ásia da pirataria engenhosa: tênis Nike de imitação, relógios Tag Heuer falsos por 15 dólares, camisas polo Lacoste, isqueiros Zippo e montanhas de CDs piratas. Talvez a nova Ásia estivesse também no modo como os camelôs vietnamitas incitavam os transeuntes, gritando coisas como "Compre!" para mim do mesmo jeito que os condutores de riquixá gritavam "Massagem!" — uma persistência que beirava o incômodo. Mas quem poderia censurá-los?

— Trabalhei para os americanos — disse um ambulante idoso. E um condutor de *cyclo* contou: — Eu era soldado do lado americano. — Ouvi isso com frequência em Hue.

Numa travessa, parei para descansar numa loja aberta, sentado numa banqueta para me proteger da chuva, e uma mulher apareceu com uma tigela de sopa de peixe e um prato com ovos de codorna cozidos. Tomei chá, e logo depois a filha adolescente da mulher chegou da escola e traduziu as perguntas da mulher: Eu era casado? Tinha filhos? Gostara da sopa de peixe (que a filha chamou de *banh canh ca loc*)? E de onde eu vinha?

Ah, claro, americano! Seja bem-vindo. Tome mais sopa de peixe!

Uma coisa chamou mais a minha atenção do que tudo, em Hue. Por um momento, deixei de lado minha lembrança da apreensão e ausência de vitalidade, do caráter bizarro da guerra: frenesi num minuto, tédio no outro, burocracia e formalidades estapafúrdias, um suspense que também fazia parte do terror. Uma diferença tão grande que quase anulava a memória.

Eu tinha consciência disso desde que entrara no país, embora sem me deter ou registrar este aspecto. Eram as roupas das pessoas — a alvura dos vestidos brancos, os colarinhos engomados, o decoroso *ao dais*, os numerosos homens de camisa social ou terno, a elegância e o asseio das crianças, não por serem roupas novas, mas pela limpeza de uma população bem-educada e civilizada que falava com confiança e respeito próprio; até nos bairros mais enlameados de Hue as roupas pareciam recém-lavadas.

Aquilo tudo era novidade para mim, a Hue dos tempos de paz em nada se assemelhava à Hue dos tempos de guerra. Os ninhos de metralhadora e trincheiras vietcongues nas muralhas antigas da cidade mais pareciam itens antiquados de cenário do que remanescentes da batalha. A não ser pela cidadela, não havia lugares reconstruídos ou restaurados, mas sim reencarnados, como no resto do Vietnã, uma cidade inteira surgida das cinzas da guerra.

Eu elogiava a sopa de peixe a um homem em Hue que disse:

— Você precisa experimentar a sopa de enguia.

Na busca pela sopa de enguia encontrei o sr. Son, cujo restaurante numa esquina na parte sudeste da cidade era outra cozinha a céu aberto que poderia ser uma cozinha familiar, pois continha apenas duas mesas e algumas banquetas. Uma placa escrita à mão dizia: *Chao Luon* — sopa de enguia. Não havia outros fregueses. Ele também vendia cerveja, uísque, carne enlatada e massas secas; a esposa lavava para fora. Tinha sopa de peixe, mas não de enguia.

— Os negócios andam ruins — o sr. Son disse. — Se eu tivesse mais clientes, providenciaria outra mesa.

— Fala inglês muito bem.

— Trabalhei para o exército americano, é por isso.

— Em que época?

— Na época ruim. De 1968 até eles irem embora. Era cozinheiro em Camp Eagle. Primeira Aerotransportada. — Ele explicou que a base ficava a uns 15 quilômetros de Hue; as tropas norte-americanas se instalavam fora das cidades.

Quando terminei de comer, ele me convidou para voltar no dia seguinte, pois faria sopa de enguia para mim. Com a receita de sua avó.

O sr. Son me esperou na noite seguinte. Eu estava ansioso para encontrá-lo, pois tinha a minha idade e falava inglês, estava em Hue quando vim pela primeira vez, no período mal-assombrado e cheio de suspense entre a retirada norte-americana em 1972 e a queda de Saigon, três anos depois.

Mais uma vez, eu era o único cliente. Pedi cerveja, o sr. Son sentou-se à mesa comigo e serviu sopa de enguia, explicando que era uma receita de sua avó. Ela cozinhou no palácio real, a partir de 1917, quando um imperador da dinastia Nguyen governava daqui.

A sopa de enguia da sra. Son: numa panela grande, coloque ossos de porco com muita água e cozinhe com vegetais durante cinco horas, sem ferver. Coe e reserve o caldo. Refogue cebola e alho em outra panela grande. Acrescente cogumelos, pimenta, especiarias (anis e cardamomo), vagem, feijão-branco e enguia em postas. Adicione o caldo. Leve ao fogo e ferva em fogo brando por cerca de uma hora.

Comi, depois conversamos sobre a guerra. Ele achava estranho que pouca gente a mencionasse. A maioria era jovem demais para lembrar, ou nascera em tempos melhores. A guerra foi uma época sofrida, mas aprendera a cozinhar e gostava do que fazia.

— Eu gostava dos americanos — disse. — Eles eram legais comigo.

Ganhava cerca de trinta dólares de salário por mês — trezentos dólares em moeda militar; o exército dos Estados Unidos no Vietnã imprimia seu próprio dinheiro — ele havia começado por baixo, na cozinha.

— Primeiro, como eu sabia escrever em inglês, eu preparava as listas. Feijão, pão, carne, farinha. E cozinhava pratos simples. Espaguete é fácil. Hambúrguer também é fácil. Os homens comiam o que eu preparava.

Ele tomava chá enquanto eu saboreava a sopa de enguia, bem condimentada, grossa por causa do feijão-branco e da enguia em postas.

— Muitos homens morreram — ele disse. — E muitos amigos meus também.

— O que achava? — perguntei.

— Era terrível. — Seu rosto se contraiu. — E não havia nada em Hue. Nada! Só encrenca. Ninguém. Combates de vez em quando e bombas.

— Os soldados americanos haviam partido quando cheguei aqui.

— Eles simplesmente foram embora. — Ele sorria, não de alegria, mas de pensar no horror. — Foi em 1972. Fim do emprego. Eu não sabia o que fazer. Todos nós esperamos, e então eles vieram — o VC.

— Onde você estava na época?

— Aqui, mas não fiquei. Fugi. Tinha moto, fui me esconder no interior. Minha casa aqui foi destruída. Não havia registros. Ninguém sabia o que eu fazia. Quando voltei para Hue, os soldados me encontraram.

— Você sentiu medo?

— Sim. Falei a eles: "Gosto de paz!" E era verdade.

— Não foi preso?

— Não. — Ele se levantou e abriu outra cerveja para mim. Assim que se acomodou na banqueta outra vez, disse: — Os anos seguintes foram muito ruins. De 1975 a 1978 não tínhamos comida, roupa, dinheiro, nada. Quase tão ruim quanto a guerra.

Aqueles foram os anos do embargo norte-americano — que durou até 1994 — quando, mesquinhos na derrota, tentamos fazer os vietnamitas lamentarem sua vitória na guerra, e os punimos recusando ajuda e comida. Apoiamos a China, que invadiu o norte e se tornou um exército de ocupação. Foram os primeiros anos da amizade entre os Estados Unidos e a China, a presença sempre ameaçadora do antigo inimigo pairando sobre o Vietnã.

Enquanto conversávamos, o pai do sr. Son, idoso, chegou de seu passeio. Era um senhor miúdo, elegante, de rosto gentil, barba curta e mãos ossudas. Embora fosse magro, parecia saudável.

— Ele não fuma nem bebe — o sr. Son explicou, referindo-se ao pai.

O pai tinha mais de 80 anos, residira a vida inteira em Hue e vira muita coisa — o último imperador da dinastia Nguyen no palácio imperial, o colonialismo francês, os japoneses, os ruídos estrondosos das inúmeras batalhas, das quais os massacres e as decapitações do Tet, em 1968, constituíram apenas um entre os diversos episódios dos levantes.

— Ele parece o Tio Ho — falei.

— Ho era um bom homem — o sr. Son disse. — Ele cresceu perto daqui. Mesmo quando ficou importante, continuou usando roupas simples, não as trocou pelas mais caras. — E riu, pensando no caso. — Assim como você e eu!

O senhor agora sorria. Fiz um comentário sobre isso.

— Meu pai trabalhou para os americanos. Gostavam dele — o sr. Son disse. — As coisas melhoraram. Agora está tudo bem. Somos felizes.

26   Trem diurno para Hanói

Mesmo durante a guerra, quando estive aqui da última vez, ocorreu-me o pensamento de que, se o Vietnã não fosse tão belo, não o teríamos atacado, nem os franceses se dado ao trabalho de colonizar e saquear o país. As montanhas frescas, arredondadas, íngremes, os vales de mata densa e as florestas tropicais inclinavam-se pelos campos férteis até o litoral quente das praias de areia branca e palmeiras; o povo era gracioso, trabalhador e dedicado; o calor do clima tropical envolvente fazia com que parecesse uma espécie de paraíso. Claro que os estrangeiros queriam possuir a terra e seu povo, mesmo que isso significasse estilhaçá-los com bombas. Mas os vietnamitas eram tenazes e orgulhosos, e triunfaram.

Até então eu não tinha visto Hanói, grandiosa como um bairro de Paris; fora construída para servir de capital à Indochina francesa. Os franceses haviam sido humilhados em combate, rendendo-se aos milhares, sendo presos e expulsos; mas pelo menos deixaram longos bulevares de prédios imponentes para trás. Nós nada deixamos, exceto uma quantidade enorme de cicatrizes e o trauma do episódio inteiro, dez anos de terror e 7 milhões de toneladas de bombas.

Durante a ocupação de Hue não realizamos nenhuma melhoria. A pequena estação ferroviária em rosa e branco, parecida com um bolo de aniversário rançoso em sua avenida, era produto do passado colonial francês. Quando a conheci, estava em ruínas. Agora voltava à ativa, cheia de gente, eficiente, com sala de espera limpa e trens que saíam com frequência. Comprei passagem para a viagem de 12 horas até Hanói, algo que passei todos esses anos sonhando fazer.

Agora eu estava no meu lugar no trem de passageiros, trepidando em direção ao norte sobre trilhos que acompanhavam a Rua Sem Alegria, como havia sido apelidada pelos franceses em retirada, atravessando colinas arenosas e brejos acinzentados perto da costa. O que fora a zona desmilitarizada ao longo do rio Ben Hai, na província de Quang Tri, ao norte de Hue, permanecia um campo cheio de minas ativas e bombas que não explodiram, com tantos tanques destruídos e cápsulas de projéteis que os moradores ainda vasculhavam a área em busca de metal reciclável.

Dong Hoi, cidade de casas novas com telhado brilhante, era assim por um motivo: fora arrasada pelos bombardeios e renascera. (Guia turístico: "Foi varrida do mapa pelos bombardeios norte-americanos.") Aqui e ali, entre as casas térreas amplas e os bangalôs, as pessoas cuidavam do fogo em olarias, enquanto outros empilhavam tijolos, e a reconstrução da cidade continuava. O mesmo valia para Vinh, um centro reduzido a pó pelas bombas norte-americanas e que agora se recuperava. A maioria das casas que vi acima do Paralelo 17 era nova, as antigas haviam sido queimadas ou explodidas.

Contudo, mesmo em meio à renovação, o velho Vietnã resistia. Agricultores com lama até o joelho nos arrozais puxavam búfalos asiáticos, numa harmonia que reproduzia a simetria dos campos, dos chapéus em forma de cone e das linhas retas das estradas de terra cheias de poças.

Mais tarde passamos por súbitas elevações, grandes montanhas de pedra com paredes verticais e cumes arredondados. O guarda do trem me explicou que se chamavam Ouanh Binh e estendiam-se por quilômetros. Ao ver uma catedral de domo, o bilheteiro se benzeu com o sinal da cruz, informando que se tratava de uma igreja cristã.

Ao ouvir nossa conversa, um rapaz nos cumprimentou e pegou meus óculos escuros. Colocou-os no rosto e brincou com os amigos, zombando de mim.

— CIA! CIA! — entoou.

— Acha mesmo? — falei.

— Sim. Você é da CIA! — disse e apontou o dedo para mim. Mas estava rindo. Colocou os óculos de cabeça para baixo e deu mais uma volta assim, enquanto os amigos riam.

Os amigos experimentaram os óculos e fizeram caretas. Enquanto isso, o bilheteiro perguntou de onde eu era, e quando lhe disse, ele quis saber:

— Como se sente aqui no Vietnã?

— Feliz por ver que está prosperando, triste por saber que bombardeamos o país.

— Também penso assim. — Seu rosto assumiu um ar sério, e ele sabia que, não importava em que ponto estivéssemos naquela linha para Hanói, havia uma cratera de bomba. E outro fato visível na viagem era a televisão do vagão, que passava desenhos de Tom e Jerry dublados em vietnamita.

O trem estava cheio de vietnamitas em trânsito, e apesar de alguns terem descido em estações intermediárias, a maioria ia mesmo para a capital. Assistiam aos desenhos animados, cochilavam, liam, conversavam. Caixas de comida eram distribuídas aos passageiros, contendo arroz, repolho em conserva, tofu e uma coisa cinzenta e borrachenta que poderia tanto ser carne quanto remendo de câmara de pneu. Lá fora, sempre que passávamos por um campo cultivado, havia pessoas trabalhando, abaixadas, cavando com enxada ou arando. Tudo o que eu via transmitia uma sensação de paz e esperança.

Até o rapaz que brincou com meus óculos me encheu de esperança. "CIA!" gritou quando passei por seu lugar quando esticava um pouco as pernas. Era inofensivo — eu costumo considerar a implicância uma demonstração de confiança e afeto. Quando nos aproximamos de Hanói, o mesmo sujeito citou locais que eu precisava conhecer: o teatro aquático de fantoches, os lagos, o Bairro Antigo e o mausoléu de Ho.

■ ■ ■

Quando o trem se aproximou de Hanói, pouca luz do dia restava no céu; as luzes dos postes e bulevares iluminados davam à cidade uma grande dignidade, o mistério das sombras noturnas em que lagos gloriosos e um teatro de ópera enorme dominavam a cena. Entendi então que chegara a uma espécie de Paris asiática, um lugar maravilhoso.

Eu não fazia a menor ideia. E como poderia? A nobre metrópole sempre fora apresentada aos norte-americanos como a capital inimiga, o ninho de ratos dos bandidos e, menosprezada por nossa propaganda agressiva, seria melhor bombardeá-la e apagá-la do mapa. Havia outra lição nas tortuosas justificativas da guerra: pessoas demonizadas são mais merecedoras da morte; cidades ruins, mais merecedoras da destruição. Falam a respeito delas como inferiores, desprezíveis ou patologicamente hostis; portanto, não representariam uma grande perda quando fossem aniquiladas.

O charme parisiense apresentava um elemento adicional. Encontrei um hotel numa travessa de Frenchtown, perto do conhecido e caríssimo Metropole. Saí para dar uma volta, tarde da noite, e me dei conta de que entre os cafés, restaurantes e mansões elegantes, entre toda essa "francesice", também havia uma série de pequenos restaurantes de massas orientais, ambulantes e camelôs amontoados nas esquinas oferecendo cerveja gelada e peixe defumado. A cidade grande, simples e europeizada abrigava outra cidade, mais apinhada de gente, complexa e asiática, além de bem mais barata.

De volta ao hotel, após a caminhada, sentindo-me feliz, parei debaixo de uma árvore para observar as motos e os scooters que passavam quando uma motocicleta subiu no meio-fio a poucos metros de distância e avançou para cima de mim. Com os braços estendidos acima do guidão, uma moça com cara de gato, cabelo comprido, luva branca e botas altas desligou o motor para lançar beijos para mim.

— Suba! Venha comigo! — Ela se moveu para a frente, abrindo lugar para mim.

— Eu, ir com você?

— Sim, sou madame. Vamos para o meu hotel. Suba!

Existe a fantasia feminina estereotipada da mulher levada por um formoso cavaleiro. Aquela guardava certa semelhança, uma fantasia masculina sobre a qual não ousamos imaginar: ser abordado numa rua escura e levado por uma mulher de cabelos longos montada numa moto. Mesmo assim, hesitei.

— Quer sexo?

— Sim, eu quero — disse, rindo e admirado com a pergunta repentina, sem rodeios. — Mas hoje não posso.

— Quarenta dólar — ela disse. *Fotty dolla*, com sotaque quase de Boston.

Fui obrigado a dispensar a oferta, não por falta de vontade, e sim por ser um homem maduro, feliz no casamento e mais interessado em encontrar um café com internet para mandar um e-mail a minha mulher do que em subir numa moto e ser conduzido aos portais do amor. A cena se repetiu mais duas vezes, surpreendente, com beldades de moto que subiam na calçada, sorriam convidativas, acelerando o motor e oferecendo-se para me levar com elas. Diziam sempre a mesma coisa.

— Suba! Quer sexo?

■ ■ ■

Hanói era uma cidade majestosa de avenidas largas, jardins extravagantes e mansões coloniais pretensiosas, casas vistosas com domos e mansardas, edifícios ministeriais imponentes — com fachadas gaulesas pomposas, inclusive o teatro de ópera do século XIX — e muitos restaurantes bons; ao mesmo tempo, era uma cidade improvisada de bairros fedorentos, ruas labirínticas, restaurantes de massas orientais e feiras livres nas quais os feirantes gritavam, pisando nas frutas descartadas. Era também uma cidade de parques e lagos graciosos, rodeados por praças bem-cuidadas. A capital francesa fora transformada em capital vietnamita sem que se visse o menor sinal do envolvimento norte-americano. Claro, pois este não existira: havíamos bombardeado Hanói e minado o porto de Haiphong; portanto, nossa história na cidade continha apenas infâmia e ataques maldosos vindos do alto.

Eu não conseguia parar de me surpreender com a atitude da maioria dos vietnamitas, sempre dispostos a perdoar ou tocar a vida para a frente, quando surgia o assunto da guerra. Uma exceção a isso era a lembrança, por parte daqueles que o sofreram, do que ficou conhecido como o bombardeio de Natal de Hanói. O inegável gesto genocida de pura maldade ocorreu em dezembro de 1972, poucas semanas antes da assinatura do cessar-fogo, como uma derradeira bofetada rancorosa, com a diferença de não ter sido uma bofetada e sim uma ofensiva poderosa de bombas incendiárias cujo objetivo era incinerar e assustar os vietnamitas.

Nixon havia ordenado o ataque aéreo em meados de dezembro, e por 11 dias o céu sobre a capital foi escurecido pelos bombardeios B-52. Na operação eles despejaram 40 mil toneladas de bombas de minas aéreas, que atingiram a faixa de Hanói até o porto de Haiphong, matando aproximadamente 1.600 vietnamitas. Vinte e três aviões norte-americanos foram derrubados, e nos enchemos de indignação quando os pilotos sobreviventes foram presos. "Alvos militares", foi a justificativa dada por Nixon e Kissinger na época, mas a mentira deslavada foi vista como a propaganda enganosa que era. Em um dos ataques, num bairro antigo de Hanói, todas as casas da rua Kham Thien foram destruídas, com perdas enormes de vidas civis — quase todas mulheres e crianças, pois os maridos e pais estavam longe dali, combatendo.

Em meu segundo dia de Hanói, um homem mencionou o caso para mim. Teria 50 e poucos anos e lembrava bem da época, mas tudo o que disse foi:

— Muito ruim.

Vi fotografias desse bombardeio e outras imagens no Museu do Exército. Mais uma vez, os registros feitos pelos fotógrafos norte-americanos eram mais chocantes do que os produzidos pelos vietnamitas.

No pátio do museu, como se fosse uma instalação artística, havia restos de aviões norte-americanos, um deles de pé, alto como um prédio de quatro andares, o bico em cone feito um pináculo de igreja. A mistura de fuselagens e asas, caudas e distintivos, havia sido amontoada. Uma placa ao seu lado informava que 40 mil aviões norte-americanos haviam sido abatidos no Vietnã do Norte entre 1961 e 1973. A mensagem era tendenciosa em seu tom, os números podiam ser exagerados, mas não havia dúvida quanto ao poder daquela escultura como altar dos aviões derrubados e à futilidade da guerra.

Aquilo tudo me era muito familiar, e teria sido igual para norte-americanos da minha geração. Os capacetes e as botas, as medalhas e a parafernália dos soldados norte-americanos capturados; os trechos do diário do presidente Johnson, desanimado com os desdobramentos da guerra, com fotos que mostravam sua tensão no rosto gorducho e nariz cômico; os rostos norte-americanos e europeus nas fotos exibidas na sala do Movimento pela Paz — o tipo de retrato mostrado em museus norte-americanos que possuem áreas dedicadas aos anos 1960, imagens de estudantes carregando cartazes, proferindo discursos, fazendo piquetes e enfrentando a polícia. Isso mostrava menos a história militar do país e mais sua dimensão humana; apresentar as cenas sem qualquer revanchismo as tornava ainda mais inquietantes.

Um pedaço grande de pano estampado com a bandeira dos Estados Unidos continha a seguinte mensagem em oito idiomas, inclusive vietnamita, chinês, laosiano e cambojano: *Sou cidadão dos Estados Unidos da América. Não falo sua língua. O infortúnio me obriga a pedir sua assistência para obter alimento, abrigo e proteção. Por favor, leve-me até alguém que possa garantir minha segurança e providenciar o retorno a meu povo. O governo do meu país o recompensará.*

Esse apelo destinava-se a ajudar um soldado da infantaria isolado ou piloto de bombardeio abatido que caiu no Vietnã. O tom de náufrago desamparado do apelo visava amolecer o coração dos estrangeiros e até do inimigo. Tentei imaginar o efeito que uma mensagem assim provocaria hoje nos Estados Unidos se dissesse "sou cidadão do Irã", ou "sou membro da Al Qaeda", ou "cidadão palestino", para fazer os mesmos pedidos, em tecido estampado com a bandeira inimiga.

Os frequentadores do museu eram vietnamitas, em sua maioria. Ao me encontrar, eles sorriam e perguntavam de onde eu vinha.

— Dos Estados Unidos.

— Seja bem-vindo.

Eu queria conhecer algum sobrevivente dos bombardeios de Hanói. Era agradável caminhar pela cidade. Perambulei por alguns dias pelo Bairro Antigo, visitei lojinhas, templos e o mercado principal. Vi o teatro aquático de fantoches, o mausoléu de Ho e o museu dedicado à vida e aos feitos dele.

Em vez de comer sozinho num restaurante convencional — uma atividade deprimente em qualquer lugar, ficar sentado olhando —, eu circulava, procurava e explorava, experimentando massas orientais e tigelas de sopa, conversava com as pessoas nos bares de cerveja gelada e cafés, em busca de testemunhas.

Invariavelmente, quando eu conversava, uma motocicleta com uma linda motoqueira parava a meu lado e exigia que eu subisse na garupa.

— Suba! Quer sexo?

Isso aconteceu até na área dos claustros, casas e templos, bem como no bairro das embaixadas, perto do Museu Nacional de Belas-Artes, onde um dia eu parei para apreciar as pinturas em seda e os bronzes.

Ali encontrei a testemunha que desejava, uma senhora que presenciou o bombardeio de Natal quando era adolescente. Agora, tinha duas filhas. Usava um lenço de seda finíssimo, que acentuava o rosto ossudo elegante e os olhos luminosos, era bela ao estilo vietnamita, delicadamente desenhada, com corpo de dançarina, esbelta, quase esquelética, embora desse a impressão de ser indestrutível. A delicadeza de sua fisionomia aparentemente frágil — tive a mesma impressão com todas as mulheres vietnamitas que conheci — contrastava bastante com seu espírito decidido e modos tão ligeiros e apreciativos. Isso me levou a concluir que trinta anos de guerra, em que defenderam com êxito seu país, fez com que os vietnamitas desenvolvessem uma fé inabalável em si mesmos e os tornou inusitadamente versáteis e ágeis.

Seu nome era Vuong Hoa Binh, filha do falecido Vuong Nhu Chiem, ex-curador do museu, onde ela trabalhava agora e onde nos conhecemos por puro acaso. Ela sorria com facilidade, era articulada e residira em Hanói e imediações durante a guerra toda.

— De que país você vem? — ela quis saber.

Eu disse. Ela me deu as boas-vindas. Perguntei:

— Este museu foi danificado durante a guerra?

— Foi bombardeado. A cidade inteira foi bombardeada, claro.

O pai dela, curador na época, havia preparado um plano de evacuação de obras para um lugar seguro, como os budas antigos, estelas, pinturas em seda, porcelanas, ourivesaria e pergaminhos.

— Ele escondeu tudo em subterrâneos, para que não fossem danificados pelas bombas americanas — ela disse. — Meu pai supervisionou a distribuição e o ocultamento das peças. Guardou-as em lugares diferentes, de modo que a maioria escaparia intacta, mesmo que as bombas atingissem um local.

O sr. Vuong usou a mesma lógica sistemática para dispersar a família e espalhou os cinco filhos em cinco localidades distintas em torno de Hanói, dando, assim, à família mais chances de sobreviver.

— Se tivéssemos permanecido no mesmo lugar, ele perderia todos, caso uma bomba caísse em cima de nós. Hanói era bombardeada continuamente pelos B-52. Mas todos nós sobrevivemos!

— Você sabia o que era um bombardeio B-52? — Fiquei impressionado ao saber que uma garota vietnamita de 12 anos reconhecia uma aeronave específica. Difícil imaginar que uma adolescente norte-americana soubesse isso, como poderia?

— Todos conheciam aquele avião — ela disse. — Sentíamos muito medo, mesmo nos abrigos antiaéreos.

— Recorda-se do bombardeio de Natal?

— Eu me lembro de tudo. Eu me lembro do dia em que as bombas caíram na rua Kham Thien — ela disse, fechando o lenço de seda com os dedos finos. — No dia 19 de dezembro. Mil pessoas morreram naquele dia, em sua maioria, mulheres e crianças. Todas as casas foram destruídas. Uma cena terrível de se ver.

— Você viu tudo?

— Sim. Minha mãe e minha tia me levaram para ver os estragos — ela disse. — Vimos muitas *cratères*, buracos enormes na rua. E os mortos, os incêndios. Fiquei muito assustada. Mas minha mãe e minha tia disseram: "É preciso ver isso. O que tem sido feito a nós." Hoje tem um monumento naquela rua.

— Você morava ali perto?

— Estávamos fora de Hanói. — Ela hesitou, pareceu recuperar recordações e prosseguiu: — Quase não tínhamos o que comer. Na verdade, passamos a guerra inteira com falta de comida. Sentíamos sempre fome. Mesmo depois da guerra, tínhamos muito pouco arroz. E era arroz ruim. Arroz velho.

— Por causa da destruição?

— Não. Por causa do embargo norte-americano e da invasão chinesa.

Nós havíamos impedido que a comida chegasse até eles. Não falei, mas a sra. Vuong com certeza sabia que os chineses haviam invadido as províncias do norte num momento em que nos aproximávamos deles, e que os norte-americanos gostaram de ver os vietnamitas sendo maltratados em seu país fraco e faminto.

Ela sorriu com tristeza ao se lembrar do caso e disse:

— Tudo servia de alvo. A cidade inteira. Principalmente ruas e pontes. Nossa ponte foi bombardeada pelos B-52. — Ela se referia à ponte Chuong Duong, que cruza o rio Vermelho, na estrada para Haiphong. — Mas nós a consertamos. Eles visavam principalmente as fábricas, independentemente do que produzissem. Os bombardeios continuaram por vários anos. Tudo foi atingido.

Ela não se referia apenas à rua Kham Thien, mas também às ferrovias, aos lagos, aos pagodes, às mansões, aos conjuntos habitacionais e aos barracos, aos museus, à biblioteca Van Mien, do século XI, à catedral católica do século XVIII, ao teatro de ópera, à antiga universidade de Quoc Tu Giam, com seu acervo de estelas e templo confuciano, mercados e subúrbios — tudo. Dos milhões de toneladas de bombas que despejamos, muitas caíram na cidade dela. Em 1968, quando havia meio milhão de soldados norte-americanos lutando no Vietnã, o historiador britânico J. M. Roberts escreveu: "A tonelagem de bombas despejada no Vietnã do Norte foi superior à soma das bombas usadas contra a Alemanha e o Japão durante a Segunda Guerra Mundial inteira."

Do lado de fora do museu, a chuva começava a cair. Hanói é famosa pelo tempo frequentemente fechado, com dias nublados e garoa constante. Os pingos de chuva batiam nas janelas e deslizavam pelos vidros, enquanto o vento balançava os caixilhos.

— Minha mãe tinha uma amiga cujo marido trabalhava numa fábrica que foi bombardeada — a sra. Vuong disse. — A mulher correu para a fábrica assim que ouviu a notícia. Ela só viu a fumaça; tudo queimado. Não dava para distinguir nada. Contudo, ela queria encontrar o marido, mesmo que estivesse morto. Mas ele não estava lá. Só ruínas.

— Ela caminhou pelas cinzas fumegantes e viu, no meio dos escombros, um dedo. Um dedo humano com anel. Era a aliança de casamento deles! Então soube que o marido estava morto. Levou o dedo para casa e o enterrou. Guardou a aliança e a deu para o filho este ano, quando ele se casou.

— Que história — falei.

— Muitas histórias daquela época — ela disse. — Éramos pobres, não tínhamos comida, mas havia *esprit*. Meus irmãos queriam combater os americanos. Queriam entrar para o exército. Noventa por cento dos rapazes do Vietnã do Norte queriam ir para o exército. Ser soldado era o máximo. Ninguém hesitava. Era o espírito da época.

— E seus irmãos eram soldados?

— Outra história — ela disse, abrindo novo sorriso. — Um dos meus irmãos procurou o centro de recrutamento. Voltou para casa chorando, pois não tinha nem altura nem idade. Não passava de um menino, jovem demais. Só chorava: "Quero ser soldado!" Meu outro irmão foi aceito. Ficou muito contente por conseguir uma chance de combater.

— E o que seus pais achavam?

— Ficaram felizes. Minha mãe, de tão contente, fez tudo para conseguir os ingredientes e preparar rolinho primavera para ele. Não era fácil, na Hanói da época! Precisou procurar muito. Demos uma festa. Todos estavam contentes, meu irmão mais ainda, pois comemorava sua entrada no exército, finalmente. Ele tinha uns 17 anos.

Estávamos sentados perto das imensas janelas do museu, tendo atrás de nós budas e porcelanas, e à frente um dos bairros mais organizados da cidade, de aparência completamente europeia. A água escorrendo pelas vidraças conferia aos prédios em estilo francês do outro lado do pátio a coloração suave e a indefinição de uma tela impressionista.

— É uma linda cidade — falei.

— Hanói está perdendo sua beleza — a sra. Vuong disse. — Antes, era tão calma. Muito menor. Só havia bicicletas. Nada de motos. Hoje é barulhenta, as pessoas não são de Hanói. Vieram do campo. Não conhecem a cidade.

Após permanecer pensativa por alguns momentos, ela acrescentou:

— E nós estamos mudando. Éramos pobres, mas tínhamos *esprit*. Eu conhecia bem meu pai. Conhecia sua vida. Sabia do que ele precisava. Nossos filhos não sabem o que passamos. Tento contar a eles. Mas não compreendem, para eles isso é impossível. Não consigo explicar.

— Mas não vivemos uma boa época? — Eu pensava nos mercados lotados de bens de consumo, abarrotados de alimentos. Também levava em conta a vitalidade do país, o tremendo orgulho, a ausência de pobreza visível; nada a ver com a desgraça atual do Camboja e de seu povo desmoralizado.

— Sim, temos mais dinheiro e mais comida; contudo, falta vivacidade. Leio livros, mas minhas duas filhas vivem grudadas no computador. Não leem. Adoram filmes americanos. — Com uma mistura de assombro e resignação, ela disse: — Elas querem ir para os Estados Unidos.

— Hoje em dia é fácil ir para lá — falei só por falar. Pensava nos bombardeios, na fome, nas mortes, no dedo cortado com a aliança de casamento, na festa para o soldado com rolinhos primavera especiais na travessa, celebrando a partida de um adolescente que ia combater os norte-americanos.

— O mundo é muito pequeno — dizia a sra. Vuong.

Falei:

— Você me odeia? — E, ao dizer isso, me dei conta de que sentia vontade de chorar, uma espécie de náusea também, suponho, uma absurda repulsa por mim, e meus olhos se encheram de lágrimas.

— Não, eu não o odeio — a sra. Vuong disse, mas isso fez com que eu me sentisse pior.

Ela transmitia serenidade, como na primeira vez em que a vi, figura miúda e esguia no museu, feito uma dançarina. Mas agora, meio distraída, provavelmente preocupava-se com as filhas na frente do computador.

— Era um tempo diferente.

■ ■ ■

Ao passar na frente do teatro de ópera na noite antes de partir de Hanói, vi pessoas reunidas na escada de acesso para ver um espetáculo, uma apresentação anunciada como sendo *Huyen Thoai Cuoc Song* (Mito dos vivos), do autor vietnamita Le Quy Duong.

Como a bilheteria estava fechada, dei a volta no teatro em busca de uma explicação. O único fluente em inglês era um rapaz alto e sorridente, de terno e gravata. Passava a impressão de que tinha ingresso. Observava tudo do alto da escada, na frente iluminada do teatro de ópera.

— Como posso conseguir um ingresso para a peça? — perguntei.
— Não pode — ele disse. — Só para convidados.
— Que pena. É um musical?
— Tem música. E filme. Várias mídias.
— Em vietnamita?
— Não. Linguagem corporal — ele disse.
— Eu gostaria de ver — falei. — Quem é Le Quy Duong?
— Eu sou Le Quy Duong — ele disse.
— E por que não me convida para ver sua peça? — falei. — Também sou escritor.

Ele aparentemente se divertiu com minha presunção e me deu um envelope com um convite dentro.

A peça, como ele havia antecipado, incluía várias mídias, tambores e gongos, luzes cegantes, mímica, máscaras e fumaça. O teatro de ópera estava cheio. Sentei e tentei descobrir o mito da criação nas lutas de espadas, nos esqueletos agitados, na história de amor. Tinha vivacidade, era tão cheia de ânimo e abundante em eventos desconcertantes e música sonora que não precisava de explicação.

Depois, quando eu atravessava o saguão, um homem disse:
— Você pode ser entrevistado?
— Sabe quem sou eu?
— Você é o homem que... — Ele gaguejou e depois disse: — Le Quy Duong disse que você fala inglês.
— Então sou eu mesmo. Falo inglês.

Elogiei a peça e fui para a rua; a uns 20 metros do teatro de ópera uma motocicleta freou e parou ao meu lado. A beldade acelerou o motor, avançou um pouco para dar lugar para mim e disse:
— Quer sexo?
Agradeci a oferta e continuei andando.

■ ■ ■

Em 1973, meu sonho era seguir de trem para o norte e viajar pela China. Mas havia as revoltas! A Guerra do Vietnã era apenas um deles. Na China, a Revolução Cultural tinha alterado todos os recantos do país. Viajar por esses lugares seria impossível. Por isso tive de voar de Saigon até Tóquio, onde retomei o percurso do Bazar Ferroviário.

Os países abrem e fecham. O tempo passa. A Guerra do Vietnã acabou. E pouco depois da morte de Mao, em 1976, a Revolução Cultural terminou. A China abriu as portas aos viajantes curiosos em 1980, ano em que desci o Yang-tsé. O embargo comercial norte-americano, encerrado em 1994, marcou o início do progresso econômico vietnamita. Hoje essas fronteiras estão todas abertas.

Consegui visto para a China. Comprei passagem no trem noturno para Lao Cai, a estação ferroviária vietnamita mais setentrional da linha que partia de Hanói, na fronteira chinesa. Foi uma viagem simples. Parti de Hanói por volta das dez, para mais um percurso noturno. Além dos vietnamitas, havia alguns mochileiros e turistas a caminho de Sapa, um resort nas montanhas próximas de Lao Cai, onde vivem minorias tribais, como os povos Hmong, Zao e Tay.

Num restaurante de massas orientais, na manhã seguinte, saboreando meu desjejum costumeiro — um monte de arroz frito com ovo por cima —, um motociclista que passava perguntou se eu queria carona até a fronteira. Respondi que sim, ele colocou minha mochila no colo, cruzamos a cidade até um prédio e uma arcada nas margens do rio Vermelho. Entrei, carimbaram meu passaporte e segui andando até a China, por outra passagem em arco.

Mesmo de manhã cedo o frenesi chinês predominava na fronteiriça cidade de Hekou. Todo o movimento se fazia no sentido sul, pela ponte; as ruas estavam cheias de caminhões. De Hekou ainda pude ver a fumaça que saía das chaminés dos bangalôs vietnamitas. Lao Cai era uma cidade interiorana de população amigável; Hekou, um centro urbano moderno de gente empreendedora.

Peguei o ônibus para Kunming. A viagem durou o dia inteiro, pela estrada que serpenteava através das matas da província de Yunnan, onde vi que uma autoestrada de oito pistas em construção cortaria as aldeias do povo Miao, com seus chapéus e aventais rosados, bem como de outras minorias tribais de roupas coloridas. A via expressa em construção, erguida sobre pilares de concreto, atravessava vales, bambuzais e seringais. Engenheiros chineses estavam abrindo um sulco imenso nas matas ao sul de Yunnan, criando mais uma cicatriz na paisagem. Desalojaram pessoas, colocaram placas e arrasaram florestas virgens com escavadeiras. Suas tropas marcharam por ali para lutar contra os vietnamitas havia menos de trinta anos, mas de certo modo aquela destruição era pior do que a guerra, pois duraria para sempre.

Kunming, uma cidadezinha habitável que eu já havia visitado e descrito, tornara-se uma medonha metrópole de edifícios grosseiros e 4 milhões de habitantes. Eu havia chegado a Kunming por terra — de Cingapura, 3 mil quilômetros. Enriquecida pelas plantações de tabaco e indústria, Kunming tinha uma loja Louis Vuitton enorme, uma concessionária Maserati, problemas de trânsito e prostitutas insistentes. A palavra chinesa para meretriz é *gai*, galinha.

— Você é *gai* porque gosta de homens?
— Não. Eu não gosto de homens. Gosto de dinheiro.

A China existe na presente forma porque os chineses querem dinheiro. Antigamente os Estados Unidos eram assim. Talvez isso explique minha vontade de ir embora. Não por repulsa, mas por tédio e irritação crescente de tanto ouvir as pessoas declararem sua vontade de ganhar dinheiro, de fazer qualquer coisa para enriquecer. Quem gosta de ouvir pessoas se gabando de sua ganância e promiscuidade? Fui para o Japão, convencido de que para mim já chegava de China — paisagem deteriorada por fábricas, ar irrespirável, comissários inflexíveis, capitalistas renascidos escandalosos. Feia e desalmada, a China representava o horror das preces atendidas, o sonho camponês ambicioso de desenvolvimento. Fiquei feliz ao partir.

27 Andaguraundo *de Tóquio*

A expansão cinzenta de Tóquio era uma versão assustadora do futuro; não o meu nem o seu, mas o de nossos filhos. Imensas lajes de concreto apequenavam multidões de seres resolutos, que andavam para lá e para cá com os braços junto ao corpo, como se todos tivessem recebido o mesmo memorando: *Ande depressa e demonstre preocupação*. As pessoas se tornam menores quando ficam parecidas. Luzes fortes, mas sem calor, tudo limpinho, mais máquina que cidade. Eu queria fugir para o campo. Será que ainda existia campo no Japão?

Do armário de vassoura tornado quarto de hotel, vi a frente da estação Ueno, com suas abóbadas. Naquele entroncamento impressionante de linhas ferroviárias reluzentes eu poderia tomar um trem para qualquer lugar do Japão, inclusive para a setentrional ilha de Hokkaido. Na frente do meu hotel havia um parque com laguinho e dois santuários erguidos em aterros, rodeados por árvores; nos fundos do hotel, logo depois da entrada de serviço, estendia-se um bairro de prostituição, um universo flutuante de clubes noturnos e casas de massagem. Formalidade afável de um lado, frivolidade do outro, cada um a oferecer maneiras de superar a solidão numa cidade cuja população real superava a casa dos 20 milhões.

Odeio metrópoles, provavelmente pelas mesmas razões pelas quais muita gente da cidade odeia o mato (que eu adoro); eu as considero vertiginosas, ameaçadoras, monocromáticas, isoladoras, extenuantes, contaminadas, amontoadas de sombras rápidas e odores ambíguos. Ocupadas por multidões, com o espaço todo compartilhado. Cidades parecem para mim imensos cemitérios, os prédios como lápides taciturnas. Sinto-me solitário e perdido em necrópoles iluminadas, nauseado pela fumaça dos veículos, revoltado com o fedor de comida e intrigado pelos rostos e pelo frenesi banal.

Quando os utopistas urbanos elogiam suas cidades, eu dou risada. Gabam-se de museus e banquetes festivos, de diversões animadíssimas e zoológicos, da pulsação das ruas e da facilidade para pedir uma pizza às três da madrugada. Gosto de ouvi-los competir: minha cidade grande é melhor que sua cidade grande! Eles jamais mencionam as multidões insuportáveis, o ar pestilento, o barulho ensurdecedor, os sinais de fraqueza e aflição, nem que uma cidade grande nunca fica no escuro ou em silêncio. Eles se empoleiram feito passarinhos implumes nos confins de seus altos apartamentos, sempre olhando para baixo, para a calçada, capazes de se mexerem somente no fedorento banco traseiro de um táxi lento dirigido por um motorista maluco.

Tóquio era assim, uma cintilante terra da fantasia de vulgaridade dignificada que derrotava minha imaginação. Em Shinobazu Pond, na frente do meu hotel, havia vida silvestre simbólica, patos e marrecos que nadavam, entre os juncos, salgueiros desfolhados pendentes nas margens, pessoas que caminhavam de um santuário a outro em Ueno Park, tomando sorvete ou exibindo uma preocupação de um modo que considero assustador. Atrás, ruas estreitas, bares, cervejarias, restaurantes de massas orientais, casas de massagem, motéis, bandidos tatuados, indigentes e clubes para abrigar todos os fetiches. Em alguns clubes noturnos as garçonetes se vestem como colegiais, em outros, como enfermeiras ou criadas francesas, bem como de prostitutas apavorantes de chicote na mão e batom preto. Moças de rosto meigo e roupa de marinheiro também fazem sucesso no mercado do sexo. Muitos locais se classificam como bares de lingerie, nos quais as moças trabalham com roupas de baixo; um deles chegava a se chamar Undies Bar. Quando escurecia, as mulheres desfilavam pelos becos, esperando serem contratadas por 37 dólares para sentar ao lado de um homem num bar enquanto ele se embebedava e a bolinava.

— Se ela for com a sua cara — um sujeito me garantiu, no hotel —, também vai passar a mão em você.

Toda viagem é um túnel do tempo. Como tinha acabado de chegar ao Japão, senti a impressão de ter viajado para o futuro, para uma versão finalizada de todas as cidades pelas quais passei na minha jornada. No devido tempo, se houvesse um planejamento urbanístico, as grandes cidades norte-americanas evoluiriam para se tornar metrópoles do mesmo tipo, tão grandes, eficientes e intimidadoras quanto Los Angeles, Seattle e Nova York, que já possuem o arcabouço e a forma genérica de Tóquio e logo se tornariam igualmente desumanas.

Mesmo no passado distante o Japão me parecia estar no futuro; ainda era assim — pelo menos uma versão, na qual os piores problemas sociais foram resolvidos, a pobreza praticamente acabara, a alfabetização se universalizara, a expectativa de vida se estendera, praticava-se a cortesia ritual com impressionante formalidade, não havia sem-teto e o transporte público funcionava. O outro futuro encontrava-se na distopia do Turcomenistão, na melancolia da Índia rural, na prisão a céu aberto de Mianmar, no laboratório social de Cingapura. O preço a pagar pelo sucesso no futuro era a perda do espaço e da privacidade. As soluções japonesas destacavam-se pelo minimalismo: ruas boas, mas estreitas;

quartos projetados para anões, metrôs lotados, restaurantes minúsculos, uma paisagem inteira miniaturizada e pavimentada.

Para o bem ou para o mal, todavia, um futuro niponizado é a solução mais provável para sobreviver num mundo abarrotado: obediência quase robótica, compostura, rigidez, ordem sem afetação, redução dos espaços, civilidade consensual (alta densidade populacional exige polidez), virtual abolição dos automóveis particulares, presença policial intimidatória e braços abaixados. Um carro grande numa ruela de Tóquio é um evento assustador, como a passagem de uma carruagem aristocrática numa viela medieval — e provavelmente é o carro de algum gângster. Eis outra certeza: numa cidade controlada o elemento criminal sofisticado se insinua como cúmplice na manutenção da ordem, como a yakuza — a máfia japonesa — faz em Tóquio e no resto do Japão. "O que mais aterroriza o povo japonês é o crime desorganizado", diz um criminologista citado em *Yakuza*, o livro definitivo sobre o assunto, de Alec Kaplan e Alec Dubro. "Por isso raramente ocorrem crimes nas ruas aqui. Os gângsteres controlam o setor e garantem a segurança (...) a polícia japonesa prefere a existência do crime organizado à sua ausência."

A outra novidade de Tóquio é sua vida interna, tanto como fato físico quanto como metáfora: os túneis de metrô sob a cidade, o cavernoso mundo subterrâneo conhecido por seu cognato *andaguraundo*, a vida nas sombras que existe com crepuscular completude nas entranhas da cidade. Cheguei a Tóquio à noite. A cidade, esquisita durante o dia, endoidece quando escurece. A noite serve também de metáfora para o subterrâneo: uma abrangente escuridão sob a terra, e os luminosos piscando, ofuscando a vista, tornam a escuridão mais escura ainda.

— Vá a Shibuya — uma amiga japonesa sugeriu. — É muito estranho.

Ruelas escuras e bares na penumbra distinguiam Shibuya, onde moças bonitas desfilam fantasiadas de pastorinha Bo Peep. Fui e fiquei de queixo caído; o que mais me espantou foi o modo como aquelas jovens formosas exageradamente produzidas se pareciam com as meninas dos desenhos animados dos cartazes, outdoors e placas na porta dos bares: rostinhos de fada simplificados pela maquiagem branca, cabelo desgrenhado em cachos, esguias e de olhos enormes, pernas finas e postura deselegante — meio colegiais, meio duendes. Estavam imitando os personagens dos desenhos japoneses conhecidos como mangá, palavra que significa esboço.

Muitas revistas de mangá que vi representavam fantasias masculinas de estupro. Essas fantasias pictóricas são antigas como as imagens eróticas japonesas, derivam das mais remotas xilogravuras, as *ukiyo-e*, a partir das quais o mangá se desenvolveu. A palavra propriamente dita foi usada no *Hokusai Manga*, um livro de desenhos do mestre Katsushika Hokusai, do século XIX, que pintava paisagens magníficas e pornografia ao se aproximar dos 90 anos. Gravuras eróticas do gênero são conhecidas em japonês como *shunga* — pinturas primaveris. Uma autoridade em arte japonesa, Richard Lane, escreveu: "Cenas de estupro são muito comuns em *shunga*." As imagens de Hokusai ainda conseguem chocar, não apenas pelos episódios de estupro violento, mas pelas vítimas jogadas na beira da estrada, ou, numa das pinturas mais grotescas, por um polvo safado de olhos arregalados fazendo sexo oral numa mergulhadora nua que buscava pérolas no fundo do mar.

O mangá, na forma moderna, está por toda a parte. Em toda revista há uma seção de mangá em tirinhas: aventura, fantasia, ficção científica, histórias colegiais, episódios no trabalho, contos heroicos, épicos samurais, dramas ninjas, sagas de mutantes e, obviamente, pornô. A taxa de alfabetização japonesa deve ser a mais alta do mundo; no entanto, a maioria dos livros e revistas é cheia de quadrinhos. Ao que parece, os japoneses não superam essas frivolidades com a idade, e como, num sentido profundo, há um elemento infantilizado na sociedade japonesa, trata-se de um prazer previsível. Uma fotografia de estupro real é revoltante, mas um desenho colorido numa história em quadrinhos é permitido. O estupro é o evento pornô mais comum nos mangás, com "imagens agradáveis" de moças sendo violadas. Esse mangá mostra moças muito novas, submissas ao extremo, magras — de olhos arregalados, no típico estereótipo do mangá. As colegiais são o objeto de desejo da maioria dos homens, pelo que parece, e não somente nos mangás, mas nas vielas de Shibuya, onde moças fazem beicinho nas ruas, fantasiadas, e alguns clubes anunciam jovens vestidas com uniformes escolares.

Durante o dia a cidade é movimentada e eficiente, lugar de deferência ostentatória, de mesuras e cumprimentos, de pedestres apressados, de bares de lingerie e clubes de fetiche vazios, de quitandas, peixarias e casas de massas orientais lotadas. Inquieto com os rumores de passagens de trem caríssimas, na primeira manhã disponível fui para o escritório da Japan Railways em Ueno, com meu passe ferroviário, e comprei passagens para todas as partes do arquipélago — Sapporo, no norte; Wakkanai, no extremo norte; Kyoto, no sul; Niigata, na costa oeste. Praticamente não vi turistas. O país era ordeiro, educado e bem-organizado como eu o conhecera trinta anos antes. E tão alienante quanto antes.

Eu não sabia ler uma placa ou entender uma palavra; portanto, por que alguém prestaria atenção a meu espanto? A pequena raça esguia que tentara conquistar metade do mundo pela força militar, e fora frustrada em sua ambição, fizera o mesmo por meio da manufatura, e fora impedida pela China. Câmeras e computadores de marcas japonesas eram hoje fabricados na República Popular; até mesmo os trajes justos de látex, a lingerie sexy, as máscaras eróticas e as algemas de veludo que vi em Shibuya exibiam os dizeres *Made in China*.

Eu caminhava por Tóquio como um alienígena vindo de outro planeta, bem mais simples. Ser marciano naquela cidade imensa e estarrecedora equivalia a ser criança ou alguém tendo um sonho estranho no qual todas as luzes que piscavam e os rostos sorridentes dos anúncios provocassem uma sensação de alienação e melancolia. Eu só sabia dizer por favor e muito obrigado. Embora parecesse (com razão) que eu era o ser humano mais alto de Tóquio, também me sentia confuso e esquisito, incorpóreo a ponto de me tornar um espírito, um fantasma. Aquela inusitada cidade do século XXI, com seu próprio idioma, povo, conjunto de regras, cultura, me excluía e fazia com que eu sentisse vontade de desaparecer debaixo da terra.

■ ■ ■

Uma vez que o Japão passa a impressão de ser um mundo de ordem, decência e comedimento, um livro capaz de evocar o caos e a raiva japoneses funciona como uma espiada no lado oculto, na insegurança por baixo de tudo. O livro, *Andaguraundo*, de Haruki Murakami, trata do ataque com gás venenoso no metrô de Tóquio. Murakami escreveu: "Outra motivação pessoal para meu interesse pelo ataque com gás em Tóquio foi ele ter ocorrido debaixo da terra. Os mundos subterrâneos — poços, passagens, cavernas, fontes subterrâneas, rios, vielas escuras, metrôs — sempre me fascinaram e são um tema importante em meus romances. A imagem, a simples ideia de um caminho escondido, já enche minha cabeça de histórias."

O ataque com gás sarin contra os viajantes matinais, segundo Murakami, foi um momento crucial para definir a história japonesa no pós-guerra, um agudo trauma na psique nacional. O ataque foi cometido pelo culto parabudista Aum Shinrikyo, cujo guru, um paranoico quase cego chamado Shoko Ashara, transformou fiéis em comandos. Certo dia, dez fanáticos entraram no metrô de Tóquio e furaram sacos lacrados com veneno em oito trens que circulavam no sistema. Um grão de sarin é letal ao ser humano. Doze pessoas morreram, milhares foram feridas, alguns sofreram danos irreversíveis. A ordem japonesa foi violentada e a nação se sentiu insegura.

Murakami classificou o caso como um evento sísmico, como o terremoto em Kobe, no mesmo ano. "Ambos foram erupções apavorantes debaixo de nossos pés — nos subterrâneos." Daí o título do livro, *Underground*, uma crônica do ataque com sarin, que foi como "uma explosão maciça". Conta a história de muitas pessoas envolvidas: vítimas, membros do culto, transeuntes. Ele disse ter escrito o livro por ter vivido muitos anos no exterior. "Sempre quis entender o Japão num nível mais profundo."

Eu também. Por isso li o livro, e pelo mesmo motivo eu queria encontrar Haruki Murakami em Tóquio. Um intelectual tão atento seria o melhor guia, e conhecê-lo poderia servir para formar um vínculo com aquela cidade tão estrangeira.

Os japoneses não costumam falar sobre fracassos, questionar o sistema, recusar entrar para a empresa, sentar assobiando "Epistrophy" ou "Crepuscule with Nelli" de Thelonius Monk, ou seguir para o exílio por decisão própria. Haruki Murakami passou a vida como o oposto do assalariado, trilhando caminhos proibidos e, contudo, aquele senhor compacto, extremamente saudável, pareceu-me (dependendo do que dizia no momento) o sujeito mais japonês e o menos japonês que conheci na vida. Um escritor saudável é um paradoxismo. Mesmo assim, Murakami correu 29 maratonas e completou numerosos triatlos. Num dia, participou de uma corrida de 100 quilômetros. Levou 11 horas e meia.

— Você correu 100 quilômetros? — perguntei. — E como se sentiu no dia seguinte?

Quando sorri, o que não é frequente, Murakami exibe um rosto querubínico. Ele sorriu e disse:

— Não me senti tão mal assim.

Ele não divulgou o fato, nem costuma realizar turnês de autógrafo pelo Japão. Sua aversão pela publicidade o leva a evitar aparições na tevê japonesa, livrarias, conferências e tardes de autógrafos; ele mal mostra a cara no Japão — embora tenha lecionado nos Estados Unidos, em Harvard e Princeton, onde algumas vezes promoveu seus livros. Mas não quer que seu rosto seja conhecido no Japão.

Outro aspecto pouco japonês da carreira de Murakami é que ele optou por passar grande parte de sua vida adulta fora do Japão, na Grécia, na Itália e nos Estados Unidos (onde nos conhecemos). Ele retorna ao Japão de tempos em tempos, fica em sua casa de Oisu, onde uma de suas diversões é ouvir jazz de sua coleção de 6 mil álbuns, todos de vinil. Nesse aspecto ele se mostra tipicamente japonês, numa nação em que passatempos ou crenças tornam-se paixões arrebatadoras — seja o jazz, Thomas Hardy, Elvis, uquelele ou marcas de grife. O cristianismo tornou-se mania nacional no Japão do século XVII, com tantas conversões e batismos em massa que o xógum declarou a religião ilegal. Em vez de desistirem, os cristãos japoneses preferiram o martírio, tema do sombrio romance de Shusaku Endo, *O Silêncio*.

Entrei em contato com Murakami. Ele é o escritor mais recluso que conheço, também o mais enérgico, e possui uma mente vigorosa. Quase se acredita que ele é normal. Acorda diariamente às quatro horas ("antes acordava às cinco"), começa a trabalhar e vai até o meio da manhã; passa o resto do dia fazendo o que tiver vontade, isso normalmente significa correr. Depois das dez da manhã ele dá de ombros e diz: "Já fiz o trabalho do dia."

Anthony Trollope seguia rotina similar. Um empregado irlandês o acordava às quatro, com uma vela e uma xícara de chá. Ele escrevia até a hora do café da manhã, depois seguia para o correio, onde era alto funcionário. Embora miúdo, quase uma foca perto do urso Trollope, Murakami exibia um entusiasmo e um bom humor dignos de Trollope, assim como o mesmo apetite pelo trabalho. Sua curiosidade e seu conhecimento da cultura ocidental e literatura norte-americana são inesgotáveis. Além de 12 obras de ficção e do documental *Underground*, Murakami também traduziu muitos escritores norte-americanos para o japonês — entre eles Faulkner, Fitzgerald, Raymond Chandler, Truman Capote e a mim — *World's End* (O fim do mundo).

Murakami rebelou-se cedo. Em *Underground*, ao falar do conformismo japonês, ele citou o ditado japonês "O prego que põe a cabeça para fora leva martelada". Era destemido. Não seguiu o caminho habitual de entrar para uma empresa e passar o resto da vida no mesmo emprego. Casou-se com uma colega de faculdade, Yoko, quando tinha 22 anos ("meus pais ficaram decepcionados"), fez diversos bicos ("decepcionantes"), morou na casa dos sogros e abriu um clube de jazz, que batizou com o nome de seu gato, Peter Cat.

— Foi muito divertido.

Mas ele não tinha uma ideia muito clara do rumo que pretendia tomar, só sabia que era do contra. Seu pai lecionava literatura japonesa. Haruki não lia literatura japonesa. Preferia Truman Capote, Tchekhov e Dostoievski, enquanto escutava Thelonious Monk.

Sete anos se passaram. Certo dia, teve uma revelação. Na primavera, início da temporada de beisebol. Ano de 1978. Tinha 29 anos e assistia a um jogo no estádio de Jingu.

Uma ideia lhe veio à mente (pelo que me contou):

— Vou escrever alguma coisa. Serei escritor. Tenho a sensação de que fui abençoado.

Ele jamais havia escrito uma só palavra. Formara-se em teatro, na universidade de Waseda.

— Fui para casa e comecei um romance.

E depois de um tempo o terminou. Chamou a obra de *Ouça o Vento Cantar*, que foi publicada em 1979. Conta a história da revelação durante o jogo de beisebol a muitos entrevistadores. Contém elementos de um tradicional mito da criação — a combustão súbita e espontânea, uma vastidão de profunda certeza. E sua característica mística combina com o espírito da ficção de Murakami, que frequentemente apresenta uma serenidade arisca nas guinadas narrativas, seus personagens mantêm um pé no Éden e outro no Japão, sendo sua motivação enigmática. O outro aspecto desta história sobre inspiração na arquibancada — o sopro criador vindo de cima, um Sutra Diamante no sentido do beisebol — é que Murakami acredita nela.

— O livro... o quê?... não é o melhor. Depois escrevi *Pinball*. E meu primeiro livro bom, *Em Busca do Carneiro Selvagem*. Depois não parei mais. É minha paixão. Meu amor. Nunca sofri de bloqueio criativo. Nunca mais quis fazer outra coisa.

Ele é o escritor mais conhecido e amplamente traduzido do Japão. Esbanjando saúde, cheio de ideias, profundamente curioso. As pessoas o adoram no Japão. Contudo, vive invisível, jamais o reconhecem, pelo que disse; outro fantasma ambulante.

No dia frio em que o encontrei em Tóquio ele usava calça jeans e casaco de couro, cachecol de lã e tênis de couro. Altura média, franzino por natureza, observador e lacônico, ele transmitia uma sensação de inocência misturada com dureza. Numa profissão famosa pelas dúvidas, a autoconfiança de Murakami — o senso de que sua vocação literária faz parte de uma missão, parte de um caso amoroso — é um de seus traços mais marcantes. Ele é tão seguro de si que sua confiança poderia ser confundida com arrogância, embora seja força mental do tipo que ajuda a pessoa a subir e descer morros por 100 quilômetros sem parar, e levantar no dia seguinte para dar continuidade a uma longa narrativa ficcional.

— Você provavelmente já escreveu um capítulo hoje — falei quando nos encontramos, às dez da manhã.

— Mas não o capítulo inteiro — Murakami disse, sorrindo. — O que deseja fazer?

— Caminhar, só isso. — Eu lhe havia dito uma vez, faz algum tempo, numa conversa, que os instrumentos e as ferramentas japoneses atraíam minha curiosidade: produtos para cozinha, trabalho em madeira e cutelaria. A parafernália exclusiva da cultura japonesa, como tigelas e panelas para *sobá*, facas para cortar e esculpir, continua sendo feita no Japão. Serras em formatos estranhos, muito específicas, para tábuas de cedro, para acertar quinas de baús e caixas, que nunca são vistas em outros lugares. São os derradeiros designs das ferramentas tradicionais.

Murakami lembrou-se de eu ter mencionado isso e refrescou minha memória. Disse que artigos do gênero podiam ser encontrados numa rua específica. Ele me mostrou a rua no mapa baixado da internet, que estava numa pasta com uma série de outros mapas de seu roteiro para um longo dia de passeio na Tóquio alternativa — subterrânea em todos os sentidos.

Examinar aquela cultura material o agradava, pois as ferramentas eram peculiares ao Japão e muito bem-elaboradas. Murakami nega que seus livros tenham algum sentido profundo e declarou se opor à interpretação de seus textos, mas paira em sua obra, e principalmente em *Underground*, a noção de que o Japão perdeu o rumo.

Mencionei isso quando caminhávamos pelo parque, na frente do meu hotel, nas imediações da estação Ueno.

— Durante a guerra tivemos orgulho e ansiedade — ele disse. — Sucesso inicial, depois a derrota. A ocupação foi dura. Os soldados norte-americanos...

Ele fez um gesto abrangente, como a sugerir a presença de soldados entre os cedros e salgueiros na beira do lago Shinobazu, ou norte-americanos fardados, com botas pesadas, observando-nos através de binóculos. A lembrança da rendição do Japão era humilhante, mas a forma graciosa com que Murakami a aceitava me fez lembrar de Borges, que disse: "A derrota tem uma dignidade que a ruidosa vitória não merece."

O modo de falar de Murakami era abrupto, quase telegráfico. Ele começava a dizer algo, interrompia sua fala e mergulhava no silêncio. Eu considerava seus silêncios concentrados uma prova de sua autoconfiança, mais do que reflexo da timidez. Fazia poucas perguntas. Por vezes quase se ausentava, num retiro de atenta circunspecção.

— Admirávamos MacArthur — ainda o admiramos. Ele era uma figura paternal.

— Os norte-americanos não pensam muito nele — falei. — Ele foi demitido e esquecido.

— Ele nos ajudou a reconstruir o país. Precisamos trabalhar muito para isso. As bombas destruíram muita coisa, principalmente ali.

Ele apontava para uma rua movimentada e larga, no rumo de Kappa Bashi, a rua dos utensílios de cozinha, cestos, lacas, facas, coadores, bules de chá e ferramentas de marcenaria. Referia-se ao bombardeio de Tóquio com bombas incendiárias, que matou mais gente do que as bombas atômicas. Em 1945 o Japão estava arrasado. Todas as cidades em ruínas, exceto Kyoto. Metade dos edifícios de Tóquio foi reduzida a cinzas. A ordem de MacArthur, comandante supremo das potências Aliadas, era "Refazer o Japão".

Murakami falou com uma voz tão inesperadamente embargada e revoltada que eu não mencionei o óbvio — o Japão nos forçara à guerra com um ataque sem motivos a Pearl Harbor. De todo modo, pensar nas dificuldades do pós-guerra condicionou seu estado de espírito do momento.

— Estamos em estado de derrota agora — ele disse. — Íamos muito bem, estávamos ganhando dinheiro. Você já conhece a história. Câmeras, carros, televisores. Os bancos emprestavam dinheiro para qualquer um.

De repente, tudo acabou. Ele descreveu como o estouro da *baburu keizei*, a bolha econômica, deixou as pessoas desnorteadas em 1991 e 1992, provocando muitas falências. O período de incertezas deu lugar a dois eventos que, em 1995, abalaram a noção que os japoneses faziam de si mesmos, como sólidos e imutáveis: o terremoto de Kobe e o ataque com gás, em janeiro e março. Murakami estava viajando fazia quase uma década; primeiro viveu na Itália e na Grécia — uma das ilhas gregas serviu de cenário para seu romance *Minha Querida Sputnik* — e depois nos Estados Unidos, onde lecionou em Harvard, Princeton, MIT e Stanford. As notícias chocantes abalaram Murakami, que estava longe.

— Eu queria voltar, fazer alguma coisa pelo meu povo — ele disse. Parou subitamente, meio constrangido com o que falou, talvez percebendo que poderia soar vão. — Não pelo país. O país não é nada. Mas o povo do Japão é seu tesouro.

Descíamos a rua larga no sentido de Kappa Bashi, passando por várias lojas, mas não eram as que ele pretendia me mostrar.

— Antes de 1995, ficar rico era tudo — ele disse. — Conseguimos graças à engenhosidade e ao trabalho duro. Pensamos que isso nos tornaria felizes. — Em postura atlética, com ombros quadrados erguidos e passo elástico, ele se movimentava rapidamente.

— E vocês se tornaram felizes?

Ele não respondeu. Conforme caminhávamos, ele começou a falar, em seu ritmo. Era um traço marcante de Murakami: impossível apressá-lo ou interrompê-lo; ele sempre completava o pensamento.

— Acreditávamos que o dinheiro pudesse resolver todos os problemas.

Chegamos a uma esquina, esperamos o sinal abrir para atravessar a rua. Durante a travessia ele permaneceu calado, mas do outro lado retomou sua linha de pensamento.

— Mas trabalhar duro não nos levou a um lugar melhor. Descobrimos que dinheiro não é a resposta. — E ficou em silêncio, notando que eu estava tomando nota; depois de um tempo ele recomeçou. — Tínhamos nossos objetivos. Atingimos esses objetivos, mas a conquista não nos trouxe felicidade.

— E quais são os objetivos atuais? — perguntei.

— Nosso objetivo ainda é sermos felizes e orgulhosos — ele disse. — E estamos em busca de um novo objetivo.

— Sempre pensei na cultura japonesa como um conjunto imutável de tradições e símbolos. Como o santuário de Yasukuni.

O santuário me veio à mente por causa da controvérsia (foi comparado a um monumento nazista), por sua presença ser mais uma vitória dos yakuza ("levar o Japão para trás e para a direita", nas palavras de um observador), e por ter sido mencionado em *Underground*, numa pergunta feita por Murakami a um seguidor do culto Aum. "As pessoas que acreditam no imperador achavam que, se morrêssemos por ele, nossa alma descansaria em paz no santuário de Yasukuni", Murakami disse. Isso incluía o culto à memória dos assassinos e estupradores de Nanquim, dos torturadores de prisioneiros de guerra inimigos, dos saqueadores de Cingapura, dos sádicos da marcha da morte Bataan, dos pilotos suicidas de Pearl Harbor, dos sequestradores e violentadores das mulheres coreanas que foram forçosamente transformadas em escravas sexuais do exército imperial e muitos outros considerados criminosos de guerra fora do Japão.

— O santuário de Yasukuni é para políticos. Eles querem mostrar seu patriotismo — disse Murakami quando perguntei a respeito.

E, de fato, todos os primeiros-ministros visitavam o templo — onde repousavam as almas dos soldados — na primavera e no outono, e no dia 15 de agosto, aniversário da rendição japonesa.

— Antes de 1945, éramos militaristas — ele disse. — Depois, nos tornamos gentis amantes da paz. Mas éramos o mesmo povo. Os soldados que massacraram os chineses em Nanquim voltaram para casa e se tornaram pacifistas. Vamos parar aqui. Quer tomar um café?

A pequena cafeteria seguia o estilo tradicional japonês, revestida com painéis de madeira e mobiliada com mesas e cadeiras de madeira. Murakami explicou que a escolheu porque estabelecimentos familiares como aquele estavam desaparecendo, expulsos do mercado pelas redes de cafeterias de grande porte, principalmente norte-americanas. Além disso, o café ali era melhor.

— É um lugar antigo? — perguntei.

Ele disse:

— Por causa dos bombardeios norte-americanos, todos os prédios das redondezas têm menos de sessenta anos.

— As pessoas sentem falta dos velhos tempos?

— Minha mãe costumava dizer que Osaka está melhor agora — disse. — Que vivemos num mundo melhor. Mais pacífico do que o de antes.

— E o que você acha?

— Nos deram a liberdade. Nos deram o sistema capitalista. Sabe, nunca tivemos uma revolução no Japão.

Eu estava pensando, mas não disse: e vocês se livraram da ideia de conquistar a Ásia e o Pacífico, expandindo assim o império japonês. Foram salvos desse destino complexo, e sem império nem exército foram capazes de concentrar os esforços na busca da prosperidade. Murakami poderia ter concordado com isso, embora provavelmente acrescentasse: fomos bombardeados com bombas atômicas e humilhados. O que era verdade.

— Você estava na faculdade em 1968 — falei. — Época de intensos protestos estudantis. Você participava das manifestações?

— Eu era rebelde em Waseda, claro. Havia soldados norte-americanos de licença, vindos do Vietnã. Fazíamos passeatas. Ocupamos a universidade.

— E agora ocorrem manifestações contra a Guerra do Iraque?

— Não.

— O governo as desencoraja?

— Não. Apatia estudantil, provavelmente.

— Mas existe uma espécie de repressão cultural no Japão, não acha?

Ele fez que sim. O café chegou, servido por uma senhora miúda de avental azul e touca branca. Éramos os únicos fregueses do café. E era fácil fazer anotações em meu caderno, na mesa de madeira.

— Sempre a sensação de estar sendo observado — ele disse.

— Você se sente assim? Observado?

— Sim. A gente precisa treinar a mente para ser diferente.

— Seu pai era um intelectual — falei. — Isso não o ajudou?

— Meu pai e eu nunca conversamos sobre livros. Eu queria fugir de Kyoto.

— Há uma frase num ensaio de Henry James sobre a Inglaterra na qual ele diz que todo inglês vive apertado na sociedade. Isso também é verdade no Japão?

— Também é verdade aqui, mas está mudando. Eu me rebelei contra isso.

— Como?

— Depois da faculdade virei um joão-ninguém. Meu pai ficou decepcionado. Eu fiquei decepcionado. Nosso relacionamento se deteriorou.

— Mas você queria ser escritor.

— Não. Eu não tinha nada em mente. — Ele me encarou, tirando os olhos da xícara de café. — Eu estava casado. Só pensava em ouvir música.

Foi então que ele me contou a respeito da fundação do clube de jazz e como passou anos ouvindo música — e lendo, também. Como havia casado muito jovem, aos 22 anos, os pais o consideraram um caso perdido. Ele mudou para a casa de Yoko, onde se dava bem com o pai dela, um comerciante que não exigia nada.

— Eu amava Yoko. Isso era tudo para mim.

Murakami colocou naquela frase simples uma carga enorme de sentimento, uma intensidade inesperada que vislumbrei tanto um lampejo de paixão quanto uma profunda solidão que o amor aliviara.

Depois disso nos enfiamos nas lojas de Kappa Bashi. Num estabelecimento de cutelaria, ele me mostrou facas para fins específicos, cutelos, adagas, navalhas e canivetes de aço escuro temperado, além de uma faca comprida e estreita, parecida com uma espada, para cortar peixes grandes para sashimi. Numa das paredes, e em vitrines, havia cinzéis e serras para cortar blocos de gelo.

Em outra loja, especializada em laca, comprei um pote na forma de um grande bule quadrado de chá, para servir *sobá* com caldo. A mesma loja vendia bandejas e travessas. Nenhuma das facas ou dos artigos de laca era necessário na cultura ocidental, mas eram fundamentais para a cultura japonesa. A vida cotidiana ali não dispensava bandejas: grandes ou pequenas; de plástico, madeira ou laqueadas. Num banco, por exemplo, o dinheiro jamais passava de mão em mão, o caixa sempre o colocava numa bandeja para entregá-lo. Vi bandejas para pôr comida, xícaras ou tigelas, cartões de visita, hashis, sapatos e chinelos.

Percorremos as lojas de ferramentas, examinando serras e martelos, lojas de utensílios de cozinha e de cestaria. Alguns dos modelos eram muito antigos, mas continuavam sendo vendidos e usados; as novidades não acabaram com eles. A cultura eletrônica japonesa, de computadores e aparelhos, provavelmente era a mais avançada do planeta e mesmo assim coexistia com ferramentas ancestrais. De certo modo as relíquias de um mundo remoto nos tranquilizam.

Essa cultura permanecia viva no Namiki Yabu Soba, o restaurante de massas orientais para o qual fomos em seguida. A recepção formal, a mesura caprichada, a polidez — cortesias inesperadas numa cidade tão agitada. Embora a mesa fosse nova, o passado se mantinha do outro lado do salão, onde uma dúzia de pessoas sentava de pernas cruzadas em tatames.

— Este lugar parece antigo.

Murakami sorriu, melancólico.

— Pós-guerra. Como todo o resto.

Ele pegou uma foto dentro da pasta com material separado para nosso passeio pela cidade. A imagem panorâmica mostrava 65 quilômetros quadrados de Tóquio arrasados — não apenas derrubados, mas queimados até virarem cinzas.

— Era assim que a cidade estava no dia 9 de março de 1945.

Na terra devastada, coberta de entulho e cinzas, apenas alguns edifícios enegrecidos ainda permaneciam em pé, e o rio reluzia friamente.

— As pessoas iam para lá — disse, e seu dedo acompanhou o traçado do rio. — Mas até o rio queimou. Despejaram napalm em tudo.

Enquanto nos debruçávamos sobre a foto, chegaram as tigelas de macarrão *sobá* fumegantes, em bandejas — uma bandeja para cada um, outra para os hashis, e outra menor para o pratinho com picles de vegetais.

— Os B-29 lançaram as bombas. Foi tudo planejado por Curtis LeMay.

Se eu perguntasse a qualquer de meus amigos bem informados quem planejara o lançamento das bombas incendiárias sobre Tóquio, duvido que qualquer um deles soubesse o nome correto do responsável.

— Cem mil pessoas morreram naquela noite, em sua maioria civis — Murakami disse. Seu dedo se movia de uma pilha de cinzas a outra, na fotografia. — Foi um mar de fogo. Estamos aqui.

Seu dedo parou num monte de cinzas.

— As pessoas falam em Dresden, mas aqui foi pior do que lá, onde morreram 30 mil pessoas. Não havia como escapar.

Ao olhar para a imagem, pensei que quatro anos antes daquele bombardeio houve outro no qual os aviões japoneses vieram com o sol nascente para lançar suas bombas na frota ancorada em Pearl Harbor. Mas no documentário *Sob a Névoa da Guerra*, Robert McNamara, secretário de Defesa durante a Guerra do Vietnã, disse que ele e LeMay deveriam ser enforcados como criminosos de guerra, com base nos bombardeios que os dois ordenaram. Uma das justificativas pouco convincentes para o bombardeio do Japão foi a de que nenhum japonês poderia ser classificado como civil; todos, até mulheres e crianças, haviam recebido treinamento militar e, portanto, constituíam alvos legítimos.

Falei:

— Um bombardeio assim é terrível, mas apresenta um propósito na guerra: desmoralizar o povo, minar o governo que talvez estivesse lhe contando uma história diferente. Foi terrível, porém seu objetivo era levar o país à rendição.

Murakami ponderou o argumento. Sujeito reflexivo, nunca tinha pressa e sempre pensava bem antes de falar.

— Sim, como você disse, as pessoas aqui foram desmoralizadas. O imperador visitou a cidade dias depois. Nunca havia acontecido antes. O povo ficou perplexo. Era como se estivessem vendo um deus. Isso o comoveu. Algo havia mudado. Ele sofreu um choque forte. Fez uma declaração. Começaram a ver que ele era humano.

Falava lentamente, como se me ajudasse a recordar, a fazer com que as palavras calassem fundo. Entretanto, eu pensava em algo dito antes: *Até o rio queimou.*

Saímos do restaurante de massas e caminhamos até um mercado, onde vimos estrangeiros brancos e grandes, os gaijin, e conversamos sobre forasteiros, um tema obsessivo no Japão racialmente uniforme. Eu me sentia um bicho exótico, expliquei, e preferia o anonimato durante as viagens. Entendo, Murakami disse, realmente os estrangeiros chamam atenção no Japão.

— E eu chamei atenção nos Estados Unidos — ele disse.

— Você frequentou universidades importantes. São lugares multirraciais numa amplitude incomum.

— Eu me referia à viagem de carro através do país.

— E quando fez isso?

— Em 1995, com um amigo japonês — Murakami disse. — Éramos parados cinco a seis vezes por dia, quando atravessamos Minnesota, Dakota do Sul e Montana.

— Sério mesmo?

— Sim! — A lembrança o animou. — Eu era um japonês num Volvo novinho em folha. "Apresente carteira de motorista e documentos do veículo."
— Tentando imitar o sotaque de um policial norte-americano rude, ele disse: — "É só um alerta." "Por que alerta? O que foi que eu fiz?" "Eu falei que fez alguma coisa? É só um alerta."

Ri de sua imitação de um policial do Meio-Oeste, meio envergonhado por ter ouvido relatos similares de estrangeiros que cruzaram o país.

— Utah é o pior lugar! Eles nos paravam a todo momento — ele disse.

— E em Dakota do Sul passamos por uma cidade chamada Welcome. Vi a placa. Falei a meu amigo: "Vamos parar aqui." — E fez uma cara triste, curvando exageradamente a boca para baixo. — Ninguém nos deu boas-vindas.

Tinha outra história. Certa vez ele estava em Washington para dar uma conferência, chegou ao hotel em que se hospedaria e foi fazer o *check-in*. Havia uma pessoa na sua frente, na recepção. Por isso, parou a certa distância do balcão. Um sujeito alto e branco ("provavelmente um lobista") aproximou-se e passou na frente de Murakami. Ao ver isso, um homem apontou para Murakami e criticou o sujeito, dizendo: "Ele estava na sua frente." Mas o outro retrucou: "Eu cheguei primeiro." Uma mentira deslavada.

Mesmo assim, Murakami guardava boas recordações dos Estados Unidos. Os artefatos culturais norte-americanos — canções, culinária, expressões e nomes de lugares — dão um toque gracioso a sua obra; a compreensão da sociedade norte-americana é um traço original de sua ficção.

— Vamos para o metrô — disse.

Descemos a escada rolante em Kasumigaseki, na linha Hibiya. Ele me deu um tíquete, mas, ao tentar cruzar a roleta, olhei para trás e vi que o tíquete tinha sido recusado. Ele fez várias tentativas, travando a fila. As pessoas olhavam para ele e desviavam. Murakami procurou um bilheteiro, que examinou a passagem e explicou alguns detalhes, indicando a solução com a mão enluvada — todos os funcionários dos trens japoneses, bem como outros trabalhadores, usam luvas brancas.

O que me impressionou foi ele ter obstruído a roleta, mostrando-se confuso no meio de dezenas de passageiros, e depois ter consultado o funcionário sem que uma única pessoa dissesse: "Haruki Murakami! Adoro seus livros." Ele não é apenas o escritor mais conhecido e lido do Japão, como escreve há quase trinta anos. O autor de *Underground*, a história da tragédia no metrô, estava numa das estações sobre as quais escrevera. Tão anônimo quanto qualquer outro japonês, ali ele não passava de uma sombra, desvinculado do famoso escritor.

Comentei esse aspecto.

— Claro, ninguém conhece meu rosto. Nunca apareço na televisão, aqui. Convidam, mas sempre recuso.

— Por quê?

— Para poder fazer isso.

Ele queria dizer perambular pelos subterrâneos, caminhar tranquilo sem ser notado, de casaco de couro, luva de lã, cachecol vermelho e calça jeans. Explicou-me em seguida como os terroristas do Aum Shinrikyo entraram nas estações em pares, subiram nos trens, colocaram máscaras contra gases, furaram os pacotes de gás sarin com a ponta dos guarda-chuvas e saíram rapidamente dos trens. Coordenaram as ações de modo a liberar o gás simultaneamente, causando o máximo de danos possível.

Algum tempo depois, uma das vítimas da intoxicação declarou a Murakami: "Desde o final da guerra a economia japonesa cresceu rapidamente, a ponto de nos levar a perder qualquer noção de crise, fazendo com que só os bens materiais importassem. A ideia de que é errado causar mal aos outros desapareceu gradualmente."

Um dos membros do culto disse a ele: "O que eu mais gostava nos livros do Aum é que eles diziam claramente que o mundo é ruim. Fiquei contente quando li isso. Sempre considerei que o mundo era injusto e que deveria ser destruído."

Naquele local inocente e ordeiro, entre os passageiros que percorriam a estação comportadamente, sem parar ou olhar para os outros, era fácil entender como alguém poderia colocar uma bomba, ou um terrorista suicida detoná-la, ou, no caso do ataque do Aum, levar pacotes de gás mortífero para dentro dos trens e furá-los com a ponta fina de um guarda-chuva. Embora não fosse óbvio que eram descontentes naquela cultura aparentemente monocromática, os revoltados formavam um grupo suficientemente numeroso, capaz de criar confusão.

Murakami compreendeu isso e escreveu: "Não chegaremos a lugar nenhum enquanto os japoneses continuarem a descartar o 'fenômeno' Aum como algo estranho, uma presença alheia vista através de binóculos na costa distante. Por mais desagradável que a ideia possa parecer, é importante que incorporemos os 'outros' até certo ponto no conceito chamado 'nós', ou pelo menos no interior da sociedade japonesa."

Viajamos pela linha Hibiya até a estação Nakaokachimachi, no distrito de Akihabara.

— Centro dos nerds — Murakami disse.

No entanto, o bairro se assemelhava a todos os outros que eu conhecia em Tóquio: prédios altos no estilo lápide, luminosos piscando freneticamente, ruas entupidas de carros, calçadas entupidas de gente, sombras enviesadas. Andar numa canaleta entre prédios próximos dava a sensação de estar dentro de casa, o que constitui mais uma característica bizarra das cidades, o modo como elas nos envolvem e nos aprisionam em sua atmosfera irrespirável.

— Essas pessoas todas trabalham nos escritórios — Murakami disse. — São todos nerds. E o que vamos encontrar aqui?

Caminhando na calçada com a afobação usual, ele mostrava placas, agências e escritórios.

— "Pop Life", seis andares de pornografia — ele disse. — E casas de massagem. Vê aqueles cartazes? E cabines de vídeo, adiante. Aquele lugar diz: "Coração Puro", e o outro, "Criadas Francesas".

— Existem criadas francesas no Japão?

— Não. Dos mangás.

As fantasias sexuais de criadas francesas em uniformes provocantes, meia rendada e salto alto, empunhando espanadores, originaram-se nos mangás. Muito revelador a respeito do poder das histórias em quadrinhos em influenciar a vida íntima dos homens japoneses, além de evocar sua solidão, de certo modo.

Murakami parou na esquina e olhou em volta, procurando algo para me mostrar. Mais uma vez a multidão passou por ele, o famoso escritor, uma presença invisível no meio de seus leitores.

— Vamos dar uma espiada na Pop Life — eu disse.

Lá dentro, rodeado de pornografia, ele sussurrou:

— O que diriam meus leitores se me vissem aqui?

Os japoneses são viciados em eufemismos. O eufemismo é um traço das culturas repressivas ou secretistas: ingleses, irlandeses, chineses e criminosos não são menos eufemistas. Em vez de "toalete", uma pessoa no Japão provavelmente dirá "o honrado lugar impuro" (*gofujo*), e a resposta "Vou pensar no assunto" (*kangaete okimasu*) significa "De jeito nenhum". O linguista Roger Pulvers, residente em Tóquio, aborda esses eufemismos em sua coluna, que andei lendo no *Japan Times*. Pulvers escreveu: "O eufemismo mais comum para devasso, indecente e safado é *ecchi*. A palavra deriva da primeira letra de *hentai*, o *h*, e quer dizer anormal ou pervertido."

Ecchi resumia Pop Life. Embora Murakami não se intimidasse facilmente, até ele se mostrou meio surpreso com o que encontramos em seis andares lotados de mercadorias relacionadas ao sexo.

— DVDs, loções, fotos — Murakami murmurava enquanto percorríamos o primeiro andar e subíamos a escada para o segundo, onde vimos uma parede inteira coberta de cordas para *bondage*, de diferentes grossuras e cores.

— *Bondage* é *shibari* — Murakami explicava enquanto eu anotava. — Mas o japonês é sutil e específico. Essas cordas servem para *kin-baku* — amarrar com força.

— Entendi.

O terceiro andar continha vibradores, consolos e similares de formato estranho, para penetrações nebulosas. As peças eram exibidas conforme o tamanho e a cor, em caixas requintadas. Murakami encantou-se com o que viu exposto.

— Olhe, tudo vem acompanhado de manual — disse, apertando um saco plástico para decifrar as instruções.

Na sala ao lado havia pilhas de máscaras eróticas, mordaças com bola, chicotes, correntes, algemas, além de trajes de látex e botas plásticas.

— Fabricado na China — Murakami traduziu.

— Então terceirizam a produção.

Murakami leu outro rótulo. Disse, fingindo orgulho:

— Projetado no Japão!

A lingerie e os uniformes ocupavam cabides nas araras do quarto andar. Um aviso enorme em japonês, chinês e inglês dizia: *30% de Desconto se Você Posar para uma Polaroid*. Ao lado havia uma centena de fotos de Polaroid de moças japonesas — consumidoras satisfeitas — usando lingerie minúscula ou roupas bizarras, e a maioria delas sorria ao tentar fazer poses provocativas, mais engraçadas do que maliciosas, como as explicações rabiscadas.

"Vou usar numa festa de Halloween", dizia uma legenda. Outra: "Vou usar no sábado." Uma terceira, para roupa de baixo com enfeites de pele: "Vai ser surpresa." Uma jovem japonesa fantasiada de criada francesa: "Sou namorada do Larry."

A fantasia de criada custava 85 dólares. O pavoroso uniforme colegial era mais barato. Havia araras com uniformes de chefe de torcida, enfermeira, bruxa e duende.

— O que é isso?

Murakami traduziu a etiqueta de um conjunto de cetim vermelho.

— Diabinha.

Uniformes de comissária de bordo, fardas militares e até uma fantasia de "hostess de casa de chá" tinham algo a ver com *Alice no País das Maravilhas*.

— Este é um traje de *miko* — Murakami explicou, erguendo um quimono colorido comprido. — Para as mulheres que servem nos templos.

— Isso é erótico?

— Talvez. A *miko* precisa ser virgem.

A fantasia de garçonete de café lembrava o uniforme das moças que trabalham em restaurantes populares norte-americanos ou atendentes de drive-in.

Subimos para o andar seguinte — vídeos. Ocupavam inúmeras prateleiras, organizados por categorias, e muitos eram voyeuristas, "vídeos secretos", que Murakami traduziu como *tousatsu*: imagens feitas por câmeras ocultas em provadores, banheiros, vestiários e saunas, além de fotos por baixo de saias e imagens escondidas de moças nuas ou seminuas. As outras seções, autoexplicativas, exibiam nomes como *Bondage Extrema, Mulheres Maduras* e *Canto das Lolitas*.

— Veja só — Murakami mostrou com um sorriso perverso o DVD chamado *A mulher do seu irmão*.

A caixa do DVD exibia a fotografia de uma mulher ansiosa e um homem atormentado. Havia uma estante inteira de filmes similares.

— Outro tipo de sonho — Murakami disse.

Com frequência, no decorrer da viagem, ao pensar em nossa visita ao Pop Life, eu sorria quando me lembrava de Murakami vestindo casaco de couro e cachecol vermelho e mostrando a caixinha estranha enquanto refletia, *Outro tipo de sonho*.

O sonho da dominação, porém, era o mais comum. Reconheci o tema. A maioria dos DVDs continha fantasias relacionadas ao poder — estupro, intimidação e submissão dos mais abjetos. Os trajes imitavam uniformes de empregadas, serventes, colegiais, subalternas — os fracos, os submissos, os exploráveis, as mulheres que atendiam e serviam: eram esses os papéis capazes de inflamar a imaginação masculina no Japão. Não vi figuras maternais ou poderosas; nada de louras fortes, garotas de seios enormes ou beldades tolas e sorridentes: só fracas e vulneráveis, estudantes esbeltas e frágeis fadinhas, objetos sexuais miúdas e magras — o tipo de mulher que se via pela cidade de Tóquio inteira, jovens que (como Murakami sugeriu) só os nerds poderiam dominar.

Uniformes são comuns entre trabalhadores japoneses, e não apenas para garçonetes e motoristas de ônibus. Valem para varredores de rua, vendedores de lojas, bilheteiros de trem e cobradores de terno azul e luva branca. Como muitas pessoas na sociedade japonesa assumem ou recebem um papel específico, o sexo reflete a importância dos papéis. O mesmo vale para o entretenimento. E para o mundo empresarial, com suas exigências específicas.

Quando chegamos ao último andar, lemos comentários do livro de visitantes. Uma declaração de um cliente da Pop Life, escrita em letras grandes, se destacava no meio da página.

— O que diz?

— Prefiro comer merda a olhar para essas coisas — Murakami traduziu.

— Bem, já podemos ir.

Ele apanhou outro mapa. Fomos de metrô até a parada seguinte, saímos da estação e caminhamos. Depois de muitas voltas — os números das ruas eram incongruentes — encontramos o @home Café, onde (confirmando o que eu já havia classificado como uma fantasia comum) as garçonetes se vestiam como donas de casa, com babados nos uniformes, e todas alegavam ter 17 anos. Três delas se ajoelharam na nossa frente quando entramos.

— Seja bem-vindo ao lar, mestre querido —, uma delas disse, e Murakami traduziu. *Danna-sama* significa mestre, explicou. — Mestre soa melhor.

— Sou Saki, querido mestre — Murakami traduziu quando a garota falou comigo e acrescentou, com um sorriso maroto: — Como o escritor.

Recebemos o cardápio.

— Quero café — falei.

Murakami também pediu café. Fiz as contas, rapidamente: dois cafés, 18 dólares. A submissão tem seu preço.

— Sim, querido mestre.

Passamos algum tempo ali, conversando com as moças obsequiosas, enquanto sujeitos joviais nas outras mesas mandavam e desmandavam nas garçonetes. Alguns tiravam fotos com elas, posando de senhores rodeados pelas empregadas solícitas.

— Isso não me diz nada — falei.

— Não é grande coisa — Murakami falou. — Mas existem lugares mais pesados, com clientes mais arrogantes.

— Você não prefere tomar uma cerveja?

Fomos a um bar mais tranquilo, no alto de um edifício, com vista para a cidade cintilante, e conversamos sentados em poltronas estofadas confortáveis. Perguntei a respeito de Yukio Mishima. Foi um romancista improvável — fisicultor, líder de um grupo ultranacionalista paramilitar. Certa manhã, depois de terminar um romance, Mishima e seus seguidores seguiram um plano previamente elaborado: entraram na sala de um general e o amarraram a uma cadeira. Da sacada da sala discursaram para a tropa reunida. Depois, na sala do general, que os observava horrorizado, todos cometeram suicídio ao estilo japonês. Alguns cortaram a cabeça dos companheiros, e os últimos rasgaram a barriga com facas rituais, derramando as entranhas no carpete.

— O amante dele cortou sua cabeça — Murakami disse. — Ele era narcisista, além de muito pequeno — provavelmente como compensação pela baixa estatura. Não dou grande valor a sua obra.

— Gosto de *Confissões de uma Máscara*.

— Truman Capote fez sexo com Mishima, quando esteve aqui.

— Não li isso na biografia de Capote.

— Não está em nenhum livro que eu conheça. Mas aconteceu.

Conversamos sobre autores de um livro só, sobre corrida, viagens de carro, Itália, Havaí e viagens em geral.

— Já conhecia Tóquio?

— Estive aqui há muito tempo — expliquei. — Senti-me deslocado e com saudade de casa. Senti tanta falta de meus filhos que fui a uma loja de brinquedos em Roppongi, a Kiddyland, será que ainda existe?, e comprei presentes para eles. Carreguei os brinquedos pelo resto da viagem de volta a Londres, pelo expresso transiberiano.

Murakami escutou pacientemente. Ele não tinha filhos. Terminei a cerveja, pedi outra, olhamos as luzes da cidade pela janela panorâmica.

— Telefonei daqui para minha mulher — prossegui. — Ligação ruim, mas consegui ouvir a voz dela, que reagiu com hostilidade. Falei que sentia muitas saudades. Mesmo assim, ela não disse quase nada. Percebi que estava com outro homem. — Eu dava goles na cerveja, recordando. — Por isso, após a longa viagem terrestre de volta para Londres eu estava exausto e muito perturbado. Precisava escrever meu livro. E o tal sujeito pairava sobre nosso casamento. Fiquei com muita raiva e ciúmes. Não conseguia atrair a atenção dela, entende? Então disse para minha mulher: "Vou matar você."

Era uma lembrança terrível, que me envergonhava profundamente. Mas eu estava no bar de cobertura de um hotel de Tóquio, com o atento e solidário Murakami, que conhecia os fatos da vida. Quantas cervejas eu tinha bebido? Três ou quatro? Eu me perguntava se o lago ao longe estava congelado, naquela noite de janeiro. Depois eu me esqueci do que havia acabado de dizer e olhei para Murakami, que me encarava ansioso.

— E você a matou? — Ele endireitou o corpo na cadeira.

— Eu matei quem?

— Sua esposa.

— Claro que não. Só ameacei. Intimidei o tal sujeito, também. Afirmei que o mataria se ele aparecesse por lá.

Mas Murakami ainda se mostrava ansioso.

— E conseguiu escrever o livro? — perguntou.

— Aí é que está, entende? Foi a minha cura. Escrever o livro botou minha cabeça no lugar.

Murakami balançou a cabeça, demonstrando tranquilidade.

— A dor é inevitável. O sofrimento, opcional. Alguém disse isso. E eu concordo.

— Mas, Haruki, você é um sujeito saudável. Corre muito. Tem uma forma física invejável.

— Costumo dizer que é preciso ser saudável para ver seu lado doentio.

— Talvez eu precise de uma esposa japonesa, que venere o chão em que piso.

— Você chegou uns sessenta anos atrasado — Murakami disse, bebendo um gole de cerveja. Sorriu por um instante, em seguida uma sombra perpassou por seu rosto entristecido. Lembrara-se de alguma coisa. — Minha mulher sempre lê meus livros antes de todo o mundo. Ela os critica para valer. Quando as críticas são muito pesadas, fico furioso.

Pensei em dizer: "Ela critica porque se importa", mas resisti ao banal. De todo modo, nesse aspecto Murakami parecia inconsolável.

Falamos sobre os planos para o final de semana. Expliquei que ia pegar o trem para Sapporo e depois até o extremo norte, em Wakkanai.

— Wakkanai é um verdadeiro tédio.

— Parece o lugar perfeito para mim — falei. — O que pretende fazer no fim de semana?

— Trabalhar no meu romance — Murakami disse. — E depois correr uma maratona em Chiba.

28 Trem noturno para Hokkaido:
O superexpresso Hayate

O trem-bala partiu da estação de Ueno, seguindo para o norte. Passou por 60 quilômetros de pequenos bangalôs cinzentos e espremidos uns nos outros em meio à planície monótona, com montanhas marrons ao fundo e um céu invernal que garoava levemente. Poucas horas depois, em Ninohe, ao norte de Honshu, a neve salpicava o chão. Na gélida Hachinoche, mudei para um trem menor, que saiu dez minutos depois, serpenteando pelas nevascas dos campos: árvores nuas enfileiradas, pinheiros altos na beira da ferrovia. Todas as árvores pareciam ter sido deliberadamente enfiadas na neve funda.

Na melancolia do fim da tarde, a tempestade de neve em Noheji foi linda, como uma profusão de plumas de travesseiros sopradas através da imensa baía azul polar. O trem deslizava por aquela costa de ilhas marrons protuberantes, acompanhando o mar invernal onde dois pássaros enormes, parecidos com cisnes, procuravam comida. E então a cidade de Aomori e um túnel por baixo do estreito de Sugaru até a ilha de Hokkaido, do qual o trem emergiu após 45 minutos e entrou na paisagem de montanhas cobertas de neve, como guardanapos de linho dobrados, e finalmente percorreu o campo aberto desabitado com o qual eu sonhara, ainda mais espetacular coberto pela grossa camada de neve que cintilava ao anoitecer.

Na troca de trens em Hakodate os passageiros que mudaram de linha — não muitos — foram recebidos com elaborada cortesia por uma jovem de uniforme azul elegante, meia preta, salto alto e um lenço de seda no pescoço — a reprodução exata de uma das fantasias do quarto andar da Pop Life de Tóquio. Quase todas as mulheres que trabalhavam no setor público do Japão usavam um uniforme específico, e eram essas jovens recatadas e submissas que despertavam as paixões masculinas, verdadeiros objetos de desejo que enlouqueciam os homens quando contavam o troco, emitiam passagens e destacavam tíquetes.

Mais algumas horas pela neve, noite adentro, e chegamos a Sapporo. No passado distante a viagem exigira um dia e meio, com direito a uma longa e fria travessia de barco pelo estreito encapelado, mas agora fiz um trajeto rápido de dez horas em conforto total, partindo de Tóquio e atravessando um túnel submarino para ir de uma ilha à outra. A neve ainda caía quando chegamos a Sapporo, cobrindo a cidade e esbranquiçando o ar e o chão das ruas principais.

Sapporo agora possuía metrô e orquestra sinfônica, estação ferroviária nova dentro de um shopping center e diversos hotéis espalhados acima da estação. Peguei a escada rolante da plataforma, passei pelo piso das lojas e entrei no saguão do hotel, onde fui recebido com uma mesura formal pela inevitável jovem de uniforme cinza bem-cortado, luva branca e cloche, o retrato da disponibilidade e submissão.

Ela representava outro aspecto da cultura japonesa da delicadeza, a exemplo dos ursinhos e gatinhos de pelúcia, macios, inofensivos e sem sofisticação, ou da jovem que distribuía panfletos sobre celulares no shopping, vestida de colegial, com saia plissada e rabo de cavalo. Suas reproduções podiam ser vistas em mangás, especialmente os que mostravam casos amorosos na escola, e depois de algumas páginas se transformavam em ilustrações de página inteira de atos sexuais explícitos. Os quadrinhos com as meninas meigas obviamente reafirmavam a masculinidade dos japoneses e faziam com que se sentissem menos solitários, mais dispostos a encontrar fadinhas similares encarnadas nas vendedoras em forma humana.

Eu havia conhecido histórias em quadrinhos japonesas que me chocaram um pouco, na viagem do *Bazar Ferroviário*, principalmente pelas imagens de flatulência, vômito e atos sexuais absurdos. As singulares representações de pessoas peidando e vomitando as afastaram de minhas preferências como leitor. Eu meditava sobre isso num cibercafé de Sapporo quando vi um homem do outro lado do corredor folheando ansioso uma revista volumosa cujo conteúdo, basicamente de quadrinhos, não apenas tirinhas, mas um romance todo em quadrinhos

Esses quadrinhos apresentavam uma visão mais ampla da vida japonesa do que eu havia visto antes, abrangendo em vez de aprofundar, o que produzia um disparate de superficialidade. Em contraste, as livrarias não possuíam bons acervos. Mangá e *graphic novel* pareciam representar um anti-intelectualismo tolo, desafiador, embora não faltasse quem os defendesse como arte do nível do *ukiyo-e*. Por mais bem desenhado que fosse, o mangá moderno era banal, tolo ou mera fantasia, elaborado de modo apressado e grosseiro, em comparação ao trabalho dos grandes gravuristas. Considero os desenhos eróticos de Hokusai muito mais intensos e sensuais do que aqueles quadrinhos ridículos.

O cibercafé era um tipo de passatempo futurista, uma máquina de prazer vagamente imaginada por Orwell ou Huxley. Poucos clientes liam e-mails. A maioria das cento e tantas cabines e mesas mais pareciam cubículos de escritórios modulares, com divisórias tão altas que nem um japonês de estatura elevada conseguiria espiar por cima e saber se a pessoa sentada lá, de pernas cruzadas, usando fones de ouvido, via fotos e vídeos, jogava ou navegava por sites pornográficos.

Muitos cubículos continham sofás ou poltronas; o usuário podia dormir, roncar alto, comer macarrão, tomar sopa de missô ou chá — a maior parte da comida naquele cibercafé de Sapporo era gratuita. Numa sociedade em que havia pouquíssima privacidade, um estabelecimento como aquele era essencial. E alguém podia passar o dia inteiro lá por cerca de vinte dólares. Muitos clientes se acomodavam nas poltronas estofadas confortáveis para ler grossos volumes de quadrinhos.

Falar em "quadrinhos" não faz justiça aos livros. As histórias saem em capítulos, como nas revistas vitorianas *Household Words* e *All the Year Round*, que publicaram *David Copperfield* em folhetins, por vários meses. *Nana* também saiu assim — não o romance de Zola, mas os 35 capítulos das aventuras picarescas, e não raro sexuais, de uma personagem japonesa. Outras narrativas apresentam valentões, estudantes, membros de gangues, bandidos, aventureiros, esportes, moda, corridas de carro e, claro, pornô pesado — estupro, estrangulamento, rapto. Mesmo com o declínio das vendas dos quadrinhos em série ou não, após o pico de 5 bilhões de dólares por ano, formas derivadas dos *graphic novels* provavelmente constituem o futuro da literatura popular — têm sido cada vez mais baixados em telefones celulares. Puro prazer visual, digestivos, sem ideias ou contestações, embora obviamente estimulantes, são como junk food entupida de açúcar: afrouxam o cérebro e anunciam o fim do romance tradicional, talvez o fim do próprio ato de escrever.

— A que horas vocês fecham? — perguntei à cativante moça de mangá de cabelo espetado no caixa.

— Não fechamos. Aberto dia e noite.

A central do prazer iluminada, com seus quadrinhos e computadores, sopa e massas orientais gratuitas, silêncio e privacidade, estava sempre disponível; vivia cheia de pessoas que nunca falavam umas com as outras.

■ ■ ■

Toda aquela neve em Sapporo me fez ter vontade de esquiar. Havia encostas com declives a 15 minutos de distância; trilhas de cross-country ficavam a uma hora do centro. Faz tempo que desisti das pistas em encostas, com seus praticantes de snowboard e teleféricos gelados. Esqui cross-country dá mais trabalho, mas não há espera e ninguém morre atropelado por um exibicionista descontrolado. Fui de metrô e ônibus para Takino, nas colinas nevadas ao sul de Sapporo, onde campeonatos mundiais de esqui cross-country estavam para começar. Os ramos dos pinheiros se curvavam com o peso da neve, que também formava uma camada sólida nos caminhos estreitos.

Eu queria fazer algo proveitoso, revisitar um lugar que eu não visitava havia 33 anos. Ali, sob a pouca neve que caía, num recanto adorável rodeado de mata que parecia ser o oposto do estereótipo vigente sobre o Japão, encontrei recolhimento, trilhas perfeitas, uma cabana de madeira, pinheirais nos quais os corvos grasnavam no vazio e sacudiam-se para tirar a neve das penas. Aluguei esquis e botas por 12 dólares. A não ser por algumas famílias que esquiavam nas trilhas, o local estava deserto naquele dia de semana.

Pelos bosques cheios de gralhas, seguindo o mapa e ofegando nas subidas, aspirei o ar gelado cortante e pensei, como muitas vezes nessa viagem: em 1973 eu estaria percorrendo as ruas, de bar em bar, dramatizando minha juventude e solidão. Agora eu esquiava, apreciando a vida ao ar livre e planejando ir cedo para a cama.

Aquecendo-se entre os pinheiros, numa das curvas da trilha Fox, conheci a srta. Ishii e o sr. Miyamoto. Ela era de Nagoya e trabalhava na Toyota City, onde traduzia textos técnicos do inglês para o japonês.

— Consigo ler quase tudo, até Shakespeare, mas minha fluência oral está piorando — ela disse.

O sr. Miyamoto era de Sapporo. Contei-lhe que havia visitado a cidade muito tempo atrás.

— Eu estava no ciclo básico naquela época — ele disse. — Sapporo era uma cidade de um milhão de habitantes. Agora temos 2 milhões.

— Mesmo assim é uma bela cidade — falei.

Ele fez uma careta. Esforçou-se para falar, mas acabou pedindo à srta. Ishii que traduzisse suas palavras.

— Ele diz que não, que piorou muito. Tínhamos mais árvores, mais pássaros, mais espaço. Agora Sapporo é grande e agitada; para quê? Só para fazer mais compras. Perdemos muita coisa.

— Mas ainda tem toda esta neve.

— Não. Eis outra diferença. A neve diminuiu. Hoje não chega a um terço do que costumava cair. É o clima. Antigamente, 15 graus negativos era normal. Agora está sempre mais quente. A temperatura chega a dez negativos três vezes por mês, no máximo.

— Aquecimento global — disse a sra. Ishii, incidentalmente. Ainda traduzia.

— O aquecimento global é um fato, no Japão. Tenho visto, cresci aqui. Para nós é fácil constatar, por causa das estações e da neve. Antes, o tempo era mais frio no inverno. A neve, mais funda.

— Eu me lembro da neve profunda no local onde se realizavam as Olimpíadas de Inverno — falei.

— Era o seguinte: costumávamos ter quatro estações distintas, mas agora elas se confundem. Temos invernos quentes e verões frios. Por vezes, um pouquinho de neve no inverno e um monte na primavera. Realmente, muito estranho. Você esteve aqui em 1973. O clima era outro na época.

Esquiamos juntos por algum tempo, enquanto o dia escurecia aos poucos. Pensei também: naquele tempo eu não teria encontrado dois japoneses cordiais para esquiar comigo. O sr. Miyamoto levava uma câmera pendurada no pescoço. Orgulhava-se por ser convencional — "Não é digital!" — e a srta. Ishii contou que em 1986 ela havia passado um ano acadêmico lecionando na Tanzânia, em Morogoro. Ainda sabia dizer *jambo*, *habari* e *mzuri sana*. Devia ter uns 40 e poucos anos, era alta e meio angulosa, com o rosto comprido oval das mulheres elegantes das gravuras de Utamaro.

De volta ao abrigo dos esquiadores, perguntei a respeito dos japoneses que retornavam depois de passar gerações no Brasil (São Paulo tem a maior comunidade japonesa fora do Japão). Li certa vez que eles encontravam dificuldades de adaptação. Um dos brasileiros, descendente de japoneses, declarou à imprensa: "Não trabalhamos e fazemos barulho. As pessoas aqui não gostam disso."

A srta. Ishii disse:

— No século XIX éramos um país pobre. O imperador mandou o povo procurar trabalho em outro lugar. Eles foram para o Peru, o Brasil e os Estados Unidos. Alguns voltaram.

— E o que aconteceu?

— Só coisa ruim.

■ ■ ■

Meu último passeio em Sapporo foi a um busto de bronze num pedestal instalado nas dependências da universidade de Hokkaido. Homenageava William S. Clark, o norte-americano que ajudou a fundar a escola agrícola que deu origem à universidade. Um estudante japonês me levara lá na primeira visita, explicando que o norte-americano ensinara métodos modernos de agricultura aos japoneses — técnicas que funcionaram bem, pois Hokkaido e seu estado natal, Massachusetts, tinham clima semelhante.

— Veja, é o sr. Crack! — o estudante disse.

Clark passara menos de um ano lá, de julho de 1876 a abril de 1877, mas ainda era lembrado, e o discurso inflamado que fez aos estudantes no momento da partida constava da declaração de missão da universidade.

— Rapazes, sejam ambiciosos! — ele disse. — Mas não ambicionem dinheiro, nem crescimento pessoal, nem o momento evanescente que os homens chamam de fama. Ambicionem atingir tudo o que um homem é capaz de ser.

Eu ri daquilo, mas o sujeito merecia crédito. Em menos de um ano ajudou a criar a primeira instituição acadêmica moderna do Japão, e depois de algumas mudanças de nome, de Escola Agrícola de Sapporo para Universidade Imperial Tohoku, tornou-se a universidade de Hokkaido. Cento e vinte anos após a chegada de Clark, os turistas japoneses ainda posavam para fotos na frente de seu busto. Perguntei a alguns o motivo.

— Ele foi um grande homem. E nos ajudou.

Olhei mais detalhadamente para o busto. Emanava respeito e dignidade, mas não parecia muito velho. Descobri num folheto da universidade a razão: "A estátua atual, erguida em 1948, foi modelada a partir do original, derretido durante a Segunda Guerra Mundial.

Portanto, a antiga estátua de bronze do incentivador ("Rapazes, sejam ambiciosos!") norte-americano William Clark foi transformada pelos japoneses em projéteis que visavam os soldados norte-americanos. Recordei-me de um poema de E. E. Cummings sobre a guerra, no qual um homem se recusa a acreditar que a guerra é um inferno, embora lhe tenham dito isso repetidamente. Então os japoneses compraram sucata de ferro do elevado de Nova York, o *el*, e usaram o metal para fabricar bombas, e

> ... bastou
> um niponizado pedaço
> do el da bela sexta
>
> avenida;
> no topo da cabeça: para lhe
>
> mostrar*

---

* ...it took / a nipponized bit of / the old sixth / avenue / el; in the top of his head: to tell / him

29   *O expresso limitado:*
Sarobetsu a Wakkanai

Em trens pequenos, assim como nos restaurantes mais simples de massas orientais, uma medida similar à mais formal existente na cultura, chamada *kangei-kai*, é feita para todos os viajantes, por mais humildes que sejam: curvatura profunda, agradecimentos repetidos na cerimônia de boas-vindas de *irassahi mase*. Os rituais tranquilizantes de gratidão e polidez, numa profusão de honrarias, parecem arcaicos no mundo negligente e insistentemente informal da atualidade. Todavia, os comportamentos rigidamente determinados mantiveram o Japão unido, permitindo que uma grande quantidade de japoneses vivesse num espaço reduzido; numa cultura de unanimidade e ordem funcionam como um reconhecimento da existência do outro. Tanta cortesia ajudou a impedir que as pessoas matassem umas às outras.

Assim foi no expresso Sarobetsu, a caminho da costa do extremo norte em trilhos que varam a beira congelada do imenso pântano de Sarobetsu, em Hokkaido. Parecia um trem suburbano, com apenas quatro vagões, sem locomotiva, condutor em pé, de uniforme e quepe, visível na frente da cabine envidraçada; o bilheteiro, o guarda e o cobrador, todos se esforçavam para emitir as fórmulas de boas-vindas e fazer mesuras para os passageiros.

Honjitsu wa gojosha itadaki arigatou gozaimasu. "Obrigado por embarcar hoje neste trem", Murakami havia traduzido para mim.

Wakkanai era um tédio, segundo Murakami, e até mesmo o guia turístico alertava para a falta do que fazer lá. Imaginei uma vila portuária fustigada pelo vento numa costa nevada. Com isso e mais um pouco eu chegaria à paisagem dos meus sonhos, a verdadeira cara do interior do Japão. A viagem através da tempestade de neve, naquele trem modesto, foi uma das mais agradáveis que já realizei. No meio caminho de Wakkanai o trem estava praticamente vazio — só quatro passageiros no primeiro vagão. Nós, poucos, prosseguimos pela imensidão vazia do norte de Hokkaido, coberta de neve, acompanhando o curso de um rio estreito e escuro durante a maior parte do trajeto.

Passamos por minúsculas estações alvejadas pelos flocos cristalinos, como Takikawa, um vilarejo de ruas altas de neve prensada, por bosques, terras para lavoura desfocadas pelos flocos de neve, casas com pingentes de gelo nos beirais. Em alguns bangalôs a camada de neve batia no teto.

As pessoas viviam melhor ali, pelo jeito. Tinham mais espaço, jardins e quintais, mesmo na cidadezinha de Asahikawa, a cerca de um terço do caminho para Wakkanai. O trem seguia lentamente pela floresta, onde os ramos dos pinheiros nevados se curvavam para baixo, e no vilarejo de Shibetsu havia casas de fazenda, estábulos e celeiros. As estradas visíveis, estreitas, não haviam sido desobstruídas, nenhum carro circulava por elas. Naquele dia invernal sem vento a neve amontoava ao cair, cobrindo árvores, pinheirais e bosquedos de bétulas. Quando as nuvens se abriam e a tempestade amainava brevemente, a neve caída se tingia de rosado conforme o sol batia nas nuvens e banhava a várzea do rio.

Nas cidades e nos vilarejos em miniatura da Hokkaido rural as pessoas moravam em casas de boneca, como em Otoineppu, onde a luz do entardecer trouxe de volta a nevasca. E Teshio-Nakagama, a cerca de uma hora ao sul de Wakkanai, o lugar mais coberto de neve que vi no Japão inteiro, com casinhas enterradas na brancura e redemoinhos alvos, as ruas como canais de neve, e algumas delas túneis de neve do tipo que a gente vê nos vilarejos esquecidos do Maine setentrional.

Tudo parecia esplêndido até eu iniciar uma conversa com o senhor sentado alguns bancos adiante, no vagão quase vazio. Seu nome era Ohashi. Nascera por ali. Ele explicou que aquela parte de Hokkaido perdia população, envelhecia — mais depressa do que o resto do Japão — e que não havia mais indústria. Até as fazendas faliam.

— Minha família tem sessenta vacas. Não basta — explicou. — Sofremos com a competição desleal dos grandes laticínios.

Ohashi encontrou uma solução pessoal. Ele se deu conta de que estava mais perto da Rússia que de Tóquio. Decidiu ir para Sakhalin, a pouca distância de Wakkanai, de barco, e aprendeu russo. Depois estudou economia numa faculdade de Kamchatka. As regiões mais remotas da Rússia — as mais distantes de Moscou — eram facilmente acessíveis a partir do Japão.

— Eu pretendia deixar a fazenda da família — explicou — e viver por minha conta. Quando completei os estudos, vi que não havia trabalho para mim em Hokkaido.

Ele conseguiu emprego em Tóquio, numa companhia russo-japonesa. Metade dos empregados era russa, originários do extremo leste do país, de locais como Sakhalin e Kamchatka.

— Estou indo para casa visitar minha família por alguns dias — ele disse.
— Depois volto para Tóquio.

Mais uma vez, restou-me bancar o voyeur romântico. Onde eu via pinheiros, nevascas e trilhas para esquiar, Ohashi via apenas fracassos, economia rural decadente e gente velha.

Enquanto passávamos pelos pântanos de Hokkaido, o sol se desvencilhou de uma nuvem de chuva estufada e subitamente clareou, esquentou, mudou de cor para o laranja vivo da lava quente, depois se tornou um domo amarelo perto dos morros gelados do horizonte. Observei o domo que diminuía: mergulhou finalmente na neve, deixando um pouco de seu brilho na nuvem de chuva, um tom rosado, ruborizando a linha das montanhas até se tornar um restinho de cor-de-rosa mudando para cinza.

Mais um pouco e as negras árvores desfolhadas eram nervos expostos na brancura maculada da paisagem gélida dos campos nevados ao anoitecer. Naquele mundo arredondado, suave e estofadíssimo pela neve acumulada, as pontas dos pinheiros passavam de renda irregular a calistemos, a lâminas de serrote, conforme o trem acompanhava os meandros do rio e a luz batia por outros ângulos.

Cinco horas e meia após partir de Sapporo, o trem entrou na minúscula estação da cidade mais setentrional do Japão.

Foi uma chegada mágica — estação em miniatura, ruas atapetadas de neve, flocos reluzindo no facho das luzes, cristais de gelo no ar e um cheiro forte de mar. Os passageiros sumiram, não vi mais ninguém. Embora a maioria das lojas estivesse fechada, havia bares abertos; nas transversais era possível ver luminosos piscando: *Happy Room* e *Fun Parlor*, e um letreiro de néon azul acima da porta da sacada do segundo andar: *Love Doll*.

Desci a rua coberta de neve até chegar ao hotel e fui recebido com nova mesura. Nos dias seguintes, decidido a conhecer a área ou tomar um drinque, geralmente eu acabava no trecho dos anúncios luminosos e o que sempre chamava a atenção era o *Love Doll*. As palavras prometiam tudo: inocência, doçura, simplicidade, conforto, prazer, aconchego. Impossível formar um par melhor de palavras para a calma passividade sexual, e elas ecoavam em meu coração quando eu parava na neve, erguendo a vista para a sacada e a porta. Nunca vi ninguém entrando ou saindo do *Love Doll*. Mais um chamariz. Mas eu seguia em frente.

Wakkanai era um porto marítimo, afinal de contas. Os pescadores zarpavam para o mar do Japão em suas traineiras, os russos iam e vinham de Sakhalin, visível num dia claro do outro lado do estreito de Soya. Os russos faziam compras ali. Muitos supermercados e lojinhas exibiam informações em russo, em cirílico caprichosamente desenhado. Pelo jeito, eu era o único gaijin em Wakkanai — não vi nenhum outro —, e obviamente os russos paravam ali atrás de roupas, equipamento, material de pesca ou sexo. Um ou dois cassinos com luzes fortes se destacavam na rua principal. Mas estavam vazios. Provavelmente por causa do tempo — nevascas e ventos fortes. Nenhuma embarcação zarpou do porto de Wakkanai enquanto estive lá.

Até os bares viviam vazios. Os mais aconchegantes, com mesas de carvalho e dono grelhando peixe num *hibachi*, enfileiravam-se nas ruas transversais. Nunca via mais do que alguns poucos homens dentro deles, em geral velhos marinheiros bebendo saquê e comendo sushi.

A hospitalidade em Wakkanai era quase um fardo. No início da noite, confortável na poltrona de um bar quentinho para organizar as anotações do dia, eu era sempre abordado pelo dono, que dava as boas-vindas, oferecia um drinque — certa vez, o sujeito me trouxe uma sardinha grelhada na hora — e passávamos a hora seguinte entabulando a conversa impossível que um japonês estrangeiro teria numa noite de inverno num boteco de Eastport, no Maine — com que Wakkanai muito se parecia. O álcool não nos faz superar a barreira do idioma, mas a torna suportável.

— Você americano!

— Eu americano.

— América muito bom!

Brindávamos, bebíamos, comíamos sushi; apesar dos meus planos, eu me embriagava e não escrevia nada; logo nos tornávamos bons amigos. Foi assim em três barzinhos, enquanto a neve caía lá fora. No fim da linha do trem, Wakkanai era uma cidadezinha sem cibercafé ou cinema. Não me importava. O tempo era ruim, o pessoal simpático, e Wakkanai tinha fontes termais.

■ ■ ■

Quando o vento diminuiu e o sol saiu, caminhei por Wakkanai, a cidade gelada, sobre a neve endurecida, rodeando os montes deixados pelas máquinas, semelhantes a glacê branco. Eu me sentia passeando no meio de um bolo de noiva.

A costa recortada do Japão e as ilhas angulosas davam ao país uma aparência única entre os países do planeta, uma forma de lagartixa mordiscada; mais parecia um entalhe do que um conjunto de ilhas, refletindo nisso sua complexidade cultural. Em certos aspectos, parece manter as pretensões imperiais passadas, um castelo no meio do mar, uma fortaleza oceânica. Orgulha-se de nunca ter sido invadido — foi salvo dos mongóis pelo Vento Divino (*Kamikaze*), que repeliu a frota invasora no século XIII. Foi esse mais um motivo para os bombardeios norte-americanos da Segunda Guerra Mundial terem causado um trauma tão grande, levando o normalmente imperturbável Haruki Murakami a tremer de indignação pela violação.

Um monumento ao vulcanismo, o Japão repousa sobre uma camada de lava derretida e água superaquecida. É um arquipélago de cones vulcânicos, e os japoneses ainda consideram sagrada a montanha que se tornou seu símbolo nacional, o Fujiyama, provavelmente o vulcão mais conhecido da face da Terra. Por conta das fendas e dos cones, dificilmente se encontra uma localidade japonesa desprovida de fontes termais.

Uma mina de água quente existente sob Wakkanai oferece recreação para a cidade congelada. Trata-se do *onsen*, ou fonte termal. A água, além de fervente, jorra acrescida de sais e minerais benéficos.

Ansioso pela experiência e sentindo dores no corpo de tanto viajar, peguei um ônibus e fiz o trajeto de 15 minutos até o spa de Onsen Dome, na costa a oeste da cidade. Era domingo. Descobri que se escaldar no *onsen* era a principal atividade de inverno em Wakkanai, nos fins de semana. E, a exemplo de muitas outras atividades no Japão — refeições, diversão, hospitalidade, distribuição de presentes —, o banho exigia uma série de rituais formais: passagem pelo vestiário, ducha, casa de banhos, spa, fontes de água quente — com progressão de uma piscina a outra — até o descanso final em espreguiçadeiras. Para alguns essa atividade, após a passagem pela água quente, incluía tomar cerveja e fumar.

Aluguei uma toalha. Recebi sandálias e um robe. Comprei uma entrada. Custava uns cinco dólares. Entrei na ala masculina do *onsen*. A grande atração era um salão com fonte termal e quatro piscinas muito quentes, algumas avermelhadas pelos sais minerais, e uma delas fumegando a céu aberto, numa varanda nevada.

Havia homens japoneses despidos — jovens, idosos, de meia-idade, com pele lisa ou um pouco encrespada; carecas, curvados, musculosos, muito gordos, muito magros, enfim, de todos os tipos. De certo modo, correspondia à impressão popular a respeito dos banhos romanos, um procedimento que não era apenas saudável, mas também socialmente importante, como um clube que oferecesse cozimento lento; os homens caminhavam conversando, trocando ideias, descontraídos com água quente até o pescoço e a toalha úmida cuidadosamente disposta na cabeça. As janelas panorâmicas de um lado davam para a costa nevada e o mar, e do outro lado, para as colinas alvas de Wakkanai.

Um homem nu na banheira de hidromassagem sorriu para mim e, pensando que eu fosse russo, perguntou:

— *Horosho?*

Do lado de fora, na varanda, o tanque de água quente fumegante borbulhava e continha um teor tão alto de sais minerais que chegavam a formar uma crosta esbranquiçada nas bordas do imenso caldeirão enterrado na neve.

A temperatura externa de vários graus abaixo de zero não incomodava, graças à água pelando.

Eu estava sentado na banheira externa quando a porta se abriu e duas crianças, uma menina e um menino, correram pela neve até a beira e se jogaram na piscina, rindo e espirrando água. Um jovem, devia ser pai deles, surgiu a seguir. Isso era interessante. Embora o spa fosse dividido em duas seções — homens de um lado, mulheres do outro —, as crianças eram bem-vindas dos dois lados. A menina, muito ágil na água, teria 8 ou 9 anos, não parecia nem um pouco constrangida e brincava com o irmão menor, entrando e saindo da piscina, enquanto o pai os incentivava, em voz alta.

Ela se aproximava da idade, e certamente exibia a aparência, dos objetos de desejo dos mangás — olhos grandes, rabo de cavalo, corpo esguio. Mas ninguém — havia uns oito homens na piscina — parecia reparar em sua presença: na beleza, no modo como escorregava pela neve e saltava no tanque de água quente, na agilidade em sair pingando, do vapor emanado de seu corpo querubínico, no traseiro arranhado e avermelhado, no rosto emoldurado pelo cabelo molhado, no riso solto.

Pensei: eis o melhor do Japão — um dia ensolarado de inverno, dia de descanso, e as pessoas escolhem passá-lo no spa, por cinco dólares, permanecendo de molho por um longo período, de cara vermelha, esfregando o corpo, borbulhando enquanto conversavam sem a menor pressa. Como no ritual religioso descrito por Philip Larkin em "Água":

> Se eu fosse chamado
> Para montar uma religião
> Faria uso de água.
>
> Ir à igreja
> Implicaria vadear
> Para secar, diferentes roupas;
>
> Minha liturgia empregaria
> Imagens de encharcar,
> Um toró de furiosa devoção...*

---

* *If I were called in / To construct a religion / I should make use of water. / Going to church / Would entail a fording / To dry, different clothes; / My liturgy would employ / Images of sousing, / A furious devout drench...*

E era a menina — nua, rosada —, ao correr solta (Larkin teria aprovado), o aspecto mais feliz e humano disso, entrando e saindo do tanque, brincando de pega-pega com o irmão no meio da neve, do sol, do vapor e dos homens mais velhos.

Senti-me exausto depois de meio dia ali, escaldado pela água, impregnado de sais minerais. Deitei na espreguiçadeira do salão, descansei, tomei água e voltei para Wakkanai para a neve, passei na frente do *Love Doll* e segui em frente. Dominado por uma poderosa sensação de relaxamento e torpor, dormi profundamente, atrapalhado pelos sonhos em que eu rastejava por uma pista japonesa de obstáculos, formada por túneis e escadas. Mesmo durante essa provação, porém, as palavras "Isso é um sonho" permaneciam em minha mente.

Pela manhã, com as energias recuperadas, quis repetir a experiência dos banhos quentes. Acima de tudo pretendia recapturar o êxtase físico e mental sentido na véspera. Pedi informações, passeando por Wakkanai sob a neve que caía moderadamente.

Duas pessoas sugeriram:

— Vá para Toyotomi.

Toyotomi ficava a 45 minutos de trem, e as fontes minerais de seu *onsen* comunitário, além de relaxantes, eram consideradas ótimas para a pele. Levei a mochila, caso Toyotomi contasse com um lugar gostoso para passar a noite.

Eu tinha visto Toyotomi pela janela do trem, ruas cobertas de neve à luz dos postes, algumas casas, uma plataforma de estação. O brilho da neve e as luzes lhe conferiram certa grandiosidade noturna. Durante o dia, parecia pequena, casas enterradas na neve, carros da rua, apenas um vilarejo de chaminés fumegantes.

Fui o único a descer do trem. Parei do lado de fora da estação, pensando onde seria a fonte termal. Uma mulher que varria neve olhou para mim, balançando a cabeça. Falei:

— *Onsen?* Táxi?

— Vá lá — ela disse em japonês, apontando para a porta aberta do galpão de um posto de gasolina.

Naquela altura, o fato de eu não falar a língua não constituía mais barreira para a comunicação. As pessoas dirigiam-se a mim em japonês, faziam gestos para ajudar a explicar, e eu conseguia entender. A língua japonesa possui tantos cognatos que por vezes parece uma versão do inglês, e quando alguém diz *puratto-homu*, sei que se refere a "plataforma", assim como *byuffe* só pode ser "bufê", no caso, o vagão-restaurante.

— *Onsen* — falei ao homem do posto. Usava terno de tweed, gravata de tricô e luvas brancas, o uniforme do motorista de táxi rural. Ele falou algo em japonês, rapidamente.

Percebi, pelas vibrações no ar frio, que ele havia dito: "Posso levá-lo até lá em meu táxi, por 2 mil ienes. A volta custará mais 2 mil. E a entrada para o *onsen* por volta de quinhentos ienes.

Ele pegou minha mochila e a guardou no porta-malas.

— Vamos? — disse.

Eu me dei conta de que havia me esquecido de trocar dinheiro em Wakkanai. Tinha poucos milhares de ienes e o restante em dólares. Mostrei-lhe alguns dólares.

— Qual a taxa de câmbio atual? — ele perguntou.

O taxista fez algumas ligações, mas ninguém sabia exatamente qual a correspondência exata, apenas a taxa básica, cerca de 110 ienes por dólar.

— Onde fica o banco?

— Não tem banco em Toyotomi. É uma cidade pequena!

Ele olhou para a neve que caía lá fora.

— Ah, já sei! — disse, sempre em japonês, língua que pelo jeito eu passara a compreender. — Há um americano aqui em Toyotomi. Vamos procurar a americana. Ela pode ajudar.

— Americana?

— Na escola — ele disse. — Entre no táxi. Não vou ligar o taxímetro. Vamos procurar a americana.

Em plena tempestade de neve, trafegando lentamente pelas ruas brancas de Toyotomi, ele me contou que se chamava Miyagi, nascera ali mesmo, e que o verão seria uma época mais adequada para visitar o local, e não agora, com frio e neve.

— Mas tem o *onsen* — falei.

— Sim, o *onsen*. Muito saudável.

Ele atravessou um portão na entrada de um prédio que, pela aparência, era de alguma repartição pública, pouco convidativo. Era a escola de Toyotomi, com neve acumulada até a altura das janelas. Como outros prédios japoneses que eu havia conhecido, aquele era bem-conservado, limpo e espartano.

Na recepção envidraçada, atrás do balcão, vi uma mulher de aparência ocidental, usando vestido preto. Foi a primeira gaijin que encontrei em quatro dias naquela região. Ela cumprimentou o sr. Miyagi em japonês. Li seu nome no crachá: Roz Leaver. Era norte-americana. Modos solícitos, risada atraente e um jeito direto incomum no Japão. Destacava-se menos por ser estrangeira do que pela corpulência; era maior do que quase todos os japoneses que eu tinha visto.

— Qual é o problema?

Expliquei que precisava trocar dinheiro.

— Certo. Aqui não tem banco — explicou. — E eu não ando com muito dinheiro. Ela bateu no bolso do vestido folgado. — Tenho cerca de trinta dólares em ienes aqui.

Ela se mostrou simpática, disposta a ajudar, e parecia inabalável — não se assustava com a nevasca, o vilarejo remoto ou a língua japonesa, que falava com uma facilidade impressionante. Vinha de Billings, em Montana, revelou.

— O pessoal veio me falar hoje de manhã que estava fazendo frio — ela disse. — Mas isso não é nada. Eu conheço o frio para valer.

Ela participava de um programa que patrocinava a viagem de professores para lecionar no exterior — já havia dado aula em diversos países.

— Adoro os alunos aqui de Toyotomi — Roz disse. — Eles se esforçam. Estudam. Não dão desculpas. Possuem senso comunitário. E querem sair desta cidade. São iguais às crianças das cidadezinhas do mundo inteiro. E gostam de mim!

— Parece um bom lugar.

Roz riu. Sua risada estrondosa ecoava na austera sala da recepção.

— Isso aqui não passa de um povoado. O que veio fazer aqui?

— Quero ir ao *onsen*. As famosas fontes termais da região.

Ela deu de ombros e fez uma careta, como quem não dá a mínima, enquanto contava as notas de cem ienes em cima do balcão.

— Você deve ir sempre lá — falei.

Sem levantar os olhos, ela disse:

— Eu nunca vou ao *onsen*.

— Dizem que faz bem à saúde.

— Olhe para mim. — Ela ergueu o rosto e sorriu, maliciosa. Levantou os braços carnudos e bateu com a mão na barriga, por cima do vestido. — Acha mesmo que tenho cara de quem se preocupa com a "saúde"?

Ela pronunciou a palavra odiosa com um resmungo irônico, e eu resolvi deixar o assunto de lado. Um colega seu soltou um comentário em japonês.

— Não dê ouvidos a ele — disse. — Só sabe jogar *pachinko* e tentar ganhar o *jackpot*.

— A água das fontes termais faz bem para a pele, dizem.

— Estou em Toyotomi há um ano e meio e nem cheguei perto de lá. Não estou interessada.

Eu estava em Toyotomi havia menos de uma hora e era só o que desejava fazer. E mencionei isso.

— O problema — ela disse — é que eu não tiro a roupa na frente de ninguém.

— Sei.

— A não ser que vá para casa comigo. — Ela me encarou, maliciosa, e tive a impressão de que piscou o olho.

— Uma bela atitude — falei.

— É isso aí. — Roz riu de novo, o corpo imenso chacoalhou, e os colegas de trabalho — quatro pessoas pequenas e corteses — permaneceram de pé, com as mãos entrelaçadas. O breve contato mostrou que o seu comportamento os assustava, mas também agradava, pois confirmava o estereótipo da mulher ocidental: apetite enorme, franqueza, voz alta, postura informal, além de energia e bom humor. Eu mal a conhecia, mas ela me olhava nos olhos e zombava de mim de um modo impensável no Japão.

Ela entregou as cédulas japonesas e eu lhe dei os dólares.

— Acho que dá para eu ir lá tirar a roupa — falei.

— Boa sorte — disse e me mediu dos pés à cabeça.

— Quanto tempo pretende ficar aqui?

Ela se animou, olhou para mim esperançosa.

— Quer me encontrar mais tarde, para tomar uma cerveja?

— Não dá. Eu queria saber quanto tempo vai ficar em Toyotomi.

— Ah — ela disse, perdendo o entusiasmo. Fez um gesto vago com a mão. — Até julho, mais ou menos.

O sr. Miyagi, motorista do táxi, disse:

— Já tem dinheiro. Vamos.

Seguimos nevasca adentro e ele me deixou na entrada de um conjunto de edifícios de alvenaria na periferia da cidade, o Toyotomi Onsen Spa. Não era um spa de luxo, nem um complexo hoteleiro, e sim um centro comunitário na base das montanhas. Os prédios foram construídos no início da encosta íngreme, algumas janelas panorâmicas davam para pistas nas quais as pessoas esquiavam, e outras, para uma planície arborizada coberta de neve. Muitas das vidraças estavam embaçadas por causa do vapor.

Eu já conhecia a rotina: deixar o sapato no saguão, comprar a entrada de quinhentos ienes, alugar uma toalha, procurar um armário na ala masculina. Depois disso, tirar a roupa, tomar uma ducha e pular na piscina fumegante.

Naquela manhã de dia útil só havia mais um homem nos banhos, sentado com água quente até o pescoço. Abaixo da toalha molhada enrolada na cabeça havia um rosto rosado. Estava sentado na outra ponta, onde a água agitava-se com força.

A prova da circulação dos sais minerais na piscina era a crosta na borda, onde os sais se acumulavam e solidificavam, formando calombos parecidos com lava endurecida.

A água quente — mais escura e espumosa do que a de Wakkanai — vinha da fonte subterrânea de Toyotomi e jorrava na piscina por um cano, e do lado de fora flocos de neve caíam como algodão, passando lentamente pela janela.

Só nós dois, o senhor idoso e eu, cozinhando, ensopando, num toró de furiosa devoção entremeado por intervalos para descansar e esfriar. Eu me sentia abençoado, sonolento e parcialmente escaldado. Gostei de ficar ali sentado na água quente, observando a neve cair espiralada. O senhor ergueu a vista, na outra extremidade da piscina de 10 metros.

— Gosta?

— Sim, eu gosto.

— De que país?

— Estados Unidos. Havaí. Conhece o Havaí?

— Não. Só Saipan. Fui lá. Muito bom. Tem *onsen* no Havaí?

— Não.

— Mas tem vulcões. Então pode ter *onsen*, água quente das rochas vulcânicas.

— Bem lembrado.

— Toyotomi é famosa pelo leite e pelos produtos lácteos — contou sem que eu tivesse perguntado. — Especialmente pelo leite.

Saí da piscina para esfriar um pouco; bebi água; entrei de novo. Depois de uma hora, meio zonzo, vesti a roupa e procurei um tatame, no qual deitei e dormi como um defunto, com os músculos revigorados.

Na metade da tarde, o sr. Miyagi chegou — de terno, gravata, luvas brancas — para me buscar. Conduziu-me até a estação, onde esperei o trem bebendo chocolate quente de máquina e fiz a viagem de volta pelos pinheirais e vilarejos.

Eu costumava apreciar xilogravuras de cenas japonesas com neve — as imagens de Hiroshige de camponeses pequenos, afundados na neve, carregando fardos e guarda-sóis em vilarejos rurais — e pensava que a neve parecia bem improvável, tão funda, tão densa, como creme batido, como glacê de bolo, entre as árvores polvilhadas de açúcar e as choupanas meio enterradas. Mas a neve no Japão é notável pela abundância, consequência das correntes de ar siberianas a oeste, que recolhiam a umidade do mar do Japão, a cristalizavam e a despejavam em tempestades no norte. Mesmo em sua extravagância quase de história em quadrinhos, as gravuras de Hiroshige representam fielmente a neve de Hokkaido. Viajando através da nevasca no rumo sul no Sarobetsu, de volta a Sapporo, todos os morros e vilarejos pareciam cobertos de açúcar.

30 Trem noturno para Kyoto:
O expresso do Crepúsculo

Da neve profunda da Sapporo invernal viajei para os botões e as flores da primavera de Kyoto sem sair do trem, seguindo pelo sul de Hokkaido, através do túnel de Tsugaru, seguindo a costa de Honshu até a cidade imperial dos jardins de bambu e templos de madeira — uma cidade que não fora bombardeada durante a guerra por causa de sua beleza. A viagem no trem inteiramente novo durou 22 horas, e paguei uma sobretaxa de cem dólares para ter uma cabine particular. O processo de embarque não podia ser mais simples: entre na estação, suba no trem, nenhuma revista da segurança, nada de polícia, nenhum inspetor de bagagem, nada de avisos, questionamentos, detectores de metal, atrasos. Cheguei à estação dez minutos antes da partida do trem, subi a bordo e recebi os agradecimentos formais de praxe. Em pouco tempo passávamos pela costa desolada das praias de areia negra, por entre prédios feios sobre a neve encardida derretendo.

Era o expresso do Crepúsculo, com seu restaurante Pleiades e o Salon du Nord. Por mais xenófobos que os japoneses pareçam, orgulhosos de suas crenças ancestrais na presença dos estrangeiros enormes e peludos, eles adotavam rapidamente palavras estrangeiras: hotel Clubby, Hearty Land e Funny Place eram estabelecimentos de Sapporo; o nome Green Coach, ou Green-Sha, identificava o vagão de primeira classe nos trens.

Na cultura popular japonesa abundavam termos estrangeiros. Quando eu estava para embarcar no Crepúsculo, fiz uma lista de títulos de revistas japonesas na banca de jornais da estação de Sapporo. A lista incluía *Honey, Popteen, With, Pinky, More, Spring, Vivi, Tiara Girl, Lee, Orange Pages, Seventeen, Cancan, Lightning, Get On, Mono* e *Trendy*. Embora os nomes fossem em inglês, o conteúdo das revistas vinha em japonês. Uma delas, chamada *Men's Knuckle*, anunciava "Nova Moda Proibida", mas era em japonês, assim como o artigo "Como Fazer Sexo". Era uma das confusões da cultura. O maior engano que um visitante pode cometer no Japão é concluir que o uso extensivo de palavras chamativas do inglês — Hello Kitty era outra marca poderosa — indicava a ocidentalização dos japoneses. Seria como deduzir que uma mulher quéchua nos Andes usava chapéu-coco por ser anglófila.

Sentado em meu compartimento, via pela janela as ondas altas quebrando na costa nevada de Tomakomai; a espuma batia na neve derretida e subia até a marca da maré alta. O mar estava soturno sob o céu nublado e baixo quando nos aproximamos do longo túnel submarino; os barcos de pesca permaneciam atracados nos ancoradouros em todos os portos que vi.

Entramos no túnel naquele dia de luz fria e ar úmido. Em 1973, nessa altura da viagem, eu estava um caco; num beco sem saída. Não me restava quase nada de dinheiro. Morria de saudades de casa e sabia que na volta encontraria minha mulher furiosa e o casamento por um fio. Sentia-me isolado no Japão, solitário demais, cansado de viajar, temeroso. Tinha a Transiberiana pela frente, e o longo retorno para casa, onde pelo jeito não seria bem-vindo.

Imagino alguém perguntando: qual a maior diferença entre aquela época e o presente? Eu sabia que não eram as mudanças, grandes e pequenas, na Turquia, na Índia, no Vietnã ou em Cingapura. Nem computadores, internet, trens-bala, fast-food, relógios baratos ou calças jeans para todos. A maior diferença estava em mim. Havia percorrido o longo caminho que conduzia ao presente. Sentia-me afortunado, grato. Não queria nada mais do que isso nessa viagem, chacoalhar dentro de um túnel; não desejava outra vida. Tinha um livro para ler, um livro para escrever e o isolamento adequado. Acima de tudo, alguém sentia minha falta, esperava por mim, alguém a quem eu amava. Como Murakami havia dito sobre seu caso de amor com Yoko, isso era tudo.

Rabisquei algo a respeito e o trem saiu do túnel.

A velocidade do trem, o guinchar das rodas nos trilhos e a oscilação nas curvas provocaram pesadelos imediatos, depois interrompidos, e me sufocaram com sonhos de perseguição. Eu sonhava mais quando estava viajando; sonhava mais em camas desconhecidas. Depois de dez horas no leito do expresso do Crepúsculo, acordei exausto.

Estávamos nos aproximando da cidade de Uozu, sob montanhas negras salpicadas de neve arroxeada, vendo o mar do Japão do outro lado da linha, tudo muito severo e melancólico. A irregularidade da geografia japonesa — um país no formato de lagartixa dissecada — e a geometria solene de seus prédios exercem uma profunda influência na mentalidade nacional e no modo como os japoneses viam o mundo (pelo que eu suspeitava): não há no mundo ninguém igual a nós.

As casas muito próximas umas das outras não deixavam espaço para árvores. Os vilarejos pareciam opressivos em sua monotonia, consequência tanto do senso prático japonês quanto de sua austeridade. Um visitante não consegue se manter indiferente a tudo isso; precisa sempre escolher entre permanecer estrangeiro ou virar nativo, transformar a vida ali em tema de estudo, como Lafcadio Hearn, ou em nosso tempo o pesquisador Donald Richie. Meu amigo Pico Iyer, viajante e escritor, residiu por muitos anos em Nara, perto de Kyoto. Não sei como conseguiu.

Durante o café da manhã composto de sashimi, ovo quente e vegetais rosados no Diner Pleiades — hein? —, eu pensava em como aquele trecho da costa parecia um eco visual da Holanda. Terras baixas protegidas por diques, planas demais para não terem sido tomadas pelo mar.

O fato de a região pantanosa ser plana foi a razão para a cidade de Wajima, 60 quilômetros adiante, na costa, e localidades vizinhas terem sido arrasadas por um terremoto (6.9 na escala Richter) seguido de inundação, poucos meses após minha visita. A terra tremeu, o mar subiu ("um pequeno tsunami") e cobriu as cidadezinhas, derrubando prédios, provocando quedas de barreiras e ferindo muita gente. Isso me lembrou novamente que o Japão se encontra em uma das zonas mais voláteis do planeta em termos de terremoto. Estava patente ali, conforme o expresso do Crepúsculo avançava para a espinha dorsal do país, no interior, passando por montanhas de encostas íngremes e cume cortado, todas com vulcões, alguns ativos, outros dormentes.

■ ■ ■

Eu me sentira desorientado e temeroso na primeira visita a Kyoto e Osaka, tendo descrito minha confusão em *O Grande Bazar Ferroviário*. Na segunda visita, eu me desorientei também, não estava entendendo nada, mas não fiquei nervoso. Agora via meu atordoamento como o preço a pagar por estar ali. Não seria possível a um estrangeiro no Japão ter outra impressão que não fosse pertencer a uma espécie alienígena, não apenas diferente, mas atrasada, um caipira desajeitado vindo de um passado pitoresco porém decrépito.

Assim que consegui um hotel (barato, perto da estação Kyoto), tomei o trem para o distrito dos antiquários, só para olhar, pois ainda não tinha achado nenhuma antiguidade em Hokkaido. Os antiquários japoneses desfrutam de boa reputação, sendo escrupulosos e honestos, principal motivo para eu procurá-los na busca de peças autênticas — Budas antigos, porcelanas, lacas, entalhes de templos. Andei por lá, a noite caiu, perdi-me e senti que a excitação crescia, como se eu descesse às profundezas escuras da cidade.

Percebi ter voltado para um cruzamento próximo da estação Sanjo. Perguntei a duas colegiais como fazer para chegar à estação da qual eu havia partido, Tofukuji.

Com um tradutor simultâneo no computador, igual ao do monge Tapa Snim, uma das moças, chamada Kiko, disse:

— Vamos na direção da estação Tofukuji. Por favor, nos acompanhe.

De blazer azul, blusa branca abotoada até o pescoço e gravata, saia curta plissada e meia até o joelho, personificavam o desejo de muitos japoneses, a crer nas fantasias do Pop Life. "Queridinha do professor" se destacava entre os papéis sexuais, na imaginação nipônica.

Quando subiam pela escada rolante, Kiko e a amiga Mitsuko discretamente seguraram a saia curta junto ao traseiro com as mãos. Faziam isso para desencorajar voyeurs abaixo delas na escada, que era íngreme, formando um ângulo agudo favorável à visão das saias curtas. Quantas tragédias e constrangimentos se ocultavam por trás daquele gesto precavido? As mulheres entrevistadas por Murakami em *Underground* frequentemente mencionavam terem sido tocadas, bolinadas e espiadas por homens, no metrô.

Mitsuko, que falava um pouco de inglês, disse:

— Nunca estive em Hokkaido. Não tenho dinheiro. Gostaria de conhecer o *onsen* de lá.

— Quer dizer que nunca viajou para fora do Japão?

— Estive no Ohio, uma vez.

— Ohio, nos Estados Unidos?

— Sim, em Akron. Faz dois anos. Passei um mês lá. Intercâmbio estudantil. Morando numa casa americana.

— Gostou da família?

— A família era muito gentil. Quatro filhos. — E me disse o nome e a idade de cada um deles.

— E o que mais gostou nos Estados Unidos?

— Da natureza. Das árvores e dos pássaros. E também dos milharais imensos.

— E a comida?

— A comida? — Mitsuko repetiu, sorrindo encabulada. — Não tem arroz. Mas antes de eu viajar minha família mandou um saco de arroz, suficiente para um mês. Eu fazia arroz para mim e para a família americana. Eles gostaram, acho.

Embora as duas estudantes tivessem dito que iam para Osaka, elas desceram do trem na estação Tofukuji comigo. Perguntei a razão. Mitsuko tentou explicar, enrubesceu, pegou o computador de mão e teclou. Mostrou a tela para mim.

Vou mandar uma encomenda para Osaka, estava escrito. Li o texto em voz alta.

— Não, este aqui. — Mitsuko digitou novamente e mudou a tela. *Desci para me despedir de você*, dizia.

Outra lição de boas maneiras japonesas. Despedir-se num trem em movimento era uma grosseria, por ser informal demais. Uma despedida adequada deve ser feita na plataforma, com saudações, distinção e mesuras.

Segui de volta para a estação de Kyoto e meu hotel. Depois saí para caminhar um pouco, saudoso da neve de Hokkaido, do tempo inclemente — nevascas, flocos de neve enormes, úmidos, ruas cobertas de branco —, pois o tempo ruim parecia dar sentido e razão à viagem, conferir sentido a um lugar, torná-lo memorável. Kyoto era plácida, com ar primaveril agradável.

Procurei um cibercafé, para tranquilizar minha Penelope deixada em casa tricotando o coração. Não fazia contato havia um bom tempo; meu BlackBerry não funcionava no Japão. E foi difícil conseguir um computador: não havia um para uso dos hóspedes no hotel. Um dos paradoxos do Japão é que, por ser tão informatizado — todos mandam mensagens de texto, trocam impressões tipo haicai pelo telefone, sempre ligados a algum tipo de computador —, os cibercafés são raros. Encontrei só um em Sapporo, e nenhum em Wakkanai e Toyotomi.

Entretanto, depois de uma longa caminhada e pedidos de informação consegui um computador num cubículo do Top Café. Uma mensagem urgente me aguardava. O editor de uma revista nova-iorquina queria saber se eu poderia mandar um texto de 2 mil palavras sobre a "Violência na África", para uma edição especial dedicada ao continente.

Meu Tao da Jornada estipula que esses pedidos devem ser recusados. Concentre-se no lugar onde está; não exerça atividades próprias de sua sede; não assuma compromissos; permaneça incomunicável; esconda-se. Na viagem a desconexão torna-se necessária. É bom que as pessoas não saibam onde você está ou como localizá-lo. Mantenha a mente no país em que se encontra. Essa é a teoria.

Mas eu não tinha nada para fazer e o tema me interessou, pois até mesmo na pacífica Kyoto eu não achava que a África fosse inerentemente mais violenta do que qualquer outro lugar. Por isso aceitei, e a experiência foi desastrosa. Contudo, como na maioria dos desastres, continha uma lição.

Tendo tempo livre em Kyoto, voltei para o Top Café e fui para um cubículo. O rapaz à minha esquerda folheava um mangá pornográfico, a mulher à direita tomava sopa com macarrão instantâneo numa tigela. Comecei a refletir sobre a violência na África. Escrevi:

Uma das regras viárias na África — tão informal quanto imutável — é correr para a delegacia mais próxima, no caso de bater numa bicicleta, derrubar o ciclista ou atropelar uma cabra, por uma questão de segurança. Caso contrário, a multidão que inevitavelmente se reunirá em volta do acidente o deterá e intimidará, impedindo que vá embora enquanto não der algum dinheiro. Se o pior ocorrer, e você matar um pedestre, precisa fugir do local bem depressa; se ficar, será morto pela multidão, que dividirá seus pertences e tomará seu carro. Ouvi falar nisso pela primeira vez em Nyasaland e recentemente, faz poucos anos, na África Oriental.

Parei de digitar e pensei: o péssimo governo na África, a começar pelo domínio colonial, enganou as pessoas e criou uma fenda que acabou por se tornar um vão enorme. Ocupam este vão gangues, quadrilhas de ladrões e estrangeiros intrometidos — mitomaníacos, astros do rock, celebridades, ex-presidentes, políticos, empresários, pessoas que querem compensar fraqueza ou calhordice pessoal, existência trivial ou canções populares. Claro que a África é violenta: foi desestabilizada por oportunistas de todos os tipos, com destaque para os astros do rock e milionários arrependidos que bajulam ditadores.

Escrevi, parei, voltei, dando forma a esses pensamentos — nos intervalos, comia massas orientais — até o meio da tarde. De tão concentrado, esqueci que estava no Japão e levei um susto ao ver uma parede de revistas de mangá e, na entrada, as moças do caixa escovando os cabelos longos. Escrever com tanta intensidade sobre a África me desorientou, mas quando reli o texto, vi que estava sutil, oportuno e, melhor de tudo, pronto. Levantei-me, sentindo a euforia beirar o êxtase que ocorre ao terminar uma tarefa, e fiz um sinal para a atendente.

— Pode imprimir para mim, por favor?

A moça, muito bonita, balançou a cabeça afirmativamente. Dei um passo para o lado e ela entrou no meu cubículo. Em vez de sentar na cadeira, ela se debruçou, olhou para a tela e teclou, confiante.

A tela ficou preta.

— O que aconteceu? — perguntei.

O medo tomou conta da moça e tirou sua fala. Ela teclou mais um pouco e ficou olhando. A tela escura a encarou de volta, imutável.

Todos que possuem computador já passaram pela desoladora experiência de apagar um arquivo acidentalmente. Seria inútil eu descrever a sensação de ter levado um soco no estômago, enquanto o sangue sumia da minha face. A dor e a raiva me tornaram irracional. Senti-me mal, fisicamente.

Meu ar de desolada insânia assustou a atendente, que perdeu a beleza e se transformou num espectro em pânico.

— Você apagou meu texto!

Ela não conseguiu pedir desculpas. "Perdão" é o que os japoneses dizem quando esbarram na sua manga no elevador. Ela sorria de medo. O sangue também sumira de seu rosto.

Vesti o casaco com dificuldade, desajeitado de tanta fúria. Segui para o caixa. Ela registrou uso zero e me entregou um recibo.

— Sem custo — murmurou.

Eu sentia vontade de chorar. Queria chutar o computador na rua Shiokoji. Em vez disso, saí andando, com a garganta doendo e os olhos ardendo. Voltei ao quarto no hotel para, lenta e dolorosamente, começar a escrever à mão uma nova versão do artigo desaparecido.

■ ■ ■

Para atenuar um pouco minha frustração, telefonei para Pico Iyer, que morava numa antiga cidade japonesa não muito distante dali, chamada Nara. Quando nos encontramos, passei mais de uma hora reclamando. Ele era o ouvinte perfeito — solidário, sereno, acrítico, atento, inimigo dos computadores. Quando terminei, ele disse:

— Você não viaja com computador? Eu também não.

Ele usava um caderno pequeno e, como eu, esferográficas de determinada marca de sua preferência. Residia no Japão havia nove anos, embora declarasse pouco conhecimento sobre o país e não falasse japonês. Para mim, ele era o viajante completo — muito instruído, bem-humorado, distanciado, aceitável, positivo, alerta, sutil, atento, bom ouvinte, calmo, humano e fluente em seu discurso. E estivera por toda parte. Ficou bem conhecido por conta do livro *Video Night in Kathmandu* (Noite de vídeo em Katmandu), mas também escreveu uma obra aclamada sobre Cuba. Embora seja um sujeito reservado, *The Global Soul* (A alma global) é extremamente reveladora. Trata-se de um exame do apátrida, no sentido de alguém que não tem nacionalidade e se encontra na condição de viver com sentimento de residência, embora sem raízes, no estado de "permanente estrangeiro". Era uma definição inteiramente nova — não de exilado, nômade ou expatriado, mas de uma alma global.

De estatura pequena, ocupando tão pouco espaço, Pico era quase invisível — grande vantagem para um viajante. Nascera na Índia, sendo levado para a Inglaterra ainda pequeno, pois o pai lecionava em Oxford; estudou em Eton e Oxford, depois em Harvard. Seus pais haviam mudado para a Califórnia, onde o pai lecionou por um tempo, antes de se tornar (pelo que ouvi) guru em Santa Barbara.

Quando nos encontramos em Kyoto, eu disse que precisava desabafar. Quase sempre eu me sentia mais feliz viajando sozinho, mas foi de grande valia que, no momento crucial de minha viagem solitária, eu tivesse Pico para me ouvir lamentar a perda de um arquivo, apagado no computador.

— Já aconteceu comigo — ele disse. — Calculo como se sente.

Eu desabafei, lamentei o ocorrido enquanto passeávamos por templos, jardins e casas de chá do antigo parque Maruyama, pelo qual Kyoto ganhou justificada fama. A solidariedade de Pico me acalmou, bem como os jardins requintados do templo Shoren-in e o aroma de santidade dos bosques sagrados.

Embora tenhamos passado o dia inteiro e boa parte da noite andando pelo bairro histórico, uma narrativa paralela se desenvolvia. Falamos sobre os templos, os santuários, as casas baixas de chá, feitas de madeira, as ruelas, as estátuas de Budas e bodhisattvas, as encostas cobertas de pinheiros espinhentos e grossos colmos de bambu. Mas também discutimos outros temas que nos interessavam: viagens, Inglaterra, casamento, Havaí e o Pacífico, editores, pautas de revistas, sessões de autógrafos, o que estávamos escrevendo no momento e, como escritores costumam fazer quando se encontram, dinheiro e outros autores.

Passeando só de meias pelo templo Shoren-in, de um salão a outro, apreciando o modo como os sucessivos aposentados conduziam às celas dos monges, de belas proporções, com divisórias pintadas, vista para os pinheiros-anões e as luminárias de pedra, Pico dizia:

— Qual é o melhor livro dele, na sua opinião?

— *Uma Casa para o sr. Biswas*, sem dúvida, e o *Mr. Stone*, além dos ensaios e textos jornalísticos dos anos 1970. Mas ele...

— Para mim, *O Enigma da Chegada*; veja como essas portas *shoji* são infinitamente expansíveis. Era assim que eu me sentia. Compreendo seu sentimento de perda, a infância, o período escolar. Ele foi alienado.

— Eu ia dizer que ele é um bunda-mole. Cruel com as pessoas, ingrato. Horrível com a esposa. Não tem a menor compaixão. Sei que isso soa superficial. Quero dizer, ele é um sujeito medonho.

— Foi gentil comigo — Pico disse.

Não falei nada, mas pude perceber sua afinidade com Naipaul, que certa vez confidenciou a mim o sofrimento de ser um indiano de baixa estatura entre ingleses enormes — ele foi muito importunado e maltratado. Assim que seus rendimentos permitiram, Naipaul parou de andar de metrô em Londres, restringindo-se ao isolamento e à segurança dos táxis. E Naipaul teria apreciado um texto de Pico, em *A Alma Global*: "Tendo crescido simultaneamente em três culturas, nenhuma delas completamente minha, desde cedo adquiri a impressão de estar solto no tempo, tanto quanto no espaço — eu não tinha história e convivia com o fardo de não ter um lar."

Ele disse:

— Vamos sair? O jardim é realmente adorável.

Olhei através da porta baixa para o caminho de cascalho e o arranjo zen de cascalho rastelado e pequenas moitas.

— Esculpido e controlado — comentei.

— Isso resume a cultura japonesa. Esculpida e controlada. Olha esse aviso. — Estava em inglês, e ele o leu lentamente: — Quando você anda por um jardim, acontece algo para que tenha de retornar.

— O que significa?

— Só Borges conseguiria captar o sentido dessas ambiguidades. Você o conheceu, certo?

— Sim, em Buenos Aires. Eis aí outro problema. Naipaul o chamou de charlatão. Que besteira! Borges era um escritor duas vezes melhor que ele. Como Naipaul pôde ter sido gentil com você?

— Naipaul foi colega de meu pai em Oxford. Quando o conheci e contei isso, ah, vamos dar a volta por esta subidinha.

— Veja o bambu na encosta — falei. — Forma fileiras e não moitas. Verde-azulado. Eu me pergunto se...?

— Gostei do "verde-azulado". Trata-se de um jardim clássico. Suponho que os monges moravam na casa. Ah, Naipaul se lembrava de caminhadas na companhia de meu pai. Ficou muito comovido. Lembrava-se de pequenos detalhes.

— Dois indianos solitários em Oxford. Naipaul era depressivo, na época. Ele não parava de dizer que ia se matar, em Oxford. Considero isso um tipo de prepotência.

— De todo modo, meu pai e ele perderam contato e... creio que chegamos ao final do caminho. Chatwin era fanfarrão. Estava alguns anos adiante de mim, na Dragon School de Oxford. Vamos voltar para o caminho principal.

Encontramos um caminho que conduzia a outro templo, sem ninguém à vista, apenas uma enorme estrutura de madeira e pedras na vertical com versos dos sutras.

— Não aguento os livros de Chatwin — Pico disse. — Para mim, não parecem reais.

— Ele tentou transformar suas evasões em virtude, suas viagens em ficção — falei. — Ridicularizava e criava lugares. Inventava etimologias. Disse que a palavra "árabe" significava "moradores de tenda". Mas não significa. Consulte um dicionário árabe. A palavra quer dizer "pessoas que sabem se expressar", que falam com clareza. Também disse que Robert Louis Stevenson era um escritor de segunda; imagine!

Caminhamos até um parque em que se situava o templo Chion-in, Pico informou. Na varanda fustigada pelo vento, olhando a cidade, ele disse:

— Passei a manhã inteira escrevendo a respeito de Kyoto ter durado 1.200 anos. Os norte-americanos não a bombardearam durante a guerra. Agora está mudando, ficando irreconhecível por causa da especulação imobiliária urbana desenfreada.

— Entendo — falei. Mas minha mente estava em outro lugar. — O que me incomoda é Chatwin nunca viajar sozinho.

— Jan faz isso.

— E Jonathan também.

— Naipaul nunca viajou sozinho.

Os monges cantavam dentro do templo, o incenso fumegava num braseiro, os devotos oravam. A varanda de madeira era lisa da erosão e finamente granulada.

— *Wabi-sabi* — falei, tocando a madeira com o dedo do pé.

— Eis uma expressão realmente ambígua. Praticamente desprovida de significado.

— Pensei que significasse "gasta e imperfeita".

— Vamos seguir por ali? Foi onde fiquei, em minha primeira visita ao Japão. Fui ao mosteiro; está vendo o prédio pequeno? Pensei em passar um ano aqui, escrevendo a respeito. Aguentei uma semana.

— Imagino que tenham mandado você ajoelhar, passar um tempão sentado, fazer meditação zen.

— Não. Lavar o chão, limpar, esfregar.

— Esse é o outro lado da disciplina monástica. O culto Aum Shinrikyo estava cheio de faxineiros e varredores.

— A casa de chá mais antiga de Kyoto — Pico disse. — E também a maior carpa do mundo. Adiante, no templo, damas da noite e gueixas fazem oferendas. Podemos passar lá mais tarde. A casa das gueixas fica próxima. Conhece a figura do Jizu? Protetor das crianças?

— Creio que sim. E quanto ao sexo, aqui, que tal? Vi moças rodando a bolsa na rua atrás do hotel.

— As mulheres surgem das sombras e dizem *kimochi*. Aconteceu comigo, recentemente.

— E o que a gente deve fazer? Ei, olhe só isso. O passeio entre os prédios. Tentei fazer um assim no Havaí.

— Há uma casa de chá no final.

— E o que quer dizer *kimochi*?

— Conforto. "Você quer conforto?" É um eufemismo para sexo.

— Como as "mulheres de conforto", as coreanas que foram obrigadas a se prostituir.

— Exato.

Pico estava comendo confeitos de um saquinho.

— Quer um M&M's?

— Não, obrigado. Vi uma placa, "Love Doll", em cima de uma porta, em Wakkanai. Lamento muito não ter entrado para saber o que era.

— Não, não. Não passe por aquela porta. Minha impressão, no Japão, ao ver algo do gênero, é que a gente nunca sabe onde está se metendo.

Percorríamos uma trilha entre azaleias cheias de botões roxo-avermelhados e arcos de zimbro aparado.

— Você agiu corretamente ao não abrir aquela porta — Pico disse. — Eu já entrei demais por portas erradas.

— Sabendo disso, eu me sinto melhor.

— Sabe o que eles dizem, em vez de "Gozei"? Dizem "Fui".

Apontei para o centro do jardim.

— Qual a razão para aquele montinho cheio de arbustos?

— Insondável Japão. Não há lugar igual. Não faço a menor ideia.

Contornando o centro pelas vias estreitas, passamos por um arco vermelho alto e chegamos ao pagode Yasaka, um templo xintoísta, animista, que venerava os animais e o mundo natural das pedras e árvores. Vi muitas mensagens de papel grudadas nas paredes.

— As mulheres vêm aqui quando querem ter filhos, ou fazer um aborto, ou se perderam o bebê. É novamente a figura de Jizu. Elas querem contatar o espírito do filho perdido. Também é frequentado pelas gueixas, antes de seu serviço noturno.

— Eis uma ali, de quimono.

— Não, ela é velha demais — Pico disse. — Provavelmente é a encarregada das gueixas. Este é o centro espiritual do bairro do prazer, assombrado pelas recordações do amor melancólico.

No santuário, pendurados, havia pedidos em pedaços de papel, quadros votivos e pequenos painéis de madeira com imagens específicas. Por oito dólares se podia comprar um painel e pendurá-lo. Uma imagem mostrava um homem vergado pelo peso do grande saco que transportava.

— Veja só. "Encontra um novo amor e deseja um relacionamento profundo com o amante."

— Este é ótimo — um javali voador. — "Deseja paz ao mundo, à família, e variedade."

— E *variedade*?

Nós dois começamos a tomar notas nos respectivos cadernos.

— Este é sensacional: "Deseja que o infortúnio não ocorra."

— As pessoas devem estar estranhando nossa atitude — Pico disse.

— Podemos alegar que estamos fazendo pesquisa de mercado para nosso próprio templo xintoísta; concessão do comitê votivo.

— Aqui é muito tranquilo. Fica fora dos roteiros. Jan escreveu a respeito. Ela nunca escreve sobre si mesma, embora tenha tido uma vida das mais interessantes.

— A história secreta de Jan Morris. Jamais a saberemos. O que é aquilo?

— Motel. A gente sempre sabe pelo nome. Hotel King. Hotel Yes. Hotel Happy.

Aquele era o Hotel King.

— Costumo indicar para que as pessoas se hospedem neles — Pico disse. — As diárias são equivalentes às de um hotel comum, e os quartos, bem melhores. Mas você talvez tenha de esperar para entrar mais tarde, depois que todos os casais tenham ido para casa.

As tarifas estavam expostas numa placa: *Pernoite: 10.500 ienes (95 dólares). Período de 3 horas: 4 mil ienes (35 dólares). Adicional de 30 minutos: 1.150 ienes (10 dólares).*

A decoração do saguão do motel, ocupando quase todo o espaço disponível, era um Rolls-Royce novo, em cima de blocos.

— Porque é gerenciado pelos yakuza. Sempre que vir um Rolls ou outro carro de luxo, o lugar é dos yakuza.

Faltavam 15 minutos para as seis de um dia útil. Vinte e cinco quartos estavam ocupados, e havia apenas cinco disponíveis, segundo o painel luminoso. Exibiam na parede uma imagem de cada quarto e seu preço; a decoração variava de art déco ao estilo grego, do minimalismo moderno, e um tinha uma fonte.

— É como um restaurante chique.

Passeamos pelo bairro das gueixas, pelas ruas das casas de chá e churrascarias — o preço dos filés chegava a 17 mil ienes (150 dólares). Mercedes sedã pretos compridos bloqueavam ruas estreitas, e os motoristas de luvas brancas aguardavam seus passageiros.

Pico me levou a um restaurante perto do rio Kamogawa para comer sushi e sopa de missô, salmão e arroz, tartare de atum e abacate, enquanto falávamos de T. E. Lawrence, Índia, nomes havaianos, *Pnin*, nossas famílias, Jan Morris de novo, Naipaul de novo, Borges de novo, Inglaterra, Murakami, Wakkanai, fontes termais, Henry James, Mianmar, Vietnã, o significado de *ecchi*, sessões de autógrafos, vida monástica, o excêntrico livro de viagem de Xavier de Maistre, *Viagem em Volta do Meu Quarto*, viagens aéreas e estudos.

— E quanto a Eton?

— Foi a experiência mais importante da minha vida — Pico disse.

— Mas era preciso usar roupas muito diferentes. Cartola. Terno preto.

— Eles dispensaram as cartolas. Mas ainda usávamos ternos. Enchi meu guarda-roupa com as roupas exigidas.

— Faz muito tempo li um livro de um nigeriano que estudou lá. *Negro em Eton*.

— Leu esse livro? O nome dele era Oneayama. Eu o conheci, embora fosse alguns anos mais velho do que eu.

— Ele os acusou de racistas.

— Apenas provocações de costume entre estudantes ingleses. Eles me chamavam de "negro". Se fosse um desses japoneses aí, também o chamariam de negro.

■ ■ ■

Marcamos de nos encontrar no dia seguinte em Nara, onde Pico mora quando não está viajando. Nara é uma cidade pequena e antiga, capital do Japão no século VIII, a quarenta minutos de trem de Kyoto, sede de alguns dos mais famosos templos do país. Em seu apogeu, Nara servia também como centro artístico e espiritual, centro do poder e local de inúmeros jardins e santuários, templos, parques e casas de chá, muitos dos quais ainda existiam. Quando evocamos imagens mentais de um Japão idealizado — biombos com motivos florais, artefatos de laca, azaleias, pagodes graciosos com muitos pavimentos, telhados triangulares, lanternas de pedra, budas serenos ou meditativos —, é em Kyoto e Nara que essas imagens podem ser encontradas, e não na bucólica Hokkaido.

— Nunca estive em Hokkaido — Pico contou. — E raramente vou a Tóquio. Quando não estou viajando, venho para cá meditar e vegetar.

Na noite anterior à ida a Nara para encontrá-lo acordei várias vezes com a mente fervilhando de assuntos que pretendia discutir com ele: os romances de

Georges Simenon, os rituais sociais ingleses, a Austrália de Chatwin, o Vietnã de Graham Greene, os encantos do Maine, os cinco volumes de *Parade's End* (O fim do desfile) de Ford Madox Ford, o livro do próprio Pico sobre o Dalai-Lama, o fascínio japonês pelas histórias em quadrinhos e muito mais. Ele era amigo e viajante, e encontros como este eram como o contato com um conterrâneo de um planeta distante. Ele não era apenas prolífico como escritor, tinha muitos leitores.

Creio que os leitores sérios e onívoros são semelhantes — intensos em sua dedicação à palavra, introvertidos mas animados e ansiosamente falantes quando encontram outros leitores e espíritos afins. Se você chegou até aqui, neste livro, é exatamente este tipo singular de pessoa.

Pico me esperava no lugar combinado, perto da estátua de um monge, na estação de Kintetsu Nara.

Ele disse:

— Tenho milhares de perguntas para fazer a você.

— Eu também tenho um montão.

— Vamos passear. O parque dos cervos fica perto.

Seguimos para a parte nordeste da cidade, os velhos bairros onde estão os tesouros, longe dos shoppings e das lojas de departamentos. Caminhamos pelo jardim Yoshikien e pelo parque dos cervos. Os animais sem galhada ficaram curiosos e se aproximaram de nós, esfregando os focinhos úmidos em nossas mangas. Os cervos não eram apenas criaturas decorativas, e sim elementos importantes na cosmologia budista, como "mensageiros dos deuses", e costumam descansar calmamente entre os discípulos de Buda, os *arhats*.

— Ontem conversávamos a respeito de ser estrangeiro na Inglaterra — falei. — Eu queria lhe contar sobre a minha primeira semana naquele país, em novembro de 1971, as humilhações.

— Eu adoraria ouvir — Pico concordou, e depois que lhe contei tudo já estávamos quase do outro lado do parque. Ele disse: — Sei exatamente o que quer dizer. Veja, este é o jardim do templo de Kasuga. Estas plantas são citadas em textos antigos.

Olhei para os arbustos e moitas.

— Muito antigos?

— Do período Nara, por volta de 710.

— Incrível — falei. — Dá para imaginar? Eu havia acabado de chegar de Cingapura e fui parar direto no interior da Inglaterra. Era frio e escuro em Dorset...

E, bendito seja, ele me escutou. Os cervos escutaram, os corvos grasnaram para me incentivar.

— Estou lendo *The Lawless Roads* (Os caminhos sem lei), de Greene — Pico disse.

— O livro não deixa claro que ele fez uma viagem muito curta — falei.

— Menos de seis semanas. Não é nada. Sua viagem pela África durou 18 dias; e ele foi com a prima, sua namorada! Ele escreve como se fosse Henry Morton Stanley, que precisou de três anos para cruzar o continente.

— Mas Greene extrai o máximo de tudo. Para ele resumir um lugar, bastava passar um breve período. Só estive em Tóquio por alguns dias e escrevi um artigo a respeito da cidade.

— Tem razão. Quando moramos num lugar, ficamos cego para ele. Eis aí um portão adorável.

— Portão Nandaimon — ele esclareceu. — Fiz uma conferência sobre viagens na Nova Zelândia, faz uns dez anos, para um grupo grande de pessoas. Quando chegou a hora das perguntas, um sujeito se levantou e disse: "Poderia nos contar a respeito do casamento de Paul Theroux?"

— Ah! Coitado de você.

— Eu havia viajado de Los Angeles para lá. Preparado uma longa palestra. Fiz tudo com muita responsabilidade. E aquela foi a primeira pergunta.

— Não consigo imaginar o motivo. Os neozelandeses me odeiam, pois satirizei o governador-geral.

— Mas os sensíveis são os australianos — Pico disse. — Veja aquele aviso.

Uma placa perto do portão dizia: *Local para orar pela paz e fartura na terra.*

Ele disse:

— Depois que Jan escreveu a respeito de Sydney, eles a atacaram em todos os jornais e tentaram impedir que visitasse o país.

Entre outras ofensas, Jan Morris escrevera que Sydney era uma cidade de rústicos — nos tribunais, no teatro de ópera, na bolsa de valores, no rinque de patinação no gelo. E no Speaker's Corner de Sydney, onde "os argumentos eram agressivos e o humor grosseiro, onde em volta dos caixotes de madeira circulava uma figura horrível, decidida, usando boina que ocultava os olhos, cmpunhando um jornal enrolado, cujo único propósito era calar qualquer um que discursasse, qualquer que fosse o tema ou a opinião, proferindo ofensas devastadoras — nunca se calava, nunca parava, lançava insultos aleatoriamente, dirigidos tanto a quem falava quanto a quem ouvia com uma energia incendiária inesgotável. Espere um pouco, disse a mim mesma, já vi o sujeito antes. E me lembrei, num estalo: era o incansável espirrador de gelo, no rinque de patinação".

Pico disse:

— Eles nunca superaram o trauma.

Passamos pelo amplo acesso ao templo, com altos beirais, onde uma mulher com sotaque norte-americano explicava o sentido das imensas estátuas dos dois guardiões a um grupo de estudantes.

— Notem os braços cruzados — ela dizia, e nós escutávamos. — Reis benevolentes... século XIII...

— Canadense — Pico disse. — Gosto de identificar sotaques.

— Talvez de Vancouver, mas eu não descartaria a Califórnia.

Pico perguntou sussurrando a uma estudante de onde eles eram. Ela disse, vagamente:

— Costa Oeste.

— Ganhei.

— Essa você acertou. Ah, lá está ele.

Erguendo-se isolado, sob o par de telhados inclinados enormes ornamentados de dragões e uma água-furtada feito sobrancelha, estava o gigantesco templo de madeira de dois pavimentos, com painéis brancos frontais. Seguimos em sua direção. Era Todai-ji. Pico explicou que era a maior construção em madeira do mundo e que a estátua do Buda lá dentro tinha mais de 15 metros de altura.

O templo de Todai-ji, da seita Kegon, era majestoso, descomunal e gracioso, e devido aos telhados e às sacadas, não apenas um amontoado de toras, mas uma presença graciosa e de sobrancelhas grossas. A estrutura, datada do século XVIII, foi a edificação mais impressionante que vi no Japão inteiro. Lá dentro, o Buda monumental, fundido em bronze, o maior do gênero no Japão, levava o nome de Buda Vairocana. Fazia jus ao templo que o abrigava, era igualmente deslumbrante em volume e sabedoria implícita. A palavra *Vairocana* significa Iluminador, em sânscrito — aquele Buda era associado ao "sol e à luz da graça". Fez com que eu me sentisse um inseto. Sem dúvida era essa a intenção do imperador Shomu, responsável por tudo aquilo.

— E quanto a S. J. Perelman. Gosta da obra dele?

— Muito divertido. Gosto demais. Eu o conheci em Londres — contei.

— Eu gostaria de tê-lo conhecido.

— As pilastras suportam o teto, mas não as paredes. As paredes não recebem nenhuma carga. Por isso durou tanto tempo.

— Sofreu vários incêndios, porém. Era maior antes, um terço maior.

— Perelman me convidou para ir a Londres, depois que resenhei um livro dele. Uma rara resenha. Ele ficou contente. "Vamos almoçar juntos", disse.

— Simpático?

— Muito. Elegante no vestir. Fama de conquistador. Bem erudito. Viajou muito. Os textos excêntricos foram inspirados em viagens reais que ele fez a Xangai antes da guerra, Java, Egito, Uganda. Provavelmente passou por aqui, em algum momento. Era anglófilo, mas curou-se disso residindo na Inglaterra. Estranhamente antissemita.

— Não acredito!

— Mas não parava de *idichar*, como costumava dizer. Usava termos iídiches para expressar o sentimento. Escreveu um artigo sobre Israel nos anos 1970 para *Travel and Leisure*, que não quiseram publicar. Creio que o convenceram a baixar um pouco o tom.

— Creio que ele conhecia Norman Lewis.

— Outro grande viajante. Adorei *Nápoles 1944* e o livro sobre a máfia.

— E *A Dragon Apparent* (Um dragão evidente), sobre o Sudeste da Ásia.

Normalmente "Veja aquela estátua" é um comentário irritante, mas eu a teria deixado passar se não fosse o alerta de Pico. Embora estivesse num canto, era a figura de um velho sentado, com o triplo do tamanho normal, rosto enrugado e olhos penetrantes, entalhada em madeira; sua expressão fixa luminosa possuía um caráter sobrenatural. Portava um cetro de forma bulbosa. Um boné de tecido vermelho e uma capa vermelha faziam com que se parecesse com o lobo disfarçado da história do Chapeuzinho Vermelho. A placa sob a estátua informava seu nome, Binzuru (Pindola Bharadvaja), explicando que ele era um dos 12 *arhats* — ascetas e discípulos de Buda. E Binzuru era "o mais amplamente reverenciado dos *arhats* no Japão", além de ser "famoso por seu domínio sobre os poderes ocultos".

Isso explicava o olhar. O texto na placa dava instruções para usar a estátua a fim de promover a saúde. Uma delas era tocar uma parte da escultura e depois, com a mesma mão, tocar a parte correspondente de seu corpo, para obter saúde ou cura.

Toquei o joelho de Binzuru e o meu, para afastar a gota crônica.

— Joseph Conrad sofria de gota.

— Talvez tenha desenvolvido a doença na África, como eu. Fiquei terrivelmente desidratado numa viagem a Zambezi. Não urinei durante dois dias. Dormia numa barraca, delirava muito. Isso afetou os rins. Logo depois sofri o primeiro ataque de gota, no dedão do pé.

— A luz não é magnífica, nesta hora do dia? — Pico disse. — E quanto a Hunter Thompson?

— Eu o vi quando visitou o Havaí. Estava sempre cheirando cocaína, queimando fumo ou tomando uísque. Um dos viajantes mais tímidos que já encontrei. Quando voltou ao Colorado costumava me telefonar às duas da manhã. Creio que passava a maior parte do tempo sofrendo.

— Foi mais um a quem Jann Wenner resgatou. Não acha que o auge de Jan Morris foi nos anos 1980, quando ela escrevia para a *Rolling Stone*?

Descendo o caminho estreito, de novo na direção do parque dos cervos, avaliamos todos os homens e todas as mulheres que viajavam e escreviam na atualidade; elogiamos os que viajavam sozinhos e escreviam bem, criticando atitudes e posturas equivocadas, mentiras, embelezamento ou reacionarismo.

— E aquele é Kaidan-in — Pico disse, apontando para um santuário com jeito de chalé no meio de um jardim meticulosamente cuidado, com arbustos que mostravam alguns botões e flores começando a abrir. Observando o templo a partir da cerca que marcava seu perímetro, notamos que começava a nevar, caíam flocos grandes e úmidos como flores brancas. — Não vejo neve aqui há nove anos.

— Soube que seu pai era guru — falei.

— Não sei onde você foi ouvir uma coisa dessas — Pico disse, em tom afirmativo. — Mas é verdade. Aconteceu depois que ele passou a residir em Santa Barbara. Nos anos 1960.

— Guru do quê?

— Do espírito. Do Iyerismo, suponho — Pico disse. — Muita teosofia.

— *Isis sem véu*? Madame Blavatsky? Walter Besant? Swami Vivekananda?

— Mais ou menos por aí. A casa vivia cheia de hippies, trinta ou quarenta de cada vez, algumas moças bonitas, para ouvir e servir meu pai. Clones de Joni Mitchell. Na época eu estudava em Eton. Voltava para casa de uma escola inglesa conservadora, usando terno, e encontrava todo mundo de bata esvoaçante. Meu pai parecia um deus tibetano, soltando fogo, atirando raios e trovões. "Tragam comida!" "Tenho sede!" "Façam isso!" "Façam aquilo!"

— Sua mãe participava do esquema?

— Não. Creio que achava tudo estressante.

— Você deveria escrever a respeito.

Havíamos voltado aos shopping centers do centro de Nara e ao século XXI, já distantes dos *arhats*, dos cervos curiosos e dos templos. Paramos numa Starbucks para tomar café.

Pico disse:

— Ninguém conheceu meu pai de verdade. Ele não escrevia. Era um grande orador. Krishnamurti morava lá perto, em Ojai.

— Outro swami da Califórnia.

— Mas dou crédito a meu pai por ter sido um dos primeiros a se interessar pelo Dalai-Lama. Quando os chineses invadiram o Tibete e o Dalai-Lama fugiu, ninguém moveu uma palha. Os chineses simplesmente chegaram e tomaram o poder. Meu pai seguiu imediatamente para a Índia, para Dharamsala, em 1960. Por isso conheci o Dalai-Lama quando eu ainda era muito novo. É sobre isso que estou escrevendo agora. Mas a história do guru já foi contada.

Saímos da Starbucks e fomos calmamente até a estação de Nara.

— Você vai voltar para Tóquio?

— Não. Amanhã sigo para Niigata — falei.

— Niigata? Não tem nada lá.

— Tem um aeroporto internacional, embora bem pequeno. Em Tóquio comprei uma passagem aérea de Niigata a Vladivostok. Os barcos não estão navegando por conta do mau tempo no mar do Japão.

— Um voo para Vladivostok. — Pensando talvez em nossa conversa anterior sobre *Viagem em Volta do Meu Quarto*, ele disse: — Você poderia escrever um livro inteiro sobre isso.

■ ■ ■

Os trens expressos partiam de Kyoto para Tóquio a cada dez minutos. Enquanto aguardava pelo expresso Hikari, das nove da manhã, os executivos se aglomeravam nas bancas de jornais de Kyoto para escolher as histórias em quadrinhos que leriam na jornada de três horas. Eles mal desviavam o olhar quando o trem passava pelo monte Fuji, coberto de neve, erguendo-se na paisagem como uma sobremesa gigantesca, o maior sorvete tipo sundae do mundo. Troquei de trem em Tóquio na hora do almoço, cruzei a fina cintura do Japão e cheguei a Niigata por volta das duas da tarde.

A cidadezinha, nova e sem graça, fora arrasada por um maremoto em 1961. Fria, recebia vento gelado e granizo vindos da Sibéria e do mar escuro. Como em outras cidades interioranas, as mulheres de Niigata andavam rigorosamente na moda, enfrentando as ruas geladas com casacos de tweed, calças de veludo logo abaixo do joelho e sapatos de salto fino. Uma delas me vendeu um conjunto novo de lâminas para meu barbeador elétrico, outra, um cachecol, uma terceira, a história dos yakuza. Passei dois dias no vento gelado de Niigata e embarquei no avião para Vladivostok. O avião partiu no escuro, com um atraso de quatro horas.

Você poderia escrever um livro inteiro sobre isso, Pico havia dito. Refleti sobre sua declaração otimista pouco depois da decolagem. O voo durou uma hora e vinte minutos. A maioria dos passageiros era de russos de rosto pesado e casacos de couro compridos, mulheres barrigudas usando pulôveres grossos e botas altas. Todos pareciam deselegantes e desleixados depois dos japoneses esguios como focas. Inclusive os jovens russos, grosseiros, de casacos de náilon ensebados, que mais pareciam mecânicos; levavam cigarros e garrafas de Baileys Irish Cream do free shop. Uma loira russa de conjunto de couro branco sentou na minha frente. Um senhor japonês, de terno grosso de veludo amarelo, do outro lado do corredor. A meu lado um indiano muito gordo, carregando uma valise de amostras, usava brinco e óculos escuros. Nenhum turista. Trinta minutos de voo e ganhamos sanduíches de queijo e um doce duro. A viagem não rendeu um livro, só este parágrafo.

Chegamos a Vladivostok, na Sibéria oriental, por volta da meia-noite: um mundo de frio e escuridão. Fim da linha para a maioria das pessoas. Para mim, contudo, era o princípio.

31 O expresso transiberiano

Vladivostok, muito distante de Moscou — quase 10 mil quilômetros —, ainda mantinha muitos sinais da era soviética: estátua de Lenin gesticulando, loja GUM decadente, edifícios governamentais com heróis da pátria em bronze acenando do telhado e o traço soviético mais resistente: a burocracia implacável. Sempre fora uma cidade marcada pelo atraso e pela morte, agora sofria também com a pobreza, sendo distante, fora de alcance, deficitária. Coberta por uma neblina marítima impenetrável, gelo amarelado e neve negra no início de fevereiro, não poderia ter sido mais severa quando era o temido entroncamento ferroviário ao qual chegavam os prisioneiros e condenados a trabalhos forçados, vítimas do Grande Expurgo de Stalin, enviados para labutar até a morte nas minas dos extremos setentrionais de Kolyma e Magadan. Alguns nem chegavam lá. O grande poeta Osip Mandelstam (e muitos outros prisioneiros) faleceram numa prisão próxima, em trânsito. Seu crime maior foi ter escrito um poema no qual satirizava Stalin, ridicularizado pela brutalidade em versos como "Seus dedos são gordos como larvas", ou "Seu bigode de barata desagradável" e "Só o que ouvimos é a voz do montanhês do Kremlin / O assassino e carrasco dos camponeses".

A nova Rússia se exibia nos cassinos medonhos de Vladivostok, na concessionária Mercedes, nos shows eróticos para marinheiros e nas pilhas de revistas russas de mulher pelada vendidas por velhinhas trêmulas de capa puída que perambulavam pela cidade inteira. Ignorada e negligenciada, cidade decadente e base naval nos confins do mundo gelado, Vladivostok se tornara um dos centros da atividade das gangues siberianas de skinheads. Os valentões de cara pálida e cabeça azulada, de bota e casaco de couro, saíram direto de *A Laranja Mecânica*. Chegavam a falar uma gíria similar à criada por Anthony Burgess para seus personagens, usando a língua russa: *droogs, chelovek e glazzies*. Mas os skinheads eram violentos e racistas, com tendências hitleristas. Percorriam as ruas cobertas de neve suja, procurando estrangeiros escuros para espancar até a morte; grafitavam paredes com inglês errado (*Wite power*, por exemplo) e usavam a tinta spray para espalhar suásticas.

Entretanto, sentado num bar de hotel, pensando que a cidade gelada significava apenas um ponto de partida glacial, os deuses da jornada me enviaram um perfeito idiota. Era um inglês escandaloso, incrivelmente pomposo e preconceituoso, que acabara de descer do avião para uma reunião de negócios, vindo de Moscou. Monologava com um colega russo, que parecia extremamente cansado ou embriagado como o inglês.

— O que vocês precisam fazer é restaurar a monarquia — o sujeito disse com a voz esganiçada e confiante usada pelos ingleses com os estrangeiros. Ele bateu na mesa e olhou através da janela para a cidade coberta de neve semiderretida e lama, fustigada pelo ventos das estepes.

— *Da* — o russo disse sem o menor entusiasmo.

— Não deve ser difícil localizar os Romanov. Putin não serve para nada, o país é corrupto. Veja bem, gosto de países corruptos; pelo menos sabemos onde estamos pisando. Botem o czar de novo no trono, é disso que estou falando. Façam com que ele ande por aí dando a mão para as pessoas, um fantoche igual à nossa rainha.

— *Da* — o russo disse, num tom meio interrogativo.

— Mas a Inglaterra já era. Precisará de vinte anos para se recuperar dos estragos causados por Blair. Ele destruiu completamente o país. Não dão a mínima para o povão. Blair pisou na bola.

O russo, que parecia cochilar, não reagiu à voz esganiçada, agressiva. O inglês quase gritava, vociferando contra sua decadência aristocrática.

— Somos o 51º estado. Não passamos de um apêndice dos Estados Unidos. Patético. Mas, veja: Vladivostok! Voamos sete horas e ainda estamos na Rússia. Isso é incrível. Ainda estamos na Europa!

Eu ia dizer: *Europa*? Mas me contive a tempo: era bom demais para uma interrupção.

— Os soviéticos não me interessam. A história soviética é um saco. Borodino! Isso sim. Estive lá, faz pouco tempo. Sensacional. Muito bem-preservada. A Rússia é monumental. Já falei que a corrupção não me incomoda? Não mesmo. Dá uma certa vantagem ao país. Mas a Inglaterra, pode ficar com ela. Viktor?

— *Da?*

— Chamem o czar de volta!

Isso foi na segunda noite, depois que eu tinha me recobrado da chegada no escuro, no aeroporto distante, e da discussão com os motoristas de táxi que queriam cobrar cem dólares para me levar até o centro. Quando me recusava, eles iam embora e me deixavam sozinho na neve; mas quem não tem uma história de apuros com taxistas inescrupulosos?

Vi uma jovem de uns 22 anos no terceiro dia, quando matava o tempo na agência do correio; uma moça de jeito simples e sincero, usando casaco pesado, sentada na ponta de uma das mesas cobertas de papel picado, debruçada sobre uma folha de papel para passar a limpo uma carta que dizia: *Caros Senhores! Eu gostaria de me apresentar à companhia Philip Morris...*

— Talvez eu possa ajudá-la — falei. — Está procurando emprego?

Meus olhos pousaram sobre outra frase: *Tenho uma vasta experiência em pensar de modo não convencional.*

— Quem é você? — ela perguntou, fechando a cara. — O que quer?

— Eu costumava dar aulas de inglês — expliquei. Isso atraiu sua atenção. — Posso dar uma espiada?

Era uma carta de apresentação para acompanhar a solicitação de emprego numa companhia de tabaco sediada na Suíça. O denso parágrafo de página inteira, em estilo meio ultrapassado e floreios caligráficos, continha uma série de erros gramaticais. Dei algumas sugestões, corrigi a gramática e a aconselhei a quebrar o texto em parágrafos menores, para facilitar a leitura.

— Obrigada — ela disse.

— Ajudaria muito se você digitasse e imprimisse o texto.

Ela balançou a cabeça, negativamente.

— Muito caro.

— Causaria uma impressão bem melhor. Pode deixar que eu pago — falei, mostrando alguns rublos enquanto olhava a assinatura. — Um investimento em seu futuro, Anna.

Furiosa, ela arrancou a carta da minha mão.

— Nunca aceitarei esmola de você!

A veemência chamou a atenção das pessoas sentadas na mesa enorme do correio. Algumas senhoras idosas, uma jovem carregando um bebê, um senhor barbado com bota de feltro que dormia em cima dos braços. Eles olharam para mim e para Anna, esperando mais gritaria.

Mas Anna passou a sussurrar com voz dura. Era estranhamente rígida e fez vários alertas. Queria ir embora de Vladivostok e disse que eu devia fazer a mesma coisa.

— Vou embora esta noite — falei.

— Vá embora agora. Não está seguro aqui — ela disse. — As pessoas vão roubar seu celular. Conseguirão a senha. Claro! Sabem mil maneiras de fazer isso. Você não imagina. Por que veio para cá?

— Para pegar o trem.

— Tem muito crime nesta cidade. Você pode escrever uma carta para mim, mas alguém é capaz de roubá-la da caixa de correio.

— E esta carta?

— Será roubada! Eu quero trabalhar. Já mandei cinco cartas. Sabe qual é o meu sonho? Ter meu próprio negócio. Tecnologia da informação.

Naquele lugar frio e caótico ela estava sentada no correio fedorento, usando um casaco velho, mandando cartas. Pretendia ir embora, como eu. Circulando pelas ruas cheias de neve, enquanto caía uma garoa fria, topei com o inevitável par de mórmons norte-americanos. Um deles, Elder Hogue, de Salt Lake City, abordava as pessoas na rua para entregar convites.

— O que vai acontecer?

— Um filme — Hogue disse. — Você é bem-vindo para assisti-lo.

Olhei para o folheto, de relance. Anunciava um filme que dramatizava um dos grandes eventos descritos na doutrina mórmon, a visita de Jesus Cristo à América Central depois de ter sido crucificado, no ano 33. Jesus pregou aos maias.

— Já vi esse filme — falei. — Jesus profere um sermão na pirâmide. Eu me pergunto se isso realmente aconteceu.

— Claro que aconteceu — Elder Hogue disse, rindo de minha dúvida. Ele exibia o sorriso letárgico e o olhar perdido de um evangelizador, igual à expressão de um vendedor de carros ao avaliar um cliente desavisado. O que me impressionou foi ele se mostrar tão apresentável e saudável num lugar daqueles; os dois missionários talvez fossem as duas únicas pessoas em Vladivostok que usavam camisa branca e gravata.

— Como vão as coisas em Vladivostok?

— Conhecemos algumas pessoas — ele disse. A frase soou ambígua. Pedi que explicasse. Ele disse: — Batemos nas casas. Mas é um lugar muito triste. Gangues. Drogas. Corrupção. Roubo. Fui roubado. Levaram meu computador. O lugar vai ladeira abaixo; basta olhar em volta. E tenho mais um ano inteiro aqui.

— Você pode conduzi-los ao caminho correto — falei.

— Sei que podemos — ele disse e se voltou para um passante, um velho que pegou o folheto. Elder Hogue começou a conversar com ele em russo fluente, transmitindo a mensagem dos mórmons.

■ ■ ■

A estação de Vladivostok erguia-se imponente diante do porto, um exemplo esquisito e pretensioso da arquitetura ferroviária russa, com paredes grossas, tetos altos inclinados, cúpulas e torres em formato de chapéu de bruxa, bem como relógio marcando a hora certa. O conjunto impressionava até a pessoa entrar e se deparar com a parte interna austera e fria, propícia ao eco. Na área de espera havia bancos de madeira como os de igrejas. Embora a estação não contasse com aquecimento e fosse um tanto inóspita, alguns salões públicos exibiam coloridos murais de cenas ferroviárias.

Eu estava encostado no parapeito que dava para a plataforma externa, lendo *Minha Querida Sputnik*. Um rapaz japonês me abordou.

— Gosto de *Dance Dance Dance* — ele disse.

Seu nome era Nobuatsu Sekine. Viajante perseverante, Nobu ia pegar o Rossiya até Moscou e dar um giro completo pela Europa. Assim como eu, chegara havia poucos dias a Vladivostok.

— O que acha do que viu até agora?

— Muito primitiva, muito suja — ele disse.

Mencionou que a estação não tinha comodidade alguma, faltavam lojas, bares, bancas de jornais. Não tinha nem aquecimento. Ele sofria para carregar uma mochila pesada e uma sacola de compras lotada.

— O que tem aí?

— Macarrão, cerveja, água. Você não comprou nada?

Confessei que não, a ideia de adquirir provisões não me ocorrera.

— Mas tenho um pacotinho de chá verde de Kyoto.

— Posso tomar conta de sua bagagem, se quiser comprar comida. Tem um mercadinho do outro lado da rua.

Aceitei a sugestão dele e saí correndo da estação para enfrentar a nevasca noturna e chegar ao mercadinho. Comprei macarrão instantâneo, cerveja, água e cookies de chocolate, e nos sete dias seguintes, sempre que via Nobu, agradecia a sugestão. Não o via com frequência. Ele ia na classe popular, e eu na turística.

Acompanhamos a saída da estação de um trem expresso que ia para a China. Chegaria a Harbin, capital da província de Heilongjiang na manhã seguinte. Os passageiros, em sua maioria comerciantes chineses, tinham vindo a Vladivostok vender roupas, utensílios domésticos e produtos eletrônicos. Eles não levavam nada de volta para a China, exceto dinheiro. Pareciam contentes por voltar para casa.

Cerca de uma hora após a partida do Rossiya localizei meu vagão e me apresentei à bilheteira, uma mulher com o uniforme da Russian Railways — casaco preto com enfeites dourados, saia preta, bota preta. Ela me mostrou a cabine, que chamou de *kupe*, onde um sujeito escuro e calvo, com feições levantinas, já estava sentado, conversando pelo celular.

— Para onde vai? — perguntei. Se dissesse Moscou, seria meu companheiro de quarto por sete dias.

— Khabarovsk — ele respondeu.
— Amanhã? — falei.
Ele confirmou a previsão. Explicou que não havia voo para lá — na maior parte da Sibéria o único jeito confiável de se viajar era de trem. E acrescentou que seu inglês não era muito bom. Não parecia ruim, apesar do forte sotaque. Chamava-se Rashid. Curdo, cinquentão, nascera no Iraque e fora levado para a Armênia pelos pais, nos anos 1960. Por quase vinte anos vivera na remota Kamchatka, uma área gelada no extremo oriental da Sibéria, no mar de Okhotsk. Era empresário em Petropavlovsk. Tinha quatro filhos — mostrou a foto deles, armazenada no celular.
— Você está mais perto do Alasca do que de Moscou.
— Conheço Yeleska. — Ele havia percorrido os Estados Unidos, começando e terminando pelo Ártico: Kamchatka-Yeleska-Meeamee-Yolando-Deesnee Whorl-Teexah-Yeleska-Kamchatka.

Enquanto conversávamos, o apito do trem soou e deixamos Vladivostok, seguindo no rumo norte para Khabarovsk e depois à esquerda, para o longo contorno do nordeste da China.

Vendo que eu estava abrindo o mapa, Rashid mostrou o Afeganistão com o dedo e disse:
— Estive ali, também. E ali. E ali.
— Fazendo o quê?
— Lutando.

Ele movimentou o dedo para mostrar seu trajeto entre as cidades a leste e a sul de Mazar-i-Sharif, locais onde lutou no exército soviético, de 1985 a 1987, marchando com o batalhão, arrastando canhões e disparando contra as posições afegãs. Sorria ao ler os nomes das cidades onde ficara aquartelado:
— Kunduz!... Baghlan!
— E o que pensa da guerra?
— Um grande erro.
— Para você?
— Para nós. Para vocês. Para todos. O Afeganistão... — ele sorriu de novo — Acho que ninguém consegue vencer no Afeganistão, exceto o povo afegão.

Rashid telefonou mais algumas vezes enquanto eu organizava minhas anotações. Para me ocupar eu pretendia escrever um pouco sobre as recordações que guardava de meu pai. Desde sua morte eu não conseguia escrever nada a respeito dele sem sentir uma profunda tristeza; agora, porém, quase 12 anos depois, percebia que era chegada a hora. Tive um pai amoroso, reservado, que trabalhava demais, apesar de não ter ambições óbvias. Embora lesse livros de história e romances clássicos, jamais leu qualquer coisa que eu tivesse escrito; caso tenha feito isso, nunca mencionou o fato para mim.

Rashid disse, de repente:

— Por que os Estados Unidos não gostam do Azerbaidjão?

— Não sei dizer.

— Eles estão do lado da Geórgia.

— Não existem muitos armênios nos Estados Unidos, mas eles são poderosos. Querem que o governo americano resolva o problema de Nagorno-Karabakh.

— Problema político! Tudo estupidez! — ele riu. E apontou para seu peito. — Eu moro em Kamchatka!

Foi como se ele dissesse que vinha de outro planeta, e bastava uma espiada no mapa para confirmar isso. Disse que havia mudado para Kamchatka depois de deixar o exército, quando terminou seu período de alistamento no Afeganistão. Tive a impressão de que seu desejo era ficar o mais longe possível das loucuras políticas.

— Rashid, você é muçulmano? — perguntei.

— Não. Sou zoroastriano. Quando o sol se levanta, eu rezo.

— Onde mais há zoroastrianos?

— No Iraque, muitos. Também na Turquia. E na Índia.

Isso nos levou à Guerra do Iraque.

— Estados Unidos no Iraque — ele disse, balançando a cabeça. — Sabe, Saddam era um problema. Matou meu povo. Envenenou com gás, jogou bombas. Muito ruim. Mas, e essa guerra americana? É... — ele estendeu as mãos para enfatizar a palavra — ... um desastre.

E voltou a telefonar. Eu retornei à leitura da história dos yakuza que havia comprado em Niigata. Sonolento, apaguei a luz de leitura. Rashid fez o mesmo. Em seguida, pigarreou.

— Quem será o próximo presidente americano? — ele disse no escuro, quando ouvíamos apenas o retinir das rodas do trem.

— Não sei.

— Talvez Gillary — ele disse.

— Gillary?

— Gillary Cleenton.

— Gosto de Obama.

— O preto. Boa gente, com certeza — ele disse.

Dormi profundamente; na manhã seguinte, quando chegamos a Khabarovsk, Rashid me presenteou com um saco de tangerinas que comprara em Vladivostok e pisou na neve.

Quando o trem partiu, fui tomar café da manhã. Era o único cliente. O requintado vagão-restaurante, revestido com lambris de madeira, tinha espelhos e cortinas rendadas, mas estava nojento: toalhas respingadas e manchadas de comida, paredes ensebadas, lixo no chão. Numa das extremidades empilharam caixotes de cerveja. Um homem de nariz batatudo e barba por fazer, de cabelo desgrenhado, sentado numa das mesas, digitava ao computador com unhas pretas e um cigarro entre os lábios.

Ele me surpreendeu quando se levantou, depois de algum tempo, e me entregou um cardápio bilíngue. Suas mãos estavam imundas. Anotou meu pedido e foi para a cozinha. Passou um longo tempo sumido. Imaginei as mãos sujas e o cigarro balançando na boca. Uma mulher submissa, provavelmente esposa dele, trouxe a xícara de café e o omelete que eu havia pedido. Quando pedi pão — *khlyeb*, uma das palavras que eu conhecia em russo —, o sujeito de cabelos desgrenhados gritou com a mulher e ela me atendeu.

A experiência me levou a preferir macarrão instantâneo e chá verde em meu compartimento nas manhãs seguintes, dada a facilidade de preparo, pois era só usar o samovar disponível em todos os trens russos — sempre acessível, sempre fumegante.

O sol surgiu, proclamando um dia claro. Em algum lugar, tomando sol, Rashid murmurava uma prece zoroastriana. Do lado de fora, a terra era plana, enfeitada por bétulas esparsas, algumas cheias de ninhos de corvo. A neve fina deixava entrever tufos de grama marrom.

Acomodei-me e comecei a escrever sobre meu pai, e poucas horas depois, numa parada rápida, *provodnitsa* apresentou-se; seu nome era Olga. Informou que estávamos em Birobidzhan.

Havia um aviso na estação em caracteres hebraicos e outro em cirílico. O prédio da estação era novo, de tijolo vermelho, e estava vazio. Ao longe vi uma igreja com cúpula dourada, conjuntos habitacionais que pareciam quartéis, toras de bétula empilhadas em vagões ferroviários e uma fábrica enorme. Mesmo sob o esplêndido brilho da neve, com o resplandecer da geada e com as árvores cintilantes de gelo, o lugar parecia uma prisão a céu aberto. Birobidzhan, na fronteira com a China, no coração da Sibéria oriental, era a capital de Yevreyskaya Oblast, a região autônoma judaica. Ninguém desceu do trem.

A prova de que a Sibéria era um mundo simples ainda mais simplificado pela neve estava no mercado, na plataforma coberta de neve de Obluche, no meio daquela primeira tarde. Velhinhas vendiam bolinhos cozidos (*verenike*) e recheados com batata e repolho, peixe frito, ovos cozidos, água em garrafa e tabletes de chocolate. O tipo de mercadoria que vemos em plataformas ferroviárias da África. Mesinhas, vendedores esperançosos, alguns rublos trocando de mãos e começam a desmontar as banquinhas, assim que o trem parte. A chegada do trem é o evento mais importante do dia.

Logo entendi a razão. Obluche era um vilarejo de cabanas de madeira e chalés cobertos de neve, com barracos na periferia, como se fosse um povoado do século XIX no inverno de Minnesota — cabanas, cercas de madeira, grossas massas pendentes de gelo, chaminés soltando fumaça e depois a vastidão dos campos nevados. Sem pegadas, sem marcas de pneus. Nenhum ser humano ou veículo à vista, e a China logo adiante do horizonte; é possível ir a pé se o sujeito tiver sapatos de neve.

Mesmo nas estações maiores ninguém aparecia, nada se mexia. Bureya era uma cidade de casas baixas, chalés siberianos quadrados, alguns elaboradamente enfeitados, chaminés fumegantes. Onde as cercas haviam caído e as bétulas estavam cobertas de gelo, formando uma delicada paisagem em preto e branco, a região parecia uma cena invernal de Andy Wyeth.

A maioria dos dias seguiria o mesmo padrão, chaminés fumegando nas casinhas dos vilarejos, como Amazar no rio Shilka, centenas de chaminés soltando fumaça branca, casas rodeadas de cercas precárias de madeira, distantes muitos quilômetros umas das outras, bosques de bétulas, árvores desfolhadas, o vazio monumental da neve e do céu, o Transiberiano varando a neve como um navio cruzando um mar congelado.

Após dois dias e duas noites penetramos numa região ainda mais desolada. Tinha meu livro sobre yakuza para ler, além de romances de Simenon. E textos para escrever — notas sobre a viagem, recordações de meu pai que, a cada dia que escrevia sobre ele, parecia se afastar mais, sorrindo piedosamente para mim.

Quando embarquei nesse trem no inverno de 1973-1974 não tinha noção exata de quantos dias demoraria para chegar a Moscou. Com os atrasos e as tempestades de gelo, a viagem atrasou, e acabei passando o Natal no trem, sentindo saudades, arrasado. Agora tinha um *kupe* só para mim. Não poderia estar mais contente, ali sentado, dispondo de privacidade, observando a luz dourada e fria do sol poente avermelhar a neve e o tronco das bétulas, fazendo com que o mundo parecesse muito distante. Estava livre de todas as preocupações, flutuando pelos campos nevados.

Realizei nova visita ao vagão-restaurante. Encontrei o garçom de nariz batatudo mais sujo e mais emburrado. As unhas continuavam negras; usava agasalho de algodão preto com capuz e calça escura de lã com botas grossas. As grossas lentes dos óculos estavam engorduradas. Fumava e usava o computador obsoleto, mas quando fiz o pedido, ele o anotou a lápis num pedaço de papel amarrotado.

— *Salyanka* — falei. Ensopado. E, pronunciando lentamente as palavras, — *Ya-ich-nitsa.* — Ovo frito.

Dotado de uma inteligência frustrada que o tornava impaciente e ressentido, ele mais parecia um anarquista ou dissidente saído de Dostoievski. Não era nenhum dos dois, claro, apenas um pobre coitado mal pago que cuidava de um vagão-restaurante impopular ao lado da mulher. A única coisa que a mulher fazia era enrolar guardanapos de papel numa vareta, para formar tubos que colocava nos vasos existentes nas mesas, no lugar das flores. A não ser por alguns bêbados, nunca vi ninguém comendo no vagão-restaurante. Passei a evitar o local, também.

Dias depois encontrei a mulher do garçom na entrada de outro vagão. As camadas de gelo e neve se acumulavam.

Ela balbuciou algo para mim. Tenho certeza de que dizia:

— Por onde andou? Entre e coma! — Mas naquela altura eu já estava vivendo do macarrão instantâneo, do peixe defumado e das linguiças que comprava nas plataformas das estações.

Mogocha, uma das paradas, contava com algumas casas espalhadas, cães enormes feito lobos brincando na neve, um homem de chapéu de pele que leavantava muito a bota, por causa da neve acumulada, e um ônibus que descia com estampidos a margem do rio congelado para então atravessá-lo. Muitos chalés exibiam janelas azuis entalhadas e enfeitadas — uma cidadezinha de fogões a lenha; parecia estar ali havia séculos, e provavelmente estava mesmo.

No passado eu tinha olhado com desprezo para lugarejos enterrados na neve como esse e então seguido em frente. Agora eu via que não era lúgubre, mas pacífico, um refúgio sossegado, escondido pelas nevascas, inteiramente autossuficiente, distante demais de Moscou para alguém se importar com ele, o tipo de lugar onde eu poderia morar, se não fosse tão absurdamente frio.

Por centenas de anos a região fora usada para abrigar exilados. Ao anoitecer daquele dia, chegamos a Chernyshevsk-Zabaikalsky. Remota e aconchegante como Mogocha, servira de prisão para o crítico literário e romancista Nikolai Chernyshevsky, que fora exilado ali em 1864. Mais um desfecho típico para quem enfrentou os perigos de expressar uma opinião na Rússia. No caso, ele foi vítima do czarismo. Defendera a libertação dos servos e a emancipação das mulheres, além de argumentar em diversos ensaios que a arte precisava de um propósito. Depois de enfrentar uma execução simulada, passou 25 anos em trabalhos forçados, exilado na Sibéria. Seu crime? "Subversão." Quatro meses após voltar da Sibéria ele morreu, aos 61 anos. Escreveu um romance no exílio, chamado *O que Deve Ser Feito?* (*Shto Delat?*), que inspirou os socialistas; por isso a estátua pensativa prateada na frente da estação de trem.

Aquele local, bem como outros no trajeto do trem, me fez lembrar algo escrito por Nabokov em um de seus ensaios — que boa parte da literatura russa cheirava a biblioteca de presídio.

■ ■ ■

Estar no Transiberiano assemelhava-se a viajar de navio, mas não um navio antigo qualquer, nem um transatlântico moderno, e sim um velho cargueiro enfrentando um mar gelado com dificuldade, com direito a marinheiros rabugentos, comida ruim e um capitão invisível. E com o mesmo tipo de presunção do passageiro, no caso eu, aquecido e confortável, vendo a fúria dos elementos pela janela e sentindo às vezes o impacto do granizo no vidro.

Se havia um desafio no Transiberiano, nas sete noites e sete dias no trem de longa distância, não era obter visto, comprar passagem ou se movimentar em Vladivostok; era o obstáculo costumeiro das viagens, o desafio mental. Os russos o superavam com bebedeiras — os homens, ao menos. Por isso, quando andava pelo trem, eu só via gente tomando cerveja, vodca e outras bebidas, ou dormindo por embriaguês. Para um russo uma viagem daquele tamanho servia para beber, e por isso a maioria era incoerente.

Nobu tentava se manter aquecido na plataforma coberta de neve de Ulan-Ude, no início da manhã. Perguntei como ele estava se saindo.

— Os homens em minha cabine bebem muito — Nobu disse. — Eles começam de manhã, quando acordam. E passam o dia bebendo.

Ele não bebia. Tirava fotos e fazia anotações. De vez em quando nos encontrávamos no acesso a um vagão e conversávamos sobre os romances de Murakami ou tentávamos adivinhar a temperatura externa.

Um homem de aparência mongol me abordou em Ulan-Ude — atarracado, rosto redondo, asiático. Como aquele era o entroncamento ferroviário para as linhas que levavam à Mongólia e à China, fiquei curioso quanto à sua origem étnica. Ele me disse que era Buryat e perguntou se eu queria comprar um pouco de *manti*.

Eram bolinhos de carne cozidos. Conhecia a palavra, pois *manti* queria dizer bolinho na Turquia e em outros países.

Enquanto embrulhava os bolinhos, ele disse:

— Você é americano?

— Sim, americano.
— Mee-sippi — ele disse. — Al-bama. Flodda.
— Sou de Boston.
— Boston Bruins — disse sem hesitar, ainda embrulhando os bolinhos.
— Gosta de hóquei?
— New York Rangers — disse, entregando os bolinhos empacotados. — *Manti* bom. Obrigado. Boa viagem.

O sujeito simpático foi espantado pela aproximação de três bêbados que desceram do trem e cambaleavam em nossa direção. Ainda não eram nove horas da manhã. De ressaca, portavam latas de cerveja, e um deles levava uma lata em cada mão.

— Somos fuzileiros navais! — Um deles gritou para mim. Disse que seu nome era Fyodor e que serviam num navio na base de Vladivostok.

Os outros começaram a gritar incoerências. Usavam conjuntos esportivos e chinelos. Iam a Nizhni Novgorod, três dias a oeste de onde estávamos.

Quando se afastaram, vi que Nobu tirava uma fotografia da estação de Ulan-Ude. Sob a placa informando a localidade, um losango de luzes vermelhas anunciava a temperatura: menos 17 graus Celsius.

Minha surpresa naquela estação gelada no meio da estepe siberiana foi o BlackBerry disparar, cheio de mensagens, algumas de Penelope, várias oferecendo Viagra, aumento do pênis ou investimentos em ações promissoras. Spam no meio da vastidão gelada. A um quilômetro de Ulan-Ude, porém, ele parou — ficou mudo, como ocorrera durante a passagem inteira pelo Japão —, e sua única utilidade era para a iluminação noturna (como eu o usei durante meses) ou lanterna de emergência, quando acordava durante a noite e tateava pelo vagão para ir ao banheiro.

Ao atravessar a neve mais funda — efeito do lago Baikal —, passei o dia escrevendo sobre meu pai e pensando que nada havia mudado na linha desde que eu fizera a outra jornada, 33 anos antes. O trem ainda era uma antiguidade barulhenta, a comida continuava nojenta, as aldeias no caminho, uma coleção de bangalôs com fogão a lenha. O pessoal da ferrovia, principalmente as mulheres, era diligente na tarefa de remover o gelo dos drenos com um machado de cabo comprido e manter o samovar cheio, mas fora isso não havia serviço digno do nome. Ignoravam os passageiros, mas faziam questão de se perfilar de uniforme ao lado do vagão, a cada parada.

O que parecia uma queda esparsa de flocos de neve no final da tarde, sob o céu sombrio, tornou-se uma avalanche e finalmente uma tempestade de neve que obscureceu Baikal completamente — bela tempestade, pois escondeu o maior lago do mundo. No meio da nevasca, em Slyudyanka, um grupo de ambulantes, homens e mulheres com gorro de pele, surgiu com sacolas de peixe defumado e se amontoou na porta do vagão.

— O que é isso? — perguntei a Dimitri, que estava num *kupe* no mesmo vagão que eu.

— É *omul*. Bom com cerveja — Dimitri disse.

Omul era uma espécie de truta salmonada existente apenas no lago Baikal. Apreciada pelos russos, que enfrentavam a viagem para comprar a iguaria, era vendida defumada a frio (dura e seca), ou a quente (macia, leve e aromática). Comprei duas porções de cada tipo.

Os peixeiros sob a neve que caía em Slyudyanka davam uma ideia da velha Rússia, não somente pelos belos gorros de pele, casacos pesados e luvas grossas, mas também pelos rostos escuros de frio, narizes vermelhos de acne, enquanto ofereciam peixes em sacos para potenciais compradores do trem. Cem anos antes eles não teriam aparência diferente: as mesmas botas, as mesmas luvas, peles e cachecóis esgarçados, a mesma espera na plataforma em plena tempestade pela parada breve do trem de longa distância, o mesmo olhar aflito.

Paramos novamente em Irkutsk enquanto nos banqueteávamos com o peixe. Escureceu, o trem avançava devagar noite adentro, e pela manhã reluzente de geada, a quatro dias de Vladivostok, em outro fuso horário — seriam oito durante a viagem —, o cenário não mudara: bétulas e arbustos enegrecidos nos campos nevados do outro lado da janela salpicada de lama.

Um conjunto de chalés cobria a encosta de um morro.

— Datchas? — perguntei a Dimitri, por palpite, pois não saía fumaça das chaminés. Assim que falei, pensei: mera suposição, pois os viajantes sempre inventam o país pelo qual transitam.

— Sim — ele disse. — Gente de Krasnoyarsk, eles vêm para cá no verão.

— É um vilarejo inteiro.

— Não é um vilarejo — Dimitri disse. — Só uma estação.

— E qual é a diferença?

— Não tem correio. Nem lojas ou escolas — explicou. Queria deixar clara a diferença entre um local de férias e uma cidadezinha real.

Dimitri era de Krasnoyarsk, a uma hora dali. Estudara mineração na universidade local. A cidade se destacava pelas minas — vimos diversas do trem — de vários tipos, ouro inclusive, a céu aberto. A Rússia minerava ouro ali do mesmo jeito havia mais de trezentos anos.

O que me interessou em Dimitri foi ele ser um sujeito completamente satisfeito, trabalhador russo, residente de Krasnoyarsk, eleitor, cidadão e morador. Enquanto conversávamos no corredor do trem, seu celular tocou.

Ele atendeu e, assim que desligou, disse:

— Era o meu chefe. Sabia que eu viria neste trem. Quer que eu vá trabalhar hoje. Tudo bem, gosto do meu serviço.

Ele trabalhava numa companhia produtora de equipamento de mineração que fornecia máquinas para o país inteiro, até para locais distantes como Kolyma e Vladivostok.

Dimitri tinha cerca de 30 anos, não era alto, mas musculoso. Esquiava nos morros perto de Krasnoyarsk, andava de motocicleta quando o tempo melhorava e praticava halterofilismo. Possuía um apartamento, mas procurava outro, maior, "para quando casar". Tinha um Toyota Corolla novo. Queria um Lexus. Era ambicioso mas satisfeito, não fumava nem bebia — enfim, um indivíduo raro, um russo sóbrio e feliz.

Não sentia vontade de viajar, a não ser para Moscou e São Petersburgo. Gostaria de falar inglês melhor.

— Você fala bem.

Ele tocou os dentes da frente.

— Vocês dizem "teef" ou "teet"?

— Teeth.

— Teef — ele disse.

— I have thirty-two teeth.

— I have thirty-two teef — ele repetiu.

Repetindo o mantra, ele desceu do trem levando os livros de bolso que eu já havia lido — três Simenons, o Murakami e o livro sobre os yakuza. Comprei suco de maçã, iogurte, salame, pão e salmão defumado de uma babuchka no mercado improvisado na plataforma de Krasnoyarsk. Fiz um piquenique na cabine, olhando a Sibéria passar pela janela.

Neve, bétulas, casebres amontoados, corvos, cordilheiras distantes, "emolduradas pelos pinheiros", neve o dia inteiro, imaculada, depois mais uma noite no trem. Naquela altura eu já passava os dias em estupor e as noites sonhando. Acordava exausto com tanta variedade. Sonhei duas vezes com enterros, orações (feitas por mim) uma vez, voos (comigo) duas e tive um sonho memorável em que era visitado por meu pai morto, que explicou: "Estou chegando agora."

Na noite anterior, a quinta no trem, passamos por Omsk, onde Dostoievski ficou quatro anos preso. Escreveu sobre o lugar no impressionante *Recordações da Casa dos Mortos*.

Olhos fixos na densa floresta de coníferas — a taiga —, cochilei o dia inteiro, escrevi intermitentemente sobre meu pai, sabendo que perto da meia-

-noite daquele sexto dia eu desceria do trem, na cidade de Perm. Passamos por Ishim, onde havia marcas de pneus nos rios gelados: no inverno os rios siberianos serviam de estrada para os veículos. Em Tyumen, por volta do meio-dia, comprei pedaços de frango de uma senhora idosa na plataforma nevada, e no final da tarde, lá pelas cinco horas, chegamos a Yekaterinburg, cidade do regicídio. Anunciavam passeios com guia pelo local onde o czar e sua família foram fuzilados em 1918. Yekaterinburg foi a primeira cidade de certo porte que vi no percurso — chamava-se Sverdlovsk em minha jornada anterior, quando passei por ela na véspera do Natal, exatamente no mesmo horário. Na época, observando um rapaz içar o pai morto numa maca, no trem, minha depressão era completa. Agora, pensava: estamos no horário, vamos chegar a Perm à meia-noite e — como não me lavava fazia uma semana — vou provavelmente tomar um banho.

■ ■ ■

"Perm é uma cidade industrial moderna que a maioria dos viajantes pode ficar sem visitar", dizia o guia de viagens. Mas certamente isso era tão inexato quanto a acusação do mesmo guia contra meu livro *O Grande Bazar Ferroviário*, de ser "cáustico", com o tom solene e filisteu dos guias turísticos. Minha visita a Perm seria memorável e reveladora, especialmente no abafado silêncio nevado do inverno siberiano.

— Constávamos da lista secreta do Pentágono de cidades soviéticas a serem destruídas! — um permiano gabou-se logo que cheguei. Em consequência das fábricas de foguetes e de canhões, e da manufatura de explosivos, Perm era proibida aos estrangeiros, quando passei por ali em 1973. Foi também lugar de trânsito para os condenados a trabalhos forçados na Sibéria — desde a época czarista —, e nos arredores da cidade havia uma das maiores e mais terríveis prisões do gulag. Fabricação de foguetes, detenção arbitrária e tortura eram as atividades em Perm até recentemente, quando as prisões foram fechadas, em 1992, e os estrangeiros puderam visitá-las, ir ao balé, comer os suculentos *posikunchiki* ("bolinhos mijões") em bons restaurantes, vagar pelas ruas cobertas de neve, observar os gordos locais mergulharem sem roupa nos buracos feitos em lagos congelados, percorrer de carro as estradinhas que acompanhavam as colinas desertas, a taiga, a floresta intermediária, os minúsculos vilarejos de casebres de madeira e conhecer o pior gulag, Perm 36 — consegui fazer tudo isso.

Os minúsculos cristais de gelo brilhavam nas luzes da estação principal — não era a mesma estação em que Yuri Zhivago desembarcou na segunda parte ("Trem para os Urais") de *Doutor Jivago*, quando colocou os olhos na cidade pela primeira vez. Perm continuava muito parecida, hoje: "A cidade se agarrava ao alto do morro em fileiras, casa a casa e rua a rua, com uma igreja grande no meio da parte alta, como numa gravura colorida barata de um mosteiro no deserto ou do monte Athos." Boa parte da ação do melancólico romance cinquentão de amor e luta se passa em Perm, chamada Yuriatin, "outro território, um mundo diferente, provinciano, que possuía seu próprio centro de gravidade".

Uma cidade ou paisagem que tenha sido descrita num romance, mesmo de forma distorcida, torna-se mais visível e acessível, consagrada até, adquirindo uma espécie de imortalidade. Eu me senti bem por estar em Perm e fora do trem, mas, de tão acostumado à vibração do trem e ao leito estreito, não consegui dormir direito na cama do hotel. Senti-me como um bebê assustado num berço que parou de balançar.

No início escuro da manhã encontrei meu guia, Sergei, e a intérprete, Yelena. Eles trouxeram um amigo, Viktor Shmirov, autoridade e um dos historiadores do sistema do gulag. Entramos no carro de Sergei e seguimos pelas ruas cheias de neve, sob a luz sulfúrica da iluminação pública.

— Por que o guia turístico escreveu aquilo sobre Perm? — Sergei perguntou quando mencionei a afronta. — A cidade tem uma longa história. Dostoievski parou aqui, a caminho de Omsk. A família Diaghilev é daqui. Tchekhov também, claro — *As Três Irmãs* se passa aqui. E há o livro de Pasternak. O que não falta à cidade é história.

Dostoievski estava a caminho da prisão e passou apenas uma noite ali. Sergei Diaghilev fugiu da cidade e passou a vida em Paris, apreciando balé. Para Tchekhov era o epítome das cidades provincianas sufocantes ("Quando poderemos ir a Moscou?", as três irmãs viviam resmungando), e Pasternak era considerado um pária literário até uns 15 anos atrás.

Mencionei que *As Três Irmãs* descrevia Perm desfavoravelmente, as irmãs reprimidas sonhavam em ir embora para Moscou.

— Mas Tchekhov tinha um problema — Sergei disse. O inglês dele não era ruim, mas ele preferia falar russo. Yelena, sentada atrás de mim, traduzia tudo. — Impediram sua entrada num prédio por estar inadequadamente vestido. Ele nunca perdoou isso.

O episódio não é mencionado pelos biógrafos de Tchekhov, eles citam apenas o fato de que em 1890 ele chegou a Perm por via fluvial, às duas horas da madrugada de um dia de abril, e partiu na mesma data às seis da tarde, no trem que seguia para o leste. Isso ocorreu durante sua jornada siberiana —

81 dias de Moscou a Vladivostok, a caminho da penitenciária de Sakhalin. De todo modo, 16 horas em Perm foram o bastante para um gênio como Tchekhov resumir a cidade como um lugar sufocante.

— É o seguinte — Sergei disse. — E se você chegar a uma cidade e encontrar uma barata na sopa? — Sujeito corpulento, recurvado sobre o volante, ele nos conduzia através da neve. Virou pesadamente no assento e me encarou, sem tirar as mãos do volante do carro, que andava devagar. — Você não ia gostar da cidade, certo? E sempre se lembraria dela. "Ah, Perm, foi lá que eu achei uma barata na sopa!"

— Mas não temos baratas aqui — Yelena disse.

— Há cinco anos todas as baratas foram embora de Perm — Sergei disse. — Teria sido radiação? Teriam antecipado problemas iminentes? Os professores não conseguiram esclarecer a questão.

— Agora estamos passando por Bashaya Smirti — Viktor disse.

— A Torre da Morte — Yelena disse, apontando para a frente, onde se erguia uma torre cinzenta enorme, como um silo com telhado inclinado, encostada num prédio com aparência eclesiástica, também cinzento, dotado de pequenas janelas.

— Houve uma onda de repressão nos anos 1950 — Viktor disse enquanto rodeávamos a torre de aspecto sombrio. — A Torre da Morte foi construída nessa época, pela KGB. As pessoas eram levadas até lá para interrogatório.

Perguntei quem eram os suspeitos.

— Pessoas consideradas "cosmopolitas" — disse. — Ocidentalizadas. Pouco patrióticas. E também os chamados "radicais de esquerda". Antistalinistas.

A terrível torre se erguia como um crematório gigantesco, perto do centro de Perm, e por isso fiz a pergunta óbvia:

— As pessoas em Perm a chamavam de Torre da Morte?

— Eles não diziam isso em voz alta. Murmuravam — Viktor explicou. — Com Kruschev podiam falar um pouquinho mais alto.

Mencionei que meu escritor favorito sobre o gulag era Varlam Shalamov, autor de *Contos de Kolyma*, que fora intensamente interrogado.

— Estamos no centenário de Shalamov — Viktor disse, animado. — O pai dele era padre, mas Shalamov não tinha religião. Interessante que alguém com sua enorme experiência de vida na prisão não tenha se tornado cristão.

— Ao contrário de Soljenítsin.

— Sim, e ao contrário de Soljenítsin, ele cumpriu 27 anos na Sibéria. No final, vivia em extrema pobreza em Moscou. Morreu na obscuridade.

Soljenítsin foi o *zek*, ou prisioneiro, mais famoso no Ocidente. Contudo, em sua abrangente história do sistema prisional, *Gulag*, Anne Applebaum afirma que seu período de prisão não foi tão opressivo: "[Soljenítsin] foi um prisioneiro sem destaque. Flertou com as autoridades, serviu de informante antes de se converter e acabou trabalhando como pedreiro." Já os *Contos de Kolyma*, de Shalamov, é elogiado por ela, que considera a obra "uma das mais amargas em todo o gênero dos campos".

Havíamos ultrapassado a periferia de Perm e seguíamos para nordeste, por entre pinheirais nevados e uma estrada que não fora limpa do gelo. Além de raros carros e caminhões, não havia trânsito. A escuridão matinal cedera; viajávamos pela nevasca sob um céu baixo nublado.

— Gostaria de contar uma história a respeito dos órgãos do poder — Viktor disse, traduzido por Yelena. — Certa vez tive a chance de entrevistar uma camponesa na parte norte da região de Perm. Ela me disse que nunca havia saído de sua aldeia, exceto numa ocasião. Fora a Chernaya, uma cidade maior. Ficou bastante impressionada, pois tudo era muito bonito. Estava sentada, quieta, admirando o lugar, quando alguém disse: "Apoga está chegando."

— Ela conhecia o nome. Apoga era chefe do Comitê de Emergência da Cheka.

A Cheka foi uma das encarnações anteriores da KGB, atualmente conhecida como FSB. Ela passou por 19 mudanças de nome desde 1919, mas sempre foi a mesma organização, dedicada a espionagem, tortura e assassinato.

— O nome Apoga assustou a mulher. A ideia de vê-lo era simplesmente terrível. Todos se apavoraram com a possibilidade de encontrar aquele homem. A mulher partiu assim que conseguiu. Voltou para sua aldeia e nunca mais saiu de lá. — Viktor ergueu as mãos. Seu rosto se contraíra numa expressão de dor impotente. — As pessoas podiam ser presas sem motivo. O nome daquele homem, Apoga, significava terror e medo.

Falei:

— O paradoxo é que exatamente na mesma época — anos 1950 — tínhamos McCarthy nos Estados Unidos, perseguindo pessoas por simpatizarem com a União Soviética.

Sergei protestou, estridente, antes que eu pudesse completar o raciocínio.

— *Nyet, nyet, nyet*. Estive nos Estados Unidos — falou. — Conheço o macarthismo. Os problemas não ocorreram na mesma escala.

Tive de concordar, embora os motivos, a caça às bruxas, as delações, o cheiro do medo — de vidas arruinadas, empregos perdidos, desgraças — que pairava sobre o macarthismo fossem similares.

— Ouça a minha história — Sergei disse. — Viktor afirmou que as pessoas viviam com medo. Pura verdade. Sei disso, aconteceu com minha própria gente. A família de minha avó era de Kirov — a cidade situava-se na linha do trem, a umas oito horas a oeste de Perm — e ela teve 11 filhos, sete meninas e quatro meninos. Minha avó era considerada instruída, pois completara com louvor o ensino fundamental.

Yelena disse:

— Ele está sendo irônico, Paul.

— Compreendo. — Também entendi a palavra que ele usava repetidamente para a avó, *babushka*.

— O pai dela era um açougueiro conhecido. Um homem forte, musculoso. Cinquenta anos depois ele ainda era lembrado, na província. Na época da revolução — Sergei prosseguiu — minha avó tinha 17 anos. Ela se casou com 19, e durante oito anos correu tudo bem. Viviam num local remoto. Fora do alcance da polícia secreta.

"Nos anos 1920 Stalin promoveu a coletivização, e por isso foram procurar meus avós. O pai de minha avó era um *kulak*, camponês rico, ou quem desafiava as autoridades. Tinha uma bela casa, que ele mesmo construiu. O inspetor queria a casa para ele e sua família. Mas o açougueiro adorava a casa.

"'Vá para a Sibéria', disse o inspetor do governo.

"Como assim? Até então eles não se preocupavam com os poderes do governo. Meu bisavô sofreu tanto que morreu de ataque do coração quando dormia.

"Os dois filhos dele, meus tios-avós, fugiram para lutar contra o governo injusto. Minha avó permaneceu no vilarejo. Mas sentia muito medo. Sabia que a polícia procurava seus dois irmãos. Mesmo assim ela lhes dava pão, quando vinham furtivamente para casa. A polícia especial queria matá-los. Isso ocorreu em 1930 ou 1931. Poucos anos depois eles foram encontrados e fuzilados pela polícia.

"Minha avó, cujo nome era Matryona, queria enterrar os irmãos, mas não conseguiu localizar os corpos. Seu sofrimento não acabou aí. Depois da Segunda Guerra Mundial houve fome. Como filha de um *kulak*, formada no ciclo básico, ah!, ela foi nomeada chefe de uma fazenda. Não havia homens aptos para o trabalho. Ela passou fome.

"Em 1946, seu filho, meu tio de 17 anos, saiu para procurar comida. Estavam tão famintos que percorriam os campos em busca de grãos de trigo deixados para trás na colheita. Ele conseguiu alguns grãos. E foi visto. A polícia o prendeu por furto.

"Ele gritou para a polícia: 'Vocês são uns monstros! Têm comida, e nós não temos nada!'

"Por dizer isso, ele foi condenado a 25 anos de prisão. Cumpriu a pena em Magadan e Kolyma, lavando cascalho para procurar ouro. Quase não conseguia se comunicar com a mãe. Em 1954, quando Stalin morreu, ele foi reabilitado. Morreu faz três anos, e sabe de uma coisa? Ele nunca falou uma única palavra sobre o tempo que passou preso.

"Minha avó temia a KGB, e quando mencionavam esse nome, ela fechava a cara. O pior documento que vira na vida havia sido a sentença do filho. Imagine, 25 anos. Teria pego dez anos por furto, mas ao gritar 'Seus monstros!' foi condenado a mais 15."

Estávamos no campo, não havia outros carros, a estrada estava coberta de neve. A paisagem parecia desenhada a carvão em papel branco — bosques enegrecidos e céu cinzento contra a brancura da nevasca.

— Histórias como essa aconteceram aos milhares — Viktor disse. — É a história do terror. As pessoas temiam quem estivesse no poder. O sistema era cruel. E a base de tudo era o desejo de Stalin de usar trabalho escravo.

Durante a conversa Yelena traduzia e eu anotava tudo no caderno em cima do joelho, o que era fácil por causa das pausas entre o que os homens diziam e a tradução de Yelena.

— E a gente não podia confiar em ninguém — Sergei disse. — Eu mesmo tive problemas. Meu nome apareceu num inquérito, alguém me delatou.

— O que você fez?

— Contei piadas políticas — Sergei disse. — Mas descobri por vias indiretas que meu processo havia sido fichado. Trabalhava para o Komsomol — a organização juvenil comunista — no Departamento de Educação Política. Nos anos 80. Lidávamos com veteranos do Afeganistão. Haviam sofrido traumas severos, estavam estressados, com dificuldades para se adaptar à vida civil.

"Eu também vivia estressado, por causa do trabalho. Queria viajar para o exterior. Entrei com um pedido. Disseram que eu precisava de uma razão para viajar. Dei uma. Disseram: 'Não, Sergei. Lamento, Sergei.'

"E aí? Fiquei muito surpreso por não me deixarem viajar. Cinco anos depois, quando acabou a União Soviética, descobri a razão. A KGB me deu a informação. Foi um caso engraçado. Estava na Tchecoslováquia durante a Revolução de Veludo, quando Havel se tornou presidente. Estive lá o tempo inteiro. Gerenciava uma agência de viagens.

"A KGB me procurou, vários agentes. Eles disseram: 'O que aconteceu lá? O que é essa Revolução de Veludo? Não queremos nada disso por aqui.'

"Resolvi chantageá-los. Falei: 'Posso contar tudo sobre os tchecos, se mostrarem a minha ficha.'

"Eles acabaram concordando. Consultei meu prontuário e levei um susto. Vi que a informante fora uma moça conhecida minha, colega no Komsomol. Depois das festas no escritório ela escrevia relatórios citando quem havia contado piadas políticas. E eu confiava nela!"

Sergei, de ombros largos, tipo urso, debruçara-se sobre o volante, semicerrando os olhos para enxergar alguma coisa no meio da tempestade de neve, enquanto recordava. Eu o imaginei com um copo de vodca na mão, embriagado, contando casos em voz alta, animando a festa.

— E sabe qual é a parte mais engraçada? — ele disse. — Na época, eu acreditava sinceramente no comunismo! Era secretário assistente, responsável pela ideologia dos jovens. Éramos fiéis! Descobrimos que havia mais três espiões em meu departamento. Dentro de uma organização ideológica!

— Você sentiu medo quando descobriu sua ficha? — perguntei.

— Não. Fiquei apenas desapontado. Revoltado. Eu me considerava inteligente. Acreditava que nosso sistema era o melhor. Mas os velhos nos governavam. Brezhnev, Andropov, Gorbachev. Velhos!

— Conte uma piada política — pedi.

— Só me lembro de piadas sobre Putin.

— Com certeza as piadas são as mesmas, só os nomes mudam — falei.

— Não. Temos piadas específicas. As anedotas sobre o Brezhnev eram completamente diferentes.

— Por exemplo?

Viktor interferiu.

— Eu sei uma. Um homem está conversando com outro. Ele diz: "Você sabia que Brezhnev fez uma operação para aumentar o peito? Assim tem mais lugar para medalhas!"

— Soa melhor em russo — Yelena disse, depois de traduzir.

Depois Sergei contou uma anedota longa e confusa sobre Brezhnev e os vizinhos que assistiam a um jogo de hóquei na televisão. Ele disse. Eles disseram. Ele disse. Anotei tudo, mas não entendi nada.

Quando não ri no final, Sergei disse:

— As piadas sobre Brezhnev são amenas. De um lado, ele não estava passando bem. De outro, comparado a Krushev e Stalin, ele era bom. Mas Andropov criou problemas. Retomou a repressão aos dissidentes.

— E quanto à mulher que denunciou suas piadas? — perguntei. — O que aconteceu com ela?

— Eu a vi poucos anos depois — Sergei disse, rindo da lembrança. — Ofereci algumas doses de vodca, depois contei o que eu sabia. E perguntei: "Por que você fez aquilo?"

— Ela simplesmente olhou para mim e disse: "Estava cumprindo meu dever."

— Nem pediu desculpas?

— Nem pensou nisso. Ela disse: "Eu denunciava todos os duas caras." Sabe, Paul, minha ficha é enorme. Ah!

Já havíamos avançado quase 100 quilômetros pelo pinheiral coberto de neve da floresta de Chusovskoy Oblast, e o vento soprava a neve para a estrada em alguns pontos, criando montes preguedos. Mais uma paisagem vasta, mas simples, em preto e branco, linda e terrível em sua desolação. O modo como a neve dançava nos faróis, rodopiando e passando em rajadas, desviou a minha atenção das histórias de denúncias. Tentei imaginar um prisioneiro na tempestade, a pé ou na traseira de um caminhão. Foram milhões. Tudo o que tornava o lugar adorável para mim significava a morte para um prisioneiro.

— Estamos em Kuchino — Yelena disse quando Sergei reduziu a velocidade e virou à direita abruptamente na neve funda, passando devagar por um vilarejo de chalés de madeira escura. Os prédios meio enterrados tinham janelas ornadas e entalhadas com flores e volutas, e havia chalés de troncos do tempo do czar.

Homens e meninos andavam pela estrada, perigosamente próximos de nosso carro, olhando para nós por baixo dos gorros de pele. Seus rostos estavam vermelhos de frio, o ranho escorria pelo nariz, e suas bocas abertas, como se nos chamassem.

— Todos aqui são fracos da cabeça — Yelena disse. — Foram mandados para cá, para o hospital daqui.

Mas não se tratava de um hospital de verdade. Era um asilo à moda antiga, os pacientes levavam uma vida precária, e durante o dia mandavam muitos para andar na neve. Antes de virem para cá, haviam ficado internados numa catedral de cúpula dourada — reformada para ser usada como hospício — perto da cidade de Kungur, a uns 150 quilômetros de distância, pela rodovia siberiana.

Alguns quilômetros adiante de Kuchino chegamos a um muro de aço rodeado por árvores, um portão grande e uma placa ao lado informando que estávamos em Perm 36. *Uma antiga colônia de trabalho corretivo*, li, mas o resto a neve que caía cobriria.

Um dos pacientes do asilo nos seguira até o portão e começou a argumentar em russo enquanto passávamos.

O complexo, de tão simplificado pela neve, poderia passar por acampamento de escoteiros numa impressão inicial fugaz, somente. O arame farpado no alto das muralhas e em todas as entradas contava a verdadeira história. O mesmo valia para as janelas pequenas gradeadas, o caminhão sem janelas usado para transporte dos presos e, lá dentro, celas, catres, alojamentos dos guardas e câmaras de tortura.

Perm 36 é a única prisão do gulag intacta existente na Rússia. Em *Gulag*, Anne Applebaum descreve Perm 36 como "um *lagpunkt* (subdivisão de um campo) que depois se transformou num dos mais severos campos de concentração políticos dos anos 1970 e 1980". Todas as outras prisões foram destruídas ou reformadas para outro uso. Perm 36 ainda existe devido ao esforço de ex-prisioneiros, historiadores do gulag, como Viktor Shmirov, e, pelo que eu soube depois, recursos da Fundação Ford.

— Nada do governo russo? — perguntei, embora já suspeitasse da resposta.

Sergei riu e disse:

— Muita gente do atual governo foi responsável pela prisão — pois Perm 36, que funcionara por mais de quarenta anos, havia sido fechado apenas recentemente. Quinze anos antes era local de tortura, trabalhos forçados, escravidão virtual e morte.

— Quem vinha para cá?

— As mesmas pessoas dos outros campos. Quinze por cento de antissoviéticos, dez por cento de criminosos, e os outros — três quartos — gente comum acusada de "desvios de comportamento".

— Pequenos crimes?

— Não, não — Viktor disse. — Falta ao trabalho. Se você faltasse três dias, eles o condenavam a dez anos. Ou atraso. Furtar propriedade do governo.

— Que tipo de propriedade?

— Um camponês — faminto — que pegasse três espigas de milho seria detido e trazido para cá. Como os tios de Sergei. Mas não se detenha nesses aspectos. Lembre-se de que as pessoas eram necessárias. Tínhamos uma economia ruim. Stalin iniciara um programa de modernização econômica. Conhece a frase de Churchill: Stalin pegou a Rússia quando usavam arados de madeira e a deixou equipada com bombas atômicas?

— Vamos em frente — falei. Lá dentro, mesmo com o aquecimento ligado, os alojamentos e as celas eram muito frios. Haviam sido pintados, mas continuavam sendo exemplos primitivos de desumanidade e terror.

— Por 24 anos, sob o mando de Stalin, nos tornamos poderosos — Viktor disse. — Mas foi à custa da liberdade. Não podíamos contar com empréstimos ou crédito de outros países. Tínhamos de resolver tudo sozinhos. A única fonte de mão de obra era o povo — e com um gesto largo abrangeu a oficina em que entrávamos —, o povo russo, prisioneiros e escravos.

Ali, no Perm 36, os "políticos", os criminosos, os empregados relapsos trabalhavam na oficina, produzindo pecinhas metálicas em formato de "Y" para ligar cabos a terminais elétricos. Eu os conhecia de tomadas, carburadores, baterias. Viktor disse que precisavam ser feitos à mão, e Perm 36 produzia centenas de milhares dessas peças.

— O governo precisava de mão de obra — Viktor disse — e promulgou leis severas, criando medo e exploração. Assim conseguiu um número enorme de prisioneiros. Como eram escravos, constituíam uma força de trabalho extremamente versátil.

Enquanto enfrentávamos a nevasca para chegar às celas de castigo, Viktor disse que não só os trabalhadores escravizados sofreram. Lembrava-se bem de que sua própria família nunca tinha comida suficiente.

— Vivíamos com fome.

Perm 36 passou por uma série de fases. Depois de 1953, alguns prisioneiros conquistaram a liberdade, mas haviam sido quase destruídos pelo período passado no campo de trabalhos forçados. Uma disputa pelo poder entre Kruschev e o chefe da espionagem, Lavrenty Beria, resultou na detenção de Beria, que acabou fuzilado como espião. Oitocentos partidários dele foram enviados a Perm para sofrer e trabalhar. Sendo ardilosos — em sua maioria, antigos espiões e agentes —, a segurança foi reforçada, as muralhas, aumentadas e o campo, ampliado. Em 1973 — recordei-me de que passara por Perm no Transiberiano, na época, morrendo de pena de mim — Perm era "um dos dois campos de prisioneiros políticos" na União Soviética, segundo Anne Applebaum. Perm recebeu depois nova leva de presos políticos. Nos anos 1980, o líder soviético Yuri Andropov, ex-diretor da KGB, prendeu milhares de pessoas. "Os prisioneiros eram instruídos, gente que exercera o poder. Alguns tinham advogados!" Outros campos foram construídos, alguns nas proximidades de Perm.

— Eles construíram um banheiro ali em 1972 — Viktor disse, apontando da porta coberta de gelo para um casebre na parte mais afastada do complexo. — Atendia a 560 detentos, que formavam fila para usar o banheiro. Como faziam? Muito depressa.

Sergei disse:

— Mais um artifício para humilhar os presos.

— Exaustão, frio, fome e humilhações intermináveis — Shalamov citava como certezas, na prisão.

Perguntei a Viktor a taxa de mortalidade em Perm 36.

— No geral, os prisioneiros trabalhavam até morrer. Seis por cento, pelo menos, sucumbiam a cada ano. Muitos ficavam doentes demais para o serviço. Em 1984, apenas sete por cento dos detentos era capaz de executar tarefas pesadas. O restante estava doente ou era incapaz.

Na tempestade do meio-dia, sob um céu cor de aço escuro, os flocos de neve se acumulavam nas janelas; os quartos úmidos e corredores escuros eram frios demais para permanecer neles, a temperatura lá fora chegava a menos 18 graus Celsius. Os internos do asilo vizinho batiam no portão de ferro alto; tudo indicava ser o dia adequado para visitar um gulag. Eu não queria conhecer o lugar no verão, rodeado de grama alta, com chalés pitorescos de troncos, flores silvestres e passarinhos cantando. Muito mais instrutivo conhecê-lo na pior hora, quando os catres quebrados e as amostras dos artefatos dos prisioneiros — tigelas lascadas, colheres tortas e luvas rasgadas — adquiriam pleno sentido com o desespero frio que eu sentia nos ossos.

Viktor mostrou uma exposição de fotografias de presos políticos soviéticos conhecidos: Osip Mandelstam, Isaac Babel, Varlam Shalamov; poderiam ter incluído Natan Sharansky, que cumprira seis anos em Perm 35, perto dali. Um líder da luta pela independência da Lituânia, Balis Gayauskas, passara 35 anos preso. Um de seus crimes havia sido traduzir o *Arquipélago Gulag* de Soljenítsin para o lituano. Posteriormente ele se tornou chefe da segurança do Estado no governo lituano.

— Ele vem aqui de vez em quando — Viktor contou.

Em *O Primeiro Círculo*, Soljenítsin escreveu: "Um grande escritor é, por assim dizer, um segundo governo. Por isso nenhum governo, em nenhum lugar, amou seus grandes escritores, mas somente os menores."

Um dissidente ucraniano, Lenko Luk'ianenko, foi condenado à morte; reduziram sua sentença para 15 anos, que ele cumpriu ali, mas antes de ser solto lhe deram mais dez anos. Um compatriota ucraniano, o poeta Vasyl Stus — "não era dissidente", Viktor explicou, "apenas o tipo de sujeito que eles não queriam" —, passou 15 anos ali, sendo preso, solto e preso de novo. Candidato ao prêmio Nobel de 1980, Stus foi preterido em benefício de Czeslaw Milosz, poeta polonês emigrado para a Califórnia, onde escrevia poemas líricos sob o sol de Berkeley, enquanto Stus gelava numa solitária ou cela punitiva, traduzindo Rilke de memória e fazendo peças metálicas na oficina. Stus morreu na prisão em 1985, em "circunstâncias misteriosas", segundo Viktor. Mas qual seria o mistério? Vi a pequena cela de Stus, terrível, e a tábua estreita que lhe servia de cama. Eu não teria durado dois dias.

— É preciso entender o sistema de escravidão — Viktor disse. — Estive nos Estados Unidos, e meus amigos costumavam dizer: "Tivemos escravos. Foi como a escravidão norte-americana." Eu retrucava que não. Eis a diferença. Conhecem Catão, o romano? Ele disse: para manter um escravo é preciso dar a ele carne, pão e duas garrafas de vinho não muito bom por semana. Então...
— Ele esperou que ponderássemos a frase, depois disse: — Nas fazendas do sul os escravos recebiam alimentação, pois valiam alguma coisa. Eram bem-cuidados. Tinham famílias e moravam em casas. Tinham valor. — Ele sorriu, melancólico, e continuou: — Os prisioneiros do gulag eram escravos que não valiam nada!

— O termo usado pelos guardas para os prisioneiros do gulag — uma russa de meia-idade me contou mais tarde — era pó, *pwl*. — Também historiadora, ela ressaltou: — Stalin introduziu o medo. Ele vivia com medo. — Sua proclamada intenção de construir o gulag era "isolar quem pudesse duvidar de nossa determinação e das conquistas da grande revolução".

— E veja o que perdemos — a historiadora disse. — Quarenta milhões nos expurgos de 1918 a 1953. Vinte e seis milhões na Segunda Guerra Mundial. O melhor de nosso povo. É de espantar que ainda estejamos aqui.

— A pouca liberdade que um escravo norte-americano tinha era mais do que qualquer escravo do gulag poderia sonhar — Viktor disse.

Voltei às fotos antigas para fitar o rosto atormentado, martirizado de Varlam Shalamov. Eu havia lido seus livros, mas não conhecia sua face. Soljenítsin oferecia piedade e redenção pelo sofrimento, mas Shalamov tinha uma visão clara do modo como todos os envolvidos com os campos — prisioneiros, guardas e burocratas do partido — se degradavam: os campos representavam "a corrupção da alma humana". "Os campos eram em todos os aspectos escolas da negação", escreve em um de seus contos. "Cada minuto na vida do campo é um minuto envenenado." O prisioneiro se agarra à vida, mas não alimenta ilusões, pois "compreende que a morte não é pior do que a vida, e não teme nenhuma das duas". Em outro conto um companheiro de prisão diz sem rodeios: "Vou para Magadan. Ser fuzilado." Tudo isso em temperaturas que chegavam a 50 graus negativos. Impressionante que um homem tão inteligente tenha sobrevivido, e nos *Contos de Kolyma* criado uma obra-prima a partir de sua experiência. "Um ser humano sobrevive graças a sua capacidade de esquecer", ele escreveu no início do livro, e perto do final, uma frase da qual nenhum escritor discordaria: "É mais fácil suportar uma coisa se você escrever sobre ela."

Nossa derradeira visita foi às celas punitivas, ou de isolamento, que não passavam de caixas de cimento com quatro prateleiras de tábua. Entrei, e Sergei, num momento exuberante de humor macabro, bateu a porta e gritou comigo pela fenda da porta. Fiquei tremendo na penumbra, sentindo apenas um pouquinho de calor que emanava dos canos presos à parede. Tentando ocultar meu desconforto, forcei a porta com o ombro para abri-la.

Viktor disse:

— Um ex-prisioneiro me contou: "Lembro de cada momento passado naquela cela. Acordava cinco vezes por noite. Esfregava o corpo nos canos. Fazia exercícios para reduzir a tremedeira. Não havia nem um cobertor."

Muitos ex-prisioneiros contaram a mesma história das celas de isolamento a Viktor. Era uma câmara de tortura, ele explicou quando saímos andando pela neve. Os prisioneiros recebiam um quarto da quantidade de comida distribuída aos outros. Um *zek*, segundo Anne Applebaum, poderia ser punido por sentar na cama durante o dia, por não usar meias ou por andar devagar. Um homem doente ou ferido poderia passar dois meses lá (como num caso bem-documentado), antes de "ser transferido para o hospital".

Essas histórias ainda estavam bem vivas na lembrança das pessoas que conheci. Eram os sentimentos de uma militante, Madam Alexeev, que aparece num curta-metragem sobre Perm 36: "Ver que isso não é um campo de trabalhos forçados, e sim um museu, significa compreender que demos um passo incrível para fora dos anos de escravidão."

Verdade, mas o filme foi financiado pela Fundação Ford, e muitos dos guardas da prisão, torturadores, espiões, homens que sussurravam a palavra "pó" aos sofridos trabalhadores escravos, burocratas e políticos subservientes que tornaram a prisão possível estavam agora no governo russo — inclusive o presidente da Rússia, Vladimir Putin, que comandou a KGB quando ocorriam mortes e sofrimentos pavorosos em Perm 36.

Na escuridão precoce do final da tarde retornamos para a cidade de Perm por estradas desertas. A tempestade de neve não diminuía. A paisagem parecia muito mais desolada e fria depois de eu ter visto um campo de trabalhos forçados naqueles morros.

■ ■ ■

Apesar das conversas otimistas que consideravam Perm o cenário de *Doutor Jivago* e de *As Três Irmãs* de Tchekhov, eu não conseguia relaxar a mente depois de ter visto o gulag. Muitos locais de Perm, alguns com aparência inofensiva, estavam associados à repressão ou ao aprisionamento. Sergei só me deixou mais deprimido ainda quando disse coisas como "Dostoievski andou por esta rua, a caminho da cadeia, em Omsk!" e, no rio Kama, "Veja este rio! As barcaças traziam presos de Moscou para cá por ele, antes da ferrovia! Desde os tempos czaristas".

E bem depois, também. Em *Contra Toda Esperança*, Nadezhda Mandelstam relata sua experiência de pesar e sofrimento ao passar por Perm numa barcaça com o marido, Osip. A biblioteca pública de Perm montou uma exposição sobre Pasternak, que foi mais um relato sobre repressão, aprisionamento e proibição de livros — o romance de 1957 só foi lido em Perm mais de trinta anos depois.

As igrejas também, todas as que visitei — adoráveis construções do século XVIII, com domos em forma de cebola, não apenas em Perm, mas em Kungur, seguindo pela rodovia Siberiana, e o mosteiro de Belogorsky no alto de uma colina, nas imediações do vilarejo de Kalinino — serviram de prisão ou hospício, sendo muitos dos cômodos usados para tortura ou confinamento solitário. Alguns dos lindos prédios funcionaram como prisões até 1990.

— Está vendo as marcas de balas? — Sergei perguntou.

Ele passou os dedos enluvados pelos tijolos cheios de marcas da parede da catedral de Belogorsky, quando estávamos virados para ela, evitando o vento gelado penetrante. O vento, de tão forte, inclinava meu corpo, e eu sentia dificuldade para continuar em pé. Aquele topo de morro nos Urais foi o lugar mais frio que conheci na Rússia. A neve e o gelo haviam formado uma camada espessa na parede, mas os tijolos furados eram inusitados.

— Quando Stalin tomou esta igreja em 1930 e a transformou em presídio, a polícia alinhou 74 monges nesta parede, cinco de cada vez, e os fuzilou.

Mais tarde, um russo me contou:

— Você sabia que as pessoas eram presas e torturadas nas igrejas? Por causa das paredes grossas e da construção sólida. Abafavam os sons. Ninguém do lado de fora podia ouvir os gritos.

No dia seguinte mais lembranças de tragédias na catedral de São Pedro e São Paulo, o mais velho edifício de alvenaria em Perm — e outra antiga prisão, como Belogorsky, e São Nicolau, em Kungur. Com neve até o joelho, nove crianças aguardavam esperançosas — a maioria delas desnutridas e pálidas, adolescentes morrendo de frio — com as mãos estendidas, esmolando enquanto a neve caía em suas cabeças.

— Elas pertencem a famílias pobres — Yelena disse.

Contudo, após a experiência de Perm 36, até a tristeza deles servia de anticlímax. Entramos nas cavernas de gelo nas imediações de Kungur; mais pareciam calabouços, como se fossem um freezer com 5 quilômetros de profundidade, tudo escuro, com rochas arredondadas e estalactites delgadas. Portas de ferro barulhentas protegiam a entrada, fazendo com que pensasse que também aquelas cavernas tivessem servido de prisão em épocas anteriores.

Dias depois, em outra nevasca, vi casais rechonchudos de meia-idade despidos, pulando num buraco cortado no gelo de um lago. Descalços na neve, eles arfavam de frio, com a pele avermelhada e os pelos do corpo cintilantes de gelo.

Sentado naquela noite gelada no teatro Tchaikovsky de Perm, embalado pelo champanhe que bebi no bar do saguão, assisti ao balé *A Bela Adormecida*. Na plateia havia famílias, crianças, senhoras idosas, pessoas arrogantes, casais maduros de mãos dadas e beldades locais de botas elegantes, suéteres justos e gorros de pele. O ambiente não poderia ser mais propício, nem a música mais sedutora. Minha mente, porém, meditativa graças à melodia e ao vinho, devaneou pelo passado. Imaginei o mesmo teatro, talvez o mesmo balé, 15 anos antes: cenografia de bom gosto, figurinos requintados, música, calor e bem-estar — enquanto os prisioneiros viviam como escravos, perto dali.

"Depois do direito de criar, o direito de criticar é o bem mais precioso que a liberdade de pensamento pode ofertar", Nabokov escreveu, pensando nos presos soviéticos e acrescentando que a vida norte-americana em liberdade "pode revelar uma tendência para considerar as histórias a respeito da vida nas prisões em terras remotas relatos exagerados que os fugitivos ofegantes acabam espalhando".

Perm 36 representava quarenta anos de presos famintos e moribundos, enregelados, entorpecidos nos catres de tábua, trêmulos, cobertos de trapos, acordando em desalento a cada poucas horas no frio, obrigados a trabalhar como escravos e reduzidos a pó por causa das coisas que disseram ou escreveram.

— Isso é *posikunchiki* — Yelena disse enquanto me acompanhava a comer bolinhos num restaurante de Perm em nossa última noite, delicioso petisco de despedida. — O recheio esguicha quando a gente morde. São os bolinhos mijões.

Sergei se serviu de vodca e ergueu o copo.

— Saúde!

Tomamos sopa (*pelmenye*), pães tártaros com espinafre (*potchmak*) e cogumelo ensopado em tigelas (*garshochki*). Brindamos com vodca, prometendo que manteríamos contato, que nos encontraríamos novamente quando o tempo melhorasse e outros planos extravagantes típicos dos viajantes antes de seguir em frente.

■ ■ ■

Ainda nevava quando o trem noturno, o expresso Kama, assim batizado por causa do rio, partiu de Perm para Moscou, por volta do meio-dia. A ideia de que o consagrado hábito de viajar estava acabando me desconcertou. A longa jornada que eu havia iniciado meses antes, em Londres, tornara-se um modo de vida, como ocorre com longas jornadas. Cruzávamos os Urais, a linha divisória da Ásia; ao sair do continente asiático, eu me senti inquieto, dispersivo, só conseguia pensar na volta para casa.

Aquele trem era luxuoso, para os padrões russos: eu tinha um compartimento só para mim (com almofadas, cortinas de renda com borlas), bebia meu chá verde de Kyoto, e a *provodnitsa* me deu biscoitos. Durante a tarde vendedores na neve acumulada nas plataformas vendiam peixe seco, artesanato e xales de lã tricotados em casa, os produtos caseiros de antigamente; minha experiência ferroviária inteira uma forma de nostalgia, com direito a bêbados beligerantes e mendigos agressivos em muitas estações.

Antes de Kirov — a antiga Vyatka —, onde a *babushka* de Sergei sofrera repressão política, eu observava pela janela um bosque de bétulas quando um homem que ajeitava sua bagagem perguntou de onde eu era. Quando lhe contei, ele sorriu, quase de dó. Eu sabia o que ele estava pensando, por isso pedi sua opinião.

— Os russos comentam a nossa guerra no Iraque? — perguntei.

— O povo russo não presta muita atenção a isso. Mas, claro, debatem a questão às vezes. — Ele não disse mais nada, deixando implícito: não pretendo insultá-lo, repetindo o que as pessoas dizem. — Sai pouca coisa nos jornais. Temos nossas próprias guerras.

Seu inglês correto me surpreendeu; apesar do forte sotaque, era fluente e direto.

— Estivemos no Afeganistão — ele disse. — Impossível de vencer. Porque lá não tem nem governo. No Iraque, porém... — Ele balançou a cabeça, quase em sinal de aprovação. — O resultado foi que os preços do petróleo subiram. Isso é bom para nós. Bem, preciso ir. Tenha uma boa viagem. Cheguei ao meu destino.

Ele desceu em Kirov. A noite caíra. Em algumas estações à frente as pessoas surgiam correndo das trevas, com gorros grandes de pele e botas grossas de feltro, vendendo peixes espetados pelas guelras. Embora faltassem menos de dez horas para chegar a Moscou, pela linha principal, a cena caberia nos anos inaugurais da Transiberiana.

A noite passou rapidamente. Fui acordado por batidas na porta — "Moskva!" Acordei, me espreguicei, como sempre tomei uma pílula de vitamina e me barbeei com o barbeador elétrico. Escovei os dentes e desci. Caminhei para a estação Yaroslavl, empurrado pela multidão — pessoas de olhos brilhantes de fadiga, bocejando, caminhando como sonâmbulas pela plataforma, sob a neve que caía.

Depois da costumeira barganha com o taxista — mistura de briga com negociação — e uma lenta jornada pelas ruas cheias de neve, cheguei ao hotel. O recepcionista não queria me aceitar por ser muito cedo. Saí para caminhar. Quando passei por um restaurante japonês sob a neve da madrugada, a moça sentada numa banqueta me chamou — prostituta, ainda alerta e disposta quase ao amanhecer. Representava uma nova tendência russa: depois de se livrarem do fardo do dogma carrancudo, os russos pareciam incansavelmente dedicados aos piores excessos do Ocidente, inclusive da carne, do crime e do dinheiro, com a ganância aflita e a promiscuidade que eu tinha visto também na nova China.

Andei por várias horas, desfrutando a cidade deserta, que parecia mágica sob a neve. Quando consegui me hospedar no hotel, tomei um banho. Saí depois para dar uma volta a pé com uma historiadora da cidade. Eu queria saber o que havia de diferente da Moscou que eu vira em 1973.

— Trata-se de um lugar completamente diferente — ela disse. — Embora 1973 tenha sido melhor do que 1988, quando ficamos sem nada.

O país sofrera um colapso em 1988; nos anos seguintes faltou comida e tornou-se quase impossível adquirir bens de consumo, ela disse. Os filhos dela gostavam de queijo. Fazia queijo em casa, coalhando e coando o leite num pano. Queria comprar beliches para eles. Entrou numa lista de espera de seis meses.

— Conhece a piada da mulher que queria comprar um carro? — ela disse. — Quando foi à concessionária, recebeu uma senha e foi avisada: "O carro será entregue daqui a dez anos." Ela perguntou: "De manhã ou de tarde?" E o vendedor disse: "Por que quer saber?" A mulher esclareceu: "Porque de manhã estarei ocupada com o encanador." As coisas eram assim.

Mas a maré econômica virou em 1995. Putin cumpriu suas promessas e a vida melhorou. Minha guia não falou, mas era sabido que o governo russo estava cheio de escroques, corruptos e oportunistas.

Passeamos, da casa de Beria ("ele enterrava inimigos no jardim"), passando pela de Gorki (tema oceânico, criaturas marinhas e corais), até a mansão que abrigava a sede da União dos Escritores Russos na rua Porvaskaya, e que é mencionada em *Guerra e Paz*, como sendo a casa de Rostov.

— Nossa história é do governo em luta contra seu próprio povo — ela disse ao atravessarmos a nova rua Arbat. Ela me ajudou a comprar ingressos para apresentações no Conservatório de Moscou e se despediu.

Fui a um concerto de Mahler, e no meio da música lúgubre recordei-me dos longos dias que passei no trem, vendo bétulas e neve na Sibéria. Na noite seguinte assisti à metade de uma ópera de Poulenc e, quando pedi meu casaco a moça da chapelaria falou algo em russo veemente, percebi que dizia algo como: "A ópera ainda não acabou!" Para mim já tinha acabado. Tchaikovsky na noite seguinte: passional e dramático, provocou reflexões sobre o país fechado que a Rússia fora em minha primeira visita: cidades proibidas, repressão, gulag, ausência de revistas dignas do nome, raríssimos restaurantes. Agora havia restaurantes japoneses, pizzarias, restaurantes mexicanos, cafés e bancas de jornais que ofereciam o *Time* e o *International Herald Tribune*, livrarias com meus livros à venda, em russo e em inglês. Numa dessas lojas eu conversei com uma senhora russa, falei um pouco das minhas viagens. Não contei nem metade do que tinha visto, pois ela jamais acreditaria em mim.

— Por que viaja sozinho? — ela perguntou, como se eu fosse meio maluco.

E por que eu ainda continuava ali? Tive a impressão de que matava um pouco de tempo, principalmente por estar na Rússia, que, apesar de todas as propostas de mudanças e reformas, parecia exatamente o mesmo lugar de sempre: um império pretensioso com um governo cruel que estaria perdido sem sua polícia secreta.

No conservatório, usando as botas L. L. Bean com que caminhava desde o Japão, ouvindo as "Variações sobre um tema rococó" de Tchaikovsky, com um solista de violoncelo maravilhoso e a mitomania à qual todos os viajantes indulgem, pensei que a música serviria de trilha sonora para o encerramento da minha viagem: entram os violinos.

32   Trem noturno para Berlim e além

Na manhã escura quebrada pela iridescência das luzes da periferia de Moscou, no trem rápido para Berlim (via Minsk e Varsóvia), eu me lembrei de meu conto sobre a moça norte-americana na Índia, e de como acrescentei um pensamento ao meu Tao da Viagem. Era a respeito de uma jornada real ser muito mais do que um afastamento por um intervalo vívido ou vazio. A melhor viagem não é uma simples jornada de trem, nem mesmo uma coleção delas, mas algo muito mais longo e complexo: uma experiência da quarta dimensão, com paradas, começos e esperas, momentos de doença e convalescença, atrasos e correrias e demoras inevitáveis, com o súbito fenômeno da felicidade como recompensa esporádica.

Certas viagens não exigem locomoção, e sim períodos de residência e reflexão, de órbita sem gravidade, quando eu me torno quase invisível e pareço derreter, novamente espectral, numa localidade agradável, uma versão aromática do lar, dias de trabalho e reflexão em que eu me refugio monasticamente em minha cabeça, insensível ao exótico — dias em que eu saía do quarto do hotel para uma rua asiática cheia de gente como se tivesse sido conduzido para lá por transferência de matéria, num "teletransporte" de raio luminoso, surpreso por ver mercados, riquixás e ambulantes esqueléticos, moças bonitas a me olhar enquanto eu pensava, rindo: *O que estou fazendo aqui?*

Cheguei à conclusão de que para mim viajar deixara de ser um interlúdio em busca do prazer, não era tampouco um longo rodeio para voltar ao lar, e sim um modo de viver a vida: uma viagem sem fim na qual o único destino era a escuridão. A beleza disso estava em fazer a viagem da maneira mais simples, como um sujeito sem teto que porta apenas uma mochila e uma pasta cheia de papéis, imerso no mundo, viajando quase sem bagagem. O máximo disso era o idoso jainista que conheci em Jodhpur, que após uma longa carreira de contador se despediu da família e partiu a pé, disposto a passar o resto da vida itinerante em busca da iluminação, ou um monge como Tapa Snim, em Mandalay, cuja existência material inteira cabia numa bolsa pendurada no ombro, viajando de país a país para resolver os enigmas sagrados de sua mente sobre o fato de Buda ser como um pinheiro.

No vagão-restaurante do trem para Berlim eu fazia anotações na folha em branco do livro que estava lendo, um exemplar adquirido em Moscou na viagem de ida. Era *A Vênus das Peles*, mas não fazia jus à capa sedutora nem à reputação como clássico erótico. Pedi pão, ovos fritos e chá (ainda sabia falar *khlyeb, ya-ich-nitsa* e *chai*).

Um russo de rosto pétreo que se refestelava com um café da manhã emporcalhado na mesa ao lado notou meu livro. Sorrindo e gesticulando com dedos enormes, ele indicou que gostaria de dar uma espiada na capa.

O livro foi passado de uma mão depravada a outra, e os dedos gordos tocaram o torso peitudo embrulhado numa estola de pele. Antes de voltar à linguiça e à vodca, o sujeito me encarou com lábios entreabertos e dentes cúmplices.

— Você vodca. — Não era bem uma oferta, e sim uma ordem para tomar uma dose, o inevitável desafio russo.

Tomei uma. Ele me desafiou a repetir. Brindamos à paz e à amizade. Cinco doses depois meu cérebro estava pegando fogo. O sol nasceu, bateu na neve, entrou pela janela e feriu meus olhos congestionados.

— Amizade! — Oleg dizia. Seus amigos eram Valery e Alexey. Todos operários siderúrgicos a caminho de Minsk. Exibiam o olhar perigoso e parcialmente domesticado dos homens que acabavam de cortar o cabelo num barbeiro ruim.

— Ao dinheiro! — falei, arriscando uma brincadeira.

— Dinheiro não! — Oleg disse. — Dinheiro, merda!

— Às criancinhas — falei.

— O que está dizendo?

— Ao amor! — falei.

— Ao amor — eles repetiram.

— Bush é *rediska* — Oleg afirmou, com a maneira repentina que os embriagados tinham de começar a falar.

— *Rediska*?

— Fruta podre — Oleg disse.

Rabanete, calculei, e devia ser um eufemismo levemente ofensivo.

— Paz — falei, contente ao ver que a última garrafa de vodca havia acabado. Eu estava completamente bêbado às nove e meia da manhã ensolarada quando o trem entrou na estação de Minsk, cor de pistache. Dia claro, frio, nevado. Tive de deitar um pouco. Adormeci, acordei e li o resto da *A Vênus das Peles*, escrito pelo homem cujo nome Freud escolheu para definir o gosto pela dor. *Ah, um homem deve se sentir um Deus quando vê outros tremerem a sua frente*, li e pensei no paranoico Stalin e seu gulag.

— *Kontrol!* — Uma policial polonesa da fronteira gritou na estação de Terespol quando abriu a porta da minha cabine naquela noite. Casaco de couro preto, botas, luvas pretas: ela parecia ter saído do romance de Sacher-Masoch.

Após uma noite tranquila, outro grito:

— *Kontrol!* — Olhei pela janela, para a fronteira com a Alemanha, e vi a primeira paisagem sem neve desde Vladivostok.

Na cabine ao lado um jovem casal inglês e o filho pequeno iam passar férias esquiando nos Alpes. Eles me perguntaram de onde eu vinha. Acabei de voltar de Perm, expliquei, e mencionei o gulag.

— Eu me daria bem num gulag — a mulher disse, fungando confiante.

— Como assim?

— Gosto de ficar sozinha.

Desci em Berlim. Agora era uma cidade inteira e reconstruída. O muro havia caído, os fragmentos restantes foram transformados em monumentos esquisitos. Mais restaurantes japoneses, pizzarias, restaurantes mexicanos e cafés, mais casais passeando ao sol. Fui a três museus; ao anoitecer, fui para a Berlin Hauptbanhof e peguei o expresso para Paris, em vez de me hospedar num hotel.

No compartimento mais confortável dos muitos trens noturnos que eu havia ocupado durante a viagem, havia uma cama larga com colcha macia, escrivaninha e um banheiro do tamanho dos banheiros dos hotéis japoneses — com ducha e pia basculante. Tomei um banho quente, bebi cerveja e fui para a cama. Acordei no meio do mato verde, árvores brotando e uma névoa prateada como seda esgarçada banhando suavemente as sebes verdes e as marcas de arado nos campos caprichosamente demarcados.

A manhã em Paris exalava vapor dourado da neblina que subia como uma névoa de anjos em decomposição, o sol queimava sua essência e embelezava o fundo requintado de edifícios cor de biscoito, revelando para mim novamente uma cidade que era luminosa como um palco.

Por conta da simetria, por sentir fome e ter tempo de sobra, guardei a mala na Gare du Nord e atravessei a rua para ir à Brasserie Terminus Nord. Pedi a mesma refeição que havia comido no início da noite, meses e meses atrás, antes de subir no expresso do Oriente para Budapeste — bouillabaisse, salada verde e meia garrafa de Borgonha branco. Mais tarde caminhei um pouco, pensando: depois que os bulevares da cidade testemunharam a marcha triunfal dos nazistas, eles nunca mais pareceram grandiosos. Peguei o Eurostar para Londres.

Dormi e acordei em Kent, depois do escurecer, na outra ponta do canal da Mancha, com a intenção de terminar este livro, que fui escrevendo a cada dia da viagem. Naquela noite escura eu não via nenhuma imagem do passado capaz de me perturbar. A paisagem se cobrira do véu da absolvição, as lembranças ruins foram enterradas — as muitas dificuldades que enfrentei na viagem — no fundo escuro da mente e no abismo do tempo. Nada a recordar, exceto a derradeira refeição. No final das anotações do dia escrevi uma palavra, *Feito*.

É verdade que viajar é o mais triste dos prazeres, o desgosto das longas distâncias. Mas eu também pensei no que me preocupou durante toda a viagem, como um mantra da aflição martelando em minha cabeça, em palavras que eu nunca escrevi. A maioria das pessoas do mundo é pobre. Muitos lugares são decadentes, e nada impedirá o prosseguimento da degradação. Viajar lhe dá uma visão fugaz do passado e do futuro, seu e das outras pessoas. "Sou nativo neste mundo", aspirando a me tornar O homem do violão azul. Mas havia muitas pessoas, e um número enorme delas passava os dias de penúria pensando nos Estados Unidos como o Porto Seguro. Eu poderia ser um tailandês feliz, mas não existe vida na terra para a qual eu estaria menos apto do que a de um indiano, rico ou pobre. A maior parte do mundo está piorando, virando uma bola franzida de desolação acumulada. Só os velhos podem realmente ver o quanto o mundo envelhece indignamente e perceber o quanto perdemos. Os políticos são sempre inferiores a seus cidadãos. Ninguém no planeta é bem governado. Existe esperança? Sim. Muitas pessoas que conheci por acaso eram estranhos que me ajudaram na jornada. Nós, espectros sortudos, podemos viajar para onde bem entendemos. Ir ainda é bom, pois chegadas são partidas.

Conheça mais sobre nossos livros e autores no site
www.objetiva.com.br

Disque-Objetiva: (21) 2233-1388

markgraph

Rua Aguiar Moreira, 386 - Bonsucesso
Tel.: (21) 3868-5802   Fax: (21) 2270-9656
e-mail: markgraph@domain.com.br
Rio de Janeiro - RJ